Betriebs-Berater Schriftenreihe

Die Kommanditgesellschaft auf Aktien als Ziel aktivistischer Aktionäre und Investoren

Justus Fautz

Fachmedien Recht und Wirtschaft | dfv Mediengruppe | Frankfurt am Main

Dissertation des Fachbereichs der Rechtswissenschaft der Ruhr-Universität Bochum

Erstgutachter: Frau Prof. Dr. Katharina Uffmann
Zweitgutachter: Herr Prof. Dr. Martin Zimmermann

Tag der mündlichen Prüfung: 27. November 2025

Bibliografische Information Der Deutschen Nationalbibliothek

Die Deutsche Nationalbibliothek verzeichnet diese Publikation in der Deutschen Nationalbibliografie; detaillierte bibliografische Daten sind im Internet über http://dnb.de abrufbar.

ISBN 978-3-8005-2032-9

dfv Mediengruppe

Druck: Beltz Grafische Betriebe GmbH, 99947 Bad Langensalza

Printed in Germany

Meiner Familie

Vorwort

Die vorliegende Arbeit wurde im Wintersemester 2025/2026 durch die juristische Fakultät der Ruhr-Universität Bochum als Dissertation angenommen. Rechtsprechung und Literatur wurden bis zum Zeitpunkt der Abgabe im Oktober 2024 berücksichtigt.

Ein besonderer Dank gilt meiner Doktormutter Frau Prof. Dr. Katharina Uffmann für die Betreuung meiner Arbeit. Herrn Prof. Dr. Martin Zimmermann danke ich für die Erstellung des Zweitgutachtens.

Der größte Dank gebührt meiner Familie, die mich stets unterstützt und bestärkt hat – ihr ist diese Arbeit gewidmet.

Darmstadt, Januar 2026 | Justus Fautz

Inhaltsverzeichnis

3. Kapitel: Die Kommanditgesellschaft auf Aktien als Ziel aktivistischer Aktionäre und Investoren

4. Kapitel:
Thesen, Erkenntnisse und Fazit

1. Kapitel: Einleitung

§ 1 Problemaufriss

> »Ein Mann zum Fürchten«

So titelte die Frankfurter Allgemeine Sonntagszeitung über den US-Amerikaner *Paul Singer* und dessen Anlagefirma *Elliott*.[1] Jener Investmentfonds stieg im Sommer 2019 mit 1,1 Milliarden Euro bei einem Chemie- und Pharmakonzern, der *Bayer* AG, ein. *Elliott* forderte langfristige Wertschöpfungsmaßnahmen, welche *Bayer* zu dauerhaftem Erfolg verhelfen sollten.[2] Davon versprach sich *Elliott* eine Steigerung des Unternehmenswerts und eine damit verbundene höhere Rendite.

Derartiges Auftreten aktivistischer Aktionäre aber auch aktivistischer Investoren[3] am deutschen Kapitalmarkt ist immer häufiger zu beobachten.[4] Deren Tätigwerden versetzt Deutschlands oberste Konzernvorstände in Unruhe und erfreut sich zunehmender medialer, aber auch wissenschaftlicher Aufmerksamkeit. Es ist davo 6n auszugehen, dass sich aktivistische Beteiligungen und damit verbundene Zielsetzungen in den nächsten Jahren weiter häufen werden. Keine börsennotierte Publikumsgesellschaft wird daher daran vorbeikommen, sich mit den Methoden aktivistischer Aktionäre und Investoren sowie mit eigenen Präventions- und Reaktionsmöglichkeiten zu beschäftigen.

Mit Blick auf die aktivistische Einflussnahme von Kommanditaktionären auf eine Kommanditgesellschaft auf Aktien (»KGaA«) schreibt die Wirtschaftspresse:

> »KGaA wird als Schutzschild immer beliebter«.[5]

Nichtsdestotrotz ist die Unternehmensform der Kommanditgesellschaft auf Aktien eine bislang nur wenig verbreitete Rechtsform in der Bundesrepublik Deutschland. In jüngerer Zeit scheint es jedoch, als würde die KGaA immer populärer. So ist die Anzahl seit dem Jahr 2018 von 324 Gesellschaften, auf 378 im Jahr 2022 und nunmehr 400 im Jahr 2024 angestiegen.[6] Von den

---

1 *Kremer*, F.A.S. 10.03.2019, 27.

2 *Becker*, BöZ 28.06.2019, 7.

3 Aus Gründen der Leserlichkeit wird das generische Maskulinum verwendet; es sind alle Geschlechter gemeint.

4 *Graßl/Nikoleyczik*, AG 62 (2017), 49; *Kleinmanns*, IRZ 2016, 341 (342).

5 *Kögler*, <*www.finance-magazin.de/finanzierungen/kapitalmarkt/kgaa-wird-als-schutzschild-immer-beliebter-36089/*>.

6 Für 2018 *Kornblum*, GmbHR 2019, 689 (690); für 2022 *Bayer/Lieder/Hoffmann*, GmbHR 2022, 777 (778); für 2024 *Bayer/Lieder/Hoffmann*, GmbHR 2024, 785.

DAX-40-Unternehmen haben drei Unternehmen die Rechtsform der KGaA gewählt: *Fresenius*, *Henkel* und *Merck*.

Die Gesellschaftsform der Kommanditgesellschaft auf Aktien hat seit ihrer Schaffung im 18. Jahrhundert[7] vergleichsweise wenig Beachtung in der juristischen Diskussion gefunden und wurde gesetzgeberisch[8] sowie wissenschaftlich stiefmütterlich behandelt.

Zentrale Norm für das Recht der KGaA ist § 278 AktG. Über § 278 Abs. 2 AktG wird das Personengesellschaftsrecht und über § 278 Abs. 3 AktG werden große Teile des Rechts der Aktiengesellschaft für anwendbar erklärt.

In den allermeisten juristischen Ausarbeitungen liegt der Fokus auf der Aktiengesellschaft (»AG«) als Mutter der deutschen Publikumsgesellschaften. So verhält es sich auch bei dem Phänomen des Aktionärs- und Investoraktivismus (angelsächsisch: »Shareholder und Investor Activism«). Das Phänomen des Aktionärs- und Investoraktivismus wird seit einigen Jahren in der Fachliteratur behandelt. Dabei wird untersucht, ob das Verhalten aktivistischer Aktionäre unrechtmäßig ist oder de lege ferenda unrechtmäßig sein könnte.[9] Welche Rolle aktivistische Aktionäre in einem Unternehmen spielen können[10] und welche Reaktionsmaßnahmen einer betroffenen Aktiengesellschaft[11] bleiben, sind weitere behandelte Schwerpunkte wie auch Maßnahmen der Unternehmen gegen aktivistische Investoren.[12]

Die KGaA als mögliches Ziel aktivistischer Aktionäre und Investoren wurde dagegen von der Rechtswissenschaft bislang nicht beachtet. Dies verwundert angesichts der stetig steigenden Bedeutung aktivistischer Vorgänge und in Anbetracht der zwischen der KGaA und der klassischen Aktiengesellschaft bestehenden zum Teil erheblichen Unterschiede. So hat die KGaA keinen auf Zeit berufenen Vorstand, sondern mit dem persönlich haftenden

---

7 Die Historie der KGaA umfassend darlegend *Sethe*, Die personalistische Kapitalgesellschaft mit Börsenzugang, S. 11–94.

8 Das letzte Mal in einem für die Rechtsform bedeutsamen gesetzgeberischen Fokus stand die KGaA mit der Schaffung der §§ 320 bis 334 HGB (den heutigen §§ 278 bis 290 AktG), siehe dazu *Sethe*, in: Hirte/Mülbert/Roth, GroßKomm AktG XII, Vor §§ 278 ff Rn. 27.

9 *Albath*, Shareholder Activism im Rahmen der Hauptversammlung; *Heuser*, Shareholder Activism; sich auf aktivistische Hedgefonds konzentrierend *Brass*, Hedgefonds als aktive Investoren; *Hommer*, Aktivistische Hedgefonds zwischen Recht und Corporate Governance; *Wolf*, Die Regulierung von Hedgefonds aus nationaler und internationaler Sicht.

10 *Wolf*, Die Regulierung von Hedgefonds aus nationaler und internationaler Sicht, S. 2.

11 *Wenninger*, Hedge Fonds im Spannungsfeld des Aktien- und Kapitalmarktrechts, §§ 4 bis 6.

12 *Frömel*, Maßnahmen von Unternehmen gegen unberechtigte Short-Sell-Attacken.

Gesellschafter[13] ein »geborenes, ohne zeitliche Begrenzung kraft Gesetzes zur Leitung der Gesellschaft berufenes Geschäftsführungs- und Vertretungsorgan«[14]. Der KGaA-Aufsichtsrat ist nicht wie der Aufsichtsrat einer AG zur Berufung des Leitungsorgans befugt.[15] Und auch die bei der KGaA nur »im Übrigen« geltende Satzungsstrenge nach § 23 Abs. 5 AktG stellt eine Besonderheit dar. Daraus folgt bei der KGaA die Möglichkeit zahlreicher alternativer Gestaltungen auf Gesellschafterebene. Unter anderem diese Faktoren zeigen deutlich, weshalb ein Erkenntnisgewinn mit Blick auf die AG nicht unreflektiert auf die KGaA übertragen werden kann.[16]

Die Rechtswissenschaft ist ihrem Forschungsauftrag trotz der immer weiter steigenden Relevanz des Aktionärs- und Investoraktivismus und der praktisch seltenen aber nicht unbedeutsamen Rechtsform der KGaA bisher nicht nachgekommen – weder in Dissertationen oder Handbüchern noch in der Kommentarliteratur, nicht einmal in Fachzeitschriften. Ziel der vorliegenden Arbeit ist es, Problemkreise der aktivistischen Aktionäre und Investoren weiter zu erforschen und einen weiteren theoretischen und praxisrelevanten Beitrag zur Rechtsform der KGaA zu leisten.

§ 2 Gang der Untersuchung

Um den Untersuchungsgegenstand und den daraus folgenden Inhalt dieser Arbeit möglichst präzise zu bestimmen und einzugrenzen, müssen der Aktionärs- wie auch der Investoraktivismus für sich definiert werden. Es ist

---

13 Der Begriff des »persönlich haftenden Gesellschafters« und des »Komplementärs« werden im Folgenden synonym verwendet.

14 BGHZ 134, 392–401 (393).

15 *Bachmann*, in: Henssler/Spindler/Stilz, BeckOGK-AktG, § 287 Rn. 16; *Kallmeyer*, ZGR 12 (1983), 57 (66); *Uffmann*, in: Kiel/Lunk/Oetker/Richardi/Wlotzke/Wißmann, MünchHdB ArbR IV, § 381 Rn. 5; *Nagel/Wittkowski*, Die Kommanditgesellschaft auf Aktien (KGaA), S. 22 Rn. 5, S. 65 Rn. 138; *Bürgers*, in: Bürgers/Fett, KGaA HdB, § 5 Rn. 483; *Mertens/Cahn*, in: Zöllner/Noack, KK-AktG V, § 287 Rn. 14; *Müller-Michaels*, in: Hölters/Weber, AktG, § 287 Rn. 1; *Servatius*, in: Grigoleit, Aktiengesetz, § 278 Rn. 18; *Perlitt*, in: Goette/Habersack/Kalss, MüKo-AktG V, § 287 Rn. 5, § 278 Rn. 282; m. w. N. *Haase*, GmbHR 1997, 917 (920); *Fischer*, Die Kommanditgesellschaft auf Aktien nach dem Mitbestimmungsgesetz, S. 68; *Eiff/Otte*, GWR 7 (2015), 246 (248); *Sethe*, AG 2021, 78 (85); *Marsch-Barner*, in: Krieger/Lutter/Schmidt, FS Hoffmann-Becking, S. 777 (788); *Verse*, in: Lutter/Krieger/Verse, Rechte und Pflichten des Aufsichtsrats, § 18 Rn. 1301, 1305–1306; *Nicolas/Eiff*, in: Frodermann/Jannott, HdB AktR, Kap. 17 Rn. 188; *Hennerkes/May*, DB 1988, 537 (539); *Herfs*, in: Hoffmann-Becking, MünchHdB GesR IV, § 79 Rn. 66; *Schlitt*, Die Satzung der Kommanditgesellschaft auf Aktien, S. 175; *Schmidt*, in: Schmidt/Lutter, AktG, § 287 Rn. 14; *Hennemann*, ZHR 182 (2018), 157 (159); *Koch*, Aktiengesetz, § 278 Rn. 15; *Roßkopf*, in: Goette/Arnold, AR-HdB, § 9 Rn. 45; *Goette*, in: Goette/Arnold, AR-HdB, § 1 Rn. 125.

16 So auch *Wieneke/Fett*, in: Bürgers/Fett, KGaA HdB, § 10 Rn. 3.

genau zu bestimmen: wer ist Aktionär, insbesondere wer ist Kommanditaktionär, und wer ist Investor? Und was ist Aktivismus in dem hier verstandenen Sinne?

Außerdem ist zu ergründen, wo der Ursprung und der ökonomische Kern des Aktionärs- und Investoraktivismus liegt. Wo also bietet aktivistisches Verhalten Lösungen, die eine lediglich passive Beteiligung an einer Gesellschaft nicht liefert? Wo liegen die historischen Wurzeln des Aktionärs- und Investoraktivismus, und was gab und gibt den Anlass für ein derartiges Verhalten? An diese Fragen schließt sich die Charakterisierung der typischen aktivistischen Aktionäre und Investoren an.

Als Einstieg in den umfangreichsten Komplex der Arbeit bieten sich zunächst strukturelle Überlegungen an, inwieweit sich der zuvor gefundene Kern des Aktivismus auch in der KGaA findet und ob für aktivistisches Verhalten von Kommanditaktionären oder Investoren überhaupt eine Notwendigkeit besteht.

Auf die theoretischen Grundüberlegungen folgt ein Blick auf die für die weitere Untersuchung notwendigen Rechtstatsachen. So stellen sich Fragen nach der Kommanditaktionärs- und Komplementärstruktur der im DAX, MDAX und SDAX gelisteten Kommanditgesellschaften auf Aktien. Anhand des Kurs-Gewinn-Verhältnisses werden die dort notierten Gesellschaften auf eine Unter- oder Überbewertung untersucht. Schließlich soll ergründet werden, wo in der Praxis das Machtzentrum in den Gesellschaften liegt. Liegt es bei den persönlich haftenden Gesellschaftern, der Hauptversammlung, einem fakultativen Beirat oder dem Aufsichtsrat?

Die erarbeiteten Rechtstatsachen bilden die Überleitung zum wichtigsten Abschnitt, der rechtlichen Untersuchung der KGaA als Ziel aktivistischer Aktionäre und Investoren.

Die Angriffsmöglichkeiten aktivistischer Aktionäre und Investoren werden separat voneinander behandelt. Insofern werden jeweils mögliche Angriffspunkte aufgezeigt. Sind die gängigen Angriffspunkte aktivistischer Aktionäre und Investoren auch in der KGaA zu finden? Bietet die Gesellschaftsform gegebenenfalls mehr, weniger, eine andere oder dieselbe Angriffsfläche als die Aktiengesellschaft?

Daran anknüpfend werden aktivistische Handlungen auf die Gesellschaftsform der KGaA getestet. Welche aktivistischen Vorgehensweisen stehen aktivistischen Kommanditaktionären und Investoren bei einer KGaA als Zielgesellschaft zur Verfügung? Welche sonst üblichen Mittel kommen unter Umständen nicht in Frage?

Schließlich sind die Abwehrmöglichkeiten einer Kommanditgesellschaft auf Aktien einer kritischen Analyse zu unterziehen. Was kann eine KGaA tun, um sich Aktivisten vom Leib zu halten, und was sind ihre Mittel, falls ein Angriff bereits erfolgt ist? Hierfür wird eine Vielzahl denkbarer Mittel aufgezeigt.

§ 3 Eingrenzung des Themas

Hinsichtlich der Aktiengesellschaft haben sich im Lauf der letzten Jahre einige beliebte Spielfelder der Aktivisten herauskristallisiert. Die drei Bedeutendsten sind der M&A-Aktivismus, der Leerverkaufsaktivismus und der operative Aktivismus.[17]

Das Spielfeld von Aktivisten im M&A-Bereich zeigt sich bei öffentlichen Angeboten im Rahmen einer feindlichen Übernahme. Die KGaA gilt indes als übernahmeresistente Rechtsform.[18] Eine feindliche Übernahme ist damit praktisch kaum denkbar. Der M&A-Aktivismus ist somit in dieser Untersuchung zu vernachlässigen. Der Leerverkaufs- sowie der operative Aktivismus stehen im Fokus dieser Arbeit.

Grundlage für diese Ausarbeitung und damit verbundene Forschungsfragen bildet immer die *gesetzestypische* KGaA mit einer natürlichen Person als Komplementär. Sie mag an den Kapitalmärkten wenig verbreitet sein und die *atypische* KGaA[19], welche eine juristische Person als Komplementärin aufweist, den praktischen Regelfall darstellen. Dennoch ist die *gesetzestypische* KGaA börsenfähig und als gesetzgeberisches Leitbild Maßstab für die nachfolgende Untersuchung. Soweit sich bedeutende Abweichungen in der Organisationsverfassung ergeben, werden diese kenntlich gemacht und in der gebotenen Tiefe erörtert. Dabei wird auf die Besonderheiten der *GmbH* & Co. KGaA und insbesondere der *AG* & Co. KGaA eingegangen. Die Erkenntnisse der *AG* & Co. KGaA können auf die *dualistische SE* & Co. KGaA übertragen werden.

---

17 *Graßl/Nikoleyczik*, AG 62 (2017), 49 (50 f.).

18 *Fett/Stütz*, NZG 2017, 1121 (1130); *Sethe*, in: Hirte/Mülbert/Roth, GroßKomm AktG XII, Vor §§ 278 ff Rn. 51; *Sethe*, Die personalistische Kapitalgesellschaft mit Börsenzugang, S. 73, 199 f.; *Eiff/Otte*, GWR 7 (2015), 246 (247); *Wieneke/Fett*, in: Bürgers/Fett, KGaA HdB, § 10 Rn. 145; *Perlitt*, in: Goette/Habersack/Kalss, MüKo-AktG V, Vor § 278 Rn. 131; *Fleischer/Maas*, DB 2021, 37 (43); *Mayer-Uellner/Otte*, NZG 2015, 737 (740); *Mertens/Cahn*, in: Zöllner/Noack, KK-AktG V, Vor § 278 Rn. 7; *Otte*, Die AG & Co. KGaA, S. 35; *Herfs*, in: Hoffmann-Becking, MünchHdB GesR IV, § 79 Rn. 119.

19 Teilweise wird die *atypische* KGaA auch als »kapitalistische-KGaA« oder börsennotiert auch als »Publikums-KGaA« bezeichnet. Soweit die Rechtsform der Komplementärgesellschaft keine Relevanz hat, ist von der »*Kapitalgesellschaft* & Co. KGaA« die Rede.

2. Kapitel: Verortung und Klassifizierung des Aktionärs- und Investoraktivismus

§4 Definitionen

Trotz des häufiger werdenden Gebrauchs und der steigenden Bedeutung in der Rechtswissenschaft, der Rechtstatsächlichkeit und der Öffentlichkeit hat sich bislang weder für »Aktionärsaktivismus« noch für »Investoraktivismus« eine vollständige und allgemeingültige Definition durchsetzen können. Eine gesetzliche Definition existiert nicht. Resultat in der Literatur ist eine Varietät an diversen Benennungen, Synonymen[20] und Definitionsversuchen. Für die Bestimmung des Untersuchungsgegenstandes dieser Arbeit ist es unabdingbar, die Begriffe des Aktionärs- und des Investoraktivismus präzise auszuarbeiten und Kriterien festzulegen, welche das zu untersuchende Phänomen bestmöglich beschreiben.

Um eine Definition für Aktionärs- und Investoraktivismus zu finden, liegt es nahe, die beiden zusammengefügten Wörter zunächst aufzugliedern und die gängigen Begriffsbestimmungen der einzelnen Ausdrücke zu betrachten.

I. Aktivismus

Der Duden definiert Aktivismus als ein aktives Verhalten.[21] Insoweit gleicht die Definition der der Aktivität.[22] Aktivismus ist nach hiesigem Verständnis mehr als die bloße Aktivität. Zwar haben sowohl Aktivismus als auch Aktivität denselben lateinischen Wortstamm. »Actio« bedeutet »Tätigkeit« oder »Handlung«. Das Suffix »-ismus« kennzeichnet in Verbindung mit einem Substantiv aber eine Geisteshaltung oder politische Richtung.[23] Entsprechend bekommt das Handeln durch das Suffix eine bestimmte Zielrichtung. Weniger eine politische Richtung als eine Geisteshaltung treibt den für diese Arbeit gesuchten Aktivisten an. Der Aktivismus ist nach der hier vertretenen Ansicht daher als ein zielorientiertes Handeln zur Durchsetzung bestimmter Absichten zu verstehen.

---

20 Häufig werden die englischen Begriffe »Shareholder Activism« oder »Investor Activism« verwendet.

21 <*www.duden.de/node/4037/revision/4063*>; *Splett*, Deutsches Wortfamilienwörterbuch, S. 53.

22 <*www.duden.de/node/4042/revision/4068*>.

23 <*www.duden.de/node/129807/revision/129843*>.

II. Wer ist (der moderne Kommandit-)Aktionär?

In Anlehnung an den Verkörperungsgedanken von Obligationen des Rechtsgelehrten *von Savigny*[24] wird ein Aktionär überwiegend als Inhaber von Aktien einer Aktiengesellschaft (AG), Societas Europaea (SE) oder Kommanditgesellschaft auf Aktien (KGaA) definiert.[25] Das Abstellen auf die Inhaberschaft an einer Aktienurkunde ist jedoch nicht mehr zeitgemäß.

1. Die Mitgliedschaft als zentrales Element der Aktionärseigenschaft

Die »Aktie« steht für die Aktienurkunde als solche und ist eine Kurzform für die Mitgliedschaft.[26] Es ist indes nicht die Aktienurkunde, die einen Aktionär zum Aktionär macht. Es ist die Mitgliedschaft selbst. Ob dieselbe verbrieft wird, kann für die Aktionärseigenschaft nicht ausschlaggebend sein.

Eine AG, SE oder KGaA ist nicht verpflichtet die Mitgliedschaft zu verbriefen.[27] Die Verbriefung in einer Urkunde ist dennoch der praktische Regelfall. Das Aktiengesetz sieht die Möglichkeit vor, die Mitgliedschaft in einer Namens-, Inhaber- oder Globalaktie[28] zu verkörpern.[29] Namens- und Inhaberaktien sind jedoch ein Relikt vergangener Tage und führen im 21. Jahrhundert ein Schattendasein. Sie spielen nur noch vereinzelt eine Rolle zum Beispiel bei ausgegliederten Profiabteilungen von Fußballvereinen wie der *Borussia Dortmund* GmbH & Co. KGaA, bei denen die Aktienurkunde auch einen emotionalen Wert verkörpert. Im Wirtschaftsleben sind Namens- und Inhaberaktien dagegen nicht mehr zeitgemäß und nahezu inexistent.

Die Verbriefung erfolgt anstelle dessen in einer Sammelurkunde (§ 9a DepotG, sog. »Globalurkunde«).[30] Sie repräsentiert eine bestimmte Anzahl an

---

24 *Savigny*, Das Obligationenrecht als Theil des heutigen römischen Rechts, S. 99.

25 *Mülbert*, in: Habersack, FS Nobbe, S. 691 (703); Beispiele für eine so geartete Definition: *Bitter/Heim*, Gesellschaftsrecht, § 3 Rn. 33; *Ehmann*, in: Grigoleit, Aktiengesetz, § 245 Rn. 6; *Held*, in: Springer Fachmedien Wiesbaden, Gabler Wirtschaftslexikon 1: A-B, S. 86 (»Aktionär«).

26 *Sailer-Coceani*, in: Hoffmann-Becking, MünchHdB GesR IV, § 12 Rn. 1; *Windbichler*, Gesellschaftsrecht, § 27 Rn. 12; *Mimberg*, in: Marsch-Barner/Schäfer, HdB börsennotierte AG, § 38 Rn. 38.2; *Gätsch*, in: Marsch-Barner/Schäfer, HdB börsennotierte AG, § 5 Rn. 5.2; *Saenger*, Gesellschaftsrecht, § 14 Rn. 546a.

27 *Heider*, in: Goette/Habersack/Kalss, MüKo-AktG I, § 10 Rn. 6; *Sailer-Coceani*, in: Hoffmann-Becking, MünchHdB GesR IV, § 12 Rn. 3; *Mülbert*, in: Habersack, FS Nobbe, S. 691 (696) Für die SE gilt dies gemäß Art. 15 VO (EG) 2157/2001 und für die KGaA gemäß § 278 Abs. 3 AktG entsprechend.

28 *Heider*, in: Goette/Habersack/Kalss, MüKo-AktG I, § 10 Rn. 44.

29 Der Grundgedanke zur Verkörperung des Mitgliedschaftsrechts stammt aus dem Werk *Savigny*, Das Obligationenrecht als Theil des heutigen römischen Rechts.

30 *Nodoushani*, WM 2007, 289 (290); Sammelverwahrung ist »Regelform der Verwahrung vertretbarer Wertpapiere« *Einsele*, WM 2001, 7; *Kreße*, in: Hellner/Steuer, Bankrecht und Bankpraxis, Depotgeschäft Rn. 8/80.

Aktien. In der Praxis sehen die Satzungen börsennotierter Gesellschaften regelmäßig eine Sonderform der Globalurkunde vor: die »Dauerglobalurkunde«.[31] Die Gesellschaften haben ergänzend in der Satzung von ihrem Recht aus § 10 Abs. 5 AktG Gebrauch gemacht und die Verbriefungsmöglichkeit einzelner in der Sammelurkunde zusammengefasster Anteile nach § 9a Abs. 3 Satz 2 DepotG ausgeschlossen. Die Dauerglobalurkunde ist der praktische Regelfall.[32] Sie muss bei einer zentralen Verwahrstelle für Wertpapiere hinterlegt werden, § 9a Abs. 1 Satz 1 DepotG. Die einzige deutsche Verwahrstelle ist die *Clearstream Banking* AG.[33] Sie ist die Inhaberin beziehungsweise unmittelbare Besitzerin[34] der Aktienurkunde. Der Hinterleger ist dagegen Inhaber der Mitgliedschaft. Praktisch fallen damit die Inhaberschaft an der Urkunde und die an der Mitgliedschaft regelmäßig auseinander, wobei der Inhaber der Mitgliedschaft als der eigentliche Aktionär angesehen wird.

Bei einem Blick in die Zukunft wird deutlich, dass weltweit eine Zuwendung zu unverbrieften Effekten (Werterechten) zu beobachten ist.[35] So auch in Deutschland. § 2 Abs. 1 Satz 1 eWpG ermöglicht es privaten Emittenten, ein komplett unkörperliches Wertpapier zu emittieren. Stattdessen wird nun das elektronische Wertpapier als Sache fingiert (§ 2 Abs. 3 eWpG). Die Konzentration auf eine physische Aktienurkunde zur Identifizierung eines Aktionärs erscheint unter diesen Voraussetzungen noch fraglicher. Sollte der Aktionär in Bezug auf die Frage der Aktionärsstellung in diesem Fall der Inhaber einer fiktiv physischen papierlosen Urkunde sein? Das Abstellen auf die Besitzverhältnisse wird so noch fernliegender und die Inhaberschaft der Mitgliedschaft als Begründung für die Aktionärseigenschaft deutlich plausibler.

2. Die Mitgliedschaft in der Kommanditgesellschaft auf Aktien

Für die Kommanditgesellschaft auf Aktien ergibt sich eine Besonderheit. Im Gegensatz zur AG und SE hat die KGaA zwei Gesellschaftergruppen: Die Kommanditaktionäre und die Komplementäre. Beide sind Inhaber einer

---

31 *Bauer*, in: Kümpel/Mülbert/Früh, Bank- und Kapitalmarktrecht, Depotgeschäft Rn. 18.73; *Loritz*, BB 2017, 2327 (2328); *Einsele*, Bank- und Kapitalmarktrecht, § 9 Rn. 3.

32 *Brand*, ZBB/JBB 2015, 40; *Lehmann*, Finanzinstrumente, S. 31.

33 *Schmidt*, in: Säcker/Rixecker/Oetker/Limperg, MüKo-BGB VIII, § 1008 Rn. 29; *Eder*, NZG 2004, 107 (110); *Schaper*, AG 2016, 889 (890); *Habersack/Mayer*, WM 2000, 1678 (1679); *Mentz/Fröhling*, NZG 2002, 201 (204); *Böttcher*, Depotgesetz, § 1 Rn. 5; *Dieckmann*, in: Ebenroth/Boujong/Joost, HGB II, DepotG § 1 Rn. 20; *Einsele*, Bank- und Kapitalmarktrecht, § 9 Rn. 8; *Zimmermann*, Das Aktiendarlehen, S. 20; *Einsele*, WM 2001, 7 (8); *Eichholz*, WM 2013, 250 (251); *Lehmann*, Finanzinstrumente, S. 50; *Kumpan*, in: Hopt, HGB, DepotG § 1 Rn. 7.

34 BGHZ 207, 23 (28).

35 *Einsele*, Bank- und Kapitalmarktrecht, § 9 Rn. 4; ausführlich *Lehmann*, Finanzinstrumente, S. 61–90.

unterschiedlich ausgeprägten Mitgliedschaft an der KGaA. Der Kommanditaktionär erlangt die mitgliedschaftliche Stellung im Wege der Beteiligung an der KGaA mittels Leistung einer Einlage auf das Grundkapital der Gesellschaft. Der Komplementär erlangt die mitgliedschaftliche Stellung als Gründer oder im Wege der Satzungsänderung durch die Übernahme der persönlichen Haftung für Verbindlichkeiten der Gesellschaft.[36] Ersterer ähnelt dem AG-Aktionär, letzterer dem KG-Komplementär.

Da sich hinter der Mitgliedschaft in der KGaA sowohl Kommanditaktionäre als auch Komplementäre verbergen, bedarf es zur Definition des Aktionärs einer weiteren Konkretisierung. Für die Kommanditaktionärseigenschaft ist es jedenfalls unzureichend, sich lediglich auf die »Mitgliedschaft« zu berufen. Denn der Komplementär soll ja gerade nicht von der Aktionärsdefinition erfasst werden. Es muss differenziert werden, ob sich die mitgliedschaftliche Stellung aus der Zahlung auf das Grundkapital oder aus der Übernahme der persönlichen Haftung ergibt. Diese Feinheit darf nicht vernachlässigt werden und muss Eingang in die Begriffsbestimmung finden.

Für die Ausgangsfrage »Wer ist (der moderne Kommandit-)Aktionär?« lässt sich somit festhalten:

> Aktionär ist der Inhaber einer durch die Beteiligung am Grundkapital erlangten Mitgliedschaft an einer Aktiengesellschaft (AG), Societas Europaea (SE) oder Kommanditgesellschaft auf Aktien (KGaA).

3. Zusammenfassung

Durch die Immobilisierung und Entindividualisierung der Aktien kann die Inhaberschaft an der Aktienurkunde nicht mehr ausschlaggebend für die Aktionärseigenschaft sein. Die Mitgliedschaft ist das zentrale Element der Aktionärsstellung. Unter Berücksichtigung der strukturellen Gegebenheiten in der KGaA ist auf die Mitgliedschaft abzustellen, welche sich aus der Zahlung auf das Grundkapital ergibt.

III. Wer ist Investor?

Peter Thiel, *René Benko*, *Elliot*, *Blackstone* und *BlackRock* sind bekannte Namen, die wohl von den meisten Menschen mit dem Begriff »Investor« in Verbindung gebracht werden. Sie alle sind natürliche oder juristische Personen, die investieren. Sie wandeln Kapital zielgerichtet in Vermögensgegenstände um[37] und verwalten Vermögen nach einer festgelegten Anlagestrategie.[38]

---

36 *Sethe*, in: Hirte/Mülbert/Roth, GroßKomm AktG XII, § 278 Rn. 14.

37 So die allgemeine Definition zu »Investition« *Thommen et al.*, Allgemeine Betriebswirtschaftslehre, S. 406.

38 *Kaiser*, Hedgefonds, S. 41.

Investitionsobjekte können beispielsweise Produktionsanlagen und Immobilien, Software und Patente sowie Beteiligungen an Personen- oder Kapitalgesellschaften sein. Ein Investor kann danach auch Hauseigentümer und Patentinhaber sein und ist nicht denknotwendig ein Aktionär. Lediglich soweit ein Investor Anteile an einer Aktiengesellschaft, einer Kommanditgesellschaft auf Aktien oder einer Societas Europaea erwirbt, er also Kapital in das Grundkapital einer AG, KGaA oder SE investiert, wird er Inhaber einer Mitgliedschaft und tritt als Aktionär auf. Daraus folgt, dass ein Aktionär immer ein Investor ist, aber ein Investor nicht immer ein Aktionär.

IV. Aktionärs- und Investoraktivismus

Nachdem die relevanten Begriffe unabhängig voneinander allgemein definiert wurden, wird auf Basis dessen eine Definition für den hier thematisierten Aktionärs- und Investoraktivismus erarbeitet.

1. Aktionärsaktivismus

Unter Berücksichtigung der vorstehenden Ausführung ließe sich der Aktionärsaktivismus als

> ein zielorientiertes Handeln zur Durchsetzung bestimmter Absichten einer natürlichen oder juristischen Person, die Inhaber einer durch die Beteiligung am Grundkapital erlangten Mitgliedschaft einer AG, SE oder KGaA ist,

definieren. Diese recht allgemein gehaltene Definition trifft den Kern des Phänomens noch nicht in Gänze. Eine weitere Konkretisierung des »zielorientierten Handelns« und der »bestimmten Absicht« ist geboten. Um sich dem zu nähern, werden die den Aktionärsaktivismus umschreibenden Ausführungen im Schrifttum zusammengetragen und untersucht, inwieweit sie für die vorangegangene Definition verwendbar sind und dieser die nötige Explikation verleihen können. Eine umfassende Darstellung der theoretischen Begriffsdiskussion ist – soweit ersichtlich – bislang nicht erfolgt. Die wesentlichen Positionen sollen daher geordnet wiedergegeben werden. Auf dieser Grundlage ist sodann das vom Verfasser geteilte Verständnis von Aktionärsaktivismus zu formulieren.

Aktionärsaktivismus als »zielorientiertes Handeln« wird unterschiedlich interpretiert. Als »Handlungen« werden die Ausübung von Aktionärsrechten sowie die faktische Einflussnahme[39] genannt. Mit der bloßen Ausübung der

---

39 *Graßl/Nikoleyczik*, AG 62 (2017), 49; *Wissenschaftliche Dienste*, Aktionärsaktivismus unter gesellschafts- und aktienrechtlichen Gesichtspunkten, <*www.bundestag.de/resource/blob/571478/6cdddd989645a48fffb220fa3b3d0ef/WD-7-168-18-pdf.pdf*>, S. 4; *Heuser*, Shareholder Activism, S. 17–18; *Kleinmanns*, IRZ 2016, 341 (341,

Aktionärsrechte kann für sich allein noch nicht unmittelbar auf ein aktivistisches Handeln geschlossen werden.[40] Denn der Aktionär ist nicht nur Mitglied des Personenverbandes, sondern auch Eigentümer eines Geschäftsanteils, der in den Schutzbereich des Art. 14 GG fällt.[41] Er hat damit das Recht, unter Ausübung seiner Aktionärsrechte zur Willensbildung der Gesellschaft beizutragen.[42]

Überdies ist die Ausübung der Aktionärsrechte und die Kontrolle der Unternehmensverwaltung durch die Anteilseigner vom Gesetzgeber gewünscht. Die passiven Aktionäre nutzen in der Hauptversammlung ihre Stimmrechte dagegen nur selten oder gar nicht, schaden der Aktionärsdemokratie und sind von der Legislative unerwünscht.

Beispielhaft dafür steht das Gesetz zur Umsetzung der zweiten Aktionärsrechterichtlinie (ARUG II), welches eine Vielzahl an Neuregelungen für das Aktiengesetz vorsieht. Ziele sind die Stärkung der Mitwirkungsrechte der Aktionäre bei börsennotierten Gesellschaften, die Erleichterung von grenzüberschreitenden Informationen, die Ausübung der Aktionärsrechte und eine Erhöhung der Transparenz.[43]

Die bloße Wahrnehmung der zur Verfügung stehenden Aktionärsrechte sowie der faktischen Handlungsoptionen wird erst in Verbindung mit der »Zielorientiertheit« bzw. einer »Zielstrebigkeit« zum Aktivismus. Die Orientierung an einem bestimmten Ziel bzw. die »Absicht« hinter der Handlung findet jedoch nur vereinzelt Erwähnung in den Definitionsvorschlägen[44] und wird präzisiert als die (versuchte[45]) Einflussnahme auf das Management[46]

---

342); *Plagemann/Rahlmeyer*, NZG 2015, 895; *Schockenhoff/Culmann*, ZIP 2015, 297; *Döding*, ZBB/JBB 32 (2020), 168 (169); »informelle Wege« *Friedrich/Gatti*, AR 2019, 105.

40 So die Wertung in der Studie von *Schreyögg/Unglaube*, AG 2013, 97 (100).

41 *Schmidt*, in: Müller-Glöge/Preis/Schmidt/Dieterich/Hanau/Schaub, ErfK-ArbR, GG Art. 14 Rn. 4; *Papier/Shirvani*, in: Maunz/Dürig, GG, Art. 14 Rn. 219.

42 *Langenbucher*, Aktien- und Kapitalmarktrecht, § 7 Rn. 31; *Wiedemann*, in: Bitter/Lutter/Priester/Schön/Ulmer, FS Schmidt, S. 1734 meint allerdings das BVerfG spreche zumindest dem Kleinaktionär ein schutzwertes Interesse an der Ausübung von Herrschaftsbefugnissen ab.

43 Entwurf eines Gesetzes zur Umsetzung der zweiten Aktionärsrechterichtlinie (ARUG II) vom 24.04.2019, BT-Drucks. 19/9739, S. 1.

44 So bei *Wissenschaftliche Dienste*, Aktionärsaktivismus unter gesellschafts- und aktienrechtlichen Gesichtspunkten, <*www.bundestag.de/resource/blob/571478/6cddddd989645a48fffb220fa3b3d0ef/WD-7-168-18-pdf.pdf*>, S. 4; *Kleinmanns*, IRZ 2016, 341 (341, 342); *Sekanina*, Finanzinvestoren und Mitbestimmung, <*www.imu-boeckler.de/de/faust-detail.htm?sync_id=HBS-006866*>, S. 11.

45 *Bunz*, NZG 2014, 1049 (1050); *Kuthe/Beck*, AG 2019, 898 (899).

46 *Bunz*, NZG 2014, 1049 (1050); *Kleinmanns*, IRZ 2016, 341 (341,342); *Kuthe/Beck*, AG 2019, 898 (899); »influencing the target company's management« *Schüler*, Shareholder Activism in Continental Europe, S. 2; *Rieckers*, DB 2019, 107 (113).

der Gesellschaft zur Erreichung individueller Interessen[47]. Einflussnahme zur Erreichung individueller Interessen ist auch nach der hier vertretenen Ansicht das oberste Ziel der aktivistischen Aktionäre. Die Einflussnahme auf die Unternehmensleitung ist dabei ein Mittel zur Erreichung des Ziels, jedoch nicht die einzige Absicht. Der Börsenwert des Unternehmens soll beeinflusst, die öffentliche Darstellung der Gesellschaft mitgestaltet sowie Mitaktionäre angesprochen und von den eigenen Ansichten überzeugt werden. Eine »Einflussnahme auf das Unternehmen« ist daher die treffendere Formulierung.[48] Wie die rechtliche und faktische Einflussnahme und die individuellen Interessen der Aktivisten im Detail aussehen, ist ein wesentlicher Teil dieser Arbeit.[49]

Die Person des »Aktivisten« wird in den wissenschaftlichen Ausarbeitungen als Minderheitsaktionär[50] und vereinzelt als Großaktionär[51] oder Investor[52] benannt. Die Beschreibung als Investor ist zu unpräzise: Ein Investor ist (wie zuvor dargestellt) nicht zwingend Aktionär. Um den Aktionärsaktivismus apodiktisch zu definieren, ist der Aktivist allein dem Wortlaut nach als Aktionär und nicht als Investor zu benennen. Die Größe des Anteils ist sekundär und nicht auf Minderheitsaktionäre beschränkt. Auch Mehrheitsgesellschafter können trotz der ihnen zustehenden Stimmrechte auf aktivistisches Handeln angewiesen sein. Dies ist gerade für den Mehrheitsaktionär einer Kommanditgesellschaft auf Aktien wegen der starken Stellung des persönlich haftenden Gesellschafters[53], möglicherweise von Bedeutung. Die »Mehrheitsherrschaft der Kapitalgeber« ist gerade kein Merkmal der KGaA.[54] Mögliche Lösungen zur Umgehung dieser KGaA-Eigenschaft zu

---

47 *Wissenschaftliche Dienste*, Aktionärsaktivismus unter gesellschafts- und aktienrechtlichen Gesichtspunkten, <*www.bundestag.de/resource/blob/571478/6cdddd989645a48fff-b220fa3b3d0ef/WD-7-168-18-pdf.pdf*>, S. 4; *Heuser*, Shareholder Activism, S. 17–18; *Kleinmanns*, IRZ 2016, 341 (341, 342); *Plagemann/Rahlmeyer*, NZG 2015, 895; *Kuthe/Beck*, AG 2019, 898 (899); *Schockenhoff/Culmann*, ZIP 2015, 297.

48 Ähnlich das Aktivismus-Verständnis von *Brass*, Hedgefonds als aktive Investoren, S. 1, der von einer »Veränderung im Unternehmen« spricht; ebenfalls von »Einfluss auf die Gesellschaft selber« sprechend *Albath*, Shareholder Activism im Rahmen der Hauptversammlung, S. 60.

49 Dazu unter Kap. 3 § 11 III. 1. und 2.

50 *Heuser*, Shareholder Activism, S. 17–18; *Friedrich/Gatti*, AR 2019, 105; »Minderheitsgesellschafter« *Kleinmanns*, IRZ 2016, 341 (341, 342); *Thaeter/Guski*, AG 2007, 301; *Albath*, Shareholder Activism im Rahmen der Hauptversammlung, S. 60.

51 *Kuthe/Beck*, AG 2019, 898 (899); *Schockenhoff/Culmann*, AG 2016, 517.

52 *Schüler*, Shareholder Activism in Continental Europe, S. 2; *Schockenhoff/Culmann*, AG 2016, 517.

53 *Philbert*, Die Kommanditgesellschaft auf Aktien zwischen Personengesellschaftsrecht und Aktienrecht, S. 24; *Schaumburg/Schulte*, Die KGaA, S. 33 Rn. 50; *Nagel/Wittkowski*, Die Kommanditgesellschaft auf Aktien (KGaA), S. 23 Rn. 9.

54 *Sethe*, in: Hirte/Mülbert/Roth, GroßKomm AktG XII, § 287 Rn. 10b.

finden, ist nicht zuletzt Ziel dieser Arbeit. Die praktischen Fälle scheinen von Minderheitsaktionären geprägt zu sein. Für eine möglichst allgemeingültige Definition ist die statistische Verteilung aber nicht von Interesse. Entsprechend scheint die einfache Bezeichnung als »Aktionär« am passendsten. So bleibt das denkbare Auftreten eines aktivistischen Mehrheitsaktionärs nicht unberücksichtigt.

Sämtliche für eine Begriffsbestimmung als wichtig erachteten Merkmale werden nur in einer der bisher verwendeten Definitionen aufgegriffen. Nach dieser Definition wird unter Aktionärsaktivismus

> »ein Phänomen verstanden, bei dem institutionelle, zielorientiert handelnde Minderheitsgesellschafter zur Erreichung ihrer Ziele bestrebt sind, über die ihnen als Aktionäre der Gesellschaft zustehenden Rechte hinaus einen erweiterten Einfluss auf die Unternehmensführung bzw. die Mitaktionäre zu nehmen.«[55]

Nach den vorangegangenen Ausführungen muss für das hiesige Verständnis der »Minderheitsgesellschafter« ersetzt werden durch »Inhaber einer durch die Beteiligung am Grundkapital erlangten Mitgliedschaft an einer AG, SE oder KGaA«. Da nicht nur Einfluss auf die Unternehmensführung und die Mitaktionäre, sondern auch auf die Gesellschaft als solche genommen werden soll, ist von einem »Einfluss auf das Unternehmen« zu sprechen. Es ergibt sich schließlich folgende Definition:

> Aktionärsaktivismus ist die zielgerichtete Ausübung von Aktionärsrechten sowie die zielorientierte faktische Einflussnahme von Inhabern einer durch die Beteiligung am Grundkapital erlangten Mitgliedschaft an einer AG, SE oder KGaA, mittels welcher Einfluss auf das Unternehmen genommen wird, um so individuelle Interessen durchzusetzen.

2. Investoraktivismus

Eine synonyme Verwendung der Begriffe des Investor- und des Aktionärsaktivismus ist möglich, soweit und solange der Investor ein Aktionär ist. Den Investoraktivismus mit dem Aktionärsaktivismus gleichzusetzen ist nicht grundlegend falsch.

Es sind aber Sachverhalte denkbar, in denen es notwendig ist, einen Investor und dessen zielgerichtete Tätigkeit gesondert als »Investoraktivismus« zu bezeichnen und vom Aktionärsaktivismus zu unterscheiden.

Der Investoraktivismus muss dann getrennt vom Aktionärsaktivismus betrachtet werden, wenn der Investor eben kein Aktionär ist, aber aktivistisch handelt. Dies ist der Fall, wenn sich ein Investor an einer Gesellschaft mit be-

55 *Kleinmanns*, IRZ 2016, 341 (341).

schränkter Haftung (»GmbH«)[56] oder einer Kommanditgesellschaft (»KG«) beteiligt und dort versucht, gezielt bestimmte Absichten durchzusetzen. Die Rahmenbedingungen in einer GmbH scheinen günstig – vor allem aufgrund des Weisungsrechts der GmbH-Gesellschafter aus § 37 Abs. 1 GmbHG. Für die KG hat eine (aktivistische) Einflussnahme durch ihre Kommanditisten praktische Relevanz und bereits in der oberlandesgerichtlichen Rechtsprechung Erwähnung gefunden. Das *OLG Hamm*[57] hat dazu ausgeführt:

> »Gesellschaftsintern darf ein Kommanditist auch in massiver und überspitzter Weise Kritik an der Geschäftsführung der Komplementärin üben, um Einfluss auf die Entwicklung der Gesellschaft zu nehmen.«

Die vorliegende Arbeit beschränkt sich im Wesentlichen auf die börsennotierten Publikumsgesellschaften, insbesondere die KGaA, weshalb die vorbeschriebene Art des Investoraktivismus hier keiner weiteren Ausführungen bedarf.

Vorliegend soll es um die faktische Einflussnahme eines Aktivisten von »außen« gehen, solange er kein Aktionär im hier verstandenen Sinne ist. Den Hauptanwendungsfall des Investoraktivismus bildet insoweit der Leerverkaufsaktivismus.[58] Nach alledem gilt:

> Investoraktivismus bezeichnet die Einflussnahme eines nicht am Grundkapital beteiligten Investors auf eine Gesellschaft, zur Durchsetzung individueller Interessen.

V. Zusammenfassung

Es konnte eine Definition des Aktionärsaktivismus erarbeitet werden, die nicht nur den aktivistischen Aktionär einer AG erfasst, sondern auch den aktivistischen Kommanditaktionär unmissverständlich mit einschließt.

Der Aktivismus wird als ein zielorientiertes Handeln zur Durchsetzung bestimmter Absichten verstanden. Ein solches Handeln muss von dem Inhaber einer durch die Beteiligung am Grundkapital erlangten Mitgliedschaft an einer Aktiengesellschaft (AG), Societas Europaea (SE) oder Kommanditgesellschaft auf Aktien (KGaA) ausgehen. Ziel ist es, durch die Einflussnahme auf die Gesellschaft individuellen Interessen durchzusetzen. Dafür nutzen die Aktivisten die faktische Einflussnahme sowie ihre (Kommandit-)Aktionärsrechte.

---

56 Ein Investor kann sich bei der Gründung direkt am Grundkapital beteiligen oder im Wege einer Kapitalerhöhung (§§ 55 ff. GmbHG) Anteile übernehmen.

57 OLG Hamm, Urt. v. 11.07.2018 – 8 U 108/17, http://www.justiz.nrw.de/nrwe/olgs/hamm/j2018/8_U_108_17_Urteil_20180711.html, Rn. 127 (m. w. N.).

58 Siehe dazu ausführlich Kap. 3 § 10.

Es sind darüber hinaus Fälle denkbar, in denen der Aktivist keine Aktionärseigenschaft innehat. Soweit dies der Fall ist und dennoch eine Einflussnahme auf die Gesellschaft erfolgt – beispielhaft hierfür steht der Leerverkaufsaktivismus – ist dies nach hier vertretener Auffassung unter Investoraktivismus zu fassen.

§ 5 Ursprung und Fortentwicklung des Phänomens

Die Darstellung des Ursprungs und der Fortentwicklung des Phänomens soll zum einen in die Thematik einführen. Zum anderen soll die zeitgeschichtliche Entwicklung vom 17. Jahrhundert bis in die Gegenwart die immer weiter steigende Aktualität der Thematik verdeutlichen. In der Historie soll der inhaltliche Ursprung des Aktionärs- und Investoraktivismus gefunden werden. Diesen inhaltlichen Ursprung muss eine Kommanditgesellschaft auf Aktien als potenzielle Zielgesellschaft ebenfalls aufweisen.

I. 17. Jahrhundert – Niederlande

Schon die erste im Jahr 1602 gegründete Aktiengesellschaft[59] musste sich mit aktivistischen Aktionären und Investoren auseinandersetzen. Diese Aktiengesellschaft entsprang dem Zusammenschluss aller niederländischen Handelsfirmen in der *Vereenigde Oostindische Compagnie* (»*VOC*«).[60] Gesellschaftszweck der Unternehmung war der Handel mit Waren in Indien.[61] Das Kapital der Gesellschaft wurde in eine Vielzahl von Aktien zerlegt,[62] die erstmals auch den Weg an die Börse fanden[63] und frei gehandelt wurden.[64] Der Zusammenschluss der Handelsgesellschaften führte zu einer staatlich gewollten Monopolstellung.[65] Außenstehende, selbstständig arbeitende Kaufleute waren dadurch vom Indien-Handel ausgeschlossen. Als Kompen-

59 Darin »the first model of a limited company« bzw. den »Vorläufer der heutigen kontinentaleuropäischen AG« sehend *van Dillen/Poitras/Majithia*, in: Poitras/Jovanovic, Contributions, S. 45 (45, 51); *Fleischer/Mock*, NZG 2020, 161 (162).

60 *van Dillen/Poitras/Majithia*, in: Poitras/Jovanovic, Contributions, S. 45 (47); *Harris*, in: Gepken-Jager/van Solinge/Timmerman, VOC 1602–2002, S. 217 (224); *Nagel*, Abenteuer Fernhandel, 7, 45.

61 *Gepken-Jager*, in: Gepken-Jager/van Solinge/Timmerman, VOC 1602–2002, S. 41 (48).

62 *van Dillen/Poitras/Majithia*, in: Poitras/Jovanovic, Contributions, S. 45 (53) Die Aktien hatten jedoch keinen einheitlichen Nennwert.

63 *Nagel*, Abenteuer Fernhandel, S. 43.

64 *Gepken-Jager*, in: Gepken-Jager/van Solinge/Timmerman, VOC 1602–2002, S. 41 (44).

65 *Nagel*, Abenteuer Fernhandel, S. 102; *Gepken-Jager*, in: Gepken-Jager/van Solinge/Timmerman, VOC 1602–2002, S. 41 (47).

sation wurde ihnen (und allen übrigen Bürgern des Landes) das Recht eingeräumt, Anteile an der neu gegründeten *VOC* zu erwerben. Einer dieser Händler und ersten Anteilszeichner war Isaac *Le Maire*. Er investierte einen beträchtlichen Betrag[66] in die Compagnie und gehörte damit zu den Hauptaktionären.[67]

Ein damaliger Anteilseigner hatte nahezu keine Aktionärsrechte.[68] Dennoch war es ihm möglich, Einfluss auf das Unternehmen auszuüben. Genau das tat *Le Maire*. Zum einen wandte er sich gegen die »statutory liquidation«[69], welche er für illegal und unfair hielt und weswegen er den Rückzug von anderen Aktionären befürchtete. Dies prangerte er in einem Brief an den einflussreichen Amsterdamer Politiker Johan *van Oldenbarnevelt* an. Es ist davon auszugehen, dass er so Druck auf die Geschäftsführung der *VOC* aufbauen und das in seinen Augen schädliche Verhalten verhindern wollte. Tatsächlich schüttete die *VOC* in der Folge eine Dividende an ihre Anteilseigner aus.

Einige Jahre später, *Le Maire* war inzwischen zum Direktor der *VOC* aufgestiegen, kam es zu Unstimmigkeiten zwischen ihm und den übrigen Direktoren. Diese Streitigkeiten gipfelten in seiner Entlassung aus dem Unternehmen. Daraufhin schloss er sich mit einigen weiteren Investoren zusammen, um mit Aktien der *VOC* zu handeln.[70] Zeitgleich spielte der König von Frankreich mit dem Gedanken, ebenfalls eine ostindische Handelsunternehmung zu gründen.[71] Diese Konkurrenzgesellschaft sollte mit der Hilfe von *Le Maire* aufgebaut werden.[72]

In diese Pläne eingeweiht, witterte Isaac *Le Maire* seine Chance auf einen hohen Profit. Seine Idee war einfach: Zunächst verkaufte *Le Maire* mehr *VOC*-Aktien als er eigentlich besaß.[73] Sobald auch den übrigen Anlegern bewusst würde, dass ein neuer ernst zu nehmender Konkurrent (die ostin-

---

66 Die Summe schwankt je nach Quelle zwischen 60.000 Florin *Poitras*, Equity Capital, S. 201; *van Dillen/Poitras/Majithia*, in: Poitras/Jovanovic, Contributions, S. 45 (47) und 85.000 Florin *Glebe*, Schnellkurs Börsenhandel, S. 83.

67 *van Dillen/Poitras/Majithia*, in: Poitras/Jovanovic, Contributions, S. 45 (45, 47); *Gepken-Jager*, in: Gepken-Jager/van Solinge/Timmerman, VOC 1602–2002, S. 41 (70).

68 *van Dillen/Poitras/Majithia*, in: Poitras/Jovanovic, Contributions, S. 45 (51); *Harris*, in: Gepken-Jager/van Solinge/Timmerman, VOC 1602–2002, S. 217 (229); *Gepken-Jager*, in: Gepken-Jager/van Solinge/Timmerman, VOC 1602–2002, S. 41 (56).

69 Gemeint ist die verzinste Rückzahlung des erworbenen Anteils nach einer Haltedauer von 10 Jahren.

70 *van Dillen/Poitras/Majithia*, in: Poitras/Jovanovic, Contributions, S. 45 (56).

71 *van Dillen/Poitras/Majithia*, in: Poitras/Jovanovic, Contributions, S. 45 (48).

72 *van Dillen/Poitras/Majithia*, in: Poitras/Jovanovic, Contributions, S. 45 (49); *Poitras*, Equity Capital, S. 202.

73 *Glebe*, Schnellkurs Börsenhandel, S. 83; *van Dillen/Poitras/Majithia*, in: Poitras/Jovanovic, Contributions, S. 45 (54).

dische Handelsunternehmung des Königs von Frankreich) auf den Markt drängte, würden sie ihre *VOC*-Aktien panisch verkaufen und der Aktienkurs in der Folge dramatisch fallen. Daraufhin könnte *Le Maire* die *VOC*-Aktien zu einem niedrigeren Preis erwerben und die zuvor eingegangenen kaufvertraglichen Lieferpflichten erfüllen. Die Idee des ungedeckten Leerverkaufs von Wertpapieren war geboren.[74]

II. 20. Jahrhundert – Vereinigte Staaten von Amerika

Ein gehäuftes Aufkommen des Aktionärsaktivismus ist erst über 300 Jahre später, Anfang des 20. Jahrhunderts, zu erkennen und entsprechend dokumentiert worden. In der Literatur wird der Ursprung des Aktionärsaktivismus meist erst auf diesen Zeitpunkt datiert.[75]

Mit den Jahren entwickelten sich auch die Ziele und Schwerpunkte der Akteure. Während in den 1930er bis 70er Jahren das individuelle Interesse der Aktionäre im Wesentlichen auf die Durchsetzung sozialer Anliegen fokussiert war[76] und Anteilseigner sich häufig für Antidiskriminierungsmaßnahmen, Umweltbelange oder Verbraucherschutz einsetzten,[77] wurden finanzielle Motive erst Anfang der 1980er Jahre relevant. Die Unternehmungen wurden immer größer, und die Eigentümerstrukturen veränderten sich. Gesellschaften, die ursprünglich von den Gründern geleitet wurden, hatten nun vermehrt Geschäftsleiter mit Expertenwissen an ihrer Spitze. In der daraus verstärkt resultierenden Trennung von Eigentum auf der einen und Kontrolle auf der anderen Seite, mit der allerdings auch schon Aktionäre wie Isaac *Le Maire* zu kämpfen hatten, liegt damals wie heute der inhaltliche Ursprung des Aktionärsaktivismus.[78] Dieser Konflikt wird in der sogenannten »Prinzipal-Agent-Theorie« aufgegriffen.

---

74 Isaac *Le Maire* gilt daher als der Organisator des ersten »bear raid on joint-stock shares« *Poitras*, Equity Capital, S. 200; Leerverkäufe waren in Bezug auf andere Handelsgüter auch zu dieser Zeit bereits Gang und Gäbe.

75 *Kleinmanns*, IRZ 2016, 341 (342) meint »der Shareholder Activism hat seine Wurzeln in den USA« und sieht den Beginn in den 1950er Jahren; *Engelhardt*, M&A Review 2008, 194 sagt die Erscheinung komme »historisch aus den USA«; *Ludwig*, M&A Review 28 (2017), 363 spricht von einem »Phänomen, welches ursprüngliche in den USA entstanden ist«.; *Pierscinska*, Investoren-Aktivismus in Deutschland, S. 31 findet den »Ursprung in den USA«; *Albath*, Shareholder Activism im Rahmen der Hauptversammlung, S. 38 ist der Ansicht, »die Ursprünge des Shareholder Activism sind in den USA bereits Anfang des 20. Jahrhunderts zu finden«.

76 *Schüler*, Shareholder Activism in Continental Europe, 2, 42 bezeichet die Jahre zwischen 1940 und 1960 als »social rights movement«; *Engelhardt*, M&A Review 2008, 194; *Gillan/Starks*, Contemporary Finance Digest 2 (1998), 10 (14).

77 *Nicolai/Thomas*, WiSt 2004, 20.

78 *Pierscinska*, Investoren-Aktivismus in Deutschland, S. 1; *Eidenmüller*, JZ 56 (2001), 1041 (1047).

1. Die Prinzipal-Agent-Theorie

Die Prinzipal-Agent-Theorie wurde in den 1980er Jahren in der amerikanischen Lehre entwickelt.[79] Ihr liegt das namensgebende Prinzipal-Agent-Verhältnis zugrunde.

Die bekannteste Definition zum Prinzipal-Agent-Verhältnis stammt aus dem Jahr 1976 von Michael C. *Jensen*[80] und William H. *Meckling*[81]. Diese definieren ein solches Verhältnis

> »as a contract under which one or more persons (the principal(s)) engage another person (the agent) to perform some service on their behalf which involves delegating some decision making authority to the agent.«[82]

Im Sinne dieser Theorie ist eine Unternehmung als ein rechtliches Gebilde aus diversen Rechtsverhältnissen (nexus of contract) zu verstehen.[83] Dahinter verbergen sich eine Reihe von Prinzipal-Agent-Verhältnissen. Eines davon ist das Auftragsverhältnis zwischen Aktionären und Geschäftsleitung. Anders als in der deutschen Aktiengesellschaft wird in Amerika das Board of Directors[84] von der Hauptversammlung gewählt[85] und unmittelbar von der Gesellschafterversammlung mit der unentgeltlichen Besorgung der Geschäftsführung beauftragt.[86]

Die daraus folgende »separation of ownership and control«[87] (z. dt. Trennung von Eigentum und Kontrolle) kann auf der einen Seite eine effiziente Form der wirtschaftlichen Organisation[88] widerspiegeln. Auf der anderen Seite birgt es ein in der Wissenschaft oft diskutiertes Konfliktpotenzial.

---

79 *Jensen/Meckling*, Journal of Financial Economics 3 (1976), 305 ist wohl der erste Aufsatz über die Prinzipal-Agent-Theorie.

80 Ist US-amerikanischer Ökonom mit Forschungs- und Arbeitsschwerpunkt in der Finanzwirtschaft.

81 War US-amerikanischer Ökonom und Professor für Management und Government Policy.

82 *Jensen/Meckling*, Journal of Financial Economics 3 (1976), 305 (308).

83 Geprägt wurde dieses Verständnis von Gesellschaften insbesondere von *Easterbrook/Fischel*, The Economic Structure of Corporate Law, S. 12, die es als »nexus of contracts« bezeichnen; *Jensen/Meckling*, Journal of Financial Economics 3 (1976), 305 (310) meinen »contractual relations are the essence oft he firm«; *Fama*, Journal of Political Economy 88 (1980), 288 (289).

84 Es vereinigt die Funktion von Aufsichtsrat und Vorstand einer deutschen Aktiengesellschaft, es ist für Management und Überwachung verantwortlich *Hay*, US-Amerikanisches Recht, S. 235 Rn. 592.

85 § 211 b) DGCL; *Hay*, US-Amerikanisches Recht, S. 233 Rn. 585, S. 236 Rn. 595.

86 *Rehm*, in: Eidenmüller, Ausländische Kapitalgesellschaften, § 11 Rn. 43.

87 *Jensen/Meckling*, Journal of Financial Economics 3 (1976), 305 (309).

88 *Fama*, Journal of Political Economy 88 (1980), 288 (289); *Fama/Jensen*, The Journal of Law & Economics 26 (1983), 301 (308).

Der US-amerikanische Politiker, Jurist und Hochschullehrer Adolf Augustus *Berle* und der Ökonom Gardiner C. *Means* haben schon früh in dem berühmt gewordenen Kapitel VI des 1. Buches ihres Werkes »The Modern Corporation and Private Property« auf das Spannungsverhältnis zwischen Eigentümer und Management aufmerksam gemacht.[89] Prinzipal und Agent sind danach weitestgehend auf ihren eigenen Vorteil bedacht.[90]

Die gegenläufigen Interessen werden beispielsweise im Bereich »Mergers & Acquisitions« deutlich. So kann der Unternehmensverkauf für die Prinzipale der Zielgesellschaft finanziell äußerst attraktiv sein, wohingegen der Agent der Zielgesellschaft unter Umständen um seinen Posten als Geschäftsleiter bangen muss. Andersherum kann die Übernahme eines Unternehmens für die Unternehmensführung prestigeträchtig sein, der Prinzipal hingegen hätte den Kaufpreis womöglich lieber als Ausschüttung erhalten.[91] Es zeigen sich völlig gegenläufige Belange von Kapitalgebern und Geschäftsleitern.

Auf der einen Seite stehen die Anteilseigner, die nur ein geringes Risiko eingehen möchten und dabei eine möglichst hohe Ausschüttung begehren.[92] Auf der anderen Seite steht die Geschäftsleitung, die es auf Ansehen für seine Arbeit[93] abgesehen hat und ebenfalls einen hohen finanziellen Profit erzielen möchte.[94]

Durch Abgabe der Leitungsmacht verlagern sich aber nicht nur die Interessen der beiden Parteien. Die Kenntnisse über geschäftliche Abläufe verschieben sich zulasten der Prinzipale und zugunsten der Agenten: Die Informationen sind asymmetrisch verteilt.[95]

2. Aktivismus als Lösung

Gemeinhin wurde in der Ökonomie der Korrekturmechanismus für Leistungsverschlechterungen in der Abwanderung der Prinzipale gesehen.[96] Waren die Anteilseigner unzufrieden, verkauften sie ihre Anteile. Andernfalls verblieben sie in der Gesellschaft (sog. »Wallstreet Rule«[97]). Jegliche

---

89 *Berle/Means*, The Modern Corporation and Private Property, S. 119–125.

90 *Berle/Means*, The Modern Corporation and Private Property, S. 123; sich dem anschließend *Jensen/Meckling*, Journal of Financial Economics 3 (1976), 305 (308).

91 *Jensen*, American Economic Review 76 (1986), 323 (328).

92 *Berle/Means*, The Modern Corporation and Private Property, S. 121.

93 *Berle/Means*, The Modern Corporation and Private Property, S. 124; *Bassen*, Institutionelle Investoren und Corporate Governance, S. 1.

94 *Berle/Means*, The Modern Corporation and Private Property, S. 123.

95 *Eisenhardt*, The Academy of Management Review 14 (1989), 57 (58).

96 *Hirschman*, Abwanderung und Widerspruch, 13, 20, 39.

97 *Davis/Thompson*, Administrative Science Quarterly 39 (1994), 141 (154); *Hirschman*, Abwanderung und Widerspruch, S. 39.

Konfrontation wurde vermieden.[98] Zum einen ist aber eine Abwanderung aus diversen Gründen nicht immer die (ökonomisch) sinnvollste Reaktion, und zum anderen kann Prinzipalen aus unterschiedlichsten Motiven daran gelegen sein, einen Interessen- und Informationsausgleich herzustellen. Es traten also weitere »Gesundungsmechanismen«[99] auf den Plan. Mitglieder einer Organisation sind alternativ im Stande »Krach zu schlagen« und dadurch der nachlässigen Führungsspitze verbesserte Leistungen abzutrotzen.[100] Prinzipale begannen dementsprechend das Verhalten der Agenten zu überwachen und zu steuern.[101] Veränderungen wurden von »innen her« erreicht[102].

Insbesondere wurde in den 1980er und 90er Jahren auf die Corporate Governance Einfluss genommen. Es wurden Regelungen zu den Vorstandsbezügen und der Bestellung des Vorstandes sowie Informationspflichten im Sinne der Aktionäre erlassen.[103] In den 90er Jahren war das Monitoring der Geschäftsleitung von besonderer Bedeutung, da so eine Abkehr von der bis dato gängigen erfolgsunabhängigen Vergütung der Geschäftsleitung begründet und durchgesetzt werden sollte.[104] Nicht umsonst wird die Vergütung als ein maßgebliches Steuerungselement des Agenten gesehen, wodurch ein Gleichlauf der Interessen von Gesellschaft und Geschäftsleitung geschaffen werden kann.[105]

Schließlich gingen die Prinzipale noch weiter. Bis zur Jahrtausendwende war es so weit gekommen, dass durch einen engen Kontakt zur Unternehmensspitze Einfluss auf die Unternehmensstrategie genommen wurde.[106]

III. Die Jahrtausendwende – Deutschland

Schon Mitte der 1990er Jahre hatten amerikanische Finanzinvestoren vergeblich versucht, gezielt Einfluss auf deutsche Kapitalgesellschaften zu neh-

98 *Hirschman*, Abwanderung und Widerspruch, S. 13.
99 *Hirschman*, Abwanderung und Widerspruch, S. 25.
100 *Hirschman*, Abwanderung und Widerspruch, S. 25.
101 *Jensen/Meckling*, Journal of Financial Economics 3 (1976), 305 (308 Fn. 9) u. a. erlässt er Budgetbeschränkungen und erstellt Vergütungsrichtlinien sowie Betriebsregeln.
102 *Hirschman*, Abwanderung und Widerspruch, S. 32.
103 *Nicolai/Thomas*, WiSt 2004, 20 (21); *Schmid*, in: Bundesverband der Unternehmensjuristen (BUJ)/Corporate Legal Insights (CLI)/CMS Hasche Sigle Partnerschaft von Rechtsanwälten und Steuerberatern mbB, Investor Activism 2018, S. 134 (135).
104 *Nicolai/Thomas*, WiSt 2004, 20 (21).
105 *Seibt*, in: Schmidt/Lutter, AktG, § 87 Rn. 3; *Spindler*, in: Goette/Habersack/Kalss, MüKo-AktG II, § 87 Rn. 1; *Uffmann*, Interim Management, S. 341.
106 *Nicolai/Thomas*, WiSt 2004, 20 (21).

men.[107] Die damalige Verflechtung zwischen Banken, Versicherungen und großen börsennotierten Unternehmen sowie eine starke Rolle des Staates insbesondere in Unternehmen der öffentlichen Daseinsvorsorge und Infrastruktur[108] machte es für ausländische Investoren uninteressant, sich an deutschen Publikumskapitalgesellschaften zu beteiligen. Dieses Konstrukt ist unter dem Namen *Deutschland AG* bekannt geworden. Für inländische Banken und Versicherungen war ihre dominante Stellung die ideale Grundlage für eine zielorientierten Einflussnahme auf die Unternehmen.[109] Ob diese Stellung genutzt wurden, lässt sich rückblickend nur schwer beurteilen. Gerade weil Unternehmen und Aktionäre so eng miteinander verflochten waren, ließ die Transparenz in der *Deutschland AG* zu wünschen übrig, und die Renditen[110] waren äußerst gering. Erst mit dem mühsamen Rückbau der *Deutschland AG* durch die Politik[111] kam es zu einer längst überfälligen Entflechtung. Diese zeigte sich insbesondere in dem Rückzug der vorher in der Aktionärsstruktur so dominanten Kreditinstitute. Gründe für die Abwanderung waren neben einem Anstieg der alternativen Finanzierungsquellen (Finanzinstitutionen wurden vermehrt Fremd- und nicht mehr Eigenkapitalgeber)[112], zunehmend geringeren Renditen für direkte Beteiligungen in deutschen Unternehmen, einer sich häufenden Anzahl professioneller Asset-Management-Unternehmen auch Änderungen im Gesellschafts- und Steuerrecht.[113] Konsequenz war eine Entwicklung weg von einem übermäßigen Festbesitz hin zu einem hohen Streubesitz; der Aktienmarkt wurde liquider.[114] Es wurden Anteile für den Publikumsverkehr frei, und es ergaben sich Investitionsmöglichkeiten für neue (ausländische) Finanzinvestoren.

---

107 *Kamp/Krieger*, Die Aktivitäten von Finanzinvestoren, <*www.boeckler.de/de/faust-detail.htm?sync_id=4166*>, S. 10.

108 *Sekanina*, Finanzinvestoren und Mitbestimmung, <*www.imu-boeckler.de/de/faust-detail.htm?sync_id=HBS-006866*>, S. 2.

109 So schreibt *Black*, Shareholder Activism and Corporate Governance in the United States, <*www.ssrn.com/abstract=45100*>, S. 16 »German banks have influence that American institutions can only dream about«.

110 Nach *Kengelbach/Roos*, M&A Review 2006, 12 erreichte der DAX 30 zwischen 1990 und September 2005 eine durchschnittliche jährliche Rendite von 5,7 %, verglichen mit 10,0 % und 11,3 % für den S& P 500 und den Dow Jones Index.

111 *Bessler/Drobetz/Holler*, European Financial Management 21 (2015), 106 (107–109); *Schaefer*, NZG 2007, 900; *Heuser*, Shareholder Activism, S. 2; *Sekanina*, Finanzinvestoren und Mitbestimmung, <*www.imu-boeckler.de/de/faust-detail.htm?sync_id=HBS-006866*>, S. 3; *Pierscinska*, Investoren-Aktivismus in Deutschland, S. 26.

112 *Kengelbach/Roos*, M&A Review 2006, 12.

113 *Kengelbach/Roos*, M&A Review 2006, 12; *Kamp*, WSI Mitteilungen 2007, 596 spricht von verbesserten Rahmenbedingungen in Europa seit 2000; *Bessler/Drobetz/Holler*, European Financial Management 21 (2015), 106 (107 f.) machen hauptsächlich eine Neuerung im Steuerrecht verantwortlich.

114 *Dimeg/Asmussen/Mentré*, BOARD 2017, 92 (93).

So entwickelte sich der Aktionärsaktivismus um die Jahrtausendwende in Deutschland.[115]

Auch in Deutschland wollten sich die »neuen« Aktionäre und Investoren nicht mit einer passiven Rolle in puncto Unternehmensführung zufriedengeben. In der Wissenschaft wird der Anlass für ein aktivistisches Vorgehen in Deutschland ebenfalls in der Trennung von Eigentum und Kontrolle[116] und dem daraus resultierenden Prinzipal-Agent-Konflikt gesehen. Wirtschaftlich sind die Aktionäre die Eigentümer der AG.[117] Dem Vorstand obliegt die Leitung der Gesellschaft in eigener Verantwortung (§ 76 Abs. 1 AktG) und die damit verbundene Kontrolle über die Geschicke der Gesellschaft.

1. Das Prinzipal-Agent-Verhältnis in der deutschen Aktiengesellschaft

Erinnert man sich an die von *Berle/Means* geprägte und bis heute allgemein anerkannte Definition, bedarf es eines Vertrages zwischen Agenten und Prinzipal. Ein solcher wird ohne tiefergehende Begründung als gegeben angesehen.[118] Zwischen Aktionären und Vorständen bestehen in der Regel keine rechtlichen Beziehungen im Sinne von Anstellungs-, Dienstleistungs- oder sonstigen Austauschverträgen.[119] Ein tatsächliches schuldrechtliches Rechtsverhältnis kann in der Definition des Prinzipal-Agent-Verhältnisses mit »Vertrag« – zumindest für die deutsche Kapitalgesellschaft – daher nicht gemeint sein.[120]

Zwischen den Aktionären und dem Vorstand einer AG besteht ein wirtschaftliches Auftragsverhältnis, welches Grundlage des gesuchten Prinzipal-Agent-Verhältnisses ist.

---

115 *Bunz*, NZG 2014, 1049; *Schüler*, Shareholder Activism in Continental Europe, 19, 41; *Thamm/Schiereck*, Corporate Finance 2014, 17.

116 So z. B. *Schwichtenhovel*, Managementreaktionen auf Shareholder Activism im Kontext guter Corporate Governance, S. 8.

117 *Hüffer/Koch*, Gesellschaftsrecht, § 30 Rn. 1; *Bitter/Heim*, Gesellschaftsrecht, § 3 Rn. 28; *Saenger*, Gesellschaftsrecht, § 14 Rn. 520, 546a.

118 Beispielhaft *Furubotn/Streissler/Richter*, Neue Institutionenökonomik, S. 174; *Pierscinska*, Investoren-Aktivismus in Deutschland, S. 21.

119 *Niewiarra*, BB 1998, 1961; *Bitter/Heim*, Gesellschaftsrecht, § 3 Rn. 71.

120 Nach *Eisenhardt* ist in dem »Vertrag» ohnehin nur eine Metapher für das Prinzipal-Agent-Verhältnis zu sehen. Einen Absatz später meint sie aber, der Schwerpunkt der Prinzipal-Agent-Theorie sei in »determining the most efficent contract governing the principal-agent relationship« zu sehen *Eisenhardt*, The Academy of Management Review 14 (1989), 57 (58); wobei sie die Frage aufwirft, ob ein »behavior-oriented« oder ein »outcome-oriented contract« effizienter sei. Dies macht einen weniger metaphorischen Eindruck, als man zunächst hätte annehmen können.

Wirtschaftlich zum einen deshalb, weil es kein juristischer Auftrag im Sinne der §§ 662–674 BGB ist.[121] Vielmehr wird dem Agenten von den Prinzipalen mittelbar durch den Aufsichtsrat treuhänderisch[122] die Vorstandstätigkeit aufgetragen. Gemäß § 84 Abs. 1 Satz 1 AktG hat der Aufsichtsrat eine zwingende (§ 23 Abs. 5 AktG) und höchstpersönlich wahrzunehmende (§ 111 Abs. 6 AktG) Bestellungshoheit.[123] Der Agent wird daher nicht von den Prinzipalen, sondern vom Aufsichtsrat bestellt. Die Mitglieder des Aufsichtsrats werden dagegen von den Prinzipalen in der Hauptversammlung nach § 101 Abs. 1 Satz 1 AktG gewählt.

Das Auftragsverhältnis zwischen den Aktionären und dem Vorstand der AG ist zum anderen deshalb wirtschaftlich, weil eine solche Arbeitsteilung ökonomisch sinnvoll ist. Die Prinzipale bringen zwar das Kapital in die Gesellschaft ein, können und wollen aber häufig die Leitung nicht übernehmen. Die Unternehmensführung wird in die Hände fähiger Manager gelegt. Dies ist aus volkswirtschaftlicher Sicht zweckmäßig, denn so wird das Kapital der Aktionäre mit dem »Know-how« fähiger Manager zusammengebracht.[124]

Dies bringt notgedrungen das für das Prinzipal-Agent-Verhältnis typische Informationsdefizit und die divergierende Interessenlage mit sich.

2. Aktivismus als Lösung

Zur Überbrückung des Konflikts legen es die Aktivisten auch in Deutschland darauf an, aus einer distanzierten Beteiligung, welche durch eine beschränkte Haftung und eine fehlende Mitarbeit im Unternehmen gekennzeichnet ist,[125] die Aufgaben der Unternehmensleitung wahrzunehmen. Dies zeigt sich erstmalig an einem praktischen Beispiel, welches als Schlüsselereignis der aktivistischen Aktionärskultur in Deutschland gilt. Im Jahr 2005 kam es zu bemerkenswerten Vorgängen rund um die *Deutsche Börse* AG.

Der britische Investmentfond *TCI* hatte Anteile an der *Deutschen Börse* AG erworben und befürwortete eine Verschmelzung derselben mit der paneuropäischen Börse *Euronext*. Als dieser Wunsch nicht erhört wurde und stattdessen eine Übernahme der *London Stock Exchange* im Raum stand,

---

121 Anders *Pierscinska*, Investoren-Aktivismus in Deutschland, S. 20, der darin eine »Vertragsbeziehung [...] zwischen den Anteilseignern und dem Management« sieht; ebenso *Jensen/Meckling*, Journal of Financial Economics 3 (1976), 305 (308).

122 *Eidenmüller*, JZ 56 (2001), 1041 (1047); *Oder*, in: Albach, Mikroökonomische Theorie, S. 262; rechtlich wird die Geschäftsleitung bei der AG vom Aufsichtsrat beauftragt, § 84 AktG.

123 *Uffmann*, Interim Management, S. 326; *Spindler*, in: Goette/Habersack/Kalss, MüKo-AktG II, § 84 Rn. 12, 14; *Koch*, Aktiengesetz, § 84 Rn. 5; *Seibt*, in: Schmidt/Lutter, AktG, § 84 Rn. 8; *Bürgers*, in: Bürgers/Körber/Lieder, AktG, § 84 Rn. 2, 3.

124 *Bitter/Heim*, Gesellschaftsrecht, § 3 Rn. 3.

125 *Steding*, JA 2002, 338 (342).

sah sich *TCI* gezwungen zu handeln. Im Rahmen seiner Möglichkeiten gelang es *TCI* tatsächlich seine Interessen durchzusetzen und die Übernahme der *London Stock Exchange* zu verhindern. Doch nicht nur das. *TCI* sorgte damit für den Rücktritt des Vorstandsvorsitzenden, den Austausch des Aufsichtsratsvorsitzenden sowie eine Sonderzahlung an die Aktionäre.[126]

Diese Vorgänge erlangten eine derart große mediale Aufmerksamkeit, dass der Aktionärsaktivismus von nun an endgültig in Deutschland angekommen zu sein schien, was mit einer immer stärkeren Wahrnehmung in der Gesellschaft einhergeht. Seitdem nimmt die Zahl aktivistischer Kampagnen in Deutschland stetig zu.[127]

IV. Zusammenfassung

Die Aktionärsrechte im frühen 17. Jahrhundert waren schwach ausgeformt. Gehindert hat es Aktivisten wie Isaac *Le Maire* vor über 300 Jahren nicht – zur Durchsetzung der eigenen Interessen wurde Einfluss auf die Gesellschaft genommen. Ein erstes Anzeichen also dafür, dass auch rechtlich geschwächte Aktionäre für ihre Interessen einstehen und sie erfolgreich vertreten können.

Tatsächlich präsent wurde der Aktionärsaktivismus erst im 20. Jahrhundert in den Vereinigten Staaten von Amerika. Um die Jahrtausendwende fand der Aktivismus seinen Weg schließlich nach Deutschland. Der Nukleus des Aktionärs- und Investoraktivismus wurde als Prinzipal-Agent-Konflikt in eine Theorie gegossen und ist bis heute ein weiteres wesentliches Kriterium und eine Grundvoraussetzung für eine potenzielle Zielgesellschaft.

§ 6 Akteure des Aktionärs- und Investoraktivismus

Wer verbirgt sich hinter den zuvor allgemein definierten aktivistischen Aktionären und Investoren? Es sind mehrere Gruppen von Aktivisten denkbar. Insgesamt sind fünf verschiedene Akteure erwähnenswert, nämlich Einzelpersonen, Private-Equity-Fonds, Pensionsfonds, Vermögensverwalter und Hedgefonds.[128]

---

126 *Engelhardt*, M&A Review 2008, 194.

127 *Jostarndt/Wolf/Degen*, Aktivistische Investoren, <*media-publications.bcg.com/BCG-Aktivistische-Investoren-Report-2020.pdf*>, S. 4.

128 Eine Datenbank, die zentral Fälle von Aktionärsaktivismus und die beteiligten Akteure erfasst, gibt es nicht. Da sich eine händische Datenerhebung äußerst mühselig gestaltet, halten sich Studien darüber in einem überschaubaren Umfang. Lediglich die Studie von *Thamm/Schiereck* aus dem Jahr 2014 gibt einen Überblick über die Akteure in der jüngeren Vergangenheit. Danach machten Einzelpersonen 3,16 %, Pri-

I. Einzelpersonen

Mit Einzelperson ist der klassische private Anleger gemeint, der sich direkt an einem Unternehmen beteiligt und so zum (Publikums-)Aktionär wird.[129] Der Anleger investiert nicht in einen Fonds, sondern trifft die Anlageentscheidungen selbst und könnte auch als privater Investor verstanden werden. Eine solche Person hat ein wachsames Auge auf sein Eigentum. Auch der Wunsch, dass die Geschäftsführung in seinem Sinne handelt, liegt nahe. Ungefähr die Hälfte der Privatanleger besucht die jährlich stattfindenden Hauptversammlungen und macht von ihrem aktienrechtlichen Stimmrecht Gebrauch.[130] Dass diese Privatanleger darüber hinaus aktivistisch tätig werden, ist dagegen schon seltener. Schon die Ausübung der Aktionärsrechte ist immer mit Kosten für den einzelnen Aktionär verbunden. Um zum Ort der Hauptversammlung zu gelangen, entstehen Reisekosten. Gegebenenfalls muss der Aktionär eine Übernachtung in einem Hotel bezahlen. Da Hauptversammlungen regelmäßig nicht auf ein Wochenende fallen, muss er Urlaub bei seinem Arbeitgeber beantragen oder – soweit er selbständig ist – einen Verdienstausfall in Kauf nehmen. Häufig ist es günstiger, die Anteile zu verkaufen und in ein konkurrierendes Wertpapier zu investieren.[131] Vereinzelt kommt es aber vor, dass auch Privatpersonen versuchen, Einfluss auf das Unternehmen zu erlangen, in welches sie investiert haben.[132] In der Regel handelt es sich wegen vorgenannter Kostenpunkte um finanzkräftige Individuen.[133]

II. Private-Equity-Investoren

Ein Private-Equity-Investor ist eine Beteiligungsgesellschaft, welche Eigenkapital vorrangig in nicht-börsennotierte (»private«[134]) Gesellschaften in-

---

vate-Equity-Fonds 3,56 %, Pensionsfonds 9,09 %, Vermögensverwalter 12,25 % und Hedgefonds 71,94 % aller aktivistischen Aktionäre und Investoren, zwischen 2008 und 2011 aus *Thamm/Schiereck*, Corporate Finance 2014, 17 (23).

129 2019 gab es 4,2 Mio. solcher Direktaktionäre in Deutschland *Fey/Di Dio*, Aktionärszahlen 2019 des deutschen Aktieninstituts 2019, <*www.dai.de/detail/aktionaerszahlen-2019-aktieninteresse-gesunken*>, S. 7.

130 *Pellens/Ahlich/Schmidt*, Verhalten und Präferenzen deutscher Aktionäre 2018, S. 19.

131 *Anzinger et al.*, Bankhistorisches Archiv 38 (2012), 1 (11); *Redeke*, AG 2015, 253 (254).

132 *Thamm/Schiereck*, Corporate Finance 2014, 17 (23) konnten immerhin 8 Fälle verzeichnen; so auch *Smend*, ZCG 2008, 53; *Albath*, Shareholder Activism im Rahmen der Hauptversammlung, S. 46; dagegen *Kleinmanns*, IRZ 2016, 341 (342).

133 *Ruffner*, Die ökonomischen Grundlagen eines Rechts der Publikumsgesellschaft, S. 436.

134 Dagegen meint *Schmidt/Spindler*, Finanzinvestoren aus ökonomischer und juristischer Perspektive, S. 30 Rn. 17 »private« drücke aus, dass »Beteiligungen an Private-Equity-Fonds in der Regel nicht am allgemein zugänglichen Markt gehandelt werden«.

vestiert.[135] Für gewöhnlich setzen Private-Equity-Gesellschaften zunächst einen Fonds auf, durch welchen sie Geld von anderen Investoren einsammeln.[136] Die Private-Equity-Gesellschaft tritt als Verwalter des Fonds auf.[137] Investiert wird in die Entwicklung[138] (»Venture Capital«) oder die Restrukturierung (»Buyout«[139]) der Zielgesellschaft.[140] Während für die erste Variante häufig junge, nicht gelistete Unternehmen (»Start-ups«) in das Visier der Private-Equity-Investoren geraten, sind für letztere bereits etablierte Gesellschaften von Interesse. Endziel ist immer eine gewinnbringende Veräußerung des Unternehmens. In beiden Segmenten wird hauptsächlich in nicht-börsennotierte Gesellschaften investiert.[141] In Ausnahmefällen trifft es aber auch Publikumsgesellschaften.[142] Deshalb werden Private-Equity-Investoren hier erwähnt. Ein gängiges Vorgehen von Private-Equity-Investoren ist ein Anteilserwerb an Publikumsgesellschaften im Rahmen eines Buy-Outs oder Private Investment in Public Equity (»PIPE«). Unter PIPE wird der Erwerb einer Minderheitsbeteiligung an einem börsennotierten Unternehmen unterhalb der übernahmerechtlichen Kontrollschwelle von 30 % der Stimmrechte verstanden.[143] In beiden Fällen wird Einfluss auf das Unternehmen genommen. Im Rahmen eines Buyouts wird die Kontrolle[144] über eine Publikumsgesellschaft errungen. In der Folge wird die Notierung der Aktien eingestellt (public-to-private-buyout).[145] Anschließend werden inter-

135 *Lehmann*, in: Leible/Lehmann, Hedgefonds und Private Equity, S. 17 (18); *McCahery/Vermeulen*, EBOR 9 (2008), 535 (544); *Faber*, in: Hommelhoff/Hopt/Werder, HdB Corporate Governance, S. 219 (222).

136 *McCahery/Vermeulen*, EBOR 9 (2008), 535 (544 f.); m. w. N. *Albath*, Shareholder Activism im Rahmen der Hauptversammlung, S. 41.

137 *Scheuplein*, Private Equity Monitor 2018., <*www.researchgate.net/publication/331935318_Private_Equity_Monitor_2018_Die_aktuelle_Tatigkeit_von_Finanzinvestoren_in_Deutschland*>, S. 15.

138 *Schmidt/Spindler*, Finanzinvestoren aus ökonomischer und juristischer Perspektive, S. 30 Rn. 21.

139 Laut *Scheuplein*, Private Equity Monitor 2018., <*www.researchgate.net/publication/331935318_Private_Equity_Monitor_2018_Die_aktuelle_Tatigkeit_von_Finanzin vestoren_in_Deutschland*>, S. 6 wurden 2017 in Deutschland 214 Unternehmen durch Private-Equity-Gesellschaften übernommen.

140 *Wolf*, Die Regulierung von Hedgefonds aus nationaler und internationaler Sicht, S. 6.

141 *Eidenmüller*, DStR 2007, 2116 (2118).

142 Die Übernahme der Stada Arzneimittel AG durch die Finanzinvestoren Bain und Cinven im Jahr 2017 sei als ein Beispiel hierfür genannt.

143 *Fromholzer/Hasselbach/Werder*, in: Eilers/Koffka/Mackensen/Paul, Private Equity, II. Rn. 177.

144 Minderheitsbeteiligungen durch Private-Equity-Investoren sind unüblich *Heuser*, Shareholder Activism, S. 75; *Thamm/Schiereck*, Corporate Finance 2014, 17 (19), sie kommen aber vor *Eidenmüller*, DStR 2007, 2116; *Heuser*, Shareholder Activism, S. 75.

145 *McCahery/Vermeulen*, EBOR 9 (2008), 535 (545).

ne Prozesse verbessert und Akquisitionen, Umstrukturierungsmaßnahmen und Refinanzierungen vorgenommen.[146] Durch eine solche Einflussnahme auf das Unternehmen soll der Wert der Gesellschaft im Hinblick auf den angestrebten Exit gesteigert werden.[147] Einen kontrollierenden Einfluss im Sinne einer übernahmerechtlichen Kontrolle auf die Zielgesellschaft haben Private-Equity-Investoren indes nicht. Eine gewinnbringende Veräußerung ist daher schwierig. Auch eine Umstrukturierung, Refinanzierung oder Ähnliches ist aus einer solchen Minderheitsposition heraus nur eingeschränkt umsetzbar.[148] Private-Equity-Fonds sind daher auf andere Möglichkeiten der Einflussnahme angewiesen. Genau dort setzt der Aktionärsaktivismus an. Unabhängig von der Beteiligungshöhe wird gezielt Einfluss auf das Unternehmen genommen. Private-Equity-Gesellschaften als Akteure des Aktionärs- und Investoraktivismus sind daher durchaus praxisrelevant.[149]

III. Institutionelle Investoren – insbesondere Pensionsfonds und Vermögensverwalter

Eine einheitliche Definition für institutionelle Investoren ist in der Fachliteratur nicht zu finden. Es ist bisher bei unterschiedlichen Definitionsansätzen geblieben, wobei einige Merkmale immer wieder Erwähnung finden. Bei einer Institution handelt es sich um eine Personenvereinigung, weshalb es sich schon der Titulierung nach nicht um eine natürliche, sondern eine juristische Person handelt.[150] Institutionelle Investoren hantieren in der Regel mit einem beträchtlichen Anlagevermögen.[151] Dieses wird in professionel-

---

146 *Cheffins/Armour*, The Eclipse of Private Equity, S. 1; *McCahery/Vermeulen*, EBOR 9 (2008), 535 (536, 545); *Fromholzer/Hasselbach/Werder*, in: Eilers/Koffka/Mackensen/Paul, Private Equity, II. Rn. 178.

147 *Fromholzer/Hasselbach/Werder*, in: Eilers/Koffka/Mackensen/Paul, Private Equity, II. Rn. 178.

148 *Fromholzer/Hasselbach/Werder*, in: Eilers/Koffka/Mackensen/Paul, Private Equity, II. Rn. 178.

149 9 Fälle verzeichnend *Thamm/Schiereck*, Corporate Finance 2014, 17 (23); *Leible/Lehmann*, Hedgefonds und Private Equity, S. 20; *Schmidt/Spindler*, Finanzinvestoren aus ökonomischer und juristischer Perspektive, S. 55–56 Rn. 55; *Arnold*, ZHR 185 (2021), 281 (287); den Investoraktivismus als »Kerngeschäft von Private-Equity-Gesellschaften« klassifizierend *Hommer*, Aktivistische Hedgefonds zwischen Recht und Corporate Governance, S. 13.

150 *Schiereck*, Sparkasse 109 (1992), 393.

151 *Pierscinska*, Investoren-Aktivismus in Deutschland, S. 7; *Kamp/Krieger*, Die Aktivitäten von Finanzinvestoren, <*www.boeckler.de/de/faust-detail.htm?sync_id=4166*>, S. 80; *Heuser*, Shareholder Activism, S. 7; *Nicolai/Thomas*, WiSt 2004, 20 (21); *Schiereck*, Sparkasse 109 (1992), 393 f.

ler Weise verwaltet.[152] Im Übrigen wird sich häufig darauf beschränkt, eine nicht abschließende Enumeration von traditionell institutionellen Investoren zu nennen. Dazu zählen Banken, Versicherungen, Bausparkassen, Investment- und Pensionskassen sowie Vermögensverwaltungen.[153] Auch das Gesetz sieht in § 134a Abs. 1 Nr. 1 AktG drei Fälle für institutionelle Anleger vor. Darunter fallen Lebensversicherungen, Rückversicherungen und Einrichtungen der betrieblichen Altersvorsorge. Zwei der zuvor genannten Institutionen werden auch im Zusammenhang mit dem Aktionärs- und Investoraktivismus relevant: Pensionsfonds und Vermögensverwalter.

1. Pensionsfonds

Die Verknüpfung zwischen Pensionsfonds und aktivistischen Aktionären und Investoren ist nicht offensichtlich. Schließlich handelt es sich bei Pensionsfonds um eine Form der betrieblichen Altersvorsorge. Die gesetzliche Definition für Pensionsfonds findet sich in §236 Abs. 1 Satz 1 Nr. 1 VAG. Auch darin wird der Schnittpunkt nicht deutlich. Dort heißt es, dass ein Pensionsfonds eine rechtsfähige Versorgungseinrichtung ist, die im Wege des Kapitaldeckungsverfahrens Leistungen der betrieblichen Altersversorgung für einen oder mehrere Arbeitgeber zugunsten von Arbeitnehmern erbringt. Ein Pensionsfonds finanziert sich durch Beiträge von Arbeitgebern und/oder Arbeitnehmern. Mit Erreichen des Renteneintrittsalters erhält der Arbeitnehmer dann Leistungen aus dem Fonds, den er während seines Arbeitslebens aufgebaut hat.[154] Doch ein Pensionsfonds ist nicht nur eine Form der betrieblichen Altersvorsorge, sondern auch eine Möglichkeit der Kapitalanlage. Schließlich wird ein Fonds nicht nur als Kapitalsammelbecken aufgelegt, sondern auch mit dem eingesammelten Kapital gearbeitet. Zwischen Einzahlungsbeginn und Eintritt des Rentenalters wird im Rahmen des Pensionsfonds über das Vermögen in eigenem Namen disponiert bzw. es in Aktien angelegt.[155] Neben der fest zugesicherten Rente kann der Versorgungsberechtigte auch von möglichen Renditesteigerungen profitieren. Um

---

152 *Nicolai/Thomas*, WiSt 2004, 20 (21); *Pierscinska*, Investoren-Aktivismus in Deutschland, S. 7; *Schmolke*, ZGR 36 (2007), 701 (705); *Schiereck*, Sparkasse 109 (1992), 393.

153 So beispielhaft *Kamp/Krieger*, Die Aktivitäten von Finanzinvestoren, <*www.boeckler.de/de/faust-detail.htm?sync_id=4166*>, S. 10; *Nicolai/Thomas*, WiSt 2004, 20 (21); *Pierscinska*, Investoren-Aktivismus in Deutschland, S. 7; *Redeke*, AG 2015, 253 (254); *Bassen*, Institutionelle Investoren und Corporate Governance, S. 1.

154 *Nguyen/Stützle*, WiSt 41 (2012), 195 (195, 197); *Pochmann*, Betriebliche Altersversorgung in der Finanzberichterstattung, S. 37.

155 *Kamp/Krieger*, Die Aktivitäten von Finanzinvestoren, <*www.boeckler.de/de/faust-detail.htm?sync_id=4166*>, S. 19; *Bassen*, Institutionelle Investoren und Corporate Governance, S. 29.

eine möglichst hohe Rendite zu erwirtschaften, erheben auch Pensionsfonds vermehrt ihre Stimme und werden aktivistisch tätig.[156]

2. Vermögensverwalter

Vermögensverwalter oder Asset Manager betreuen und verwalten aktiv und dauerhaft fremdes Vermögen im Rahmen eines selbstständigen Ermessensspielraums ohne vorherige Rücksprache mit dem Vermögensinhaber, jedoch in dessen Interesse.[157] Verwalter sind in der Regel Abteilungen von Kreditinstituten (Tochtergesellschaften von Banken und Versicherungen) oder Vermögensverwaltungsgesellschaften.[158] Diese sind im Rahmen der vereinbarten Anlagerichtlinien berechtigt Assets zu kaufen und zu verkaufen.[159] Die Verwaltung kann sich auf unterschiedlichste Vermögensarten wie Immobilien, Edelmetalle oder Kunstsammlungen erstrecken.[160] Besonders häufig, und daher auch in diesem Zusammenhang relevant, betrifft es die Verwaltung von Wertpapieren.[161] Im Vordergrund stehen in diesem Fall herkömmliche Anlageentscheidungen: in welche Wertpapiere wird investiert, wie lange werden sie gehalten, und welche Aktien werden wieder verkauft.[162] Ziel ist die Vermehrung des Vermögens durch die gezielte Anlage in Wertpapiere (werbende Dauerverwaltung).[163] Es wird zu bedenken gegeben, dass eine Wertpapiervermögensverwaltung in der Regel nicht auf eine direkte Einflussnahme auf die Unternehmensleitung zielt, da es hierfür einer relativ hohen Beteiligung bedürfe.[164] Abwanderung sei die Reaktion auf eine unzufriedenstellende Unternehmensführung. Dem ist in Teilen zu widersprechen. Zutreffend ist, dass eine Einflussnahme auf ein Unternehmen mit einer signifikanten Beteiligungshöhe einfacher ist. Ein Großteil von Minderheitsaktionären wird daher tatsächlich einen »Exit« vorziehen. Diese Ansicht stellt

156 *Thamm/Schiereck*, Corporate Finance 2014, 17 (23) gingen von 23 Fällen zwischen 2008 und 2011 aus; ausführlich zum »Pensionsfondsaktivismus« *Prigge/Steenbock*, ZfB/JBE 72 (2002), 777.

157 BGH, Urt. v. 28.10.1997 – XI ZR 260/96, NJW 1998, 449; *Schwintowski*, Bankrecht, Kap. 20 Rn. 5–12; *Walz*, in: Schimansky/Bunte/Lwowski, Bankrechts-HdB I, § 91 Rn. 1.

158 *Pierscinska*, Investoren-Aktivismus in Deutschland, S. 36; *Benicke*, Wertpapiervermögensverwaltung, S. 54; *Walz*, in: Schimansky/Bunte/Lwowski, Bankrechts-HdB I, § 91 Rn. 2.

159 *Franzen/Schäfer*, Assetmanagement, S. 3.

160 *Schwintowski*, Bankrecht, Kap. 20 Rn. 6; *Walz*, in: Schimansky/Bunte/Lwowski, Bankrechts-HdB I, § 91 Rn. 2.

161 *Möslein*, in: Langenbucher-Adolff/Bliesener/Spindler, Bankrecht, Kap. 34 Rn. 3; dem Thema seine Habilitationsschrift widmend *Benicke*, Wertpapiervermögensverwaltung.

162 *Benicke*, Wertpapiervermögensverwaltung, S. 21–22, 99, 100.

163 *Benicke*, Wertpapiervermögensverwaltung, S. 27.

164 *Benicke*, Wertpapiervermögensverwaltung, S. 22, 23.

aber große Teile des Aktionärs- und Investoraktivismus in Frage. Aktionären mit einer Minderheitsbeteiligung steht es frei, zielgerichtet Aktionärsrechte auszuüben sowie zielorientiert faktische Maßnahmen zu ergreifen. Der Einfluss auf das Unternehmen und die Durchsetzung der individuellen Interessen der Aktionäre ist also nicht nur theoretisch denkbar. Auch in der Praxis können solche Fälle beobachtet werden.[165]

IV. Hedgefonds

Schließich ist an Hedgefonds zu denken. In der Literatur gelten sie schon lange als »Keyplayer«[166], »dominante Kraft«[167] oder gar als »gefährlichste Aktivisten«[168]. Dies mag der Grund sein, weshalb sich eine Vielzahl der wissenschaftlichen Arbeiten hinsichtlich des Aktionärs- und Investoraktivismus auf Hedgefonds beschränkt. Gerade in jüngster Zeit erfreuen sie sich einer hohen medialen Aufmerksamkeit. Jüngst rückten Hedgefondsmanager in den Fokus der Öffentlichkeit. Einige von ihnen haben den Börsenabsturz in Folge der Coronapandemie im Jahr 2020 bestens überstanden und »Milliarden verdient«[169]. Sie werden häufig mit bösartigen Umschreibungen belegt, weshalb ihnen ein zweifelhafter Ruf anhaftet. Doch was genau managen diese Männer und Frauen, die so verlustfrei durch eine Krise kommen? Eine Legaldefinition sucht man erneut vergeblich. An Möglichkeiten, einen Hedgefonds möglichst genau zu bestimmen, fehlt es freilich nicht. Nicht nur die Medien, auch die juristische und wirtschafts-wissenschaftliche Fachliteratur interessieren sich brennend für diese Konstrukte der Investmentbranche. Entsprechend finden sich unterschiedlichste Formulierungen im Schrifttum. So unterschiedlich die Formulierungen sind, so ähnlich sind sie sich inhaltlich. Im Laufe der Zeit erfolgte eine Verständigung auf einige elementare Merkmale. Diese Merkmale ergeben sich aus der klassischen Vorgehensweise eines Hedgefonds.

Zunächst eröffnet ein Hedgefondsmanager einen Fonds. Ein solcher Fonds ist eine Kapitalsammelstelle, in welche Anleger, die an die Anlagestrategie des Managers glauben, einzahlen. Um das Vertrauen in den eigenen Fonds zu stärken, investieren Hedgefondsmanager häufig selbst große Teile ihres liquiden Privatvermögens.[170] In der Regel gibt es eine gewisse Mindestin-

165 So konnten zwischen 2008 und 2011 immerhin 31 Fälle aktivistischen Verhaltens von Vermögensverwaltern verzeichnet werden *Thamm/Schiereck*, Corporate Finance 2014, 17 (23); noch zweifelnd *Wiedemann*, Gesellschaftsrecht I, S. 104.

166 *Schüler*, Shareholder Activism in Continental Europe, S. 19.

167 *Hommer*, Aktivistische Hedgefonds zwischen Recht und Corporate Governance, S. 22.

168 *Engelen et al.*, Investor Activism 2018, S. 81; *Bunz*, NZG 2014, 1049 (1050).

169 *Kremer*, F.A.S. 12.04.2020, 33.

170 *Kamp/Krieger*, Die Aktivitäten von Finanzinvestoren, <*www.boeckler.de/de/faust-detail.htm?sync_id=4166*>, S. 25; *Stadler*, Shareholder-Aktivismus durch Hedge Fonds.

vestitionshöhe, weshalb nur eine begrenzte Zahl von institutionellen Investoren und vermögenden Privatpersonen zur Zielgruppe zählt.[171] Begrenzt ist die Zahl der potentiellen Anleger auch deshalb, weil die Anteile an einem Hedgefonds nicht an der Börse gehandelt werden (alternative Geldanlage) und der Moment kommt, an dem im Hedgefonds keine neuen Investorengelder mehr akzeptiert werden (geschlossener Fonds). Nun investiert der Fondsmanager das eingesammelte Geld in verschiedene Investitionsprojekte seiner Wahl. Ziel ist es, einen absoluten positiven Ertrag, der von der allgemeinen Marktentwicklung unabhängig ist, für seine Anleger zu erwirtschaften.[172] Hierbei unterliegt der Fondsmanager, anders als Manager eines klassischen Investmentfonds, nur wenigen Regulierungen der Finanzaufseher (z. B. der Bundesanstalt für Finanzdienstleistungsaufsicht).[173] Nicht nur rechtlich ist er vergleichsweise ungebunden. Auch mit Blick auf die Investmentstrategie und die Anlageinstrumente ist er weitestgehend flexibel.[174] Er kann in Renten-, Rohstoff-, Devisen-, aber auch in Aktienmärkte investieren. Erwirbt ein Hedgefonds, und das ist keine Seltenheit, Wertpapiere eines Unternehmens, ist er durchaus bereit aktivistisch vorzugehen.[175] Immer

---

Empirische Untersuchung für Deutschland, S. 17; *Blum*, in: Hehn, Kapitalanlagekonzepte, S. 249; *Weber*, Das Einmaleins der Hedge Funds, S. 18; *Fano-Leszczynski/Holzer/Aster*, Hedgefonds für Einsteiger, S. 12.

171 *Deutsche Bundesbank*, Monatsbericht März 51 (1999), 31 (32); *Brav et al.*, The Journal of Finance 63 (2008), 1729 (1735); *Blum*, in: Hehn, Kapitalanlagekonzepte, S. 249; *Berg*, Finanzkrisen und Hedgefonds, S. 40.

172 *Kamp/Krieger*, Die Aktivitäten von Finanzinvestoren, <*www.boeckler.de/de/faust-detail.htm?sync_id=4166*>, S. 25; *Fano-Leszczynski/Holzer/Aster*, Hedgefonds für Einsteiger, S. 15; *Blum*, in: Hehn, Kapitalanlagekonzepte, S. 248; *Berg*, Finanzkrisen und Hedgefonds, S. 40; *Weber*, Das Einmaleins der Hedge Funds, S. 17; *Lehmann*, in: Leible/Lehmann, Hedgefonds und Private Equity, S. 17 (18); *Barta*, NJOZ 2011, 1033 (61); *Ricke*, BKR 2004, 60 (61).

173 *Deutsche Bundesbank*, Monatsbericht März 51 (1999), 31 (32); *Kamp/Krieger*, Die Aktivitäten von Finanzinvestoren, <*www.boeckler.de/de/faust-detail.htm?sync_id=4166*>, S. 25; *Kaiser*, Hedgefonds, 5, 18, 61; *Kaiser*, Der Lebenszyklus von Hedgefonds, S. 1; *Blum*, in: Hehn, Kapitalanlagekonzepte, S. 249; *Berg*, Finanzkrisen und Hedgefonds, S. 40; *Weber*, Das Einmaleins der Hedge Funds, S. 18; *Engelhardt*, M&A Review 2008, 194 (195); *Schiessl*, ZIP 2009, 689 (690); m. w. N. *Brav et al.*, The Journal of Finance 63 (2008), 1729 (1735).

174 *Deutsche Bundesbank*, Monatsbericht März 51 (1999), 31 (32, 41); *Kamp/Krieger*, Die Aktivitäten von Finanzinvestoren, <*www.boeckler.de/de/faust-detail.htm?sync_id=4166*>, S. 25; *Fano-Leszczynski/Holzer/Aster*, Hedgefonds für Einsteiger, S. 13; *Blum*, in: Hehn, Kapitalanlagekonzepte, S. 249; *Berg*, Finanzkrisen und Hedgefonds, S. 40; *Weber*, Das Einmaleins der Hedge Funds, S. 17; *Schiessl*, ZIP 2009, 689 (690); *Ricke*, BKR 2004, 60 (61).

175 *Plagemann/Rahlmeyer*, NZG 2015, 895 (896); Schätzungen zufolge entfallen nach *Schmidt/Spindler*, Finanzinvestoren aus ökonomischer und juristischer Perspektive, S. 48 Rn. 34 lediglich 3 % des gesamten von Hedgefonds verwalteten Vermmögens auf aktivistische Hedgefonds.

häufiger übt er die ihm zustehenden Aktionärsrechte zielgerichtet aus und nimmt zielorientiert faktisch Einfluss auf das Unternehmen, um einen absoluten positiven Return zu erzielen.[176]

V. Zusammenfassung

Der Kreis der aktivistischen Aktionäre und Investoren ist heterogen. Ob natürliche oder juristischen Personen, sie alle investieren in Aktien und werden damit Mitglieder einer AG, SE oder KGaA. Die Aktivisten haben aber nicht nur das gemeinsam. Sie alle geben sich nicht mit einer passiven Rolle in »ihrem« Unternehmen zufrieden. Ob für ihre individuellen Ziele, die Ziele ihrer Kunden oder einer Mischung aus beidem, sie versuchen ohne tatsächliche Kontrolle über das Unternehmen Entscheidungen im Management zu platzieren, die ihrem Interesse am ehesten gerecht werden. Die relevantesten Akteure sind Hedgefonds.

176 Zwischen 2008 und 2011 wurden 182 Fälle von *Thamm/Schiereck*, Corporate Finance 2014, 17 (23) zusammengetragen; *Plagemann/Rahlmeyer*, NZG 2015, 895 (896) zählten in Europa 159 Kampagnen im Jahr 2011 und 233 im Jahr 2014; unter allen »in Aktien investierenden Hedgefonds« sei »wiederum nur ein vergleichsweise kleiner Teil als »aktivistisch« einzustufen« *Schmidt/Spindler*, Finanzinvestoren aus ökonomischer und juristischer Perspektive, S. 30 Rn. 20.

3. Kapitel: Die Kommanditgesellschaft auf Aktien als Ziel aktivistischer Aktionäre und Investoren

§ 7 Strukturelle »Eignung« der KGaA

Vor einer »Rechtsformwahl« stehen nicht nur die Gründer einer Gesellschaft, sondern auch eintrittswillige aktivistische Kommanditaktionäre oder Investoren hinsichtlich ihres Angriffsziels. Für diese stellt sich die Frage, in welcher Gesellschaftsform ihre individuellen Interessen am besten umsetzbar sind. Dass die Aktiengesellschaft der Prototyp für eine Zielgesellschaft aktivistischer Aktionäre ist, die ihre Bezeichnung eben jener Gesellschaftsform verdanken, liegt auf der Hand. Der Blick soll sich daher ausschließlich auf die KGaA richten, die sich notgedrungen mit der Aktiengesellschaft vergleichen lassen muss. In erster Linie ist entscheidend, ob in einer KGaA die für einen aktivistischen Aktionär oder Investor relevanten Grundvoraussetzungen vorliegen, mithin die Kriterien gegeben sind, die sich in den vorangegangenen Ausführungen herausgebildet haben.

Die Aktivisten sollten sich ähnlich einfach wie an einer AG beteiligen können. Sind sie beteiligt, müsste zudem die Keimzelle des Aktionärs- und Investoraktivismus – der Prinzipal-Agent-Konflikt und die damit verbundene Kernproblematik einer Interessendivergenz und einer asymmetrischen Informationsverteilung – gegeben sein. Im Wege einer Beteiligung müsste es schließlich eine reelle Chance geben, Einfluss auf die Gesellschaft zu nehmen, um die individuellen Ziele zu erreichen. An diesen Kriterien muss sich die KGaA aus Sicht potenzieller Aktivisten messen lassen.

I. Handelbarkeit der Kommanditaktien

Aus Kapitalanlegersicht ist die KGaA aufgrund der Fungibilität der Kommanditaktien neben der Europäischen Aktiengesellschaft die einzige deutsche Rechtsformalternative zur Aktiengesellschaft.[177] Die Kommanditgesellschaft auf Aktien hat ein in Kommanditaktien zerlegtes Grundkapital (§ 278 Abs. 1 AktG). Diese Kommanditaktien können als »Wertpapiere« im Sinne des § 32 BörsG zum Börsenhandel zugelassen werden.[178]

In Sachen Handelbarkeit stehen Kommanditaktien den Aktien einer AG in nichts nach. Wie die AG und die SE ist die KGaA gerade darauf ausgelegt,

177 *Wieneke/Fett*, in: Bürgers/Fett, KGaA HdB, § 10 Rn. 4.

178 *Bachmann*, in: Henssler/Spindler/Stilz, BeckOGK-AktG, § 278 Rn. 104; *Koch*, Aktiengesetz, § 278 Rn. 23.

öffentlich Kapital einzusammeln.[179] Sie bietet die Möglichkeit, Eigenkapital über die Börse zu beschaffen[180] und öffnet sich auf einfachem Weg einem theoretisch unbegrenzten Kreis von Interessenten.[181] Mit dieser Kapitalsammelfunktion ist sie ein klassisches Rechtsformbeispiel für eine Publikumsgesellschaft.[182] Kommanditaktien können über die Börse jederzeit veräußert werden und sind daher äußerst fungibel.[183]

Aus Sicht des Unternehmens ist diese Art der Kapitalbeschaffung mit einer Unübersichtlichkeit und Anonymität der Anlegerschaft verbunden. Dies vereinfacht die Beteiligung für Anleger und eben auch aktivistischer Aktionäre und Investoren – soweit sie keine meldepflichtige Schwelle des WpHG überschreiten.

II. Prinzipal-Agent-Verhältnis und Konflikt in der KGaA

Der Prinzipal-Agent-Konflikt konnte als Ursprung des Aktionärsaktivismus ausgemacht werden. Ein Vorliegen desselben ist in der KGaA daher zwingend notwendig, um sie als mögliche Zielgesellschaft zu qualifizieren.

Hinsichtlich des Prinzipal-Agent-Verhältnisses und eines daraus entspringenden Konflikts finden sich in der Rechtswissenschaft bislang kaum Ausführungen. Lediglich in betriebswirtschaftlichem Zusammenhang wurde diese Thematik bislang vertieft.[184] Für andere Gesellschaftsformen ist eine diesbezügliche tiefergehende juristische Auseinandersetzung keine Seltenheit. Die vorliegende Arbeit nutzt die Gelegenheit diese Lücke zu schließen.

In einer KGaA gibt es zwei Arten von Gesellschaftern. Auf der einen Seite stehen die Kommanditaktionäre. Sie beteiligen sich wie Aktionäre einer AG

---

179 *Wieneke/Fett*, in: Bürgers/Fett, KGaA HdB, § 10 Rn. 1; *Schaumburg/Schulte*, Die KGaA, S. 57 Rn. 84.

180 *Nagel/Wittkowski*, Die Kommanditgesellschaft auf Aktien (KGaA), S. 32 Rn. 31; *Göz*, in: Bürgers/Fett, KGaA HdB, § 2 Rn. 1; *Wilhelm*, Kapitalgesellschaftsrecht, J. Rn. 1264; m. w. N. *Ammenwerth*, Die Kommanditgesellschaft auf Aktien (KGaA) – eine Rechtsformalternative für personenbezogene Unternehmen?, S. 5.

181 *Schäfer*, Gesellschaftsrecht, § 3 Rn. 5; *Hüffer/Koch*, Gesellschaftsrecht, § 2 Rn. 2; *Bitter/Heim*, Gesellschaftsrecht, § 1 Rn. 20.

182 *Schiefer*, DStR 1997, 119; *Overlack*, in: Hommelhoff/Röhricht, Gesellschaftsrecht 1997, S. 237 (258); *Fett/Förl*, in: Bürgers/Körber/Lieder, AktG, § 278 Rn. 37b; *Bachmann*, in: Henssler/Spindler/Stilz, BeckOGK-AktG, § 278 Rn. 5, 31; m. w. N. *Ihrig/Schlitt*, in: Ulmer, Die GmbH & Co KGaA nach dem Beschluss BGHZ 134, 392, S. 33 (67).

183 m. w. N. *Ammenwerth*, Die Kommanditgesellschaft auf Aktien (KGaA) – eine Rechtsformalternative für personenbezogene Unternehmen?, S. 5.

184 *Oder*, Die Anwendung der Principal-Agent-Theorie auf die KGaA; *Decker*, Eine Prinzipal-Agenten-theoretische Betrachtung von Eigner-Manager-Konflikten in der Kommanditgesellschaft auf Aktien und in der Aktiengesellschaft.

am Grundkapital, sind Eigentümer und damit Prinzipale. Auf der anderen Seite gibt es die persönlich haftenden Gesellschafter (Komplementäre[185]).

1. Gesetzestypische KGaA

Die *gesetzestypische* KGaA zeichnet sich dadurch aus, dass eine natürliche Person persönlich haftet. Keinen Unterschied macht es insoweit, ob eine Personengesellschaft als Komplementärin »zwischengeschaltet« ist. Die persönliche Haftung greift mangels Haftungsbeschränkung in den Personengesellschaften auf eine natürliche Person durch.

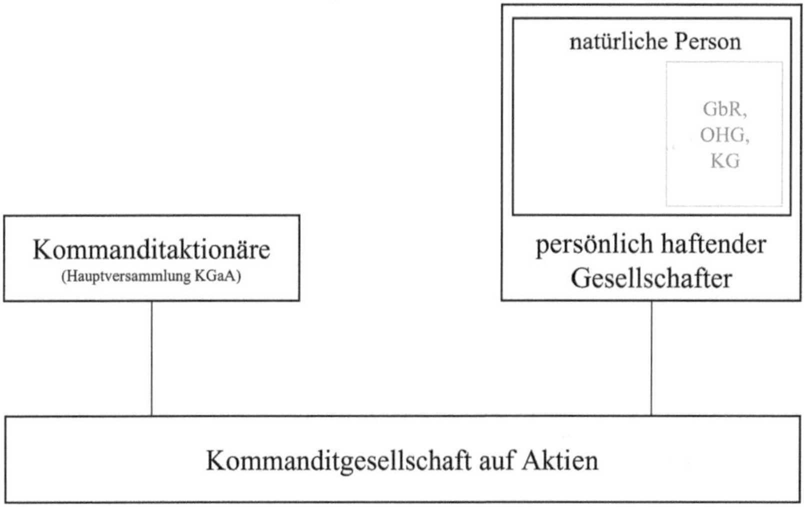

Für die Beurteilung des Prinzipal-Agent-Konflikts in der *gesetzestypischen* KGaA muss zwischen dem *gesetzestypischen* Komplementär und dem ebenfalls denkbaren *vorstandsähnlichen* Komplementär unterschieden werden.

a) Der gesetzestypische Komplementär als Agent

Der *gesetzestypische* Komplementär zeichnet sich dadurch aus, dass er ein Recht zur Vermögenseinlage hat, dies aber nicht wahrnehmen muss. Er ist unabhängig davon Miteigentümer. Der *gesetzestypische* Komplementär ist dauerhaft mit der Gesellschaft verbunden, haftet unbeschränkt und persönlich und ist betraut mit der Geschäftsführung (§ 278 Abs. 2 AktG i. V. m. §§ 161 Abs. 2, 116 Abs. 1 HGB) und Vertretung (§ 278 Abs. 2 AktG i. V. m. §§ 161 Abs. 2, 124 HGB) der KGaA. Jedes dieser Merkmale hat Einfluss auf das Prin-

185 Nach dem Recht der KG werden sie Komplementäre genannt. Im Rahmen dieser Arbeit erfolgt eine synonyme Verwendung der Begriffe.

zipal-Agent-Verhältnis zwischen dem persönlich haftenden Gesellschafter und dem Kommanditaktionär und das darauf basierende Konfliktpotenzial.

aa) Prinzipal-Agent-Verhältnis

Ein Prinzipal-Agent-Verhältnis besteht zwischen dem Komplementär und den Kommanditaktionären, es ist aber nicht selbstverständlich. Weder ist ein Vertrag zwischen den Gesellschaftergruppen noch ein Auseinanderfallen von Eigentum und Kontrolle offensichtlich.

Ein mittelbar ökonomisches Auftragsverhältnis ist nicht existent. Der Komplementär ist von Gesetzes wegen mit der Geschäftsführung und Vertretung betraut und wird nicht dazu berufen.

Der Vertrag ist aber sowohl in der Wirtschaftstheorie als auch in der Rechtswissenschaft ein mehrdeutiger Begriff.[186] So werden Schuldverhältnisse, implizite Verträge, also informelle Absprachen, und sogar bloße Erwartungen erfasst.[187] Wenigstens die Erwartung der Kommanditaktionäre an die persönlich haftenden Gesellschafter zur gewissenhaften Geschäftsführung und Vertretung der KGaA kann danach die Grundlage des Prinzipal-Agent-Verhältnisses sein.

Auch ist die Trennung von Eigentum und Kontrolle nicht derart scharf, wie in anderen Gesellschaftsformen. Denn der persönlich haftende Gesellschafter hat nicht nur die Kontrolle über die Geschäftsführung, sondern ist wie auch die Kommanditaktionäre (Mit-)Eigentümer der KGaA. Begründen lässt sich dies zum einen mit der »Einlage« seiner persönlichen Haftung, zum anderen mit der rechtlich möglichen Vermögenseinlage, entweder auf das Grundkapital oder typischerweise als Sondereinlage nach § 281 Abs. 2 AktG. Dies ist für die *gesetzestypische* KGaA bezeichnend.[188] Die Komplementäre haben bei der Geschäftsführung aber grundsätzlich eine unabhängige und weisungsfreie Stellung gegenüber den Kommanditaktionären.[189] Es ist daher so, dass die Kontrolle nicht beiden Gesellschaftergruppen zusteht.

Im Ergebnis ergibt sich aus der Erwartungshaltung der Kommanditaktionäre und der einseitigen Bündelung der Kontrolle bei den Komplementären das Prinzipal-Agent-Verhältnis in der KGaA mit einem *gesetzestypische* Komplementär. Aus diesem Verhältnis können naturgemäß Konflikte entstehen.

---

186 *Furubotn/Streissler/Richter*, Neue Institutionenökonomik, S. 166.

187 *Lange*, AcP 214 (2014), 511 (514).

188 *Reger*, in: Bürgers/Fett, KGaA HdB, § 5 Rn. 234; dies ist wohl ganz im Sinne »der Vorstellung des deutschen Gesetzgebers« *Schmidt*, in: Crone/Weber/Zech Roger/Zobl, FS Forstmoser, S. 92; ähnlich *Schmidt*, in: Hommelhoff/Rawert/Schmidt, FS Priester, S. 691 (695); von einem »starken Rückgang der Sondereinlagen« ausgehend *Sethe*, Die personalistische Kapitalgesellschaft mit Börsenzugang, S. 185.

189 *Göz*, in: Bürgers/Fett, KGaA HdB, § 2 Rn. 6.

Wie ausgeprägt diese bei einem *gesetzestypischen* Komplementär ausfallen, ist Inhalt der nachfolgenden Ausführungen.

bb) Prinzipal-Agent-Konflikt

Zwischen einem *gesetzestypischen* Komplementär und den Kommanditaktionären besteht eine Informationsasymmetrie. Den Kommanditaktionären fällt es meist schwer zu erkennen, welche Gründe für das Zustandekommen eines Arbeitsergebnisses ausschlaggebend waren. Dies räumt dem Komplementär einen »diskretionären Handlungsspielraum«[190] zur Maximierung seiner eigenen Interessen ein.

Hinsichtlich der divergierenden Interessen ist die Lage nicht so eindeutig. In erster Linie haben es Kommanditaktionäre auf Dividendenzahlungen, Kursgewinne, Bezugsrechts- und Liquidationserlöse abgesehen.[191]

Die vermögensrechtliche Stellung des Komplementärs nach dem gesetzlichen Leitbild einer KGaA wird maßgeblich durch die persönliche Außenhaftung geprägt.[192] Gleiches gilt für seine individuellen Interessen. Der Komplementär haftet für die Verbindlichkeiten der KGaA persönlich, unmittelbar und primär (§ 278 Abs. 2 AktG i. V. m. §§ 161 Abs. 2, 126–129 HGB).[193] In der KGaA kann also primär auf das Privatvermögen der Komplementäre zurückgegriffen werden. Gläubiger der KGaA müssen nicht zuerst die KGaA in Anspruch nehmen, sondern können sich ohne Umweg an den persönlich haftenden Gesellschafter wenden. Die in der Aktiengesellschaft übliche Trennung von »management and risk bearing«[194] (z. dt. Geschäftsleitung und Risikotragung) ist in der Kommanditgesellschaft auf Aktien auf dem persönlich haftenden Gesellschafter vereint.

Dies bringt Dr. Karl-Ludwig *Kley*, Jurist und ehemaliger Vorsitzender der Geschäftsleitung[195] der *Merck* KGaA, zu nachfolgendem Schluss. Auch er haftete (theoretisch) mit seinem privaten Vermögen und meint, die persönliche Haftung der Geschäftsleitung erfülle

> »ein wesentliches Kriterium für die Überbrückung möglicher Interessenasymmetrien zwischen […] Aktionariat als Principal sowie Agent. Denn

190 *Heineke*, Anlegerschutz in der Kommanditgesellschaft auf Aktien, S. 35.

191 *Schieber*, Die dezentrale Hauptversammlung, S. 35.

192 *Reger*, in: Bürgers/Fett, KGaA HdB, § 5 Rn. 219.

193 *Bachmann*, in: Henssler/Spindler/Stilz, BeckOGK-AktG, § 278 Rn. 49; *Sethe*, in: Hirte/Mülbert/Roth, GroßKomm AktG XII, § 278 Rn. 64; *Perlitt*, in: Goette/Habersack/Kalss, MüKo-AktG V, § 278 Rn. 42; *Reger*, in: Bürgers/Fett, KGaA HdB, § 5 Rn. 222; *Wilhelm*, Kapitalgesellschaftsrecht, J. Rn. 1272; *Koch*, Aktiengesetz, § 278 Rn. 10.

194 *Fama*, Journal of Political Economy 88 (1980), 288.

195 Der Begriff »Geschäftsleitung« soll im Folgenden synonym für den faktischen Geschäftsführer einer *gesetzestypischen* oder *atypischen* KGaA gelten.

> die Agents sind selbst eine Art »Principal mit einer Haftung«, die über das eingesetzte Kapital hinaus geht. «[196]

Danach könnte man zu dem Schluss gelangen, die Interessenasymmetrien seien in der KGaA mit *gesetzestypischem* Komplementär schon strukturell weitestgehend behoben. Das Konfliktpotenzial von Prinzipal und Agent sei nur noch marginal und – für diese Arbeit relevant – eine Lösung durch aktivistische Kommanditaktionäre allenfalls hinsichtlich der asymmetrischen Informationsverteilung von Interesse.

Hinsichtlich der Haftungsrisiken lässt sich der persönlichen Haftung zweifellos eine regulative und verhaltenssteuernde[197] Wirkung zuschreiben. Es bleibt die Frage der Richtung: Werden die Interessen der beiden Gesellschaftergruppen im Sinne der vorgenannten These angeglichen? Wird eine Interessendivergenz gänzlich überbrückt? Werden die Interessen lediglich angenähert? Oder bleibt es bei einer Interessenkollision?

Für eine interessenangleichende Lenkungswirkung spricht, dass die unbeschränkte persönliche Haftung für den persönlich haftenden Gesellschafter zumindest dann existenzbedrohend ist, wenn die KGaA selbst zahlungsunfähig ist. Die Gläubiger können und werden den persönlich haftenden Gesellschafter bis zu ihrer gänzlichen Befriedigung immer wieder belangen.[198] Die persönliche Haftung und die damit verbundene Angst, mit der eigenen Wirtschaftskraft zur Verantwortung gezogen zu werden, wirkt sich daher in prekären finanziellen Situationen der Gesellschaft sicherlich verhaltenskontrollierend[199] und -steuernd zugunsten der Kommanditaktionärsinteressen aus.

Abseits eines wirtschaftlich misslichen Ausnahmezustandes kann ein für Gesellschaftsschulden aufkommender Komplementär im Innenverhältnis bei der KGaA Regress nehmen gemäß § 278 Abs. 2 AktG i. V. m. §§ 161 Abs. 2, 105 Abs. 3 HGB i. V. m. § 716 Abs. 1 BGB.[200] Die Gesellschaft ist praktisch

---

196 *Kley*, in: Siegert/Schenck/Weber, Eigenkapital – Kapitalmarkt und Unternehmenssteuerung, 57–69 (63); ähnlich und den Prinzipal-Agent-Konflikt für die *gesetzestypische* KGaA gänzlich verneinend auch *Teichmann*, in: Krieger/Hoffmann-Becking/Hommelhoff, FS Krieger, S. 993 (1003, 1004).

197 *Wiedemann*, Gesellschaftsrecht I, § 10 III 1, S. 536, 539; *Schmidt*, Gesellschaftsrecht, § 18 IV, S. 541.

198 *Elschenbroich*, Die Kommanditgesellschaft auf Aktien, S. 81.

199 *Wiesner*, ZHR 148 (1984), 56 (60).

200 *Bachmann/Habighorst*, AG 2024, 337 (342); *Klimke*, in: Häublein/Hoffman-Theinert, BeckOK-HGB, § 105 S. 223; *Wertenbruch*, in: Ebenroth/Boujong/Joost, HGB I, § 105 Rn. 412; *Roth*, in: Hopt, HGB, § 105 Rn. 29; *Koch*, Aktiengesetz, § 278 Rn. 10; *Haas/Wöstmann*, in: Röhricht/Westphalen/Haas/Mock/Wöstmann, HGB, § 105 Rn. 4b; noch zu § 110 HGB a. F. *Herfs*, in: Hoffmann-Becking, MünchHdB GesR IV, § 78 Rn. 22; *Bachmann*, in: Henssler/Spindler/Stilz, BeckOGK-AktG, § 278 Rn. 50; *Perlitt*, in: Goette/Habersack/Kalss, MüKo-AktG V, § 278 Rn. 163; *Sethe*, in: Hirte/

zur Freistellung der persönlich haftenden Gesellschafter verpflichtet.[201] Die KGaA tritt für den Komplementär ein, soweit im gegenseitigen Interesse gehandelt wird. Solange es der Gesellschaft wirtschaftlich gut geht, hat der persönlich haftende Gesellschafter entsprechend wenig zu befürchten. Dies spricht gegen eine »Überbrückung der Interessenasymmetrien«.

Um in den Genuss des vorgenannten Innenregresses zu kommen, wird der *gesetzestypische* Komplementär bei der Führung der Geschäfte wohl immer darauf bedacht sein, dass sich die Verbindlichkeiten aus dem Gesellschaftsvermögen begleichen lassen.[202] Die Maximierung des Gesellschaftsvermögens ist für den Agenten daher von elementarer Bedeutung. Gleiches gilt für die Prinzipale. Die dahinterstehenden Interessen sind aber nicht dieselben. Die Kommanditaktionäre wollen eine Ausschüttung der erwirtschafteten Mittel als Dividende. Die Komplementäre streben eine Thesaurierung an.

Die persönlich haftenden Gesellschafter neigen in der Folge zur Vermeidung risikoreicher Projekte.[203] Ein risikoscheues Verhalten legt ein verantwortungsbewusstes[204] Handeln nahe. Eine verantwortungsbewusste Geschäftsführung liegt im Interesse der Gesellschaft[205] und ihrer Prinzipale.

Das der persönlichen Haftung geschuldete risikoaverse Verhalten kann aber auch eine Bremswirkung[206] entfalten. Bei der Investition aller Finanzmittel laufen die Ansprüche der Komplementäre gegen die Gesellschaft, im Falle einer Inanspruchnahme durch Dritte ins Leere. Risikobehaftete Geschäftschancen und Investitionen[207] werden in der Folge nicht wahrgenommen,

---

Mülbert/Roth, GroßKomm AktG XII, § 278 Rn. 68; BGHZ 37, 299 (301); *Langhein*, in: Schmidt/Ebke, MüKo-HGB II, § 110 Rn. 11.

201 Noch zu § 110 HGB a. F. *Kallmeyer*, DStR 1994, 977.

202 *Heineke*, Anlegerschutz in der Kommanditgesellschaft auf Aktien, S. 67.

203 Allg. für Personen mit unbeschränkter Haftung *Bitter*, Konzernrechtliche Durchgriffshaftung bei Personengesellschaften, S. 185.

204 *Elschenbroich*, Die Kommanditgesellschaft auf Aktien, S. 82; *Müller-Erzbach*, AcP 154 (1955), 299 (343); *Perlitt*, in: Goette/Habersack/Kalss, MüKo-AktG V, Vor § 278 Rn. 73; *Pflug*, NJW 24 (1971), 345 (349); *Kallmeyer*, DStR 1994, 977 (979); *Habersack*, in: Habersack/Schäfer, Das Recht der OHG, § 128 Rn. 1; *Schmidt*, Gesellschaftsrecht, § 18 IV 2, S. 542; *Flämig*, in: Lutter, FS Peltzer, S. 99 (101); dies als »illusorisch« bezeichnend *Röhricht*, in: Hommelhoff/Röhricht, Gesellschaftsrecht 1997, S. 191 (213).

205 *Perlitt*, in: Goette/Habersack/Kalss, MüKo-AktG V, Vor § 278 Rn. 73.

206 »Lähmend« *Sethe*, Die personalistische Kapitalgesellschaft mit Börsenzugang, S. 225; dazu *Steindorff*, in: Flume, FS Ballerstedt, S. 127 (131); *Reger*, in: Bürgers/Fett, KGaA HdB, § 5 Rn. 101; *Röhricht*, in: Hommelhoff/Röhricht, Gesellschaftsrecht 1997, S. 191 (213).

207 *Steindorff*, in: Flume, FS Ballerstedt, S. 127 (131); *Sethe*, Die personalistische Kapitalgesellschaft mit Börsenzugang, S. 224; *Vollertsen*, Corporate Governance der börsennotierten KGaA, S. 327.

obwohl sie objektiv einen positiven Ertragswert aufweisen[208]. Das Interesse der Kommanditaktionäre liegt nicht zuletzt in einer Gewinnbeteiligung. Die Gewinnbeteiligung ist eine Anteilnahme am Erfolg des Unternehmens. Unterlässt ein geschäftsführender Gesellschafter nun notwendige unternehmerische Entschlüsse[209] aufgrund der prohibitiven Haftungswirkung, wird dies also nicht im Sinne der Kommanditaktionäre sein.

Allerdings ist auch die Ausschüttung an den Komplementär an den Unternehmenserfolg gekoppelt. Soweit der persönlich haftende Gesellschafter eine bilanzierungsfähige Sondereinlage erbracht hat, wird er am KGaA-Gewinn beteiligt.[210] Für die Interessen des persönlich haftenden Gesellschafters bedeutet dies, dass ein persönlicher finanzieller Mehrwert insbesondere dann entsteht, wenn die KGaA langfristig gut aufgestellt ist und Gewinne generiert.[211] Für die Kommanditaktionäre wird so das Risiko einer mangelhaften Geschäftsleitung in ihrem Interesse minimiert.[212]

Für eine langfristige positive Geschäftsentwicklung im Sinne des Kommanditaktionariats spricht auch die dauerhafte Verbindung zum persönlich haftenden Gesellschafter. Der persönlich haftende Gesellschafter ist nach dem gesetzlichen Leitbild ohne zeitliche Begrenzung kraft Gesetzes zur Geschäftsführung und Vertretung befugt.[213] Das Interesse der persönlich haftenden Gesellschafter an einer langfristig positiven Unternehmensentwick-

---

208 *Fleischer*, in: Fleischer/Goette, MüKo-GmbHG I, Einl. Rn. 303; *Fleischer/Hahn*, NZG 2018, 1281 (1285); *Fleischer*, ZGR 30 (2001), 1 (18); *Teichmann*, NJW 2006, 2444 (2445); *Kübler*, in: Kübler/Mertens/Werner, FS Heinsius, S. 397 (405); *Kleindiek*, ZGR 35 (2006), 335 (338); kritisch *Meyer*, Haftungsbeschränkung im Recht der Handelsgesellschaften, S. 1042–1043; unentschlossen dagegen *Bitter*, Konzernrechtliche Durchgriffshaftung bei Personengesellschaften; schließlich könnte umgekehrt eine Haftungsbeschränkung »dazu führen, dass ein Unternehmen auch Projekte durchführt, die aus wohlfahrtökonomischer Sicht ineffizient sind.« (S. 183), allerdings »fördert die Haftungsbeschränkung die Investition in risikoreiche, aber auch effiziente Projekte.« (S. 191).

209 *Steindorff*, in: Flume, FS Ballerstedt, S. 127 (131); im Umkehrschluss meint *Fleischer*, ZGR 30 (2001), 1 (18) »Das Prinzip der beschränkten Haftung ist geeignet, derartige Hemmschwellen für eine unternehmerische Bestätigung herabzusetzen«; so auch *Raiser*, ZGR 24 (1995), 156 (165).

210 *Reger*, in: Bürgers/Fett, KGaA HdB, § 5 Rn. 246; *Perlitt*, in: Goette/Habersack/Kalss, MüKo-AktG V, § 281 Rn. 33; *Bachmann*, in: Henssler/Spindler/Stilz, BeckOGK-AktG, § 286 Rn. 8.

211 *Vollertsen*, Corporate Governance der börsennotierten KGaA, S. 328.

212 *Heineke*, Anlegerschutz in der Kommanditgesellschaft auf Aktien, S. 160.

213 BGHZ 134, 392–401 (393); *Reger*, in: Bürgers/Fett, KGaA HdB, § 5 Rn. 77; *Herfs*, in: Hoffmann-Becking, MünchHdB GesR IV, § 78 Rn. 16; *Vollertsen*, Corporate Governance der börsennotierten KGaA, S. 328; *Fischer*, Die Kommanditgesellschaft auf Aktien nach dem Mitbestimmungsgesetz, S. 65.

lung wird so dem gleichlaufenden Interesse der Kommanditaktionäre weiter angenähert.[214]

Im Ergebnis vermag also auch die persönliche Haftung der Geschäftsführer die teils gegenläufigen Interessen der Gesellschaftergruppen nicht endgültig zusammenzubringen. Sie werden angenähert und sind nicht endgültig »überbrückt«.

b) Der vorstandsähnliche Komplementär als Agent

§ 278 Abs. 2 AktG verweist für das Rechtsverhältnis der persönlich haftenden Gesellschafter untereinander und gegenüber der Gesamtheit der Kommanditaktionäre sowie gegenüber Dritten, namentlich die Befugnis der persönlich haftenden Gesellschafter zur Geschäftsführung und zur Vertretung der Gesellschaft, auf die Vorschriften des Handelsgesetzbuches für die Kommanditgesellschaft. Der Verweis auf das Handelsgesetzbuch schränkt die aktenrechtlich verankerte Satzungsstrenge insoweit ein, als dass eine Satzungsautonomie hinsichtlich der Organisationsverfassung der KGaA besteht. So kann die Führungsstruktur flexibel für die jeweiligen Bedürfnisse der einzelnen KGaA statutarisch festgelegt werden. Diese personengesellschaftsrechtliche Satzungsautonomie ermöglicht es, einen sogenannten *vorstandsähnlichen* Komplementär einzusetzen.[215] Dies ist eine der praxisrelevantesten Gestaltungsoptionen. Um als Arbeitgeber für Topmanager konkurrenzfähig zu sein und so die besten Unternehmenslenker für sich gewinnen zu können, ist dies ein probates Mittel für eine Kommanditgesellschaft auf Aktien.[216] Ohnehin ist es schwierig, qualifizierte Leitungspersonen zu finden. »Noch seltener aber sind Persönlichkeiten, die die für den persönlich haftenden Gesellschafter einer KGaA nötigen unternehmerischen Qualitäten in sich vereinigen und bereit sind, für ein großes Unternehmen die unbeschränkte persönliche Haftung zu übernehmen«[217]. Die Konstellation des *vorstandsähnlichen* Komplementärs überbrückt diese Problematik.

---

214 *Vollertsen*, Corporate Governance der börsennotierten KGaA, S. 328; »der Komplementär [bringt] seine Eigeninteressen mit denen des Verbands zur Einheit« *Schmidt*, in: Hommelhoff/Rawert/Schmidt, FS Priester, S. 691 (695).

215 *Sethe*, in: Hirte/Mülbert/Roth, GroßKomm AktG XII, Vor § 287 Rn. 16; *Herfs*, in: Hoffmann-Becking, MünchHdB GesR IV, § 78 Rn. 18, § 79 Rn. 6; *Kallmeyer*, DStR 1994, 977 (978 f.); *Koch*, Aktiengesetz, § 278 Rn. 19a.

216 Ähnlich *Sethe*, Die personalistische Kapitalgesellschaft mit Börsenzugang, S. 139; *Fischer*, Die Kommanditgesellschaft auf Aktien nach dem Mitbestimmungsgesetz, S. 110.

217 *Elschenbroich*, Die Kommanditgesellschaft auf Aktien, S. 185.

aa) Prinzipal-Agent-Verhältnis

Anders als beim praktischen Regelfall eines *gesetzestypischen* Komplementärs erfolgt beim *vorstandsähnlichen* Komplementär keine Vermögensbeteiligung[218] und er ist lediglich durch einen befristeten Tätigkeitsvertrag Gesellschafter auf Zeit.[219] Dieser Tätigkeitsvertrag wird regelmäßig mit der KGaA, vertreten durch den Aufsichtsrat, geschlossen.[220]

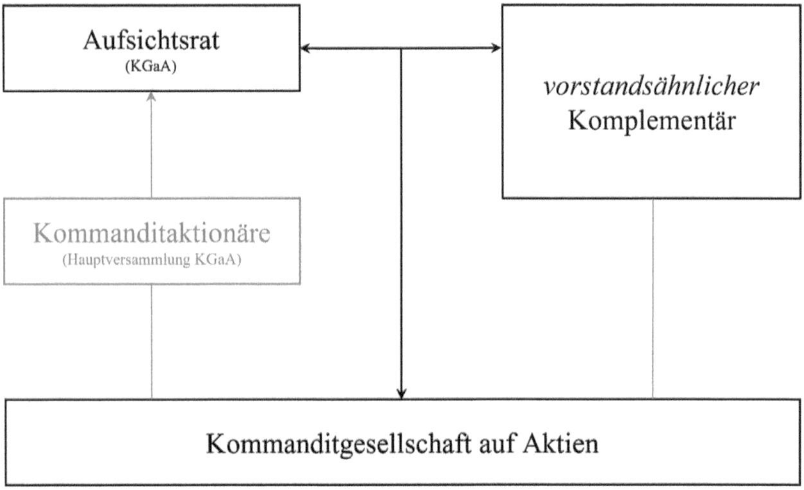

Eine derart in der Satzung der KGaA geregelte Führungsstruktur weist im Ergebnis eine Ähnlichkeit zu den Verhältnissen in der AG auf. Infolgedessen findet sich auch in der KGaA ein mittelbares wirtschaftliches Auftragsverhältnis (Prinzipal-Agent-Verhältnis) zwischen Kommanditaktionären und *vorstandsähnlichem* Komplementär.

218 *Reger*, in: Bürgers/Fett, KGaA HdB, § 5 Rn. 107; *Sethe*, in: Hirte/Mülbert/Roth, GroßKomm AktG XII, Vor § 287 Rn. 16.

219 *Vollertsen*, Corporate Governance der börsennotierten KGaA, S. 483; *Mertens/Cahn*, in: Zöllner/Noack, KK-AktG V, § 278 Rn. 40; *Kallmeyer*, DStR 1994, 977 (978); *Schlitt*, Die Satzung der Kommanditgesellschaft auf Aktien, S. 125; *Kallmeyer*, DZwiR 8 (1998), 238 (239 f.); *Sethe*, Die personalistische Kapitalgesellschaft mit Börsenzugang, S. 138–139; *Sethe*, in: Hirte/Mülbert/Roth, GroßKomm AktG XII, § 278 Rn. 138, § 288 Rn. 40; *Herfs*, in: Hoffmann-Becking, MünchHdB GesR IV, § 79 Rn. 6; so verhält es sich auch bei der Merck KGaA: Die Geschäftsleitung ist auf Zeit (allerdings über eine Tätigkeitsvereinbarung mit der Komplementär KG) bestellt und hat keinen Kapitalanteil *Merck KGaA*, Satzung (2024), § 9 Abs. 3 und § 11.

220 *Perlitt*, in: Goette/Habersack/Kalss, MüKo-AktG V, § 278 Rn. 57; str. ist, ob der Tätigkeitsvertrag bei entsprechender Satzungsregelung auch von der der Hauptversammlung abgeschlossen werden kann.

bb) Prinzipal-Agent-Konflikt

Zwei der drei Kriterien, aus denen für den *gesetzestypischen* Komplementär eine Interessenannäherung zu denen der Kommanditaktionäre abgeleitet wurden, werden hier ins Gegenteil verkehrt. Der *vorstandsähnliche* Komplementär ist zeitlich begrenzt und nicht dauerhaft an die KGaA gebunden. Seine Vergütung erfolgt nicht über die gesetzliche Gewinnbeteiligung aufgrund einer erbrachten Sondereinlage, sondern auf Grundlage der mit der KGaA geschlossenen Tätigkeitsvereinbarung. Dies mutet de facto mehr einer Fremd- denn einer Selbstorganschaft an.[221]

Anders verhält es sich hinsichtlich der unbeschränkten und persönlichen Haftung. Auch dem *vorstandsähnlichen* Komplementär werden die gesetzlichen Möglichkeiten einer Regressnahme im Innenverhältnis zuteil. Bedingt durch das befristete Engagement der *vorstandsähnlichen* Komplementäre ist zwischen drei Haftungsphasen zu differenzieren: Die Phase vor Eintritt in die Gesellschaft, die tatsächliche »Geschäftsführerphase« sowie ein begrenzter Zeitraum nach dem Ausscheiden aus der KGaA.

In allen drei Phasen besteht ein gesetzlicher Ausgleichsanspruch des Komplementärs gegen die Gesellschaft. Für den eintretenden und den aktuellen persönlich haftenden Gesellschafter ergibt sich dieser Anspruch aus § 278 Abs. 2 AktG i. V. m. §§ 161 Abs. 2, 105 Abs. 3 HGB i. V. m. § 716 Abs. 1 BGB.[222] Auch dem bereits ausgeschiedenen Komplementär kommt unstreitig ein Anspruch gegen die Gesellschaft zu. Der Anspruch ergibt sich entweder aus § 426 BGB, aus § 105 Abs. 3 HGB i. V. m. § 728 Abs. 1 Satz 2 BGB oder aus § 670 BGB.[223]

Bei mehreren persönlich haftenden Gesellschaftern besteht für den *vorstandsähnlichen* Komplementär die Möglichkeit, sich subsidiär an die übrigen Komplementäre nach § 426 Abs. 1 BGB zu wenden[224] und so »nur noch« einen Teil der Last tragen zu müssen.

Zusätzlich zu den gesetzlichen Rückgriffsmöglichkeiten werden in dem Tätigkeitsvertrag regelmäßig weitere schuldrechtliche Freistellungen von der persönlichen Haftung[225] vereinbart. Derartige Freistellungsvereinbarungen

---

221 *Schmidt*, in: Crone/Weber/Zech Roger/Zobl, FS Forstmoser, S. 96.

222 Siehe dazu bereits Kap. 3 § 7 II. 1. a) bb).

223 *Noack*, in: Ebenroth/Boujong/Joost, HGB I, § 126 Rn. 50.

224 *Perlitt*, in: Goette/Habersack/Kalss, MüKo-AktG V, § 278 Rn. 162; *Herfs*, in: Hoffmann-Becking, MünchHdB GesR IV, § 78 Rn. 22; *Bachmann*, in: Henssler/Spindler/Stilz, BeckOGK-AktG, § 278 Rn. 50; *Sethe*, in: Hirte/Mülbert/Roth, GroßKomm AktG XII, § 278 Rn. 68; *Reger*, in: Bürgers/Fett, KGaA HdB, § 5 Rn. 225.

225 *Sethe*, in: Hirte/Mülbert/Roth, GroßKomm AktG XII, Vor § 287 Rn. 16; *Mertens/Cahn*, in: Zöllner/Noack, KK-AktG V, § 278 Rn. 40; *Herfs*, AG 2005, 589 (595 f.); *Bank*, in: Patzina/Bank/Schimmer/Simon-Widmann, Haftung von Unternehmensorganen, Kap. 17 Rn. 85; *Schlitt*, Die Satzung der Kommanditgesellschaft auf Aktien, S. 126.

haben wie auch gesetzliche Rückgriffsmöglichkeiten allerdings nur interne Wirkung.[226] Die Haftungsfreistellungsvereinbarung ist nur von Bedeutung, wenn der Regress nach den gesetzlichen Vorschriften fehlschlägt.[227] Dies ist denkbar im Fall einer Insolvenz der Gesellschaft. Einen hohen Stellenwert hat in diesem Fall die schuldrechtliche Freistellungsvereinbarung zwischen dem *vorstandsähnlichen* Komplementär und anderen vermögenden – häufig nicht geschäftsführungsbefugten[228] – Komplementären oder auch einem oder mehreren wohlhabenden Kommanditaktionären (mit beherrschendem Einfluss[229]). Die Haftungsfreistellungsvereinbarung entfaltet also nur dann ihre volle Wirkung, soweit die Mitgesellschafter über ein hohes privates Vermögen verfügen.

Die zuvor genannte Freistellungsvereinbarung unterliegt zudem Grenzen. Sie darf nicht derart ausgestaltet sein, dass auch Ersatzansprüche aus der Haftung des persönlich haftenden Gesellschafters wegen Pflichtverletzung gemäß § 283 Nr. 3 i. V. m. § 93 Abs. 2 AktG erfasst werden.[230] Nach § 283 Nr. 3 AktG gelten für die persönlich haftenden Gesellschafter sinngemäß die für den Vorstand der Aktiengesellschaft geltenden Vorschriften über die Sorgfaltspflicht und Verantwortlichkeit. Der Komplementär muss die Sorgfalt eines ordentlichen und gewissenhaften Geschäftsleiters anwenden (§ 93 Abs. 1 Satz 1 AktG). Er haftet bereits für leichte Fahrlässigkeit unbeschränkt.[231]

Für Vorstände wie *vorstandsähnliche* Komplementäre börsennotierter Unternehmen werden daher standardmäßig[232] von der Gesellschaft sogenannte D&O-Versicherungen (Vermögensschaden-Haftpflichtversicherung für bestimmte Berufsgruppen[233]) abgeschlossen. Im heutigen Wirtschaftsleben würde ohne eine solche Absicherung wohl kaum ein Leitungsorgan bei einer börsennotierten Gesellschaft einen Anstellungsvertrag unterschreiben.

---

226 *Reger*, in: Bürgers/Fett, KGaA HdB, § 5 Rn. 231.

227 *Reger*, in: Bürgers/Fett, KGaA HdB, § 5 Rn. 231; *Fischer*, Die Kommanditgesellschaft auf Aktien nach dem Mitbestimmungsgesetz, S. 110.

228 *Reger*, in: Bürgers/Fett, KGaA HdB, § 5 Rn. 232.

229 Dies vermutend *Steindorff*, in: Flume, FS Ballerstedt, S. 127 (129); m. w. N. *Fischer*, Die Kommanditgesellschaft auf Aktien nach dem Mitbestimmungsgesetz, S. 110.

230 *Sethe*, in: Hirte/Mülbert/Roth, GroßKomm AktG XII, § 278 Rn. 69.

231 *Wagner*, ZHR 178 (2014), 227 (233 f.).

232 *Wagner*, ZHR 178 (2014), 227 (234); *Doralt*, ZGR 48 (2019), 996 (997); *Dreher*, in: Dreher/Mülbert/Verse/Drescher, FS Bergmann, S. 145 (147); *Sanders/Berisha*, NZG 2020, 1290 (1296); *Fleischer*, in: Henssler/Spindler/Stilz, BeckOGK-AktG, § 93 Rn. 282; *Schenck*, NZG 2015, 494 (495); *Dreher/Thomas*, ZGR 38 (2009), 31 (32); *Klinkhammer*, VP 2008, 82 (83); *Reger*, in: Bürgers/Fett, KGaA HdB, § 5 Rn. 143; zur Zulässigkeit in der KGaA *Reger*, in: Bürgers/Fett, KGaA HdB, § 5 Rn. 144; *Melot de Beauregard/Gleich*, NJW 2013, 824 (828); *Kreienkamp*, in: Looschelders/Pohlmann, VVG, Teil 3 G.A. Rn. 72; als praktisches Beispiel dient die *Merck KGaA*, Geschäftsbericht 2023, S. 197.

233 *Terno*, SpV 2014, 2.

Die KGaA ist Versicherungsnehmer und der Komplementär die versicherte Person. Die Versicherung erfasst Fälle, in denen die versicherte Person bei der Ausübung ihrer Tätigkeit eine (grob) fahrlässige oder bedingt vorsätzliche Pflichtverletzung begangen hat, die kausal zu einem Vermögensschaden führt.[234] Daraus entstehende berechtigte Schadensersatzansprüche werden beglichen.[235] Fällige Beträge werden für den *vorstandsähnlichen* Komplementär im Idealfall in vollem Umfang aufgefangen. Diesbezüglich haben persönlich haftende Gesellschafter einer KGaA nicht mehr zu befürchten als Vorstände einer AG.

Auch die Gläubiger der Kommanditgesellschaft auf Aktien sind bei der Inanspruchnahme des persönlich haftenden Gesellschafters nur erfolgreich, wenn dieser Privatvermögen hat. Dies ist ein Anknüpfungspunkt für die weitere typische Absicherungsstruktur des Privatvermögens eines *vorstandsähnlichen* Komplementärs. Das Risiko einer Privatvermögenshaftung kann sich für Geschäftsleiter großer börsennotierter Unternehmen als existenzbedrohend erweisen.

In der Praxis kommt der sogenannten »Asset Protection« eine essenzielle Bedeutung zu. Sie gibt den persönlich haftenden Gesellschaftern eine weitere Möglichkeit ihr Privatvermögen präventiv zu schützen.[236] Unter »Asset Protection« ist eine vermögensvorsorgende Gestaltung zu verstehen, welche eine Pfändungsbeschränkung mit sich bringt und Vermögenswerte einem möglichen Vollstreckungszugriff von Gläubigern entzieht.[237] So können Vermögengegenstände innerhalb gesetzlicher Grenzen von der potenziell haftenden Person auf Vertrauenspersonen, Stiftungen oder (vermögensverwaltende) Personen- bzw. Kapitalgesellschaften übertragen werden.[238] Es können güterrechtliche Maßnahmen und erbschaftsrechtliche Vorkehrungen getroffen werden.[239] Schließlich wird über Lebensversicherungen als Mittel der Asset Protection nachgedacht.[240]

Nach den vorstehenden Ausführungen ist die persönliche Haftung eines *vorstandsähnlichen* Komplementärs im Vergleich zu einem *gesetzestypischen* Komplementärs als deutlich weniger spürbar einzuschätzen. Die Begriff-

---

234 *Dreher*, in: Dreher/Mülbert/Verse/Drescher, FS Bergmann, S. 145.

235 *Embser*, KP 2021, 7–13; die Sorge vor der persönlichen Vermögenshaftung daher für unbegründet haltend *Flämig*, in: Lutter, FS Peltzer, S. 99 (101).

236 *Sanders/Berisha*, NZG 2020, 1290 (1297).

237 *Rosenberger*, RNotZ 2020, 357; dies wohl mit »aus Sorge vor Haftung [...] zugängliches Vermögen kleinhalten« meinend *Steindorff*, in: Flume, FS Ballerstedt, S. 127 (132).

238 Ausführlich *Rosenberger*, RNotZ 2020, 357 (362–366), zur Stiftung (370–372), zur (vermögensverwaltenden) Personen- oder Kapitalgesellschaft (372–373).

239 Ausführlich zu güterrechtlichen Regelungen *Rosenberger*, RNotZ 2020, 357 (366–370) und zu erbschaftsrechtlichen Vorkehrungen (374–377).

240 *Rosenberger*, RNotZ 2020, 357 (373 f.).

lichkeit »persönliche Haftung« wirkt deutlich kraftvoller, als sie sich in der Praxis präsentiert. Der Komplementär ist sowohl gesetzlich als auch durch vielfältige tatsächliche und rechtliche Gestaltungsmöglichkeiten wirtschaftlich weitestgehend abgesichert.

Ein der beschränkten Haftung vergleichbarer Zustand kann aber auch durch die vorbenannten tatsächlichen und rechtlichen Gestaltungsmöglichkeiten nicht vollends erreicht werden. Eine D&O-Versicherung hilft meist in Fällen deliktischer Ansprüche oder gesellschaftsrechtlicher Haftungsgrundlagen gegen das Organ.[241] Dies ist der Fall bei aktienrechtlichen Verletzungen der Sorgfalt eines ordentlichen Geschäftsleiters im Innenverhältnis aus §§ 283 Nr. 3, 93 Abs. 1 und 2 AktG oder deliktischer Ansprüche Dritter im Außenverhältnis;[242] nicht aber im Fall der persönlichen Haftung des Gesellschafters für die Verbindlichkeiten der Gesellschaft gemäß § 278 Abs. 2 AktG i. V. m. §§ 161 Abs. 2, 126–129 HGB.[243] Die dann greifende gesetzliche oder vertragliche Haftungsfreistellung wirkt nur, solange die Gesellschaft oder die freistellenden Gesellschafter nicht zahlungsunfähig sind.[244] Auch Maßnahmen einer Asset Protection unterliegen häufig der Gläubiger- und Insolvenzanfechtung.[245]

Gänzlich ausschließen lässt sich die persönliche Inanspruchnahme des Komplementärs also nicht. Ein verbleibendes immerwährendes Restrisiko trägt auch der *vorstandsähnliche* persönlich haftende Gesellschafter. Haftungsfreistellungen, Versicherungen und Asset Protection mindern das unbegrenzte Risiko der persönlich haftenden Gesellschafter und rücken die Bedrohung für die wirtschaftliche Existenz durch die Privatvermögenshaftung aber weiter in den Hintergrund. Hinsichtlich der Haftungsfreistellung stellte der *BGH* bereits fest, die persönliche Haftung beeinflusse das Handeln des Komplementärs zugunsten der Kommanditisten in der Praxis nur bedingt und führt dazu aus:

> »Die Erwartung, ein für die Gesellschaftsverbindlichkeiten persönlich haftender Geschäftsleiter werde im Hinblick auf die – angesichts der üblichen Haftungsfreistellungen nur im Insolvenzfall wirklich relevante – Gefahr des Verlustes seiner eigenen wirtschaftlichen Existenz die Geschäfte der Gesellschaft mit größerer Sorgfalt, Vorsicht und Umsicht führen als ein Fremdgeschäftsführer, geht jedenfalls als generalisierende Annahme weitgehend an den Realitäten des modernen Wirtschaftslebens vorbei.«[246]

---

241 *Melot de Beauregard/Gleich*, NJW 2013, 824.

242 Allgemein *Melot de Beauregard/Gleich*, NJW 2013, 824.

243 *Ihlas*, in: Langheid/Wandt, MüKo-VVG III, 320 Rn. 158; *Ihlas/Hadding*, Organhaftung und Haftpflichtversicherung, S. 197.

244 *Kallmeyer*, DZwiR 8 (1998), 238 (240).

245 *Rosenberger*, RNotZ 2020, 357 (377).

246 BGHZ 134, 392–401 (398); dem zustimmend *Osterloh-Konrad*, ZGR 48 (2019), 271 (296).

Dem folgend sind für ihn von vorgelagertem Interesse das öffentliche Ansehen, seine fachliche Reputation und der berufliche Erfolg. Im Wesentlichen sind die Interessen der beiden in Rede stehenden Gesellschaftergruppen der KGaA (*vorstandsähnliche* Komplementär und Kommanditaktionäre) ähnlich denen des AG-Vorstandes und der AG-Aktionäre. Aufgrund der begrenzten zeitlichen Bindung an die KGaA, einer Tätigkeitsvergütung und des geringen Haftungsrisikos werden die Stellung und die damit einhergehenden Interessen eines *vorstandsähnlichen* Komplementärs denen eines Vorstandes einer AG aus dieser Perspektive ähnlicher sein als denen der Kommanditaktionäre.

Die konfliktbehafteten Informationsasymmetrien und Interessendivergenzen zeigen sich in einer KGaA mit einem *vorstandsähnlichen* Komplementär bereits deutlich mehr als bei Einsetzung eines *gesetzestypischen* Komplementärs.

2. Atypische KGaA

In einer *atypischen* KGaA haftet keine natürliche Person unbeschränkt und persönlich. Als Komplementär wird eine Kapitalgesellschaft eingesetzt. Dies hat der *BGH* mit Beschluss vom 24.02.1997 grundsätzlich anerkannt.[247]

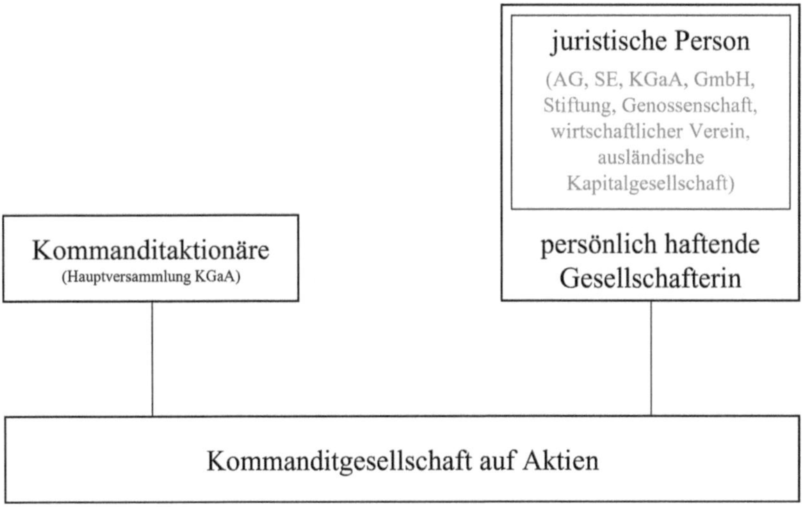

247 BGHZ 134, 392–401.

a) Prinzipal-Agent-Verhältnis

Auch in der *atypischen* KGaA sind die Kommanditaktionäre als Kapitalgeber die Träger des unternehmerischen Risikos (Prinzipale). Die Geschäftsführung der Kommanditgesellschaft auf Aktien erfolgt durch die Komplementärkapitalgesellschaft vertreten durch deren Leitungsorgan.

Der für ein Prinzipal-Agent-Verhältnis notwendige »Vertrag«, bei dem eine oder mehrere Personen (Prinzipale) eine andere Person (den Agenten) damit beauftragen, die Unternehmensführung zu übernehmen, kann unterschiedlich konstruiert werden.

Denkbar ist wiederum eine mittelbare wirtschaftliche Beauftragung des Geschäftsleiters durch die Kommanditaktionäre. Dies ist dann der Fall, wenn der Anstellungsvertrag des Vorstandes einer Komplementär-SE oder AG beziehungsweise der Geschäftsführung der Komplementär-GmbH mit der KGaA – vertreten durch den KGaA-Aufsichtsrat – geschlossen wurde.[248]

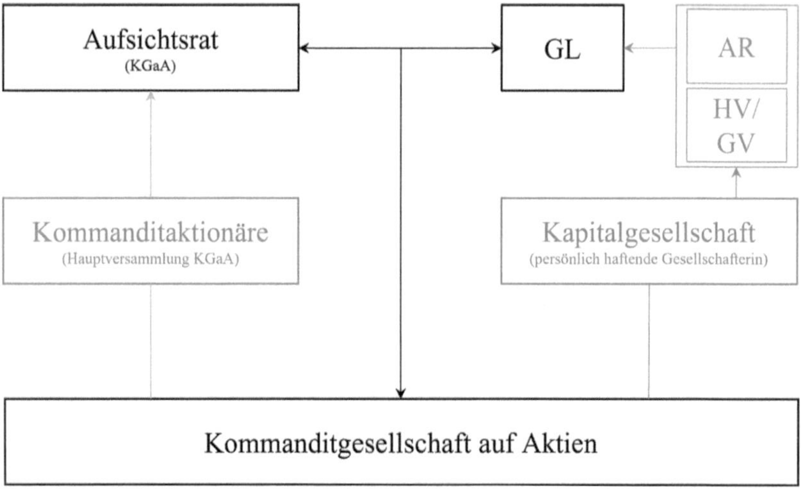

In diesem Fall liegt die unmittelbare Beauftragung des Geschäftsleiters zwar beim KGaA-Aufsichtsrat. Mittelbar beauftragt die KGaA-Hauptversamm-

248 Zu dieser Art des Tätigkeitsvertrages *Arnold*, Die GmbH & Co. KGaA, S. 86; *Herfs*, in: Hoffmann-Becking, MünchHdB GesR IV, § 79 Rn. 32; *Perlitt*, in: Goette/Habersack/Kalss, MüKo-AktG V, § 288 Rn. 88; *Schmidt*, in: Schmidt/Lutter, AktG, § 283 Rn. 1; *Dirksen/Möhrle*, ZIP 1998, 1377 (1384); jeweils m. w. N. und als »gebräuchlich« einordnend *Otte*, Die AG & Co. KGaA, S. 93; *Arnold*, Die GmbH & Co. KGaA, S. 86; gegenteilig m. w. N. *Kessler*, Die rechtlichen Möglichkeiten der Kommanditaktionäre einer GmbH & Co. KGaA zur Einwirkung auf die Geschäftsführung, S. 274–275.

lung über die Wahl des Aufsichtsrats aber das faktische Geschäftsführungsorgan.[249]

Wurde ein etwaiger Tätigkeitsvertrag nicht mit der KGaA geschlossen, sondern mit der Komplementärgesellschaft, kann das Prinzipal-Agent-Verhältnis auf die unmittelbare Erwartung an die persönlich haftende Gesellschafterin[250] sowie die mittelbare Erwartung an dessen Geschäftsleitung gestützt werden.

b) Prinzipal-Agent-Konflikt

Die Verhältnisse in der *atypischen* KGaA dienen als typisches Beispiel für einen Prinzipal-Agent-Konflikt.[251]

Die juristische Person als Komplementärin haftet lediglich mit ihrem Gesellschaftsvermögen »persönlich, unmittelbar und primär«. Die persönliche Haftung eines Gesellschafters für die Verbindlichkeiten der KGaA wird entsprechend von einer Kapitalgesellschaft übernommen. Ein wesentliches Strukturmerkmal in der KGaA wird so konterkariert. Der dahin gehende grundlegende Unterschied zwischen einer Kommanditgesellschaft auf Aktien und einer Aktiengesellschaft wird vermieden.[252] Haftungsargumente können nicht mehr zur Überbrückung des Prinzipal-Agent-Konflikts herangezogen und eine damit verbundene mögliche regulierende Wirkung auf die Geschäftsführung muss mangels derselben nicht diskutiert werden.

Ein weiteres Charakteristikum der KGaA ist der Grundsatz der Selbstorganschaft (§ 278 Abs. 2 AktG i. V. m. §§ 164, 161 Abs. 2, 114 HGB). Danach soll ausschließlich der persönlich haftende Gesellschafter für die Geschäftsführung und Vertretung der Gesellschaft zuständig sein. Durch die Gestaltung der KGaA als *Kapitalgesellschaft* & Co. KGaA wird dieser Grundsatz umgangen. Die als Komplementärin einsetzbaren Kapitalgesellschaften lassen allesamt eine Fremdorganschaft zu. Da der Vorstand oder Geschäftsführer die Komplementärin in der Geschäftsführung vertritt, ist er gleichzeitig faktischer Geschäftsleiter der KGaA. Infolgedessen besteht zumindest eine mittelbare Fremdorganschaft in der *atypischen* KGaA (Quasi-Fremdorganschaft). Das Prinzip der Fremdorganschaft wird rechtskonform in die dem

---

249 Siehe bereits für den *vorstandsähnlichen* Komplementär Kap. 3 § 7 II. 1. b) aa).

250 Siehe dazu für den *gesetzestypischen* Komplementär Kap. 3 § 7 II. 1. a) aa).

251 *Halasz/Kloster/Kloster*, GmbHR 2002, 77 (83) die Möglichkeit einer Verneinung von Prinzipal-Agent-Konflikten in der KGaA andenkend, aber im Ergebnis für »kaum vertretbar« haltend *Teichmann*, in: Krieger/Hoffmann-Becking/Hommelhoff, FS Krieger, S. 993 (1004).

252 *Göz*, in: Bürgers/Fett, KGaA HdB, § 2 Rn. 2.

Grundsatz der Selbstorganschaft verpflichteten KGaA eingebunden[253]. Die KGaA mit Quasi-Fremdorganschaft ist der AG enorm angenähert.[254] Das wünschenswerte Zusammenbringen von Kapital und externer unternehmerischer Expertise wird umgesetzt. Nicht nur die wohlfahrtsökonomischen Vorteile, sondern auch die Nachteile der Trennung von Eigentum und Kontrolle finden so Einzug in die Kommanditgesellschaft auf Aktien.

Konsequenterweise werden durch die Trennung von Eigentum und Kontrolle auch die Interessendivergenzen[255] zwischen Kommanditaktionären und Quasi-Fremdgeschäftsführer ausgeprägter sein als in einer *gesetzestypischen* KGaA. Während es dem Geschäftsführer auf Prestige, hohes Einkommen und die Verwirklichung schöpferischer Ideen ankommt, hat es ein Kommanditaktionär auf eine hohe Gewinnausschüttung und eine Teilnahme an der Wertsteigerung des Unternehmens abgesehen. Daher liegt es in der Natur der Sache, dass die persönlichen Interessen der Geschäftsführung als Nichtgesellschafter mit denen der Kommanditaktionäre konfligieren.

III. Einflussmöglichkeiten

Die Kommanditgesellschaft auf Aktien ist eine gesellschaftsrechtliche Mischform. Es gilt sowohl das Recht der KG als auch das Recht der AG. Auf den ersten Blick sind Aktionäre einer AG und Kommanditaktionäre problemlos vergleichbar. Denn jeder, der Aktionär sein kann, kann auch Kommanditaktionär sein.[256] Bei ebenso parallel laufenden Einflussmöglichkeiten wäre die Kommanditgesellschaft auf Aktien unter diesem Gesichtspunkt ein prädestiniertes Ziel für aktivistische Aktionäre und Investoren. Die individuellen Rechte und Pflichten der Kommanditaktionäre stimmen allerdings nur »im Wesentlichen« mit den Rechten und Pflichten eines Aktionärs einer AG überein.[257] Auch die Befugnisse der Hauptversammlung entsprechen ledig-

---

253 *Sethe*, in: Hirte/Mülbert/Roth, GroßKomm AktG XII, § 278 Rn. 69; im Ergebnis auch *Gaibler*, Die Kommanditgesellschaft auf Aktien (KGaA), S. 33; *Osterloh-Konrad*, ZGR 48 (2019), 271 (298); *Sethe*, Die personalistische Kapitalgesellschaft mit Börsenzugang, S. 147; »Es bestehen (…) Parallelen zwischen Fremdgeschäftsführer und persönlich haftendem Gesellschafter« *Sanders/Berisha*, NZG 2020, 1290 (1299); nach *Otte*, Die AG & Co. KGaA, S. 189 ist »der Grundsatz der Selbstorganschaft (…) faktisch aufgehoben«.

254 *Kallmeyer*, DZwiR 8 (1998), 238 (239).

255 So gibt *Kallmeyer*, DZwiR 8 (1998), 238 (239) zu bedenken: »Vielleicht ist Gesellschafter der Komplementär-GmbH ein anderes Unternehmen, dass auf diese Weise seine wettbewerblichen Interessen verfolgt.«

256 *Perlitt*, in: Goette/Habersack/Kalss, MüKo-AktG V, § 278 Rn. 96.

257 *Reger*, in: Bürgers/Fett, KGaA HdB, § 5 Rn. 357; *Fett/Förl*, in: Bürgers/Körber/Lieder, AktG, § 278 Rn. 36; *Bachmann*, in: Henssler/Spindler/Stilz, BeckOGK-AktG, § 278 Rn. 35; *Herfs*, in: Hoffmann-Becking, MünchHdB GesR IV, § 78 Rn. 60;

lich grundsätzlich denen einer AG-Hauptversammlung.[258] Mit Blick auf die *gesetzestypische* KGaA wird vertreten:

> »Im Vergleich zur AG besticht die Möglichkeit der Einflussnahme der Aktionäre auf die Geschäftsführung, sei es in Gestalt der Hauptversammlung, sei es in Gestalt von weiteren Organen der Aktionäre und damit die Wahrung des Gesellschaftereinflusses.«[259]

Dies lässt auf ein erhöhtes Maß der Einflussnahme schließen. Einer Beteiligung aktivistischer Kommanditaktionäre würde dies in die Karten spielen. Demgegenüber heißt es beispielsweise in den Umwandlungsberichten der *atypischen Fresenius* SE & Co. KGaA, der *CompuGroup Medical* SE & Co. KGaA und der *CTS Eventim* AG & Co. KGaA, dass

> »der Einfluss der Gesamtheit der Kommanditaktionäre über die Hauptversammlung auf die Gesellschaft geringer ist als bei einer Aktiengesellschaft.«[260]

Eine allgemeingültige Aussage für die Gesellschaftsform der KGaA lässt sich daher nicht treffen. Fürs erste lässt sich aber festhalten: Kommanditaktionäre haben Einflussmöglichkeiten. Ob sie so ausgeprägt sind wie bei einem AG-Aktionär, darüber hinausgehen oder geringer ausfallen, wird im Fortgang der Arbeit zu ergründen sein.

IV. Zusammenfassung

Die KGaA ist börsenfähig und ihre Anteile sind problemlos handelbar. Folglich ist es aktivistischen Kommanditaktionären grundsätzlich und auf unbeschwerte Art und Weise möglich eine Beteiligung an der potenziellen Zielgesellschaft aufzubauen.

Der Kern des Aktionärs- und Investoraktivismus findet sich auch in der KGaA. Je nach Ausgestaltung lässt sich die KGaA als Beispiel für einen

---

Kessler, NZG 2005, 145 (147); *Saenger*, Gesellschaftsrecht, § 15 Rn. 715; *Siebold/Wichert*, SpuRt 1998, 138 (139).

258 *Göz*, in: Bürgers/Fett, KGaA HdB, § 2 Rn. 6.

259 *Kallmeyer*, DStR 1994, 977; im Ergebnis auch *Hoffmann-Becking/Herfs*, in: Hommelhoff/Schmidt-Diemitz/Sigle, FS Sigle, S. 273 (284 f.).

260 *Fresenius SE & Co. KGaA*, Formwechsel in eine Kommanditgesellschaft auf Aktien, *<www.fresenius.com/sites/default/files/2022-06/Umwandlungsbericht_KGaA_2010_d.pdf>*, S. 77; *CompuGroup Medical SE & Co. KGaA*, Umwandlungsbericht, *<www.cgm.com/_Resources/Persistent/13b7406bc40eba8c15cd0827a69013ceaf1c5064/CGM_SE_-_Formwechsel_SE__Co_KGaA_-_Umwandlungsberichtfinal_-_MIT_ANLAGEN_06042020.pdf>*, S. 74; *CTS Eventim AG & Co. KGaA*, Formwechsel in eine Kommanditgesellschaft auf Aktien, *<corporate.eventim.de/fileadmin/user_upload/eventim/04_investor_relations/hauptversammlung/2014/unterlagen_zu_tagesordnungspunkt_7/umwandlungsbericht_cts_eventim_ag.pdf>*, S. 34

mehr oder weniger ausgeprägten Prinzipal-Agent-Konflikt zwischen Eigentümer und Geschäftsleitung heranziehen. In der *gesetzestypischen* KGaA mit einem *gesetzestypischen* Komplementär sind die Interessen denen der Kommanditaktionäre sehr nah. Hat die *gesetzestypische* KGaA einen *vorstandsähnlichen* Komplementär eingesetzt, fallen die Interessen der Gesellschaftergruppen etwas weiter auseinander. Die Interessendivergenz ist in der *atypischen* KGaA am größten und das Konfliktpotenzial am ausgeprägtesten. Das Bestreben der Kommanditaktionäre, Konflikte durch Einflussnahme auf das Unternehmen zu lösen, um so individuelle Interessen durchzusetzen, kann folgerichtig auch in der KGaA bestehen.

§ 8 Relevante Rechtstatsachen

Die Gesellschafterstruktur der derzeit börsennotierten KGaA (I.), deren Börsenbewertung anhand des Kurs-Gewinn-Verhältnisses (II.) und die Varianten der KGaA (III.) in der Rechtstatsächlichkeit sind Gegenstand der nachfolgenden Ausführungen. Auf diese Rechtstatsachen wird im Rahmen der weiteren Untersuchung unter Berücksichtigung des Untersuchungsgegenstandes immer wieder zurückzukommen sein.

I. Gesellschafterstruktur[261]

1. Kommanditaktionärsstruktur

a) Streubesitz

Ein hoher Streubesitz börsennotierter Unternehmen ist in Deutschland in der jüngeren Vergangenheit immer mehr zum Regelfall[262] geworden. Aktionäre,

---

261 Die Daten für die nachfolgende Untersuchung entstammen, soweit nicht anders gekennzeichnet, den folgenden Quellen: *Fresenius SE & Co. KGaA*, Geschäftsbericht 2023; *Henkel AG & Co. KGaA*, Geschäftsbericht 2023; *Merck KGaA*, Geschäftsbericht 2023; *CTS Eventim AG & Co. KGaA*, Geschäftsbericht 2023; *Hella GmbH & Co. KGaA*, Geschäftsbericht 2023; *Ströer SE & Co. KGaA*, Geschäftsbericht 2023; *Borussia Dortmund GmbH & Co. KGaA*, Geschäftsbericht 2022/2023; *Cewe Stiftung & Co. KGaA*, Geschäftsbericht 2023; *CompuGroup Medical SE & Co. KGaA*, Geschäftsbericht 2023; *Drägerwerk AG & Co. KGaA*, Geschäftsbericht 2023; *DWS Group GmbH & Co. KGaA*, Geschäftsbericht 2023; *Hornbach Holding AG & Co. KGaA*, Geschäftsbericht 2023/2024; *KSB SE & Co. KGaA*, Geschäftsbericht 2023; *KWS Saat SE & Co. KGaA*, Geschäftsbericht 2022/2023; *Mutares SE & Co. KGaA*, Geschäftsbericht 2023; *Schott Pharma AG & Co. KGaA*, Geschäftsbericht 2022/2023; *Sto SE & Co. KGaA*, Geschäftsbericht 2023; *Thyssenkrupp Nucera AG & Co. KGaA*, Geschäftsbericht 2022/2023.

262 So befanden sich Ende 2018 durchschnittlich 84 % der Aktien eines DAX-Konzerns im Streubesitz *Ernst & Young*, Wem gehört der DAX?, *<assets.ey.com/content/dam/*

welche wesentliche Anteile an einem Unternehmen halten, sind eine Seltenheit.[263] Für die untersuchten Kommanditgesellschaften auf Aktien gilt dies nicht. Der Streubesitz ist in der KGaA deutlich geringer als bei Aktiengesellschaften.

Gesellschaft	**Streubesitz**[264]
Fresenius SE & Co. KGaA	73,00 %
Henkel AG & Co. KGaA	38,18 %
Merck KGaA	100,00 %
CTS Eventim AG & Co. KGaA	61,20 %
Hella GmbH & Co. KGaA	18,41 %
Ströer SE & Co. KGaA	58,34 %[265]
Borussia Dortmund GmbH & Co. KGaA	67,24 %[266]
CEWE Stiftung & Co. KGaA	68,70 %
CompuGroup Medical SE & Co. KGaA	47,16 %
Drägerwerk AG & Co. KGaA	28,38 %
DWS Group GmbH & Co. KGaA	20,51 %[267]
Hornbach Holding AG & Co. KGaA	62,50 %
KSB SE & Co. KGaA	16,00 %
KWS Saat SE & Co. KGaA	30,90 %
Mutares SE & Co. KGaA	64,80 %
SCHOTT Pharma AG & Co. KGaA	23,00 %

ey-sites/ey-com/de_de/news/2019/06/ey-wem-gehoert-der-dax-2019.pdf?download>, S. 3; ähnlich *Engelen et al.*, Investor Activism 2018, S. 83; *Ludwig*, M&A Review 28 (2017), 363.

263 *Engelen et al.*, Investor Activism 2018, S. 83.

264 Berücksichtigt werden insoweit lediglich die mit einem Stimmrecht ausgestatteten Stammaktien.

265 Die *Ströer* SE & Co. KGaA rechnet Anteilseigner von über 3 % sowie die Aktien von Verwaltungsmitgliedern aus dem Streubesitz heraus und kommt damit auf 43,44 %.

266 Formal würden die Anteile des Ballspiel Borussia 09 e. V. Dortmund i. H. v. 4,61 % noch hinzugerechnet.

267 Die *DWS Group* GmbH & Co. KGaA rechnet den Anteil des zweitgrößten Einzelkommanditaktionärs (*Nippon Life Insurance Company*) in Höhe von 5 % aus dem Streubesitz heraus und kommt auf einen Streubesitz von 15,51 %.

Gesellschaft	**Streubesitz**
Sto SE & Co. KGaA	0,00 %[268]
Thyssenkrupp Nucera AG & Co. KGaA	17,96 %
Durchschnitt	44,24 %

b) Ankerkommanditaktionäre

Spiegelbildlich zu den zuvor gewonnenen Erkenntnissen haben sämtliche – mit Ausnahme der *Merck* KGaA – im DAX, MDAX oder SDAX gelisteten Kommanditgesellschaften auf Aktien einen bedeutenden Großaktionär. Dabei handelt es sich in der Regel um die einzelnen Gründer oder Gründerfamilien. Diese halten mindestens eine aktienrechtliche Sperrminorität bis hin zu einer qualifizierten Kapitalmehrheit. So bleibt der Einfluss der Gründer bzw. Gründerfamilien auch in der Hauptversammlung gewährleistet.

Gesellschaft	**Ankerkommanditaktionär**[269]
Fresenius SE & Co. KGaA	27,00 % (*Else Kröner-Fresenius*-Stiftung)
Henkel AG & Co. KGaA	61,56 % (Familie *Henkel*)
Merck KGaA	./.
CTS Eventim AG & Co. KGaA	38,80 % (*KPS* (= Klaus-Peter Schulenberg) Stiftung)
Hella GmbH & Co. KGaA	81,59 % (*Forvia* SE)
Ströer SE & Co. KGaA	19,49 % (*Dirk Ströer*, Gründer) 22,17 % (*Udo Müller*, Gründer)
Borussia Dortmund GmbH & Co. KGaA	32,76 % (*Bernd Geske*, *Evonik Industries* AG, *SIGNAL IDUNA*, *PUMA* SE, *Ralph Dommermuth Beteiligung* GmbH, *Ballspielverein Borussia 09* e. V. Dortmund)
CEWE Stiftung & Co. KGaA	27,10 % (*Alexander Neumüller* und *Dr. Caroline Neumüller*, Erben des Firmengründers) 4,20 % *CEWE* Stiftung & Co. KGaA

268 Bei der *Sto* SE & Co. KGaA werden lediglich stimmrechtslose Vorzugsaktien an ihrem Grundkapital am organisierten Markt gehandelt. Die Stammaktien liegen zu 100 % bei der Familie Stotmeister.

269 Berücksichtigt werden insoweit lediglich die mit einem Stimmrecht ausgestatteten Stammaktien.

Gesellschaft	**Ankerkommanditaktionär**
CompuGroup Medical SE & Co. KGaA	52,84 % (Familie; *CompuGroup Medical* SE & Co. KGaA)
Drägerwerk AG & Co. KGaA	71,62 % (Familie *Dräger*)
DWS Group GmbH & Co. KGaA	79,49 % (*Deutsche Bank AG* über *DB Beteiligungs-Holding* GmbH)
Hornbach Holding AG & Co. KGaA	37,50 % (*Hornbach* Familie)
KSB SE & Co. KGaA	84,00 % (*Johannes und Jacob Klein* GmbH)
KWS Saat SE & Co. KGaA	69,10 % (Familien *Büchting, Arend Oetker*)
Mutares SE & Co. KGaA	25,08 % (Gründer: *Robin Laik*) 10,12 % (*Johann Vielberth*)
SCHOTT Pharma AG & Co. KGaA	77,00 % (*SCHOTT* AG)
Sto SE & Co. KGaA	100,00 % (*Stotmeister Beteiligungs*-GmbH: Familie *Stotmeister*, 90,00 % und *Sto* SE & Co. KGaA, 10,00 %)
Thyssenkrupp Nucera AG & Co. KGaA	50,19 % (*thyssenkrupp* AG) 25,85 % (*De Nora* S. p. A.) 6,00 % (*Energy Solutions Company*)

Eine *Mehrheitsherrschaft* mit einer Beteiligung von über 50 % am Grundkapital liegt in zehn der untersuchten Gesellschaften vor: *Henkel* AG & Co. KGaA, *Hella* GmbH & Co. KGaA, *CompuGroup Medical* SE & Co. KGaA, *Drägerwerk* AG & Co. KGaA, *DWS Group* GmbH & Co. KGaA, *KSB* SE & Co. KGaA, *KWS Saat* SE & Co. KGaA, *SCHOTT Pharma* AG & Co. KGaA, *Sto* SE & Co. KGaA, *Thyssenkrupp Nucera* AG & Co. KGaA.

Sieben der Kommanditgesellschaften auf Aktien, die Gegenstand dieser Untersuchung sind, weisen eine *Kontrollbeteiligung* von wenigstens 25 % der Kommanditaktien auf: *Fresenius* SE & Co. KGaA, *CTS Eventim* AG & Co. KGaA, *Ströer* SE & Co. KGaA, *Borussia Dortmund* GmbH & Co. KGaA, *CEWE* Stiftung & Co. KGaA, *Hornbach* Holding AG & Co. KGaA und *Mutares* SE & Co. KGaA.

Weder eine Mehrheitsbeteiligung noch eine Kontrollbeteiligung findet man in der *Merck* KGaA.

c) Akteure des Aktionärs- und Investoraktivismus in der KGaA

Noch vor einigen Jahren ging man davon aus, dass Unternehmen in der Rechtsform der KGaA aufgrund des starken und unbequemen persönlich haftenden Gesellschafters auf eine Eigenkapitalversorgung durch Private-Equity-Investoren, institutionelle Investoren und Hedgefonds verzichten müssten.[270]

Die vorangegangenen Überlegungen sind so nicht mehr haltbar. Soweit ersichtlich haben »große« Kapitalgeber in die meisten börsennotierten Kommanditgesellschaften auf Aktien investiert und machen einen Großteil des Streubesitzes aus. So sind beispielsweise bei der *Fresenius* SE & Co. KGaA, der *Henkel* AG & Co. KGaA, und der *Drägerwerk* AG & Co. KGaA über die Hälfte der Kommanditaktien in der Hand von institutionellen Investoren.[271] Und auch bei der *CTS Eventim* AG & Co. KGaA halten sich solche Beteiligungen im unteren zweistelligen Prozentbereich.[272]

2. Komplementärstruktur

a) Gesetzestypische KGaA

Nach dem gesetzlichen Leitbild haftet in einer Kommanditgesellschaft auf Aktien mindestens eine natürliche Person persönlich.

Lediglich eine der untersuchten Gesellschaften kann ein solches Strukturmerkmal aufweisen: die *Merck* KGaA. Persönlich haftende Gesellschafter ohne Kapitalanteil sind ausweislich § 9 Abs. 1 Satzung-Merck die fünf Mitglieder der sogenannten »Geschäftsleitung«. Persönlich haftende Gesellschafterin mit Kapitalanteil ist überdies die *E. Merck* KG. An deren Kapital hält die Familie *Merck* 99,9 % und ist so mit 70,3 % am Gesamtkapital der *Merck* KGaA beteiligt.[273] Die persönlich haftenden Gesellschafter der *E. Merck* KG sind zwei Mitglieder der Familie *Merck*. Auch sie haften als Komplementäre der *E. Merck* KG persönlich für die *Merck* KGaA. Die persönliche Haftung greift mangels Haftungsbeschränkung in der KG auf die zwei als Komplementäre eingesetzten Mitglieder der *Merck*-Familie durch. Die Kommanditgesellschaft bietet daher als Komplementärin einer KGaA keinen wesentlichen Vorteil gegenüber einer natürlichen Person.[274]

In Summe haften im Außenverhältnis sieben natürliche Personen für die *Merck* KGaA.

---

270 *Elschenbroich*, Die Kommanditgesellschaft auf Aktien, S. 187.

271 *Fresenius* SE & Co. KGaA (61 %); *Henkel* AG & Co. KGaA (57,7 %); *Drägerwerk AG & Co. KGaA*, <*www.draeger.com/de_de/Investor-Relations/Share*> (57 %).

272 Knapp 20 % *CTS Eventim AG & Co. KGaA*, <*irpages2.eqs.com/download/companies/cts-eventim/factsheet_418_German.pdf*>.

273 *Merck KGaA*, <*www.merckgroup.com/de/company/management/e-merck-kg.html*>.

274 Siehe dazu bereits Kap. 3 § 7 II. 1.

b) Atypische KGaA

aa) Rechtsform der Komplementärgesellschaft

Mit der Anerkennung einer Kapitalgesellschaft als Komplementärin[275] ist die Einsetzung einer natürlichen Person als Komplementär zur Rarität geworden. Bei einer deutlichen Mehrzahl der Kommanditgesellschaften auf Aktien fungieren juristische Personen als Komplementärinnen.[276]

Die hier untersuchten Gesellschaften bestätigen dieses Bild.

Gesellschaft	**Komplementärgesellschaft**
Fresenius SE & Co. KGaA	*Fresenius Management* SE
Henkel AG & Co. KGaA	*Henkel Management* AG
CTS Eventim AG & Co. KGaA	*Eventim Management* AG
Hella GmbH & Co. KGaA	*Hella Geschäftsführungs*gesellschaft mbH
Ströer SE & Co. KGaA	*Ströer Management* SE
Borussia Dortmund GmbH & Co. KGaA	*Borussia Dortmund Geschäftsführungs*-GmbH
CEWE Stiftung & Co. KGaA	*Neumüller CEWE Color* Stiftung
CompuGroup Medical SE & Co. KGaA	*CompuGroup Medical Management* SE
Drägerwerk AG & Co. KGaA	*Drägerwerk Verwaltungs* AG
DWS Group GmbH & Co. KGaA	*DWS Management* GmbH
Hornbach Holding AG & Co. KGaA	*Hornbach Management* AG
KSB SE & Co. KGaA	*KSB Management* SE
KWS Saat SE & Co. KGaA	*KWS* SE
Mutares SE & Co. KGaA	*Mutares Management* SE
SCHOTT Pharma AG & Co. KGaA	*SCHOTT Pharma Management* AG
Sto SE & Co. KGaA	*Sto Management* SE
thyssenkrupp nucera AG & Co. KGaA	*thyssenkrupp nucera Management* AG

Die meistgewählte Rechtsform der Komplementäre ist die SE (7): *Fresenius*, *Ströer*, *CompuGroup Medical*, *KBS*, *KWS Saat*, *Mutares* und *Sto*. Der Vorteil in einer SE als Komplementärgesellschaft liegt darin, dass die SE für eine »internationale Ausrichtung des Unternehmens steht«, gegenüber der

275 Siehe dazu Kap. 3 § 7 II. 2.
276 *Lieder/Hoffmann*, AG 2016, 704 (709 f.).

AG eine höhere Flexibilität aufweist und prestigeträchtiger als die GmbH erscheint.[277]

Dicht gefolgt von der AG (6): *Henkel, CTS Eventim, Drägerwerk, Hornbach, SCHOTT* und *thyssenkrupp nucera.*

Eine GmbH (3) dient der *Hella, Borussia Dortmund* und *DWS Group* als Komplementärgesellschaft.

Die Stiftung (1) wurde lediglich von der *CEWE* als persönlich haftende Gesellschafterin eingesetzt.

bb) Beteiligungsstruktur

Komplementärgesellschaft	**Gesellschafter**
Fresenius Management SE	100,00 % (*Else Kröner-Fresenius*-Stiftung)
Fresenius Medical Care Management AG	100,00 % (*Fresenius* SE & Co. KGaA)
Henkel Management AG	100,00 % (*Henkel* AG & Co. KGaA)
Eventim Management AG	100,00 % (*KPS* (= Klaus-Peter Schulenberg) Stiftung)
*Hella Geschäftsführungs*gesellschaft mbH	100,00 % (*Hella* GmbH & Co. KGaA)
Borussia Dortmund Geschäftsführungs-GmbH	100,00 % (*Ballspiel Borussia 09* e.V. Dortmund)
Neumüller CEWE Color Stiftung	100,00 % (*Alexander Neumüller* und *Dr. Caroline Neumüller*, Erben des Firmengründers)
Drägerwerk Verwaltungs AG	100,00 % (*Stefan Dräger* GmbH)
DWS Management GmbH	100,00 % (*DB Beteiligungs-Holding* GmbH)
KSB Management SE	100,00 % (*Klein, Schanzlin & Becker* GmbH)
KWS SE	100,00 % (Aktionärsfamilien *C.-E. Büchting* und *Arend Oetker*
Mutares Management SE	30,00 % (*Mutares* SE & Co. KGaA)
SCHOTT Pharma Management AG	100,00 % (*SCHOTT* AG)
Ströer Management SE	100,00 % (*Dirk Ströer* und *Udo Müller*)

277 *Eiff/Otte*, GWR 7 (2015), 246 (248).

Komplementärgesellschaft	**Gesellschafter**
Hornbach Management AG	100,00 % (*Hornbach Familien-Treuhand*-gesellschaft mbH)
CompuGroup Medical Management SE	100,00 % (*Frank Gotthardt* (Gründer), *Prof. Dr. Daniel Gotthardt*)
Sto Management SE	100,00 % (*Stotmeister Beteiligungs* GmbH (Familie))
thyssenkrupp nucera Management AG	100,00 % (*thyssenkrupp* AG und *Industrie De Nora* S. p. A.)

In nahezu allen untersuchten Gesellschaften liegen die Anteile der Komplementärgesellschaften in der Hand eines geschlossenen (Familien-)Gesellschafterkreises.

Eine bemerkenswerte Ausnahme sind die Unternehmen *Henkel* AG & Co. KGaA und *Hella* GmbH & Co. KGaA. Sie sind als sogenannte »Einheitsgesellschaft« oder spezifischer als »*Einheits*-KGaA«[278] zu qualifizieren. Bei einer *Einheits*-KGaA ist die KGaA selbst Alleingesellschafterin der Komplementärgesellschaft.[279] Dem entsprechend halten die *Henkel* AG & Co. KGaA und die *Hella* GmbH & Co. KGaA jeweils sämtliche Anteile an ihrer Komplementärgesellschaft, namentlich der *Henkel Management* AG und der *Hella Geschäftsführungs*gesellschaft mbH.

c) Aufnahme und Ausscheiden

aa) Aufnahme

Lediglich vier Gesellschaften, die Teil dieser Untersuchung waren, haben Satzungsregelungen für die Aufnahme weiterer persönlich haftender Gesell-

278 Zur Zulässigkeit für viele *Sethe*, in: Hirte/Mülbert/Roth, GroßKomm AktG XII, § 280 Rn. 11, § 278 Rn. 18, 41; *Mertens/Cahn*, in: Zöllner/Noack, KK-AktG V, § 278 Rn. 10; *Arnold*, Die GmbH & Co. KGaA, S. 31–32; *Perlitt*, in: Goette/Habersack/Kalss, MüKo-AktG V, § 278 Rn. 391; *Bachmann*, in: Henssler/Spindler/Stilz, BeckOGK-AktG, § 278 Rn. 4; *Schnorbus*, in: Hoffmann-Becking/Hüffer/Reichert, FS Winter, S. 627 (661); noch davon ausgehend, dass »dieser Gesellschaftstyp in der Praxis (…) keine Verbreitung finden« wird *Förl*, Die GmbH & Co. KGaA als abhängiges Unternehmen, S. 42; ähnlich *Arnold*, Die GmbH & Co. KGaA, S. 35; ausführlich zur AG & Co. KGaA als Einheitsgesellschaft *Otte*, Die AG & Co. KGaA, S. 223–229.

279 Für viele *Otte*, Die AG & Co. KGaA, S. 223; *Hennemann*, ZHR 182 (2018), 157 (178); *Schmidt*, in: Schmidt/Lutter, AktG, § 278 Rn. 13; *Reger*, in: Bürgers/Fett, KGaA HdB, § 5 Rn. 30; *Perlitt*, in: Goette/Habersack/Kalss, MüKo-AktG V, § 278 Rn. 391; *Herfs*, in: Hoffmann-Becking, MünchHdB GesR IV, § 78 Rn. 12; *Sethe*, in: Hirte/Mülbert/Roth, GroßKomm AktG XII, § 278 Rn. 18, 41; § 280 Rn. 11; § 285 Rn. 32; *Bachmann*, in: Henssler/Spindler/Stilz, BeckOGK-AktG, § 278 Rn. 4.

schafter formuliert. Bei der *Drägerwerk* AG & Co. KGaA sowie der *Merck* KGaA bedarf die Aufnahme weiterer persönlich haftender Gesellschafter der Zustimmung (einfache Mehrheit) der persönlich haftenden Gesellschafter(in).[280] Bei der *Henkel* AG & Co. KGaA kann ein Eintritt durch Vereinbarung mit dem Gesellschafterausschuss erfolgen. Dieser beschließt über den Eintritt eines persönlich haftenden Gesellschafters.[281] Einer Zustimmung durch die Hauptversammlung oder den Aufsichtsrat bedarf die Aufnahme dagegen nicht. Die *Hella* GmbH & Co. KGaA überträgt die Kompetenz zur Aufnahme eines Komplementärs allein der KGaA-Hauptversammlung.[282]

Die *Borussia Dortmund* GmbH & Co. KGaA lässt eine Aufnahme einer neuen persönlich haftenden Gesellschafterin nicht zu.

In den übrigen Kommanditgesellschaften auf Aktien richtet sich die Aufnahme nach den gesetzlichen Bestimmungen. Für die Aufnahme einer neuen persönlich haftenden Gesellschafterin in Folge des Ausscheidens der Komplementärgesellschaft finden sich nahezu wortgleiche Formulierungen in deren Satzungen. So ist der KGaA-Aufsichtsrat berechtigt und verpflichtet, sobald die persönlich haftende Gesellschafterin aus der Gesellschaft ausscheidet oder ein Ausscheiden abzusehen ist, unverzüglich beziehungsweise zum Zeitpunkt des Ausscheidens der persönlich haftenden Gesellschafterin eine Kapitalgesellschaft als neue persönlich haftende Gesellschafterin in die Gesellschaft aufzunehmen.[283] Der Aufsichtsrat ist ermächtigt, die Satzung entsprechend dem Wechsel der persönlich haftenden Gesellschafterin zu berichtigen.

bb) Ausscheiden

Die weit überwiegende Anzahl der untersuchten Satzungen bestimmen ausdrücklich, dass die gesetzlichen Ausscheidungsgründe für die untersuchten Kommanditgesellschaften auf Aktien unberührt bleiben. In den Satzungen der *Merck* KGaA, der *Hella* GmbH & Co. KGaA, der *Borussia Dortmund* GmbH & Co. KGaA und der *Sto* SE & Co. KGaA findet sich eine solche Regelung indes nicht.

---

280 § 13 Satzung-Drägerwerk; § 9 Satzung-Merck.

281 § 8 Abs. 4 i. V. m. § 26 Satz 2 Satzung-Henkel.

282 § 7 Abs. 4 Satzung-Hella.

283 § 6 Abs. 4 S. 1 Satzung Fresenius; § 10 Abs. 4 S. 1 Satzung-CTS Eventim; § 8 Abs. 7 S. 1 Satzung-Ströer; § 9 Abs. 3 S. 1 Satzung-CEWE; § 10Abs. 7 Satzung-CompuGroup Medical; § 14 Abs. 3 S. 1 Satzung-Drägerwerk; § 9 Abs. 3 S. 1 Satzung-DWS Group; § 7 Abs. 4 S. 1 Satzung-Hornbach; § 8 Abs. 3 Satzung-KSB; § 6 Abs. 7 S. 1 Satzung-KWS Saat; § 6 Abs. 4 Satzung-Mutares; § 6 Abs. 4 Satzung-Schott Pharma; § 7 Abs. 4 Satzung-thyssenkrupp nucera; bei der *Henkel* AG & Co. KGaA ist nicht der Aufsichtsrat, sondern der *Gesellschafterausschuss* dazu ermächtigt und verpflichtet § 8 Abs. 6 Satzung Henkel.

Fast alle der untersuchten Kommanditgesellschaften auf Aktien knüpfen ein automatisches Ausscheiden der persönlich haftenden Gesellschafterin an eine in deren Satzung näher bestimmte Änderung im Gesellschafterbestand der Komplementärgesellschaft.

Ausweislich der Satzung der *Merck* KGaA kann die persönlich haftende Gesellschafterin *E. Merck* KG die Vereinbarung, welche die Rechtsbeziehung zwischen der Gesellschaft und den persönlich haftenden Gesellschaftern ohne Kapitalanteil regelt, vorzeitig aus wichtigem Grund kündigen.[284] Das gleiche Recht kommt dem über den Ausschluss beschließenden *Gesellschafterausschuss* der *Henkel* AG & Co. KGaA nach §§ 8 Abs. 5 Satz 4, 26 Satz 2 Satzung-Henkel zu.

In der *Hella* GmbH & Co. KGaA liegt die Ausschlusskompetenz dagegen allein bei der Hauptversammlung. Sie kann die persönlich haftende Gesellschaft mit einfacher Mehrheit abberufen.[285]

Für den Fall des Ausscheidens der letzten persönlich haftenden Gesellschafterin hat die Hauptversammlung der *Borussia Dortmund* GmbH & Co. KGaA das Recht einen Rechtsformwechsel der Gesellschaft in eine AG zu beschließen.[286]

d) Geschäftsführung und Vertretung

Die persönlich haftenden Gesellschafter einer KGaA sind kraft ihrer Gesellschafterstellung mit der Geschäftsführung (§ 278 Abs. 2 AktG i. V. m. §§ 161 Abs. 2, 116 Abs. 1 HGB) und Vertretung (§ 278 Abs. 2 AktG i. V. m. §§ 161 Abs. 2, 124 HGB) betraut. Konsequenterweise obliegen die Geschäftsführung und Vertretung in allen untersuchten *atypischen* Kommanditgesellschaften auf Aktien der Komplementärgesellschaft. In den meisten dieser Gesellschaften hat die eingesetzte Komplementärgesellschaft keine weiteren persönlich haftenden Gesellschafter neben sich.

In der einzigen *gesetzestypische*n KGaA, der *Merck* KGaA, gibt es zum Zeitpunkt der Untersuchung sechs Komplementäre. Zum einen die *E. Merck* KG als persönlich haftende Gesellschafterin mit Kapitalanteil. Sie ist jedoch gemäß § 8 Abs. 5 Satzung-Merck von der Geschäftsführung und Vertretung ausgeschlossen. Den übrigen fünf persönlich haftenden Gesellschaftern ohne Kapitalanteil obliegt zu zweit oder allein mit einem Prokuristen die Vertretung der Gesellschaft (§ 12 Abs. 1 Satz 1 Satzung-Merck) sowie die Geschäftsführung (§ 13 Abs. 1 Satz 1 Satzung-Merck). Auf Vorschlag der *E. Merck* KG und mit Zustimmung aller persönlich haftenden Gesellschafter

284 § 11 Abs. 1 S. 2 i. V. m. § 9 Abs. 3 Satzung-Merck.
285 § 7 Abs. 5 S. 1 Satzung-Hella.
286 § 18 Abs. 4 Satzung-Borussia Dortmund.

ohne Kapitalanteil können weitere Mitglieder in die Geschäftsleitung aufgenommenen werden. Diese Personen haben lediglich Geschäftsführungsbefugnis. Eine Vertretungsmacht steht ihnen nicht zu. Ihr Wirkungskreis beschränkt sich lediglich auf das Innenverhältnis.

Die Satzung sieht demnach vor, dass geschäfts- und vertretungsbefugte und von der Geschäftsführung und Vertretung ausgeschlossene persönlich haftende Gesellschafter der *Merck* KGaA sowie lediglich geschäftsführungsbefugte Geschäftsleitungsmitglieder nebeneinander existieren.

II. Börsenbewertung anhand des Kurs-Gewinn-Verhältnisses (KGV)[287]

Für die Feststellung einer börslichen Über- oder Unterbewertung eines Unternehmens kommen unterschiedlichste Methoden in Betracht. Eine gängige Größe ist das Kurs-Gewinn-Verhältnis (KGV). Das KGV errechnet sich aus dem Verhältnis des Aktienkurses zu Gewinn je Aktie[288]

$$\text{KGV} = \frac{\textit{Kurswert je Aktie}}{\textit{Gewinn je Aktie}}$$

und drückt die wahrscheinliche Markterwartung an den Unternehmensgewinn in einer Zahl aus.[289] Genauer gesagt zeigt es an, wie viele Jahre es dauern würde den Börsenwert zu erwirtschaften. Grundsätzlich gilt: Je höher das KGV ist, desto überbewerteter ist eine Aktie.[290] Die Anleger erwarten bei einem hohen KGV eine hohe Gewinnsteigerung.[291] Je höher das KGV ist, umso schwieriger wird es, Gewinn und Börsenwert tatsächlich zu erwirtschaften und umso unwahrscheinlicher ist es, dass die Erwartungen der Kommanditaktionäre erfüllt werden.

Im Umkehrschluss bedeutet dies, je niedriger das KGV, desto höher ist die Wahrscheinlichkeit, dass die Gewinnerwartung erfüllt oder sogar übertroffen wird. Unternehmen mit einer geringen Gewinnsteigerung und einem unattraktiven Geschäftsfeld sollten ein geringes KGV haben. Werte, die ihre Gewinne dagegen perspektivisch steigern, dürfen ein höheres KGV

---

287 Siehe zu den einzelnen Werten *<boersengefluester.de/10-jahres-durchschnitt-kgv-kbv-dividendenrendite/>*.

288 *Krause*, Ganzheitliches Reporting mit Kennzahlen im Zeitalter der digitalen Vernetzung, S. 260; *Schanz*, Börseneinführung, § 7 Rn. 8; *Thommen et al.*, Allgemeine Betriebswirtschaftslehre, S. 348.

289 *Blättchen*, in: Volk, Going public, S. 14.

290 *Eilenberger/Krautwurst*, Lexikon der Finanzbegriffe, „K" S. 234; *Thommen et al.*, Allgemeine Betriebswirtschaftslehre, S. 348.

291 *Krause*, Ganzheitliches Reporting mit Kennzahlen im Zeitalter der digitalen Vernetzung, S. 261.

aufweisen.[292] Als grobe Richtlinie wird bei einem gar nicht oder wenig steigenden Gewinn ein einstelliges KGV verhältnismäßig sein, bei einem jährlichen prozentual zweistelligen Gewinnwachstum darf auch das KGV überdurchschnittlich hoch sein.[293] Daran anknüpfend sollen für die vorliegende Untersuchung Kommanditaktien mit einem KGV unter 10 als unterbewertet, zwischen 10 und 25 als durchschnittlich und über 25 als überbewertet gelten.

Gesellschaft	**KGV Ø10 Jahre**	**KGV aktuell**[294]
Fresenius SE & Co. KGaA	16,75	18,96
Henkel AG & Co. KGaA	22,08	22,99
Merck KGaA	25,92	26,44
CTS Eventim AG & Co. KGaA	32,51	30,32
Hella GmbH & Co. KGaA	20,61	29,90
Ströer SE & Co. KGaA	31,60	31,16
Borussia Dortmund GmbH & Co. KGaA	24,92	11,17
CEWE Stiftung & Co. KGaA	16,70	13,54
CompuGroup Medical SE & Co. KGaA	33,26	17,52
Drägerwerk AG & Co. KGaA	21,04	8,50
DWS Group GmbH & Co. KGaA	11,48	11,45
Hornbach Holding AG & Co. KGaA	10,65	9,94
KSB SE & Co. KGaA	16,45	7,25
KWS Saat SE & Co. KGaA	18,41	8,76
Mutares SE & Co. KGaA	10,77	11,13
SCHOTT Pharma AG & Co. KGaA	34,73	32,18
Sto SE & Co. KGaA	12,00	16,22
thyssenkrupp nucera AG & Co. KGaA	42,64	0,00

292 *Schanz*, Börseneinführung, § 7 Rn. 9.

293 Bei einem Wert von 6 das Unternehmen mit geringen Wachstumschancen und einem Wert von 20 als Wachstumsunternehmen einordnend *Blättchen*, in: Volk, Going public, S. 14.

294 Es handelt sich um »Momentaufnahmen« mit zwischenzeitlichen Werten am Tag des Untersuchungsabschlusses.

Nach den vorgenannten Parametern ist keine der untersuchten Kommanditgesellschaften auf Aktien im Zehn-Jahres-Durchschnitt als unterbewertet anzusehen. Am Tag des Untersuchungsabschlusses waren die *Drägerwerk* AG & Co. KGaA, *Hornbach* Holding AG & Co. KGaA; *KSB* SE & Co. KGaA sowie *KWS Saat* SE & Co. KGaA unterbewertet. Der überwiegende Teil weist ein durchschnittliches Kurs-Gewinn-Verhältnis auf.

Der zehnjährige KGV-Median der *Merck* KGaA (25,92), *CTS Eventim* AG & Co. KGaA (32,51), *Ströer* SE & Co. KGaA (31,60), der *CompuGroup Medical* SE & Co. KGaA (33,26), der *SCHOTT Pharma* AG & Co. KGaA (34,73) und der *thyssenkrupp nucera* AG & Co. KGaA (42,64) weist auf eine Überbewertung hin.[295] Dies gilt gleichermaßen im Moment des Untersuchungsabschlusses für die *Merck* KGaA, *CTS Eventim* AG & Co. KGaA, *Ströer* SE & Co. KGaA sowie die *SCHOTT Pharma* AG & Co. KGaA. Hinzu kommt die *Hella* GmbH & Co. KGaA, die mit einem derzeitigen KGV von 29,90 als überbewertet zu erachten ist.

III. Varianten der KGaA

> »Die Variationsmöglichkeit bei der Machtverteilung (…) wird von keiner anderen Unternehmensform in einer solchen elastischen Art geboten«.[296]

Die enorme Gestaltungsfreiheit der KGaA lässt es zu, dass der gesetzliche Standard nach den Vorstellungen der Gründer abgewandelt werden kann und den obligatorischen oder fakultativen Organen Rechte zu- oder abgesprochen werden können. Je nachdem, welches Organ der der KGaA die maßgeblichen Entscheidungskompetenzen innehat, gestaltet sich die Struktur komplementär-, hauptversammlungs-, aufsichtsrats- oder beiratsdominiert.

1. Komplementärdominierte KGaA

Komplementärdominiert ist eine KGaA dann, wenn die Kompetenzen des Komplementärs statutarisch erweitert werden, indem beispielsweise das Zustimmungsrecht der Kommanditaktionäre zu außergewöhnlichen Geschäf-

295 Unberücksichtigt ist dabei geblieben, dass die *SCHOTT Pharma* AG & Co. KGaA und die thyssenkrupp nucera AG & Co. KGaA noch nicht zehn Jahre an der Börse gelistet sind.

296 *Elschenbroich*, Die Kommanditgesellschaft auf Aktien, S. 115.

ten aus § 278 Abs. 2 AktG i. V. m. §§ 161 Abs. 2, 116 Abs. 2 Satz 1 Hs. 2 HGB abbedungen wird.[297] Dies ist zulässig.[298]

Ein solche Satzungsgestaltung ist weit verbreitet. So haben ausnahmslos alle untersuchten Kommanditgesellschaften auf Aktien von dieser Möglichkeit Gebrauch gemacht.

2. Hauptversammlungsdominierte KGaA

Durch die Aufnahme entsprechender Regelungen in der Satzung kann die Hauptversammlung über die Geschicke der KGaA entscheiden und diese dominieren.[299] So können die Zustimmungserfordernisse zu Geschäftsführungsmaßnahmen über das gesetzliche Maß (§ 278 Abs. 2 AktG i. V. m. §§ 161 Abs. 2, 116 Abs. 2 HGB) ausgeweitet und der Hauptversammlung

---

297 Noch zu § 164 HGB a. F.: *Sethe*, in: Hirte/Mülbert/Roth, GroßKomm AktG XII, § 278 Rn. 152; ähnlich und insbesondere für die *GmbH* & Co. KGaA als typisch erachtend *Heermann*, ZGR 2000, 61 (78).

298 Siehe im Detail Kap. 3 § 11 IV. 1. d) aa). Noch für die Abbedingung des § 164 HGB a. F.: Für die *gesetzestypische* KGaA höchstrichterlich implizit anerkannt BGHZ 134, 392–401 (399) und überwiegende Ansicht in der Literatur für *gesetzestypische* sowie *atypische* KGaA *Flämig*, in: Lutter, FS Peltzer, S. 99 (104); *Philbert*, Die Kommanditgesellschaft auf Aktien zwischen Personengesellschaftsrecht und Aktienrecht, S. 56; *Sethe*, in: Hirte/Mülbert/Roth, GroßKomm AktG XII, § 278 Rn. 113, 115; *Perlitt*, in: Goette/Habersack/Kalss, MüKo-AktG V, § 278 Rn. 232, 363; *Schaumburg/Schulte*, Die KGaA, S. 34–35 Rn. 52; *Sethe*, Die personalistische Kapitalgesellschaft mit Börsenzugang, S. 151; *Reger*, in: Bürgers/Fett, KGaA HdB, § 5 Rn. 100; *Fett/Förl*, in: Bürgers/Körber/Lieder, AktG, § 278 Rn. 45; *Haase*, GmbHR 1997, 917 (920); *Heermann*, ZGR 2000, 61 (68, 76–82); *Hoffmann-Becking/Herfs*, in: Hommelhoff/Schmidt-Diemitz/Sigle, FS Sigle, S. 273 (286–289); *Mertens/Cahn*, in: Zöllner/Noack, KK-AktG V, § 278 Rn. 90; *Herfs*, in: Hoffmann-Becking, MünchHdB GesR IV, § 79 Rn. 55; *Overlack*, in: Hommelhoff/Röhricht, Gesellschaftsrecht 1997, S. 237 (259); *Otte*, Die AG & Co. KGaA, S. 127; *Schnorbus*, in: Hoffmann-Becking/Hüffer/Reichert, FS Winter, S. 627 (636 f.); *Bachmann*, in: Henssler/Spindler/Stilz, BeckOGK-AktG, § 278 Rn. 71; *Vollertsen*, Corporate Governance der börsennotierten KGaA, S. 128; *Wichert*, AG 2000, 268 (270); *Hennerkes/May*, DB 1988, 537 (540); *Kessler*, Die rechtlichen Möglichkeiten der Kommanditaktionäre einer GmbH & Co. KGaA zur Einwirkung auf die Geschäftsführung, S. 211; *Siebold/Wichert*, SpuRt 1998, 138 (141); *Koch*, Aktiengesetz, § 278 Rn. 19; *Förl*, Die GmbH & Co. KGaA als abhängiges Unternehmen, S. 12–17; a. A. *Gaibler*, Die Kommanditgesellschaft auf Aktien (KGaA), S. 42; *Schlitt*, Die Satzung der Kommanditgesellschaft auf Aktien, S. 157; *Dirksen/Möhrle*, ZIP 1998, 1377 (1385).

299 *Sethe*, in: Hirte/Mülbert/Roth, GroßKomm AktG XII, § 278 Rn. 148; *Theisen*, DBW 49 (1989), 137 (147); *Philbert*, Die Kommanditgesellschaft auf Aktien zwischen Personengesellschaftsrecht und Aktienrecht, S. 246–247.

entscheidende Mitspracherechte bei der Geschäftsführung übertragen werden.[300]

Der Hauptversammlung kann gegenüber der Komplementärgesellschaft ein Weisungsrecht für Geschäftsführungsaufgaben eingeräumt werden.[301] Außerdem kann der Hauptversammlung das Recht eingeräumt werden, die Grundsätze der Geschäftspolitik zu bestimmen.[302]

Eine solche Gestaltungsoption wurde von keiner Gesellschaft genutzt. Nur die *Henkel* AG & Co. KGaA berechtigt gemäß Art. 25 Satz 1 und 2 ihrer Satzung die Hauptversammlung, bei der Geschäftsführung mitzuwirken. Noch in Satz 3 der gleichen Regelung überträgt die *Henkel* AG jedoch diese Mitwirkungsrechte auf den fakultativ eingerichteten Beirat.

3. Beiratsdominierte KGaA

Die Zulässigkeit der Einrichtung eines schuldrechtlichen oder organschaftlichen Beirats auf Ebene der KGaA ist unstrittig.[303] Auf Ebene einer Komplementärgesellschaft ist die Errichtung von der Rechtsform der persönlich haftenden Gesellschafterin abhängig. So dürfen insbesondere bei einer

---

300 *Herfs*, in: Hoffmann-Becking, MünchHdB GesR IV, § 76 Rn. 17; *Theisen*, DBW 49 (1989), 137 (143); *Reichert*, ZIP 2014, 1957 (1960); *Otte*, Die AG & Co. KGaA, S. 129; *Sethe*, in: Hirte/Mülbert/Roth, GroßKomm AktG XII, § 278 Rn. 148; *Förl*, Die GmbH & Co. KGaA als abhängiges Unternehmen, S. 39.

301 M. w. N. *Förl*, Die GmbH & Co. KGaA als abhängiges Unternehmen, S. 39; *Herfs*, in: Hoffmann-Becking, MünchHdB GesR IV, § 79 Rn. 54; *Perlitt*, in: Goette/Habersack/Kalss, MüKo-AktG V, § 278 Rn. 234.

302 *Förl*, Die GmbH & Co. KGaA als abhängiges Unternehmen, S. 39; *Perlitt*, in: Goette/Habersack/Kalss, MüKo-AktG V, § 278 Rn. 234.

303 *Assmann/Sethe*, in: Schneider/Hommelhoff/Schmidt/Wolfram/Grunewald/Drygala, FS Lutter, S. 251 (256–266); m. w. N. *Schlitt*, Die Satzung der Kommanditgesellschaft auf Aktien, S. 216; *Bachmann*, in: Henssler/Spindler/Stilz, BeckOGK-AktG, § 278 Rn. 22; *Herfs*, in: Hoffmann-Becking, MünchHdB GesR IV, § 79 Rn. 83; *Mertens/Cahn*, in: Zöllner/Noack, KK-AktG V, § 278 Rn. 59; *Perlitt*, in: Goette/Habersack/Kalss, MüKo-AktG V, § 278 Rn. 241, 244; *Reger*, in: Bürgers/Fett, KGaA HdB, § 5 Rn. 4; *Bürgers*, in: Bürgers/Fett, KGaA HdB, § 5 Rn. 566–567; *Sethe*, in: Hirte/Mülbert/Roth, GroßKomm AktG XII, § 287 Rn. 89; *Koch*, Aktiengesetz, § 287 Rn. 1; *Habersack*, in: Hoffmann-Becking/Hommelhoff/Graf von Westphalen, FS Hellwig, S. 143 (146 f.); *Schnorbus*, in: Hoffmann-Becking/Hüffer/Reichert, FS Winter, S. 627 (629, 631); *Eiff/Otte*, GWR 7 (2015), 246 (247); *Theisen*, DBW 49 (1989), 137 (146); *Kallmeyer*, DStR 1994, 977 (979 f.); *Fleischer/Maas*, AG 2020, 761 (772); *Kessler*, Die rechtlichen Möglichkeiten der Kommanditaktionäre einer GmbH & Co. KGaA zur Einwirkung auf die Geschäftsführung, S. 231; *Nicolas/Eiff*, in: Frodermann/Jannott, HdB AktR, Kap. 17 Rn. 234–238; *Verse*, in: Lutter/Krieger/Verse, Rechte und Pflichten des Aufsichtsrats, § 18 Rn. 1333.

Komplementär-AG (*dualistische* SE) aufgrund der Satzungsstrenge nach § 25 Abs. 5 AktG keine weiteren Organe geschaffen werden.[304]

In einer beiratsdominierten KGaA nimmt ein von den Kommanditaktionären bestellter Beirat Rechte der Kommanditaktionäre wahr.[305] Elf der 18 begutachteten Gesellschaften haben sich für die Einrichtung eines Beirats entschieden.[306]

a) Gemeinsamer Ausschuss/Gesellschafterausschuss

Derer acht haben das zusätzliche Organ auf Ebene der KGaA eingerichtet, wovon fünf als *Gemeinsamer Ausschuss* und drei als *Gesellschafterausschuss* benannt sind.

Die *Gemeinsamen Ausschüsse* der *Fresenius* SE & Co. KGaA; *CompuGroup Medical* SE & Co. KGaA, *Drägerwerk* AG & Co. KGaA und *DWS Group* GmbH & Co. KGaA,[307] setzen sich aus Mitgliedern des KGaA-Aufsichtsrats und des Aufsichtsrats der jeweiligen Komplementärgesellschaft zusammen. Die Mitglieder werden zum Teil von der KGaA-Hauptversammlung, der Mitgliederversammlung der Komplementärgesellschaft und/oder von den Aufsichtsräten bestimmt. Sie bekommen anstelle der Hauptversammlung ein Zustimmungsrecht eingeräumt zu besonderen in der Satzung festgelegten Angelegenheiten.

Der *Gesellschafterausschuss* der *Henkel* AG & Co. KGaA[308] wird durch die Hauptversammlung der KGaA gewählt. Er wirkt anstelle der Hauptversammlung bei der Führung der Geschäfte der Gesellschaft mit. Er beschließt über Eintritt und Ausscheiden von persönlich haftenden Gesellschaftern und hat die Vertretungsmacht sowie Geschäftsführungsbefugnis für die Rechtsverhältnisse zwischen der Gesellschaft und der persönlich haftenden Gesellschafterin. Überdies übt er das Stimmrecht der KGaA in der Haupt-

---

304 *Schlitt*, Die Satzung der Kommanditgesellschaft auf Aktien, S. 216; »numerus clausus« der Organe *Perlitt*, in: Goette/Habersack/Kalss, MüKo-AktG V, § 278 Rn. 244; m. w. N. *Sethe*, in: Hirte/Mülbert/Roth, GroßKomm AktG XII, § 287 Rn. 109.

305 *Herfs*, in: Hoffmann-Becking, MünchHdB GesR IV, § 76 Rn. 17; *Dirksen/Möhrle*, ZIP 1998, 1377 (1384).

306 Kein weiteres Organ haben die *CTS Eventim* AG & Co. KGaA; die *Ströer* SE & Co. KGaA, die *KSB* SE & Co. KGaA; die *KWS Saat* SE & Co. KGaA, die *SCHOTT Pharma* AG & Co. KGaA, die *Sto* SE & Co. KGaA sowie die *thyssenkrupp nucera* AG & Co. KGaA eingerichtet.

307 Siehe zu den einzelnen Kompetenzen *Fresenius SE & Co. KGaA*, Satzung (2024), § 13c; *Drägerwerk AG & Co. KGaA*, Satzung (2024), § 23; *DWS Group GmbH & Co. KGaA*, Satzung (2024), § 17; *CompuGroup Medical SE & Co. KGaA*, Satzung (2024), § 18.

308 Zu den nachfolgenden Rechten *Henkel AG & Co. KGaA*, Geschäftsbericht 2023, S. 42, 45, 56–57.

versammlung der Komplementärgesellschaft aus und wählt den Aufsichtsrat derselben, welcher wiederum die Mitglieder des Vorstandes bestellt und abberuft. Schließlich erlässt der Gesellschafterausschuss eine Geschäftsordnung für die Komplementärgesellschaft und legt die ihm zur Zustimmung vorzulegenden Geschäfte fest.

Die Rechte des von der Hauptversammlung gewählten *Gesellschafterausschusses* der *Hella* GmbH & Co. KGaA[309] sind auf die Struktur einer *Einheits*-KGaA zugeschnitten. So übt der *Gesellschafterausschuss* sämtliche Rechte aus den von der KGaA gehaltenen Anteilen an der persönlich haftenden Gesellschafterin aus. Ihm obliegen insbesondere die Bestellung und Abberufung der Geschäftsführer der Komplementär-GmbH sowie die Regelung der Anstellungsverhältnisse. Der *Gesellschafterausschuss* ist ferner für die Ausführung der Beschlüsse der Aktionäre zuständig. Er überwacht und berät die Komplementärin, erlässt ihr eine Geschäftsordnung und bestimmt zustimmungsbedürftige Geschäfte.

Die Satzung der *Mutares* SE & Co. KGaA bestimmt ebenfalls die Einrichtung eines *Gesellschafterausschuss*[310]. Der Gesellschafterausschuss hat Vertretungsmacht und Geschäftsführungsbefugnis zwischen der *Mutares* SE & Co. KGaA und der persönlich haftenden Gesellschafterin, der *Mutares Management* SE sowie deren Organmitgliedern. Überdies übt er die Stimmrechte in der Hauptversammlung der persönlich haftenden Gesellschafterin aus. Schließlich ist er befugt über die von der *Mutares* SE & Co. KGaA an der persönlich haftenden Gesellschafterin gehaltenen Anteile zu verfügen.

b) Gesellschafterrat/Kuratorium/Beirat

Die *Merck* KGaA, die *Borussia Dortmund* GmbH & Co. KGaA und die *CEWE* Stiftung & Co. KGaA haben einen *Gesellschafterrat,* einen *Beirat* beziehungsweise ein *Kuratorium* bei den jeweiligen Komplementärgesellschaften installiert.

Der *Gesellschafterrat*[311] der *Merck* KGaA wird von einem ebenfalls auf Komplementärebene gebildeten Familienrat gewählt. Der Familienrat ist das oberste Gremium, ist aber kein Organ der Gesellschaft. Neben fünf Mitgliedern des Familienrates, der die strategische Grundausrichtung der *Merck* KGaA festlegt, gehören dem *Gesellschafterrat* vier externe Unternehmerpersönlichkeiten an. Der *Gesellschafterrat* nimmt zu großen Teilen die Kompetenzen des Aufsichtsrats einer AG wahr und hat Organqualität. Beispielsweise entscheidet er über die Bestellung und Abberufung der Ge-

309 Siehe zu den nachfolgenden Rechten *Hella GmbH & Co. KGaA*, Geschäftsbericht 2023, S. 68.

310 Siehe zu den nachfolgenden Rechten *Mutares SE & Co. KGaA*, Satzung (2024), § 16.

311 Siehe zu den nachfolgenden Rechten *Merck KGaA*, Geschäftsbericht 2023, S. 213.

schäftsleitungsmitglieder der *Merck* KGaA. Der *Gesellschafterrat* überwacht die Geschäftsführung der Geschäftsleitung der KGaA und erteilt die Zustimmung zu außergewöhnlichen Geschäften.

Der *Beirat*[312] der *Borussia Dortmund* GmbH & Co. KGaA hat die Personalkompetenz inne. Er ist befugt die Geschäftsführer der persönlich haftenden Gesellschafterin *Borussia Dortmund Geschäftsführungs*-GmbH zu bestellen und abzuberufen. Er ist zudem berechtigt der *Borussia Dortmund Geschäftsführungs*-GmbH eine Geschäftsordnung zu erlassen oder ihr einen Katalog zustimmungspflichtiger Geschäfte zu definieren. Schließlich überwacht der *Beirat* die Geschäftsführung.

Das *Kuratorium*[313] der *CEWE* Stiftung & Co. KGaA nimmt ebenfalls einen Teil der Kompetenzen wahr, die in einer Aktiengesellschaft bei deren Aufsichtsrat liegen. Es besteht aus sechs Mitgliedern und ist gegenüber dem Vorstand beratend und überwachend tätig. Es bestimmt den Vorstand der persönlich haftenden Gesellschafterin, erlässt diesem eine Geschäftsordnung und legt zustimmungspflichtige Geschäfte fest.

c) Besonderer Ausschuss

Der *Besondere Ausschuss* der *Hornbach Holding* AG & Co. KGaA ist kein Organ, sondern ein echter Ausschuss des KGaA-Aufsichtsrats. Ihm obliegt die Vertretung gegenüber der persönlich haftenden Gesellschafterin und insbesondere auch die Prüfung und Freigabe ihrer im Zusammenhang mit der Führung der Geschäfte der Gesellschaft stehenden Abrechnungen.[314]

4. Aufsichtsratsdominierte KGaA

Auch der Aufsichtsrat der KGaA kann als dominantes Führungsorgan ausgestaltet sein, indem »die Satzung die Komplementäre verpflichtet, den Anweisungen des Aufsichtsrats auch für gewöhnliche Betriebsgeschäfte Folge zu leisten oder wenigstens bei gewissen Gruppen von Geschäften seine Zustimmung einzuholen«.[315]

Obwohl die *CTS Eventim* AG & Co. KGaA, die *Ströer* SE & Co KGaA, die *KSB* SE & Co. KGaA, die *KWS Saat* SE & Co. KGaA, die *SCHOTT Pharma* AG & Co. KGaA die *Sto* SE & Co. KGaA und die *thyssenkrupp*

---

312 Siehe zu den nachfolgenden Rechten *Borussia Dortmund GmbH & Co. KGaA*, Geschäftsbericht 2022/2023, S. 25.

313 Siehe zu den nachfolgenden Rechten *Cewe Stiftung & Co. KGaA*, Geschäftsbericht 2023, S. 79, 83, 85.

314 *Hornbach Holding AG & Co. KGaA*, Geschäftsbericht 2023/2024, S. 10.

315 *Knur*, in: Jakobs/Knobbe-Keuk/Picker/Wilhelm, FS Flume II, S. 173 (186); *Förl*, Die GmbH & Co. KGaA als abhängiges Unternehmen, S. 40.

nucera AG & Co. KGaA keinen Beirat eingerichtet haben wurde auch an den Kompetenzen des obligatorischen KGaA-Aufsichtsrats nichts geändert. Ihm obliegt lediglich die gesetzestypische Kontroll-, Vertretungs- und Ausführungskompetenz[316].

Soweit ersichtlich macht nur die *CEWE* Stiftung & Co. KGaA bestimmte Maßnahmen ihrer persönlich haftenden Gesellschafterin in § 7 Abs. 2 Satz 3 ihrer Satzung von der vorherigen Zustimmung des KGaA-Aufsichtsrats abhängig. So bedarf die Veräußerung oder Verpachtung des ganzen oder eines Großteils des Unternehmens sowie die vollständige oder teilweise Einstellung des Unternehmens der vorherigen Zustimmung des Aufsichtsrats.

Weitergehende Rechte und eine damit verbundene Angleichung an den Aufsichtsrat einer Aktiengesellschaft konnten in keiner der untersuchten KGaA festgestellt werden.

IV. Zusammenfassung

Der Streubesitz der untersuchten Kommanditgesellschaften auf Aktien ist mit durchschnittlich rund 45 % gering. Dies ist darauf zurückzuführen, dass einige der Gesellschaften bedeutende Familienunternehmen sind, bei denen die Familienmitglieder überwiegend als Ankeraktionäre fungieren. Dennoch finden sich die üblichen Akteure des Aktionärs- und Investoraktivismus im Kommanditaktionärskreis der Unternehmen.

Die *gesetzestypische* Kommanditgesellschaft auf Aktien ist wenig verbreitet. Nahezu alle Kommanditgesellschaften auf Aktien sind *atypisch* strukturiert und haben eine Kapitalgesellschaft als persönlich haftende Gesellschafterin installiert. Die KGaA, organisiert als Einheitsgesellschaft, ist nicht nur theoretisch denkbar. Es finden sich bedeutende praktische Beispiele.

Die Aufnahme neuer persönlich haftender Gesellschafter wird nur vereinzelt in den Satzungen angesprochen. Ganz anders verhalten sich die Satzungen zum Ausschluss, wobei ganz überwiegend auf die gesetzlichen Ausschlussgründe verwiesen wird.

Das Kurs-Gewinn-Verhältnis der Gesellschaften lässt nicht darauf schließen, dass Kommanditgesellschaften auf Aktien anfällig für eine Über- oder Unterbewertung sind.

Ausnahmslos alle Kommanditgesellschaften auf Aktien haben das Zustimmungsrecht der Kommanditaktionäre zu außergewöhnlichen Geschäftsführungsmaßnahmen ausgeschlossen. Eine hauptversammlungsdominierte KGaA findet sich in der Folge nicht. Die absolute Mehrheit hat einen

---

316 *Sethe*, in: Hirte/Mülbert/Roth, GroßKomm AktG XII, § 287 Rn. 25–38.

fakultativen Beirat eingerichtet. Dessen Rechte sind allerdings nicht so ausgestaltet, dass man von einer beiratsdominierten Gesellschaft sprechen könnte.

§ 9 Analyse aktueller Beispiele am deutschen Kapitalmarkt

»Aktivist Carson Block – Investor greift Werbefirma Ströer an«[317], »Hedgefonds attackiert Aurelius«[318] und »Elliott besucht Fresenius«[319].

Diese drei Überschriften der Wirtschaftspresse belegen, dass die Kommanditgesellschaft auf Aktien bisweilen in das Visier aktivistischer Aktionäre und Investoren geraten ist. *Ströer*, *Aurelius Equity Opportunities* und *Fresenius* sind allesamt als SE & Co. KGaA organisiert.

I. Muddy Waters Capital LLC ./. Ströer SE & Co. KGaA

Im Jahr 2016 wurde die *Ströer* SE & Co. KGaA Ziel der *Muddy Waters Capital* LLC (»*Muddy Waters*«). *Muddy Waters* ist ein Hedgefonds mit Sitz in New York. Ihr Gründer, *Carson Block,* ist ein vermögender und als aggressiver Kritiker bekannter US-Investor. Die *Ströer* SE & Co. KGaA ist die wohl größte Werbefirma Deutschlands mit Sitz in Köln.

Über den Ablauf des Angriffs auf *Ströer* sind nicht sämtliche Fakten bekannt. In manchen Teilen können nur Mutmaßungen getroffen werden. Als wahrscheinlich gilt nachfolgendes Vorgehen von *Muddy Waters*.

Am 20. April 2016 hat *Muddy Waters* eine Leerverkaufsposition in Höhe von 0,66 % der *Ströer*-Aktien aufgebaut.[320] Am Folgetag war die Position laut Mitteilung des elektronischen Bundesanzeigers auf 0,16 % geschrumpft. Schon am Morgen, kurz nach Marktöffnung des 21. April 2016, begann *Muddy Waters Ströer*-Aktien über die Börse zu verkaufen. Der Kurs geriet ersichtlich unter Druck und stagnierte dann bis zum Mittag. Dann veröffentlichte *Muddy Waters* einen »Research Report«, in dem die Werte des im März vorgelegten Geschäftsberichts in Frage gestellt wurden. Darin heißt es wörtlich:

---

317 *Köhler/Landgraf*, Handelsblatt 78 (Wochenende 22./23./24.04.2016), 28.
318 *Landgraf*, Handelsblatt 63 (29.03.2017), 34.
319 *Smolka/Heeg*, F.A.Z. 31.10.2022, 20.
320 *Bundesanzeiger*, Muddy Waters Capital LLC – Mitteilung von Netto-Leerverkaufspositionen (20.04.2016), <*www.bundesanzeiger.de*>.

> »Ströer SE Co. & KGaA ("Ströer") is not the company the market seems to think it is. We believe organic growth, EBITDA, operating cash flow, and free cash flow to be significantly lower than Ströer reports.«[321]

Der Gründer von *Muddy Waters, Carson Block,* bekräftigte die Annahme einer Bilanzfälschung in einem Interview mit dem Wirtschaftssender *Bloomberg.*[322] Dies bewegte ebenfalls an der *Ströer* SE & Co. KGaA beteiligte institutionelle Investoren dazu, ihre Beteiligungen zu verkaufen. Durch den so herbeigeführten Kursrutsch wurden etliche meist von Kleinanlegern eingezogene Stop-Loss-Marken gerissen. Die so automatisch ausgelösten Verkäufe führten zu einer Kettenreaktion. Der Aktienkurs fiel dadurch innerhalb von nur wenigen Stunden zeitweise um über 30 %. An nur einem Tag sank der Börsenwert des Unternehmens um 486,5 Mio. €.[323]

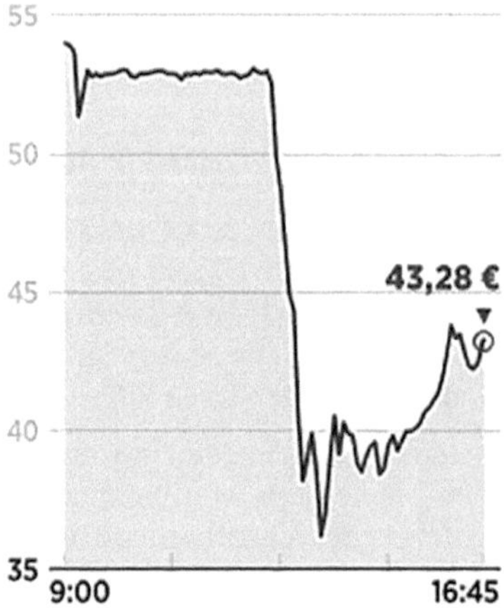

(Quelle: *Köhler/Landgraf*, Handelsblatt 78 (Wochenende 22./23./24.04.2016), 28)

Am Nachmittag setzte eine Kurserholung ein. Dies nutzte *Muddy Waters* zum Kauf günstiger Aktien, um seine Position wieder um 0,5 % zu schließen.

---

321 *Muddy Waters Capital*, Ströer: Blue Sky or Being Taken for a Ride?, <*www.muddywatersresearch.com/wp-content/uploads/2016/04/MW_SAX_04212016.pdf*>, S. 4.

322 *Bloomberg*, Carson Block on Shorting German Ad Firm Stroeer, <*www.bloomberg.com/news/videos/2016-04-21/carson-block-on-shorting-german-ad-firm-stroeer*>.

323 *Engelen et al.*, Investor Activism 2018, S. 90.

II. Gotham City Research LLC ./. Aurelius Equity Opportunities SE & Co. KGaA

Die *Aurelius Equity Opportunities* SE & Co. KGaA (»*Aurelius*«) geriet im März 2017 in den Fokus von *Gotham City Research* LLC (»*Gotham City*«). Wie *Muddy Waters* ist wie *Gotham City* ein US-amerikanischer Hedgefonds. Die *Aurelius Equity Opportunities* SE & Co. KGaA ist eine Beteiligungsgesellschaft mit Sitz in Grünwald bei München. *Ströer* wie *Aurelius* verkörpern den deutschen Mittelstand. So ähnlich sich die Gegner der beiden KGaA sind, so ähnlich war auch der Verlauf des Angriffs.

Am 24. März 2017 hatte *Gotham City* bereits eine Leerverkaufsposition in Höhe von 0,61 % am Grundkapital von *Aurelius* aufgebaut und stockte diese zum 28. März 2017 auf 0,80 % auf.[324] Wiederum kann der Ablauf im Detail nur vermutet werden. Es ist davon auszugehen, dass *Gotham City* am selben Tag begann, einen Großteil der Aktien weiterzuverkaufen. Dann folgte die Attacke. *Gotham City* legte in einer 68-seitigen Studie vermeintliche Schwachstellen von *Aurelius* offen:

> »Gotham City Research believe that Aurelius is, indeed, an exceptional investment company – but for all the wrong reasons«[325]

lautete das vielsagende Fazit. Im Kern ist der Hedgefonds der Meinung, die Aktie von *Aurelius* sei aus vielerlei Gründen überbewertet. Die Aktie sei nicht mehr als 8,56 € wert.[326] Zu diesem Zeitpunkt wurde sie aber mit rund 65,00 € gehandelt. Die Überbewertung – so *Gotham City* – liege an Ungereimtheiten in der Bilanz, Interessenkonflikten innerhalb des Unternehmens und einer fragwürdigen Geschäftsführung.[327] Der Markt reagierte umgehend auf diese Vorwürfe. Der Aktienkurs rutschte in den Keller. Die Aktie sackte zeitweise um bis zu 32 % auf 44,10 € ab.

---

324 *Bundesanzeiger*, Gotham City Research LLC – Mitteilung von Netto-Leerverkaufspositionen (28.03.2017), <*www.bundesanzeiger.de*>.

325 *Gotham City*, Aurelius Equity Opportunities SE & Co. KGaA: The next Arques AG or the next Philip Green?, <*www.gothamcityresearch.com/archive*>, S. 5.

326 *Gotham City*, Aurelius Equity Opportunities SE & Co. KGaA: The next Arques AG or the next Philip Green?, <*www.gothamcityresearch.com/archive*>, S. 4.

327 *Gotham City*, Aurelius Equity Opportunities SE & Co. KGaA: The next Arques AG or the next Philip Green?, <*www.gothamcityresearch.com/archive*>, S. 5.

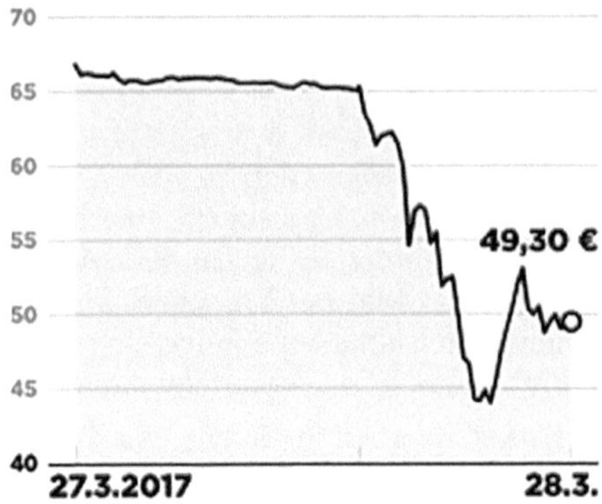

(Quelle: *Landgraf*, Handelsblatt 63 (29.03.2017), 34)

III. Ontake Research ./. Aurelius Equity Opportunities SE & Co. KGaA

Am 30. Januar 2020 sah sich *Aurelius* erneut öffentlicher Kritik ausgesetzt. Das bis dahin unbekannte Analysehaus *Ontake Research* veröffentlichte einen 48-seitigen Bericht, der sich kritisch mit *Aurelius* auseinandersetzte.

Zu der Höhe der Leerverkaufsposition gab es seitens des Bundesanzeigers keine Veröffentlichung. Das Engagement wird sich daher unter der Meldeschwelle für Netto-Leerverkaufspositionen bewegt haben.

Ontake Research bewertete die *Aurelius*-Aktie mit 0,04 €[328] und warf *Aurelius* insbesondere vor

> »Management pays itself circa 34 % of the cash proceeds from asset disposal *irrespective* of the overall performance of the Company.«[329]

Um solche überhöhten Managergehälter zu bezahlen, sei der angegebene Wert der Beteiligungen in ihrem Beteiligungsportfolio bzw. der Nettovermögenswert deutlich überhöht.[330] Wieder war der Hauptvorwurf Bilanzmanipulation.

Die Aktie verzeichnete innerhalb von Minuten einen Wertverlust von 18 % und fiel von 35,88 € am Vortag auf 29,34 €.

328 *Ontake Research*, Ontake Report on Aurelius, <*theontakeresearch.com/wp-content/uploads/2021/02/ontake-report-on-aurelius.pdf*>, 1, 7, 43.

329 *Ontake Research*, Ontake Report on Aurelius, <*theontakeresearch.com/wp-content/uploads/2021/02/ontake-report-on-aurelius.pdf*>, S. 1.

330 *Ontake Research*, Ontake Report on Aurelius, <*theontakeresearch.com/wp-content/uploads/2021/02/ontake-report-on-aurelius.pdf*>, S. 1.

IV. Elliott Investment Management L.P. ./. Fresenius SE & Co. KGaA

Mitte Oktober 2022 wurde bekannt, dass sich *Paul Singers* Investment-Management-Firma *Elliott Investment Management* L.P. (»*Elliott*«) am deutschen Medizinkonzern *Fresenius* SE & Co. KGaA beteiligt hat.

Der Markt reagierte positiv auf diese Nachricht. In den Tagen nach der Bekanntgabe legte der Kurs an der Frankfurter Börse um fast 16 % auf 22,98 € zu.

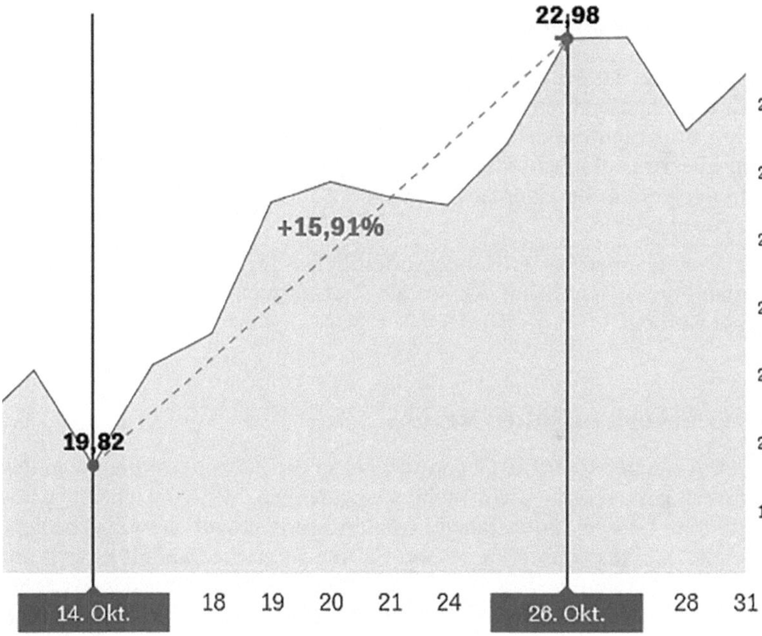

(Quelle: www.handelsblatt.com/boerse/aktie/S18835/fresenius-se-&-co-kgaa)

Im November 2022 legte *Elliott* dann offen, dass es eine Short-Position an der *Fresenius Medical Care* AG & Co. KGaA begründet hatte. Dies sprach dafür, dass *Elliott* eine Abspaltung der schlecht performenden Tochtergesellschaft *Fresenius Medical Care* AG & Co. KGaA von der Muttergesellschaft *Fresenius* SE & Co. KGaA anstrebte.

Infolgedessen strebte der Fresenius-Chef Michael Sen tatsächlich eine Entflechtung der *Fresenius* SE & Co. KGaA an. Die *Fresenius Medical Care* AG & Co. KGaA wechselte schließlich im November 2023 die Rechtform von einer KGaA in eine AG. Die Verflechtung wurde damit insoweit aufgelöst, als dass die *Fresenius* SE & Co. KGaA ihren Einfluss auf die persönlich haftende Gesellschafterhin *Fresenius Medical Care Management* AG verlor. Zwar hält die *Fresenius* SE & Co. KGaA weiterhin 32,17% der Aktien und ist damit größte Aktionärin. Allerdings wurde der Einfluss der übrigen Aktionäre durch die Umstrukturierung deutlich vergrößert.

Der von *Elliott* verfolgte Ansatz, auf eine Entflechtung der beiden Unternehmen hinzuwirken, erwies sich als erfolgreich.

Einen dauerhaften Kursanstieg konnte die Aktie indes nicht verzeichnen.

V. Zusammenfassung

In drei der vier aufgezeigten Fälle wurden Leerverkäufe als bevorzugtes Instrument eingesetzt. Durch den Kursrutsch konnten sich die Hedgefonds günstig mit Aktien der Zielgesellschaften eindecken und die zuvor aufgebauten Leerverkaufspositionen »glattziehen«. Der Leerverkaufsaktivismus scheint der praktische Hauptanwendungsfall für eine KGaA als Zielgesellschaft zu sein.

Jüngst konnte überdies ein erster öffentlicher (erfolgreicher) Fall einer Kommanditgesellschaft auf Aktien als Ziel aktivistischer Aktionäre verzeichnet werden.

§ 10 Leerverkaufsaktivismus

Von den Anfängen über die Gegenwart bis in die Zukunft ist die Form des Leerverkaufsaktivismus nicht mehr wegzudenken. Aktivistische Investoren, die eine Leerverkaufsstrategie wählen, werden auch als »Shortseller« bezeichnet. Bei der klassischen Short-Selling-Strategie handelt es sich um eben jene Strategie, die in ihren Grundzügen bereits Anfang des 17. Jahrhunderts zur Anwendung kam.[331] Im Laufe der Jahre wurde sie aufgrund von gesetzlichen Regularien und gesellschaftlichem Wandel modifiziert, weiterentwickelt oder mit anderen Strategien kombiniert. Leerverkäufe sind ein wichtiges Phänomen am Kapitalmarkt, und die vorangegangenen aktuellen Beispiele am deutschen Kapitalmarkt belegen, dass der Leerverkaufsaktivismus auch bei der KGaA eine ernst zu nehmende Rolle spielt.

I. Grundlagen der Anlagestrategie

Der »normale« Anleger zielt darauf ab, eine Aktie möglichst günstig zu kaufen und in der Zukunft zu einem höheren Kurs wieder zu verkaufen. Ein

331 Siehe dazu Kap. 2 § 5 I.

Leerverkäufer hat die gleiche (finanzielle) Intention. Auch er möchte eine Aktie zu einem möglichst hohen Kurs verkaufen und sie zu einem niedrigeren Preis am Markt erwerben. Der Unterschied ist die zeitliche Abfolge. Der Verkauf durch den Leerverkäufer erfolgt zeitlich vor dem tatsächlichen Kauf des Wertpapiers. Das Wertpapierdepot des Verkäufers ist also beim Verkaufsvorgang »leer«. Ein Leerverkauf in seiner Ursprungsform ist demnach der Verkauf eines Wertpapiers, das nicht im Eigentum des Verkäufers steht.[332] Der Gewinn wird beim »Normalverkauf« sowie beim Leerverkauf aus der Differenz zwischen Kauf- und Verkaufspreis generiert. Aufgrund der zeitlich unterschiedlichen Abfolge profitieren Leerverkäufer von einem fallenden und nicht von einem steigenden Kurs. Dies mag der Grund sein für das schlechte Image[333] des Leerverkaufs. Denn außer für eine Person, die auf fallende Kurse spekuliert, liegt ein Kursverfall in niemandes Interesse. Der klassische Leerverkäufer ist mit Blick auf den Börsenkurs weitestgehend passiv. Er nutzt einen Kursverfall lediglich aus. Leerverkaufsaktivisten spekulieren dagegen nicht nur auf einen fallenden Kurs, sondern versuchen die negative Kursbewegung aktiv zu beeinflussen oder gar zu verursachen.[334] Ein solches Vorgehen macht den gewöhnlichen Leerverkauf zu einem Leerverkaufsaktivismus.

Die Vorgänge um solche aktivistische Leerverkäufe, die für das Funktionieren hochentwickelter Kapitalmärkte elementar sind[335], gelingen in der Praxis bei Aktiengesellschaften wie Kommanditgesellschaften auf Aktien reibungslos. Dass auch KGaA Leeverkaufsaktivismus ausgesetzt sein können, zeigt sich exemplarisch an den Fällen *Ströer* und *Aurelius*[336].

II. Vorfeldmaßnahmen – Die KGaA im Beuteschema von Leerverkaufsaktivisten

Der tatsächlichen Attacke geht eine häufig sehr aufwendige, sich über viele Tage, Monate und manchmal Jahre erstreckende intensive Recherchearbeit voraus. Zunächst werden Unternehmen identifiziert, die die »richtigen« Voraussetzungen erfüllen und aufgrund wesentlicher preisbestimmender Fak-

---

332 *Schlimbach*, Leerverkäufe, S. 8; *Grundmann*, in: Grundmann, Bankvertragsrecht II, S. 578 Rn. 607; *Hommer*, Aktivistische Hedgefonds zwischen Recht und Corporate Governance, S. 16.

333 *Kaiser*, Hedgefonds, S. 62.

334 So auch *Bayram/Meier*, BKR 18 (2018), 55 (56); *Langenbucher/Hau/Wentz*, ZBB/JBB 31 (2019), 307 (309); *Commandeur*, AG 2020, 575 (577); *Poelzig*, ZHR 184 (2020), 697 (700); *Frömel*, Maßnahmen von Unternehmen gegen unberechtigte Short-Sell-Attacken, S. 41; dies als »short attack« bezeichnend *Engelen et al.*, Investor Activism 2018, S. 118.

335 *Zimmermann*, Das Aktiendarlehen, S. 1.

336 Kap. 3 § 9 I. bis III.

toren ein Erfolg versprechendes Angriffsziel abgeben. Dabei ist alles von Interesse, was geeignet ist, den Kurs der Zielgesellschaft zum Einsturz zu bringen. Primär wird Ausschau gehalten nach überbewerteten Unternehmen, komplexen Gesellschaftsstrukturen oder Geschäftsmodellen[337], auffälligen Bilanzierungen[338], einer vorteilhaften Zusammensetzung im Aktionärskreis[339] und Abweichungen vom Deutschen Corporate Governance Kodex[340] (»DCGK«).

Ob die KGaA nach diesen Kriterien anfällig für eine Leerverkaufsattacke ist, ist Inhalt der nachstehenden Untersuchung und war bislang nicht Inhalt wissenschaftlicher Ausarbeitungen. Objekte der weitestgehend rechtstheoretischen Untersuchung sind die *gesetzestypische* und die *atypische* KGaA. Ein kursorischer Blick auf die Rechtstatsachen folgt an geeigneter Stelle.

1. Die Kommanditaktionärsstruktur

Die Zusammensetzung des Aktionärskreises ist bei der Suche nach einem geeigneten Ziel für eine Leerverkaufsattacke elementar.[341] Die an der Gesamtanzahl der platzierten Aktien gemessenen frei handelbaren Aktien (»Streubesitz«) sind entscheidend für die aktivistischen Leerverkäufer in ihren Angriffen.[342] Im Streubesitz befindliche Aktien werden häufig von solchen Anlegern gehalten, die darin lediglich ein finanzielles Investment sehen und darüber hinaus keine weiteren Ziele verfolgen. Sie beschäftigen sich in der Hauptsache mit der ausgezahlten Dividende, nicht aber mit den Unternehmensabläufen im Detail. Solche uninformierten (Kommandit-)Aktionäre werden angeprangerte Missstände weniger hinterfragen, sind schnell bereit ihre Anteile zu verkaufen und können so, bewusst oder unbewusst, zum gewünschten Kursrutsch beitragen.[343]

Je höher der Streubesitz, desto höher ist die Handelbarkeit der Aktie.[344] Die Wahrscheinlichkeit Anleger zu finden, die bereit sind, ihre Aktien darlehensweise zur Verfügung zu stellen, ist entsprechend größer. Gerade Aktionäre

---

337 *Engelen et al.*, Investor Activism 2018, S. 119–120.

338 *Commandeur*, AG 2020, 575 (580); *Mülbert*, ZHR 182 (2018), 105 (110); *Frömel*, Maßnahmen von Unternehmen gegen unberechtigte Short-Sell-Attacken, S. 42; *Engelen et al.*, Investor Activism 2018, S. 92; mit Beispiel *Möllers*, NZG 21 (2018), 649 (650); *Poelzig*, ZHR 184 (2020), 697 (701) und einer ausführlichen Studie *Karpoff/Lou*, The Journal of Finance 65 (2009), 1879.

339 *Engelen et al.*, Investor Activism 2018, S. 120.

340 *Engelen et al.*, Investor Activism 2018, S. 120–121; *Commandeur*, AG 2020, 575 (580); *Poelzig*, ZHR 184 (2020), 697 (701).

341 *Mülbert*, ZHR 182 (2018), 105 (110); *Commandeur*, AG 2020, 575 (580).

342 *Engelen et al.*, Investor Activism 2018, S. 120.

343 *Engelen et al.*, Investor Activism 2018, S. 120.

344 *Deutsche Börse Group*, <www.boerse.de/boersenlexikon/>.

mit lediglich finanziellen Interessen können über ein Darlehensentgelt ihre Rendite erhöhen. Sie sparen anfallende Depotgebühren und erhalten regelmäßig eine Gebühr vom Darlehensnehmer.[345]

Je höher das Angebot für Aktien als Darlehenssubjekt ist, umso niedriger ist das Darlehensentgelt. Niedrige Begleitkosten sind immer im Interesse des Shortsellers. Bei niedrigem Streubesitz sinkt dagegen das Angebot für ein Aktiendarlehen. Bei einem geringen Angebot und einer gleichbleibenden Nachfrage werden die potenziellen Darlehensgeber – häufig handelt es sich dabei um Fonds oder Banken – eine höhere Darlehensgebühr verlangen.

Von der gesetzlich angedachten Konzeption der KGaA spricht aus Sicht von aktivistischen Leerverkäufern nichts für einen geringen Streubesitz und nachteilige Aktionärsstruktur. Dies gilt für die *gesetzestypische* und *atypische* KGaA gleichermaßen. Denn für die Unterscheidung ist der Komplementär entscheidend und nicht die Kommanditaktionärsstruktur. Rechtstheoretisch ist die KGaA strukturell als börsliches Kapitalsammelbecken von Grund auf eine Gesellschaft mit einem hohen Streubesitz. Die Gründer einer KGaA können entscheiden, dass zur Eigenkapitalaufnahme 100,00 % des in Aktien zerlegten Grundkapitals (*gezeichnetes Kapital*) bei einem breit gestreuten Publikum platziert wird. Veränderungen in der Aktionärsstruktur ergeben sich an einem funktionierenden Markt sekündlich. Es kann jederzeit zu einer Konzentration auf einen oder mehrere Großaktionäre kommen. Eine KGaA-spezifische Besonderheit gegenüber der Aktiengesellschaft ist darin nicht zu sehen.

Eine Konzentration im Kommanditaktionärskreis zulasten des Streubesitzes liegt dennoch nahe. Gerade für Familienunternehmen wird die KGaA von praktizierenden Gesellschaftsrechtlern und Rechtswissenschaftlern immer wieder empfohlen.[346] Ein Vorteil wird darin gesehen, dass Familienmitglieder mit lediglich monetären Interessen Kommanditaktien erhalten und die ambitionierteren Familienmitglieder als Komplementäre geschäftsführend tätig werden können.[347] Dies mündet häufig in einem Teil-Börsengang.

---

345 *Bachmann*, ZHR 173 (2009), 596 (598).

346 So z.B. *Nagel/Wittkowski*, Die Kommanditgesellschaft auf Aktien (KGaA), S. 31 Rn. 28; *Hennerkes/May*, DB 1988, 537 (540); *Elschenbroich*, Die Kommanditgesellschaft auf Aktien, S. 203–204; *Knur*, in: Jakobs/Knobbe-Keuk/Picker/Wilhelm, FS Flume II, S. 173–200; *Binz/Sorg*, BB 1988, 2041–2051; *Eiff/Otte*, GWR 7 (2015), 246; *Mayer-Uellner/Otte*, NZG 2015, 737 (743); *Fleischer/Maas*, DB 2021, 37; *Reichert*, ZIP 2014, 1957–1965; *Claussen*, in: Kübler/Mertens/Werner, FS Heinsius, S. 61–77; *Nicolas/Eiff*, in: Frodermann/Jannott, HdB AktR, Kap. 17 Rn. 10; *Hennemann*, ZHR 182 (2018), 157 (159); m.w.N. *Sethe*, Die personalistische Kapitalgesellschaft mit Börsenzugang, S. 198; für die *SE* & Co. KGaA *Schubert*, Unternehmensmitbestimmung in der SE & Co. KGaA, S. 25–26.

347 *Nagel/Wittkowski*, Die Kommanditgesellschaft auf Aktien (KGaA), S. 31 Rn. 29; *Gaibler*, Die Kommanditgesellschaft auf Aktien (KGaA), S. 130; als eine von drei

Ein Teil der Kommanditaktien wird am freien Markt platziert, während die Familien-Kommanditaktionäre eine Anteilsmehrheit oder eine zumindest kontrollbegründende Minderheit behalten. Diese Beteiligungen werden abgesichert durch Aktienbindungsverträge, konsortialvertragliche Poolvereinbarungen oder Familienbeteiligungsgesellschaften. Die darlehensweise Übertragung von Familien-Kommanditaktien an Dritte würde einer dadurch erreichten einheitlichen Stimmabgabe widersprechen. Die Familie wird üblicherweise nicht gewillt sein, ihre Aktien für eine bestimmte Zeit zur Nutzung zu überlassen. Die Menge der potenziell zur Leihe angebotenen Aktien ist in einem solchen Fall erheblich reduziert, was ein erhöhtes Darlehensentgelt mit sich bringt. Überdies kann eine solche Ausgestaltung als Kursstabilisator wirken. Je weniger Aktien abgestoßen werden, umso geringer ist ein zu erwartender Kursausschlag. Zwei Umstände, die die Kommanditgesellschaft auf Aktien für Leerverkäufer und Leerverkaufsaktivisten als unvorteilhaft erscheinen lassen.

Die theoretischen Annahmen hinsichtlich des Streubesitzes werden mit einem Blick auf die Rechtstatsachen bestätigt. Aus rechtstatsächlicher Perspektive lässt sich der Kommanditgesellschaften auf Aktien eine für Leerverkaufsaktivisten ungünstige Kommanditaktionärsstruktur bescheinigen. Im Zeitpunkt der Untersuchung befanden sich im Schnitt lediglich 44,24 % der ausgegebenen Kommanditaktien im Streubesitz.[348] Es ist also zum einen schwieriger und zum anderen deutlich teurer eine Leerverkaufsposition aufzubauen. Die praktisch relevante Kommanditaktionärsstruktur wird Shortseller daher eher abschrecken, als sie anfeuern einen Angriff gegen eine KGaA zu fahren.

Einen sicheren Schutz bietet eine derartige Kommanditaktionärsstruktur aber nicht. Die *Ströer* SE & Co. KGaA wies im Zeitpunkt des Angriffs einen Streubesitz von knapp 45 % auf.[349] Leerverkaufsaktivisten, die trotz dieser Umstände bereit sind, eine Leerverkaufsposition aufzubauen, gibt es. Selbigen ist es naturgemäß wichtig, eine weitere Schwachstelle zu finden, die eine kurskorrigierende Berichterstattung erlaubt.

Möglichkeiten anführend *Knur*, in: Jakobs/Knobbe-Keuk/Picker/Wilhelm, FS Flume II, S. 173 (175); *Hoffmann-Becking/Herfs*, in: Hommelhoff/Schmidt-Diemitz/Sigle, FS Sigle, S. 273 (283).

348 Siehe ebenfalls Kap. 3 § 8 I. 1. a).

349 *Ströer SE & Co. KGaA*, Geschäftsbericht 2016, S. 48; zu den Vorgängen Kap. 3 § 9 I.

2. Überbewertete Unternehmen

Leerverkäufer begeben sich beispielsweise auf die Suche nach überbewerteten Unternehmen.[350] Die Bewertung zu »korrigieren« ist Antrieb der aktivistischen Leerverkäufer.

Allein eine Überbewertung reicht nicht aus, um einen erfolgreichen Leerverkaufsangriff zu landen. Leerverkaufsaktivisten müssen aufspüren, *weshalb* ein Unternehmen überbewertet ist. Es bedarf stichhaltiger Argumente, die geeignet sind, einen Kursrutsch zu katalysieren. Die Überbewertung kann beispielsweise daraus folgen, dass die Nachfrage aus Gründen einer lockeren Zinspolitik der Notenbanken oder der Alternativlosigkeit im Bereich der Anlagemöglichkeiten übermäßig hoch ist. Darauf kann der Shortseller keinen Einfluss nehmen. Ist die Kursbildung allerdings begründet durch die Verarbeitung falscher oder die Zurückhaltung wichtiger Informationen und Annahmen der Anleger, kann der Shortseller diese offenlegen und den übrigen Anlegern möglichst schlüssig und überzeugend aufzeigen, warum die Aktie nach ihrer Analyse im Ergebnis überbewertet ist.

Zum Zeitpunkt der Untersuchung waren die *Merck* KGaA, die *CTS Eventim* AG & Co. KGaA, die *Ströer* SE & Co. KGaA, die *SCHOTT Pharma* AG & Co. KGaA sowie die *Hella* GmbH & Co. KGaA als überbewertet anzusehen.[351]

3. Komplexe Geschäftsmodelle und Gesellschaftsstrukturen

Aktivistische Leerverkäufer zeigen ferner ein erhöhtes Interesse an Unternehmen, deren Geschäftsmodell komplex ist.[352] Darunter fallen in jüngerer Zeit beispielsweise digitale Lizenz- und Daten-Geschäftsmodelle von Technologieunternehmen. Auf der einen Seite sind sie bei Anlegern beliebt, weil sie von der Konjunktur unabhängiger sind als die übrigen Industrieunternehmen. Bei ihnen steigen die Kurse seit längerer Zeit deutlich und versprechen auch zukünftig eine gute Rendite. Auf der anderen Seite ist die Digitalisierung im Kern für viele undurchdringlich, denn die Kriterien für Erfolg und Misserfolg basierend auf dem Digitalisierungstrend sind für den (Kommandit-)Aktionär häufig nur schwer nachvollziehbar. Je unverständlicher, undurchsichtiger und schwieriger kommunizierbar die Logik ist, mit der eine

---

350 *Bayram/Meier*, BKR 18 (2018), 55 (56); *Schlimbach*, Leerverkäufe, S. 17; *Gruber*, Leerverkäufe, S. 12.

351 Siehe dazu Kap. 3 § 8 II.

352 *Engelen et al.*, Investor Activism 2018, S. 91, 119; *Commandeur*, AG 2020, 575 (576, 580); *Frömel*, Maßnahmen von Unternehmen gegen unberechtigte Short-Sell-Attacken, S. 268; im Ergebnis auch *Langenbucher/Hau/Wentz*, ZBB/JBB 31 (2019), 307 (309).

Organisation die finanzielle Überlebensfähigkeit sicherstellt,[353] desto weniger Durchblick hat ein Großteil der Anlegerschaft.[354] Leerverkaufsaktivisten machen sich den Zusammenhang von Komplexität und Vertrauen zunutze. Je komplexer das Unternehmensgeschäftsmodell, desto mehr wird den Meinungen von Experten vertraut. Behauptungen werden weniger hinterfragt und panikartige Verkäufe allein wegen der Veröffentlichung von Vorwürfen vorgenommen.[355]

Ein unmittelbarer Zusammenhang zwischen komplexen Geschäftsmodellen und der Rechtsform der KGaA ist weder nachgewiesen noch ersichtlich. Die Wahl der Rechtsform richtet sich typischerweise nicht nach dem Geschäftsfeld. Die Strukturmerkmale wie Leitung, Haftung, Besteuerung, Finanzierung oder Rechnungslegung und Jahresabschlusspublizität sind Entscheidungskriterien für die Rechtsformwahl.[356]

Doch nicht nur komplexe Geschäftsmodelle, sondern auch komplexe und verschachtelte Unternehmensstrukturen gelten als Einfallstor.[357] Es klang bereits an, dass die KGaA selbst von Experten als komplizierte Rechtsform empfunden wird.[358] Hauptgrund dafür ist die gesellschaftsrechtliche Hybridität der Gesellschaftsform und die damit verbundene zweigleisige Rechtsstruktur[359]. Eine Steigerung bildet die *Kapitalgesellschaft* & Co. KGaA. Zu berücksichtigen sind in dieser Gestaltung nicht nur wie bei der *gesetzestypischen* KGaA das Personengesellschaftsrecht (i. V. m. § 278 Abs. 2 AktG), das allgemeine Aktienrecht (i. V. m. § 278 Abs. 3 AktG) und das spezifisch für die KGaA geltende Aktienrecht (§§ 279–290 AktG), sondern auch das für die Komplementärgesellschaft geltende Recht, wobei die Satzungen der Gesellschaften behutsam aufeinander abgestimmt sein müssen.[360] Darunter leidet die Transparenz, was gelegentlich für Misstrauen unter potenziellen Kommanditaktionären sorgt.[361]

---

353 Zur Definition des Begriffs Geschäftsmodell *Jaekel*, Die Anatomie digitaler Geschäftsmodelle, S. 7–8.

354 *Engelen et al.*, Investor Activism 2018, S. 119; *Zhao*, Activist Short-Selling and Corporate Opacity, <*ssrn.com/abstract=2852041*>, S. 18–19.

355 *Engelen et al.*, Investor Activism 2018, S. 119.

356 *Schiffers*, in: Prinz/Kahle, Beck HdB PersG, § 1 Rn. 54.

357 *Engelen et al.*, Investor Activism 2018, S. 92, 120; *Mülbert*, ZHR 182 (2018), 105 (110); *Poelzig*, ZHR 184 (2020), 697 (701).

358 *Sethe*, in: Hirte/Mülbert/Roth, GroßKomm AktG XII, Vor §§ 278 ff Rn. 52; *Nagel/Wittkowski*, Die Kommanditgesellschaft auf Aktien (KGaA), S. 31 Rn. 27; *Philbert*, Die Kommanditgesellschaft auf Aktien zwischen Personengesellschaftsrecht und Aktienrecht, S. 27; *Flämig*, in: Lutter, FS Peltzer, S. 99 (106); *Gaibler*, Die Kommanditgesellschaft auf Aktien (KGaA), S. 93; *Schnorbus*, in: Hoffmann-Becking/Hüffer/Reichert, FS Winter, S. 627 (629).

359 *Nagel/Wittkowski*, Die Kommanditgesellschaft auf Aktien (KGaA), S. 23 Rn. 8.

360 Für die *GmbH* & Co. KGaA *Siebold/Wichert*, SpuRt 1998, 138 (142).

361 *Schanz*, Börseneinführung, § 3 Rn. 244.

Aktivistische Leerverkäufer hinterfragen häufig den Sinn und Zweck einer intransparenten gesellschaftsrechtlichen Ausgestaltung. Sie platzieren bewusst den Vorwurf, es würden damit Geldwäsche bezweckt oder unfaire Steuerpraktiken angewandt.[362] Wie viele KGaA in Geldwäsche, Steuervermeidung oder gar Steuerhinterziehung verwickelt sind und waren, ist kein Gegenstand amtlicher Statistik. Es lässt sich daher nur anhand der Struktur und daran anknüpfenden Überlegungen vermuten, wie sich die KGaA zu solchen Sachverhalten verhält und ob sich schon die Grundstruktur anbietet, um ambitionierte Shortseller zu solchen Vorwürfen zu verleiten.

a) Erhöhte Geldwäschegefahr in der KGaA?

Das *Bundesministerium der Finanzen* hat 2018/2019 eine *Erste Nationale Risikoanalyse zur Bekämpfung von Geldwäsche und Terrorismusfinanzierung* veröffentlicht. Aus der Analyse geht hervor, dass Deutschland »in besonderem Maße anfällig für Geldwäscherisiken« ist, deutsche juristische Personen dagegen »als Vehikel zur Geldwäsche wenig geeignet« sind und daher meist ausländische Gesellschaftsformen genutzt werden.[363] Eingebunden wurden unter anderem Rechtsanwälte, Steuerberater sowie Universitätsprofessoren, und es wurden die häufigsten deutschen Rechtsformen analysiert und bewertet. Die KGaA findet darin – wie so häufig – keinerlei Erwähnung. Entweder wurde sie schlichtweg vergessen oder aufgrund ihrer geringen Verbreitung als unbeachtlich eingestuft. Positiv interpretiert könnte auch das Risiko der Geldwäsche als gering erachtet worden sein.

Von der *gesetzestypischen* Kommanditgesellschaft auf Aktien geht nur ein geringes Gefährdungspotential aus, denn an ihrer Spitze steht mit dem persönlich haftenden Gesellschafter eine natürliche Person als wirtschaftlich Berechtigter. Die persönliche Haftung der Gesellschafter wird auch für Personengesellschaften als Argument gegen eine Anfälligkeit für Geldwäsche genutzt.[364]

Entsprechend höher müsste die Anfälligkeit für Geldwäsche in der *atypischen* KGaA sein. Der Beschluss des *BGH* und die Möglichkeit der Gründung einer *Kapitalgesellschaft* & Co. KGaA strahlen auch auf diesen Themenkomplex aus. Das Argument der persönlichen Verantwortlichkeit einer natürlichen Person greift in der *atypischen* Ausgestaltung nicht mehr. Außerdem legte der Beschluss den Grundstein dafür, dass auch eine ausländische

---

362 *Engelen et al.*, Investor Activism 2018, S. 120; mit Beispiel *Möllers*, NZG 21 (2018), 649 (650); *Schockenhoff/Culmann*, AG 2016, 517 (518).

363 *Bundesministerium der Finanzen*, Nationale Risikoanalyse 2018/19, <*www.nationale-risikoanalyse.de*>, S. 34.

364 Im Umkehrschluss für Kapitalgesellschaften eine Anfälligkeit für Geldwäsche bejahend *Bundesministerium der Finanzen*, Nationale Risikoanalyse 2018/19, <*www.nationale-risikoanalyse.de*>, S. 35.

Gesellschaft als Komplementär eingesetzt werden kann (*Auslandsgesellschaft* & Co. KGaA[365]). Entsprechend den Ausführungen des *Bundesministeriums der Finanzen* gelten ausländische Gesellschaften als Haupteinfallstor, denn diese verkomplizieren die Eigentümerstruktur immens und eignen sich daher hervorragend, um inkriminiertes Vermögen zu verschleiern.[366] Präzise betrachtet spiegelt sich dabei die Anfälligkeit der ausländischen Rechtsform[367] und nicht die der KGaA wider. Ohnehin sind weder im DAX, MDAX noch im SDAX ausländische Komplementärgesellschaften anzutreffen.[368] Im Übrigen dürfte das gleiche wie für die Aktiengesellschaft gelten. Die Anfälligkeit für Geldwäsche ergibt sich für beide weniger aus der Rechtsform, denn aus der Geschäftstätigkeit[369]. Im Übrigen minimieren eine Börsennotierung und die damit verbundenen Eintragungs- und Publizitätspflichten das Geldwäscherisiko.

Das größte Risiko geht von einer Verschleierung durch Mantelgesellschaften, Treuhänderunternehmen oder komplizierte Firmengeflechte aus. Dies ist aber kein der KGaA immanentes Problem, sondern gilt für eine Vielzahl von Gesellschaftsstrukturen. Ein erhöhtes Risiko, von aktivistischen Leerverkäufern in den Blick genommen zu werden, besteht unter diesem Aspekt für eine Kommanditgesellschaft auf Aktien nicht.

b) »Unfaire« Steuerpraktiken in der KGaA?

Geraten Steuern hinterziehende Gesellschaften in das Visier der Steuerfahndung, muss das betroffene Unternehmen mit Strafen und Steuernachzahlungen rechnen. Doch nicht nur die Strafverfolgungsbehörden reagieren auf solche Vorgänge empfindlich. Auch der Kapitalmarkt lässt die Gesellschaften seine moralische Missbilligung spüren und reagiert nicht selten mit einem Kursverfall.[370]

Oft an der Grenze zur Legalität liegt dagegen die Steuervermeidung. Entsprechend haben es Shortseller auch auf aggressiv Steuer vermeidende Unternehmen abgesehen.[371] Darunter ist die Ausnutzung der nationalen und internationalen Rechtsordnungen zu verstehen, »die eine Steuervermeidung durch von

---

365 Dazu *Schmidt*, in: Hommelhoff/Rawert/Schmidt, FS Priester, S. 691 (710–712).

366 *Bundesministerium der Finanzen*, Nationale Risikoanalyse 2018/19, <*www.nationale-risikoanalyse.de*>, S. 35, 36.

367 *Bundesministerium der Finanzen*, Nationale Risikoanalyse 2018/19, <*www.nationale-risikoanalyse.de*>, S. 34.

368 Siehe Kap. 3 § 8 I. 2. b) aa).

369 Für die AG *Bundesministerium der Finanzen*, Nationale Risikoanalyse 2018/19, <*www.nationale-risikoanalyse.de*>, S. 35.

370 *Blaufus/Möhlmann/Schwäbe*, Journal of Economic Psychology 72 (2019), 278 (279, 289).

371 *Engelen et al.*, Investor Activism 2018, S. 120.

der Realwirtschaft unabhängige, artifizielle Rechtsfiguren sowie durch neue Finanzierungswege und steuerliche Rechtsfortbildung ermöglichen«.[372] Beispielhaft dafür stehen Tochtergesellschaften in Steueroasen. Je mehr Tochtergesellschaften ein Unternehmen hat, umso höher ist die Wahrscheinlichkeit, dass eine der Tochtergesellschaften in einer Steueroase ansässig ist.[373] Von der Öffentlichkeit wurde dies lange als moralisch und ethisch verwerflich und illegitim wahrgenommen. Jeder sollte angemessen zum Steueraufkommen seines Landes beitragen. Tut er das nicht, muss er mit Reputationsschäden und Absatzeinbußen rechnen.[374] Ein Kursverfall in Folge der Veröffentlichung von als unfair erachteten Steuerpraktiken ist nicht auszuschließen und daher ein sich anbietender Anknüpfungspunkt für Shortseller. Es ist aber nicht ersichtlich, warum eine Kommanditgesellschaft auf Aktien überdurchschnittlich viele Tochtergesellschaften mit Sitz in einer Steueroase haben sollte. Wissenschaftliche Erkenntnisse darüber existieren jedenfalls nicht.

Ohnehin werden daraus entstehende Reputationsschäden bei Kommanditgesellschaften häufig noch weniger gewollt sein als bei einer AG. Wie bereits angedeutet, stehen hinter einer Vielzahl der KGaA Unternehmerfamilien. Den Familien ist daran gelegen, ihr Ansehen nicht aufs Spiel zu setzen. Die internen Steuerabteilungen der Gesellschaften werden daher regelmäßig dazu angehalten sein, Strukturen zu unterlassen, die das öffentliche Ansehen der Unternehmerfamilie gefährden und diskreditieren könnten.

Überdies ist im Vergleich zu Ländern wie Frankreich oder den Vereinigten Staaten von Amerika die Steuervermeidung in Deutschland weder zivilnoch strafrechtlich relevant.[375] Dies führt nach einer Studie aus dem Jahr 2019 in Deutschland dazu, dass das Bekanntwerden von legalen Steuervermeidungspraktiken keinen Effekt auf den Aktienkurs der betroffenen Gesellschaft hat.[376] Die Untersuchungen legen sogar nahe, dass ein solches Vorgehen erfreuliche Auswirkungen haben kann, da es vom deutschen Kapitalmarkt positiv bewertet wird.[377] Schließlich stellen Steuerzahlungen einen massiven Kostenblock dar, den es zu reduzieren gilt. Der Staat soll aus Anlegersicht zu einem möglichst geringen Teil am Unternehmensgewinn partizipieren.[378] Eine geringere Steuerquote trägt dazu bei, den Nachsteuergewinn zu erhöhen[379] und wirkt sich daher zumindest mittelbar auf die Ge-

---

372 *Wagner*, PWP 19 (2018), 2 (14).

373 *Watrin/Thomsen/Brune*, FR 2017, 1029 (1032).

374 *Wagner*, PWP 19 (2018), 2 (16); *Dyreng/Hoopes/Wilde*, Journal of Accounting Research 54 (2016), 147 (155).

375 *Blaufus/Möhlmann/Schwäbe*, Journal of Economic Psychology 72 (2019), 278 (279, 289).

376 *Blaufus/Möhlmann/Schwäbe*, Journal of Economic Psychology 72 (2019), 278 (289).

377 *Blaufus/Möhlmann/Schwäbe*, Journal of Economic Psychology 72 (2019), 278 (289).

378 *Watrin/Thomsen/Brune*, FR 2017, 1029 (1030).

379 *Watrin/Thomsen/Brune*, FR 2017, 1029 (1029, 130).

winnbeteiligung der Anteilseigner aus. Legal erlangte steuerliche Vorteile, die sich mittelbar oder unmittelbar auf die Gesellschaftergruppe der Leerverkaufsaktivisten auswirken, führen also nach hiesigem Verständnis sogar dazu, dass ein Leerverkaufsangriff unwahrscheinlicher erscheint.

Tatsächlich bestehen in der KGaA Steuervorteile,[380] allerdings nicht derart, dass daraus eine positive Wahrnehmung des Kapitalmarkts und der Kommanditaktionäre abgeleitet und das Risiko von Leerverkaufsangriffen verringert werden kann. Von besonderem Interesse wäre in diesem Zusammenhang eine Steuererleichterung der Kommanditaktionäre. Zum einen, weil eine legale Steuererleichterung für die Kommanditaktionäre wohl selten als Vorwurf taugt und zum anderen, weil die begünstigten Kommanditaktionäre der Gesellschaftergruppe zuzurechnen sind, die auf die Vorwürfe der Leerverkaufsaktivisten reagieren soll. Haben sie durch die Beteiligung an einer KGaA legal erworbene Steuervorteile, werden sie keinen Grund sehen ihre Anteile abzustoßen.

Die Kommanditgesellschaft auf Aktien gilt als ein »hybrides Besteuerungssubjekt«, in der Besteuerungsaspekte der Personengesellschaft einerseits und der Kapitalgesellschaft andererseits vereint werden.[381] Körperschaftsteuerliche Vorteile und damit verbunden mittelbare Steuervorteile für die Kommanditaktionäre ergeben sich nicht. Für die Kommanditaktionäre stellt die KGaA weder ein mittelbares noch ein unmittelbares Steuersparmodell dar. Die *gesetzestypische* und *atypische* KGaA ist als Kapitalgesellschaft wie eine SE, AG oder GmbH gemäß § 1 Abs. 1 Nr. 1 KStG unbeschränkt körperschaftsteuerpflichtig.

Eine unmittelbare steuerliche Bevorzugung von Kommanditaktionären scheidet ebenfalls aus. Die an die Kommanditaktionäre ausgezahlten Dividenden sind nach § 20 Abs. 1 Satz 1 EStG Einkünfte aus Kapitalvermögen. Die Besteuerung entspricht damit der Besteuerung der Aktionäre in der AG.[382] Im Ergebnis bemerken Kommanditaktionäre steuerlich daher nicht, ob sie an einer AG, SE, GmbH oder einer KGaA beteiligt sind.

---

380 *Sethe*, Die personalistische Kapitalgesellschaft mit Börsenzugang, S. 189, 194; *Schanz*, Börseneinführung, § 3 Rn. 243; *Gaibler*, Die Kommanditgesellschaft auf Aktien (KGaA), S. 84; *Fett/Stütz*, NZG 2017, 1121 (1123); *Engel*, in: Bürgers/Fett, KGaA HdB, § 2 Rn. 18–19.

381 *Nagel/Wittkowski*, Die Kommanditgesellschaft auf Aktien (KGaA), S. 110 Rn. 3; *Gaibler*, Die Kommanditgesellschaft auf Aktien (KGaA), S. 74.

382 *Gehlhaar*, in: Drinhausen/Eckstein, BeckHdB-AG, § 12 Rn. 179; *Engel*, in: Bürgers/Fett, KGaA HdB, § 2 Rn. 12; *Gaibler*, Die Kommanditgesellschaft auf Aktien (KGaA), S. 78; *Lorz*, in: Gesellschaftsrechtliche Vereinigung, VGR Bd. 1 (1999), S. 57 (71); *Maurer*, in: Brönner/Bareis/Hahn/Maurer/Poll/Schramm, Die Bilanz nach Handels- und Steuerrecht, S. 1538 Rn. 253; *Schaub*, in: Schüppen/Schaub, MHB AktR, § 3 Rn. 34; *Schanz*, Börseneinführung, § 3 Rn. 268.

Die tatsächlichen Vorteile sind in der günstigen Bemessung der Erbschafts- und Schenkungssteuer[383] zu sehen. Diese Steuervorteile wirken sich aber nur auf die von den persönlich haftenden Gesellschaftern geleisteten Sondereinlagen aus,[384] nicht dagegen auf Vererbung oder Verschenkung von Kommanditaktien[385]. Lediglich der persönlich haftende Gesellschafter profitiert entsprechend von der Gesellschaftsform der KGaA. Diese Vorteile werden aber nicht für Kurssprünge in die eine oder andere Richtung sorgen und dienen daher nicht als Angriffspunkt für Leerverkaufsaktivisten. Die Vorteile sind legal und nicht als unethische Steuervermeidung, sondern als berechtigte Konsequenz der persönlichen Haftung und der unternehmerähnlichen Stellung des Komplementärs einzuordnen.

c) Bilanzierungsungereimtheiten

Aktivistische Leerverkäufer sind zudem stets auf der Suche nach Bilanzungereimtheiten.

Es ist einerseits empirisch belegt, dass Investoren einfach lesbare Finanzinformationen honorieren.[386] Ungereimtheiten in der Finanzberichterstattung[387], insbesondere in der Bilanz, sind andererseits ein häufig vorgebrachter Vorwurf der Shortseller.

Zur Finanzberichterstattung gehört nicht zuletzt der Jahresabschluss. Der Jahresabschluss besteht nach § 242 Abs. 3 HGB aus der Gewinn- und Verlustrechnung sowie der Bilanz. Die Bilanz gibt Aufschluss über die Vermögens- und Finanzlage des Unternehmens. Die Verschleierung schlechter Ertragslagen oder Fehler in komplex gestalteten Bilanzen werden mithilfe von Bilanzanalysen von aktivistischen Leerverkäufern aufgedeckt und die betroffenen Unternehmen anschließend an den Pranger gestellt.[388]

Die Bilanzanalyse ist abhängig von der Rechnungslegung. Die Rechnungslegung erfolgt nach den International Financial Reporting Standards (»IFRS«) oder dem Handelsgesetzbuch (»HGB«), auf das sich hier konzentriert wird. Die Gliederung der handelsrechtlichen Bilanz einer KGaA orientiert sich an

---

383 *Binz/Sorg*, DB 1997, 313 (313, 316); *Hoffmann-Becking/Herfs*, in: Hommelhoff/Schmidt-Diemitz/Sigle, FS Sigle, S. 273 (275); *Kusterer/Rupp*, EStB 2003, 397 (398).

384 *Gaibler*, Die Kommanditgesellschaft auf Aktien (KGaA), S. 131.

385 *Binz/Sorg*, DB 1997, 313 (314, 316).

386 M. w. N. *Rupertus/Kaiser/Bravidor*, KoR 2017, 79.

387 Dies als »häufigsten Angriffspunkt in den (…) Berichten der Short-Seller« ausmachend *Frömel*, Maßnahmen von Unternehmen gegen unberechtigte Short-Sell-Attacken, S. 208; ähnlich *Commandeur*, AG 2020, 575 (576); *Jostarndt/Wolf/Degen*, Aktivistische Investoren, <*media-publications.bcg.com/BCG-Aktivistische-Investoren-Report-2020.pdf*>, S. 10.

388 *Poelzig*, ZHR 184 (2020), 697 (703) mit Verweis auf dies bestätigende Studien.

§ 266 HGB.[389] Sie liest sich im Grunde wie die Bilanz einer GmbH oder AG. Allerdings führt das Nebeneinander von personen- und kapitalgesellschaftsrechtlichen Beteiligungsverhältnissen zu bilanzrechtlichen Besonderheiten.[390] Die Ausweisung des Eigenkapitals kann sich von der Darstellung bei anderen Kapitalgesellschaften unterscheiden. Hat der persönlich haftende Gesellschafter eine Sondereinlage erbracht, ist diese nach § 286 Abs. 2 Satz 1 AktG in der Jahresbilanz nach dem Posten »Gezeichnetes Kapital« gesondert mit einigen Eigenheiten auszuweisen. Dabei kann es beispielsweise unverständlich wirken, dass es Dinge gibt, die zwar einlage-, aber nicht bilanzfähig[391] sind. Die KGaA-Bilanz weist Komplexitäten auf,[392] die Shortseller für ihre Angriffe nutzen könnten.

Einen professionellen und erfahrenen Shortseller wird dies wenig verunsichern. Er könnte sich die unbestreitbaren Besonderheiten bei der handelsrechtlichen Bilanzierung der KGaA[393] dennoch zunutze machen und bei einer an sich tadellosen Finanzberichterstattung Vorwürfe konstruieren. Privatanleger haben häufig keine fachliche Expertise und nur schlechte Bilanzkenntnisse.[394] Dies hat zur Folge, dass sie für Analysen und Empfehlungen von »Experten« empfänglich sind und sich auf diese verlassen. Gerade bei einer komplexen und schwer verständlichen bzw. nachvollziehbaren Bilanz lassen sich Aktionäre leicht von – möglicherweise auch ungerechtfertigten – Vorwürfen verunsichern.[395] Fallen den privaten unprofessionellen Anlegern bei einer folgenden – immer zu empfehlenden[396] – eigenständigen Recherche Unterschiede zu den ihnen unter Umständen bekannteren Aktiengesellschaften auf, ist es naheliegend, dass sie darin eine Bestätigung der Argumente der Leerverkaufsaktivisten sehen.

---

389 *Nagel/Wittkowski*, Die Kommanditgesellschaft auf Aktien (KGaA), S. 97 Rn. 36; *Maurer*, in: Brönner/Bareis/Hahn/Maurer/Poll/Schramm, Die Bilanz nach Handels- und Steuerrecht, S. 1535 Rn. 245.

390 *Maurer*, in: Brönner/Bareis/Hahn/Maurer/Poll/Schramm, Die Bilanz nach Handels- und Steuerrecht, S. 1543 Rn. 241–242.

391 *Sethe*, DB 1998, 1044 (1046); *Perlitt*, in: Goette/Habersack/Kalss, MüKo-AktG V, § 286 Rn. 84.

392 Dieser Ansicht ist auch *Nagel/Wittkowski*, Die Kommanditgesellschaft auf Aktien (KGaA), S. 98 Rn. 42.

393 Dazu noch ausführlicher *Sethe*, DB 1998, 1044 (1046–1048); *Sethe*, in: Hirte/Mülbert/Roth, GroßKomm AktG XII, § 286 Rn. 31–46; *Schließer*, in: Bürgers/Fett, KGaA HdB, § 6 Rn. 69–106; *Störk/Kliem/Meyer*, in: Grottel/Schmidt/Schubert/Störk/Deubert/Budde/Clemm/Pankow/Sarx, Beck Bil-Komm., HGB § 272 Rn. 320–323; *Bachmann*, in: Henssler/Spindler/Stilz, BeckOGK-AktG, § 286 Rn. 7.

394 Davon ausgehend *Pellens/Ahlich/Schmidt*, Verhalten und Präferenzen deutscher Aktionäre 2018, S. 18.

395 *Engelen et al.*, Investor Activism 2018, S. 119.

396 *Gillert*, BaFin Journal 2017, 26 (27, 28).

In den vorangegangenen Überlegungen ist sicherlich kein grundsätzlicher KGaA-spezifischer Angriffspunkt zu sehen. Die bilanziellen Besonderheiten können allenfalls dazu beitragen, eine durch den Shortseller hervorgerufene (Fehl-)Vorstellung eines Privatanlegers zu bekräftigen und als weiteres Scheinargument dafür dienen, die eigenen Anteile abzustoßen. Und zwar selbst dann, wenn die Gründe für die bilanziellen Unterschiede für einen informierten Anleger offensichtlich sind.

Bei der *atypischen* KGaA kommt hinzu, dass sich die Organisationsstruktur weiter verkompliziert. Ergebnis dessen ist eine weitere Komplexität im Jahresabschluss. Denn auch die Komplementärgesellschaft ist bilanzpflichtig.[397] Je mehr Gesellschaften in den Jahresabschluss einfließen, umso unübersichtlicher, fehleranfälliger und damit angreifbarer wird die Bilanz.

4. Der fakultative Beirat in der KGaA

In der KGaA sind unterschiedlichste Beiratskonstellationen möglich,[398] die von Leerverkaufsaktivisten für Angriffe nutzbar gemacht werden könnten.

Insofern sind Beiratskonstellationen denkbar, die von aktivistischen Leerverkäufern missbilligt werden. So kann sich als KGaA-spezifisches Problem das Doppelmandat im Aufsichtsrat der KGaA und einem fakultativen Beirat auf KGaA-Ebene entpuppen. Ein Doppelmandat ist dann problematisch, wenn die Unabhängigkeit des Aufsichtsratsmitglieds aufgrund des Zweitmandats nicht mehr gewährleistet werden kann, es also von der objektiven Ausführung seiner Kontroll- und Beratungsaufgaben abgehalten wird. Dies hängt vom jeweiligen Einzelfall, mithin der konkreten Funktion des Beirats[399] und dessen Besetzung, ab.

Die Befugnisse eines errichteten Beirats müssten im Widerspruch zu den Befugnissen des Aufsichtsrats der KGaA stehen. Unproblematisch sind Beiräte mit repräsentativen oder schlichtenden[400] Aufgaben. Gleiches gilt für ein beratendes oder mit Kontrollbefugnissen ausgestattetes Gremium[401].

---

397 Für die *GmbH* & Co. KGaA *Halasz/Kloster/Kloster*, GmbHR 2002, 77 (86).

398 Siehe zu den praktisch relevanten Ausprägungen Kap. 3 § 8 III. 3.

399 *Vollertsen*, Corporate Governance der börsennotierten KGaA, S. 521.

400 *Assmann/Sethe*, in: Schneider/Hommelhoff/Schmidt/Wolfram/Grunewald/Drygala, FS Lutter, S. 251 (255, 260); *Nagel/Wittkowski*, Die Kommanditgesellschaft auf Aktien (KGaA), S. 69–70 Rn. 151; *Bürgers*, in: Bürgers/Fett, KGaA HdB, § 5 Rn. 595; *Sethe*, in: Hirte/Mülbert/Roth, GroßKomm AktG XII, § 287 Rn. 98; *Bachmann*, in: Henssler/Spindler/Stilz, BeckOGK-AktG, § 287 Rn. 42; *Herfs*, in: Hoffmann-Becking, MünchHdB GesR IV, § 79 Rn. 87; *Mertens/Cahn*, in: Zöllner/Noack, KK-AktG V, § 287 Rn. 29.

401 *Sethe*, in: Hirte/Mülbert/Roth, GroßKomm AktG XII, § 287 Rn. 98; *Bachmann*, in: Henssler/Spindler/Stilz, BeckOGK-AktG, § 287 Rn. 42; *Mertens/Cahn*, in: Zöllner/Noack, KK-AktG V, § 287 Rn. 29; *Gaibler*, Die Kommanditgesellschaft auf Aktien

Probleme können sich allerdings ergeben bei einem Beirat mit einer geschäftsführenden Funktion[402]. Den Beiratsmitgliedern wird die Möglichkeit zugestanden, aktiv Einfluss auf die Geschäftsführung zu nehmen. Solche unternehmerischen Mitwirkungsbefugnisse können sich äußern in umfassenden Zustimmungs- oder Weisungsrechten[403] gegenüber den geschäftsführenden Komplementären. Bekleidet ein und dieselbe Person sowohl ein Amt in einem mit unternehmerischen Mitwirkungsbefugnissen ausgestatten Beirat und ist gleichzeitig Mitglied im Aufsichtsrat der KGaA, so birgt dies eine Gefahr für die Unabhängigkeit dieser Person.

Am brisantesten ist die Abhängigkeitsgefahr im Rahmen eines Doppelmandats bei einer Beiratsbesetzung mit Kommanditaktionären. Ein Kommanditaktionär kann Mitglied im Aufsichtsrat der KGaA und ebenso befugt sein, Angehöriger eines Beirats mit Weisungs- und Zustimmungsbefugnissen zu werden[404]. Fällt beides in einer Person zusammen, besteht die Gefahr, dass die Trennung zwischen Kontrolle und Überwachung nicht mehr gegeben ist. Möglicherweise hat ein Beiratsmitglied bei einer Geschäftsführungsmaßnahme mitgewirkt oder ihr zugestimmt und wird, dadurch beeinflusst, im Aufsichtsrat von der objektiven Ausführung ihrer Kontrollaufgaben abgehalten. Eine sorgfältige, ausschließlich am Unternehmensinteresse ausgerichtete Überwachung ist dann jedenfalls nicht mehr zu erwarten. Der Vorwurf der Abhängigkeit eines solchen Aufsichtsratsmitglieds durch die Leerverkaufsaktivisten liegt dann nicht fern.

Unter leerverkaufsaktivistischer Sicht erscheint zudem eine beiratsdominierte KGaA als solche möglicherweise kritikwürdig. Durch eine derartige Delegation von Weisungs- und Zustimmungsbefugnissen auf einen Beirat entzieht sich die Geschäftsführung der unmittelbaren Kontrolle des KGaA-Aufsichtsrats. Dieser ist nur für die Überwachung der persönlich haftenden Gesellschafter zuständig, nicht aber für die Überwachung des Beirats.[405] Aktivisten

---

(KGaA), S. 71; *Bürgers*, in: Bürgers/Fett, KGaA HdB, § 5 Rn. 561; *Habersack*, in: Hoffmann-Becking/Hommelhoff/Graf von Westphalen, FS Hellwig, S. 143 (148); *Schnorbus*, in: Hoffmann-Becking/Hüffer/Reichert, FS Winter, S. 627 (644 f.); *Otte*, Die AG & Co. KGaA, S. 183.

402 Zur grundsätzlichen Möglichkeit *Bürgers*, in: Bürgers/Fett, KGaA HdB, § 5 Rn. 583–599; *Schnorbus*, in: Hoffmann-Becking/Hüffer/Reichert, FS Winter, S. 627 (650); *Sethe*, Die personalistische Kapitalgesellschaft mit Börsenzugang, S. 151.

403 *Herfs*, in: Hoffmann-Becking, MünchHdB GesR IV, § 79 Rn. 86; *Otte*, Die AG & Co. KGaA, S. 187; m. w. N. *Schnorbus*, in: Hoffmann-Becking/Hüffer/Reichert, FS Winter, S. 627 (650).

404 *Bürgers*, in: Bürgers/Fett, KGaA HdB, § 5 Rn. 588; »In den Grenzen möglich, innerhalb derer dies auch in der KG zulässig ist« *Mertens/Cahn*, in: Zöllner/Noack, KK-AktG V, § 287 Rn. 31.

405 *Assmann/Sethe*, in: Schneider/Hommelhoff/Schmidt/Wolfram/Grunewald/Drygala, FS Lutter, S. 251 (267); *Bachmann*, in: Henssler/Spindler/Stilz, BeckOGK-AktG, § 287 Rn. 41; *Bürgers*, in: Bürgers/Fett, KGaA HdB, § 5 Rn. 603; *Mertens/Cahn*, in:

könnten daran Kritik äußern. Der Aufsichtsrat der KGaA ist im Vergleich zur AG ohnehin schon in seinen Rechten beschnitten. Die Geschäftsführung nun auch noch der unmittelbaren Überwachung des KGaA-Aufsichtsrats zu entziehen, mag nicht bei allen Kommanditaktionären auf Gefallen stoßen.

5. Abweichen von Empfehlungen des deutschen Corporate Governance Kodex

Angriffspunkte für aktivistische Shortseller können sich schließlich aus Abweichungen von Empfehlungen des DCGK 2022 ergeben. Dies gilt jedenfalls dann, wenn die Empfehlungen auf die KGaA anwendbar sind.

Die Corporate Governance der KGaA bleibt vielen (internationalen) Aktionären und Investoren ein nur schwer zugängliches Themengebiet. Nicht zuletzt aufgrund der erheblichen Unterschiede zwischen der AG und KGaA[406]. Bei einer KGaA besteht daher ein erheblicher Begründungs- und Rechtfertigungsdruck, der sich noch erhöht, wenn den Empfehlungen des Deutschen Corporate Governance Kodex nicht entsprochen wird. Schließlich werden die Grundsätze einer guten Unternehmensführung maßgeblich vom DCGK mitgeprägt und an dessen Empfehlungen gemessen. Weicht ein Unternehmen von den Empfehlungen des DCGK ab, wird dies von Shortsellern als Schwäche ausgelegt.[407] Dennoch findet die Anwendung des DCGK auf die KGaA bislang im rechtswissenschaftlichen Schrifttum wenig Beachtung.[408] Bezüglich der AG finden sich in der einschlägigen Kommentarliteratur umfangreiche Ausführungen, über die Kommanditgesellschaft auf Aktien allenfalls wenige Zeilen. Diese Lücke soll in einem für diese Arbeit förderlichen Rahmen geschlossen werden.

Der Deutsche Corporate Governance Kodex ist eine Sammlung von Grundsätzen, Empfehlungen und Anregungen und bildet den rechtlichen und faktischen »Ordnungsrahmen für die Leitung und Überwachung des Unternehmens«[409]. Er hat jedoch keine Gesetzesqualität[410]. Einer der Hauptaspekte

---

Zöllner/Noack, KK-AktG V, § 287 Rn. 16; *Otte*, Die AG & Co. KGaA, S. 134, 190; *Sethe*, in: Hirte/Mülbert/Roth, GroßKomm AktG XII, § 287 Rn. 118; a. A. *Martens*, AG 27 (1982), 113 (118).

406 *Wieneke/Fett*, in: Bürgers/Fett, KGaA HdB, § 10 Rn. 3.

407 *Engelen et al.*, Investor Activism 2018, S. 92, 120–121; so auch *Langenbucher/Hau/Wentz*, ZBB/JBB 31 (2019), 307 (309).

408 Einzig ausführlich zum DCGK 2017 *Vollertsen*, Corporate Governance der börsennotierten KGaA. In der Kommentarliteratur wird die Anwendbarkeit der einzelnen Empfehlungen dagegen unvollständig und sehr rudimentär abgehandelt.

409 Präambel Abs. 1 S. 1 des DCGK.

410 *Goette*, in: Goette/Habersack/Kalss, MüKo-AktG III, § 161 Rn. 22; *Hölters*, in: Hölters/Weber, AktG, § 161 Rn. 3; *Wittmann/Kirschbaum*, in: Heidel, AktienR, AktG § 161 Rn. 3; jeweils m. w. N. *Koch*, Aktiengesetz, § 161 Rn. 3, 28; *Schmeing*, in: Ghassemi-Tabar, DCGK, AktG Vor § 161 Rn. 11; *Mock/Leyens*, in: Hirte/Mülbert/Roth, Groß-

für die Schaffung des Kodex durch die *Regierungskommission Deutscher Corporate Governance Kodex* war die Erhöhung der Transparenz[411] der Corporate Governance deutscher börsennotierter Unternehmen gegenüber ausländischen Investoren.[412] Schließlich stellen diese einen Großteil der an deutschen Unternehmen beteiligten Aktionäre.[413]

§ 161 AktG normiert die Pflicht zur Abgabe einer Entsprechenserklärung zum DCGK. Danach muss dargelegt werden, welchen Empfehlungen entsprochen wurde und wird (comply) oder welche Empfehlungen nicht angewendet wurden oder werden und warum nicht (explain). Die sogenannten Soll-Empfehlungen des DCGK bilden den Nukleus des Kodex. Auf Basis der Erklärung zur (Nicht-)Befolgung ist es potenziellen Anlegern möglich, eine Risikoeinschätzung[414] vorzunehmen und eine informierte Investitionsentscheidung zu treffen. Unter Annahme einer wahren Entsprechenserklärung ist es Anspruch dieser Regelung, Außenstehenden die Sicherheit zu geben, ihre Anlageentscheidung besser bewerten zu können.[415] Es kann daher erhebliche Auswirkungen auf das Investitionsverhalten von Anlegern haben, wenn ein Unternehmen von den Empfehlungen des DCGK abweicht.[416]

In Anbetracht dessen hofft der Kodexgeber auf einen Wirkungsmechanismus, welcher die Sanktionierung der Einhaltung des Kodex durch die Anleger voraussetzt.[417] Ein effizienter Kapitalmarkt sollte mit Kursabschlägen auf die Nichteinhaltung von Empfehlungen reagieren. Auch wenn dies bislang empirisch nicht eindeutig nachgewiesen werden konnte,[418] teilen Leer-

---

Komm AktG VIII, § 161 Rn. 106; *Spindler*, in: Schmidt/Lutter, AktG, § 161 Rn. 7; *Vetter*, in: Henssler/Strohn, GesR, AktG § 161 Rn. 4.

411 *Baums*, Bericht der Regierungskommission „Corporate Governance", S. 42 Rn. 4; *Cromme*, ZgK 2002, 502 (504); *Lutter*, in: Zöllner/Noack, KK-AktG III.2, § 161 Rn. 19; *Ihrig/Wagner*, BB 2002, 789; *Lutter*, ZHR 166 (2002), 523; *Nowak/Rott/Mahr*, ZGR 34 (2005), 252 (256); *Seibert*, BB 2002, 581; *Seibt*, AG 2002, 249 (250); *Ulmer*, ZHR 166 (2002), 150 (151); *Ulmer*, AcP 202 (2002), 143 (167); *Vollertsen*, Corporate Governance der börsennotierten KGaA, S. 48; *Werder*, DB 55 (2002), 801 (802); *Werder*, in: Grundmann, FS Hopt, S. 1471.

412 *Wieneke/Fett*, in: Bürgers/Fett, KGaA HdB, § 10 Rn. 109 m. w. N.; *Lutter*, in: Zöllner/Noack, KK-AktG III.2, § 161 Rn. 19; *Hopt/Roth*, Der Aufsichtsrat: Aktienrecht und Corporate Governance, AktG § 100 Rn. 132.

413 Ende 2018 lag der Aktienanteil ausländischer Investoren im DAX bei 58 % *Ernst & Young*, Wem gehört der DAX?, <*assets.ey.com/content/dam/ey-sites/ey-com/de_de/news/2019/06/ey-wem-gehoert-der-dax-2019.pdf?download*>, S. 5.

414 *Nowak/Rott/Mahr*, ZGR 34 (2005), 252 (261, 271).

415 *Berg/Stöcker*, WM 56 (2002), 1569 (1570); *Hopt/Leyens*, ZGR 48 (2019), 929 (938); *Lutter*, in: Schweizer/Burkert/Gasser, FS Druey, S. 463 (469 f.).

416 *Grunewald/Schlitt*, Einführung in das Kapitalmarktrecht, § 2 S. 27.

417 *Nowak/Rott/Mahr*, ZGR 34 (2005), 252 (253, 256).

418 M. w. N. *Werder*, in: Grundmann, FS Hopt, S. 1471 (1472); *Hopt*, in: Krieger/Lutter/Schmidt, FS Hoffmann-Becking, S. 563 (570); *Fleischer*, ZGR 41 (2012), 160 (184);

verkaufsaktivisten diese Hoffnung. Sie und eine Mehrheit in der Rechtswissenschaft[419] gehen davon aus, dass mehrere Abweichungen vom DCGK zu negativen Kursreaktionen führen.

Der Kodex richtet sich an börsennotierte Gesellschaften (§ 161 Abs. 1 Satz 1 AktG) und Gesellschaften mit Kapitalmarktzugang im Sinne des § 161 Abs. 1 Satz 2 des Aktiengesetzes. Nach überwiegend vertretener Ansicht[420] gilt dies auch für die börsennotierten Kommanditgesellschaften auf Aktien. Auch die KGaA ist somit zur jährlichen Abgabe einer Entsprechenserklärung verpflichtet.

Die letzte Neufassung hat der Deutsche Corporate Governance Kodex im Jahr 2022 erfahren. Die KGaA wird allerdings weiterhin nicht explizit ad-

---

Spindler, NZG 14 (2011), 1007 (1009); *Hopt*, ZHR 175 (2011), 444 (457); *Mock/Leyens*, in: Hirte/Mülbert/Roth, GroßKomm AktG VIII, § 161 Rn. 48–49; *Wittmann/Kirschbaum*, in: Heidel, AktienR, AktG § 161 Rn. 4.

419 *Berg/Stöcker*, WM 56 (2002), 1569 (1572); *Böcking/Böhme/Gros*, AG 2012, 615 (617); *Ettinger/Grützediek*, AG 2003, 353 (363); *Hölters*, in: Hölters/Weber, AktG, § 161 Rn. 4; *Hoffmann-Becking*, in: Kindler/Koch/Ulmer/Winter, FS Hüffer, S. 337 (343); *Hoffmann-Becking*, ZIP 2011, 1173 (1174); *Ihrig/Wagner*, BB 2002, 2509 (2514); *Lutter*, ZHR 166 (2002), 523 (535); *Peltzer/Werder*, AG 2000, 1 f.; *Schüppen*, ZIP 2002, 1269 (1271); *Seibert*, BB 2002, 581 (583); *Ulmer*, ZHR 166 (2002), 150 (176); *Vetter*, DNotZ 2003, 748–764 (755); *Vetter*, in: Henssler/Strohn, GesR, AktG § 161 Rn. 7; allgemein zu Kodices *Hopt*, in: Krieger/Lutter/Schmidt, FS Hoffmann-Becking, S. 563 (566); *Schmeing*, in: Ghassemi-Tabar, DCGK, Präa. Rn. 15; im Umkehrschluss *Claussen/Bröcker*, DB 2002, 1199 (1205); *Cromme*, ZgK 2002, 502; *Lutter*, in: Zöllner/Noack, KK-AktG III.2, § 161 Rn. 19 m. w. N.; *Lutter*, in: Schweizer/Burkert/Gasser, FS Druey, S. 463 (467); *Pellens/Hildebrandt/Ulmer*, BB 2001, 1243 (1249); *Schneider/Strenger*, AG 2000, 106 (107); a. A. *Nowak/Rott/Mahr*, ZGR 34 (2005), 252 (276); dies als unproblematisch erachtend *Philbert*, Die Kommanditgesellschaft auf Aktien zwischen Personengesellschaftsrecht und Aktienrecht, S. 241.

420 *Bachmann*, in: Henssler/Spindler/Stilz, BeckOGK-AktG, § 278 Rn. 115; *Bachmann*, in: Kremer/Bachmann/Lutter/Werder/Ringleb, DCGK, Einl. Rn. 109; *Bayer/Scholz*, in: Henssler/Spindler/Stilz, BeckOGK-AktG, § 161 Rn. 55; *Lutter*, in: Zöllner/Noack, KK-AktG III.2, § 161 Rn. 30–31; *Herfs*, in: Hoffmann-Becking, MünchHdB GesR IV, § 79 Rn. 103; *Mock/Leyens*, in: Hirte/Mülbert/Roth, GroßKomm AktG VIII, § 161 Rn. 127; *Mülbert/Sajnovits*, in: Habersack/Mülbert/Schlitt/van Aerssen/Becker/Berger, HdB KapMarktInf, § 12 Rn. 6; *Philbert*, Die Kommanditgesellschaft auf Aktien zwischen Personengesellschaftsrecht und Aktienrecht, S. 239–240; *Schmidt*, in: Hommelhoff/Rawert/Schmidt, FS Priester, S. 691 (703); *Schmidt*, in: Schmidt/Lutter, AktG, § 278 Rn. 45; *Spindler*, in: Schmidt/Lutter, AktG, § 161 Rn. 17; *Wieneke/Fett*, in: Bürgers/Fett, KGaA HdB, § 10 Rn. 109; *Hackel*, in: Wachter, AktG, § 161 Rn. 9; *Wittmann/Kirschbaum*, in: Heidel, AktienR, AktG § 161 Rn. 11; *Schmeing*, in: Ghassemi-Tabar, DCGK, AktG § 161 Rn. 5; ausführlich *Vollertsen*, Corporate Governance der börsennotierten KGaA, S. 190–240; nicht über § 278 Abs, 3 AktG und zweifelnd, aber im Ergebnis die Anwendbarkeit bejahend *Johannsen-Roth/Kießling*, in: Spindler/Wilsing/Butzke/Linden, FS Marsch-Barner, S. 273 (283) und auch *Bayer/Renner*, AG 2008, R211-R212 (R212).

ressiert und die besondere Komplexität der Gesellschaftsform nicht ausreichend berücksichtigt. Aus Sicht der Gesellschaftsorgane einer KGaA, aber auch der Anleger erweist sich dies als heikel. Für erstere besteht keine Sicherheit, welche Empfehlungen sie anzuwenden haben, ob sie Abweichungen erklären müssen und wie eine solche gegebenenfalls ausgestaltet sein muss. Letztere sind mit den Gegebenheiten einer KGaA häufig nur rudimentär vertraut und nicht immer in der Lage, die Unterschiede zur AG und die Anwendbarkeit des Kodex richtig nachzuvollziehen.

Ob und *wie* eine Entsprechenserklärung zu erfolgen hat, ist also rechtlich anspruchsvoll[421] und entsprechend umstritten. Im Ergebnis soll § 161 AktG *modifiziert* auf die KGaA anzuwenden sein.[422] Die modifizierte Anwendung ist damit zu begründen, dass sich im Kodex aufgeführte Probleme regelmäßig nicht für die KGaA stellen oder der Kodex keine adäquate Lösung für die KGaA anbietet. Es muss also rechtlich überprüft werden, inwieweit die Empfehlungen trotz der abweichenden Organisationsstruktur auf die KGaA Anwendung finden können. Zur Übersichtlichkeit und im Interesse der Verständlichkeit lassen sich die Kodexempfehlungen für die Kommanditgesellschaft auf Aktien in drei Kategorien einteilen: die wörtlich anwendbaren Empfehlungen, die entsprechend anwendbaren Empfehlungen und die strukturell unanwendbaren Empfehlungen.

Kategorie 1

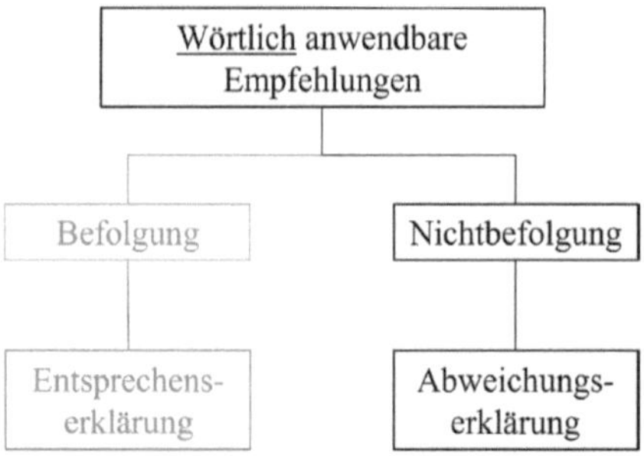

Die erste Kategorie bilden *wörtlich* auf die KGaA anwendbare Empfehlungen. Sie können so umgesetzt werden, wie es der Wortlaut vorschreibt. Wegen des fehlenden Vorstandes und der fehlenden Personalkompetenz des Aufsichtsrats betrifft dies die absolute Minderheit der Kodexempfehlungen.[423] Der Umgang mit diesen Empfehlungen entspricht ansonsten dem

421 *Bachmann*, in: Kremer/Bachmann/Lutter/Werder/Ringleb, DCGK, Einl. Rn. 109.

422 Zur modifizierten Anwendung von § 161 AktG ausführlich *Vollertsen*, Corporate Governance der börsennotierten KGaA, S. 200–233.

423 *Vollertsen*, Corporate Governance der börsennotierten KGaA, S. 219.

Vorgehen in der AG und den Vorstellungen des Kodexgebers. Es muss erklärt werden, ob den Empfehlungen entsprochen wurde und wird, oder welche Empfehlungen nicht angewendet wurden oder werden und warum nicht (§ 161 Abs. 1 Satz 1 AktG).

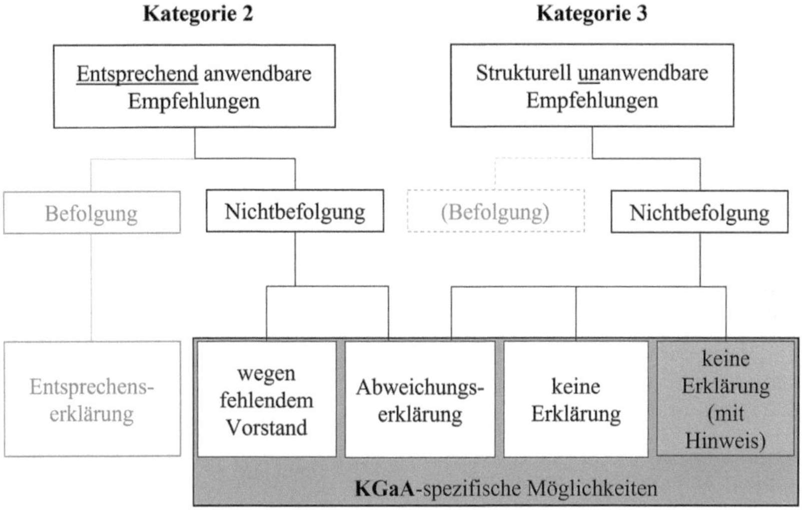

Die zweite Kategorie beinhaltet *entsprechend anwendbare* Empfehlungen. Entsprechend anwendbar sind Empfehlungen dann, wenn sie sich zwar konzeptionell an die Corporate Governance einer AG anlehnen, sich aber dennoch wegen des verfolgten Zwecks auf die KGaA übertragen lassen. Einer solchen Kodexempfehlung kann entsprochen oder wie üblich von ihr abgewichen werden. Wie bei der AG kann ersteres pauschal bejaht werden (comply) oder mittels einer Abweichungserklärung angezeigt und begründet (explain) werden.[424] Als KGaA-spezifische Möglichkeit kann die Abweichung in den den Vorstand adressierenden Fällen auch explizit mit dem Fehlen desselben erklärt werden.[425]

In der dritten Kategorie finden sich Empfehlungen, die aufgrund *struktureller* Unterschiede zur AG und unpassender inhaltlicher Zielsetzung nicht

424 Vgl. *Goette*, in: Goette/Habersack/Kalss, MüKo-AktG III, § 161 Rn. 35; *Vollertsen*, Corporate Governance der börsennotierten KGaA, 230, 239.

425 *Vollertsen*, Corporate Governance der börsennotierten KGaA, S. 230; die Anwendbarkeit einer Empfehlung richtet sich danach, ob sich aus dem »Fehlen eines Vorstands« etwas anderes ergibt *Wieneke/Fett*, in: Bürgers/Fett, KGaA HdB, § 10 Rn. 107; so auch *Mayer-Uellner/Otte*, NZG 2015, 737 (739); *Fett/Stütz*, NZG 2017, 1121 (1131).

auf die KGaA anwendbar sind.[426] Der Umgang mit diesen Empfehlungen ist deutlich komplizierter,[427] weil es einerseits an höchstrichterlichen Entscheidungen fehlt und sich andererseits bisher keine einheitliche Linie im rechtswissenschaftlichen Diskurs herauskristallisiert hat. So besteht zunächst die Möglichkeit, den Empfehlungen dennoch zu folgen. Im Falle einer Abweichung kann dies für jede einzelne Empfehlung erklärt werden.[428] Außerdem besteht die Möglichkeit, sich zu den strukturell unpassenden Empfehlungen nicht zu äußern.[429] Darauf aufbauend kann zumindest erwogen werden, wenigstens einen zusätzlichen allgemeinen Hinweis auf die strukturell unanwendbaren Vorschriften zu geben.

Während in einer Aktiengesellschaft also entweder eine Empfehlung befolgt oder die Abweichung wegen inhaltlicher Überlegungen erklärt wird, stehen der KGaA Abweichungserklärungen aus inhaltlichen Gründen, wegen des Fehlens eines Vorstandes oder aufgrund struktureller Unanwendbarkeit gegenüber. Dies impliziert einerseits Unübersichtlichkeit und Anwendungsschwierigkeiten für die betroffenen Unternehmen. Andererseits liegt der Schluss nahe, dass Kommanditgesellschaften auf Aktien mehr Abweichungen zu erklären haben als eine AG. Dies wird im Schrifttum verschiedentlich erwartet und betont.[430]

Zahlreiche Abweichungserklärungen führen unweigerlich zu Außenwirkungsproblemen im Kapitalmarktumfeld. Aufgrund des großen Gestaltungsspielraums in der KGaA ist es für den Anleger im Normalfall nur schwer ersichtlich, ob die KGaA den Grundsätzen und Empfehlungen des an der satzungsstrengen AG ausgerichteten DCGK aus strukturellen oder individuellen Gründen nicht entspricht. Gerade ausländische Investoren, denen die Struktur der Kommanditgesellschaft auf Aktien noch weniger geläufig sein dürfte, erlangen so ein schlechtes Bild und einen verzerrten Eindruck über das Corporate Governance Niveau der Kommanditgesellschaften auf Aktien. Dies gilt auch dann, wenn dafür gute Gründe in der Entsprechenserklärung angeführt werden.[431] Werden juristisch weniger kultivierte An-

---

426 Ausführlicher *Vollertsen*, Corporate Governance der börsennotierten KGaA, S. 232–233.

427 *Vollertsen*, Corporate Governance der börsennotierten KGaA, S. 232.

428 *Vollertsen*, Corporate Governance der börsennotierten KGaA, S. 233 m. w. N.; *Philbert*, Die Kommanditgesellschaft auf Aktien zwischen Personengesellschaftsrecht und Aktienrecht, S. 241.

429 *Vollertsen*, Corporate Governance der börsennotierten KGaA, S. 232 , der aber auch der Ansicht ist, dass »die Entsprechenserklärung auch ohne einen solchen Hinweis nicht unrichtig« wird; *Bachmann*, in: Kremer/Bachmann/Lutter/Werder/Ringleb, DCGK, Einl. Rn. 112.

430 *Hackel*, in: Wachter, AktG, § 161 Rn. 9; *Wittmann/Kirschbaum*, in: Heidel, AktienR, AktG § 161 Rn. 11.

431 *Vollertsen*, Corporate Governance der börsennotierten KGaA, S. 219.

leger mit solchen Informationen und Verkaufsempfehlungen durch Leerverkaufsaktivisten konfrontiert, liegt es nahe, dass – verstärkt durch den ersten Eindruck – diese Anleger ihre Aktien reaktionär abstoßen und so zu einem von Leerverkaufsaktivisten anvisierten Kursrutsch beitragen. Eine größere Angriffsfläche ist die naheliegende Folge. Dies gilt zumindest dann, wenn es sich bei den am häufigsten kritisierten Abweichungen um solche Empfehlungen der Kategorie 3 handelt. Denn dort ist eine Befolgung am unwahrscheinlichsten.

Da eine umfassende Erläuterung der Empfehlungen unter KGaA-Gesichtspunkten den Umfang bei weitem überschreiten würde, wird sich auf die gängigsten Vorwürfe der Leerverkaufsaktivisten im Zusammenhang mit der Befolgung des DCGK beschränkt und untersucht, ob aufgrund der KGaA-spezifischen Gegebenheiten ein Vorwurf der Nichtbefolgung als naheliegend erachtet werden muss.

a) Besetzung des Aufsichtsrats

Am häufigsten werden von aktivistischen Leerverkäufern die Besetzung des Aufsichtsrats und die Vorstandsvergütung angeprangert.[432] Die Zusammensetzung des Aufsichtsrats ist Inhalt von Teil C des DCGK 2022. Die Empfehlungen sind unterteilt in allgemeine Anforderungen (C. I.), die Unabhängigkeit der Aufsichtsratsmitglieder (C.II.) und die Wahlen zum Aufsichtsrat (C.III.). Im Detail stören sich Leerverkaufsaktivisten regelmäßig an der fehlenden fachlichen Qualifikation einzelner Aufsichtsratsmitglieder und – besonders problematisch – der fehlenden Unabhängigkeit seiner Mitglieder.[433] Die sich damit befassenden Empfehlungen verdienen daher eine besondere Aufmerksamkeit.

aa) Fachliche Qualifikation (C.1 Satz 1, 2, 3 und 4 DCGK 2022)

Empfehlungen zur Qualifikation der Aufsichtsratsmitglieder finden sich in Absatz C.1 Satz 1 bis 3 des DCGK 2022, wonach der Aufsichtsrat für seine Zusammensetzung konkrete Ziele benennen und ein Kompetenzprofil, unter Berücksichtigung von Nachhaltigkeitsfragen, für das Gesamtgremium erarbeiten, auf Diversität achten und bei seinen Vorschlägen an die Hauptversammlung diese Ziele berücksichtigen und gleichzeitig die Ausfüllung des Kompetenzprofils für das Gesamtgremium anstreben soll. Dem folgend suchen die Aktivisten im Kreis der Aufsichtsratsmitglieder nach Unprofes-

---

432 *Engelen et al.*, Investor Activism 2018, S. 92, 120.
433 *Engelen et al.*, Investor Activism 2018, S. 92, 120.

sionalitäten wie einer fehlenden Branchen-, Finanz-, Sektor-[434] oder Nachhaltigkeitsexpertise.

Die Empfehlungen zielen darauf ab, den Aufsichtsrat möglichst optimal zu besetzen.[435] Grundsätzlich soll der Aufsichtsrat in die Lage versetzt werden, eine möglichst kompetente Kontrolle des Vorstandes im Sinne der Anteilseigner zu leisten.[436] Jedenfalls von dieser Empfehlung muss eine KGaA nicht aufgrund eines fehlenden Vorstandes oder der Unanwendbarkeit abweichen. Weder verlangt der Wortlaut nach einer entsprechenden Anwendung, noch sprechen strukturelle Unterschiede für eine Unanwendbarkeit. Wie bei der AG muss die Empfehlung befolgt oder anderenfalls in einer Abweichungserklärung angezeigt werden.

Die Kernaufgabe des Aufsichtsrats ist auch in der KGaA die Überwachung der Geschäftsführung gemäß § 278 Abs. 3 i. V. m. § 111 Abs. 1 AktG.[437] Auch die Bestellung (Wahl) und Abberufung des Aufsichtsrats richten sich nach den Vorschriften für den Aufsichtsrat der AG.[438] Die Empfehlungen fügen sich daher »unproblematisch in die Organisationsverfassung der KGaA«[439] ein und sind wörtlich anwendbar (Kategorie 1).

Die notwendige fachliche Qualifikation richtet sich immer individuell nach der betroffenen KGaA. Fachlich muss im Vergleich zu einer AG eine besondere Personalkompetenz nicht gefordert werden,[440] denn eine solche ist dem Aufsichtsrat der KGaA von vornherein nicht zu eigen. Auswirkungen auf die Erklärung nach § 161 AktG hat dies nicht.

bb) Unabhängigkeit der Aufsichtsratsmitglieder (Empfehlungen C.6 bis C.12 DCGK 2022)

Die Unabhängigkeit der Aufsichtsratsmitglieder ist eine weitere zentrale Forderung der Anleger[441] und das, obwohl es dafür kein aktienrechtliches

---

434 *Engelen et al.*, Investor Activism 2018, S. 92, 120, 124.

435 *Kremer*, in: Kremer/Bachmann/Lutter/Werder/Ringleb, DCGK, G11 Rn. 1, 2.

436 *Vollertsen*, Corporate Governance der börsennotierten KGaA, S. 505.

437 *Gaibler*, Die Kommanditgesellschaft auf Aktien (KGaA), S. 7; zur Anwendbarkeit der Vorschriften §§ 95 bis 116 AktG *Perlitt*, in: Goette/Habersack/Kalss, MüKo-AktG V, § 287 Rn. 7.

438 *Bachmann*, in: Henssler/Spindler/Stilz, BeckOGK-AktG, § 287 Rn. 7; *Gaibler*, Die Kommanditgesellschaft auf Aktien (KGaA), S. 7; *Perlitt*, in: Goette/Habersack/Kalss, MüKo-AktG V, § 287 Rn. 17; *Vollertsen*, Corporate Governance der börsennotierten KGaA, S. 505; *Sethe*, in: Hirte/Mülbert/Roth, GroßKomm AktG XII, § 278 Rn. 3.

439 *Vollertsen*, Corporate Governance der börsennotierten KGaA, S. 505.

440 *Vollertsen*, Corporate Governance der börsennotierten KGaA, S. 506.

441 M. j. w. N. *Hopt/Roth*, Der Aufsichtsrat: Aktienrecht und Corporate Governance, AktG § 100 Rn. 147; *Kumpan*, ZGR 49 (2020), 749 (750); *Engelen et al.*, Investor Activism 2018, S. 127.

Erfordernis gibt[442]. Möglicherweise wurde es gerade deshalb zu einem wesentlichen Inhalt der Empfehlungen C.6 bis C.12 des DCGK 2022.

Der Ausgangspunkt für die Bewertung der Anwendbarkeit der Empfehlungen des DCGK ist der Wortlaut. Bei einer nähergehenden Betrachtung der einzelnen Empfehlungen fallen dem Leser drei Begriffe ins Auge, die für eine Anwendung auf die KGaA einer Klärung bedürfen. Dabei ist gehäuft von einer »Gesellschaft« (C.6 Abs. 2, C.7, C.9 Abs. 1 Satz 1, C.10 Satz 1), einem »Vorstand« (C.6 Abs. 2, C.7, C.10 Satz 1, C.11) und einem »kontrollierenden Aktionär« (C.6 Abs. 2, C. 9, C.10 Satz 2) die Rede.

Der Begriff der »Gesellschaft« birgt bei einem zweiten Blick keine größeren Probleme. Nach Absatz 7 der Präambel des DCGK 2022 richtet sich der Kodex an börsennotierte Gesellschaften und Gesellschaften mit Kapitalmarktzugang. Soweit im Kodex von einer »Gesellschaft« die Rede ist, sind folglich kapitalmarktorientierte AG, SE und auch KGaA erfasst.[443] Ein Hindernis für eine wörtliche Empfehlungsanwendung ist darin nicht ersichtlich. Für die Entsprechenserklärung gelten unter diesem Gesichtspunkt dieselben Regeln wie für die AG.

Soweit sich die Empfehlungen auf den »Vorstand« beziehen, ist eine wörtliche Anwendung (Kategorie 1) dagegen ausgeschlossen. Das dritte, zwingende Organ neben Hauptversammlung und Aufsichtsrat ist in der KGaA der persönlich haftende Gesellschafter und nicht der Vorstand. Ob die Empfehlungen entsprechend auf die KGaA anwendbar sind (Kategorie 2) oder aufgrund des strukturellen Unterschieds zur AG nicht zur Anwendung kommen können (Kategorie 3), lässt sich nur durch eine eingehendere Begutachtung der Empfehlungszwecke zum Unabhängigkeitserfordernis des Aufsichtsrats in Abschnitt C.II des Corporate Governance Kodex herausarbeiten.

Hauptsächlich sollen Unabhängigkeitsempfehlungen sowie fachliche Qualifikationen eine möglichst anteilseignergerechte, am Unternehmensinteresse ausgerichtete und angemessene Überwachung durch den Aufsichtsrat gewährleisten.[444]

Eine effektive Überwachung ist unmöglich, soweit der Überwachte Einfluss auf den Überwachenden hat.[445] Die Empfehlungen C.6 bis C. 12 DCGK 2022

---

442 *Hopt/Roth*, Der Aufsichtsrat: Aktienrecht und Corporate Governance, AktG § 100 Rn. 149; *Habersack*, in: Goette/Habersack/Kalss, MüKo-AktG II, § 100 Rn. 9; *Drygala*, in: Schmidt/Lutter, AktG, § 100 Rn. 29; *Needham/Mack/Müller*, DK 2018, 104.

443 *Busch/Link*, in: Ghassemi-Tabar, DCGK, C.6 Rn. 6.

444 *Kremer*, in: Kremer/Bachmann/Lutter/Werder/Ringleb, DCGK, C.6 Rn. 2; *Busch/Link*, in: Ghassemi-Tabar, DCGK, C.6 Rn. 1; *Wilsing*, in: Wilsing, DCGK, 5.4.1 Rn. 1; m. w. N. *Vollertsen*, Corporate Governance der börsennotierten KGaA, S. 509.

445 *Vollertsen*, Corporate Governance der börsennotierten KGaA, S. 509; *Kumpan*, ZGR 49 (2020), 749 (762).

ergänzen und konkretisieren die in § 105 AktG geregelte explizite Trennung zwischen dem Vorstand einer AG und dem Aufsichtsrat. § 105 AktG gilt über § 278 Abs. 3 AktG auch für die KGaA sowie deren Komplementär und Aufsichtsrat.[446] Darüber hinaus wird in der KGaA-Sondervorschrift § 287 Abs. 3 AktG deutlich, dass auch in der KGaA die Unabhängigkeit des Aufsichtsrats vom persönlich haftenden Gesellschafter ein hohes Gut ist. Explizit können danach persönlich haftende Gesellschafter nicht Aufsichtsratsmitglieder sein. Die Trennung von Überwachung und Leitung[447] ist so auch für die KGaA gesetzlich festgeschrieben. Es sollen Interessenkollisionen mit dem Leitungsorgan vermieden[448] und eine wirksame Überwachung[449] erreicht werden.

Der Zweck der Empfehlungen passt auch auf die KGaA, denn die Unabhängigkeit soll im Ergebnis auch zum persönlich haftenden Gesellschafter einer KGaA bestehen.[450] Die Empfehlungen des Abschnitts C.II. im Kodex lassen sich also unter Kategorie 2 einordnen und sind entsprechend anwendbar. Im Falle einer Nichtbefolgung aufgrund inhaltlicher Aversionen kann eine Abweichungserklärung abgegeben oder andernfalls KGaA-spezifisch mit dem Fehlen eines Vorstandes begründet werden. Ob letztere Begründung die Anleger überzeugt, ist fraglich, denn ein abhängiger Aufsichtsrat kann so nicht nachvollziehbar begründet werden.

Mit Blick auf die Unabhängigkeit von einem »kontrollierenden Aktionär« stellt sich die Frage, ob es einen solchen in der KGaA überhaupt geben kann; Kommanditaktionäre also trotz der starken Stellung der persönlich haftenden Gesellschafter »Kontrolle« ausüben können. Ist dies nicht der Fall, müsste über eine strukturelle Unanwendbarkeit der daran anknüpfenden Empfehlungen nachgedacht werden. Kontrolle ist beim Aktionär nach dem Verständnis der *Regierungskommission* gegeben, wenn ein Beherrschungsvertrag mit dem

---

446 *Habersack*, in: Goette/Habersack/Kalss, MüKo-AktG II, § 105 Rn. 4; *Perlitt*, in: Goette/Habersack/Kalss, MüKo-AktG V, § 287 Rn. 29.

447 *Bürgers*, in: Bürgers/Fett, KGaA HdB, § 5 Rn. 448; *Herfs*, in: Hoffmann-Becking, MünchHdB GesR IV, S. 64; *Mertens/Cahn*, in: Zöllner/Noack, KK-AktG V, § 287 Rn. 11; *Perlitt*, in: Goette/Habersack/Kalss, MüKo-AktG V, § 287 Rn. 29; jeweils m. w. N. BGHZ 165, 192 (198); *Fett/Stütz*, NZG 2017, 1121 (1124); *Hennemann*, ZHR 182 (2018), 157 (160); *Otte*, Die AG & Co. KGaA, S. 145; *Schmidt*, in: Schmidt/Lutter, AktG, § 287 Rn. 7.

448 Für § 287 Abs. 3 AktG *Bürgers*, in: Bürgers/Fett, KGaA HdB, § 5 Rn. 453; *Hennemann*, ZHR 182 (2018), 157 (161); für den DCGK *Regierungskommission DCGK*, Begründung DCGK, <*www.dcgk.de/de/kodex/konsolidierte-begruendung-des-dcgk.html*>, S. 2.

449 *Hennemann*, ZHR 182 (2018), 157 (161); *Herfs*, in: Hoffmann-Becking, MünchHdB GesR IV, § 79 Rn. 64; zum Zweck der diesbezüglichen Kodexempfehlungen siehe Fn. 36.

450 *Busch/Link*, in: Ghassemi-Tabar, DCGK, C.6 Rn. 7.

Aktionär besteht, der Aktionär über die absolute Mehrheit der Stimmen oder zumindest über eine nachhaltige Hauptversammlungsmehrheit verfügt.[451]

Ein Beherrschungsvertrag, mittels dessen sich der Leitung eines anderen Unternehmens unterstellt wird, ist auch in der KGaA denkbar.[452] Auch eine absolute Stimmenmehrheit oder nachhaltige Hauptversammlungsmehrheit ist für Kommanditaktionäre nicht ausgeschlossen.

Entscheidend für Grundsätze und Empfehlungen in Abschnitt C ist nicht die Kontrolle über Geschäftsführungsmaßnahmen, sondern die »Kontrolle« über die Besetzung des Aufsichtsrats. Die Wahl und Abberufung des Aufsichtsrats steht auch aktienrechtlich den Kommanditaktionären als Gesamtheit zu, § 278 Abs. 3 i. V. m. §§ 101 Abs. 1 Satz 1, 103 Abs. 1 Satz 1 AktG. Von diesen Entscheidungen ist der persönlich haftende Gesellschafter als solcher nach § 285 Abs. 1 Satz 2 Nr. 1 AktG auch als Kommanditaktionär gänzlich ausgeschlossen und die übrigen Kommanditaktionäre sind frei von dessen Einfluss. Der persönlich haftende Gesellschafter kann danach niemals die personelle Kontrolle über den Aufsichtsrat übernehmen.[453] Rechtlich hat dies auch bei der KGaA zur Folge, dass ein kontrollierender Kommanditaktionär aktienrechtlich alle Aufsichtsratsmitglieder bestimmen kann.[454] Dies ist sachgerecht. Der Grund für die im Kodex geforderte Unabhängigkeit des Aufsichtsrats ist Folgender: In den meisten Fällen wird er aufgrund seiner erhöhten finanziellen Beteiligung bestrebt sein, die Leitung der Gesellschaft bestmöglich zu überwachen.[455] Der Aufsichtsrat soll aber nicht nur Vertreter der Großaktionäre, sondern auch der Minderheitsaktionäre sein. Dies wird in der Begründung der Kodexkommission deutlich. Es soll der Minderheitenschutz durch die Unabhängigkeit des Aufsichtsrats von kontrollierenden Aktionären gewahrt werden.[456] Dies gilt in gleicher Weise für die KGaA. Ein Interesse an der Unabhängigkeit des Aufsichtsrats von kontrollierenden Kommanditaktionären besteht bei den Minderheitskommanditaktionären zweifellos.[457] Denn gerade in der KGaA unterliegt die Unabhängigkeit des Aufsichtsrats höheren Anforderungen als in der AG.[458] Der Aufsichtsrat hat nicht nur die Kompetenz zur Überwachung der Geschäftsführung, sondern

451 *Regierungskommission DCGK*, Begründung DCGK, <*www.dcgk.de/de/kodex/konsolidierte-begruendung-des-dcgk.html*>, S. 10.

452 *Fett*, in: Bürgers/Fett, KGaA HdB, § 12 Rn. 8.

453 *Göz*, in: Bürgers/Fett, KGaA HdB, § 2 Rn. 10; *Wieneke/Fett*, in: Bürgers/Fett, KGaA HdB, § 10 Rn. 24.

454 *Kremer*, in: Kremer/Bachmann/Lutter/Werder/Ringleb, DCGK, C.9 Rn. 1.

455 *Hoffmann-Becking*, NZG 2014, 801 (806); *Paschos/Goslar*, NZG 2012, 1361 (1362); *Vollertsen*, Corporate Governance der börsennotierten KGaA, S. 509.

456 *Regierungskommission DCGK*, Begründung DCGK, <*www.dcgk.de/de/kodex/konsolidierte-begruendung-des-dcgk.html*>, S. 9.

457 *Vollertsen*, Corporate Governance der börsennotierten KGaA, S. 511.

458 *Bürgers*, in: Bürgers/Fett, KGaA HdB, § 5 Rn. 444.

auch zur Ausführung der Beschlüsse im Interesse der Kommanditaktionäre (§ 287 Abs. 1 AktG). Einer wörtlichen Anwendung stehen die Vorschriften, die einen kontrollierenden Aktionär voraussetzen, nicht im Wege.

Nach alledem lässt sich festhalten, dass die Empfehlungen C.6 Abs. 2, C.7, C.10 Satz 1, C.11 entsprechend und die übrigen Empfehlungen des Abschnitts C wörtlich anwendbar sind. Dies gilt für die *gesetzestypische* wie auch die *atypische* KGaA.[459]

Im Ergebnis bestehen keine Bedenken gegen die (entsprechende) Anwendbarkeit der Empfehlungen zur Unabhängigkeit des Aufsichtsrats. Aus rein rechtstheoretischer Perspektive ist ein häufigeres Abweichen von den Empfehlungen zur Zusammensetzung des Aufsichtsrats von Kommanditgesellschaften auf Aktien daher fernliegend. In der logischen Konsequenz spricht wenig dafür, dass Leerverkaufsaktivisten grundsätzlich damit einhergehende Angriffspunkte finden und diese für ihre Attacken nutzen können.

b) Vergütungsempfehlung – Falscher Anreiz durch Vorstandsvergütung

Besonders viel haben aktivistische Aktionäre, Investoren, aber auch die Allgemeinbevölkerung an einer aus ihrer Sicht unangemessen hohen Vergütung der Manager auszusetzen.[460] Aus Anlegersicht kann eine »Überbezahlung« als ethisch verwerflich eingeschätzt sowie als ungerecht empfunden werden und in der Folge ein Indiz für die Verwundbarkeit einer Gesellschaft sein. Der Fakt, dass sich das Management über das Maß bereichert und dies zulasten der Gesellschaft und letztendlich auch der Anteilseigner geht, kann einen Vertrauensverlust des Kapitalmarkts mit sich bringen. Schließlich ist es »ihr« Geld, mit dem das geschäftsführende Organ entlohnt wird. Ein gutes Vergütungssystem kann daher entscheidend zu einem Interessengleichlauf von Management und Anteilseignern beitragen. Die Brisanz des Themas sieht auch die *Regierungskommission Deutscher Corporate Governance Kodex*.[461] Die insgesamt 16 Empfehlungen und Anregungen zum Grundsatz 24 DCGK 2022, welche sich mit der Vergütung des Vorstands befassen, stellen den umfangreichsten und detailliertesten Part des Kodex dar. So soll die Vergütung auf der einen Seite Anreiz für eine zielführende Geschäftsführung sein, eine motivierende, aber auch belohnende Wirkung für eine Geschäfts-

459 Für DCGK 2019 *Vollertsen*, Corporate Governance der börsennotierten KGaA, S. 520.

460 Beispielhaft für einen aktivistischen Aktionär steht *TCI*, Letter to the memebers of Volkswagen Executive and Supervisory Boards, <*im.ft-static.com/content/images/62706a7e-13c1-11e6-839f-2922947098f0.pdf*>; zu Investoren *Bachmann*, in: Kremer/Bachmann/Lutter/Werder/Ringleb, DCGK, G23 Rn. 11; bestätigend *Hopt/Leyens*, ZGR 48 (2019), 929 (974).

461 *Regierungskommission DCGK*, Begründung DCGK, <*www.dcgk.de/de/kodex/konsolidierte-begruendung-des-dcgk.html*>, S. 1.

führung im Sinne der Anteilseigner zu entfalten[462] und auf der anderen Seite ausufernden und unsachgemäßen Vergütungen entgegenwirken. Unterwerfen sich börsennotierte Unternehmen nicht den ausgiebigen Empfehlungen des DCGK zur Vergütung des Managements, ist dies ein möglicher Grund für Kritik und Anknüpfungspunkt im Rahmen einer Leerverkaufsattacke[463].

Doch die Anwendbarkeit der Vergütungsempfehlungen auf die KGaA ist nicht selbstverständlich. Dafür gibt es zwei Gründe: Zunächst ist festzuhalten, dass eine *Vergütung* für den persönlich haftenden Gesellschafter in der KGaA gesetzlich nicht vorgesehen ist.[464] Ohne Vergütung bedarf es auch keiner Vergütungsempfehlungen. Zudem sprechen der Grundsatz 24 und die dazugehörigen Empfehlungen von der *Vorstands*- und nicht der Komplementärvergütung, also der Vergütung eines Organs, das in der KGaA bekanntermaßen nicht existiert. Eine wörtliche Anwendung der Empfehlung scheidet daher von vornherein aus. Was bleibt ist die Frage, ob die Ausführungen des Abschnitts G DCGK 2022 entsprechend (Kategorie 2) oder strukturell überhaupt nicht (Kategorie 3) auf die KGaA anwendbar sind.

Eine entsprechende Anwendung ist nicht auszuschließen. Zwei praxisrelevante Möglichkeiten, durch die der persönlich haftende Gesellschafter eine Art der »Vergütung« erlangt, sind denkbar. Zu denken ist zunächst an die Gewinnbeteiligung des persönlich haftenden Gesellschafters, auch wenn diese bislang nicht im Zusammenhang mit den Vergütungsempfehlungen des Deutschen Corporate Governance Kodex und persönlich haftenden Gesellschaftern thematisiert wurde. Dabei ist dies zumindest auf den ersten Blick nicht gänzlich fernliegend.

aa) Gewinnbeteiligung des persönlich haftenden Gesellschafters als Tätigkeitsvergütung

Für eine entsprechende Anwendung der Kodexempfehlungen müssten Gewinnbeteiligung und Tätigkeitsvergütung vergleichbar sein. Mit einer Tätigkeitsvergütung soll die Geschäftsführung, gewinnunabhängig und fix vergütet werden.

Gegen eine Vergleichbarkeit mit einer Gewinnbeteiligung spricht einerseits, dass selbst der Gesetzgeber die Gewinnbeteiligung nicht als Vergütung er-

---

462 *Regierungskommission DCGK*, Begründung DCGK, *<www.dcgk.de/de/kodex/konsolidierte-begruendung-des-dcgk.html>*, S. 18.

463 *Bayram/Meier*, BKR 18 (2018), 55 (56 Fn. 15); *Graßl/Nikoleyczik*, AG 62 (2017), 49 (53).

464 *Schlitt*, Die Satzung der Kommanditgesellschaft auf Aktien, S. 129; *Perlitt*, in: Goette/Habersack/Kalss, MüKo-AktG V, § 281 Rn. 47; *Mertens/Cahn*, in: Zöllner/Noack, KK-AktG V, § 281 Rn. 33; *Teichmann*, in: Krieger/Hoffmann-Becking/Hommelhoff, FS Krieger, S. 993 (1003); *Hecht*, in: Bürgers/Fett, KGaA HdB, § 5 Rn. 261.

achtet. Weder dem Wortlaut der Vorschriften zum aktienrechtlichen Vergütungsbericht noch zur handelsrechtlichen Vergütungspublizität lässt sich die Aufnahme der Gewinnbeteiligung des persönlich haftenden Gesellschafters entnehmen.[465]

So ist die KGaA zwar über § 278 Abs. 3 AktG verpflichtet, einen Vergütungsbericht nach § 162 AktG zu verfassen,[466] nicht aufzunehmen sind jedoch die Gewinnbeteiligungen der persönlich haftenden Gesellschafter.[467] Nichts anderes gilt für die handelsrechtliche Vergütungspublizität. § 286 Abs. 4 AktG bestimmt, dass der auf den Kapitalanteil entfallende Gewinn nicht zu den Pflichtangaben hinsichtlich der Gesamtbezüge nach § 285 Nr. 9 lit. a) und b) HGB zählt.

Andererseits wird häufig angebracht, dass die Tätigkeit des persönlich haftenden Gesellschafters durch die Gewinnbeteiligung abgegolten oder – anders gesagt – *vergütet* wird.[468] Soweit in einer *gesetzestypischen* KGaA eine natürliche Person ihre volle Arbeitskraft der Gesellschaft widmet, ist dies zweifellos denkbar. Jedenfalls für die *atypische* KGaA ist der Gedankengang einer Gewinnbeteiligung der als persönlich haftenden Gesellschafterin fungierenden Kapitalgesellschaft aber wenig überzeugend.

Dem folgend sind die nachstehenden Überlegungen lediglich für den praktisch seltenen Fall einer *gesetzestypischen* KGaA mit einer natürlichen Person als Komplementär relevant.

Die Gewinnverteilung unter den Komplementären richtet sich nach den Regelungen der § 278 Abs. 2 AktG i. V. m. § 120 Abs. 2 Satz 1 HGB i. V. m. § 709 Abs. 3 BGB.[469] Vorrangig richtet sich die Gewinnverteilung somit nach den vereinbarten Beteiligungsverhältnissen. Soweit keine Beteiligungsverhältnisse vereinbart wurden, richtet sie sich nach dem Verhältnis der vereinbarten Werte der Beiträge. Wurden auch keine Werte der Beiträge vereinbart, haben alle persönlich haftenden Gesellschafter einen gleichen Anteil an Gewinn und Verlust. Der für die Gewinnverteilung maßgebliche § 709 Abs. 3 BGB zielt damit in erster Linie auf eine dahingehende statutarische Regelung der einzelnen Gesellschaft ab. Die Satzung der KGaA kann weitestgehend frei gestaltet werden.[470]

---

465 *Backhaus*, AG 2020, 462 (467).

466 *Spindler*, in: Goette/Habersack/Kalss, MüKo-AktG Ia/IIa, § 162 Rn. 1; *Teichmann*, in: Krieger/Hoffmann-Becking/Hommelhoff, FS Krieger, S. 993 (1005).

467 *Bayer/Scholz*, in: Henssler/Spindler/Stilz, BeckOGK-AktG, § 162 Rn. 183; *Backhaus*, AG 2020, 462 (467).

468 *Herfs*, in: Hoffmann-Becking, MünchHdB GesR IV, § 79 Rn. 29; *Sethe*, in: Hirte/Mülbert/Roth, GroßKomm AktG XII, § 288 Rn. 87; m. w. N. *Schönemann*, Die Vergütung der Geschäftsleiter von Kapitalgesellschaften, S. 138.

469 *Perlitt*, in: Goette/Habersack/Kalss, MüKo-AktG V, § 281 Rn. 33.

470 *Bachmann/Habighorst*, AG 2024, 337 (341).

Damit könnte zumindest ein Teil der Empfehlungen des Abschnittes G des DCGK 2022 entsprechend als Richtschnur auf die Satzungsregelungen zur Gewinnverteilung angewendet werden. Für so in der Satzung individuell aufgenommene Gewinnverteilungsregeln sind jedoch alle Gesellschafter – Kommanditaktionäre und Komplementäre – verantwortlich (vgl. § 280 Abs. 2 AktG). Diese haben die Möglichkeit, gewünschte Kriterien in der Satzung festzusetzen. Es bedarf also nicht der Transparenz schaffenden Empfehlungen des DCGK, da eine Beteiligung von Kommanditaktionären und Komplementären bereits erfolgt ist und die Kriterien für jedermann in der Satzung einsehbar sind.

Darüber hinaus bestehen weitere strukturelle Bedenken, die sich anhand der in der KGaA ebenfalls möglichen Tätigkeitsvergütung für persönlich haftende Gesellschafter noch besser aufzeigen lassen.

bb) Tätigkeitsvergütung in der KGaA

Ausgangspunkt für die Überlegungen zur Tätigkeitsvergütung ist § 288 Abs. 3 AktG. Der Wortlaut von Satz 1 stellt klar, dass eine grundsätzliche Möglichkeit einer Tätigkeitsvergütung für persönlich haftende Gesellschafter besteht. Danach dürfen entgegen § 288 Abs. 1 AktG vom Gewinn unabhängige »Tätigkeitsvergütungen« auch gezahlt werden, obwohl die Gesellschaft Verluste schreibt. Ein dem Vorstandsgehalt in der AG vergleichbares Honorar ist vom Gesetzgeber zwar nicht zwingend vorgesehen, die Option wird der KGaA aber offengelassen. Daran scheitert die entsprechende Anwendung der Vergütungsempfehlungen des DCGK 2022 nicht.

Grundsatz und Empfehlungen des DCGK 2022 zur Vorstandsvergütung bauen im Wesentlichen auf den Regelungen zur Vorstandsvergütung in der Aktiengesellschaft auf. Um strukturelle Bedenken ausschließen oder bejahen zu können, ist es daher ratsam, sich zunächst der Vergütungsstruktur in der KGaA zu nähern. Zentral ist die Frage, welches Organ darüber entscheidet, ob die Geschäftsleitung vergütet wird und wie diese Vergütung ausgestaltet ist sowie welchen Schranken die Vergütung unterliegt.[471]

(1) Vergütungskompetenz in der KGaA

Die Vergütungskompetenz ist eng mit der Personalkompetenz verbunden. Die Personalkompetenz beinhaltet die Bestellung sowie Abberufung der Leitungsorgane. In der AG liegt die Personalkompetenz beim Aufsichtsrat. Dieser bestellt nach § 84 Abs. 1 Satz 1 AktG die Vorstandsmitglieder und kann die Bestellung nach Abs. 4 Satz 1 widerrufen. Auch

---

471 Nach diesem Schema ausführlich *Vollertsen*, Corporate Governance der börsennotierten KGaA, S. 307–350.

> »für die Entscheidung über die Vergütung der Vorstandsmitglieder und für den Abschluss der die Vergütung betreffenden Verträge ist nach § 84 Abs. 1 S. 5 i. V. m. S. 1, §§ 87, 112 AktG der Aufsichtsrat zuständig.«[472]

Auf die KGaA trifft dies nicht zu. Die Personalkompetenz liegt nicht beim Aufsichtsrat.[473] Dies findet – zumindest für die mitbestimmte KGaA – in § 31 Abs. 1 Satz 2 MitbestG seine ausdrückliche Bestätigung.[474] Die Geschäftsführungskompetenz ergibt sich für den Komplementär als Leitungsorgan bereits qua Gesetz (§ 278 Abs. 2 AktG), einer expliziten Berufung (durch den Aufsichtsrat) bedarf es nicht. Wird ein Komplementär aufgenommen oder abberufen, muss dies nach § 281 Abs. 1 AktG in der Satzung aus- oder eingetragen werden. Eine solche Änderung der Satzung verlangt einen Beschluss aller persönlich haftenden Gesellschafter und der Hauptversammlung.[475] Die Personalkompetenz liegt dem folgend bei den persönlich haftenden Gesellschaftern und den Kommanditaktionären, mithin der Gesamtheit der Gesellschafter. In logischer Konsequenz müsste diese Gesamtheit der Gesellschafter auch für eine etwaige Tätigkeitsvergütung der Komplementäre verantwortlich sein. Dies lässt sich rechtlich untermauern. Nach einhelliger Meinung ist eine Tätigkeitsvergütung als Sondervorteil im Sinne des § 278 Abs. 3 i. V. m. § 26 AktG einzustufen.[476] Dies wird folgendermaßen begründet: Die Bezahlung als Gegenleistung für eine gesetzlich vorgeschriebene – an sich unentgeltliche – Pflicht ist ein aus dem Kapital der KGaA erlangter Vorteil, welcher unabhängig von der Mitgliedschaft besteht und gesetzlich nicht geschuldet ist.[477] Ein solcher Sondervorteil bedarf der Festsetzung in der

---

472 BGH, Urt. v. 28.04.2015 – II ZR 63/14, ZIP 2015, 1220 (1222).

473 Siehe bereits Kap. 1 § 1.

474 *Bachmann*, in: Henssler/Spindler/Stilz, BeckOGK-AktG, § 287 Rn. 16; *Vollertsen*, Corporate Governance der börsennotierten KGaA, S. 85; *Habersack*, ZIP 2019, 1453 (1454); *Habersack*, in: Habersack/Henssler, MitbestR, § 31 Rn. 4.

475 *Nagel/Wittkowski*, Die Kommanditgesellschaft auf Aktien (KGaA), S. 44 Rn. 55; *Reger*, in: Bürgers/Fett, KGaA HdB, § 5 Rn. 302; *Bürgers*, in: Bürgers/Fett, KGaA HdB, § 5 Rn. 483; *Herfs*, in: Hoffmann-Becking, MünchHdB GesR IV, § 78 Rn. 4; *Fett/Förl*, in: Bürgers/Körber/Lieder, AktG, § 278 Rn. 17.

476 *Sethe*, in: Hirte/Mülbert/Roth, GroßKomm AktG XII, § 281 Rn. 34–35, § 278 Rn. 75; *Bachmann*, in: Henssler/Spindler/Stilz, BeckOGK-AktG, § 281 Rn. 18, § 288 Rn. 12.1; *Perlitt*, in: Goette/Habersack/Kalss, MüKo-AktG V, § 281 Rn. 42; *Mertens/Cahn*, in: Zöllner/Noack, KK-AktG V, § 281 Rn. 33; *Arnold*, in: Henssler/Strohn, GesR, AktG § 288 Rn. 3; *Herfs*, in: Hoffmann-Becking, MünchHdB GesR IV, § 79 Rn. 27; *Fett/Förl*, in: Bürgers/Körber/Lieder, AktG, § 278 Rn. 31; *Koch*, Aktiengesetz, § 288 Rn. 6; *Kallmeyer*, ZGR 12 (1983), 57 (74); *Herfs*, AG 2005, 589 (593, 595); *Vollertsen*, Corporate Governance der börsennotierten KGaA, S. 309–310; *Wichert*, AG 2000, 268 (271); *Müller-Michaels*, in: Hölters/Weber, AktG, § 288 Rn. 5; m. w. N. *Schlitt*, Die Satzung der Kommanditgesellschaft auf Aktien, S. 129.

477 Vgl. *Pentz*, in: Goette/Habersack/Kalss, MüKo-AktG I, § 26 Rn. 8; zur Einordnung der Tätigkeitsvergütung unter § 26 AktG *Vollertsen*, Corporate Governance der börsennotierten KGaA, S. 310; *Sethe*, in: Hirte/Mülbert/Roth, GroßKomm AktG XII, § 281

Satzung, mithin der Zustimmung aller Gesellschafter. Die tatsächliche Vergütungskompetenz obliegt in der *gesetzestypischen* KGaA damit der Gesamtheit der Gesellschafter. Nach der gesetzlichen Grundkonzeption wird also die Vergütung für den dauerhaft an die Gesellschaft gebundenen Komplementär vor Eintragung in das Handelsregister durch die Gründer abschließend in der Satzung geregelt. Eine nachträgliche Änderung ist nur noch äußerst eingeschränkt möglich. Später hinzutretende Kommanditaktionäre müssen die bestehende Satzung grundsätzlich akzeptieren. Dies spricht – aufgrund der bereits erfolgten Beteiligung und einem daher fehlenden schutzwürdigen Interesse der Kommanditaktionäre – gegen eine entsprechende Anwendbarkeit und für eine strukturelle Unanwendbarkeit der Vergütungsempfehlungen.

Einmal mehr ist die Figur des *vorstandsähnlichen* Komplementärs in die Überlegungen mit einzubeziehen. In diesem Fall ist es üblich und ausreichend, dass die Satzung die Tätigkeitsvergütung grundsätzlich vorsieht.[478] Der Abschluss der Tätigkeitsvereinbarung zwischen der KGaA und dem persönlich haftenden Gesellschafter liegt dagegen in der Hand des Aufsichtsrats.[479] Soweit es an begrenzenden Satzungsregelungen fehlt, ist der Aufsichtsrat in seiner Vergütungsentscheidung vollständig frei. Die grundsätzliche statutarische Festsetzung (*ob*) liegt also bei den Gründern und die konkrete Ausgestaltung (*wie*) beim Aufsichtsrat. Die Vergütungskompetenz ist geteilt und entspricht daher strukturell nur in Teilen den Vorstellungen des Kodexgebers.

Davon zu unterscheiden sind schließlich die Gegebenheiten in einer *atypischen* KGaA. Dort ist nicht die Vergütung der Komplementärin, sondern die des Geschäftsleiters der Komplementärgesellschaft entscheidend. Die Personalkompetenz und daran anknüpfend die Vergütungskompetenz richtet sich nach den innergesellschaftlichen Regelungen für die Komplementärge-

---

Rn. 34; *Mertens/Cahn*, in: Zöllner/Noack, KK-AktG V, § 281 Rn. 33; *Bachmann*, in: Henssler/Spindler/Stilz, BeckOGK-AktG, § 281 Rn. 18.

478 *Sethe*, in: Hirte/Mülbert/Roth, GroßKomm AktG XII, § 278 Rn. 75; *Mertens/Cahn*, in: Zöllner/Noack, KK-AktG V, § 281 Rn. 33; jeweils m. w. N. *Schlitt*, Die Satzung der Kommanditgesellschaft auf Aktien, S. 129; *Perlitt*, in: Goette/Habersack/Kalss, MüKo-AktG V, § 281 Rn. 47; *Hecht*, in: Bürgers/Fett, KGaA HdB, § 5 Rn. 262; *Ihrig/Schlitt*, in: Ulmer, Die GmbH & Co KGaA nach dem Beschluss BGHZ 134, 392, S. 33 (72); zu Recht auf den Widerspruch zum Wortlaut des § 26 AktG hinweisend *Bachmann*, in: Henssler/Spindler/Stilz, BeckOGK-AktG, § 281 Rn. 19, § 288 Rn. 12.

479 *Sethe*, in: Hirte/Mülbert/Roth, GroßKomm AktG XII, § 278 Rn. 77; *Teichmann*, in: Krieger/Hoffmann-Becking/Hommelhoff, FS Krieger, S. 993 (1005); *Bachmann*, in: Henssler/Spindler/Stilz, BeckOGK-AktG, § 288 Rn. 10; *Perlitt*, in: Goette/Habersack/Kalss, MüKo-AktG V, § 288 Rn. 88, § 278 Rn. 57; *Schönemann*, Die Vergütung der Geschäftsleiter von Kapitalgesellschaften, S. 141; *Verse*, in: Lutter/Krieger/Verse, Rechte und Pflichten des Aufsichtsrats, § 18 Rn. 1320; *Hecht*, in: Bürgers/Fett, KGaA HdB, § 5 Rn. 263; a. A. *Eiff/Otte*, GWR 7 (2015), 246 (248).

sellschaft.[480] Im Falle einer *GmbH* (& Co. KGaA) liegen die Kompetenzen bei der Gesellschafterversammlung,[481] bei einer *SE* oder *AG* (& Co. KGaA) grundsätzlich bei dem Aufsichtsrat der Komplementärgesellschaft.[482] Diese Organe bestellen den Geschäftsführer oder den Vorstand (Personalkompetenz). Für den Abschluss des Anstellungsvertrages, in dem unter anderem die Dauer und die Vergütung seines Engagements geregelt ist, ist zwischen zwei Optionen zu entscheiden:

Es besteht die Möglichkeit, den Anstellungsvertrag des Vorstandes einer Komplementär-SE oder AG beziehungsweise der Geschäftsführung der Komplementär-GmbH mit der KGaA selbst zu schließen.[483]

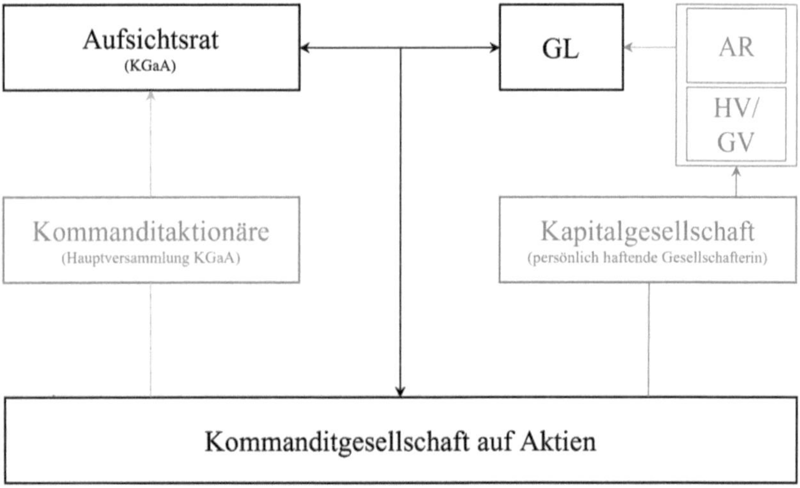

Zwar liegt die Bestellungskompetenz beim Aufsichtsrat oder der Gesellschafterversammlung der Komplementärgesellschaft. Die Vergütungskompetenz, um die es hier in der Hauptsache geht, liegt aber – ganz im Sinne des Kodexgebers – beim Aufsichtsrat der KGaA. Strukturell ist diese Möglichkeit derjenigen der AG am ähnlichsten. Die Tätigkeitsvergütung ist kein Sondervorteil im Sinne des § 278 Abs. 3 AktG i. V. m. § 26 AktG. Schließlich ist der Geschäftsleiter nicht persönlich haftender Gesellschafter der KGaA, sondern Organ der Komplementärgesellschaft, welches auch gesellschaftsextern besetzt sein kann.

480 *Schönemann*, Die Vergütung der Geschäftsleiter von Kapitalgesellschaften, S. 142.

481 BGH, Urt. v. 25.03.1991 – II ZR 169/90, NJW 1991, 1680 (1681); BGHZ 222, 32 (37).

482 Für die *SE* & Co. KGaA m. w. N. *Schubert*, Unternehmensmitbestimmung in der SE & Co. KGaA, S. 484; für die AG & Co. KGaA *Otte*, Die AG & Co. KGaA, S. 107.

483 Kap. 3 § 7 II. 2. a).

Ein Blick auf die Rechtstatsachen zeigt, dass eine weitere Konstellation in der *atypischen* KGaA der Standardfall ist. In diesem Fall wird der Anstellungsvertrag des Geschäftsleiters mit der Komplementärgesellschaft geschlossen.[484]

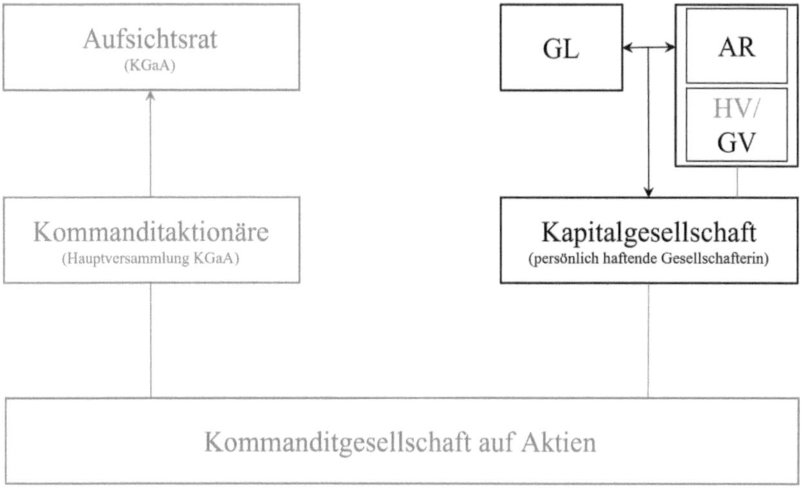

Die Personal- und Vergütungskompetenz liegt dann beim Aufsichtsrat (AG/SE) oder der Gesellschafterversammlung (GmbH) der Komplementärgesellschaft, für die mangels Börsennotierung der DCGK 2022 nicht zur Anwendung kommt.

(2) Vergütungsschranken in der KGaA

Als Schlüssel- und Ausgangsnorm zur Ergründung der Vergütungsschranken in der KGaA ist wiederum § 288 Abs. 3 AktG heranzuziehen. Denn dieser erklärt nicht nur die Tätigkeitsvergütung für einen Komplementär als möglich, sondern verweist in Satz 2 auf § 87 Abs. 2 Satz 1 und 2 AktG und damit auf das aktienrechtliche Herz der Regelungen für Bezüge der Vorstandsmitglieder aus §§ 87 Abs. 1 und 87a AktG. Einige der Vergütungsempfehlungen des DCGK 2022 orientieren sich an diesen Normen oder setzen ihren Wortlaut voraus. Sind die aktienrechtlichen Vorschriften auf die KGaA unanwendbar, scheidet auch eine Anwendung entsprechender DCGK-Vorschriften aus.

484 *Herfs*, in: Hoffmann-Becking, MünchHdB GesR IV, § 79 Rn. 32; *Arnold*, Die GmbH & Co. KGaA, S. 86; *Hecht*, in: Bürgers/Fett, KGaA HdB, § 5 Rn. 271; *Vollertsen*, Corporate Governance der börsennotierten KGaA, S. 316.

(a) § 87 Abs. 1 AktG

Die Höhe der Tätigkeitsvergütung des persönlich haftenden Gesellschafters muss sich in der KGaA nicht an den Vorgaben des § 87 Abs. 1 AktG orientieren. Dieser schreibt in Absatz 1 Satz 1 für die AG fest, dass die Vergütung in einem angemessenen Verhältnis zu den Aufgaben und Leistungen des Vorstandsmitglieds sowie zur Lage der Gesellschaft stehen und die übliche Vergütung nicht ohne besondere Gründe übersteigen soll. Über die Nichtanwendbarkeit herrscht sowohl für die *gesetzestypische* als auch die *atypische* KGaA weitestgehende Einigkeit.[485]

Die Gesetzessystematik lässt keinen anderen Schluss zu. Zum einen schweigt sich § 283 AktG, der die sinngemäße Anwendung für bestimmte für den Vorstand der Aktiengesellschaft geltende Vorschriften anordnet, dahin gehend aus.[486]

Zum andern wird überwiegend das *argumentum e contrario* aus § 288 Abs. 3 Satz 2 AktG bemüht. Dort wird die sinngemäße Anwendung des § 87 Abs. 2 Satz 1 und 2 AktG explizit gefordert, die des § 87 Abs. 1 AktG dagegen nicht.[487] Der Gesetzgeber scheint auch keine Ambitionen zu haben, dies zu ändern. Die sich ihm bietenden Möglichkeiten hat er wohl wissend verstreichen lassen.

So wurde im Jahr 2009 in Art. 1 Nr. 8 Vorstandsvergütungsgesetz (VorstVG) besagter § 288 Abs. 3 Satz 2 AktG ergänzt. Trotz des Bewusstseins um die Anwendungsproblematik des § 87 Abs. 1 AktG für die KGaA blieb es bei dem eingeschränkten Verweis.[488]

Auch 2019 musste sich die Legislative im Gesetz zur Umsetzung der zweiten Aktionärsrechterichtlinie (ARUG II) zumindest am Rande mit der Vergütung von Vorständen auseinandersetzen, was zu einer Anpassung des Ak-

---

485 *Herfs*, in: Hoffmann-Becking, MünchHdB GesR IV, § 79 Rn. 29, 30; *Backhaus*, AG 2020, 462 (463); *Wichert*, AG 2000, 268 (271 f.); *Hecht*, in: Bürgers/Fett, KGaA HdB, § 5 Rn. 266, 272, 273; nicht zwischen typisch und atypisch differenzierend *Kallmeyer*, ZGR 12 (1983), 57 (74); *Sethe*, in: Hirte/Mülbert/Roth, GroßKomm AktG XII, § 278 Rn. 77; *Bachmann*, in: Henssler/Spindler/Stilz, BeckOGK-AktG, § 288 Rn. 13; *Koch*, Aktiengesetz, § 288 Rn. 6; *Müller-Michaels*, in: Hölters/Weber, AktG, § 288 Rn. 5; *Perlitt*, in: Goette/Habersack/Kalss, MüKo-AktG V, § 278 Rn. 60; *Teichmann*, in: Krieger/Hoffmann-Becking/Hommelhoff, FS Krieger, S. 993 (1004); *Schönemann*, Die Vergütung der Geschäftsleiter von Kapitalgesellschaften, S. 144; ausführlich *Vollertsen*, Corporate Governance der börsennotierten KGaA, S. 320–335; a.A. *Schlitt*, Die Satzung der Kommanditgesellschaft auf Aktien, S. 129.

486 *Bachmann*, in: Henssler/Spindler/Stilz, BeckOGK-AktG, § 288 Rn. 13.

487 *Vollertsen*, Corporate Governance der börsennotierten KGaA, S. 321; *Schönemann*, Die Vergütung der Geschäftsleiter von Kapitalgesellschaften, S. 144; *Sethe*, in: Hirte/Mülbert/Roth, GroßKomm AktG XII, § 278 Rn. 77; *Bachmann*, in: Henssler/Spindler/Stilz, BeckOGK-AktG, § 288 Rn. 13; *Hecht*, in: Bürgers/Fett, KGaA HdB, § 5 Rn. 266.

488 *Vollertsen*, Corporate Governance der börsennotierten KGaA, S. 321; *Schönemann*, Die Vergütung der Geschäftsleiter von Kapitalgesellschaften, S. 144.

tiengesetzes führte. Ein expliziter Anwendungsverweis des § 87 Abs. 1 AktG für die KGaA fehlt weiterhin. Zu Änderungen war der Gesetzgeber aber offensichtlich bereit. Über Art. 1 Nr. 4 ARUG II fand mit § 87a AktG eine weitere zumindest für die Aktiengesellschaft geltende Vergütungsvorschrift ihren Weg in das Aktiengesetz.

(b) § 87a AktG

Bei der umgesetzten Richtlinie handelt es sich um die Richtlinie (EU) 2017/828 vom 17. Mai 2017 (ARRL II). § 87a AktG resultiert aus Art. 9a ARRL II, welcher die Abstimmung der Vergütungspolitik in der Hauptversammlung fordert. § 87a Abs. 2 Satz 1 AktG greift dies auf und verlangt das Vorlegen des Vergütungssystems in der Hauptversammlung. Die Hauptversammlung soll im Sinne der Aktionärsrechterichtlinie ein erhöhtes Mitspracherecht hinsichtlich der Geschäftsleitervergütung erhalten.

Da die ARRL II auch Geltung für die KGaA[489] beansprucht, wird vertreten, dass für alle auf der Richtlinie basierenden nationalen Vorschriften und damit auch § 87a AktG das Gleiche gelten könnte.[490] Die Anwendung auf die KGaA entspreche aus Kommanditaktionärssicht dem Zweck der ARRL II[491], und eine Nichtanwendung sei nicht europarechtskonform[492].

Dem kann nicht zugestimmt werden.

Die gesetzlichen Regelungen für die KGaA erscheinen aktionärsfreundlicher und das Telos der Richtlinie übererfüllt. Das zwingende Mitspracherecht der Aktionäre bei der Vergütungspolitik ist der KGaA mit Festsetzung in der Satzung durch Gesellschafterbeschluss immanent. In der *gesetzestypischen* KGaA liegt die Vergütungskompetenz grundsätzlich bei allen Gesellschaftern und damit auch bei den Kommanditaktionären. Sie sind frei, in der Satzung einen beliebig engen Rahmen für die Vergütungsentscheidungen zu setzen. Nach § 87a AktG liegt die Vergütungskompetenz dagegen strukturell beim Aufsichtsrat.[493] Mit der Anwendung auf die KGaA ginge eine Änderung der Kompetenzverteilung zulasten der Kommanditaktionäre einher.[494] Dies kann nicht im Sinne der Richtlinie sein, die ja gerade die Rechte der Aktionäre stärken und auf gar keinen Fall schwächen möchte.[495]

---

489 *Backhaus/Brouwer Tobias*, AG 2019, 287 (288); *Kleinert/Mayer*, EuZW 2019, 103; *Teichmann*, in: Krieger/Hoffmann-Becking/Hommelhoff, FS Krieger, S. 993.

490 Diese fragwürdige und unbedachte Meinung vertritt wohl der ARUG II-Gesetzgeber und sich dem anschließend *Teichmann*, in: Krieger/Hoffmann-Becking/Hommelhoff, FS Krieger, S. 993 (S. 993, 1005); *Koch*, Aktiengesetz, § 87a Rn. 3.

491 *Backhaus*, AG 2020, 462 (464).

492 *Vollertsen*, Corporate Governance der börsennotierten KGaA, S. 319.

493 *Fleischer*, in: Henssler/Spindler/Stilz, BeckOGK-AktG, § 87a Rn. 2, 8.

494 *Vollertsen*, Corporate Governance der börsennotierten KGaA, S. 319.

495 *Vollertsen*, Corporate Governance der börsennotierten KGaA, S. 319.

Es lässt sich wiederum auf die Gesetzessystematik verweisen. Der Umkehrschluss aus § 288 Abs. 3 Satz 2 ist auch auf § 87a AktG zu übertragen.[496] Die Möglichkeit, einen Verweis auf § 87a AktG einzufügen, wäre im ARUG II unproblematisch möglich gewesen. Stattdessen wurden die Vorschriften des KGaA-spezifischen Zweiten Buchs des AktG nicht angerührt, geschweige denn angepasst.[497] Schließlich spricht der systematische Zusammenhang[498] zum auf die KGaA unanwendbaren § 87 Abs. 1 AktG ebenfalls gegen eine Anwendbarkeit des § 87a AktG.

§ 87a AktG ist nach alledem für die KGaA unanwendbar.

cc) Folgen für die Anwendbarkeit des Grundsatzes 23 DCGK 2022 und die dazu gehörigen Vergütungsempfehlungen für die KGaA

Die wörtliche Anwendung (Kategorie 1) des Grundsatz 24 DCGK 2022 und der dazu gehörigen Empfehlungen scheidet von vornherein aus. Der DCGK setzt einen Vorstand und eine Personal- sowie Vergütungskompetenz des Aufsichtsrats voraus. Beides ist in der KGaA zu verneinen. Daher kommt bestenfalls eine entsprechende Anwendung (Kategorie 2) der Empfehlungen in Betracht. Dies kann als Erkenntnis für die weitere Untersuchung vorweggenommen werden.

Soweit die §§ 87 Abs. 1, 87a AktG auf die KGaA unanwendbar sind, kann selbst eine entsprechende Anwendung der dazugehörigen DCGK-Empfehlungen ausgeschlossen sein. In einem weiteren Schritt ist daher zu prüfen, ob die Empfehlungen unmittelbar an § 87 Abs. 1 AktG oder an § 87a AktG anknüpfen und den Inhalt dieser Regelungen gerade voraussetzen. Ist dies der Fall, sind sie auf die KGaA strukturell nicht anwendbar (Kategorie 3).

Scheidet eine Anwendbarkeit unter diesem Gesichtspunkt nicht von vornherein aus, weil die Empfehlungen »nur« in einem engen Zusammenhang zu §§ 87 Abs. 1, 87a AktG stehen, sind Inhalt und Zweck der Empfehlungen für eine entsprechende Anwendbarkeit auf die KGaA entscheidend.[499] Die Ergründung des Telos ist der letzte zu prüfende Schritt. Passt der vom Kodex verfolgte Zweck auf die KGaA, fällt die Empfehlung unter Kategorie 2, passt er dagegen nicht, ist die Empfehlung der Kategorie 3 zuzuordnen. Die nachfolgende detaillierteren Auseinandersetzung mit den Vergütungsempfehlungen ist an den vorgenannten Kriterien zu messen.

---

496 *Sethe*, in: Hirte/Mülbert/Roth, GroßKomm AktG XII, § 278 Rn. 77; *Backhaus*, AG 2020, 462 (464).

497 *Teichmann*, in: Krieger/Hoffmann-Becking/Hommelhoff, FS Krieger, S. 993.

498 *Backhaus*, AG 2020, 462 (464); *Fleischer*, in: Henssler/Spindler/Stilz, BeckOGK-AktG, § 87a Rn. 2.

499 *Vollertsen*, Corporate Governance der börsennotierten KGaA, S. 366.

Untersuchungsgegenstand soll zunächst die *gesetzestypische* KGaA sein. Soweit sich für praxisrelevante Gestaltungsmöglichkeiten wie beispielsweise den *vorstandsähnlichen* Komplementär oder die *atypische* KGaA davon abweichende Erkenntnisse ergeben, wird dies in einem separaten Abschnitt besprochen.

(1) Festlegung des Vergütungssystems (G.1 DCGK 2022)

Die Empfehlung G.1 des DCGK 2022 empfiehlt in fünf Spiegelstrichen, wie ein etwaiges Vergütungssystem ausgestaltet sein soll. Dabei orientiert sie sich eng an dem für die KGaA unanwendbaren § 87a AktG.[500] Die Empfehlung G.1 setzt inhaltlich ein Vergütungssystem und mithin den Inhalt des § 87a AktG voraus. Die Empfehlung ist aus rechtstechnischen Gründen nicht auf die KGaA anwendbar (Kategorie 3).

(2) Festlegung der konkreten Gesamtvergütung (G.2-G.5 DCGK 2022)

Die Empfehlung G.2 ist angelehnt an § 87 Abs. 1 Satz 1 AktG und gibt ihn in Teilen sogar wortgetreu wieder.[501] Sie setzt den Inhalt des § 87 Abs. 1 Satz 1 AktG explizit voraus und ist somit auf die KGaA nicht anwendbar. Für G.3 und G.4 ist diese Empfehlung lediglich Bezugspunkt. Weder ein Peer-Group-Vergleich noch ein vertikaler Vergleich ist eine Bedingung des § 87 Abs. 1 AktG. Die Empfehlungen G.3 und G.4 tragen lediglich zur weiteren Konkretisierung der »Angemessenheit« im Sinne des § 87 Abs. 1 Satz 1 AktG, mithin der Empfehlung G.2, bei und ergänzen diese.[502] Ein Indiz für die Unanwendbarkeit auf die KGaA ist somit gegeben. Auch nach dem Sinn und Zweck der Empfehlungen ergibt sich keine andere Beurteilung. Die Empfehlungen sollen dem Aufsichtsrat bei seiner Vergütungsentscheidung im Interesse der Aktionäre Grenzen setzen. Eben solche Grenzen können in der KGaA bereits mit der Entscheidung über die Tätigkeitsvergütung in der Satzung festgesetzt werden. Ein Bedürfnis für solche Empfehlungen besteht daher nicht. Außerdem ist es in der Praxis schwierig, vergleichbare Kommanditgesellschaften auf Aktien oder Komplementäre zu finden.[503] Die geringe Verbreitung und die Freiheit in der Satzungsge-

---

500 *Kießling/Buddemeier*, in: Ghassemi-Tabar, DCGK, G.1 Rn. 1; *Vetter/Peters*, in: Henssler/Strohn, GesR, DCGK G.1 Rn. 1; zur Unanwendbarkeit siehe Kap. 3 § 10 II. 5. b) bb) (2) (a).

501 *Bachmann*, in: Kremer/Bachmann/Lutter/Werder/Ringleb, DCGK, G.2 Rn. 5; *Kießling/Buddemeier*, in: Ghassemi-Tabar, DCGK, G.2 Rn. 1.

502 *Kießling/Buddemeier*, in: Ghassemi-Tabar, DCGK, G.3/G.4 Rn. 1; *Vetter/Peters*, in: Henssler/Strohn, GesR, DCGK G.3 Rn. 1, G.4 Rn. 1.

503 *Bachmann*, in: Kremer/Bachmann/Lutter/Werder/Ringleb, DCGK, G.3 Rn. 16.

staltung erschweren die Suche nach einer vergleichbaren Gesellschaft. Eine Anwendbarkeit der Empfehlungen G.2, G.3 und G.4 scheidet daher aus.[504]

Die Empfehlung G.5 fordert, dass bei Hinzuziehung eines externen Vergütungsexperten zur Entwicklung eines Vergütungssystems gem. § 87a AktG auf die Unabhängigkeit desselben geachtet werden soll. Grundvoraussetzung ist daher ein weiteres Mal ein für die KGaA gesetzlich nicht vorgeschriebenes Vergütungssystems nach § 87a AktG. Eine Anwendung auf die KGaA kommt folglich nicht in Betracht (Kategorie 3).

(3) Festlegung der variablen Vergütungsbestandteile (G.6-G.11 DCGK 2022)

Die Empfehlungen G.6 bis G.11 beschäftigen sich mit der Festlegung einer variablen Vergütung. Verantwortlich dafür ist nach der Vorstellung des Kodexgebers der Aufsichtsrat der Gesellschaft. Im Übrigen stehen die Empfehlungen in engem Zusammenhang mit den §§ 87 und 87a AktG. Es wird zum einen auf § 87 Abs. 1 Satz 2 und 3 AktG Bezug genommen.[505] Dort ist von einer nachhaltigen Vergütungsstruktur und variablen Vergütungsbestandteilen die Rede. Zum anderen verlangt auch § 87a Abs. 1 Satz 2 Nr. 4 AktG in einem etwaigen Vergütungssystem Angaben zu der Gewährung variabler Vergütungsbestandteile. Dies spricht zunächst für eine Unanwendbarkeit der Empfehlungen auf die KGaA. Gänzlich ausgeschlossen ist die Anwendung jedoch nicht. Die Empfehlungen nennen lediglich die »variable Vergütung« und setzen das in § 87a AktG genannte Vergütungssystem allenfalls indirekt[506] voraus. Das Telos einer variablen Vergütung ist daher entscheidend.

Die Empfehlungen sind ihrem Sinn und Zweck nach nicht auf die KGaA anwendbar.[507] Die schuldrechtliche Vereinbarung einer variablen, mithin erfolgs- und leistungsabhängigen Vergütung ist in der Kommanditgesellschaft auf Aktien nicht notwendig. Mit der gesetzlich vorgesehenen Gewinnbeteiligung wurde der KGaA vom Gesetzgeber eine erfolgs- und leistungsabhängige Zuwendungsmöglichkeit als ebenso wirksames Instrument an die Hand gegeben. Im Zusammenspiel mit der dauerhaften Verbindung zur Ge-

---

504 Für G.2 und G.3 *Bachmann*, in: Kremer/Bachmann/Lutter/Werder/Ringleb, DCGK, G.3 Rn. 16, G.2 Rn. 5; für den mit G.3 vergleichbaren D.8 DCGK-E 2019 bzw. G.4 vergleichbaren D.6 DCGK-E 2019 *Vollertsen*, Corporate Governance der börsennotierten KGaA, 578–580.

505 *Bachmann*, in: Kremer/Bachmann/Lutter/Werder/Ringleb, DCGK, G.6 Rn. 1; für G.6 *Kießling*, in: Ghassemi-Tabar, DCGK, G.6 Rn. 2; für die entsprechenden Empfehlungen in Ziffer 4.2.3 Abs. 2 DCGK 2017 und allgemeiner von § 87 Abs. 1 AktG ausgehend *Vollertsen*, Corporate Governance der börsennotierten KGaA, S. 365 m. w. N.

506 *Bachmann*, in: Kremer/Bachmann/Lutter/Werder/Ringleb, DCGK, G.6 Rn. 1.

507 Für D.9 (= G.7), D. 11 (= G.8 & G.9), D.7 (= G.10), D.12 (= G.11) *Vollertsen*, Corporate Governance der börsennotierten KGaA, S. 582, 583, 584.

sellschaft und der persönlichen Haftung trägt dies in der *gesetzestypischen* KGaA zu einer langfristig positiven Entwicklung des Unternehmens bei.[508] Es wird mithin der gleiche Zweck erreicht, den auch die Empfehlungen G.6 bis G.11 verfolgen.[509] Aus diesem Grund bedarf es in der *gesetzestypischen* KGaA keiner variablen Vergütung, die Empfehlungen sind grundsätzlich für die *gesetzestypische* KGaA zumindest als abkömmlich zu erachten, und ein Entsprechen ist daher aus rein juristischer Perspektive nicht erforderlich.

(4) Leistungen bei Vertragsbeendigung (G.12 bis G.14 DCGK 2022)

Die Empfehlungen G.12 bis G.14 des DCGK 2022 behandeln Leistungen an Vorstandsmitglieder nach Vertragsbeendigung. Damit ist der zwischen Vorstand und Gesellschaft geschlossene Anstellungsvertrag gemeint. Die Empfehlung G.12 knüpft an die langfristige variable Vergütung und insbesondere die Empfehlung G.10 an.[510] Einer solchen langfristigen variablen Vergütung bedarf es in der *gesetzestypischen* KGaA aber nicht. Allein aus systematischen Gründen ist die Empfehlung daher auf die KGaA nicht anzuwenden.[511]

Die Empfehlung G.13 DCGK 2022 kann auf die *gesetzestypische* KGaA keine Anwendung finden. Da der zur Geschäftsführung befugte Komplementär dauerhaft an die Gesellschaft gebunden und weder ein kündbarer noch befristeter Anstellungsvertrag vorgesehen ist,[512] bedarf es Empfehlungen zu einer Vertragsbeendigung in der *gesetzestypischen* KGaA nicht. Regelmäßig wird eine Gewinnbeteiligung an den persönlich haftenden Gesellschafter auch nach der Kündigung des Anstellungsvertrages ausgezahlt. Wird die dauerhafte Bindung entgegen der gesetzgeberischen Vorstellung ebenfalls beendet, ist der persönlich haftende Gesellschafter nach dem Personengesellschaftsrecht abzufinden.[513] Die Gesamtheit der Kommanditaktionäre kann im Übrigen abweichende Regelungen in der Satzung vorsehen.[514] Das Risiko der Kommanditaktionäre einer übermäßigen Abfindungszahlung an den Geschäftsleiter ist in der *gesetzestypischen* KGaA mit *gesetzestypischem* Komplementär also nicht gegeben.

---

508 Siehe dazu § 7 II 2 b) bb) (2) (S. 67–68).

509 Zum Zweck der variablen Vergütung mit Verweis auf §§ 87 Abs. 1 Satz 2, 87a Abs. 1 Satz 2 Nr. 2 AktG *Regierungskommission DCGK*, Begründung DCGK, <*www.dcgk.de/de/kodex/konsolidierte-begruendung-des-dcgk.html*>, S. 18.

510 *Kießling*, in: Ghassemi-Tabar, DCGK, G.12 Rn. 1; *Bachmann*, in: Kremer/Bachmann/Lutter/Werder/Ringleb, DCGK, G.12 Rn. 2.

511 *Bachmann*, in: Kremer/Bachmann/Lutter/Werder/Ringleb, DCGK, G.13 Rn. 14; *Vollertsen*, Corporate Governance der börsennotierten KGaA, S. 393.

512 Für die Vorgängerempfehlungen zu G.13 und G.14 DCGK (Ziffer 4.2.3 Abs. 4 u. 5 DCGK 2017) *Vollertsen*, Corporate Governance der börsennotierten KGaA, S. 393.

513 *Vollertsen*, Corporate Governance der börsennotierten KGaA, S. 393; *Perlitt*, in: Goette/Habersack/Kalss, MüKo-AktG V, § 289 Rn. 190–199.

514 *Perlitt*, in: Goette/Habersack/Kalss, MüKo-AktG V, § 289 Rn. 200–204.

Eine Abweichung von der Anregung G.14 ist ohne Anzeige in der Entsprechenserklärung möglich.[515] Einer näheren Beleuchtung bedarf es in diesem Kontext daher nicht.

(5) Sonstige Regelungen (G.15 bis G.16 DCGK 2022)

Die Empfehlung G.15 verlangt, dass Vorstandsmitglieder Vergütungen erlangen, soweit sie konzerninterne Aufsichtsratsposten antreten, und diese auf die Gesamtvergütung angerechnet werden. Gegen eine entsprechende Anwendung für persönlich haftende Gesellschafter ist nichts einzuwenden. Ansonsten könnten die von den Kommanditaktionären in der Satzung festgelegten Vergütungsschranken umgangen werden.[516]

In einer entsprechenden Anwendung würde die Empfehlung G.16 in der *gesetzestypischen* KGaA der Hauptversammlung die Entscheidung durch den Komplementär empfehlen, ob und inwieweit bei der Übernahme konzernfremder Aufsichtsratsmandate die Vergütung anzurechnen ist. Bei dieser Empfehlung handelt es sich allerdings mehr um einen »Merkposten«, eine bewusste Entscheidung zu treffen.[517] Dies gilt für den Aufsichtsrat oder das entsprechend zuständige Organ in der KGaA. Ob die Hauptversammlung die Entscheidung im Endeffekt bewusst oder unbewusst trifft, ist für das Entsprechen der Empfehlung nicht von Relevanz. Gegen eine entsprechende Anwendung auf die KGaA spricht im Ergebnis nichts.

(6) … für die Fälle des vorstandsähnlichen Komplementärs und der atypischen KGaA

Ein *vorstandsähnlicher* Komplementär und der Geschäftsleiter einer Komplementärgesellschaft in der *atypischen* KGaA haben mehrere Gemeinsamkeiten: Zunächst ist festzuhalten, dass eine wortgetreue Anwendung der *Vorstand*svergütungsempfehlungen mangels desselben nicht in Betracht zu ziehen ist. Mehr als eine entsprechende Anwendbarkeit (Kategorie 2) ist daher nicht möglich.

Vier weitere Gemeinsamkeiten zwischen *vorstandsähnlichem* Komplementär und dem Geschäftsleiter der *atypischen* KGaA sind in diesem Kontext hervorzuheben: Erstens hat sich ihre Vergütung nicht nach den aktienrechtlichen §§ 87 Abs. 1 und 87a AktG zu richten.[518] Dies ist bekanntlich ein Indiz

---

515 *Bachmann*, in: Kremer/Bachmann/Lutter/Werder/Ringleb, DCGK, G.14 Rn. 1.

516 *Bachmann*, in: Kremer/Bachmann/Lutter/Werder/Ringleb, DCGK, G.15 Rn. 7; für D.16 S. 1 DCGK-E 2019 *Vollertsen*, Corporate Governance der börsennotierten KGaA, S. 576–577.

517 *Vollertsen*, Corporate Governance der börsennotierten KGaA, S. 577.

518 Für die *gesetzestypische* KGaA siehe bereits unter Kap. 3 § 10 II. 5. b) bb) (2); für die

für die Unanwendbarkeit der Vergütungsempfehlungen des DCGK. Zweitens sind sie nicht am Kapital der KGaA beteiligt, haben drittens keine dauerhafte Bindung zur Gesellschaft und sind viertens entweder von der persönlichen Haftung freigestellt (*vorstandsähnlicher* Komplementär) oder haben sie kraft ihrer Organstellung nicht zu befürchten (Geschäftsleiter der Komplementärgesellschaft). Diese vier Gemeinsamkeiten nähert den zwischen *vorstandsähnlichem* Komplementär und den Geschäftsleiter der *atypischen* KGaA dem Vorstand einer Aktiengesellschaft und damit genau der Konstellation an, auf die die Vergütungsempfehlungen des DCGK zugeschnitten sind.

Auf den *vorstandsähnlichen* Komplementär passen die Empfehlungen dennoch rechtstechnisch nicht.[519] Entgegen der Vorstellung des Kodexgebers wird die Vergütungsmöglichkeit von der Gesamtheit aller Gesellschafter in der Satzung festgelegt und der Tätigkeitsvertrag mit der Gesellschaft, vertreten durch den Aufsichtsrat, abgeschlossen. Die Kommanditaktionäre sind daher grundsätzlich nicht schützenswert, da sie die Kontrolle über die Vergütung des Komplementärs weiterhin in der Hand haben. Bei kleineren Kommanditgesellschaften auf Aktien ist der vorgenannte Gestaltungsspielraum sicher anzunehmen. Dort haben die Gründer der KGaA die Möglichkeit, auf entsprechende Satzungsgestaltungen Einfluss zu nehmen.[520] Auch bei größeren publikumsorientierten KGaA, in denen der *vorstandsähnliche* Komplementär vornehmlich zum Einsatz kommt, ist die Satzung zumindest anfänglich das Ergebnis individueller Verhandlungen der Gründer. Die später eintretenden Kommanditaktionäre müssen dagegen die bestehende Satzung hinnehmen.[521] Die Satzung ist nicht mehr diskussionsfähig. Eine Anwendung der Vergütungsempfehlungen ist daher rechtlich nicht geboten.

Ein ähnlich gelagerter Fall kann sich zwischen der *atypischen* KGaA und dem Geschäftsleiter der Komplementärgesellschaft ergeben. Der Anstellungsvertrag kann wie mit einem (*vorstandsähnlichen*) Komplementär in der *gesetzestypischen* KGaA zwischen der KGaA und dem Geschäftsleiter der Komplementärgesellschaft geschlossen werden.[522] Diese Konstellation wurde mit Blick auf die Anwendung des DCGK bislang vernachlässigt.

---

atypische KGaA *Gärtner*, in: Goette/Arnold, AR-HdB, § 4 Rn. 1938; nur bzgl. § 87 Abs. 1 AktG *Hecht*, in: Bürgers/Fett, KGaA HdB, § 5 Rn. 272–273.

519 *Vollertsen*, Corporate Governance der börsennotierten KGaA, S. 587.

520 Für die personalistische KGaA *Ihrig/Schlitt*, in: Ulmer, Die GmbH & Co KGaA nach dem Beschluss BGHZ 134, 392, S. 33 (64).

521 *Assmann/Sethe*, in: Schneider/Hommelhoff/Schmidt/Wolfram/Grunewald/Drygala, FS Lutter, S. 251 (262); m. j. w. N. *Otte*, Die AG & Co. KGaA, S. 120–121; *Kessler*, Die rechtlichen Möglichkeiten der Kommanditaktionäre einer GmbH & Co. KGaA zur Einwirkung auf die Geschäftsführung, S. 90–91.

522 Siehe dazu bereits Kap. 3 § 7 II. 2. a).

Trotz der Ähnlichkeit muss eine entsprechende Anwendung der Empfehlungen in diesem Fall bejaht werden. Anders als bei einem *vorstandsähnlichen* Komplementär liegt die Vergütungskompetenz weder bei der Gesamtheit der Gesellschafter noch beim bestellungsberechtigten Aufsichtsrat der Komplementärgesellschaft, sondern beim Aufsichtsrat der KGaA. Die Vergütung des Geschäftsleiters ist nicht als Sondervorteil nach § 26 AktG einzustufen. Schließlich ist er nur ein Organ der Komplementärgesellschaft. Seine Vergütung muss daher nicht in der Satzung von der Gesamtheit der Kommanditaktionäre festgesetzt werden. Dies gleicht daher mehr den Gegebenheiten in der AG als denen in der *gesetzestypischen* KGaA. Die Kommanditaktionäre haben entsprechend den Aktionären wenig Kontrolle über die Vergütung des Geschäftsleiters und kein Interesse an einer etwaigen überdimensionierten Vergütung, die durch den Aufsichtsrat über »ihr« Geld vereinbart wird. Teleologisch lässt dies eine entsprechende Anwendung der Vergütungsempfehlungen in dieser Konstellation in vollem Umfang zu (Kategorie 2).

Soweit der Tätigkeitsvertrag zwischen Geschäftsleiter und Komplementärgesellschaft geschlossen wird, ist hierin der praxisrelevantere Fall zu sehen. Die Komplementärgesellschaft ist regelmäßig nicht börsennotiert. Daraus folgt eine nur begrenzte Anwendbarkeit des § 87 AktG. Außerdem gilt § 87a AktG ausschließlich für börsennotierte Aktiengesellschaften und kommt daher überhaupt nicht zur Anwendung. Entgegen dem ersten Reflex, aus diesem Grund eine Anwendbarkeit ebenfalls zu verneinen, gilt aus teleologischen Gründen das Gegenteil. Die Kommanditaktionäre wählen in diesem Fall nicht einmal mehr die Person, die über die Vergütung entscheidet.[523] Sie haben daher noch weniger Einfluss auf die Geschäftsleitervergütung als in der AG. Und das obwohl es der gängigen Praxis entspricht, dass die KGaA der Komplementärgesellschaft die Zahlungen für die Vergütung des Geschäftsleiters erstattet,[524] also vom Geld der Kommanditaktionäre bezahlt wird. Wenn die Empfehlungen also den Aktionären eine gewisse Vergütungskontrolle einräumen möchten, dann muss dies in derartigen Fällen erst recht für den Schutz der Kommanditaktionäre der KGaA gelten. Daher ist es zutreffend, die Vergütungsempfehlungen »auf das funktionell zuständige Organ der Komplementärgesellschaft anzuwenden«.[525] Davon muss lediglich eine Ausnahme gemacht werden, soweit die Empfehlungen eine variable Vergütung in Form von Kommanditaktien fordern. Die Komple-

---

523 *Vollertsen*, Corporate Governance der börsennotierten KGaA, S. 384.

524 Beispielhaft *Ströer SE & Co. KGaA*, Satzung (2024), § 9 Abs. 3; *Henkel AG & Co. KGaA*, Satzung (2024), § 9; *Fresenius SE & Co. KGaA*, Satzung (2024), § 7 Abs. 3 und 4; allgemein *Gärtner*, in: Goette/Arnold, AR-HdB, § 4 Rn. 1940.

525 *Vollertsen*, Corporate Governance der börsennotierten KGaA, S. 537; *Backhaus*, Die Reform des Deutschen Corporate Governance Kodex (DCGK) und die Kommanditgesellschaft auf Aktien (KGaA), <*www.dcgk.de/de/konsultationen/archiv/konsultation-2018/19/konsultation-2019.html*>, S. 6.

mentärgesellschaft wird nicht in der Lage sein, Kommanditaktien der KGaA auszugeben[526]. Dies obliegt, wenn überhaupt, der Kommanditgesellschaft auf Aktien allein. Eine entsprechende Anwendung (Kategorie 2) ist nach alledem für einen Großteil der Vergütungsempfehlungen möglich.

6. Zusammenfassung

Rechtstheoretisch spricht nichts gegen die Kommanditgesellschaft auf Aktien als Ziel aktivistischer Leerverkäufer. Von ihrer gesetzlichen Grundkonzeption ist sie darauf angelegt, mit einem Gang an die Börse Kommanditaktien an ein breit gefächertes Anlegerpublikum auszugeben und so Kapital einzusammeln. Wenn eine Konzentration ausbleibt, kann die KGaA unter aktionärsstrukturellen Gesichtspunkten ein günstiges Ziel abgeben. Ein Großteil der Aktien befindet sich im Streubesitz und kann darlehensweise erlangt werden.

Ein Blick auf die Rechtstatsachen trübt das Bild eines großen Streubesitzes. Als von Familienunternehmen bevorzugte Kapitalgesellschaft ist der Kommanditaktionärskreis regelmäßig derart zusammengesetzt, dass schon der Aufbau einer Leerverkaufsposition nach den Marktgesetzen übermäßig teuer ist. Eine Vielzahl der untersuchten KGaA sind bedeutende Familienunternehmen, bei denen die Eigentümerfamilie als Ankerkommanditaktionär fungiert. Der Aufbau einer Leerverkaufsposition scheint bei der KGaA häufig unpraktikabel. Aus Sicht der Gesellschafter einer KGaA ist darin ein Schutzschild zu sehen. Einen 100-prozentigen Schutz liefert es aber nicht.

Ist der aktivistische Leerverkäufer bereit, das dem geringen Streubesitz immanente Risiko einzugehen und schafft es, Leerverkaufspositionen aufzubauen, findet er auf die Gesellschaftsform zurückzuführende spezifische Angriffspunkte.

Die theoretischen Überlegungen, dass Kommanditgesellschaften auf Aktien immer mit einem Bewertungsabschlag zu leben haben, mithin chronisch unterbewertet und daher besser gegen Leerverkaufsaktivisten geschützt sind, decken sich nicht mit den Rechtstatsachen.

Die Kommanditgesellschaft auf Aktien ist eine komplizierte Rechtsform. Die der KGaA immanente komplexe Gesellschaftsstruktur gibt allerdings keine größere Angriffsfläche für Vorwürfe der Geldwäsche, Steuerhinterziehung oder Bilanzfälschung. Bei der praxisrelevanten Familien-KGaA werden die Vorwürfe einer Steuervermeidung aus Reputationsgründen häufig

---

526 *Vollertsen*, Corporate Governance der börsennotierten KGaA, S. 587, der auf *Merck KGaA*, Stellungnahme zum Entwurf eines geänderten Deutschen Corporate Governance Kodex, <*www.dcgk.de/de/konsultationen/archiv/konsultation-2018/19/konsultation-2019.html?file=files/dcgk/usercontent/de/Konsultationen/2019/Eingegangene%20Stellungnahmen/190131%20Stellungnahme%20Merck.pdf*>, S. 5 Bezug nimmt.

ins Leere laufen. Einzig denkbar ist, dass Privatanleger konstruierten Bilanzungereimtheiten mangels besseren Wissens Glauben schenken.

Die meisten Angriffe und damit einhergehende Vorwürfe sind im Bereich der Corporate Governance zu erwarten.

Ein mit weitreichenden Zustimmungs- und Weisungsbefugnissen ausgestatteter fakultativer Beirat kann dann Angriffsfläche bieten, wenn es personelle Überschneidungen gibt zwischen dem Aufsichtsrat der KGaA und dem Beirat (Doppelmandat).

Der Deutsche Corporate Governance Kodex und die damit verbundene Entsprechenserklärung entpuppen sich gerade bei der *gesetzestypischen* KGaA als Schwachstelle. Sie ist mit der Schwierigkeit konfrontiert, dass 13 der 16 Empfehlungen des DCGK 2022 zur Vorstandsvergütung strukturell unanwendbar sind. Soll sich keinem Anfechtungsrisiko ausgesetzt werden, ist mit häufigen Abweichungserklärungen zu rechnen. Ein von Shortsellern gern genommener Vorwurf.

Für eine KGaA mit einem *vorstandsähnlichen* Komplementär ist die Anwendung der Kodexempfehlungen rechtlich nicht geboten.

Besser gegen solche Angriffe geschützt ist dagegen die *atypische* KGaA. Auf sie sind die Vergütungsempfehlungen zumindest entsprechend anwendbar und eine Befolgung ist grundsätzlich möglich. Aus rechtstheoretischer Sicht müssen daher nur Abweichungen erklärt werden, wenn dies aus unternehmerischer Sicht gewollt ist. Dies ist ein entscheidender Vorteil gegenüber der *gesetzestypischen* KGaA.

III. Die Leerverkaufsattacke und ihre rechtliche Ausgestaltung

Obwohl die rechtliche Ausgestaltung von Leerverkaufsattacken sich für die KGaA nicht von anderen Gesellschaftsformen unterscheidet, soll die Chance genutzt werden, diese Thematik unter Berücksichtigung der Realität des Wertpapierhandels des 21. Jahrhunderts zu beleuchten. Eine detaillierte rechtliche Betrachtung, die gerade wegen des praktisch störungsfreien Ablaufs in wissenschaftlichen Arbeiten häufig nicht von Interesse scheint, ist beachtenswert, denn wesentliche Bereiche dieser Vorgänge sind nicht rechtssicher geklärt.

Der Verkauf von Waren, die nicht im Eigentum des Veräußerers stehen, ist rechtlich zulässig und ein gängiger Vorgang im Wirtschaftsleben.[527] Häufig werden Waren verkauft, die nicht im Eigentum des Veräußerers stehen oder noch nicht hergestellt wurden. Nach § 433 Abs. 1 Satz 1 BGB ist der Verkäu-

---

527 *Schlimbach*, Leerverkäufe, S. 8; *Schröder*, Handbuch Kapitalmarktstrafrecht, Kap. 3 Rn. 420; *Suttner/Kielholz*, ORDO 62 (2011), 101 (102).

fer lediglich verpflichtet, das Eigentum an einer Sache zu einem vereinbarten Zeitpunkt zu verschaffen. Dagegen muss der Verkäufer im Zeitpunkt des Vertragsschlusses nicht im Eigentum des verkauften Gegenstandes sein.[528]

Einschränkungen gelten seit dem Jahr 2012 für den Verkauf von nicht im Eigentum des Veräußerers stehenden Wertpapieren, mithin den klassischen Leerverkauf. Infolge von Krisen an den Finanzmärkten kam es zu einer Regulierung von Leerverkäufen in der EU.[529] Das *Europäische Parlament* und der *Europäische Rat* schufen die Leerverkaufsverordnung (LeerverkaufsVO)[530]. Anlehnend an den zuvorderst beschriebenen Leerverkauf stellt auch Art. 2 Abs. 1 lit. b) LeerverkaufsVO klar, dass der Ausdruck »Leerverkauf« im Zusammenhang mit Aktien einen Verkauf von Aktien bezeichnet, die sich zum Zeitpunkt des Eingehens der Verkaufsverpflichtung »nicht im Eigentum« des Verkäufers befinden. Zum Zeitpunkt des Vertragsschlusses ist die fristgerechte Lieferung der Aktien an den Käufer also nicht sichergestellt. Darunter ist der sogenannte *ungedeckte* Leerverkauf zu verstehen.

Das *Europäische Parlament* und der *Rat der Europäischen Union* geben daher zu bedenken:

> »Ungedeckte Leerverkäufe von Aktien und öffentlichen Schuldtiteln gelten mitunter als Faktor, durch den das potenzielle Risiko steigt, dass Abwicklungen scheitern und Marktvolatilität entsteht.«[531]

Um diese Risiken zu senken, wurde noch in derselben Verordnung unter anderem der Verkauf von Sachen ohne Deckungsgeschäft für Aktien als Verkaufsgegenstände, mithin der ungedeckte Leerverkauf, verboten (Art. 12 Abs. 1 LeerverkaufsVO).

Dem trägt Art. 2 Abs. 1 lit. b) LeerverkaufsVO ebenfalls Rechnung. Weiter heißt es dort, dass auch der Verkauf von Aktien, die der Verkäufer zum Zeitpunkt des Eingehens der Verkaufsvereinbarung geliehen oder eine Vereinbarung getroffen hat, diese zu leihen, um sie bei der Abwicklung zu liefern, vom Begriff des Leerverkaufs erfasst wird. Dem entsprechend muss eine rechtliche Vorkehrung getroffen worden sein, die Lieferpflicht aus dem Leerverkauf auch tatsächlich erfüllen zu können. Diese Vorkehrung wird auch als Deckungsgeschäft bezeichnet und macht den ansonsten ungedeckten Leerverkauf zu einem *gedeckten* Leerverkauf.

---

528 *Maultzsch*, in: Säcker/Rixecker/Oetker/Limperg, MüKo BGB IV, § 433 Rn. 46; *Berger*, in: Stürner, Jauernig BGB, § 433 Rn. 12; im selben Zusammenhang *Schlimbach*, Leerverkäufe, S. 8.

529 Siehe dazu Erwägungsgrund 1 der VO (EU) Nr. 236/2012; *Schröder*, Handbuch Kapitalmarktstrafrecht, Kap. 3 Rn, 424; *Schlimbach*, Leerverkäufe, S. 73; *Mülbert/Sajnovits*, ZBB/JBB 24 (2012), 266 (267); ausführlich zur Notwendigkeit der Leerverkaufsregulierung *Schlimbach*, Leerverkäufe, 31–50.

530 Verordnung (EU) Nr. 236/2012.

531 Erwägungsgrund 18 der VO (EU) Nr. 236/2012.

Die LeerverkaufsVO gibt in Art. 2 Abs. 1 lit. b) die Definitionen für den verbotenen ungedeckten sowie den erlaubten gedeckten Leerverkauf. Aufgrund des Verbotes des ungedeckten Leerverkaufs nach Art. 12 Abs. 1 LeerverkaufsVO folgen nachstehend nur Ausführungen zum erlaubten gedeckten Leerverkauf.

Der Finanzierung des gedeckten Leerverkaufs dient die von Anwälten, Rechts- sowie Wirtschaftswissenschaftlern als »Leihe« bezeichnete, zeitlich begrenzte Übernahme einer (Kommandit-)Aktie durch den Shortseller. Zur Veranschaulichung wird daher zunächst ausschließlich von einer »Leihe« als Deckungsgeschäft ausgegangen. Dies berücksichtigend lässt sich das Prinzip einer gedeckten Leerverkaufsattacke anhand eines einfachen, immer wiederkehrenden Musters grafisch wie folgt darstellen:

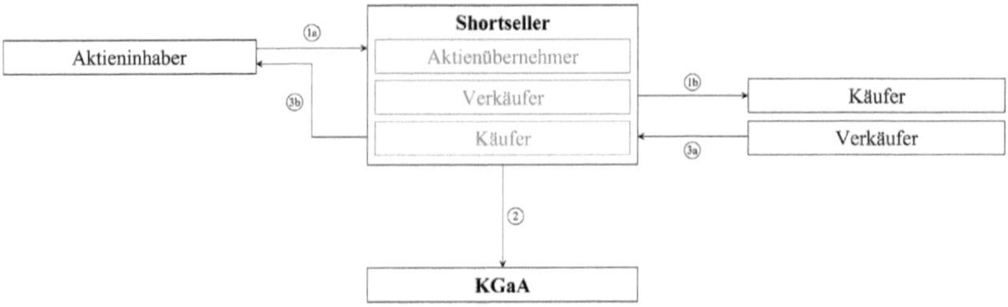

(1a) Deckungsgeschäft; (1b) Leerverkauf; (2) Attacke; (3a) Aktienkauf; (3b) Schuldbegleichung Deckungsgeschäft

Zunächst wird, häufig gegen eine Gebühr, ein sogenanntes Deckungsgeschäft über (Kommandit-)Aktien[532] der Zielgesellschaft zwischen dem Shortseller als Aktienübernehmer und einem Dritten als Aktieninhaber abgeschlossen (1a). Das Deckungsgeschäft wird für einen bestimmten Zeitraum abgeschlossen und verpflichtet den Shortseller nach Ablauf zur Rückgabe der (Kommandit-)Aktien. Unmittelbar danach verkauft der Shortseller die durch das Deckungsgeschäft erlangten Kommanditaktien an einen Käufer am Kapitalmarkt (1b). In einem zweiten Schritt erfolgt die Attacke (2). Diese bewirkt einen Kursrückgang. Schließlich deckt sich der Shortseller mit den im Kurs gesunkenen (Kommandit-)Aktien der Gesellschaft ein. Anschließend kann er seine Verpflichtungen aus dem anfangs getätigten befristeten Deckungsgeschäft glattstellen (3a und 3b).[533] Die Differenz zwischen dem Verkaufspreis (1b) und dem Kaufpreis (3a) abzüglich der Gebühren aus dem Deckungsgeschäft (1a) ist sein Gewinn.

532 Der Verständlichkeit halber soll es sich bei dem Leerverkaufsobjekt zunächst um eine tatsächlich physische einzelne (Kommandit-)Aktie handeln.

533 Diesen Dreischritt anführend *Mülbert*, ZHR 182 (2018), 105; *Wentz*, WM 2019, 196 (197); *Schmolke*, ZGR 49 (2020), 291 (294); *Poelzig*, ZHR 184 (2020), 697 (700 f.).

1. Gedeckter Leerverkauf (1a und 1b)

a) Das Deckungsgeschäft (1a)

aa) Grundlagen

Neben einer »Leihvereinbarung« ist ein unbedingt durchsetzbarer Lieferanspruch oder eine Lokalisierungszusage als Deckungsgeschäft anerkannt.[534]

Der Begriff der »Leihe« ist allerdings unpräzise[535] und irreführend[536]. Er hat sich vermutlich in Anlehnung an die angelsächsische Terminologie des »security *lending*«, zu Deutsch »Wertpapier*leihe*«, eingebürgert.[537] Auch mag dies auf die Formulierung des Art. 12 Abs. 1 lit. b) LeerverkaufsVO zurückzuführen sein. Danach ist es nur zulässig, eine Aktie an einem Handelsplatz leer zu verkaufen, wenn die Aktie zuvor geliehen wurde. Eine Leihe nach § 598 BGB wird es aber nur in den seltensten Fällen sein. Denn der Entleiher ist nach § 604 Abs. 1 BGB verpflichtet, nach Ablauf der Leihe die geliehene Sache, und zwar *dieselbe* Sache, zurückzugeben. Nach der Weiterveräußerung durch den Shortseller wird dies regelmäßig unmöglich sein. Die in Deutschland gewählte Alternative hat dieses Hindernis zu adressieren und die Rückerstattung einer Sache gleicher Art, Güte und Menge gewähren.

Es ist allgemein anerkannt, dass es sich bei dem Deckungsgeschäft tatsächlich um ein Sachdarlehen nach § 607 BGB handelt.[538] Die gesetzlichen Re-

---

534 Art. 12 Abs. 1 lit. b) & c) LeerverkaufsVO.

535 *Mülbert/Sajnovits*, in: Assmann/Schneider/Mülbert, Wertpapierhandelsrecht, VO (EU) Nr. 236/2012 Art. 2 Rn. 12; *Krämer/Müller*, in: Dauner-Lieb/Heidel/Ring, NK-BGB II.2, § 607 Rn. 1a; wohl wissend, aber als »griffiger« erachtend *Bachmann*, ZHR 173 (2009), 596.

536 *Berger*, in: Säcker/Rixecker/Oetker/Limperg, MüKo-BGB V, § 607 Rn. 6; *Kreße*, in: Hellner/Steuer, Bankrecht und Bankpraxis, Depotgeschäft Rn. 8/75.

537 Diese Erklärung anführend *Bachmann*, ZHR 173 (2009), 596 (597); *Vollmuth*, in: Hopt/Merkt, VertrFormB, Form IV.T.1 Anm. 1; *Zimmermann*, Das Aktiendarlehen, S. 129; *Kort*, WM 2006, 2149; *Neuhaus/Böhm*, in: Hellner/Steuer, Bankrecht und Bankpraxis, Wertpapierdarlehensgeschäfte Rn. 7/1148–7/1149; *Bieg/Waschbusch*, Bankbilanzierung nach HGB und IFRS, S. 149; *Teuber*, in: Schimansky/Bunte/Lwowski, Bankrechts-HdB I, § 85 Rn. 2, 4.

538 BFH, Urt. v. 16.04.2014 – I R 2/12, BB 2014, 2720 (2724); Urt. v. 18.08.2015 – I R 88/13, NJW 2016, 671 (672); *Heinsius/Horn/Than*, Depotgesetz, § 15 Rn. 12; *Gesell*, Wertpapierleihe und Repurchase Agreement im deutschen Recht, S. 20; *Bachmann*, ZHR 173 (2009), 596 (600); *Freitag*, in: Staudinger, BGB, § 607 Rn. 1; *Oulds*, in: Kümpel/Mülbert/Früh, Bank- und Kapitalmarktrecht, Rahmenbedingungen des Investmentbanking Rn. 10.97; *Berger*, in: Säcker/Rixecker/Oetker/Limperg, MüKo-BGB V, § 607 Rn. 6; *Haarmann*, BB 2018, 1623 (1624); *Hippeli*, AG 2017, 771 (772); *Lohsse*, in: Gsell/Krüger/Lorenz/Reymann, BeckOGK-BGB, § 607 Rn. 18; *Einsele*, Q. Depotgeschäft Rn. 165; *Schütze/Vorpeil*, in: Assmann/Schütze/Buck-Heeb, HdB KapitalanlageR, § 7 Rn. 59; *Mansel*, in: Stürner, Jauernig BGB, § 607–609 Rn. 3; *Sieger/Hasselbach*, WM 2004, 1370 f.; *Engelen et al.*, Investor Activism 2018, S. 116; *Cahn/Ostler*, AG 2008, 221 (222); *Zimmermann*, Das Aktiendarlehen, S. 1; *Kort*, WM 2006,

gelungen zum Sachdarlehen beschränken sich auf drei Paragrafen. Die detaillierte inhaltliche Ausgestaltung der Wertpapierdarlehensverträge obliegt aufgrund dessen den Vertragsparteien. Verwendet werden für die detaillierte inhaltliche Ausgestaltung in der Regel *Rahmenverträge für Wertpapierdarlehen des Bundesverbandes deutscher Banken* (»RfW-BdB«).[539] Dogmatische Bedenken bestehen diesbezüglich nicht mehr.[540] Der Rahmenvertrag enthält alle wesentlichen Regelungen, die passgenau auf das Wertpapierdarlehen abgestimmt sind, und orientiert sich im Übrigen am Wortlaut der gesetzlichen Regelungen. So ersetzt § 1 Abs. 1 RV-BdB[541] die in § 607 Abs. 1 BGB als Darlehensgegenstand genannte »vertretbare Sache« durch »Wertpapiere«. Dies ist für physisch ausgestellte Wertpapiere unbedenklich.

Physisch ausgestellte Wertpapiere zählen zweifelsohne zu den Sachen i. S. d. § 90 BGB.[542] Sie sind grundsätzlich auch als vertretbar gemäß § 91 BGB anzusehen.[543] Vertretbar ist ein Wertpapier dann, wenn es »wegen seiner Gleichartigkeit im Verkehr nach Zahl oder Stück bestimmt wird und jederzeit austauschbar ist«.[544] Durch Sachqualität und Austauschbarkeit gilt ein physisch ausgestelltes Wertpapier als tauglicher Darlehensgegenstand nach § 607 Abs. 1 Satz 1 BGB. Treffender, wobei weniger griffig, ist demnach der Begriff »Wertpapierdarlehen«. In jüngerer Literatur wird der Begriff der Leihe dennoch zunehmend abgelöst.

Im gegenwärtige Kapitalverkehr sind die einzelnen Wertpapiere in einer physisch ausgestalteten Dauerglobalurkunde zusammengefasst.

bb) Die Gegenwart der Dauerglobalurkunde

Die in der Dauerglobalurkunde verbriefte (Kommandit-)Aktien sind nicht mehr als virtuelle Gegenstände.[545] Das einzelne Wertpapier als dingliche Sache existiert in der Praxis kaum noch. Die Sachqualität kann sich nicht ein-

---

2149; *Kreße*, in: Hellner/Steuer, Bankrecht und Bankpraxis, Depotgeschäft Rn. 8/73; *Neuhaus/Böhm*, in: Hellner/Steuer, Bankrecht und Bankpraxis, Wertpapierdarlehensgeschäfte 7/1162; *Grundmann*, in: Grundmann, Bankvertragsrecht II, S. 598 Rn. 640; *Schröder*, Handbuch Kapitalmarktstrafrecht, Kap. 3 Rn. 421; *Gruber*, Leerverkäufe, S. 7; *Teuber*, in: Schimansky/Bunte/Lwowski, Bankrechts-HdB I, § 85 Rn. 4.

539 Abgedruckt in *Vollmuth*, in: Hopt/Merkt, VertrFormB, Form IV. T. 1.

540 *Bachmann*, ZHR 173 (2009), 596 (602 f.); *Zimmermann*, Das Aktiendarlehen, S. 24.

541 *Vollmuth*, in: Hopt/Merkt, VertrFormB, Form IV. T. 1.

542 *Freitag*, in: Staudinger, BGB, § 607 Rn. 9.

543 FG Nürnberg, Urt. v. 07.06.2016 – 1 K 904/14, DStRE 2017, 1192 (1194 f.); *Fritzsche*, in: Hau/Poseck, BeckOK-BGB, § 91 Rn. 4; *Mössner*, in: Gsell/Krüger/Lorenz/Reymann, BeckOGK-BGB, § 91 Rn. 21; *Stresemann*, in: Säcker/Rixecker/Oetker/Limperg, MüKo-BGB I, § 91 Rn. 2.

544 *Klanten*, in: Schimansky/Bunte/Lwowski, Bankrechts-HdB I, § 42 Rn. 54.

545 *Loritz*, BB 2017, 2394.

mal aus der Möglichkeit einer Verbriefung[546] ergeben. Die Möglichkeit der Verbriefung ist *dauer*haft ausgeschlossen (§ 9a Abs. 3 Satz 2 DepotG). Die Geltung der §§ 607–609 BGB ist daher keineswegs evident.[547] Wie steht es also um die Sachqualität von in einer Dauerglobalurkunde zusammengefassten (Kommandit-)Aktien und können solche »überlassen« werden?

(1) Die mittelbar verkörperte Mitgliedschaft als vertretbare Sache

Die physische Dauerglobalurkunde – hinterlegt im Tresor der *Clearstream Banking* AG – ist unstreitig eine Sache i. S. v. § 90 BGB.[548] Die Einzelverbriefung der sammelverwahrte (Kommandit-)Aktie ist dagegen ausgechlossen. Die einzelne (Kommandit-)Aktie ist damit kein körperlicher Gegenstand. In der Begründung zum Entwurf eines Gesetzes zur Modernisierung des Schuldrechts heißt es diesbezüglich:

> »Der Begriff der »Sache« in Absatz 1 umfasst im Hinblick auf die Wertpapierleihe auch die Überlassung von nur mittelbar verkörperten Sachen: Wertpapiere werden nämlich in der Regel gemäß §§ 5 f. DepotG girosammelverwahrt, so dass es zu einer Überlassung der verbrieften, körperlichen Urkunde bei der Wertpapierleihe praktisch nie mehr kommt.«[549]

Die Mitgliedschaft an einer AG oder KGaA ist danach mittelbar bzw. indirekt über die Dauerglobalurkunde verkörpert.[550] Aus der körperlichen Dauerglobalurkunde leitet sich im Ergebnis die Sachqualität ab. Dies ergibt sich bei genauerer Betrachtung auch aus § 6 Abs. 1 Satz 1 DepotG. Danach entsteht mit dem Zeitpunkt des Eingangs beim Sammelverwahrer für die bisherigen Eigentümer Miteigentum nach Bruchteilen an den zum Sammelbestand des Verwahrers gehörenden Wertpapieren derselben Art. Das Eigentum an der Dauerglobalurkunde ist als Sacheigentum zu qualifizieren. Gleiches gilt für das Miteigentum, welches immer die gleiche Rechtsnatur aufweist wie das Eigentum.[551]

---

546 Die Sachqualität unter diesem Gesichtspunkt für die Sammelurkunde feststellend *Rohe*, in: Hau/Poseck, BeckOK-BGB, § 607 Rn. 5.

547 *Freitag*, in: Staudinger, BGB, § 607 Rn. 9.

548 *Canaris*, Bankvertragsrecht, 932 Rn. 1817; *Hirte/Knof*, WM 2008, 7 (10); *Zimmermann*, Das Aktiendarlehen, S. 135.

549 Entwurf eines Gesetzes zur Modernisierung des Schuldrechts, BT-Drucks. 14/6040, S. 259.

550 So schon *Gesell*, Wertpapierleihe und Repurchase Agreement im deutschen Recht, S. 23.

551 RGZ 56, 96 (100); RGZ 69, 36 (40); RGZ 147, 201 (209); BGHZ 36, 365 (368); *Thole*, in: Staudinger, BGB, § 1008 Rn. 4; *Zimmermann*, Das Aktiendarlehen, S. 136; *Berger*, in: Säcker/Rixecker/Oetker/Limperg, MüKo-BGB V, § 607 Rn. 26; *Proff*, in: Staudinger, BGB, § 741 Rn. 255; *Schmidt*, in: Säcker/Rixecker/Oetker/Limperg, MüKo-BGB VII, § 741 Rn. 2; *Schmidt*, in: Säcker/Rixecker/Oetker/Limperg, MüKo-BGB VIII, § 1008 Rn. 1, 16; *Pikart*, in: Mitgl. des BGH, RGRK-BGB III.1, § 1008 Rn. 3.

Die Vertretbarkeit (§ 91 BGB) lässt sich so jedoch nicht begründen. Die Dauerglobalurkunde ist nicht zum Umlauf bestimmt[552], daher nicht nach Nennwert oder Stückzahl bestimmbar und somit nicht i. S. v. § 91 BGB vertretbar.[553] Das Eigentum bezieht sich nur auf die Sache und nicht auch auf deren Vertretbarkeit. Allerdings müssen die in der Dauerglobalurkunde verbrieften Rechte solche sein, die in vertretbaren Wertpapieren einer und derselben Art verbrieft sein könnten (§ 9a Abs. 1 Satz 1 DepotG). Demnach ist die hypothetische Verbriefung der Mitgliedschaft in blankoindossierte Namens- und Inhaberaktien[554] jeweils derselben Art[555] ausschlaggebend. Die in der Dauerglobalurkunde verkörperten Einzelrechte sind daher als vertretbar im Rechtssinne anzusehen.[556]

Die Sachqualität leitet sich also von der Dauerglobalurkunde ab. Die Vertretbarkeit dagegen ist der verkörperten Mitgliedschaft immanent, da sie anderenfalls gar nicht erst hätte verbrieft werden dürfen. Die in der Dauerglobalurkunde mittelbar verkörperte Mitgliedschaft ist folglich tauglicher Sachdarlehensgegenstand.[557]

(2) Überlassen der vertretbaren Sache

Der Darlehensgeber überlässt dem Shortseller gegen Entgelt darlehensweise seine mittelbar in der Dauerglobalurkunde verkörperte Mitgliedschaft an der AG oder KGaA.

---

552 *Heinsius/Horn/Than*, Depotgesetz, § 9a Rn. 17; *Einsele*, Q. Depotgeschäft Rn. 59; *Kreße*, in: Hellner/Steuer, Bankrecht und Bankpraxis, Depotgeschäft Rn. 8/208; *Pleyer/Schleiffer*, DB 1972, 77 (79); *Dechamps*, Wertrechte im Effektengiroverkehr, S. 9.

553 *Dieckmann*, in: Ebenroth/Boujong/Joost, HGB II, DepotG 9a Rn. 6; *Pleyer/Schleiffer*, DB 1972, 77 (79).

554 *Zimmermann*, Das Aktiendarlehen, S. 144; *Dieckmann*, in: Ebenroth/Boujong/Joost, HGB II, DepotG § 1 Rn. 3 ff., § 5 Rn. 4; *Einsele*, Wertpapierrecht als Schuldrecht, S. 22–23; *Heinsius/Horn/Than*, Depotgesetz, § 5 Rn. 25; *Hefermehl*, in: Geßler/Hefermehl/Hildebrandt/Schröder, Schlegelberger-HGB, Anh. § 406 Rn. 267; nur zur blankoindossierten Namensaktie *Kreße*, in: Hellner/Steuer, Bankrecht und Bankpraxis, Depotgeschäft Rn. 8/134

555 *Einsele*, Q. Depotgeschäft Rn. 44; *Klanten*, in: Schimansky/Bunte/Lwowski, Bankrechts-HdB I, § 47 Rn. 55.

556 *Gesell*, Wertpapierleihe und Repurchase Agreement im deutschen Recht, S. 23.

557 *Lohsse*, in: Gsell/Krüger/Lorenz/Reymann, BeckOGK-BGB, § 607 Rn. 8; vgl. *Berger*, in: Säcker/Rixecker/Oetker/Limperg, MüKo-BGB V, § 607 Rn. 26; *Freitag*, in: Staudinger, BGB, § 607 Rn. 9; *Gesell*, Wertpapierleihe und Repurchase Agreement im deutschen Recht, S. 23; im Ergebnis auch *Rohe*, in: Hau/Poseck, BeckOK-BGB, § 607 Rn. 5, der dies allerdings mit »der bloßen Möglichkeit einer Verbriefung« begründet, die bei einer Dauerglobalurkunde ja gerade nicht gegeben ist.

Für die Überlassung der Mitgliedschaft ist die Verschaffung des (Mit-)Eigentums an der Dauerglobalurkunde erforderlich.[558] Die Übertragung des (Mit-)Eigentums an der Dauerglobalurkunde vollzieht sich grundsätzlich nach den §§ 929 ff. BGB.[559] Da die Dauerglobalurkunde im unmittelbaren Besitz der *Clearstream Banking AG* steht und der Erwerber typischerweise keinen unmittelbaren Besitz erlangt, wird die Übergabe regelmäßig durch ein Besitzmittlungsverhältnis ersetzt.[560]

Mit Blick auf die ursprüngliche Definition drängt sich die Frage auf, ob ein so ausgestalteter Leerverkauf tatsächlich noch von Art. 2 LeerverkaufsVO erfasst wird. Auf den ersten Blick steht das Deckungsgeschäft i. S. eines Sachdarlehens der Definition des Leerverkaufs diametral gegenüber. Zur Erinnerung: Gemäß Art. 2 LeerverkaufsVO ist ein Leerverkauf der Verkauf einer Aktie, die sich zum Zeitpunkt des Eingehens der Verkaufsvereinbarung nicht im Eigentum des Verkäufers befindet. Nun erlangt er aber durch das Deckungsgeschäft Miteigentum. Das eigentlich für den *Leer*verkauf namensgebende »leere« Depot ist tatsächlich gefüllt mit Kommanditaktien des Verkäufers.

Unabhängig davon, dass nach Art. 2 Abs. 1 lit. b. LeerverkaufsVO ohnehin Verkäufe eingeschlossen sind, bei denen der Verkäufer zum Zeitpunkt des Eingehens der Verkaufsvereinbarung die Aktien geliehen hat, lässt sich dieses Paradox lösen, wenn das Verständnis von »Eigentum« in einem europäischen Kontext betrachtet wird. Die Begriffe des »Eigentums« sind europaweit nicht harmonisiert. Eine einheitliche Eigentumsdefinition lassen die verschiedenen Rechtsordnungen der Mitgliedstaaten nicht zu.[561] Die Eigentumskonzeptionen haben zwar eine Reihe gemeinsamer Merkmale[562], die Unterschiede sind aber im Ergebnis für eine gemeinsame Begriffsbestimmung zu erheblich. Das deutsche Eigentumsverständnis tritt in diesem Zusammenhang zurück. Die *Europäische Kommission* sah sich genötigt, durch eine Präzisierung des Begriffs »Eigentum« Klarheit zu schaffen. Danach soll zwischen einem rechtlichen und einem wirtschaftlichen Eigentümer differenziert werden.[563] Wirtschaftliches Eigentum hat der Anleger, der

---

558 Vgl. *Lohsse*, in: Gsell/Krüger/Lorenz/Reymann, BeckOGK-BGB, § 607 Rn. 51; *Berger*, in: Säcker/Rixecker/Oetker/Limperg, MüKo-BGB V, § 607 Rn. 21, 22; *Rohe*, in: Hau/Poseck, BeckOK-BGB, § 607 Rn. 6; *Mansel*, in: Stürner, Jauernig BGB, § 607–609 Rn. 4; *Freitag*, in: Staudinger, BGB, § 607 Rn. 5; *Krämer/Müller*, in: Dauner-Lieb/Heidel/Ring, NK-BGB II.2, § 607 Rn. 2; *Schwintowski*, in: Herberger/Martinek/Rüßmann/Weth/Würdinger, jurisPK-BGB II, § 607 Rn. 7; *Gillor*, Der Rahmenvertrag für Finanzgeschäfte der Europäischen Bankenvereinigung (EMA), S. 28.

559 FG Thüringen, Urt. v. 9.04.2003 – III 313/02, EFG 2004, 334.

560 FG Köln, Urt. v. 19.07.2019 – 2 K 2672/17, BB 2020, 666.

561 *Mülbert/Sajnovits*, ZBB/JBB 24 (2012), 266 (270); *Mülbert/Sajnovits*, in: Assmann/Schneider/Mülbert, Wertpapierhandelsrecht, VO (EU) Nr. 236/2012 Art. 2 Rn. 8.

562 Dazu *Schlimbach*, Leerverkäufe, S. 107–108.

563 Siehe dazu Art. 3 (1) dVO (EU) Nr. 918/2012 vom 05.07.2012.

das mit dem Erwerb eines Finanzinstruments wirtschaftliche Risiko trägt.[564] Gemeint ist das Kurs- und Dividendenrisiko.[565] Doch auch die mit dem Finanzinstrument verbundenen Chancen sind für das wirtschaftliche Risiko erheblich.[566] Dem folgend ist wirtschaftlicher Eigentümer, wer infolge von Kursbewegungen Gewinne erzielt oder Verluste erleidet, sowie derjenige, dem die Dividenden und Zinsen zustehen.[567] Das rechtliche Eigentum dagegen ist das zivilrechtliche Eigentum im sachenrechtlichen Sinne. Beides kann auseinanderfallen und darf im Rahmen eines gedeckten Leerverkaufs nicht auf einer Person vereinigt sein.

Der Leerverkäufer hat nach Vorstellung des Verordnungsgebers entweder kein Eigentum (verbotener ungedeckter Leerverkauf) oder ist maximal rechtlicher, nicht aber wirtschaftlicher Eigentümer (gedeckter Leerverkauf). Es stellt sich die Frage, ob das Sachdarlehen dies gewährleisten kann.

(a) Eigentumsübertragung beim Sachdarlehen

Nach § 3 Abs. 2 RfW-BdB[568] soll mit der Lieferung des Wertpapiers das unbeschränkte Eigentum auf den Darlehensnehmer übergehen. Eine solch »unbeschränkte« Eigentumsübertragung im Rahmen eines Wertpapierdarlehens wirkt, als verbliebe keinerlei Eigentum, auch kein wirtschaftliches Eigentum, beim Darlehensgeber.

Bei einem klassischen Kaufvertrag leuchtet es ein, dass der Käufer mit der in § 433 Abs. 1 Satz 1 BGB geschuldeten Übereignung das rechtliche und wirtschaftliche Eigentum an der erworbenen Aktie erlangt. Gewinne, Verluste, Dividenden und Zinszahlungen treffen ausschließlich ihn.

(aa) Meinungsstand

Eine in der Literatur vertretene Meinung kommt für den Wertpapierdarlehensnehmer zum selben Ergebnis: Beim Einsatz von Wertpapierdarlehen komme es nicht zu einem Auseinanderfallen der rechtlichen und der wirtschaftlichen Eigentümerstellung.[569] Begründet wird dies mit der wirt-

---

564 Art. 3 (1) dVO (EU) Nr. 918/2012 vom 05.07.2012.

565 *Grundmann*, in: Grundmann, Bankvertragsrecht II, S. 578 Rn. 608; *Schlimbach*, Leerverkäufe, S. 109; »nicht ökonomisch Berechtigter« *Zetzsche/Lehmann*, in: Schwark/Zimmer, KapMarktR, WpHG § 53 Rn. 3; a. A. *Sieger/Hasselbach*, WM 2004, 1370 (1373 f.).

566 BFH, Urt. v. 18.08.2015 – I R 88/13, NJW 2016, 671; ähnlich *Mülbert/Sajnovits*, ZBB/JBB 24 (2012), 266 (270).

567 *Schlimbach*, Leerverkäufe, S. 109.

568 *Vollmuth*, in: Hopt/Merkt, VertrFormB, Form IV. T. 1.

569 *Kort*, WM 2006, 2149 (2152); ebenso *Engelen et al.*, Investor Activism 2018, S. 116; *Sieger/Hasselbach*, WM 2004, 1370 (1373, 1376).

schaftlichen Eigentümerstellung des Darlehensnehmers im Steuer- und Bilanzrecht. Dem kommt – erachtet man diese Ansicht überhaupt als zutreffend – allenfalls Indizwirkung zu. Denn die Anwendung auf das Sachenrecht ist nicht selbstverständlich.

Gewichtige Stimmen in der Wissenschaft meinen dagegen, der Darlehensnehmer sei lediglich Eigentümer im rechtlichen, nicht aber im wirtschaftlichen Sinne.[570] Das wirtschaftliche Eigentum des Darlehensgebers ergebe sich zum einen aus der Rückgabepflicht im Rahmen des Wertpapierdarlehens und zum andern aus den beim Darlehensgeber verbleibenden Dividendenrechten. Das Kurs- und Dividendenrisiko verbleibe bei ihm. Danach ist den Vorstellungen des Verordnungsgebers der LeerverkaufsVO Genüge getan.

(bb) Stellungnahme

Letztgenannter Ansicht ist zuzustimmen. Das Kursrisiko mit der Rückgabepflicht zu begründen, bedarf allerdings einer genaueren Ausführung. Die Rückgabepflicht ergibt sich unproblematisch aus § 607 Abs. 1 Satz 2 BGB beziehungsweise § 1 Abs. 1 RfW-BdB[571]. Diese Pflicht lässt tatsächlich die Gefahr eines Verlusts und die Chance eines Gewinns aufgrund von Kursschwankungen während der ganzen Zeit des Wertpapierdarlehens beim Darlehensgeber verbleiben.[572] So kann er beispielsweise eine Aktie an den Darlehensnehmer abgeben und sie zu einem niedrigeren, gleichen oder höheren Börsenwert nach Ablauf des Darlehenszeitraums zurückerlangen. Jegliche Wertentwicklung berührt daher auch den Darlehensgeber.

Ebenso wie den Darlehensgeber können auch den Darlehensnehmer Kursschwankungen tangieren. Dies ist allerdings nur dann der Fall, wenn er die Kommanditaktien weiterverkauft. Bei einem schlichten Halten der Kommanditaktien, was freilich wirtschaftlich uninteressant[573] ist, trifft ihn kein Kursrisiko. Nach Ablauf der Darlehenszeit gibt er die Kommanditaktien zurück. Ob der Börsenkurs gefallen oder gestiegen ist, hat keine Auswirkungen auf die wirtschaftlichen Verhältnisse des Darlehensnehmers. Entschließt er sich dagegen zu einer Weiterveräußerung, verliert er bei steigenden und gewinnt bei fallenden Kursen. Muss er die Aktien aufgrund steigender Kurse zu einem höheren Preis am Markt erwerben, als er sie zuvor verkauft hat,

570 *Teuber*, in: Schimansky/Bunte/Lwowski, Bankrechts-HdB I, § 85 Rn. 9; *Mülbert/Sajnovits*, in: Assmann/Schneider/Mülbert, Wertpapierhandelsrecht, VO (EU) Nr. 236/2012 Art. 2 Rn. 12; *Schlimbach*, Leerverkäufe, S. 9, 112; dies mit der Nähe zum Leihvertrag begründend *Berger*, in: Säcker/Rixecker/Oetker/Limperg, MüKo-BGB V, § 607 Rn. 7; *Lohsse*, in: Gsell/Krüger/Lorenz/Reymann, BeckOGK-BGB, § 607 Rn. 18; *Bieg/Waschbusch*, Bankbilanzierung nach HGB und IFRS, S. 156.

571 *Vollmuth*, in: Hopt/Merkt, VertrFormB, Form IV. T. 1.

572 So auch *Sieger/Hasselbach*, WM 2004, 1370 (1375).

573 *Sieger/Hasselbach*, WM 2004, 1370 (1373).

kann dies den Ruin bedeuten. Im Gegensatz zum Darlehensgeber bedeutet dies sogar, dass die Verlustmöglichkeit grenzenlos ist, da einem Preisanstieg theoretisch keine Grenzen gesetzt sind.[574]

Beide Parteien tragen ein vergleichbares wirtschaftliches Risiko. Dabei ist jedoch zweierlei zu beachten: Zum einen entschließt sich der Darlehensnehmer bewusst für den Weiterverkauf und das zusätzliche Risiko. Zum anderen resultiert das Kursrisiko nicht unmittelbar aus dem Darlehen, sondern aus der Weiterveräußerung. Das Risiko ergibt sich also in erster Linie aus seiner risikobehafteten spekulativen Anlagestrategie und nicht dem Erwerb der Kommanditaktien. Bei einer losgelösten, vom Leerverkauf unabhängigen Betrachtung des Wertpapierdarlehens trägt lediglich der Darlehensgeber das Kursrisiko. Bezieht man die Weiterveräußerungen mit in die Überlegungen ein, reduzieren diese das Risiko des Darlehensgebers nicht. Im Gegenteil: Er läuft immer Gefahr, mit einem Totalverlust im Falle der Insolvenz des Shortsellers konfrontiert zu werden.[575] Theoretisch kann der Kurs einer Aktie bis ins Unendliche steigen. Steigt der Kurs wider Erwarten derart, dass dem Shortseller in der Folge die wirtschaftlichen Mittel, die Aktien am Markt zu erwerben, fehlen, kann er seine Rückgabepflicht aus dem Deckungsgeschäft nicht erfüllen. Der Darlehensgeber trägt also tatsächlich nicht nur sein eigenes Kursrisiko, sondern auch das des Darlehensnehmers. Im Ergebnis liegt das Kursrisiko daher überwiegend beim Darlehensgeber.

Eindeutiger verhält es sich bei Zinsen und Dividenden. Diese Erträge verbleiben zunächst bei dem Darlehensnehmer als zivilrechtlichem Eigentümer.[576] In § 6 Abs. 1 und 2 RfW-BdB[577] heißt es jedoch, dass auf die Darlehenspapiere geleistete Zinsen, Gewinnanteile sowie sonstige Ausschüttungen dem Darlehensgeber zustehen und als Kompensationszahlung vom Darlehensnehmer weiterzuleiten sind. Das Risiko des Dividendenverlustes verbleibt daher offensichtlich beim Darlehensgeber. Der Darlehensnehmer hat im Rahmen der Vereinbarung weder eine Chance noch ein Risiko. Durch eine solche vertragliche Gestaltung scheint dem Darlehensnehmer nicht mehr als eine »leere Eigentumshülle« zuzustehen. Angelehnt an das Urteil des Bundesfinanzhofs vom 18.08.2015[578] verschafft eine derartige vertragliche Gestaltung dem Entleiher lediglich eine »formale

574 *Suttner/Kielholz*, ORDO 62 (2011), 101 (102); *Schlimbach*, Leerverkäufe, S. 14.

575 *Freitag*, in: Staudinger, BGB, § 607 Rn. 4, 5; *Teuber*, in: Schimansky/Bunte/Lwowski, Bankrechts-HdB I, § 85 Rn. 2; *Suttner/Kielholz*, ORDO 62 (2011), 101 (104); *Sieger/Hasselbach*, WM 2004, 1370 (1375).

576 *Teuber*, in: Schimansky/Bunte/Lwowski, Bankrechts-HdB I, § 85 Rn. 9; *Hamacher*, Die Bank 1990, 34 (35); *Bieg/Waschbusch*, Bankbilanzierung nach HGB und IFRS, S. 152; *Gillor*, Der Rahmenvertrag für Finanzgeschäfte der Europäischen Bankenvereinigung (EMA), S. 124.

577 *Vollmuth*, in: Hopt/Merkt, VertrFormB, Form IV. T. 1.

578 BFH, Urt. v. 18.08.2015 – I R 88/13, NJW 2016, 671.

zivilrechtliche Rechtsposition«, weshalb das wirtschaftliche Eigentum beim Darlehensgeber verbleibt.

Dem wird zwar entgegengehalten, dass ein solches Dividendenrisiko nur dann beim Darlehensgeber verbleibt, wenn der Darlehensnehmer die Kommanditaktien noch nicht weiterveräußert hat.[579] Im Übrigen habe der Darlehensgeber das Dividendenrisiko dann zu tragen, wenn vertraglich vereinbart worden sei, dass die Kompensationspflicht über den gesamten Darlehenszeitraum gelte, und zwar auch dann, wenn der Darlehensnehmer die Aktien bereits weiterveräußert habe.[580] Dem ist grundsätzlich zuzustimmen, für die vorliegende Fragestellung ist dies aber unbeachtlich. Ausschlaggebend dafür ist folgendes Argument: Relevanter Zeitpunkt für die Beurteilung ist der Leerverkauf, also das Eingehen der Verkaufsvereinbarung. Genau dann müssen wirtschaftliches und rechtliches Eigentum auseinanderfallen. Dies ergibt sich nicht zuletzt daraus, dass der Leerverkäufer vom Abschluss der Leerverkaufsvereinbarung bis zur Erfüllung des Leerverkaufs verpflichtet ist, eine Deckung zu halten.[581] Welche Eigentumsverhältnisse nach der Erfüllung des Leerverkaufs bis zu der Rückgabeverpflichtung aus dem Deckungsgeschäft bestehen, ist unerheblich. Bis zu diesem Zeitpunkt trägt der Darlehensgeber das Dividendenrisiko und ist unter diesem Gesichtspunkt wirtschaftlicher Eigentümer.

Die Einordnung unter den Leeverkaufsbegriff und eine damit einhergehende Gleichstellung des Wertpapierdarlehens mit dem eigentumslosen Verkauf lässt sich also damit begründen, dass dem Darlehensnehmer im Zeitpunkt des Kaufvertrags nur rechtliches, nicht aber wirtschaftliches Eigentum an der verkauften Kommanditaktie zusteht.

(b) Besitzverschaffung?

Vereinzelt wird die Verschaffung des Besitzes gefordert.[582] Die Besitzposition hat aber keine Relevanz für das Sachdarlehen, da der Darlehensgeber immer das Eigentum und nicht zwingend auch die Besitzverschaffung schuldet.[583]

---

579 *Sieger/Hasselbach*, WM 2004, 1370 (1374).

580 *Sieger/Hasselbach*, WM 2004, 1370 (1374).

581 *Sajnovits/Weick-Ludewig*, WM 2015, 2226 (2232); *Wansleben/Weick-Ludewig*, ZBB/JBB 27 (2015), 395 (398).

582 *Zimmermann*, Das Aktiendarlehen, S. 104, 137 der meint, es werde »jedenfalls die Besitzverschaffung« geschuldet.; *Lohsse*, in: Gsell/Krüger/Lorenz/Reymann, BeckOGK-BGB, § 607 Rn. 51.

583 RGZ 103, 286 (288); *Ballhaus*, in: Mitgl. des BGH, RGRK-BGB II.2, § 607 Rn. 5; *Freitag*, in: Staudinger, BGB, § 607 Rn. 5; *Sieger/Hasselbach*, WM 2004, 1370 (1371); *Kort*, WM 2006, 2149; *Martinek*, JuS 1987, 514 (515); *Krämer/Müller*, in: Dauner-Lieb/Heidel/Ring, NK-BGB II.2, § 607 Rn. 2; *Neuhaus/Böhm*, in: Hellner/

b) Der Leerverkauf (1b)

Der eigentliche Leer*verkauf* erfolgt erst jetzt. Dazu schließt der Shortseller mit einem Käufer einen einfachen Kaufvertrag.[584] In diesem Zusammenhang muss erneut zwischen dem Mitgliedschaftsrecht und der Dauerglobalurkunde unterschieden werden. Der Kauf beziehungsweise Verkauf einer verkörperten Kommanditaktie ist sowohl unter den Sachkauf (§ 433 BGB) bezüglich des tatsächlichen Wertpapiers und unter den Rechtskauf (§ 453 BGB) hinsichtlich des Mitgliedschaftsrechts zu subsumieren.[585] Dies gilt auch für einen Vertrag über den Verkauf einer mittelbar in einer Dauerglobalurkunde verkörperten Mitgliedschaft. Denn der Kaufvertrag wird nicht nur über das Mitgliedschaftsrecht (Rechtskauf), sondern auch über den Bruchteil an der Dauerglobalurkunde (Sachkauf) geschlossen.

Das Verfügungsgeschäft erfolgt – wie bereits dargelegt – nach §§ 929 ff. BGB durch dingliche Einigung, wobei die Übergabe wegen der Verwahrung der Dauerglobalurkunde beim Zentralverwahrer regelmäßig durch die Umstellung des Besitzmittlungsverhältnisses auf die Depotbank des Erwerbers bewirkt wird.[586]

Der Leerverkäufer verliert damit das rechtliche Eigentum.

c) Exkurs: Der gedeckte Leerverkauf im Lichte des Gesetzes über elektronische Wertpapiere (eWpG)

Elektronische Wertpapiere werden zunehmend praxisrelevant. Vor diesem Hintergrund müssen auch die Überlegungen zur rechtlichen Ausgestaltung eines gedeckten Leerverkaufs auf die elektronischen Wertpapiere ausgeweitet werden.

Die elektronischen Wertpapiere sind unverbriefte Effekten. Im Wertpapierhandel bezeichnet man sie als Wertrechte, bei denen von vornherein verzichtet wird auf die Schaffung einer papierhaften Urkunde und die Rechte nur in einem elektronischen Register ausgewiesen werden.[587]

Mit Blick auf den gedeckten Leerverkauf – insbesondere das Deckungsgeschäft, den Verkauf sowie die Übereignung – gilt folgendes: Bei elektroni-

---

Steuer, Bankrecht und Bankpraxis, Wertpapierdarlehensgeschäfte Rn. 7/1150; *Rohe*, in: Hau/Poseck, BeckOK-BGB, § 607 Rn. 6.

584 *Schlimbach*, Leerverkäufe, S. 23; *Ermann*, Der Leerverkauf, S. 32–33.

585 *Maultzsch*, in: Säcker/Rixecker/Oetker/Limperg, MüKo BGB IV, § 433 Rn. 12; *Schlimbach*, Leerverkäufe, S. 25.

586 Siehe dazu bereits Kap. 3 § 10 III. 1. a) bb) (2).

587 *Freitag*, in: Staudinger, BGB, § 607 Rn. 10; *Einsele*, Wertpapierrecht als Schuldrecht, S. 15; *Heinsius/Horn/Than*, Depotgesetz, § 42 Rn. 29; *Lehmann*, Finanzinstrumente, S. 37; *Canaris*, Bankvertragsrecht, S. 1033 Rn. 2044; *Zimmermann*, Das Aktiendarlehen, S. 145; *Zöllner*, Wertpapierrecht, S. 7.

schen Wertpapieren ist zwischen Zentralregister- und Kryptowertpapier sowie zwischen Sammel- und Einzeleintragung (§ 8 Abs. 1 Nr. 1 und 2 eWpG) zu unterscheiden. Die Sammeleintragung ermöglicht den Handel an der Börse.[588] Dementsprechend kommt ihr die praktisch bedeutsamere Rolle zu. Um Probleme in der Rechtsanwendung zu umgehen, fingiert § 2 Abs. eWpG das elektronische Wertpapier als Sache. Obschon vereinzelt vertreten wird, dass es gekünstelt erscheine die Rechtsnatur einer nicht einmal mittelbar verkörperten Mitgliedschaft als vertretbare Sache zu qualifizieren,[589] birgt die Sachfiktion zweifellos Vorteile im Rechtsverkehr.

Zunächst ist das Deckungsgeschäft aufgrund der Sachfiktion als Sachdarlehen einzuordnen. Die Vorschriften über das Sachdarlehen nach §§ 607–609 BGB lassen sich so problemlos anwenden. Ohne eine solche Fiktion wäre die Anwendung dieser Vorschriften hingegen ausgeschlossen. Denn selbst eine körperliche Sache wie die Dauerglobalurkunde, in der die (Kommandit-)Aktie wenigstens mittelbar verbrieft ist und aus der sich die Sachqualität ableiten ließe, sucht man bei elektronischen Wertpapieren vergebens. *De lege lata* lassen sich auch keine passenderen Vorschriften für ein »Wertrechtedarlehen« finden. Denn auch auf die Vorschriften zum Darlehensvertrag (§§ 488–490 BGB) lässt sich nicht zurückgreifen. Zwar bedarf es danach keiner vertretbaren Sache, dafür spricht der Wortlaut explizit von »Geld«.[590]

Vor Einführung des eWpG und der darin enthaltenen Fiktion zu einer Sache war bei veralteten Gesetzen und fehlenden gesetzlichen Regelungen an eine Rechtsfortbildung im Sinne einer Analogie zu denken. Entsprechend wurde eine analoge Anwendung der §§ 488–490 BGB oder §§ 607–609 BGB häufig als Lösung angeboten.[591]

Es besteht außerdem die Möglichkeit, ein dem Sachdarlehen ähnliches Deckungsgeschäft, ohne explizite gesetzliche Regelungen abzuschließen. Die Grundkonzeption des Darlehensrechts kann beibehalten, die tatsächliche vertragliche Ausgestaltung aber der kautelarjuristischen Praxis überlassen werden. Die Typenfreiheit im Schuldrecht macht es möglich. Lediglich in Zweifelsfällen wären dann die Normen des Geld- oder Sachdarlehensrechts entsprechend heranzuziehen. Ähnliches wurde bereits vor der Schuldrechtsmodernisierung statt der Regelungen zum Sachdarlehen angedacht und ist in der Praxis durch die genutzten Rahmenverträge schon nahezu Usus.

---

588 *Eisenschmidt*, NZG 26 (2023), 825 (828).

589 Für Wertrechte im Allgemeinen *Canaris*, Bankvertragsrecht, S. 1034 Rn. 2046; *Gesell*, Wertpapierleihe und Repurchase Agreement im deutschen Recht, S. 24.

590 *Freitag*, in: Staudinger, BGB, § 607 Rn. 10.

591 *Berger*, in: Säcker/Rixecker/Oetker/Limperg, MüKo-BGB V, § 607 Rn. 27; *Gesell*, Wertpapierleihe und Repurchase Agreement im deutschen Recht, S. 25; *Zimmermann*, Das Aktiendarlehen, S. 146.

Der Leerverkauf selbst ist in diesem Fall ein Rechtskauf nach § 453 BGB. Gravierende Konsequenzen sind nicht zu erwarten, da die Vorschriften über den Kauf entsprechend anzuwenden sind.

Sachenrechtlich vollzieht sich die Übertragung der elektronischen Wertpapiere abhängig davon, ob sie einzeln oder gesammelt eingetragen sind. Bei der Einzeleintragung gilt der in § 24 eWpG normierte Grundsatz, dass keine Verfügung außerhalb des Registers erfolgen darf. Die Übereignung erfolgt durch Einigung und Umtragung im Register (§§ 24, 25 eWpG), und der Gutglaubensschutz knüpft an die Registerpublizität (§ 26 eWpG) an. Diese Normen gelten nicht für elektronische Wertpapiere in Sammeleintragung.[592] Daher wird bei Sammeleintragungen die Übertragung des Miteigentums an dem eingetragenen elektronischen Wertpapier (§ 9 Abs. 1 eWpG) – der Sachenfiktion folgend – nach §§ 929 ff. BGB vollzogen.[593] Die Sachfiktion der gesammelt eingetragenen elektronischen Wertpapiere dient insofern der Anwendbarkeit der sachenrechtlichen Vorschriften, damit einhergehend der Sicherung des Gutglaubensschutzes (§§ 932 ff. BGB) und kommt insofern der Verkehrsfähigkeit zugute.[594]

In der Literatur[595] wird gleichwohl diskutiert, ob angesichts der fortschreitenden Technisierung eine modernere Kodifikation mit stärker register- bzw. kontobezogenen Publizitäts- und Übertragungsmodellen bis hin zur Einordnung als elektronischen Sache eigener Art sachgerechter wäre.

2. Die aktive Einflussnahme (2)

Ist eine Short-Position durch Wertpapierdarlehen und Weiterveräußerung der darlehensweise erhaltenen Kommanditaktien eingegangen worden, folgt die aktive Einflussnahme des Shortsellers. Die Einflussnahme erhebt den einfachen Leerverkauf zum Leerverkaufsaktivismus. Ziel ist es, das Unternehmen, besser gesagt dessen Börsenwert, zu beeinflussen und von der erreichten Kursbewegung zu profitieren.

a) Kommanditaktionärsrechtliche Maßnahmen

Auch der Verkauf des Wertpapiers, also die jederzeitige Realisierbarkeit des Verkehrswerts,[596] ist ein Recht und eine Art der Machtausübung[597] der Kom-

---

592 *Gleske/Bunting*, in: Hopt/Seibt, Schuldverschreibungsrecht, eWpG § 24 Rn. 1.

593 *Gleske/Seibt*, in: Hopt/Seibt, Schuldverschreibungsrecht, § 2 Rn. 22.

594 *Gleske/Seibt*, in: Hopt/Seibt, Schuldverschreibungsrecht, eWpG § 2 Rn. 20.

595 *Eisenschmidt*, NZG 26 (2023), 825 (828); *Casper*, ZHR 187 (2023), 5 (45); *Omlor*, RDi 1 (2021), 371 (373).

596 *Wieneke/Fett*, in: Bürgers/Fett, KGaA HdB, § 10 Rn. 12.

597 M. w. N. zur US-amerikanischen Rechtslage und auf den deutschen AG-Aktionär anwendend *Claussen*, in: Bitter/Lutter/Priester/Schön/Ulmer, FS Schmidt, S. 228.

manditaktionäre. Wird der Leerverkauf in großem Maße getätigt, muss dies ab dem Überschreiten einer Positionshöhe von 0,2 % der gesamten ausgegebenen Aktien gemäß Art. 5 Abs. 1 und 2 LeerverkaufsVO der zuständigen nationalen Behörde gemeldet und gemäß Art. 6 Abs. 1 und 2 LeerverkaufsVO bei Erreichen einer Netto-Leerverkaufsposition von 0,5 % im Bundesanzeiger veröffentlich werden. Auf diesem Weg erlangen auch andere Kommanditaktionäre Kenntnis.

Massenhafte Leerverkäufe ziehen fallende Kurse nach sich und haben überdies eine Signalwirkung auf die übrigen Aktionäre, die regelmäßig den Erfahrungen der Shortseller vertrauen und sich deren Verkaufsentscheidung anschließen.[598] Im Ergebnis ist die überdurchschnittlich hohe Eingehung einer Leerverkaufsposition ein kursbeeinflussender Faktor und je nach Intensität geeignet, dem Leerverkauf einen aktivistischen Einschlag zu verleihen. Ließe man den bloßen Verkauf ausreichen, wäre die Grenze zwischen passiven und aktivistischen Leerverkäufern fließend. Die tatsächliche Angriffshandlung ist bei den faktischen Maßnahmen zu verorten.

b) Faktische Maßnahmen

Die den Aktivisten zur Verfügung stehenden faktischen Mittel sind der Kern des aktivistischen Verhaltens. Der bereits fallende Kurs soll durch die Veröffentlichung negativer Informationen noch tiefer abstürzen. Die im Vorhinein aufgedeckten Schwachstellen werden in dieser Phase ausgespielt. In einem ausführlichen Research Report verschriftlicht der Shortseller die Rechercheergebnisse und zeigt die Defizite des betroffenen Unternehmens auf. Um eine möglichst hohe Reichweite zu erzielen und sicherzustellen, dass eine Vielzahl der Anleger informiert wird, werden Hinweise auf unterschiedlichsten analogen oder digitalen Plattformen[599] geteilt. Zum einen wird sich der Shortseller die klassischen Print-Medien zunutze machen. Shortseller arbeiten häufig mit Journalisten zusammen, die entsprechende Zeitungsartikel im Sinne der Aktivisten veröffentlichen.[600] Zum anderen nutzen die Shortseller Social-Media-Kanäle bei *X* (vormals *Twitter*) oder *Facebook*. Dort lassen sich negative Analysen in Sekundenschnelle verbreiten.[601] Aber auch

---

598 *Frömel*, Maßnahmen von Unternehmen gegen unberechtigte Short-Sell-Attacken, S. 40; *Gruber*, Leerverkäufe, S. 13.

599 M. w. N. *Schmolke*, ZGR 49 (2020), 291 (295).

600 *Frömel*, Maßnahmen von Unternehmen gegen unberechtigte Short-Sell-Attacken, S. 44; beispielhaft der anonym veröffentlichte Artikel über die Wirecard AG Ende Februar 2016 *Engelen et al.*, Investor Activism 2018, S. 89.

601 *Möllers*, NZG 21 (2018), 649; *Wentz*, WM 2019, 196 (197); *Commandeur*, AG 2020, 575 (576).

die Informationsverarbeitung durch Algorithmen verhilft zu einer direkten Einpreisung der negativen Analysen in den Börsenkurs.[602]

3. Glattstellen der Leerverkaufsposition (3a und 3b)

Im Idealfall stoßen die Kommanditaktionäre vor dem Hintergrund der Einflussnahme (bspw. des Research Reports des aktivistischen Investors) ihre Aktien ab. Der Markt wird infolgedessen »überschwemmt« mit Kommanditaktien und es entsteht ein Überangebot. Dem Leerverkäufer ist es nun möglich sich mit den zu liefernden Werten günstig einzudecken. Der Shortseller kauft also nach erfolgter Einflussnahme und dem damit einhergehenden Kursrutsch günstige Kommanditaktien am Markt ein und begleicht seine Schuld aus dem Sachdarlehensvertrag.

Das Glattstellen der Leerverkaufsposition gelingt jedoch nicht immer. So ist denkbar, dass sich Kleinanleger aus »moralischen« Gründen zusammentun und Kommanditaktien kaufen, statt zu verkaufen.[603] Aufgrund daraus folgender Unterverfügbarkeiten der Wertpapiere (»Short Squeeze«)[604] wurden in der Vergangenheit Milliardenverluste verbucht.

Eine Attacke kann auch auf andere Weise nicht nach Plan verlaufen. Ist beispielsweise der erwünschte Kursausschlag ausgeblieben und der Leerverkaufsaktivist muss nun an den Darlehensgeber liefern, wird es schwierig die entsprechenden Stücke zu erlangen.

Durch den bei Kommanditgesellschaften auf Aktien typischen geringen Streubesitz[605] ist die Gefahr, das Deckungsgeschäft nicht schließen zu können, zusätzlich mit einem weiteren Risiko behaftet. Dies gilt für geglückte wie missglückte Leerverkaufsattacken. Die regelmäßig vorliegenden Kommanditankeraktionäre oder Gründer(anker)familien[606] stehen »ihrem« Unternehmen loyal gegenüber und werden ihre Anteile am Grundkapital selbst bei einem Kurssturz nicht verkaufen wollen oder aufgrund von Gesellschafterverträgen nicht verkaufen können. Dass dem Leerverkäufer also nicht genügend Kommanditaktien zur Verfügung stehen, um das Deckungsgeschäft glattzuziehen, ist nicht auszuschließen.

---

602 *Mülbert*, ZHR 182 (2018), 105 (110).

603 Ein Beispiel aus jüngerer Vergangenheit sind die Geschehnisse rund um die Gamespotaktie im Jahr 2021.

604 *Frömel*, Maßnahmen von Unternehmen gegen unberechtigte Short-Sell-Attacken, S. 40; das wohl bekannteste Beispiel dazu ist die Übernahmeschlacht VW vs. Porsche im Jahr 2008, dazu auch *Möllers/Christ/Harrer*, NZG 2010, 1167 (1168 Fn. 18).

605 Kap. 3 § 8 I. 1. a).

606 Siehe für die Praxis Kap. 3 § 8 I. 1. b).

4. Aktionärs- oder Investoraktivismus?

Die Einordnung unter Aktionärs- oder Investoraktivismus ist weitestgehend akademischer Natur. In der Rechtswissenschaft wurde dies bereits behandelt, bislang jedoch nicht endgültig entschieden.[607]

Häufig werden die Begriffe Aktionärsaktivismus und Investoraktivismus deckungsgleich verwendet.[608] Eine Differenzierung zwischen operativem Aktivismus und Leerverkaufsaktivismus erfolgt bei diesen Autoren nicht.

Andere Autoren nehmen eine Differenzierung vor und gehen davon aus, dass der Aktionärsaktivismus und der Leerverkaufsaktivismus jeweils Kategorien des Investoraktivismus seien,[609] Investoraktivismus also ein Oberbegriff für die unterschiedlichen Formen des Aktivismus sei. Auch eine Einordnung des Investoraktivismus in Form von Leerverkäufen als eine Ausprägung des Aktionärsaktivismus wird in Erwägung gezogen.[610]

Richtigerweise stehen Aktionärsaktivismus und Investoraktivismus aber nebeneinander. Sinnbildlich für den Investoraktivismus steht der Leerverkaufsaktivismus.[611]

Für eine Entscheidung zugunsten einer der vorgenannten Ansichten ist auf den Status des Aktivisten zum Zeitpunkt der Angriffshandlung abzustellen. Wäre der Leerverkaufsaktivist zu diesem Zeitpunkt Aktionär, bedürfte es keiner Differenzierung. Ist er kein Aktionär, ist zu überlegen, ob es sich beim Investoraktivismus um einen Oberbegriff für den Leerverkaufsaktivismus und den Aktionärsaktivismus oder eine eigene, selbstständige Art des Aktivismus neben dem Aktionärsaktivismus handelt.

---

607 Als Investoraktivismus klassifizierend *Poelzig*, ZHR 184 (2020), 697 (747); *Graßl/Nikoleyczik*, AG 62 (2017), 49 (51); *Graßl/Nikoleyczik*, AR 2017, 59; *Mülbert*, ZHR 182 (2018), 105 (107); undifferenziert dagegen *Jostarndt/Wolf/Degen*, Aktivistische Investoren, <*media-publications.bcg.com/BCG-Aktivistische-Investoren-Report-2020.pdf*>, S. 3; *Engelen et al.*, Investor Activism 2018, S. 16; *Nicolai/Thomas*, WiSt 2004, 20; *Pierscinska*, Investoren-Aktivismus in Deutschland, S. 3; *Brass*, Hedgefonds als aktive Investoren; *Kocher*, DB 2016, 2887; *Döding*, ZBB/JBB 32 (2020), 168; *Caulfield/Warner*, Aktivist in eigener Sache, <*www2.deloitte.com/content/dam/Deloitte/de/Documents/finance/Deloitte_Strategien_zum_Umgang_mit_aktivistischen_Investoren.pdf*>.

608 *Jostarndt/Wolf/Degen*, Aktivistische Investoren, <*media-publications.bcg.com/BCG-Aktivistische-Investoren-Report-2020.pdf*>, S. 3; *Kocher*, DB 2016, 2887; *Nicolai/Thomas*, WiSt 2004, 20; *Brass*, Hedgefonds als aktive Investoren; *Pierscinska*, Investoren-Aktivismus in Deutschland.

609 *Engelen et al.*, Investor Activism 2018, S. 4, 15, 16, 135–136.

610 *Albath*, Shareholder Activism im Rahmen der Hauptversammlung, S. 48.

611 *Graßl/Nikoleyczik*, AG 62 (2017), 49 (49, 51); *Graßl/Nikoleyczik*, AR 2017, 59; dem im Ergebnis zustimmend *Mülbert*, ZHR 182 (2018), 105 (107); ebenfalls differenzierend, aber auf den »Handel mit Derivaten« und das Setzen auf »kurzfristige Kursentwicklungen« abstellend *Arnold*, ZHR 185 (2021), 281 (285).

Wird bereits das Eingehen einer überdurchschnittlichen Leerverkaufsposition als ausreichend erachtet, ist der Leerverkaufsaktivist im Zeitpunkt des Verkaufs rechtlicher Eigentümer; zumindest dann, wenn es sich bei dem erforderlichen Deckungsgeschäft um eine Darlehensvereinbarung handelt. Der darlehensnehmende Shortseller hat als rechtlicher Eigentümer die Mitgliedschaft inne und ist folgerichtig Aktionär.[612] Richtigerweise werden überwiegend die faktischen Maßnahmen wie die Veröffentlichung eines Research Reports als die den normalen Leerverkauf zum aktivistischen Leerverkauf erhebenden Angriffshandlungen qualifiziert.[613] Zu diesem Zeitpunkt ist der Leerverkaufsaktivist kein Kommanditaktionär mehr.[614] Die darlehensweise erworbene Kommanditaktie hat er bereits am Markt weiterveräußert. Dies gilt erst recht, wenn im Zeitpunkt des Leerverkaufs ein Eigentumsverschaffungsanspruch oder eine Zusage eines Dritten vorliegt, dass die Kommanditaktie lokalisiert wurde und berechtigterweise erwartet wird, dass das Geschäft bei Fälligkeit abgewickelt werden kann, Art. 12 Abs. 1 lit. b) und lit. c) LeerverkaufsVO. In diesem Fall hatte der Leerverkäufer nicht einmal rechtliches Eigentum, weshalb – egal auf welche Angriffshandlung abgestellt wurde – der Leerverkaufsaktivismus jedenfalls nicht synonym unter Aktionärs- und Investoraktivismus gefasst werden darf.

Auch wenn Investoren sowohl Aktionäre als auch Nichtaktionäre sein können[615] und sich damit der Investoraktivismus als Oberbegriff anbietet, spricht mehr dafür, im Investoraktivismus keinen solchen, sondern eine eigenständige Art des Aktivismus neben dem Aktionärsaktivismus zu sehen. Der Aktionärsaktivismus steht für sich und lässt sich selbst in mehrere Kategorien aufspalten. So ist beispielhaft an den operativen Aktivismus oder den M&A-Aktivismus zu denken. In beiden Fällen sind die Aktivisten Aktionäre.

Der Investoraktivismus umfasst dagegen die Arten des Aktivismus, in denen die Akteure keine Aktionäre sind. Nach dem vorstehenden ist daher der Leerverkaufsaktivismus das Paradebeispiel für den Investoraktivismus.

5. Zusammenfassung

In der Praxis erfolgen Leerverkäufe von Kommanditaktien reibungslos.

---

612 Im Ergebnis auch *Kort*, WM 2006, 2149; da »das Vollrecht »Mitgliedschaft« auf den Darlehensnehmer übertragen wird« *Krämer/Müller*, in: Dauner-Lieb/Heidel/Ring, NK-BGB II.2, § 607 Rn. 1a.

613 So schon *Graßl/Nikoleyczik*, AG 62 (2017), 49 (51); *Mülbert/Sajnovits*, in: Assmann/Schneider/Mülbert, Wertpapierhandelsrecht, VO (EU) Nr. 236/2012 Vor Art. 1 Rn. 76; zu den faktischen Maßnahmen Kap. 3 § 10 III. 2. b).

614 Siehe u. a. die Grafik in Kap. 3 § 10 III.

615 Siehe dazu Kap. 2 § 4 III.

Als Deckungsgeschäft für einen Leerverkauf dient in der Regel ein Sachdarlehen. Die Mitgliedschaft an einer Kommanditgesellschaft auf Aktien ist jedoch keine vertretbare Sache. Die einzelne Mitgliedschaft wird nicht in einer eigenen Urkunde verbrieft. Ihr fehlt die Sachqualität, die von der Körperlichkeit der Dauerglobalurkunde abgeleitet werden muss. Die Vertretbarkeit kann mit der hypothetischen Verbriefung der KGaA-Mitgliedschaft begründet werden. So lässt sich eine Eigentumsübertragung an einer vertretbaren Sache im Sinne des § 607 BGB erklären.

Das Eigentum, genauer das Eigentumsverständnis, ist in diesem Zusammenhang ebenfalls von Bedeutung. Denn ein Leerverkauf zeichnet sich per definitionem dadurch aus, dass etwas verkauft wird, was nicht im Eigentum des Leerverkäufers steht. Maßgeblich ist das Eigentumsverständnis der *Europäischen Kommission*. Danach erhält der Sachdarlehensnehmer und spätere Leerverkäufer rechtliches, aber kein wirtschaftliches Eigentum.

Der Leerverkauf selbst ist ein einfacher Kaufvertrag. Das Verfügungsgeschäft erfolgt im Wege der § 929 ff. BGB.

Die sich daran anschließende aktive Einflussnahme auf den Kursrutsch ist im Wesentlichen faktischer Natur. Zum Zeitpunkt dieser Einflussnahme hat der Leerverkaufsaktivist keine mittelbar verkörperte Mitgliedschaft an der Zielgesellschaft. Diese wurde dem Erwerber übertragen. Der Leerverkaufsaktivismus ist daher nicht als Aktionärs- sondern als Investoraktivismus zu klassifizieren.

IV. Verteidigungsmaßnahmen – Die KGaA als angegriffene Gesellschaft

1. Prävention

Prävention ist besser als Reaktion

Ein Sprichwort, was auch für die Verteidigung eines Leerverkaufsangriffes gilt. Eine börsennotierte KGaA sollte sich der Gefahr einer Leerverkaufsattacke immer bewusst sein. Eine regelmäßige Analyse potenzieller Angriffspunkte (»Vulnerability Study«) ist dafür unabdingbar.[616]

Zuvor wurden bereits Schwachstellen der Kommanditgesellschaft auf Aktien ausgemacht. Ziel muss es sein, auch in »Friedenszeiten« derart aufgestellt zu sein, dass das eigene Unternehmen nur eine kleine oder im Idealfall keine Angriffsfläche bietet.

616 *Schiessl*, ZIP 2009, 689 (696); *Engelen et al.*, Investor Activism 2018, S. 99, 127; *Commandeur*, AG 2020, 575 (580).

a) Vermeidung einer angreifbaren Kommanditaktionärsstruktur (Ankerkommanditaktionär)

Veränderungen im Kommanditaktionariat müssen stetig beobachtet werden,[617] um einen nachteiligen Wandel in der Kommanditaktionärsstruktur frühzeitig auszumachen. Grundsätzlich sollte sich die KGaA nach einem der Gesellschaft wohlgesonnenen Ankerkommanditaktionär umschauen. Dieser erschwert zum einen den Aufbau einer Short-Position[618] und kann im Falle einer Leerverkaufsattacke als wichtiger Indikator für die übrigen Kommanditaktionäre dienen[619]. Hält der Ankerkommanditaktionär trotz der negativen Nachrichten seine Anteile, kann dies die übrigen Kommanditaktionäre überzeugen, ebenfalls von einem Verkauf abzusehen.[620]

Als Ankerkommanditaktionäre kommen Industrieunternehmen, Finanzinvestoren oder Kreditinstitute in Betracht.[621] Der externe Anleger muss verantwortungsbewusst sein, ein mindestens mittelfristiges Interesse an einer strategischen Partnerschaft haben und die Vorstellungen zur Weiterentwicklung des Unternehmens teilen.[622] Zu empfehlen sind Beteiligungshöhen zwischen 10,00% bis 25,00%.[623]

Handelt es sich um eine Familien-KGaA bietet es sich an, die Familienmitglieder oder deren Familienbeteiligungsgesellschaft als Ankerkommanditaktionär zu installieren.

Die Verteidigung gegen Leerverkaufsattacken ist mithin ein weiteres Argument dafür, nur einen Teil-Börsengang zu vollziehen und einen großen Teil der Kommanditaktien in Familienhand zu belassen. Die Familie garantiert wegen ihrer langfristigen und emotionalen Bindung auch in schwierigen Zeiten Durchhaltevermögen und Interesse am Fortbestand des Unternehmens. So gilt beispielsweise bei der Eigentümerfamilie der *Merck* KGaA – die wohlgemerkt keine Ankerbeteiligung inne hat – die Haltung:

> »Wir denken in Generationen, nicht in Quartalen.«[624]

Die von einem außenstehenden Ankerkommanditaktionär erwarteten Kriterien sind bei Familienmitgliedern als gegeben zu erwarten. Die Verbindung

---

617 Für die AG *Schiessl*, ZIP 2009, 689 (696).

618 Siehe dazu Kap. 3 § 10 II. 1.

619 *Commandeur*, AG 2020, 575 (582).

620 Für die Aktiengesellschaft *Commandeur*, AG 2020, 575 (582).

621 *Schiessl*, AG 2009, 385 (386); *Weber-Rey/Reps*, ZGR 2013, 597 (603 f.).

622 *Weber-Rey/Reps*, ZGR 2013, 597 (602 f.).

623 *Schiessl*, AG 2009, 385; *Frömel*, Maßnahmen von Unternehmen gegen unberechtigte Short-Sell-Attacken, S. 257; von »5 % bis knapp unter 30 %« ausgehend *Weber-Rey/Reps*, ZGR 2013, 597 (603).

624 *Stangenberg-Haverkamp/Baillou*, <*www.familienunternehmen-politik.de/de/unternehmer-standpunkte/dr-frank-stangenberg-haverkamp-johannes-baillou*>.

der Familienmitglieder zum Unternehmen kann über den emotionalen Aspekt hinaus vertraglich abgesichert werden.

Nahezu alle im SDAX, MDAX oder DAX gelisteten Kommanditgesellschaften auf Aktien haben einen Ankerkommanditaktionär, der zwischen 27,00 % und 84,00 % der Kommanditaktien in seinem Depotbestand hat.[625]

b) Risikominimierung einer Überbewertung (Reale Marktpreisbildung, Annäherung an den Fundamentalwert)

Unabhängig davon, ob die KGaA, wie es in der Rechtstheorie angenommen wird, mit einem Bewertungsabschlag zu rechnen hat und damit aus leerverkaufsaktivistischer Sicht ein unattraktiveres Ziel abgibt, oder, wie es die Rechtstatsachen vermuten lassen, ein derartiger Abschlag nicht besteht;[626] steht eines fest: Auf den Aktienkurs und damit eine Variable des KGV kann kein unmittelbarer Einfluss genommen werden, denn er ist das Ergebnis von Angebot und Nachfrage am Markt[627]. Einer von Shortsellern gesuchten Überbewertung einer börsennotierten KGaA kann sich daher nur bedingt entzogen werden.

Im Rahmen der Möglichkeiten kann aber darauf hingewirkt werden, dass die Preise möglichst die Realwerte der Kommanditaktien abbilden. Bestes Mittel hierfür ist eine transparente Unternehmenskommunikation, denn so werden mehr richtige Informationen als spekulative Unwahrheiten in den Börsenkurs eingepreist. Von zu ambitionierten positiven Nachrichten ist dabei abzusehen.[628] Diese begünstigen eine Überbewertung und die Möglichkeit eines Kursrutsches, wenn die ausgegebenen Ziele oder Erwartungen nicht bestätigt werden können.

Die Unternehmenskommunikation muss insgesamt auf Glaubwürdigkeit und Vertrauensbildung ausgerichtet sein. Dazu gehört auch eine transparente und ehrliche Kommunikation von negativen Informationen.[629] Wenn unternehmensinterne Missstände auffallen, ist eine zeitnahe[630] und überlegte Außendarstellung ein probates Mittel. So wird Vertrauen aufgebaut, Misstrauen

---

625 Siehe Kap. 3 § 8 I. 1. b).

626 Kap. 3 § 8 II. und nachfolgend Kap. 3 § 11 II. 1.

627 *Krause*, Ganzheitliches Reporting mit Kennzahlen im Zeitalter der digitalen Vernetzung, S. 261.

628 *Frömel*, Maßnahmen von Unternehmen gegen unberechtigte Short-Sell-Attacken, S. 210.

629 *Engelen et al.*, Investor Activism 2018, S. 100; *Frömel*, Maßnahmen von Unternehmen gegen unberechtigte Short-Sell-Attacken, S. 209; *Gillert*, BaFin Journal 2017, 26 (27).

630 *Frömel*, Maßnahmen von Unternehmen gegen unberechtigte Short-Sell-Attacken, S. 210.

gesenkt und den Kommanditaktionären suggeriert, dass sie ernst genommen werden.

Um Missstände aufzudecken und handlungsfähig zu bleiben, ist eine stetige Selbstreflektion von ungeheurem Wert. Aber auch Finanzanalysten und deren Berichte[631] sowie Risikoanalysen von Stimmrechtsberatern sind nicht nur für Anleger, sondern auch für die verantwortlichen Personen (Komplementär, *vorstandsähnlicher* Komplementär, Geschäftsleiter der Komplementärgesellschaft) einer Kommanditgesellschaft auf Aktien wichtige Informationsquellen. Diese können ein frühzeitiges Indiz dafür sein, wie die Gesellschaft von potenziellen Leerverkaufsaktivisten wahrgenommen wird und ob diese sich perspektivisch mit der KGaA als Ziel beschäftigen.

c) Strukturelle Entscheidungen

Bei strukturellen Entscheidungen wie der Installation eines fakultativen Beirats ist zu beachten, dass die Befugnisse nicht den Interessen der Anleger zuwiderlaufen. Auch bei der Besetzung muss abgewogen werden, inwieweit die Personalien mit den Befugnissen in Einklang zu bringen sind und ob Vorwürfe wie die einer Abhängigkeit substanziell begründet, zurückgewiesen oder gar vermieden werden können.

d) Entsprechend anwendbare und strukturell unanwendbare DCGK-Empfehlungen (bestmögliche Entsprechenserklärung)

Als wesentlicher KGaA-spezifischer Angriffspunkt wurde für die *gesetzestypische* KGaA die Corporate Governance bzw. der Umgang mit dem Deutschen Corporate Governance Kodex ausgemacht.

Vor einem leerverkaufsaktivistischen Hintergrund gilt dies nur für die entsprechend anwendbaren Empfehlungen zur Unabhängigkeit des Aufsichtsrats und die strukturell nicht anwendbaren Empfehlungen zur Vorstandsvergütung.

Um den Shortsellern nicht von vornherein als willkommenes Ziel zu erscheinen, muss sorgfältig abgewogen werden, wie mit diesen Anwendungsproblemen umgegangen werden soll. Solange keine Regeln durch Rechtsprechung oder Gesetzgeber für die KGaA festgelegt werden, kann eine Erklärung daher so erfolgen, wie es für die zuständigen Organe im Rahmen des § 161 AktG am günstigsten erscheint. Vorliegend werden die Möglichkeit primär unter dem Gesichtspunkt dargestellt, möglichst kein Opfer einer Leerverkaufsattacke zu werden.

---

631 *Frömel*, Maßnahmen von Unternehmen gegen unberechtigte Short-Sell-Attacken, S. 216.

aa) Entsprechend anwendbare Empfehlungen (Kategorie 2)

Eine Abweichung von den entsprechend anwendbaren Empfehlungen ist nur aus inhaltlichen Gründen zu empfehlen. Die Erklärung, es werde einer entsprechend anwendbaren Empfehlung aufgrund des fehlenden Vorstandes nicht gefolgt, wird von den Anlegern vermutlich als wenig überzeugend angesehen. Eine entsprechende Anwendung wäre in einem solchen Fall gerade auf das Fehlen eines Vorstandes zurückzuführen.[632] Zum anderen führt dies, soweit es den einzigen Grund für die Nichtanwendung darstellt, zu Abweichungen, die eine unnötige Angriffsfläche für Leerverkaufsaktivisten bieten.

bb) Strukturell unanwendbare Empfehlungen (Kategorie 3)

(1) Befolgen von Empfehlungen

Für die strukturell unanwendbaren Empfehlungen ist die auf den ersten Blick naheliegendste Option, den Empfehlungen des DCGK 2022 irgendwie zu folgen, indem beispielsweise der Vorstand durch den Komplementär ersetzt wird. So müssten keinerlei diesbezügliche Abweichungen erklärt werden. Die so entstehenden Konstruktionen werden wie ein Fremdkörper in der KGaA wirken. Beschäftigt sich der Adressat der Kodexerklärungen tiefergehend mit der Thematik, werden sich spätestens dann weitere Fragen ergeben. Das Problem wird nur aufgeschoben und so zusätzliche Verwirrung gestiftet.

(2) Strukturelle Angleichung

Soweit die Gesellschafter eine möglichst hohe Entsprechensquote erreichen möchten, können sie sich die Gestaltungsfreiheit der Kommanditgesellschaft auf Aktien zunutze machen und beispielsweise Kompetenzen statutarisch so vergeben, dass die KGaA der AG möglichst ähnlich ist.[633] In der Folge müsste lediglich bei inhaltlichen Bedenken eine Abweichung erklärt werden. Dies steht den KGaA-Gesellschaftern frei und würde wenig Fragen bei potenziellen Leerverkaufsaktivisten offenlassen. Es sollte aber bedacht werden, dass die vom Gesetzgeber gewollte Schaffung einer Alternative zur Aktiengesellschaft so faktisch ins Leere liefe.[634] Die Kommanditgesellschaft soll »keine bloße Spielart der Aktiengesellschaft, sondern eine eigene Gesellschaftsform«[635] sein. Im Übrigen ist diese Lösung als wenig

---

632 *Vollertsen*, Corporate Governance der börsennotierten KGaA, S. 230.

633 *Vollertsen*, Corporate Governance der börsennotierten KGaA, S. 221, 269; beispielsweise die Angleichung an den Aufsichtsrat einer AG *Bürgers*, in: Bürgers/Fett, KGaA HdB, § 5 Rn. 515.

634 *Vollertsen*, Corporate Governance der börsennotierten KGaA, S. 221.

635 BGHZ 134, 392–401 (398).

praktikabel und realitätsfern zu erachten. Die Gründer der KGaA werden die Entscheidung bewusst für diese Gesellschaftsform und gegen die AG getroffen haben.

Die zuständigen Organe werden daher nicht darum herumkommen, Abweichungen zu erklären.

(3) Ablehnungsmodell

Um Irritationen über die Struktur im Keim zu ersticken, könnte man darüber nachdenken, die Empfehlungen des DCGK in Gänze abzulehnen (Ablehnungsmodell[636]). Dies wird vereinzelt für die monistische SE empfohlen[637], die ebenfalls mit einer von der AG abweichenden Struktur konfrontiert ist. Mit einem solchen Vorgehen sind allerdings wirtschaftliche Risiken[638] und negative Auswirkungen auf die Reputation[639] verbunden. Letztere gilt es zu vermeiden. Die Möglichkeit, das Renommee der Gesellschaft durch öffentliche Kampagnen so zu schädigen und dadurch den Kursrutsch zu provozieren, werden aktivistische Leerverkäufer gezielt nutzen. Die generelle Ablehnung des vollständigen Kodex vergrößert die Angriffsfläche ungemein und ist daher nicht zu empfehlen.

(4) Selektionsmodell

Das von den Aktiengesellschaften genutzte Standardverfahren[640] ist die grundsätzliche Befolgung der Empfehlungen, wobei einzelne Abweichungen an entsprechender Stelle erklärt werden (Selektionsmodell[641]). Dieser sehr restriktive Umgang mit dem Deutschen Corporate Governance Kodex

636 *Goette*, in: Goette/Habersack/Kalss, MüKo-AktG III, § 161 Rn. 45; *Werder*, DB 55 (2002), 801 (810); *Hölters*, in: Hölters/Weber, AktG, § 161 Rn. 26; *Wittmann/Kirschbaum*, in: Heidel, AktienR, AktG § 161 Rn. 58; *Koch*, Aktiengesetz, § 161 Rn. 17a; m. w. N. *Spindler*, in: Schmidt/Lutter, AktG, § 161 Rn. 33; zur generellen Möglichkeit *Seibert*, BB 2002, 581 (583); *Lutter/Bachmann/Werder*, in: Kremer/Bachmann/Lutter/Werder/Ringleb, DCGK, Teil 4 Rn. 58; *Lutter*, in: Zöllner/Noack, KK-AktG III.2, § 161 Rn. 85.

637 *Spindler*, in: Schmidt/Lutter, AktG, § 161 Rn. 34; *Lutter*, in: Zöllner/Noack, KK-AktG III.2, § 161 Rn. 32.

638 *Seibert*, BB 2002, 581 (583).

639 *Lutter/Bachmann/Werder*, in: Kremer/Bachmann/Lutter/Werder/Ringleb, DCGK, Teil 4 Rn. 58; *Lutter*, in: Zöllner/Noack, KK-AktG III.2, § 161 Rn. 85; *Goette*, in: Goette/Habersack/Kalss, MüKo-AktG III, § 161 Rn. 49.

640 *Wittmann/Kirschbaum*, in: Heidel, AktienR, AktG § 161 Rn. 60; jeweils m. w. N. *Goette*, in: Goette/Habersack/Kalss, MüKo-AktG III, § 161 Rn. 47; *Hölters*, in: Hölters/Weber, AktG, § 161 Rn. 27.

641 *Wittmann/Kirschbaum*, in: Heidel, AktienR, AktG § 161 Rn. 58; *Spindler*, in: Schmidt/Lutter, AktG, § 161 Rn. 35; *Goette*, in: Goette/Habersack/Kalss, MüKo-AktG III, § 161 Rn. 45; *Lutter*, in: Zöllner/Noack, KK-AktG III.2, § 161 Rn. 76; *Hölters*, in: Hölters/

und der Entsprechenserklärung ist die sicherste Option, solange es keine gefestigte Rechtsprechung oder eine Klarstellung des Gesetzgebers gibt. Die fehlerhafte Anwendung des Kodex und damit verbundene Anfechtungs- und Haftungsrisiken können so minimiert werden.

Bei der Menge der für die KGaA strukturell unanwendbaren Empfehlungen führt dies dazu, dass seitens der KGaA jede einzelne Empfehlung – und damit eine überdurchschnittlich hohe Anzahl – als unanwendbar zu kennzeichnen ist.[642] Zum einen schürt eine zu erwartende Fülle von Abweichungen zusätzliche Irritationen[643] innerhalb der Anlegerschaft. Zum anderen ist das Ziel, eine möglichst geringe Angriffsfläche für Shortseller zu bieten, so nicht erreichbar.

(5) Schweigen

Eine weitere Option ist, sich zu strukturell unanwendbaren Empfehlungen nicht zu äußern.[644] Weder wird ein Entsprechen erklärt noch ein Abweichen begründet. Auf der einen Seite geraten so zumindest keine übermäßigen Abweichungen in den Vordergrund. Auf der anderen Seite kann es bei Anlegern für Verwirrung sorgen, dass nicht einmal ein Entsprechen erklärt wird. Darüber hinaus wird der Informationszweck[645] des Kodex so nicht erfüllt. Schließlich widerspricht diese Möglichkeit dem Wortlaut des § 161 AktG, wonach die zuständigen Organe jährlich erklären müssen, ob den Empfehlungen der *Regierungskommission Deutscher Corporate Governance Kodex* entsprochen wurde und wird, oder welche Empfehlungen nicht angewendet wurden oder werden und warum nicht. Dabei wird nicht danach unterschieden, ob dies inhaltliche oder – wie bei der KGaA häufig – strukturelle Grün-

---

Weber, AktG, § 161 Rn. 27; *Werder*, DB 55 (2002), 801 (810); m. w. N. *Lutter/Bachmann/Werder*, in: Kremer/Bachmann/Lutter/Werder/Ringleb, DCGK, Teil 4 Rn. 56.

642 Dies befürwortend *Philbert*, Die Kommanditgesellschaft auf Aktien zwischen Personengesellschaftsrecht und Aktienrecht, S. 241.

643 *Vollertsen*, Corporate Governance der börsennotierten KGaA, S. 227.

644 *Vollertsen*, Corporate Governance der börsennotierten KGaA, S. 226, der diese Möglichkeit mit »der Parallele zu konditionierten Empfehlungen und der in § 278 Abs. 3 AktG angeordneten sinngemäßen Anwendung erklärt«; *Herfs*, in: Hoffmann-Becking, MünchHdB GesR IV, § 79 Rn. 103 meint, es mache »keinen Sinn von solchen Empfehlungen eine Abweichung zu erklären«; sich dem anschließend *Hoffmann-Becking*, in: Hoffmann-Becking, MünchHdB GesR IV, § 34 Rn. 2.

645 *Philbert*, Die Kommanditgesellschaft auf Aktien zwischen Personengesellschaftsrecht und Aktienrecht, S. 241; *Goette*, in: Goette/Habersack/Kalss, MüKo-AktG III, § 161 Rn. 37; *Schmeing*, in: Ghassemi-Tabar, DCGK, Präa. Rn. 14; AktG § 161 Rn. 2; jeweils m. w. N. *Vetter*, in: Henssler/Strohn, GesR, AktG § 161 Rn. 4; *Lutter*, in: Zöllner/Noack, KK-AktG III.2, § 161 Rn. 3; *Herfs*, in: Hoffmann-Becking, MünchHdB GesR IV, § 79 Rn. 103.

de hat. Es ist also davon auszugehen, dass im Sinne des Gesetzgebers inhaltliche wie strukturelle Abweichungen erklärt und begründet werden müssen.

(6) Semi-extensive Erklärung

Der Mittelweg ist zu empfehlen. Dabei wird in einem vorgeschalteten Hinweis klargestellt, welche Empfehlungen strukturell nicht anwendbar sind, und in einem nachgeschalteten Teil werden nur noch die selbstgewählten inhaltlichen Abweichungen erklärt.[646] Die Vorteile liegen auf der Hand. Zunächst wird der Informationsfunktion des Kodex Genüge getan. Überdies kann eine gewisse Rechtssicherheit vor Anfechtungen erreicht werden.[647] Außerdem wird für die Adressaten deutlich differenziert, welchen Empfehlungen aus strukturellen und welchen aus inhaltlichen Gründen nicht entsprochen wird.[648] Eine unübersichtliche und falsch wirkende Vielzahl von Abweichungen wird so umgangen. Schließlich, und das ist in diesem Zusammenhang von entscheidender Bedeutung, wird das Risiko minimiert, öffentlich von Leerverkaufsaktivisten wegen eines vermeintlich niedrigen Corporate Governance Levels angeprangert zu werden. Alle Fragen auszuräumen, wird vermutlich dennoch nicht gelingen.

cc) Vorstandsähnlicher Komplementär und atypische KGaA

Für eine KGaA mit einem *vorstandsähnlichen* Komplementär sind die den Vorstand betreffenden Empfehlungen rechtstechnisch unanwendbar.[649] Eine Befolgung ist dennoch zu empfehlen.[650] Die Stellung des *vorstandsähnlichen* Komplementärs ähnelt der eines Vorstandes einer AG, so dass eine Nichtbefolgung nur als Ausdruck einer schlechten Corporate Governance gewertet werden kann.

Für die *atypische* KGaA wurde herausgearbeitet, dass die Vergütungsempfehlungen zumindest entsprechend anwendbar sind und eine Befolgung grundsätzlich möglich ist. Aus rechtstheoretischer Sicht müssen daher nur Abweichungen erklärt werden, wenn dies aus unternehmerischer Sicht gewollt ist. Da viele Empfehlungen lediglich entsprechend anwendbar sind, sollten Abweichungen nur aus inhaltlichen Gründen erfolgen und entsprechend erklärt werden. Ansonsten sollte die Gesellschaft um eine möglichst hohe Befolgungsquote bemüht sein. Soweit strukturell unanwendbare Empfehlungen betroffen sind, sollten diese in einem vorgeschalteten Teil auf-

646 *Vollertsen*, Corporate Governance der börsennotierten KGaA, S. 223–224; *Herfs*, in: Hoffmann-Becking, MünchHdB GesR IV, § 79 Rn. 103.
647 *Herfs*, in: Hoffmann-Becking, MünchHdB GesR IV, § 79 Rn. 103.
648 *Wieneke/Fett*, in: Bürgers/Fett, KGaA HdB, § 10 Rn. 110.
649 *Vollertsen*, Corporate Governance der börsennotierten KGaA, S. 587.
650 *Vollertsen*, Corporate Governance der börsennotierten KGaA, S. 587.

gezählt werden, um eine klare Trennung von willkürlichen Abweichungen zu erreichen.

e) Entsprechend anwendbare und strukturell unanwendbare DCGK-Empfehlungen (Lobbyarbeit)

Für die Gesellschafter einer Kommanditgesellschaft auf Aktien kann es sich lohnen, die ohnehin übliche Lobbyarbeit auch auf den Bereich des Deutschen Corporate Governance Kodex auszuweiten mit dem Versucht, auf die *Regierungskommission Deutscher Corporate Governance Kodex* Einfluss zu nehmen. Sie formuliert die Empfehlungen und Anregungen. Kann sie überzeugt werden, dass es einer besseren Berücksichtigung der KGaA im Deutschen Corporate Governance Kodex bedarf, kann sie den Kodex inhaltlich anpassen.[651]

Die zuvor aufgezeigten problematischen Fälle von entsprechend anwendbaren und strukturell unanwendbaren Empfehlungen könnten so beseitigt werden. Auch der Umgang mit solchen Empfehlungen wäre vereinfacht. Eine der größten Angriffsgefahren von Leerverkaufsaktivisten wäre so gebannt.

f) Akzeptable Vorstandsvergütung

Aktivistische Aktionäre, Investoren, aber auch die Allgemeinbevölkerung haben an einer aus ihrer Sicht unangemessen hohen Vergütung der Manager besonders viel auszusetzen. Die Möglichkeit der Unternehmensleitung, auch in diesem Zusammenhang auf Kommunikation zu setzen, fand – soweit ersichtlich – bislang keine Erwähnung. Gerade mit Blick auf die Vergütung der Komplementäre, der *vorstandsähnlichen* Komplementäre oder der Geschäftsleitung der Komplementärgesellschaft sollte ein Weg gefunden werden, mit Stimmrechtsberatern, institutionellen Investoren und Hedgefonds ins Gespräch zu kommen. In den Gesprächen können gegenseitige Vorstellungen ausgetauscht und Überlegungen der Gesellschaft zur Höhe der Vergütung begründet werden.

Die Anleger fühlen sich eingebunden und können die Berechnung der Gehälter nachvollziehen.

---

651 Mit einem beispielhaften Vorschlag *Backhaus*, Die Reform des Deutschen Corporate Governance Kodex (DCGK) und die Kommanditgesellschaft auf Aktien (KGaA), <*www.dcgk.de/de/konsultationen/archiv/konsultation-2018/19/konsultation-2019.html*>, S. 6.

g) Sonstige allgemeine Präventivmaßnahmen

Die sonstigen Präventivmaßnahmen entsprechen im Wesentlichen den Überlegungen zur Aktiengesellschaft und werden daher in der angemessenen Kürze dargestellt.

aa) Defence Manual und Defence Team

(1) Grundidee

Die Gründung eines »Defence Teams« wird als besonders wichtig empfunden.[652] Selbiges sollte aus internen Schlüsselpersonen und externen Beratern wie Rechtsanwälten, Finanzexperten und Public Relations Spezialisten bestehen.[653] In regelmäßigen Zusammenkünften und Übungsdurchgängen sollten sie den Ernstfall besprechen und trainieren.[654] Nichts anderes kann für die KGaA gelten. Auch bei ihr besteht das Bedürfnis nach einem in ständigem Austausch stehenden Team aus Experten, welches perfekt auf den Ernstfall vorbereitet ist und schnellstmöglich effektiv gegen eine Leerverkaufsattacke vorgehen kann.

Gleiches gilt für die Erstellung eines »Defence Manuals«[655]. Ein solches Handbuch bestimmt die Verantwortlichkeiten, das Vorgehen und die Abläufe, sobald es zu einem Leerverkaufsangriff kommt.[656] Es ist frühzeitig zu bestimmen wer, wie und in welchen Schritten auf einen Leerverkaufsangriff zu reagieren hat. Dies kann entscheidend dazu beitragen, in einem zeitlich engen Zusammenhang Attacken von Leerverkaufsaktivisten zu kontern.

(2) Anbindung des Defence Teams

Der Leerverkauf und dessen Auswirkungen sowie die im Research Report enthaltenen Vorwürfe betreffen neben Governance-Themen im Wesentli-

---

652 *Commandeur*, AG 2020, 575 (581); *Mülbert/Sajnovits*, BKR 19 (2019), 313 (321); *Mülbert*, ZHR 182 (2018), 105 (113); *Frömel*, Maßnahmen von Unternehmen gegen unberechtigte Short-Sell-Attacken, S. 265; *Engelen et al.*, Investor Activism 2018, S. 129; *Graßl/Nikoleyczik*, AG 62 (2017), 49 (59); als »Defence reaction team« *Bunz*, NZG 2014, 1049 (1052), »Arbeitsgruppe« *Schiessl*, ZIP 2009, 689 (696) oder »Notfallteam« bezeichnend *Möllers*, NZG 21 (2018), 649 (654).

653 *Bunz*, NZG 2014, 1049 (1052); *Commandeur*, AG 2020, 575 (581); *Graßl/Nikoleyczik*, AG 62 (2017), 49 (59).

654 *Bunz*, NZG 2014, 1049 (1052); *Frömel*, Maßnahmen von Unternehmen gegen unberechtigte Short-Sell-Attacken, S. 267.

655 *Graßl/Nikoleyczik*, AG 62 (2017), 49 (59); *Bunz*, NZG 2014, 1049 (1052); *Frömel*, Maßnahmen von Unternehmen gegen unberechtigte Short-Sell-Attacken, S. 266; *Engelen et al.*, Investor Activism 2018, S. 60, 100–101, 128, 142.

656 *Bunz*, NZG 2014, 1049 (1052); von einem wöchentlichen Rhythmus ausgehend *Frömel*, Maßnahmen von Unternehmen gegen unberechtigte Short-Sell-Attacken, S. 266.

chen Finanzthemen. Der Vorsitz eines Defence Teams und die Federführung in der Erstellung eines Defence Manuals sollte daher bei einem geschäftsführungsbefugten persönlich haftenden Gesellschafter mit einer kaufmännischen Qualifikation liegen.

Grundsätzlich ist gemäß § 278 Abs. 2 AktG i. V. m. §§ 161 Abs. 2, 116 Abs. 3 HGB jeder persönlich haftende Gesellschafter einzelgeschäftsführungsbefugt. Soweit mehrere Komplementäre zur Verfügung stehen, könnte das Defence Team an einen entsprechend geeigneten Kandidaten angebunden werden. Verfügt einer der Komplementäre aufgrund seiner Ausbildung über spezifische betriebswirtschaftliche Kenntnisse oder ist er anderweitig qualifiziert, sollte das Defence Team ihm zugeordnet werden.

Auch eine statutarische Modifizierung ist möglich. So können im Rahmen einer Geschäftsverteilung einzelne Funktionen und Sparten geeigneten Komplementären zugeordnet werden.[657] Beispielsweise können einzelnen persönlich haftenden Gesellschaftern die technische Leitung, die operative Leitung oder die kaufmännische Leitung übertragen werden. Dies kann sich gemäß §§ 283 Nr. 3, 93 AktG als verpflichtend darstellen. Danach sind die Komplementäre zu einer sachgerechten Organisation der Geschäftsführung angehalten.[658] Ist eine solche Geschäftsverteilung aus freiwilligen oder rechtlich notwendigen Gründen erfolgt, ist es naheliegend und empfehlenswert das Defence Team an den kaufmännischen Leiter anzubinden.

Bei der *atypischen* KGaA wie der *AG* & Co. KGaA und *SE* & Co. KGaA wird das Defence Team dem Finanzvorstand (angelsächsisch: »Chief Financial Officer«) der Komplementärgesellschaft zuzuordnen sein. Bei der Komplementär-AG und der Komplementär-SE ist der Vorstand das geschäftsführende Organ.[659] Der Vorstand kann aus mehreren Personen bestehen, § 76 Abs. 2 Satz 1 AktG. Ist dies der Fall, können typische Aufgaben auf einzelne Vorstandsmitglieder verteilt werden. In der Unternehmenswirklichkeit ist eine solche Aufteilung Usus. Es werden unterschiedliche Ressorts gebildet, wozu auch ein Finanzressort gehört. Dem steht der Finanzvorstand vor.

bb) Intelligente Frühwarnsysteme

Unternehmen sollten sich die voranschreitende Digitalisierung zunutze machen. Die Verwendung Künstlicher Intelligenz (»KI«) kann dabei ein entscheidender Baustein sein.[660] Die KI erkennt wiederkehrende Muster und ist

---

657 *Philbert*, Die Kommanditgesellschaft auf Aktien zwischen Personengesellschaftsrecht und Aktienrecht, S. 53; *Sethe*, in: Hirte/Mülbert/Roth, GroßKomm AktG XII, § 278 Rn. 135; *Schaumburg/Schulte*, Die KGaA, S. 10 Rn. 12.

658 *Sethe*, in: Hirte/Mülbert/Roth, GroßKomm AktG XII, § 278 Rn. 136.

659 *Otte*, Die AG & Co. KGaA, S. 89.

660 Dies bereits anregend *Engelen et al.*, Investor Activism 2018, S. 25–26.

in der Lage, diese zu analysieren. In der Realität angekommen sind bereits intelligente Autos, intelligente Telefone oder intelligente Überwachungssysteme. So können Proteste überwacht, Spionagenetzwerke aufgespürt oder international gesuchte Terroristen gefunden werden. Ein solch intelligentes Überwachungssystem ist auch für Unternehmen denkbar.

Die Angriffe von Leerverkaufsaktivisten folgen einem sich wiederholenden Muster.[661] Es sind immer wieder Parallelen zu erkennen. Viele der Informationen, die der Erkennung eines Leerverkaufsangriffs dienen, sind in historischen Werten enthalten. Entsprechende Datensätze können von dafür entwickelten Programmen gesammelt, analysiert und für künftige Angriffe verwendet werden. So könnten mithilfe von Künstlicher Intelligenz laufend Kommanditaktionärsstrukturen, Short Positionen, Finanzkennzahlen wie das KGV oder öffentliche Stellungnahmen von potenziellen Angreifern analysiert werden. Eine solche eng getaktete Analyse ist ohnehin zu empfehlen,[662] kann mithilfe von künstlicher Intelligenz aber deutlich effizienter ausgestaltet werden. Auch ein Vergleich mit ähnlichen Unternehmen bietet sich an. Dies wird im Falle der KGaA jedoch aufgrund der geringen Verbreitung und unterschiedlichsten statutarischen Ausgestaltungen deutlich schwieriger sein als bei weiter verbreiteten Kapitalgesellschaften.

Die künstliche Intelligenz könnte helfen, handlungsauslösende Schwellenwerte zu definieren, bei deren Überschreitung das Defence Team die im Defence Manual vorgeschriebenen Abläufe umsetzt.

Im Idealfall wird es durch die dauerhafte Analyse von Daten möglich sein, Leerverkaufsangriffe zu prognostizieren, bevor sie beginnen.

2. Reaktion

War eine Leerverkaufsattacke nicht abwendbar und hat sie bereits begonnen, müssen die persönlich haftenden Gesellschafter reagieren. Soweit es versäumt wurde, ein Defence Manual zu erstellen und eine Strategie zu erarbeiten, muss dies umgehend nachgeholt werden. Ohne einen strukturierten Plan ist eine erfolgreiche Verteidigung nahezu aussichtlos.

Die Verteidigung aus der Defensive ist ohnehin wenig Erfolg versprechend.[663] Häufig bricht die Kommanditaktie nach der Veröffentlichung der Vorwürfe innerhalb von Minuten dramatisch ein. Ein Kursverlust erfolgt deutlich schneller als ein Kursanstieg. Selbst die beste Reaktion kommt daher in den meisten Fällen zu spät. Das schnellstmögliche Abfedern des

---

661 Siehe zum Ablauf eines Leerverkaufsangriffs Kap. 3 § 10 III.
662 *Bunz*, NZG 2014, 1049 (1052); *Commandeur*, AG 2020, 575 (580).
663 *Graßl/Nikoleyczik*, AG 62 (2017), 49 (59).

Kursrutsches und eine möglichst zeitige Gesundung des Aktienkurses muss in diesem Fall das Ziel sein.

a) Kommunikativer Ansatz

Für die Aktiengesellschaft wird ein kommunikativer Ansatz als wichtigste Verteidigungsstrategie gesehen.[664] Dies ist auf die Kommanditgesellschaft auf Aktien übertragbar. Es ist unausweichlich, zu den vorgebrachten Vorwürfen schnellstmöglich[665] und mit der gebotenen Ruhe Stellung zu nehmen.

aa) Kommunikationskompetenz in der Kommanditgesellschaft auf Aktien

Die Kompetenzverteilung zur Kommunikation der KGaA mit gesellschaftsfremden Dritten hat bislang kaum Beachtung gefunden.[666]

Die Unternehmenskommunikation in Form von Informationsweitergabe an institutionelle Anleger und Privatanleger ist Teil der sogenannten »Investor Relations«.[667] Für die Kommunikationskompetenz von Kapitalgesellschaften lautet die These: »Investor Relations sind Chefsache«[668]. Um den »Chef« zu bestimmen, ist das Kompetenzgefüge in der Kommanditgesellschaft auf Aktien maßgeblich. Chef in dem hier gesuchten Sinne, also Träger der Kommunikationshoheit, ist jeder geschäftsführungsbefugte Komplementär. Er ist das kraft Gesetzes zur Leitung der Gesellschaft berufene Geschäftsführungs- und Vertretungsorgan, wobei für ihn das Recht der KG nach § 278 Abs. 2 AktG zur Anwendung kommt.[669] Die Befugnis zur Geschäftsführung erstreckt sich auf alle Handlungen, die der gewöhnliche Betrieb des Handelsgewerbes der Gesellschaft mit sich bringt (§ 278 Abs. 2 AktG i. V. m. § 116 Abs. 1 HGB) und umfasst tatsächliche sowie rechtsgeschäftliche Handlungen im Sinne des Gesellschaftszwecks.[670]

---

664 *Kocher*, DB 2016, 2887 (2892).

665 »möglichst zeitnah« *Commandeur*, AG 2020, 575 (581); »rasch« *Gillert*, BaFin Journal 2017, 26 (27); »schnell« *Engelen et al.*, Investor Activism 2018, S. 128; »gebotenen Eile« *Graßl/Nikoleyczik*, AG 62 (2017), 49 (59).

666 Lediglich sporadisch *Vollertsen*, Corporate Governance der börsennotierten KGaA, S. 529 unter Verweisung auf *Johannsen-Roth/Kießling*, in: Spindler/Wilsing/Butzke/Linden, FS Marsch-Barner, S. 273 (284); der für die KGaA zumindest den Aufsichtsrat von der Aktionärs- und Investorenkommunikation ausschließt.

667 *Fleischer*, ZGR 38 (2009), 505 (509).

668 *Fleischer*, ZGR 38 (2009), 505 (508).

669 BGHZ 134, 392–401 (393).

670 *Roth*, in: Hopt, HGB, § 116 Rn. 2; *Drescher*, in: Ebenroth/Boujong/Joost, HGB I, § 116 Rn. 8; m. w. N. noch zu 114 HGB a. F. *Rawert*, in: Schmidt/Ebke, MüKo-HGB II, § 114 Rn. 7.

Zu gewöhnlichen Geschäftsführungsmaßnahmen gehört auch die Informationsversorgung der Kommanditaktionäre, mithin der aus institutionellen Anlegern und der Privatanlegern bestehenden Investor Relations-Zielgruppe.

Nicht geschäftsführungsbefugten Komplementären ist danach keine Kommunikationskompetenz zuzusprechen.

In der *atypischen* Kommanditgesellschaft liegt die Kommunikationskompetenz bei dem zuständigen Organ der Komplementärgesellschaft. Beispielsweise ist die Kommunikationskompetenz bei der AG primär beim Vorstand und bei der SE beim entsprechenden Leitungsorgan anzusiedeln.[671]

Die tatsächliche Information kann in *gesetzestypischer* sowie *atypischer* KGaA durch speziell angeschlossene Investor Relations-Abteilungen erfolgen. Die Investor Relations-Abteilung muss sich zu einem Großteil mit Fragestellungen der Investoren hinsichtlich der Finanzplanung auseinandersetzen.[672] Aufgrund der engen Anknüpfung an Finanzthemen ist ein entsprechend qualifizierter persönlich haftender Gesellschafter, ein gegebenenfalls über eine statutarische Geschäftsverteilung mit der kaufmännischen Leitung betrauter Komplementär bzw. das Äquivalent in der Komplementärgesellschaft als erster Bezugspunkt für die Investor Relations-Abteilung zu empfehlen.[673] Nur so sind kurze Informationswege[674] und eine Unterrichtung der Anleger im Sinne der Geschäftsführung zu gewährleisten.

Die danach zu erwartenden strukturellen, die Governance betreffenden Fragen sollten von diesen Komplementären unproblematisch beantwortet werden können. Sie müssen wie alle anderen Komplementäre mit der Organisationsstruktur der Gesellschaft bestens vertraut sein.

bb) Art, Umfang und Form

Zur unmittelbaren Abfederung eines Kursrutsches ist eine erste vorläufige Pressemitteilung zu empfehlen.[675] Im Idealfall wird der Kapitalmarkt bereits diese Äußerung positiv verarbeiten.

Daran anschließend ist eine umfassende Gegendarstellung zu erarbeiten und zu veröffentlichen.[676] Dabei sollte vollständig auf jeden einzelnen Vorwurf eingegangen und die eigene Sicht dargestellt werden.[677]

671 Für die AG und SE *Schaper*, AG 2018, 356–364.

672 Für die Aktiengesellschaft feststellend *Schaper*, AG 2018, 356 (360).

673 Dies für die AG jeweils m. w. N. feststellend *Fleischer*, ZGR 38 (2009), 505 (508); *Schauer*, Aufsichtsratskommunikation, S. 91.

674 Für die AG m. w. N. *Schauer*, Aufsichtsratskommunikation, S. 93.

675 *Commandeur*, AG 2020, 575 (581); *Engelen et al.*, Investor Activism 2018, S. 129.

676 *Engelen et al.*, Investor Activism 2018, S. 129–130; *Gillert*, BaFin Journal 2017, 26 (27); *Commandeur*, AG 2020, 575 (581).

677 *Engelen et al.*, Investor Activism 2018, S. 129–130.

Für die Kommanditgesellschaft auf Aktien als wenig verbreitete Rechtsform bietet es sich an, die Besonderheiten der Gesellschaftsform gesondert darzustellen. Eine gegebenenfalls auch grafische Darstellung erleichtert das Verständnis der breiten Masse. Dies ist besonders dann hilfreich, wenn sich Kritikpunkte auf die Strukturmerkmale einer KGaA zurückführen lassen.

Abgesehen von der direkten Bezugnahme auf die vorgebrachten Kritikpunkte und der damit einhergehenden Richtigstellung kann es sich anbieten, die Veröffentlichung positiver Unternehmensnachrichten vorzuziehen.[678] Positive »Finanzkennzahlen oder Auftragssteigerungen« oder die Ankündigung einer höheren Dividendenzahlung kann die Gemüter der Kommanditaktionäre wesentlich beeinflussen.[679]

Um genannte Adressaten tatsächlich zu erreichen, muss die gesamte Bandbreite der Kommunikationsmöglichkeiten ausgeschöpft werden. Eine weitläufige Verbreitung der Gegendarstellung ist elementar.[680] Handlungsleitend ist die Maxime der Reichweite.

Die Zuhilfenahme von »Opinion Formern« wie »Wirtschafts- und Finanzpublikationen sowie -dienstleister, überregionale Tageszeitungen, Aktionärsberater und -vereinigungen, Banken und Aktienanalysten«[681] ist dabei außerordentlich praktikabel. Dabei ist allerdings nicht nur auf die klassischen Printmedien, sondern auch auf die sozialen Medien wie *X* (vormals *Twitter*), *Facebook*[682] oder *LinkedIn* spiegelbildlich der Kommunikationswege der Aktivisten, zurückzugreifen. Schließlich muss die Unternehmenskommunikation dieselbe Zielgruppe erreichen wie die Leerverkaufsaktivisten. Auch die Unternehmenswebsite[683] kann als Plattform genutzt werden. Überdies sind Interviews sowie Presse- und Telefonkonferenzen[684] durch die zuständigen persönlich haftenden Gesellschafter oder das zuständige Organ der Komplementärgesellschaft zu geben.

Für die direkte Ansprache der Aktivisten und wichtigen Anteilseigner sind der gezielte Einsatz von Briefen und E-Mails sowie persönlichen Gesprächen wichtige und vertrauensbildende Mittel.[685]

Alle veröffentlichten Nachrichten sollte zum einen mindestens zweisprachig (Englisch und Deutsch) verfasst werden, um auch ausländische Adressaten

---

678 *Engelen et al.*, Investor Activism 2018, S. 132; *Graßl/Nikoleyczik*, AR 2017, 59; *Frömel*, Maßnahmen von Unternehmen gegen unberechtigte Short-Sell-Attacken, S. 157.
679 *Engelen et al.*, Investor Activism 2018, S. 132.
680 *Commandeur*, AG 2020, 575 (581).
681 *Engelen et al.*, Investor Activism 2018, S. 130.
682 *Commandeur*, AG 2020, 575 (581).
683 *Commandeur*, AG 2020, 575 (581).
684 *Commandeur*, AG 2020, 575 (581); *Engelen et al.*, Investor Activism 2018, S. 130.
685 *Engelen et al.*, Investor Activism 2018, S. 131.

bestmöglich zu erreichen.[686] Zum anderen muss von den Verantwortlichen höchst genau auf Fakten geachtet werden.[687] Aussagen, die sich als unzutreffend entpuppen oder Versprechungen, die nicht umsetzbar sind, werden umgehend für weitere Angriffe verwendet und sind geeignet, einen bereits eingeleiteten Kursrutsch noch zu verstärken.

cc) Adressaten

Bei der Informationsveröffentlichung darf sich nicht auf einen engen Personenkreis beschränkt werden. Eine gezielte Adressierung bestimmter Personengruppen ist dabei ebenso wichtig wie die Information der Allgemeinheit.

Die Leerverkaufsaktivisten, die potenziellen (passiven) Leerverkäufer und die derzeitigen Kommanditaktionäre sind die wesentlichen Adressaten der reaktiven Kommunikationsmaßnahmen. Problematisch gestaltet sich häufig die Kontaktaufnahme zu den Aktivisten. Die die Kritik beinhaltenden Research Reports werden überwiegend anonym und lediglich unter Nennung des Analysehauses[688] veröffentlicht. Soll der Verfasser des Berichts direkt angesprochen werden, können Sprach-Profiler oder Detekteien zu Hilfe genommen werden. Dies ist allerdings kosten- sowie zeitaufwendig und eignet sich nicht als kurzfristige Abwehrmaßnahme. Für das weitere Vorgehen kann es sich jedoch als lohnend erweisen, den Autor ausfindig zu machen, ihn aus dem Schatten der Anonymität herauszulösen und das persönliche Gespräch zu suchen.

Wichtig ist auch, die potenziellen Leerverkäufer zu erreichen und sie zu überzeugen, dass die Vorwürfe nicht haltbar sind. Überdies muss es mit der Klarstellung gelingen, die eigenen Kommanditaktionäre für sich und ein Halten der Kommanditaktien zu gewinnen. Denn sie sind naturgemäß ein wesentlicher Treiber des anvisierten Kursrutsches, aber auch Anker soweit es gelingt, sie vom Verkauf ihrer Kommanditaktien abzuhalten.

b) Konfrontativer Ansatz

Erscheint der kommunikative Ansatz aussichtslos, bleibt die direkte Konfrontation mit den aktivistischen Leerverkäufern. In Frage kommt ein gerichtliches Vorgehen der KGaA (1) oder der persönlich haftenden Gesellschafter (2) gegen die Leerverkaufsaktivisten. Zu diskutieren ist außerdem der Rückkauf von Kommanditaktien (3) und der Erwerb von Kommanditaktien durch Führungspersonen (4) beziehungsweise den Komplementär (5).

686 *Engelen et al.*, Investor Activism 2018, S. 130.
687 *Engelen et al.*, Investor Activism 2018, S. 97.
688 *Frömel*, Maßnahmen von Unternehmen gegen unberechtigte Short-Sell-Attacken, S. 90, 91, 194.

Schließlich könnte sich die Kontaktaufnahme zur *Bundesanstalt für Finanzdienstleistungsaufsicht* (*BaFin*) (6) als hilfreich erweisen.

Anknüpfungspunkt für eine konfrontative Verteidigung im Sinne eines gerichtlichen Vorgehens bietet der veröffentlichte Research Report. Er ist das wesentliche Instrument der Leerverkaufsaktivisten. In ihm werden die negativen Informationen in Worte gegossen. Dies ist keineswegs verwerflich, denn sorgfältig recherchierte Analysen helfen, die eingangs erwähnte Informationsasymmetrie zwischen Prinzipalen und Agenten[689] – in diesem Fall Kommanditaktionären und Komplementären – zu verringern.[690] Je nach Ausgestaltung des Research Reports bieten sich aber Überlegungen hinsichtlich in Frage kommender Schadensersatzansprüche – auch wenn die Durchsetzung in der Praxis schwierig sein wird[691] – gegen die Leerverkaufsaktivisten an. Soweit ein Schaden entsteht, können die KGaA und auch der Komplementär anspruchsberechtigt sein. Mögliche Ansprüche der Kommanditaktionäre[692] bleiben in diesem Zusammenhang unerwähnt, denn die Verteidigung wird in erster Linie von der Gesellschaft und in zweiter Linie ihren Leitungsorganen und nicht den breit gestreuten Kommanditaktionären ausgehen.

Die Geltendmachung solcher Ansprüche kann eine positive Signalwirkung haben.[693] Sie zeigt den Marktteilnehmern, dass das Unternehmen sich mit Nachdruck gegen die aufgestellten Behauptungen zur Wehr setzt. Die am Grundkapital beteiligten Kommanditaktionäre dürften sich durch rechtliche Schritte »ihres« Unternehmens darin bestätigt fühlen, dass es den vorgebrachten Vorwürfen an einer belastbaren Grundlage fehlt. Das kann zur Gesundung des Aktienkurses einen wesentlichen Beitrag leisten. Die Einschätzung eines Erfolgs ist abhängig vom jeweiligen Einzelfall und obliegt in einem ersten Schritt den Rechtsexperten des Defence Teams.

Nachfolgend werden zunächst mögliche Ansprüche der Gesellschaft gegen aktivistische Kommanditaktionäre überblickshaft dargestellt. Daran anschließend treten die persönlich haftenden Gesellschafter einer Kommanditgesellschaft und die Frage eigener Ansprüche gegen die Aktivisten in den Mittelpunkt.

---

689 Siehe dazu Kap. 2 § 5 II. 1.

690 Allgemein *Frömel*, Maßnahmen von Unternehmen gegen unberechtigte Short-Sell-Attacken, S. 39, 172; *Langenbucher/Hau/Wentz*, ZBB/JBB 31 (2019), 307 (315).

691 *Brellochs*, ZGR 49 (2020), 319 (325); *Mülbert*, ZHR 182 (2018), 105 (111).

692 Ausführlich zu den Ansprüchen der AG-Aktionäre *Schockenhoff/Culmann*, AG 2016, 517 (519–527).

693 *Frömel*, Maßnahmen von Unternehmen gegen unberechtigte Short-Sell-Attacken, S. 213.

aa) Geltendmachung von Ansprüchen der betroffenen KGaA – Die Gesellschaft als »erste Verteidigerin«

Soweit eine KGaA Ziel einer Kampagne aktivistischer Investoren geworden ist, erwachsen ihr möglicherweise aufgrund der aktivistischen Publikationen Ansprüche gegen die Aktivisten. Die infrage kommenden Anspruchsgrundlagen[694] richten sich nach dem Inhalt der Berichte und Vorwürfe. Da die für die AG bereits besprochenen Anspruchsgrundlagen für die KGaA übernommen werden können, soll eine überblicksartige Zusammenstellung genügen.

Bei der Verbreitung *unwahrer Tatsachen* über die KGaA durch die Leerverkaufsaktivisten sind mehrere Anspruchsgrundlagen in die Verteidigungsüberlegungen einzubeziehen. Wird durch die Leerverkaufsattacke die wirtschaftliche Wertschätzung des Unternehmens unmittelbar beeinträchtigt, kommt § 824 BGB in Betracht.[695] Es könnte der KGaA zudem ein Anspruch aus § 826 BGB wegen vorsätzlicher sittenwidriger Schädigung zustehen.[696] Soweit der Research Report geeignet ist, die KGaA verächtlich zu machen, wird die Schutzgesetzhaftung aus § 823 Abs. 2 BGB i. V. m. §§ 185–187 StGB womöglich einschlägig sein.[697] Schließlich wird betroffenen Gesellschaften ein Schadensersatz aus § 823 Abs. 1 BGB i. V. m. einem sonstigen Recht zustehen. Teilweise wird nachgedacht über die Verletzung des sog. Unternehmenspersönlichkeitsrechts gem. Art. 2 Abs. 1, 19 Abs. 3 GG i. V. m. Art. 8 Abs. 1 EMRK (verfassungsrechtlich) oder § 823 Abs. 1 BGB (einfachgesetzlich).[698] So soll Verbänden in ihrer Funktion als Wirtschafts-

---

694 Dazu allgemein und nicht differenzierend *Spieker*, in: Hamm, BeckRA-HdB, § 39 Rn. 41; *Mülbert/Sajnovits*, BKR 19 (2019), 313 (322).

695 Allgemein *Wagner*, in: Säcker/Rixecker/Oetker/Limperg, MüKo-BGB VII, § 824 Rn. 5, 36–37; *Kern*, in: Stürner, Jauernig BGB, § 824 Rn. 1; *Hager*, in: Staudinger, BGB, § 824 Rn. 1; explizit für die AG *Schockenhoff/Culmann*, AG 2016, 517 (527); *Poelzig*, ZHR 184 (2020), 697 (S. 750, 753–754); *Möllers*, NZG 21 (2018), 649 (652); ausführlich *Frömel*, Maßnahmen von Unternehmen gegen unberechtigte Short-Sell-Attacken, S. 166–167.

696 Ausführlich für die AG *Frömel*, Maßnahmen von Unternehmen gegen unberechtigte Short-Sell-Attacken, S. 168–176; *Mülbert/Sajnovits*, in: Assmann/Schneider/Mülbert, Wertpapierhandelsrecht, VO (EU) Nr. 236/2012 Vor Art. 1 Rn. 89; *Brellochs*, ZGR 49 (2020), 319 (328).

697 Allgemein *Hager*, in: Staudinger, BGB, § 824 Rn. 1; explizit für die AG als Zielgesellschaft und § 186 StGB *Poelzig*, ZHR 184 (2020), 697 (754); für § 187 Alt. 2 StGB *Frömel*, Maßnahmen von Unternehmen gegen unberechtigte Short-Sell-Attacken, S. 180–181.

698 Ein solches grundsätzlich anerkennend BGH, Urt. v. 11.03.2008 – VI ZR 7/07, NJW 61 (2008), 2110 (2111); Urt. v. 14.01.2020 – VI ZR 496/18, MMR 23 (2020), 387 (389); Urt. v. 10.04.2018 – VI ZR 396/16, NJW 71 (2018), 2877 (2879); ausführlich *Hager*, in: Staudinger, J. von Staudingers Kommentar zum Bürgerlichen Gesetzbuch, § 823 Rn. C 28, C 32; mit praktischen Beispielen *Cronemeyer*, AfP 2014, 111–116;

unternehmen ein Reputationsschutz gewährt werden.[699] Auch der KGaA als private Verbandsform kann daher das Unternehmenspersönlichkeitsrecht zustehen, und sie kann in demselben verletzt werden. Darüber hinaus kann sich ein Unternehmen auf sein Recht am eingerichteten und ausgeübten Gewerbetrieb berufen, wodurch die Rechtsprechung Unternehmen Schutz zuerkennt vor außerwettbewerblichen deliktischen Beeinträchtigungen.[700] Beide Rechte werden auch der Kommanditgesellschaft auf Aktien als juristischer Person und Kapitalgesellschaft zu eigen, soweit sie eine gegenwärtige, selbständige gewerbliche Tätigkeit ausübt.

Bei geschäftsschädigenden, aber *wahren Tatsachen* ist an § 826 BGB sowie § 823 Abs. 2 BGB i. V. m. einem Schutzgesetz zu denken.[701] Sind die wahren Tatsachen unrechtmäßig erlangt, soll gegebenenfalls ein Eingriff in das Recht am eingerichteten und ausgeübten Gewerbebetrieb vorliegen.[702]

Bei *abträglichen Werturteilen* kommt ebenfalls ein Eingriff in das Recht am eingerichteten und ausgeübten Gewerbebetrieb in Betracht.[703]

bb) Geltendmachung von Ansprüchen des betroffenen Komplementärs – Der persönlich haftende Gesellschafter als »zweiter Verteidiger«?

Als weiterer Anspruchsteller muss der persönlich haftende Gesellschafter der betroffenen Kommanditgesellschaft auf Aktien bedacht werden.

Die Anspruchsgrundlagen richten sich wiederum nach der Art und dem Inhalt der Berichterstattung über die KGaA. Dass der persönlich haftende Gesellschafter die Ansprüche für die KGaA geltend macht und die Gesellschaft gerichtlich und außergerichtlich vertritt, ergibt sich aus seiner Organstellung

---

Frömel, Maßnahmen von Unternehmen gegen unberechtigte Short-Sell-Attacken, S. 178; a. A. *Koreng*, GRUR 112 (2010), 1065 (1067).

699 *Hager*, in: Staudinger, J. von Staudingers Kommentar zum Bürgerlichen Gesetzbuch, § 823 Rn. C. 28; *Sprau*, in: Grüneberg, BGB, § 823 Rn. 92.

700 Explizit für unwahre Äußerungen annehmend BGH, Urt. v. 07.02.1984 – VI ZR 193/82, NJW 37 (1984), 1607 (1609); *Kern*, in: Stürner, Jauernig BGB, § 824 Rn. 1; *Wagner*, in: Säcker/Rixecker/Oetker/Limperg, MüKo-BGB VII, § 823 Rn. 386, § 824 Rn. 5; *Frömel*, Maßnahmen von Unternehmen gegen unberechtigte Short-Sell-Attacken, S. 176–177; m. w. N. *Poelzig*, ZHR 184 (2020), 697 (751); *Möllers*, NZG 21 (2018), 649 (651).

701 Für § 826 BGB und § 823 Abs. 2 BGB i. V. m. § 192 StGB *Wagner*, in: Säcker/Rixecker/Oetker/Limperg, MüKo-BGB VII, § 824 Rn. 6; sich lediglich auf § 826 BGB beziehend *Staudinger*, in: Schulze, HK-BGB, § 826 Rn. 8; *Wilhelmi*, in: Erman, BGB, § 826 Rn. 39

702 *Wagner*, in: Säcker/Rixecker/Oetker/Limperg, MüKo-BGB VII, § 824 Rn. 5.

703 Grundsätzlich *Kern*, in: Stürner, Jauernig BGB, § 824 Rn. 1; für die AG *Poelzig*, ZHR 184 (2020), 697 (750–753); *Möllers*, NZG 21 (2018), 649 (652).

(§ 278 Abs. 2 AktG i. V. m. §§ 161 Abs. 2, 124 Abs. 1 HGB). Interessant wird zu sehen sein, ob sich für den Komplementär eigene Ansprüche aufgrund der Verbreitung von *(un)wahren Tatsachen* und *abträglichen Werturteilen* über die KGaA ergeben.

(1) Kein Anspruch wegen Schädigungsverbot gem. § 117 Abs. 1 AktG

Ein Anspruch des Komplementärs aus § 117 Abs. 1 AktG besteht nicht.

Gemäß § 117 Abs. 1 AktG ist derjenige der Gesellschaft zum Ersatz eines entstehenden Schadens verpflichtet, der vorsätzlich unter Benutzung seines Einflusses auf die Gesellschaft ein Mitglied des Vorstands oder des Aufsichtsrats, einen Prokuristen oder einen Handlungsbevollmächtigten dazu bestimmt, zum Schaden der Gesellschaft oder ihrer Aktionäre zu handeln.

Für eine von einem Leerverkaufsangriff betroffene AG und deren Aktionäre findet der Schadensersatzanspruch aus § 117 Abs. 1 AktG immer häufiger Erwähnung.[704] Die Norm ist grundsätzlich auch auf die KGaA anwendbar. § 117 Abs. 1 Satz 1 AktG entfaltet außerdem Schutzwirkung gegenüber der KGaA.[705] Entsprechend sind Kommanditaktionäre einer KGaA bei Vorliegen der Tatbestandsvoraussetzungen befugt, einen Schadensersatzanspruch nach § 117 Abs. 1 Satz 2 AktG geltend zu machen.[706] Der persönlich haftende Gesellschafter einer KGaA wird vom Wortlaut des Absatz 1 dagegen nicht erfasst. Ob der persönlich haftende Gesellschafter dennoch anspruchsberechtigt ist, kann an dieser Stelle dahinstehen, wird aber zu einem späteren Zeitpunkt wieder aufgegriffen.[707]

Im Ergebnis scheidet ein Anspruch aus § 117 Abs. 1 AktG als Reaktion auf eine Leerverkaufsattacke bereits aus anderen Gründen aus. Der Leerverkaufsaktivist bestimmt nicht unter Benutzung seines Einflusses auf die KGaA eine Führungskraft wie einen persönlich haftenden Gesellschafter oder ein Aufsichtsratsmitglied, zum Schaden der Gesellschaft zu handeln. Sein Ziel ist es, die übrigen Kommanditaktionäre zum Verkauf ihrer Kommanditaktien zu bewegen und so einen Kurssturz herbeizuführen.[708] Die darauffolgenden Verteidigungshandlungen durch die zuständige Leitungs-

---

704 *Frömel*, Maßnahmen von Unternehmen gegen unberechtigte Short-Sell-Attacken, S. 165; *Schockenhoff/Culmann*, AG 2016, 517 (519, 527).

705 So für Aufsichtsratsmitglieder bei vorsätzlicher Schädigung einer Kommanditgesellschaft auf Aktien *Schubert*, Unternehmensmitbestimmung in der SE & Co. KGaA, S. 43

706 *Mertens/Cahn*, in: Zöllner/Noack, KK-AktG V, § 278 Rn. 60; *Philbert*, Die Kommanditgesellschaft auf Aktien zwischen Personengesellschaftsrecht und Aktienrecht, S. 129–130.

707 Siehe Kap. 3 § 11 IV. 2. b) cc) (1) (a).

708 Entsprechend für die AG *Frömel*, Maßnahmen von Unternehmen gegen unberechtigte Short-Sell-Attacken, S. 165.

person erfolgen zum Schutz und Wohle der Gesellschaft.[709] Es fehlt daher an der schädigenden Beeinflussung der Komplementäre, denn die durch die Leerverkaufsaktivsten bei der Geschäftsleitung hervorgerufenen Handlungen sind gerade nicht schädigend, sondern auf das Gegenteil gerichtet.

(2) Kein Anspruch aus § 280 Abs. 1 BGB wegen Verletzung der gesellschaftsrechtlichen Treuepflicht

Ein Anspruch der Komplementäre einer KGaA aus § 280 Abs. 1 BGB wegen Verletzung der gesellschaftsrechtlichen Treuepflicht gegen Leerverkaufsaktivisten scheidet in der Regel aus.

Die gesellschaftsrechtliche Treuepflicht wurzelt in § 242 BGB und ist die Grundlage für gegenseitige Loyalitäts-, Rücksichtnahme- und Duldungspflichten.[710] Treuepflichtverstöße gegenüber der Gesellschaft oder den Mitgesellschaftern können zu einer Schadensersatzpflicht nach § 280 Abs. 1 BGB führen.[711] Dies setzt jedoch stets ein mitgliedschaftliches oder gesellschaftsvertragliches Sonderrechtsverhältnis als Schuldverhältnis im Sinne von § 280 Abs. 1 BGB voraus; gerade daran fehlt es im Regelfall des Leerverkaufsangriffs.

Im Zusammenhang mit Leerverkaufsangriffen wird die gesellschaftsrechtliche Treuepflicht, vereinzelt als mögliche Anspruchsgrundlage für Aktiengesellschaften und Aktionäre genannt.[712] In der Veröffentlichung eines unzutreffenden Berichts über die Gesellschaft ließe sich gegebenenfalls eine Verletzung der mitgliedschaftlichen Treuepflicht erblicken. Diese Bewertung kommt jedoch nur dann in Betracht, wenn die Veröffentlichung funktional eine mitgliedschaftlich vermittelte Einflussnahme darstellt, also der Leerverkaufsaktivist tatsächlich Gesellschafter ist und ihm satzungsmäßig eine relevante Einflussmacht zukommt. Außerhalb solcher Ausnahmekonstellationen ist die Veröffentlichung als Stellungnahme eines außenstehenden Dritten zu behandeln und trägt keine Treuepflichthaftung.

Treuepflichten gelten grundsätzlich auch in der KGaA. Für die Intensität der Treuepflicht ist das betroffene Rechtsverhältnis maßgeblich.[713] So gilt für Komplementäre untereinander und gegenüber der Gesamtheit der Komman-

---

709 Von einer mittelbaren Einflussnahme auf die Handlungen des Vorstands und des Aufsichtsrats in der AG sprechend *Frömel*, Maßnahmen von Unternehmen gegen unberechtigte Short-Sell-Attacken, S. 165.

710 M. w. N. *Fett*, in: Bürgers/Fett, KGaA HdB, § 3 Rn. 21.

711 Grundsätzlich *Rieckers*, in: Hoffmann-Becking, MünchHdB GesR IV, § 17 Rn. 32.

712 *Poelzig*, ZHR 184 (2020), 697 (747–749); *Wentz*, WM 2019, 196 (202); *Schockenhoff/Culmann*, AG 2016, 517 (524 f.).

713 *Herfs*, in: Hoffmann-Becking, MünchHdB GesR IV, § 78 Rn. 29; *Fett*, in: Bürgers/Fett, KGaA HdB, § 3 Rn. 22.

ditaktionäre der Treuepflichtmaßstab des Personengesellschaftsrechts (§ 278 Abs. 2 AktG).[714] Die Treuepflichten der Kommanditaktionäre untereinander sowie gegenüber der KGaA richten sich nach aktienrechtlichen Maßstäben (§ 278 Abs. 3 AktG).[715] Eine Treuepflicht der Leerverkaufsaktivisten kommt somit nur dann in Betracht, wenn sie selbst eine Gesellschafterstellung (Kommanditaktionär oder Komplementär) innehaben.

Die Leerverkaufsaktivisten sind im Zeitpunkt der Angriffshandlung grundsätzlich keine Kommanditaktionäre.[716] Das gleichzeitige Halten und der Leerverkauf von Kommanditaktien am Unternehmen schmälert oder nivelliert den Gewinn, egal in welche Richtung der Kurs ausschlägt. Für den Erfolg eines Leerverkaufsangriffs bedarf es einer Gesellschafterstellung jedenfalls nicht.

Eine daneben bestehende Gesellschafterstellung des Leerverkaufsaktivisten als Komplementär ist zudem fernliegend. Es ist kaum vorstellbar, dass ein Leerverkaufsaktivist zugleich Komplementär der angegriffenen KGaA ist. Die Vorstellung von einem Leerverkäufer, der zugleich persönlich für die von ihm angegriffene KGaA haftet, ist abwegig. Dies käme einer Selbstbezichtigung gleich. Der eigentlichen Keimzelle des Investoraktivismus, nämlich der Überwindung des Prinzipal-Agent-Konflikts,[717] würde es denklogisch widersprechen, wenn der Prinzipal selbst die Konfliktlösung durch einen Leerverkaufsangriff in die Hand nähme. Eine Treuepflicht zwischen einem Shortseller als Komplementär und den potenziell anspruchsberechtigten übrigen Komplementären ist daher nur in absoluten Ausnahmefällen denkbar.

Eine Treuepflicht des Leerverkaufsaktivisten als Kommanditaktionär gegenüber den Komplementären scheidet in aller Regel ebenfalls aus. Eine Treueplicht des Shortsellers als Kommanditaktionär gegenüber den Komplementären kommt nur dann in Betracht, wenn ihnen beispielsweise durch eine entsprechende Satzungsgestaltung ein erheblicher Einfluss auf die Geschäftsführung der KGaA eingeräumt wird.[718] Hintergrund ist die Rechtsprechung des BGH, wonach mit der möglichen Einflussnahme auf die Geschäftsführung, die gesellschaftsbezogenen Interessen der Mitgesellschafter zu beeinträchtigen, eine gesellschaftsrechtliche Treuepflicht korrespon-

714 *Sethe*, in: Hirte/Mülbert/Roth, GroßKomm AktG XII, § 278 Rn. 58–59; *Fett*, in: Bürgers/Fett, KGaA HdB, § 3 Rn. 22.

715 *Fett*, in: Bürgers/Fett, KGaA HdB, § 3 Rn. 23.

716 Siehe dazu bereits unter Kap. 3 § 10 III. 4.; sonst *Graßl/Nikoleyczik*, AG 62 (2017), 49 (55); *Mülbert*, ZHR 182 (2018), 105 (108).

717 Siehe dazu Kap. 2 § 5 II. 2.

718 *Fett*, in: Bürgers/Fett, KGaA HdB, § 3 Rn. 23; *Perlitt*, in: Goette/Habersack/Kalss, MüKo-AktG V, § 278 Rn. 94; *Sethe*, in: Hirte/Mülbert/Roth, GroßKomm AktG XII, § 278 Rn. 90.

diert.[719] Eine derartige Satzungsgestaltung i. S. einer hauptversammlungsdominierten KGaA ist praktisch selten.

Eine Möglichkeit, die gesellschaftsrechtliche Treuepflicht des Shortsellers dennoch zu bejahen, wird vereinzelt in der vormitgliedschaftlichen Treuepflicht gesehen.[720] Diese soll dann einschlägig sein, wenn der Aktivist zu irgendeinem Zeitpunkt des Leerverkaufs Gesellschafter wird.[721] Unter diesem Gesichtspunkt erscheint es vom Zufall abhängig, ob ein Anspruch entsteht oder nicht. Abhängig von der Wahl des Deckungsgeschäfts besteht immer die Möglichkeit, dass der Shortseller während des gesamten Vorgangs niemals Eigentümer wird.[722] Abgesehen davon erscheint die Berichterstattung eines Leerverkaufsaktivisten als Stellungnahme eines außenstehenden Dritten und nicht als Möglichkeit einer durch die Gesellschafterstellung vermittelten Einflussnahme.[723] Vor diesem Hintergrund trägt die vormitgliedschaftliche Treuepflicht im Kontext von Leerverkaufsattacken nicht als tragfähiger Haftungsansatz, weil die notwendige individuelle Anbahnungs- und Vertrauenslage fehlt und die Haftungsbegründung sich nicht an Zufälligkeiten der Transaktionsstruktur knüpfen darf.

Damit bleibt festzuhalten, dass Treuepflichtverstöße grundsätzlich zu einer Schadensersatzpflicht nach § 280 Abs. 1 BGB führen können. Im hier relevanten Kontext scheitert eine entsprechende Haftung jedoch regelmäßig daran, dass Leerverkaufsaktivisten regelmäßig weder Komplementäre noch – im Zeitpunkt der Einflussnahme – Kommanditaktionäre mit erheblicher Einflussmacht sind und auch keine vormitgliedschaftliche Sonderverbindung besteht.

(3) Kein deliktischer Anspruch wegen Eigentumsverletzung – § 823 Abs. 1 BGB

Etwaige Ansprüche des Komplementärs können zudem nicht auf eine Verletzung des zivilrechtlichen Eigentums an der KGaA durch die Maßnahmen der Leerverkaufsaktivisten gestützt werden.

Immer wieder werden Komplementäre als Eigentümer einer KGaA bezeichnet.[724] Die Bezeichnung als Eigentümer hat zum einen den Grund, dass Unternehmen im allgemeinen Sprachgebrauch Personen oder Personengruppen

---

719 BGHZ 65, 15 (19); BGHZ 103, 184 (195); BGHZ 129, 136 (143 f.).

720 So insbesondere *Wentz*, WM 2019, 196 (203); zweifelnd *Mülbert*, ZHR 182 (2018), 105 (109); verneinend *Poelzig*, ZHR 184 (2020), 697 (748 f.).

721 *Wentz*, WM 2019, 196 (203).

722 *Mülbert*, ZHR 182 (2018), 105 (109).

723 *Schockenhoff/Culmann*, AG 2016, 517 (524); *Poelzig*, ZHR 184 (2020), 697 (748 f.).

724 So sei die Gründerfamilie über die *E. Merck* KG bis heute Haupt*eigentümerin* der *Merck* KGaA. Denn die persönlich haftende Gesellschafterin *E. Merck* KG hält am

zugeordnet werden, um Herrschaftsverhältnisse deutlich zu machen. Zum anderen sind die persönlich haftenden Gesellschafter tatsächlich als wirtschaftliche Eigentümer[725] der KGaA anzusehen. Schließlich tragen sie in besonderem Maße das wirtschaftliche Risiko der KGaA und haben unabhängig von einer Beteiligung am Grundkapital eine kontrollierende Stellung. Das Deliktsrecht schützt allerdings ausschließlich zivilrechtlich vermitteltes Sacheigentum.[726] Zivilrechtlich vermitteltes Sacheigentum (rechtliches Eigentum) an der Kommanditgesellschaft auf Aktien besteht für ihre Gesellschafter allerdings nicht. Zwar kann das Unternehmen Gegenstand des Rechtsverkehrs sein,[727] es ist aber nicht als gegenständlich im Sinne eines körperlichen Gegenstands zu erachten. »Das« Unternehmen ist nicht materialisierbar. Es ist eine »Gesamtheit von Sachen, Rechten und sonstigen Vermögenswerten«[728].

(4) Deliktische Ansprüche wegen der Beeinträchtigung und Verletzung eines »sonstigen Rechts« – § 823 Abs. 1 BGB

Anstelle des Eigentums an körperlichen Sachen sind auch sonstige Rechte i. S. d. § 823 Abs. 1 BGB gegen Eingriffe von außen deliktsrechtlich geschützt. Für den Fall einer Beeinträchtigung eines sonstigen Rechts durch den Leerverkaufsangriff könnten Ansprüche gegen die Leerverkaufsaktivisten bestehen.

(a) Mitgliedschaft als sonstiges Recht des Komplementärs

Nach der ganz herrschenden Meinung fällt unter die sonstigen Rechte auch die Mitgliedschaft an Kapitalgesellschaften.[729] Weder die Rechtsprechung

---

Gesamtkapital der *Merck* KGaA rund 70,3 % *Merck KGaA*, <*www.merckgroup.com/de/company/management/e-merck-kg.html*>.

725 Passender erscheint es allerdings, von einem »wirtschaftlichen Rechtsinhaber« zu sprechen, da es sich konkret um eine vermögenswerte Rechtsposition handelt.

726 *Wagner*, in: Säcker/Rixecker/Oetker/Limperg, MüKo-BGB VII, § 823 Rn. 242.

727 Titel der Monografie *Pisko*, Das Unternehmen als Gegenstand des Rechtsverkehrs; in der Kommentarliteratur *Beisel*, in: Beisel/Klumpp, Der Unternehmenskauf, § 1 Rn. 22; *Merkt*, in: Hopt, HGB, Einl. vor § 1 Rn. 50–76; Kapitel 3 in der Monografie von *Flume*, Vermögenstransfer und Haftung.

728 *Medicus/Lorenz*, Schuldrecht II, § 19 Rn. 5.

729 M. j. w. N. *Wagner*, in: Säcker/Rixecker/Oetker/Limperg, MüKo-BGB VII, § 823 Rn. 351; *Hager*, in: Staudinger, J. von Staudingers Kommentar zum Bürgerlichen Gesetzbuch, § 823 Rn. B 141; *Reuter*, in: Medicus/Mertens/Nörr/Zöllner, FS Lange, S. 710–713; *Wilhelmi*, in: Erman, BGB, § 823 Rn. 41; *Larenz/Canaris*, Lehrbuch des Schuldrechts, S. 394; ausführlich *Habersack*, Die Mitgliedschaft – subjektives und „sonstiges" Recht, S. 117–147; für die GmbH bereits RGZ 100, 274 (278) und für die AG RGZ 158, 248 (255).

noch die Literatur schenken den KGaA-Mitgliedschaften[730] in diesem Kontext ausdrückliche Beachtung, sondern widmen ihre volle Aufmerksamkeit der Mitgliedschaft in der AG und der GmbH.

Die Komplementär-Mitgliedschaft unterscheidet sich in Rechten und Pflichten wesentlich von den »üblichen« Mitgliedschaften in einer Kapitalgesellschaft. Eine Einordnung der Komplementär-Mitgliedschaft unter die »sonstigen Rechte« ist daher nicht selbstverständlich, im Ergebnis aber zu bejahen. Die Komplementär-Mitgliedschaft erfüllt die Wesensmerkmale eines »sonstigen Rechts«, genauer gesagt die Zuordnungs- und Ausschließungsfunktion[731] im Sinne des § 823 Abs. 1 BGB. Danach muss der Komplementär die Mitgliedschaft nach seinem Belieben und zur Verfolgung eigener Interessen einsetzen (Zuordnungsfunktion) und andere von der Einwirkung ausschließen können (Ausschließungsfunktion).[732] Die Zuordnungsfunktion, mithin die Eigennützigkeit, ist nicht offenkundig, denn in Ausübung des Mitgliedschaftsrechts stehen die Belange der KGaA vor den privaten Bedürfnissen des Komplementärs. Die Handlungen des Komplementärs orientieren sich primär am Gesellschaftsinteresse und nicht am Privatinteresse. Gleiches gilt für das Zustimmungsrecht der geschäftsführungsbefugten und von der Geschäftsführung ausgeschlossenen Komplementäre[733] bei Hauptversammlungsbeschlüssen nach § 285 Abs. 2 AktG.

Mit Blick auf einzelne Mitgliedschaftsrechte des Komplementärs muss das eigene Interesse zurücktreten und eine gänzlich eigennützige Ausübung ausscheiden. Dies gilt aber nicht für die Komplementär-Mitgliedschaft insgesamt. Sie ist eine die Rechte und Pflichten zusammenfassende rechtliche Einheit[734] und ungeachtet aller Einschränkungen »zuvörderst privatnütziger Natur«.[735] Die Komplementär-Mitgliedschaft ist insgesamt folglich ein sonstiges Recht i. S. des § 823 Abs. 1 BGB.

---

730 Siehe zur Mitgliedschaft in der KGaA bereits Kap. 2 § 4 II 2.

731 *Hager*, in: Staudinger, J. von Staudingers Kommentar zum Bürgerlichen Gesetzbuch, § 823 Rn. B 141; *Canaris*, in: Deutsch/Klingmüller/Kullmann, FS Steffen, S. 90; *Sprau*, in: Grüneberg, BGB, § 823 Rn. 21; *Wagner*, in: Säcker/Rixecker/Oetker/Limperg, MüKo-BGB VII, § 823 Rn. 303; *Larenz/Canaris*, Lehrbuch des Schuldrechts, S. 374; die Zuordnungsfunktion als ausreichend erachtend *Habersack*, Die Mitgliedschaft – subjektives und „sonstiges" Recht, 172–132; neben der Zuordnungsfunktion eine sozialtypische Offenkundigkeit fordernd *Wilhelmi*, in: Erman, BGB, § 823 Rn. 35.

732 Allgemein *Sprau*, in: Grüneberg, BGB, § 823 Rn. 11.

733 Zur Zustimmung auch nicht geschäftsführender Komplementäre *Perlitt*, in: Goette/Habersack/Kalss, MüKo-AktG V, § 285 Rn. 39, § 278 Rn. 198.

734 M. w. N. *Lutter*, AcP 180 (1980), 84 (99); *Reuter*, in: Medicus/Mertens/Nörr/Zöllner, FS Lange, S. 709.

735 Dies allgemein feststellend *Habersack*, Die Mitgliedschaft – subjektives und „sonstiges" Recht, S. 140.

Unabhängig von einer notwendigen Rechtswidrigkeit der Veröffentlichung des Research Reports ist die daraus resultierenden Wertminderung des Komplementäranteils – soweit eine Sondereinlage erbracht wurde – allerdings keine Verletzung der Komplementär-Mitgliedschaften. Denn reine Vermögensschäden, wie sie durch die Wertminderung eines Anteils hervorgerufen werden, sind nicht über § 823 Abs. 1 BGB ersatzfähig.[736] Ein Eingriff muss sich unmittelbar gegen den Bestand der Mitgliedschaft richten.[737] Die Mitgliedschaft als verbandsrechtliches Teilhaberecht erstreckt sich auf Rechte, die ausschließlich aus der Mitgliedschaft fließen.[738]

Für den Komplementär fallen darunter die Mitverwaltungs- und Vermögensrechte[739]. Zu den Vermögensrechten gehört das Recht auf Einbringung einer Sacheinlage sowie das Gewinnbezugsrecht, nicht dagegen der Anteilswert. Ein Anspruch aus § 823 Abs. 1 BGB scheidet daher jedenfalls mangels einer Verletzung des Mitgliedschaftsrechts des Komplementärs aus.

Ein Leerverkaufsaktivist, der den Wert der Geschäftsanteile beeinflusst, haftet aber unter Umständen wegen Eingriffs in das Recht am eingerichteten und ausgeübten Gewerbebetrieb.

(b) Das Recht am eingerichteten und ausgeübten Gewerbebetrieb als sonstiges Recht des Komplementärs

Der Schutz des Rechts am eingerichteten und ausgeübten Gewerbebetrieb über § 823 Abs. 1 BGB ist grundsätzlich subsidiär.[740] Ein Anspruch kommt schon dann nicht in Betracht, soweit § 824 BGB oder § 823 Abs. 2 BGB i. V. m. einem Schutzgesetz den Schutz der wirtschaftlichen Wertschätzung vor Beeinträchtigungen gewährleisten.[741] Grundsätzliche Überlegungen sollen dennoch nicht im Keim erstickt werden.

736 OLG Stuttgart, Urt. v. 08.02.2006 – 20 U 24/04, ZIP 2006, 511 (514); *Hager*, in: Staudinger, J. von Staudingers Kommentar zum Bürgerlichen Gesetzbuch, § 823 Rn. B 143; *Kern*, in: Stürner, Jauernig BGB, § 823 Rn. 18a.

737 OLG Stuttgart, Urt. v. 08.02.2006 – 20 U 24/04, ZIP 2006, 511 (514); *Förster*, in: Hau/Poseck, BeckOK-BGB, § 823 Rn. 172; *Schaub*, in: Prütting/Wegen/Weinrich, BGB – Kommentar, § 823 Rn. 66; *Voigt*, in: Gsell/Krüger/Lorenz/Reymann, BeckOGK-BGB, § 823 Rn. 203; *Kern*, in: Stürner, Jauernig BGB, § 823 Rn. 18a; zweifelnd *Wilhelmi*, in: Erman, BGB, § 823 Rn. 41.

738 *Voigt*, in: Gsell/Krüger/Lorenz/Reymann, BeckOGK-BGB, § 823 Rn. 203.

739 *Wagner*, in: Säcker/Rixecker/Oetker/Limperg, MüKo-BGB VII, § 823 Rn. 352; *Förster*, in: Hau/Poseck, BeckOK-BGB, § 823 Rn. 173.

740 BGHZ 166, 84 (107 f.); m. w. N. *Förster*, in: Hau/Poseck, BeckOK-BGB, § 823 Rn. 191; *Wagner*, in: Säcker/Rixecker/Oetker/Limperg, MüKo-BGB VII, § 823 Rn. 372; *Wilhelmi*, in: Erman, BGB, § 823 Rn. 49, 61–62; *Schaub*, in: Prütting/Wegen/Weinrich, BGB – Kommentar, § 823 Rn. 81.

741 BGHZ 166, 84 (108).

Um sich auf das Recht am eingerichteten und ausgeübten Gewerbebetrieb berufen zu können, muss der Komplementär in seiner Eigenschaft als Gesellschafter der KGaA Inhaber eines eingerichteten und ausgeübten Gewerbebetriebs sein.[742] Dies ist dann der Fall, wenn er Kaufmann im Sinne des HGB ist.[743] Die Kaufmannseigenschaft des persönlich haftenden Gesellschafters ist umstritten. Im Ergebnis kann sie nach beiden vertretenen und sogleich dargestellten Ansichten für den *gesetzestypischen* Komplementär bejaht werden.

(aa) Meinungsstand

Traditionell wird der Komplementär einer KGaA als Istkaufmann nach § 1 Abs. 1 HGB angesehen.[744] Danach ist Kaufmann, wer ein Handelsgewerbe betreibt. In dieselbe Richtung weist die vereinzelt anzutreffende rechtshistorische Terminologie, die den persönlich haftenden Gesellschafter einer KGaA als »Unternehmer-Komplementär«[745] qualifiziert.

Nach einer sich im Vormarsch befindlichen Ansicht kann dem Komplementär einer KGaA die Kaufmannseigenschaft weder gänzlich abgesprochen noch generell kraft seiner Gesellschafterstellung zugesprochen werden. Vielmehr wird eine differenzierte Betrachtung bevorzugt.[746] Danach muss für jede Vorschrift, die eine Kaufmannseigenschaft voraussetzt, individuell geprüft werden, ob die Anwendung auf den Komplementär und eine Bejahung der Kaufmannseigenschaft notwendig ist.

Eine Anwendung soll beispielsweise dann in Betracht kommen, soweit eine Vorschrift auf die geschäftliche Erfahrung eines Kaufmanns abstellt und ihn aufgrund einer geringeren Schutzbedürftigkeit abweichend behandelt.[747]

---

742 BGHZ 166, 84 (107).

743 *Ries*, in: Röhricht/Westphalen/Haas/Mock/Wöstmann, HGB, § 1 Rn. 73.

744 RGSt 34, 374 (379); *Herfs*, in: Hoffmann-Becking, MünchHdB GesR IV, § 78 Rn. 16; a.A. *Schmidt*, in: Schmidt/Ebke, MüKo-HGB I, § 1 Rn. 68, 102; *Merkt*, in: Hopt, HGB, § 1 Rn. 50.

745 *Steindorff*, in: Flume, FS Ballerstedt, S. 127 (129); eine gleichgelagerte Vorstellung hat auch *Claussen*, in: Kübler/Mertens/Werner, FS Heinsius, S. 61 (65, 66); *Kallmeyer*, ZGR 12 (1983), 57 (66); wohl auch BGHZ 77, 233 (239) und *Vollertsen*, Corporate Governance der börsennotierten KGaA, S. 536.

746 *Perlitt*, in: Goette/Habersack/Kalss, MüKo-AktG V, § 278 Rn. 43; *Reger*, in: Bürgers/Fett, KGaA HdB, § 5 Rn. 219; *Bachmann*, in: Henssler/Spindler/Stilz, BeckOGK-AktG, § 278 Rn. 55; *Sethe*, in: Hirte/Mülbert/Roth, GroßKomm AktG XII, § 278 Rn. 13; *Arnold*, in: Henssler/Strohn, GesR, AktG § 278 Rn. 9; *Mertens/Cahn*, in: Zöllner/Noack, KK-AktG V, § 278 Rn. 22; *Müller-Michaels*, in: Hölters/Weber, AktG, § 278 Rn. 18.

747 *Reger*, in: Bürgers/Fett, KGaA HdB, § 5 Rn. 219.

(bb) Stellungnahme

Für den Betrieb eines Handelsgewerbes durch den Komplementär spricht, dass der Komplementär allgemein als Eigentümer und im Wirtschaftsleben als Geschäftsinhaber[748] angesehen wird und regelmäßig aus eigenem Selbstverständnis das Unternehmen als sein eigenes betreibt. Dies wird bei Familienunternehmen deutlich, welche sich für die Gesellschaftsform der KGaA entscheiden und als Komplementär oder über eine Komplementärgesellschaft beteiligt sind. Dort zeigt sich unverkennbar, dass der Komplementär das Unternehmen nach außen als dessen Inhaber betreibt. Schließlich wurde die Rechtsform gerade deshalb gewählt, um die Familienherrschaft zu sichern und die Führung des »eigenen« Unternehmens trotz des Gangs an den Kapitalmarkt in den Händen der Familie zu belassen. Sie treten als Unternehmer- und nicht als bloße Investorenfamilien auf.

Der *BGH*[749] sieht wie auch die letztgenannte Ansicht in der Schutzbedürftigkeit des potenziellen Anspruchsinhabers einen entscheidenden Faktor. Der persönlich haftende Gesellschafter einer Kommanditgesellschaft auf Aktien muss also derart schützenswert sein, dass ihm ein Recht am eingerichteten und ausgeübten Gewerbebetrieb und daraus entstehende Ansprüche zustehen. Für einen geschäftsführenden Alleingesellschafter einer GmbH, welcher eine korporative Haftungsbeschränkung genießt, hat der *BGH* bereits entschieden, dass dieser nicht von dem besonderen Vermögensschutz profitieren soll, der dem Inhaber eines eingerichteten und ausgeübten Gewerbebetriebs eingeräumt wird.[750]

Der geschäftsführende Alleingesellschafter einer GmbH und der *gesetzestypische* Komplementär einer KGaA sind jedoch nicht vergleichbar und die Rechtsprechung des *BGH* nicht übertragbar. Zuzugestehen ist beiden (dem geschäftsführenden Alleingesellschafter der GmbH und dem *gesetzestypischen* Komplementär), dass sie sowohl Mitglieder der Gesellschaft als auch geschäftsführungsbefugt sind. Im Unterschied zu dem Geschäftsführer einer GmbH wird der Komplementär nicht zur Geschäftsführung berufen (Fremdorganschaft), sondern ist kraft seiner Gesellschafterstellung geschäftsführungsbefugt (Selbstorganschaft)[751]. Im Übrigen genießt der persönlich haftende Gesellschafter einer *gesetzestypischen* KGaA keine korporative Haftungsbeschränkung. Er ist mehr als nur Kapitalgeber. Wird in den eingerichteten und ausgeübten Gewerbebetrieb außerwettbewerblich deliktisch eingegriffen und kommt die KGaA in Zahlungsschwierigkeiten, haftet der

---

748 *Perlitt*, in: Goette/Habersack/Kalss, MüKo-AktG V, § 278 Rn. 43; *Koch*, Aktiengesetz, § 278 Rn. 4; dies als »historisch überholt« erachtend *Bachmann*, in: Henssler/Spindler/Stilz, BeckOGK-AktG, § 278 Rn. 17; a.A. *Heinen*, Industriebetriebslehre, S. 107–108.

749 BGHZ 166, 84 (107 f.).

750 BGHZ 166, 84 (107).

751 *Nagel/Wittkowski*, Die Kommanditgesellschaft auf Aktien (KGaA), S. 22 Rn. 2.

Komplementär mit seinem privaten Vermögen. Anschaulich wird dies etwa bei einer Darlehensvereinbarung, die dem Darlehensgeber bei Unterschreiten eines bestimmten Kursniveaus ein Kündigungsrecht einräumt: Wird das Darlehen aufgrund eines deliktisch herbeigeführten Kurseinbruchs gekündigt, entsteht eine Liquiditätslücke, die dazu führen kann, dass die KGaA offene Verbindlichkeiten nicht mehr bedienen kann. In diesem Fall nehmen die Gläubiger den Komplementär persönlich in Anspruch. Ein etwaiger Schadensersatzanspruch der KGaA gegen den deliktisch handelnden Dritten wird den Komplementär nicht zwangsläufig vor einer Inanspruchnahme durch Gesellschaftsgläubiger oder gar einer Privatinsolvenz bewahren, insbesondere wenn die Durchsetzung des Anspruchs langwierig oder unsicher ist.

Weiter kann angeführt werden, dass der *gesetzestypische* Komplementär besonders eng mit der KGaA verbunden ist. Verträge mit der Gesellschaft werden häufig nur dann abgeschlossen, wenn das Vertrauen in den Komplementär und seine Liquidität ausreichend hoch ist. Die Erbringung einer Sondereinlage, welche gegebenenfalls einen wesentlichen Teil des Gesamtkapitals ausmacht, verstärkt die Stellung des persönlich haftenden Gesellschafters einer *gesetzestypischen* KGaA als Unternehmensinhaber und damit geschütztes Rechtssubjekt.

Der *gesetzestypische* Komplementär ist dementsprechend besonders schützenswert, er kann sich auf das Recht am eingerichteten und ausgeübten Gewerbebetrieb berufen.

Für einen *vorstandsähnlichen* Komplementär, der keine Sondereinlage erbracht hat und von der Haftung freigestellt wurde, gelten die vorangegangenen Ausführungen dagegen nicht. Seine Stellung und Funktion gleichen der des Vorstands einer Aktiengesellschaft.[752] Der Vorstand einer AG ist nach einhelligem Verständnis weder Kaufmann[753] noch Inhaber des Rechts am eingerichteten und ausgeübten Gewerbebetrieb[754]. Es ist nicht ersichtlich, weshalb der *vorstandsähnliche* Komplementär in diesem Zusammenhang anders behandelt werden sollte.

Auch in der *atypischen* Kommanditgesellschaft auf Aktien muss das Recht am eingerichteten und ausgeübten Gewerbebetrieb verneint werden. Zwar ist die Kaufmannseigenschaft der Komplementärkapitalgesellschaft unproble-

---

752 Siehe dazu bereits Kap. 3 § 7 II. 1. b) bb).

753 M.j.w.N. *Fleischer*, in: Henssler/Spindler/Stilz, BeckOGK-AktG, § 76 Rn. 11; *Kort*, in: Hirte/Mülbert/Roth, GroßKomm AktG IV.1, § 76 Rn. 19a; *Seibt*, in: Schmidt/Lutter, AktG, § 76 Rn. 7; *Spindler*, in: Goette/Habersack/Kalss, MüKo-AktG II, § 76 Rn. 12; *Merkt*, in: Hopt, HGB, § 1 Rn. 31; wohl auch BGHZ 77, 233 (239).

754 *Hager*, in: Staudinger, J. von Staudingers Kommentar zum Bürgerlichen Gesetzbuch, § 823 Rn. D 7; wohl auch *Voigt*, in: Gsell/Krüger/Lorenz/Reymann, BeckOGK-BGB, § 823 Rn. 207; *Sprau*, in: Grüneberg, BGB, § 823 Rn. 138.

matisch, denn sie ist bereits qua Rechtsform als Formkaufmann (§ 278 Abs. 3 i. V. m. § 3 Abs. 1 AktG i. V. m. § 6 Abs. 1 HGB) anzusehen.[755] Daraus den Schluss zu ziehen, ihr stehe das Recht am eingerichteten und ausgeübten Gewerbebetrieb ebenfalls zu, liegt zwar nahe, ist aber übereilt. § 6 Abs. 2 HGB bestimmt, dass Kaufmannseigenschaft unabhängig davon besteht, ob ein Handelsgewerbe nach § 1 Abs. 2 HGB betrieben wird. Die Komplementärgesellschaft muss daher nicht Inhaberin eines Gewerbebetriebs sein.

Dass der Unternehmensgegenstand der Komplementärgesellschaft im Regelfall in der Haftung und der Führung der Geschäfte der KGaA besteht[756], reicht nicht aus. Zwar hat dies zur Folge, dass die Komplementärgesellschaft im selben unternehmerischen Tätigkeitsfeld tätig wird,[757] Inhaber des Betriebs wird sie damit aber nicht. Durch die Einsetzung einer Komplementärgesellschaft kann die KGaA nicht mehr als inhabergeführte Gesellschaft angesehen werden. Sie präsentiert sich als managementgeführte Gesellschaft. Die Führung erfolgt im Wege der Fremdorganschaft. Betriebsinhaber ist in dieser Konstellation nur die KGaA allein.

Weder der *vorstandsähnliche* Komplementär noch die Komplementärgesellschaft einer *atypischen* KGaA können sich folglich auf das Recht am eingerichteten und ausgeübten Gewerbebetrieb berufen.

(5) Deliktische Ansprüche wegen Kreditgefährdung – § 824 BGB

Lediglich der *gesetzestypische* Komplementär kann einen Anspruch aus § 824 Abs. 1 BGB geltend machen.

Nach § 824 Abs. 1 BGB kann in Anspruch genommen werden, wer der Wahrheit zuwider eine Tatsache behauptet oder verbreitet, die geeignet ist, den Kredit eines anderen zu gefährden oder sonstige Nachteile für dessen Erwerb oder Fortkommen herbeizuführen. Geschützt ist demnach die gewerbliche Tätigkeit[758], und Anspruchsberechtigter ist der Gewerbetreibende. Unter Berücksichtigung der zuvor erarbeiteten Erkenntnisse müsste die Kaufmannseigenschaft wiederum für den Komplementär für die Anwendung der Vorschrift bejaht werden. Insoweit kann auf die vorangegangenen Ausführungen verwiesen werden. Doch ist nicht nur der Gewerbetreibende

---

755 So auch *Reger*, in: Bürgers/Fett, KGaA HdB, § 5 Rn. 219; *Perlitt*, in: Goette/Habersack/Kalss, MüKo-AktG V, § 278 Rn. 43; *Bachmann*, in: Henssler/Spindler/Stilz, BeckOGK-AktG, § 278 Rn. 55; für OHG und KG als Komplementärin *Sethe*, in: Hirte/Mülbert/Roth, GroßKomm AktG XII, § 278 Rn. 13.

756 *Otte*, Die AG & Co. KGaA, S. 149; *Vollertsen*, Corporate Governance der börsennotierten KGaA, S. 520; *Marsch-Barner*, in: Krieger/Lutter/Schmidt, FS Hoffmann-Becking, S. 777 (779).

757 *Vollertsen*, Corporate Governance der börsennotierten KGaA, S. 520.

758 *Kern*, in: Stürner, Jauernig BGB, § 824 Rn. 1.

geschützt. Selbst wenn man die Kaufmannseigenschaft des Komplementärs verneinen wollte, ist ein Anspruch aus § 824 BGB trotz der Personenverschiedenheit zwischen KGaA und Komplementär nicht ausgeschlossen.

Zwar verneinte das *Reichsgericht*[759] historisch einen Anspruch eines GmbH-Gesellschafters aus § 824 BGB und begründete dies mit der Personenverschiedenheit zwischen der GmbH und dem Gesellschafter. Da letzterer nicht Teilhaber des betriebenen Geschäfts sei, seien eine Beeinträchtigung des Kredits oder des Erwerbs und des Fortkommens durch falsche Tatsachenäußerungen nicht ersichtlich.

Der *BGH* überwand diese Personenverschiedenheit zwischen Gesellschaft und Gesellschafter, sobald die Gesellschafter eine Teilhaberstellung einnehmen. Dies ist der Fall, wenn ein Gesellschafter

> »in einschlägigen Wirtschaftskreisen als – wirtschaftlich gesehen – ehemals verantwortlicher Vermögensträger […] betrachtet wird und somit kreditschädigende und sonstige herabsetzende Äußerung (sic!) […] geeignet sind, zugleich auch die wirtschaftliche Wertschätzung des Klägers als […] für dieses Unternehmen maßgeblichen Persönlichkeit zu beeinträchtigen.«[760]

Die Eigenschaft eines verantwortlichen Vermögensträgers und einer maßgeblichen Persönlichkeit fand der *BGH* zum einen im Mehrheitsgesellschafter einer AG[761] und zum anderen im Alleingesellschafter und Geschäftsführer einer GmbH[762]. Auch die Gesamtheit der GmbH-Gesellschafter ist bei wirtschaftlicher Betrachtung Vermögensträger.[763] Dem Ergebnis des *BGH* schließt sich der überwiegende Teil der Literatur an.[764]

Danach gilt ein Komplementär, der eine die Mehrheit am Gesamtkapital ausmachende Sondereinlage erbracht hat, ebenfalls als verantwortlicher Vermögensträger.

Aber auch unabhängig von einer Beteiligung am Grundkapital ist der persönlich haftende Gesellschafter Vermögensträger. Seine Vermögensbeteiligung ist in dem Personalkredit der persönlichen Haftung zu sehen.[765]

---

759 RGZ 91, 350 (353 f.).

760 BGH, Urt. v. 26.10.1953 – I ZR 156/52, Juris, Rn. 24.

761 BGH, Urt. v. 26.10.1953 – I ZR 156/52, Juris, Rn. 24.

762 BGH, Urt. v. 17.11.1992 – VI ZR 344/91, NJW 46 (1993), 930 (931).

763 *Lindemann*, in: Achenbach/Ransiek/Rönnau, WirtschaftStrafR-HdB, Teil 7 Kap. 2 G. XII. 1. Rn. 315.

764 *Reichold*, in: Herberger/Martinek/Rüßmann/Weth/Würdinger, jurisPK-BGB II, § 824 Rn. 4; *Staudinger*, in: Schulze, HK-BGB, § 824 Rn. 1; *Kern*, in: Stürner, Jauernig BGB, § 824 Rn. 3; *Sprau*, in: Grüneberg, BGB, § 824 Rn. 8.

765 *Wilhelm*, Kapitalgesellschaftsrecht, J. Rn. 1273; *Sethe*, AG 2021, 78 (79); *Sethe*, in: Hirte/Mülbert/Roth, GroßKomm AktG XII, § 278 Rn. 8, 14; *Lieder/Hoffmann*, AG 2016, 704 (710).

Der verantwortliche Komplementär haftet daher entweder mit seiner einen Großteil des Gesamtkapitals ausmachenden Einlage oder aber mit seinem persönlichen Gesamtvermögen.

Ist der Komplementär eine natürliche Person, stellt er in einschlägigen Wirtschaftskreisen die für die KGaA maßgebliche Persönlichkeit. Dies dürfte für einen *gesetzestypischen* Komplementär beispielsweise für Vorwürfe im Zusammenhang mit der Geschäftstätigkeit der KGaA gelten. Diese Vorwürfe haben im Grunde das Handeln einer natürlichen Person in Gestalt des Komplementärs zum Gegenstand.[766] Es besteht eine derart enge Verbindung zwischen Komplementär und KGaA, dass sich eine Behauptung auch inzident auf den persönlich haftenden Gesellschafter bezieht[767] und daher dessen Kredit- und Geschäftswürdigkeit mitbeeinträchtigt werden kann.

Die Schädigung des Komplementärs durch mögliche unwahre Tatsachenäußerungen beispielsweise durch einen Leerverkaufsaktivisten in einem Research Report ist für jeden Einzelfall zu prüfen. So müsste die Behauptung geeignet sein, die wirtschaftliche Beziehung des Komplementärs zu potenziellen Geschäftspartnern zu schädigen,[768] weil beispielsweise das Vertrauen in die Seriosität und Liquidität[769] des Komplementärs beeinträchtigt wird.

Letzteres gilt zwar auch für den *vorstandsähnlichen* Komplementär, aber wegen fehlender kapitalmäßiger Beteiligung und der regelmäßig vereinbarten Haftungsfreistellung[770] kann er nicht als wirtschaftlich verantwortlicher Vermögensträger gelten und wird auch im Wirtschaftsverkehr nicht als solcher wahrgenommen.

Die Komplementärkapitalgesellschaft einer *atypischen* KGaA wird als juristische Person nicht als maßgebliche Persönlichkeit empfunden werden.

(6) Deliktischer Anspruch wegen sittenwidriger vorsätzlicher Schädigung – § 826 BGB

Leerverkaufsaktivisten nutzen für ihre Attacken das typische Verhaltensmuster bestimmter Anlegergruppen. So werden typischerweise durch das gezielte Benutzen bestimmter »Keywords« panikartige Verkäufe angesto-

---

766 Mit dieser Begründung für den Alleingesellschafter und Geschäftsführer einer GmbH BGH, Urt. v. 17.11.1992 – VI ZR 344/91, NJW 46 (1993), 930 (931).

767 Vgl. *Kern*, in: Stürner, Jauernig BGB, § 824 Rn. 3.

768 BGHZ 90, 113 (122); *Hager*, in: Staudinger, BGB, § 824 Rn. 5; *Wagner*, in: Säcker/Rixecker/Oetker/Limperg, MüKo-BGB VII, § 824 Rn. 38.

769 *Frömel*, Maßnahmen von Unternehmen gegen unberechtigte Short-Sell-Attacken, S. 167; *Sprau*, in: Grüneberg, BGB, § 824 Rn. 8.

770 Siehe dazu Kap. 2 § 7 II. 1. b) bb).

ßen.[771] Die Kommanditaktionäre, die sich von solchen Behauptungen nicht beeinflussen lassen, erleiden den größten finanziellen Schaden[772] durch den Wertverlust ihrer Kommanditaktien. Dies ist ein Grund, weshalb derartige Attacken oftmals kritisch beäugt werden. Entgegen dem deliktsrechtlichen Haftungssystem erfasst § 826 BGB solche Vermögensschäden.[773]

Der Komplementär einer KGaA könnte einen vergleichbaren Schaden erleiden. Die Komplementärbeteiligung ist deutlich weniger fungibel als eine Kommanditaktie. Zwar ist die Übertragung der Komplementäranteile grundsätzlich im Wege der Abtretung (§§ 398, 413 BGB) der Mitgliedschaft möglich. Die Änderung des Komplementärbestandes ist aber eine Satzungsänderung und bedarf – vorbehaltlich abweichender Satzungsregelung – der Zustimmung aller Komplementäre sowie der Hauptversammlung mit satzungsändernder Mehrheit.[774] Aufgrund der schnelllebigen und dynamischen Gemengelage während eines Leerverkaufsangriffs ist das Einholen der notwendigen Zustimmungen deutlich zu zeitaufwendig. Der persönlich haftende Gesellschafter ist aus diesem Grund faktisch gezwungen, an seiner Beteiligung festzuhalten. Der Wert einer Komplementärbeteiligung lässt sich nur bestimmen, wenn eine Sondereinlage erbracht wurde. Deren Wertentwicklung lässt sich dann in Abhängigkeit vom Börsenwert der Kommanditaktien berechnen. Es ergibt sich folgende Formel:

$$\frac{\text{Kapitalanteil des Komplementärs}}{\text{Grundkaptial der KGaA}} \times \textit{Börsenwert aller Kommanditaktien}$$

Ein den Börsenwert aller Kommanditaktien negativ beeinflussender Research Report hat somit ebenso einen negativen Einfluss auf den Wert des Kapitalanteils des Komplementärs. Der Wertverlust ist daher auch über § 826 BGB geltend zu machen.

Üblicherweise wird die Veröffentlichung von Leerverkaufsaktivisten als Anlageempfehlung qualifiziert.[775] Eine solche muss bestimmten Anforde-

---

771 *Schockenhoff/Culmann*, AG 2016, 517 (526); *Frömel*, Maßnahmen von Unternehmen gegen unberechtigte Short-Sell-Attacken, S. 171.

772 Für den AG-Aktionär *Schockenhoff/Culmann*, AG 2016, 517 (526); *Frömel*, Maßnahmen von Unternehmen gegen unberechtigte Short-Sell-Attacken, S. 171.

773 *Larenz/Canaris*, Lehrbuch des Schuldrechts, S. 447, 452; *Spindler*, in: Gsell/Krüger/Lorenz/Reymann, BeckOGK-BGB, § 826 Rn. 1; *Wagner*, in: Säcker/Rixecker/Oetker/Limperg, MüKo-BGB VII, § 826 Rn. 4.

774 *Nagel/Wittkowski*, Die Kommanditgesellschaft auf Aktien (KGaA), S. 53 Rn. 94; *Reger*, in: Bürgers/Fett, KGaA HdB, § 5 Rn. 302; *Sethe*, in: Hirte/Mülbert/Roth, GroßKomm AktG XII, § 278 Rn. 46; *Herfs*, in: Hoffmann-Becking, MünchHdB GesR IV, § 78 Rn. 47; m. w. N. *Bachmann*, in: Henssler/Spindler/Stilz, BeckOGK-AktG, § 278 Rn. 56.

775 *Langenbucher/Hau/Wentz*, ZBB/JBB 31 (2019), 307 (313); *Mülbert*, ZHR 182 (2018), 105 (107); *Mülbert/Sajnovits*, BKR 19 (2019), 313 (316).

rungen genügen, genießt dafür aber einen erhöhten Vertrauensschutz.[776] Sittenwidrig erscheinen unter diesen Umständen solche Research Reports, die nicht sorgfältig recherchiert wurden. Dies wird insbesondere dort angenommen, wo zur Bestimmung von Finanzkennzahlen falsche Berechnungsmethoden verwendet, relevante Werte außer Acht gelassen oder doppelt gezählt wurden.[777] Außerdem wird dies dort angenommen, wo die Werte unzutreffend und irreführend erscheinen.[778] Nicht zuletzt seien diejenigen erwähnt, die wahr, aber geschäftsschädigend sind.[779]

Das gezielte Ausnutzen von Verhaltensmustern in Kenntnis der Tatsache, dass dadurch Gesellschafter geschädigt werden, ist als sittenwidriges Verhalten der Leerverkaufsaktivisten zu qualifizieren.[780] Dies wird verneint, wenn in den Veröffentlichungen klar und deutlich auf einen bestehenden Interessenkonflikt hingewiesen wird.[781] Für diesen Hinweis soll eine kursive oder fette Schreibweise ausreichen, ein im Gesamtkontext untergehender Hinweis dagegen nicht.[782] Mutmaßlich folgen professionelle Investoren in diesem Fall weniger den »Reizwörtern«[783] als ihrer Erfahrung. Der bestehende Interessenkonflikt spricht gegen einen längerfristigen Kurseinbruch und daher dafür, die Kommanditaktien zu halten.[784] Algorithmisch gesteuerten Verkäufen wird so vermutlich dennoch nicht entgegengewirkt werden können.

Ansprüche von Komplementären, die eine Sondereinlage erbracht haben, wird man nach dem vorangegangenen nicht von vornherein ausschließen können.

(7) Deliktische Ansprüche aus § 823 Abs. 2 BGB i. V. m. Normen der MMVO

Die Leerverkaufsaktivisten unterliegen in ihrem Handeln grundsätzlich auch den rechtlichen Grenzen der Marktmissbrauchsverordnung (»MMVO«)[785].

---

776 *Brellochs*, ZGR 49 (2020), 319 (329).

777 Mit praktischen Beispielen *Frömel*, Maßnahmen von Unternehmen gegen unberechtigte Short-Sell-Attacken, S. 172–173.

778 *Brellochs*, ZGR 49 (2020), 319 (329); *Link*, ZGR 50 (2021), 904 (933).

779 Siehe dazu bereits unter Kap. 3 § 10 IV. 2. b) aa).

780 Dies für Aktionäre einer AG in Betracht ziehend *Schockenhoff/Culmann*, AG 2016, 517 (526); *Frömel*, Maßnahmen von Unternehmen gegen unberechtigte Short-Sell-Attacken, S. 171–173.

781 *Schockenhoff/Culmann*, AG 2016, 517 (525 f.); *Frömel*, Maßnahmen von Unternehmen gegen unberechtigte Short-Sell-Attacken, S. 172.

782 Mit praktischen Beispielen *Frömel*, Maßnahmen von Unternehmen gegen unberechtigte Short-Sell-Attacken, S. 172.

783 *Schockenhoff/Culmann*, AG 2016, 517 (526).

784 *Schockenhoff/Culmann*, AG 2016, 517 (526); *Frömel*, Maßnahmen von Unternehmen gegen unberechtigte Short-Sell-Attacken, S. 172.

785 VO (EU) 596/2014.

So wird der Verbreitung *falscher* oder *irreführender* Informationen durch die Leerverkaufsaktivisten eine Grenze gesetzt mit dem Verbot der Marktmanipulation aus Art. 15, 12 Abs. 1 lit. b) und lit. c) MMVO.[786] Werden im Research Report Informationen verwendet, die *nicht öffentlich zugänglich* waren oder *illegal* erlangt wurden, ist an Art. 14 lit. a), 8, 7 MMVO zu denken.[787] Das Handeln der Leerverkaufsaktivisten darf nicht gegen Art. 20 MMVO verstoßen. Da eine Veröffentlichung der Shortseller üblicherweise als Anlageempfehlung gilt,[788] welche Informationen objektiv darstellen soll, muss ein bestehender Interessenkonflikt offengelegt werden.

Ob ein Verstoß gegen die Vorschriften der MMVO einen deliktischen Schadensersatzanspruch als Rechtsfolge aus § 823 Abs. 2 BGB nach sich ziehen kann, hängt davon ab, ob den zuvor genannten Vorschriften der MMVO eine Schutzgesetzeigenschaft zukommt. Grundsätzlich kann EU-Recht, soweit es unmittelbar ohne mitgliedsstaatlichen Umsetzungsakt gilt, auch ein Schutzgesetz i. S. v. § 823 Abs. 2 BGB sein.[789] Dies trifft auf die einzelnen Vorschriften der MMVO zu.[790] Nach Art. 288 Abs. 2 Satz 2 Vertrag über die Arbeitsweise der Europäischen Union (»AEUV«) gelten europäische Verordnungen unmittelbar in jedem Mitgliedstaat.

Die tatsächliche Schutzgesetzeigenschaft der einzelnen Vorschriften ist allerdings nicht abschließend geklärt und entsprechend umstritten.

(a) Art. 15, 12 MMVO – Verbot von Marktmanipulation

(aa) Meinungsstand

Die in der Literatur vorherrschende Meinung lehnt die Qualifizierung der Art. 15, 12 MMVO als Schutzgesetz ab. Der Wortlaut gebe einen Individual-

---

786 *Mülbert*, ZHR 182 (2018), 105 (107); *Möllers*, NZG 21 (2018), 649 (650 f.); *Bayram/Meier*, BKR 18 (2018), 55 (59 f.); *Mülbert/Sajnovits*, BKR 19 (2019), 313 (317); *Wentz*, WM 2019, 196 (201); *Langenbucher/Hau/Wentz*, ZBB/JBB 31 (2019), 307 (312); *Mülbert/Sajnovits*, in: Assmann/Schneider/Mülbert, Wertpapierhandelsrecht, VO (EU) Nr. 236/2012 Vor Art. 1 Rn. 80; *Mülbert*, in: Assmann/Schneider/Mülbert, Wertpapierhandelsrecht, VO (EU) Nr. 596/2014 Art. 12 Rn. 163; *Schmolke*, ZGR 49 (2020), 291 (305).

787 *Langenbucher/Hau/Wentz*, ZBB/JBB 31 (2019), 307 (313–315).

788 Siehe Kap. 3 § 10 IV. 2. b) bb) (6).

789 *Sprau*, in: Grüneberg, BGB, § 823 Rn. 57; monografisch m. w. N. *Schütt*, Europäische Marktmissbrauchsverordnung und Individualschutz, S. 68.

790 *Schütt*, Europäische Marktmissbrauchsverordnung und Individualschutz, S. 69; *Beneke/Thelen*, BKR 17 (2017), 12 (13); grundsätzlich für internationale Verordnungen *Förster*, in: Hau/Poseck, BeckOK-BGB, § 823 Rn. 269; *Wagner*, in: Säcker/Rixecker/Oetker/Limperg, MüKo-BGB VII, § 823 Rn. 539; a. A. *Voigt*, in: Gsell/Krüger/Lorenz/Reymann, BeckOGK-BGB, § 823 Rn. 380.

schutz im Sinne des § 823 Abs. 2 BGB nicht her.[791] Historisch waren den Vorgängervorschriften § 20a WpHG a. F. sowie § 88 BörsG a. F. ebenfalls keine Schutzgesetzeigenschaften zu eigen, und auch die Gesetzesbegründungen enthielten keine zivilrechtliche Haftung.[792] Systematisch sei von einer bewussten Regelungslücke des Verordnungsgebers auszugehen und ein Schadensersatzanspruch nach § 823 Abs. 2 BGB füge sich »nicht sinnvoll in das kapitalmarktrechtliche Haftungsregime ein«.[793]

Dagegen wird vorgetragen, der Wortlaut des Art. 1 MMVO sowie die Erwägungsgründe zur Marktmissbrauchsverordnung sprächen wegen der deutlichen Hervorhebung des »Anlegerschutzes« für einen Individualschutz.[794] Überdies gebiete das europarechtliche Effektivitätsgebot aus Art. 4 Abs. 3 Vertrag über die Europäische Union (»EUV«) eine zivilrechtliche Haftung,[795] mithin privatrechtliche Rechtsdurchsetzung.

(bb) Stellungnahme

Die besseren Argumente sprechen gegen die letzt- und für die erstgenannte Ansicht. Der Schutzgesetzcharakter der Art. 15, 12 MAR und der diesem folgende potenzielle Anspruch der Kommanditaktionäre gegen Leerverkaufsaktivisten aus § 823 Abs. 2 BGB sind abzulehnen.

Nach ständiger Rechtsprechung des *BGH* ist eine Vorschrift dann als Schutzgesetz zu qualifizieren, »wenn sie nach Zweck und Inhalt zumindest auch dazu dienen soll, den Einzelnen oder einzelne Personengruppen gegen die

---

791 *Brellochs*, ZGR 49 (2020), 319 (327); *Link*, ZGR 50 (2021), 904 (933).

792 *Cless*, Unionsrechtliche Vorgaben für eine zivilrechtliche Haftung bei Marktmissbrauch, S. 98–99; m. w. N. *Frömel*, Maßnahmen von Unternehmen gegen unberechtigte Short-Sell-Attacken, S. 182–183; *Schmolke*, in: Klöhn, MAR, Art. 15 Rn. 79–80, 101; *Link*, ZGR 50 (2021), 904 (933); *Mülbert*, in: Assmann/Schneider/Mülbert, Wertpapierhandelsrecht, VO (EU) Nr. 596/2014 Art. 15 Rn. 46; zur mangelnden Schutzgesetzeigenschaft des § 20a WpHG BGHZ 192, 90 (98–101).

793 *Schmolke*, NZG 19 (2016), 721 (722 f.); *Cless*, Unionsrechtliche Vorgaben für eine zivilrechtliche Haftung bei Marktmissbrauch, S. 89–98; *Mülbert*, in: Assmann/Schneider/Mülbert, Wertpapierhandelsrecht, VO (EU) Nr. 596/2014 Art. 15 Rn. 45; so auch *Zimmer/Bator*, in: Schwark/Zimmer, KapMarktR, VO (EU) 596/2014 Art. 15 Rn. 14.

794 *Hellgardt*, AG 2012, 154 (165); *Poelzig*, ZGR 44 (2015), 801 (829); *Poelzig*, NZG 19 (2016), 492 (501); *Schockenhoff/Culmann*, AG 2016, 517 (520); *Wolf/Wink*, in: Meyer/Rönnau/Veil/Anschütz/Brinckmann/Brüggemeier, HdB MarktmissbrauchsR, § 31 Rn. 90; *Zetzsche*, ZHR 179 (2015), 490 (494); *Schütt*, Europäische Marktmissbrauchsverordnung und Individualschutz, S. 453–454; *Poelzig*, in: Ebenroth/Boujong/Joost/Strohn, HGB II, Marktmissbrauchs-VO Art. 12 – Anhang I Rn. 54.

795 *Poelzig*, ZGR 44 (2015), 801 (816); *Schockenhoff/Culmann*, AG 2016, 517 (520); *Wolf/Wink*, in: Meyer/Rönnau/Veil/Anschütz/Brinckmann/Brüggemeier, HdB MarktmissbrauchsR, § 31 Rn. 90; *Poelzig*, in: Ebenroth/Boujong/Joost/Strohn, HGB II, Marktmissbrauchs-VO Art. 12 – Anhang I Rn. 54.

Verletzung eines bestimmten Rechtsguts zu schützen«.[796] Entscheidend dafür ist der Wille des Verordnungsgebers.[797] Dieser wird anhand des gängigen Auslegungskanons ermittelt.[798]

Art. 1 MMVO gibt als Ziel der Verordnung aus, einen Rechtsrahmen zu schaffen, um den Anlegerschutz und das Vertrauen der Anleger in die Finanzmärkte der Union zu stärken. Es ist ganz allgemein anerkannt, dass der angesprochene Anlegerschutz in Funktionsschutz und Individualschutz unterteilbar ist.[799] Ein teilweiser Individualschutz kann aus Art. 1 MMVO herausgelesen werden. Es darf jedoch nicht unberücksichtigt bleiben, dass der Individualschutz – so wie es von der vorherrschenden Literaturauffassung bezüglich Art. 12 MMVO vertreten wird – auch als reiner Reflex des Funktionsschutzes auftreten kann.[800] Im Übrigen darf Art. 1 MMVO nicht mehr als ein Indiz für die Möglichkeit einer Individualhaftung sein. Aus dem nach Art. 1 MMVO bezweckten Anlegerschutz einen für alle Vorschriften der MMVO geltenden Individualschutz abzuleiten, wäre »wenig überzeugend«.[801] Daher ist die individuelle Prüfung der Schutzgesetzeigenschaft jeder in Frage kommenden Vorschrift der Marktmissbrauchsverordnung notwendig.[802]

Der Wortlaut des Art. 12 MMVO lässt keinen Rückschluss auf einen dadurch vermittelten Individualschutz von Anlegern zu. Dennoch ist nicht zu leugnen, dass die als Auslegungshilfen dienenden Erwägungsgründe die Annahme eines Individualschutzes bekräftigen. Hierbei wird mit den folgenden Argumenten auf Erwägungsgrund 47 zur MMVO abgestellt.[803] Nach dem Erwägungsgrund 47 zur MMVO kann das Erfinden falscher Tatsachen sowie die Angabe unrichtiger Informationen den Anlegern in besonderer Weise schaden, wenn sie ihre individuellen Anlage*entscheidungen* auf diese unrichtigen Informationen stützen. Die Marktmanipulation schade zwar auch den Emittenten und habe Auswirkung auf das Marktvertrauen, ein Haupt-

796 BGHZ 192, 90 (98).

797 *Beneke/Thelen*, BKR 17 (2017), 12 (13).

798 M. w. N. *Schütt*, Europäische Marktmissbrauchsverordnung und Individualschutz, S. 103; *Beneke/Thelen*, BKR 17 (2017), 12 (13).

799 M. w. N. *Cless*, Unionsrechtliche Vorgaben für eine zivilrechtliche Haftung bei Marktmissbrauch, S. 102.

800 M. w. N. *Cless*, Unionsrechtliche Vorgaben für eine zivilrechtliche Haftung bei Marktmissbrauch, S. 103.

801 *Brellochs*, ZGR 49 (2020), 319 (327); im Ergebnis auch *Schütt*, Europäische Marktmissbrauchsverordnung und Individualschutz, S. 145.

802 *Schütt*, Europäische Marktmissbrauchsverordnung und Individualschutz, S. 145.

803 So auch *Schütt*, Europäische Marktmissbrauchsverordnung und Individualschutz, S. 453–454; *Poelzig*, in: Ebenroth/Boujong/Joost/Strohn, HGB II, Marktmissbrauchs-VO Art. 12 – Anhang I Rn. 54; *Hellgardt*, AG 2012, 154 (165); *Poelzig*, ZGR 44 (2015), 801 (829); *Schmolke*, in: Klöhn, MAR, Vor Art. 12 Rn. 33.

augenmerkt scheint aber auch auf dem Individualschutz des Anlegers zu liegen. Eine Gleichrangigkeit zwischen Funktions- und Individualschutz kann unter diesem Gesichtspunkt nicht systematisch ausgeschlossen werden.

Den Wortlauterwägungen und einer damit einhergehenden möglichen Schutzgesetzeigenschaft des Art. 12 MMVO stehen allerdings systematische Bedenken entgegen.

Das unionsrechtliche Effizienzgebot nach Art. 4 Abs. 3 EUV lässt entgegen anderslautender Meinungen keine andere Bewertung zu.[804] Einer Pflicht der Mitgliedsstaaten zur Einbindung Privater (»Private Enforcement«) durch die privatrechtliche Ahndung eines Verstoßes gegen Art. 12 MMVO bedarf es auch nach den Überlegungen zum unionsrechtlichen Gebot der effektiven Rechtsdurchsetzung nicht.[805]

Gegen ein Private Enforcement spricht, dass ein solches üblicherweise vom EU-Gesetzgeber explizit in den Verordnungen gefordert wird.[806] Durch EuGH-Entscheidungen zum Kartellrecht, welches dem Marktmissbrauchsrecht in seinen Regelungszielen und -konflikten stark ähnelt, dürften dem Verordnungsgeber die zivilrechtlichen Besonderheiten der einzelnen Mitgliedsstaaten bekannt gewesen sein.[807] Es ist daher davon auszugehen, dass sich der Verordnungsgeber bewusst gegen eine privatrechtliche Haftungsdurchsetzung entschieden hat.[808]

Ohnehin bedarf es dort, wo ein Verstoß straf- und verwaltungsrechtlich geahndet wird, keiner kumulativen Verpflichtung zur Gewährung von Schadensersatzansprüchen im Privatverhältnis.[809] Anderweitige Sanktionsmöglichkeiten sind ausreichend vorhanden.[810] Verwaltungsrechtliche Maßnahmen und Sanktionen finden sich in Art. 30 MMVO. Diese werden

---

804 *Brellochs*, ZGR 49 (2020), 319 (327).

805 *Mülbert*, in: Assmann/Schneider/Mülbert, Wertpapierhandelsrecht, VO (EU) Nr. 596/2014 Art. 15 Rn. 48; *Wagner*, in: Säcker/Rixecker/Oetker/Limperg, MüKo-BGB VII, § 823 Rn. 542; *Schmolke*, NZG 19 (2016), 721 (722); *Frömel*, Maßnahmen von Unternehmen gegen unberechtigte Short-Sell-Attacken, S. 182; *Schmolke*, in: Klöhn, MAR, Art. 15 Rn. 99.

806 Mit Beispielen *Cless*, Unionsrechtliche Vorgaben für eine zivilrechtliche Haftung bei Marktmissbrauch, S. 89–97.

807 *Markworth*, ZHR 183 (2019), 46 (66); beispielhaft die Entscheidung „Muñoz" EuGH, Urt. v. 17.09.2002, C-253/00, https://eur-lex.europa.eu/legal-content/DE/ALL/?uri=CELEX:62000CJ0253.

808 *Markworth*, ZHR 183 (2019), 46 (66); i. E. auch *Schmolke*, in: Klöhn, MAR, Art. 15 Rn. 82.

809 *Wagner*, in: Säcker/Rixecker/Oetker/Limperg, MüKo-BGB VII, § 823 Rn. 542; *Schmolke*, NZG 19 (2016), 721 (723).

810 *Brellochs*, ZGR 49 (2020), 319 (327); *Gbekor*, Schaden, Kausalität und Kausalitätsbeweis beim Schadensersatzanspruch des Anlegers wegen Verletzung der ad hoc-Publizitätspflicht, S. 101.

von strafrechtlichen Sanktionsregelungen in der Richtlinie RL 2014/57/EU flankiert.[811] Die Aufdeckung und Untersuchung von Markmissbräuchen obliegt den zuständigen Behörden,[812] in Deutschland der *BaFin*, was auf eine Fokussierung auf Public Enforcement schließen lässt.[813]

Schließlich wird berechtigterweise darauf hingewiesen, dass die Anerkennung eines solchen Schadensersatzanspruches nicht – wie von der ständigen Rechtsprechung[814] gefordert – im Lichte des haftungsrechtlichen Gesamtsystems tragbar ist.[815]

Eine Haftung widerspräche dem deliktsrechtlichen Haftungssystem. Grundsätzlich sind Vermögensschäden deliktsrechtlich nur eingeschränkt ersatzfähig.[816] § 826 BGB bildet dazu eine Ausnahme. Entsprechend hoch sind die Anforderungen an den Haftungsmaßstab. Der Wortlaut verlangt explizit eine vorsätzliche sittenwidrige Schädigung. Selbst grobe Fahrlässigkeit genügt nicht. Dieser Grundsatz würde ausgehöhlt, wenn der Verstoß gegen jede Norm, der ein auch individualschützender Charakter attestiert wurde, zu einer Schadensersatzhaftung nach § 823 Abs. 2 BGB für bloße Vermögensschäden führen würde.[817] § 823 BGB lässt bereits einfache Fahrlässigkeit genügen.

Auch im kapitalmarktrechtlichen Umfeld würde die Anerkennung einer Haftung nach § 823 Abs. 2 BGB i. V. m. Art. 15, 12 MMVO zu unverhältnismäßigen Ergebnissen führen. Die Ähnlichkeit zwischen einer informationsgestützten Marktmanipulation und einer fehlerhaften Ad-hoc-Mitteilung ist unverkennbar.[818] Bei einer informationsgestützten Marktmanipulation werden Informationen veröffentlicht, die falsche oder irreführende Signale

---

811 *Schmolke*, in: Klöhn, MAR, Art. 15 Rn. 50.

812 Erwägungsgrund (12) RL 2014/57/EU.

813 *Wagner*, in: Säcker/Rixecker/Oetker/Limperg, MüKo-BGB VII, § 823 Rn. 579; jeweils m. w. N. *Cless*, Unionsrechtliche Vorgaben für eine zivilrechtliche Haftung bei Marktmissbrauch, S. 97; *Schmolke*, NZG 19 (2016), 721 (722).

814 BGHZ 186, 58 (67); BGHZ 175, 281; BGHZ 192, 90 (99); BGHZ 66, 388 (390); BGHZ 100, 13 (18 f.); BGHZ 106, 204 (206 f.); BGHZ 218, 80 (85 f.); BGHZ 125, 366 (374); BGHZ 176, 281 (297).

815 *Mülbert*, in: Assmann/Schneider/Mülbert, Wertpapierhandelsrecht, VO (EU) Nr. 596/2014 Art. 15 Rn. 47.

816 *Wagner*, in: Säcker/Rixecker/Oetker/Limperg, MüKo-BGB VII, § 823 Rn. 424; *Voigt*, in: Gsell/Krüger/Lorenz/Reymann, BeckOGK-BGB, § 823 Rn. 8; *Lange*, in: Herberger/Martinek/Rüßmann/Weth/Würdinger, jurisPK-BGB II, § 823 Abs. 1 Rn. 2; *Mülbert*, in: Assmann/Schneider/Mülbert, Wertpapierhandelsrecht, VO (EU) Nr. 596/2014 Art. 15 Rn. 47.

817 *Mülbert*, in: Assmann/Schneider/Mülbert, Wertpapierhandelsrecht, VO (EU) Nr. 596/2014 Art. 15 Rn. 47; *Verse*, ZHR 170 (2006), 398 (407).

818 Von »großen Überschneidungsbereichen« sprechend *Mülbert*, in: Assmann/Schneider/Mülbert, Wertpapierhandelsrecht, VO (EU) Nr. 596/2014 Art. 15 Rn. 47.

hinsichtlich des Angebots oder des Kurses eines Finanzinstruments geben (Art. 12 Abs. 1 lit. c) MMVO). Auch bei einer fehlerhaften Ad-hoc-Mitteilung wird eine falsche oder unvollständige Mitteilung veröffentlicht, die geeignet ist, die Marktteilnehmer in die Irre zu führen. Die §§ 97 Abs. 2, 98 Abs. 2 WpHG als einschlägige Normen des Wertpapierhandelsrechts verlangen in einem solchen Fall wenigstens grobe Fahrlässigkeit. Eine Annahme der Schutzgesetzeigenschaft des Art. 12 MMVO hätte wiederum zur Folge, dass eine Haftung schon bei einfacher Fahrlässigkeit bejaht werden könnte. Eine solche Ungleichbehandlung zweier sich so ähnlicher Tatbestände erscheint nicht sachgerecht.

(b) Art. 14 Abs. 1 lit. a, 8 Abs. 1 MMVO – Verbot von Insidergeschäften und unrechtmäßiger Offenlegung von Insiderinformationen

Die Argumentationslinien hinsichtlich der Schutzgesetzeigenschaft des Art. 14 MMVO verlaufen weitestgehend parallel zu denen der Art. 15, 12 MMVO.[819] Der Vollständigkeit halber werden die abweichenden Argumente der widerstreitenden Literaturansichten dargestellt. Im Übrigen wird auf den vorangegangenen Abschnitt und die dortigen Ausführungen verwiesen.

Art. 14 MMVO ist kein Schutzgesetz im Sinne des § 823 Abs. 2 BGB. Die vorherrschenden und eine Schutzgesetzeigenschaft ablehnenden Stimmen stützen ihre Argumentation auf die Vorgängervorschrift des Art. 14 MMVO, den § 14 WpHG a. F.[820]

Der Vorschrift fehlt der individualschützende Charakter. Die Erläuterungen in den Erwägungsgründen 23 und 24 zur MMVO lassen entgegen anderslautender Stimmen in der Literatur[821] keine andere Bewertung zu. Das

---

819 Dagegen explizit für die Schutzgesetzeigenschaft des Art. 14 MMVO *Poelzig*, in: Ebenroth/Boujong/Joost, HGB II, Marktmissbrauchs-VO Art. 14 Rn. 75; *Beneke/Thelen*, BKR 17 (2017), 12–15; *Schütt*, Europäische Marktmissbrauchsverordnung und Individualschutz, S. 543; dagegen *Buck-Heeb*, Kapitalmarktrecht, Rn. 476; *Voigt*, in: Gsell/Krüger/Lorenz/Reymann, BeckOGK-BGB, § 823 Rn. 380; *Assmann*, in: Assmann/Schneider/Mülbert, Wertpapierhandelsrecht, VO (EU) Nr. 596/2014 Art. 14 Rn. 12; *Wagner*, in: Säcker/Rixecker/Oetker/Limperg, MüKo-BGB VII, § 823 Rn. 600; ohne Begründung *Wilhelmi*, in: Erman, BGB, § 823 Rn. 164; *Frömel*, Maßnahmen von Unternehmen gegen unberechtigte Short-Sell-Attacken, S. 184 zweifelnd *Wolf/Wink*, in: Meyer/Rönnau/Veil/Anschütz/Brinckmann/Brüggemeier, HdB Marktmissbrauchsr, § 31 Rn. 86; *Kumpan/Grütze*, in: Schwark/Zimmer, KapMarktR, VO (EU) 596/2014 Art. 14 Rn. 51.

820 *Wagner*, in: Säcker/Rixecker/Oetker/Limperg, MüKo-BGB VII, § 823 Rn. 580; *Kumpan/Grütze*, in: Schwark/Zimmer, KapMarktR, VO (EU) 596/2014 Art. 14 Rn. 50; m. w. N. *Schäfer*, in: Marsch-Barner/Schäfer, HdB börsennotierte AG, § 14 Rn. 107.

821 *Beneke/Thelen*, BKR 17 (2017), 12 (14); *Schütt*, Europäische Marktmissbrauchsverordnung und Individualschutz, S. 543.

Verbot von Insidergeschäften und die unrechtmäßige Offenlegung von Insiderinformationen dienen lediglich dem Funktionsschutz. Nach Erwägungsgrund 23 zur MMVO ist ein wesentliches Merkmal von Insidergeschäften ein ungerechtfertigter Vorteil, der mittels Insiderinformationen zum Nachteil Dritter – also solchen, denen die Information nicht zuteilwurde – erzielt wird. Die Benachteiligung solcher Outsider führe zu einer Untergrabung der Integrität der Finanzmärkte und des Vertrauens der Investoren. Der Vertrauensschutz der Investoren ist allerdings »nur« ein Baustein des Integritätsschutzes des Finanzmarktes. Positive Anlageentscheidungen von Investoren tragen zu Wirtschaftswachstum und Wohlstand, also zur Funktionsfähigkeit des Marktes bei. Positive Anlageentscheidungen werden aber von den Investoren nur umgesetzt, wenn sie nicht aus Angst vor Ungleichbehandlung oder missbräuchlicher Verwendung von Insiderinformationen gehemmt sind. Der so vermittelte Individualschutz ist daher nur ein Reflex und so gesehen Mittel zum Zweck.

(c) Art. 20 MMVO – Anlageempfehlung und Statistik

Zur Schutzgesetzqualität des Art. 20 MMVO finden sich nur vereinzelte Ausführungen in der Literatur.[822]

Die Vorgängerbestimmung § 34b WpHG a. F. sowie der dem Art. 20 MMVO angepasste § 85 WpHG werden überwiegend nicht als Schutzgesetz angesehen, weshalb für Art. 20 MMVO richtigerweise nichts anderes gelten kann.[823]

Der Wortlaut des Art. 20 MMVO lässt nicht auf einen Individualschutz schließen.[824] Den möglichen Überlegungen, aus Art. 1 MMVO einen Individualschutz ableiten zu wollen, kann das zuvor Gesagte entgegengehalten werden. Überdies finden sich nicht einmal in den Erwägungsgründen Anhaltspunkte, die einen Individualschutz der Norm unterstützen würden.[825] Dagegen lassen sich aus Art. 3 Abs. 1 Nr. 35 MMVO weitere Argumente gegen eine Einordnung als Schutzgesetz ziehen. Danach sind Anlageempfehlungen für Verbreitungskanäle oder die Öffentlichkeit vorgesehen. Sie richten sich nicht an einzelne Personen mit individuell auf sie zugeschnittenen Informationen, Empfehlungen oder Vorschlägen zu Anlagestrategien,

---

822 *Brellochs*, ZGR 49 (2020), 319 (328); *Buck-Heeb*, Kapitalmarktrecht, Rn. 1046; *Frömel*, Maßnahmen von Unternehmen gegen unberechtigte Short-Sell-Attacken, S. 184–185.

823 *Buck-Heeb*, Kapitalmarktrecht, Rn. 1046; *Schockenhoff/Culmann*, AG 2016, 517 (523 Fn. 42); *Frömel*, Maßnahmen von Unternehmen gegen unberechtigte Short-Sell-Attacken, S. 184–185.

824 *Link*, ZGR 50 (2021), 904 (938); so wohl auch *Frömel*, Maßnahmen von Unternehmen gegen unberechtigte Short-Sell-Attacken, S. 185.

825 *Brellochs*, ZGR 49 (2020), 319 (328).

sondern an einen unbestimmten Personenkreis[826]. Geschützt wird demnach der Markt und dessen Anleger in ihrer Gesamtheit, denn ein fairer Handel ist nur möglich, wenn die Informationen möglichst symmetrisch verteilt sind.

(8) Anspruchsgegner

Anspruchsgegner etwaiger Schadensersatzansprüche ist grundsätzlich der Verfasser[827] des Research Reports. Kann dieser selbst unter Zuhilfenahme externer Dienstleister wie beispielsweise Detekteien nicht schnell genug ermittelt werden, ist auf andere zivilrechtlich Verantwortliche zurückzugreifen. Dies sind beispielsweise die Verleger, Herausgeber oder Redakteure[828] der Zeitung, die Betreiber der Internetplattform[829], einer Suchmaschine oder die Inhaltsverantwortlichen der Website des veröffentlichenden Analysehauses. Problematisch wird es dann, wenn es selbst letztgenannte schaffen, ihre Identität zu verschleiern.

(9) Außergerichtlich

Außergerichtlich kommt als kurzfristige und günstige Abhilfe eines Unterlassungsanspruches eine vorprozessuale Aufforderung des Gegners in Betracht.[830] In diesem Fall wird eine schriftliche Abmahnung verfasst und der Verletzer außerprozessual ersucht, eine strafbewehrte Unterlassungserklärung abzugeben mit der Verpflichtung, die Äußerungen in der Zukunft nicht mehr zu wiederholen und andernfalls eine Vertragsstrafe zu zahlen.[831]

Mit Blick auf eine sich möglicherweise anschließende gerichtliche Auseinandersetzung ist ein solcher vorgelagerter erster Schritt unbedingt zu empfehlen. Denn die KGaA oder der Komplementär laufen andernfalls Gefahr, trotz eines Obsiegens im Prozess die Kosten tragen zu müssen.[832] Ohne eine

---

826 *Brellochs*, ZGR 49 (2020), 319 (328).

827 BGHZ 39, 124 (129); BGHZ 66, 182 (188); BGHZ 206, 289 (302); *Hager*, in: Staudinger, J. von Staudingers Kommentar zum Bürgerlichen Gesetzbuch, § 823 Rn. C 52; *Spieker*, in: Hamm, BeckRA-HdB, § 39 Rn. 16; *Helle*, Der Schutz der Persönlichkeit, der Ehre und des wirtschaftlichen Rufes im Privatrecht, S. 183; *Sprau*, in: Grüneberg, BGB, § 823 Rn. 166; m. w. N. *Frömel*, Maßnahmen von Unternehmen gegen unberechtigte Short-Sell-Attacken, S. 194.

828 BGHZ 14, 163–179 (175–176); *Helle*, Der Schutz der Persönlichkeit, der Ehre und des wirtschaftlichen Rufes im Privatrecht, S. 183–187.

829 M. w. N. *Sprau*, in: Grüneberg, BGB, § 823 Rn. 168.

830 *Frömel*, Maßnahmen von Unternehmen gegen unberechtigte Short-Sell-Attacken, S. 161.

831 *Spieker*, in: Hamm, BeckRA-HdB, § 39 Rn. 59; *Frömel*, Maßnahmen von Unternehmen gegen unberechtigte Short-Sell-Attacken, S. 161.

832 OLG Köln, Beschluss v. 01.08.1994 – 15 W 49/94, Juris; LG Köln, Urt. v. 15.01.1997 – 28 S 12/96, ZUM-RD 2 (1998), 242; *Spieker*, in: Hamm, BeckRA-HdB, § 39 Rn. 59;

vorherige Abmahnung besteht das Risiko, dass der Anspruch nach Maßgabe des § 93 ZPO unter Verwahrung gegen die Kostenlast sofort anerkannt wird und dem Kläger die Prozesskosten zur Last fallen. Ein Anerkenntnis nach § 307 ZPO wäre dagegen unschädlich.

(10) Gerichtlich

Die möglichen Schadensersatzansprüche der KGaA und der Komplementäre können im Wege des einstweiligen Rechtsschutzes und im allgemeinen Erkenntnisverfahren geltend gemacht werden.[833]

(a) Einstweiliger Rechtsschutz – §§ 916 ff. ZPO

Gesellschaft und Komplementäre werden eine schnelle Sicherung ihrer Rechte begehren. Ein im normalen Klageverfahren (§§ 253–299a ZPO) zu erstreitender vollstreckbarer Titel käme sicherlich zu spät. Bis dahin wären vollendete Tatsachen geschaffen. Der einstweilige Rechtsschutz ist auf ein schnelles Handeln des Gerichts ausgelegt. Der Kurzsturz wird auch im einstweiligen Rechtsschutz häufig nicht zu verhindern sein. Eine Vertiefung des Kurssturzes kann jedoch möglicherweise verhindert und eine schnellstmögliche Gesundung des Kurses herbeigeführt werden.

Ein Anspruch auf eine Schadensersatzzahlung kann im Wege des einstweiligen Rechtsschutzes allerdings nur ausnahmsweise gesichert werden.[834] Dagegen kann ein Unterlassungsanspruch[835] gemäß § 1004 Abs. 1 Satz 2 BGB analog i. V. m. § 823 Abs. 1 BGB im einstweiligen Rechtsschutz geltend gemacht werden.[836]

Schließlich ist bei falschen Tatsachenbehauptungen der Abdruck einer Gegendarstellung in Erwägung zu ziehen. Das Recht darauf ist in den Landespressegesetzen, Landesmediengesetzen, Landesrundfunkgesetzen sowie in den Rundfunk-Staatsverträgen geregelt[837]. Dafür steht dem Kläger aus-

---

Frömel, Maßnahmen von Unternehmen gegen unberechtigte Short-Sell-Attacken, S. 162; *Seiler*, in: Thomas/Putzo, Zivilprozessordnung, § 935 Rn. 11.

833 *Frömel*, Maßnahmen von Unternehmen gegen unberechtigte Short-Sell-Attacken, S. 191.

834 M. w. N. *Kruis*, in: Hamm, BeckRA-HdB, § 4 Rn. 9; *Spieker*, in: Hamm, BeckRA-HdB, § 39 Rn. 68; *Vollkommer*, in: Zöller, ZPO, § 935 Rn. 6.

835 *Koreng*, GRUR 112 (2010), 1065 (1066); *Frömel*, Maßnahmen von Unternehmen gegen unberechtigte Short-Sell-Attacken, S. 193–196.

836 *Spieker*, in: Hamm, BeckRA-HdB, § 39 Rn. 68; *Vollkommer*, in: Zöller, ZPO, § 935 Rn. 6.

837 *Spieker*, in: Hamm, BeckRA-HdB, § 39 Rn. 28; *Voigt*, in: Gsell/Krüger/Lorenz/Reymann, BeckOGK-BGB, § 824 Rn. 3; *Seiler*, in: Thomas/Putzo, Zivilprozessordnung, § 940 Rn. 13; ausführlich *Frömel*, Maßnahmen von Unternehmen gegen unberechtigte Short-Sell-Attacken, S. 199–204.

schließlich der einstweilige Rechtsschutz zur Verfügung, wobei zu beachten ist, dass in demselben Verfahren kein anderer Anspruch geltend gemacht werden darf.[838] Es ist je nach Einzelfall sorgsam abzuwägen, die Geltendmachung welcher Ansprüche am zweckmäßigsten erscheint. Wird eine Unterlassung erwirkt, ist dies ein weitestgehend geräuschloser Vorgang. Wird dagegen eine öffentliche Gegendarstellung der falschen Vorwürfe der Aktivisten verlangt, ist dies mit einer erhöhten Aufmerksamkeit verbunden. Gerade bei öffentlichkeitswirksamen Leerverkaufsattacken wird es notwendig sein, letztere Option zu prüfen.

Soweit der Abdruck einer Gegendarstellung begehrt wird, muss diese dem Verletzer innerhalb eines Zeitraums von drei Monaten nach der Veröffentlichung zugehen.[839] Der KGaA sollte allerdings daran gelegen sein, die Gegendarstellung so schnell wie möglich abdrucken zu lassen. Um den Vorgang zu beschleunigen, kann und sollte dem Verletzer eine Frist zur Veröffentlichung gesetzt werden. Diese ist je nach Medium unterschiedlich zu bemessen.[840] Jede vergangene Stunde ohne Richtigstellung kann den eingeleiteten Kurssturz vertiefen.

Die gesetzlich verlangte Form der begehrten Gegendarstellung darf nicht im Eifer des Gefechts unbeachtet bleiben. So bedarf die Gegendarstellung der Schriftform und der Unterzeichnung, wobei bei juristischen Personen die Vertretungsverhältnisse exakt einzuhalten sind.[841] Die Unterschrift eines bevollmächtigten Rechtsanwaltes wird regelmäßig als unzureichend erachtet.[842] Für die *gesetzestypische* KGaA ist daher die Unterzeichnung durch den persönlich haftenden Gesellschafter (§ 278 Abs. 2 AktG i. V. m. §§ 161 Abs. 2, 126 Abs. 1 HGB) notwendig. In der *atypischen* KGaA muss die Gegendarstellung von dem Geschäftsführungsorgan der Komplementärgesellschaft unterschrieben werden.

Eine denkbare Hauptsacheentscheidung wird hierdurch nicht vorweggenommen, denn eine Gegendarstellung kann die Beeinträchtigung nicht restlos beseitigen.[843]

Für die restlose Beseitigung der Störungsquelle bedürfte es eines entsprechenden Beseitigungsanspruchs (§ 1004 Abs. 1 Satz 1 analog i. V. m. § 823

838 *Spieker*, in: Hamm, BeckRA-HdB, § 39 Rn. 68; *Seiler*, in: Thomas/Putzo, Zivilprozessordnung, § 940 Rn. 13.
839 *Spieker*, in: Hamm, BeckRA-HdB, § 39 Rn. 61.
840 *Spieker*, in: Hamm, BeckRA-HdB, § 39 Rn. 66.
841 *Spieker*, in: Hamm, BeckRA-HdB, § 39 Rn. 62.
842 *Spieker*, in: Hamm, BeckRA-HdB, § 39 Rn. 62.
843 BVerfGE 97, 125 (154); BGHZ 128, 1 (8); *Spieker*, in: Hamm, BeckRA-HdB, § 39 Rn. 32.

Abs. 1 BGB) in Form einer Berichtigung oder Löschung.[844] In der Berichtigung ist aber eine Vorwegnahme der Hauptsache zu sehen.[845] Im Rahmen des einstweiligen Rechtsschutzes ist dies daher nicht durchsetzbar. Gegenteiliges lässt sich auch nicht damit begründen, dass die berichtigten oder gelöschten Behauptungen wieder aufgegriffen oder »hochgeladen werden dürfen«.[846] Bei einer Berichtigung wird mitgeteilt, dass die behauptete Tatsache unwahr ist und nicht mehr aufrechterhalten wird.[847] Dies gilt noch viel mehr für den Akt einer Löschung. Die Glaubwürdigkeit einer sich dann doch als wahr herausstellenden Tatsache wird durch ein »Hin und Her« nicht mehr in ihrer ursprünglichen Form erreicht werden.

(b) Allgemeines Erkenntnisverfahren – §§ 253 ff. ZPO

Die endgültige Beseitigung der Störungsquellen muss daher in dem langwierigen Erkenntnisverfahren angestrebt werden. Neben der Störungsquelle können auch die Störungsfolgen entschädigt werden. Dafür werden die bereits aufgezeigten Schadensersatzansprüche gerichtlich geltend gemacht. Für die kurzfristige Verteidigung spielt ein solches Vorgehen eine untergeordnete Rolle. Hierdurch kann lediglich präventiv eine abschreckende Wirkung für zukünftige Angriffe erreicht werden. Schließlich gilt: Nach dem Angriff ist vor dem Angriff.

cc) Rückkauf von Kommanditaktien und der Erwerb durch Führungspersonen

Die Möglichkeit eines Rückkaufs von zuvor ausgegebenen Kommanditaktien durch die KGaA oder den Komplementär ist unbestritten. An praktischen Beispielen – auch im Zusammenhang mit Leerverkäufen – fehlt es nicht. Beispielsweise antwortete die *Aurelius Equity Opportunities* SE & Co. KGaA auf die Leerverkaufsattacke der *Ontake Research*[848] erfolgreich mit einem Kommanditaktienrückkaufprogramm in Höhe von bis zu 30 Millionen Euro, wobei »insgesamt bis zu 1.000.000 eigene Aktien der Gesellschaft zurückgekauft werden« sollten.[849]

---

844 *Spieker*, in: Hamm, BeckRA-HdB, § 39 Rn. 33; m. w. N. *Möllers*, NZG 21 (2018), 649 (652) ausführlich *Frömel*, Maßnahmen von Unternehmen gegen unberechtigte Short-Sell-Attacken, S. 178, 196–199.

845 So wohl auch *Spieker*, in: Hamm, BeckRA-HdB, § 39 Rn. 68; a. A. *Frömel*, Maßnahmen von Unternehmen gegen unberechtigte Short-Sell-Attacken, S. 192.

846 So aber *Frömel*, Maßnahmen von Unternehmen gegen unberechtigte Short-Sell-Attacken, S. 192 Fn. 775.

847 Zur Berichtigung *Spieker*, in: Hamm, BeckRA-HdB, § 39 Rn. 32.

848 Siehe Kap. 3 § 9 III.

849 *Aurelius Equity Oportunities SE & Co. KGaA*, <aeo-se.de/xml/?source=2380&item=11>.

Erfolgreich war die Reaktion deshalb, weil wie schon mehrfach empirisch[850] nachgewiesen wurde, auch in diesem Fall eine Kursstabilisierung erreicht werden konnte. Kursstabilisierend wirken solche Aktienrückkäufe aus mehreren Gründen. Zum einen verringert sich der Streubesitz. Die von der KGaA erworbenen Kommanditaktien sind dem Markt vorerst entzogen und können nicht mehr gehandelt werden. Das Verhältnis von Angebot und Nachfrage wird verändert.[851] Bei gleichbleibender Nachfrage und einem aus dem Rückverkauf resultierenden zurückgehenden Angebot kann sogar ein über die Stabilisierung hinausgehender steigender Aktienkurs die Folge sein.[852]

Zum anderen suggeriert die KGaA durch den Erwerb eigener Aktien, dass sie sich als deutlich unterbewertet empfindet.[853] Dies kann unsichere Kommanditaktionäre dazu bewegen, ihre Anteile zu behalten und Neukommanditaktionäre motivieren, sich an der KGaA zu beteiligen.

Der sich mit dem Erwerb eigener Aktien befassende § 71 AktG gilt über § 278 Abs. 3 AktG auch für die KGaA. Danach ist es der KGaA grundsätzlich verboten eigene Kommanditaktien zu erwerben. Dies gilt nicht, wenn eine der in § 71 Abs. 1 Nr. 1 bis 8 AktG aufgeführten Verbotsausnahmen erfüllt ist.

Nach § 278 Abs. 3 AktG i. V. m. § 71 Abs. 1 Nr. 1 AktG darf die KGaA eigene Kommanditaktien beispielsweise dann erwerben, wenn der Erwerb notwendig ist um einen schweren, unmittelbar bevorstehenden Schaden von der Gesellschaft abzuwenden. Dies wird überwiegend dort angenommen, wo ein »Baisse-Angriff« auf eine Gesellschaft erfolgt, der die Kreditwürdigkeit der Gesellschaft gefährdet.[854] Das Wort »Baisse« steht für »sinkende

---

850 *SEC*, The October 1987 Market Break, <*www.sechistorical.org/collection/papers/1980/1988_0201_MarketBreak_01.pdf*>, S. 21; *Gerke/Fleischer/Langer*, in: Börsig/Coenenberg, Bewertung von Unternehmen, S. 275–304.

851 *Merkt*, in: Hirte/Mülbert/Roth, GroßKomm AktG III.2, § 71 Rn. 20; *Bezzenberger*, in: Schmidt/Lutter, AktG, § 71 Rn. 5a; *Gröntgen*, Operativer shareholder activism, S. 17.

852 *Merkt*, in: Hirte/Mülbert/Roth, GroßKomm AktG III.2, § 71 Rn. 20; *Oechsler*, in: Goette/Habersack/Kalss, MüKo-AktG I, § 71 Rn. 1; *Bezzenberger*, in: Schmidt/Lutter, AktG, § 71 Rn. 5a; *Brellochs*, ZGR 49 (2020), 319 (330); *Gröntgen*, Operativer shareholder activism, S. 17.

853 Grundsätzlich zu dieser »Signalwirkung« und m. j. w. N. *Oechsler*, in: Goette/Habersack/Kalss, MüKo-AktG I, § 71 Rn. 3, 10; *Cahn*, in: Henssler/Spindler/Stilz, BeckOGK-AktG, § 71 Rn. 7; *Merkt*, in: Hirte/Mülbert/Roth, GroßKomm AktG III.2, § 71 Rn. 20; *Commandeur*, AG 2020, 575 (§ 581); *Engelen et al.*, Investor Activism 2018, S. 131; *Gröntgen*, Operativer shareholder activism, S. 17.

854 *Cahn*, in: Henssler/Spindler/Stilz, BeckOGK-AktG, § 71 Rn. 56; *Rieckers*, in: Hoffmann-Becking, MünchHdB GesR IV, § 15 Rn. 16; *Gätsch*, in: Marsch-Barner/Schäfer, HdB börsennotierte AG, § 52 Rn. 52.11; *Oechsler*, in: Goette/Habersack/Kalss, MüKo-AktG I, § 71 Rn. 137; *Grigoleit/Rachlitz*, in: Grigoleit, Aktiengesetz, § 71 Rn. 61;

Börsenkurse«[855]. Ein Baisse-Angriff meint daher einen Leerverkaufsangriff. Die für die Geltendmachung eines Anspruchs erforderliche Kreditgefährdung kommt bei *unwahren* Tatsachenbehauptungen der Leerverkaufsaktivisten über die KGaA in Frage.[856]

Ob eine Kreditgefährdung tatsächlich bejaht werden kann, lässt sich in der Hektik eines Angriffs nicht immer zweifelsfrei beurteilen. Auf der sicheren Seite ist die KGaA dann, wenn sie schon vorher eine Ermächtigung für den Erwerb eigener Kommanditaktien nach § 278 Abs. 3 i. V. m. § 71 Abs. 1 Nr. 8 AktG eingeholt hat. Ein solcher Ermächtigungsbeschluss über den Rückkauf eigener Kommanditaktien fällt in die Kompetenz der KGaA-Hauptversammlung.[857] Die Festlegung des Rückkaufzwecks ist in diesem Beschluss nicht notwendig.[858] Die KGaA hat so die Möglichkeit, unkompliziert und schnell auf alle Eventualitäten, also auch nur eine Leerverkaufsattacke, mit einem Rückkauf eigener Kommanditaktien reagieren zu können.

Der Beschluss der Komplementäre, von besagtem Ermächtigungsbeschluss Gebrauch zu machen, stellt eine insiderrelevante Tatsache dar[859] und muss nach Art. 17 Abs. 1 MMVO »so bald wie möglich« (ad hoc) bekannt gemacht werden.

dd) Kauf von Kommanditaktien durch den Komplementär

Ein ähnlicher, den Kurs stabilisierender Effekt ist von dem Kommanditaktienkauf eines Komplementärs[860] zu erwarten. Wenn Insider, wie es die Komplementäre sind, in Aktien ihres Unternehmens investieren, hat dies eine Signalwirkung. Anleger können davon ausgehen, dass es gut um die KGaA bestellt ist.

Koch, Aktiengesetz, § 71 Rn. 9; *Lutter/Drygala*, in: Zöllner/Noack, KK-AktG I, § 71 Rn. 50; *Merkt*, in: Hirte/Mülbert/Roth, GroßKomm AktG III.2, § 71 Rn. 181.

855 *Knauf*, Gabler-Fremdwörterbuch Wirtschaft, Baisse, S. 21.

856 So wohl auch *Merkt*, in: Hirte/Mülbert/Roth, GroßKomm AktG III.2, § 71 Rn. 181; *Frömel*, Maßnahmen von Unternehmen gegen unberechtigte Short-Sell-Attacken, S. 149.

857 *Philbert*, Die Kommanditgesellschaft auf Aktien zwischen Personengesellschaftsrecht und Aktienrecht, S. 141.

858 M. w. N. *Cahn*, in: Henssler/Spindler/Stilz, BeckOGK-AktG, § 71 Rn. 94.

859 Für den Vorstand einer AG m. j. w. N. *Kumpan/Grütze*, in: Schwark/Zimmer, KapMarktR, VO (EU) 596/2014 Art. 17 Rn. 106; *Assmann*, in: Assmann/Schneider/Mülbert, Wertpapierhandelsrecht, VO (EU) Nr. 596/2014 Art. 17 Rn. 226; »wobei Art. 5 Abs. 6 MAR i. V. m. Art. 2 VO (EU) 2016/1052 diese Publizitätspflicht modifizieren« *Oechsler*, in: Goette/Habersack/Kalss, MüKo-AktG I, § 71 Rn. 407.

860 Zur grundsätzlichen Möglichkeit *Elschenbroich*, Die Kommanditgesellschaft auf Aktien, S. 110.

Der Rückkauf von Kommanditaktien durch den *gesetzestypischen* oder den *vorstandsähnlichen* Komplementär, die Komplementärgesellschaft einer *atypischen* KGaA oder das Geschäftsleitungsorgan derselben setzt ein positives Signal und ein Bekenntnis zur Gesellschaft. Den Beschränkungen der §§71 ff. AktG zum Erwerb eigener Aktien unterliegt lediglich der Emittent, nicht aber die Gesellschafter.

Gänzlich schrankenlos ist der Erwerb der Kommanditaktien dennoch nicht. Maßgeblich ist Art. 19 MMVO, der die Eigengeschäfte von Führungskräften (»Directors Dealings«) regelt. Danach müssen Personen, die Führungsaufgaben wahrnehmen, dem Emittenten oder der zuständigen Behörde melden, wenn sie Eigengeschäfte mit Anteilen vornehmen (Art. 19 Abs. 1 lit. a)). Während in der Vorgängervorschrift § 15a WpHG a. F. die persönlich haftenden Gesellschafter einer KGaA in Absatz 2 noch ausdrücklich als Normadressaten genannt waren, ist dies in der Nachfolgevorschrift nicht mehr der Fall.

Vereinzelt wird der persönlich haftende Gesellschafter einer KGaA als Adressat abgelehnt.[861] Dies ließe sich mit dem Wortlaut des Art. 3 Abs. 1 Nr. 25 MMVO begründen, der den Komplementär in der Begriffsbestimmung zu einer »Person, die Führungsaufgaben wahrnimmt« nicht aufführt.

Auf der anderen Seite ist nicht ersichtlich, warum der persönlich haftende Gesellschafter mit der Änderung des kapitalmarktrechtlichen Normenregimes nicht mehr über einen Informationsvorsprung gegenüber anderen Marktteilnehmern[862] verfügen sollte. Daher ist, wie mehrheitlich vertreten[863], dem Komplementär einer KGaA eine Mitteilungspflicht beim Erwerb von Kommanditaktien seiner Gesellschaft aufzuerlegen. Gleiches gilt in der *atypischen* KGaA für die Organe der Komplementärgesellschaft.[864]

Nachteile entstehen durch die Meldepflicht nicht. Im Gegenteil: Der Kommanditgesellschaft auf Aktien kommt es bei einer solchen Verteidigungshandlung gerade darauf an, dass der Markt und ein möglichst großer Anlegerkreis über den Rückkauf beziehungsweise den Erwerb durch Führungspersönlichkeiten informiert wird.

---

861 *Walz*, in: Schüppen/Schaub, MHB AktR, §48 Rn. 104.

862 Für § 15a WpHG a. F. *Wieneke/Fett*, in: Bürgers/Fett, KGaA HdB, § 10 Rn. 114.

863 *Kumpan/Grütze*, in: Schwark/Zimmer, KapMarktR, VO (EU) 596/2014 Art. 19 Rn. 62; *Herfs*, in: Hoffmann-Becking, MünchHdB GesR IV, § 79 Rn. 99; *Sethe/Hellgardt*, in: Assmann/Schneider/Mülbert, Wertpapierhandelsrecht, VO (EU) Nr. 596/2014 Art. 19 Rn. 29.

864 *Sethe/Hellgardt*, in: Assmann/Schneider/Mülbert, Wertpapierhandelsrecht, VO (EU) Nr. 596/2014 Art. 19 Rn. 30; *Herfs*, in: Hoffmann-Becking, MünchHdB GesR IV, § 79 Rn. 99.

Zudem darf nach Art. 19 Abs. 11 MMVO eine Person, die bei einem Emittenten Führungsaufgaben wahrnimmt, weder direkt noch indirekt Eigengeschäfte oder Geschäfte für Dritte im Zusammenhang mit den Anteilen des Emittenten während eines geschlossenen Zeitraums von 30 Kalendertagen vor Ankündigung eines Zwischenberichts oder eines Jahresabschlussberichts tätigen, zu deren Veröffentlichung der Emittent verpflichtet ist.

Das periodische Handelsverbot besteht vor dem Jahresbericht (§ 114 WpHG bzw. § 325 HGB), dem Halbjahresbericht (§ 115 WpHG) sowie einem Quartalsbericht, soweit dieser am jeweiligen Handelsplatz verlangt wird.[865] Daraus resultiert ein Handelsverbot von bis zu 120 Tagen pro Jahr.[866] Ein Drittel des Jahres können derartige Stabilisierungskäufe durch den Komplementär, die Komplementärgesellschaft oder den Geschäftsführer der Komplementärgesellschaft nicht durchgeführt werden.

Ausgenommen davon sind Rückkäufe, die im Namen der Gesellschaft oder auf ihre Rechnung durch die Führungsperson vorgenommen werden.[867] Dies ist nur folgerichtig. Bei einem Rückkauf von Kommanditaktien durch die KGaA ist es tatsächlich der Komplementär, der im Namen der Gesellschaft das Geschäft abschließt. Der Emittent, also die KGaA, ist aber selbst von Art. 19 Abs. 11 MMVO nicht erfasst.

ee) Kauf von Wandelanleihen

Mit der Hoffnung auf einen kursstabilisierenden Effekt können von der betroffenen Gesellschaft ausgegebene Wandelanleihen aufgekauft werden. Dieser Kauf ist durch die KGaA, den Komplementär oder den Geschäftsleiter der Komplementärgesellschaft[868] möglich. Der Rückkauf eigener (bereits bestehender) Wandelanleihen durch die Gesellschaft wird von dem

---

865 Jahresbericht *Poelzig*, NZG 19 (2016), 761 (770); *Kumpan/Schmidt*, in: Schwark/Zimmer, KapMarktR, VO (EU) 596/2014 Art. 19 Rn. 224–226; *Frömel*, Maßnahmen von Unternehmen gegen unberechtigte Short-Sell-Attacken, S. 139; Halbjahresbericht *Poelzig*, NZG 19 (2016), 761 (770); *Kumpan/Schmidt*, in: Schwark/Zimmer, KapMarktR, VO (EU) 596/2014 Art. 19 Rn. 214–215; *Frömel*, Maßnahmen von Unternehmen gegen unberechtigte Short-Sell-Attacken, S. 139; Quartalsbericht *Poelzig*, NZG 19 (2016), 761 (770); *Kumpan/Schmidt*, in: Schwark/Zimmer, KapMarktR, VO (EU) 596/2014 Art. 19 Rn. 216–221.

866 *Poelzig*, NZG 19 (2016), 761 (770).

867 *Poelzig*, NZG 19 (2016), 761 (770); *Sethe/Hellgardt*, in: Assmann/Schneider/Mülbert, Wertpapierhandelsrecht, VO (EU) Nr. 596/2014 Art. 19 Rn. 159; *Frömel*, Maßnahmen von Unternehmen gegen unberechtigte Short-Sell-Attacken, S. 138.

868 Beispielhaft dafür kaufte der Vorstandschef von *Aurelius* Wandelanleihen im Wert von fünf Millionen Euro auf, *Landgraf*, Handelsblatt 25.02.2020, 36.

Regelverbot des § 71 AktG nicht erfasst.[869] Die KGaA kann Wandelanleihen erwerben und muss keine Genehmigung der Hauptversammlung einholen.

Der Komplementär oder Geschäftsleiter der Komplementärgesellschaft können das periodische Handelsverbot für Führungskräfte allerdings nicht umgehen durch den Erwerb von Wandelanleihen statt eigener Kommanditaktien. Denn anders als die nationale für die Gesellschaft geltende Vorschrift zum Erwerb eigener Aktien bezieht sich das Handelsverbot gem. Art. 19 Abs. 11 MMVO auf Anteile oder Schuldtitel des Emittenten. Zu den Schuldtiteln gehören die Wandelanleihen.[870] Die Wandelanleihen sind entsprechend vom Handelsverbot erfasst, welches pro Jahr für mehrere Wochen für die Komplementäre einer KGaA besteht.

ff) Kontaktaufnahme zur BaFin

Eine Kontaktaufnahme zur *BaFin*[871] ist für die KGaA ein probates Mittel der Verteidigung. Über die Kontaktaufnahme sollen eine Ermittlungsaufnahme und Eingriffsmaßnahmen gegen die Leerverkaufsaktivisten angeregt und so die Wirkweise des Leerverkaufsangriffs abgeschwächt werden. Die *BaFin* ist nationale Aufsichtsbehörde und soll unter anderem die Stabilität des Finanzmarktes gewährleisten.[872] Kommt es durch den Leerverkauf selbst oder die Beeinflussung der Anlageentscheidung zu massiven Marktverwerfungen, stehen der *BaFin* verschiedene Instrumente sowohl nach dem Wertpapierhandelsgesetz als auch der Leerverkaufsverordnung zur Verfügung. Die Eingriffsgrundlagen des Wertpapierhandelsgesetzes umfassen grundsätzlich den gesamten Handel mit Finanzinstrumenten. Die Leerverkaufsregulierung wurde, wie schon mehrfach deutlich gemacht, in eine europäische Verordnung ausgelagert. Die dortigen Regelungen sind entsprechend spezifischer auf Leerverkäufe zugeschnitten. Mithilfe der *BaFin* können sowohl das Wertpapierhandelsgesetz als auch die Leerverkaufsverordnung der Verteidigung einer KGaA dienen.

Für eine saubere Beurteilung des Sachverhalts verfügt sie nach § 6 WpHG über umfangreiche Ermittlungsbefugnisse. Ermittlungen nehmen Zeit in An-

---

869 *Grigoleit/Rachlitz*, in: Grigoleit, Aktiengesetz, § 71 Rn. 48; *Oechsler*, in: Goette/Habersack/Kalss, MüKo-AktG I, § 71 Rn. 91, 103; *Koch*, Aktiengesetz, § 71 Rn. 5; *Merkt*, in: Hirte/Mülbert/Roth, GroßKomm AktG III.2, § 71 Rn. 155; *Lutter/Drygala*, in: Zöllner/Noack, KK-AktG I, § 71 Rn. 25.

870 *Kumpan/Grütze*, in: Schwark/Zimmer, KapMarktR, VO (EU) 596/2014 Art. 19 Rn. 101; *Sethe/Hellgardt*, in: Assmann/Schneider/Mülbert, Wertpapierhandelsrecht, VO (EU) Nr. 596/2014 Art. 19 Rn. 62.

871 Als Möglichkeit für die AG aufzeigend *Frömel*, Maßnahmen von Unternehmen gegen unberechtigte Short-Sell-Attacken, S. 156–157; *Mülbert/Sajnovits*, BKR 19 (2019), 313 (322).

872 *Poelzig*, in: Ebenroth/Boujong/Joost/Strohn, HGB II, WpHG § 6 Rn. 6.

spruch, welche die KGaA während eines Angriffs nicht hat. Inhaltlich sollte daher in der Kontaktaufnahme möglichst detailliert und nachvollziehbar aufgezeigt werden, welches Verhalten der Leerverkaufsaktivisten die Eingriffsvoraussetzungen für die *BaFin* erfüllen soll. Nur dann ist es der *BaFin* kurzfristig möglich zu prüfen, ob ein Einschreiten im Sinne der KGaA rechtlich möglich ist. Die Eingriffsbefugnisse reichen von bloßen Warnungen bis hin zu zeitlich begrenzten Leerverkaufsbeschränkungen, längerfristigen Leerverkaufsverboten oder einer gänzlichen Handelsunterbrechung.

(1) Warnung, § 6 Abs. 2 Satz 3, Abs. 9 WpHG

Die *BaFin* kann, soweit dies für die Erfüllung ihrer Aufgaben erforderlich ist, öffentliche Warnungen auf ihrer Internetseite aussprechen. Dies ist präventiv (§ 6 Abs. 2 Satz 3 WpHG) und reaktiv (§ 6 Abs. 9 WpHG) möglich. Die Warnung vor einem Leerverkaufsaktivisten[873] ist die »niedrigste Eskalationsstufe«[874]. Dennoch ist bereits sie geeignet, Anleger davon abzuhalten, den veröffentlichten Vorwürfen und dem damit verbundenen Rat die Kommanditaktien zu veräußern zu folgen. Die behördliche Information einer staatlichen Institution hat für die Anleger ein nicht zu unterschätzendes Gewicht. Ansonsten uninformierte Anleger werden nicht »blind« dem Rat der Aktivisten folgen, sondern die Verkaufsentscheidung überdenken. Die behördliche Bewertung des in Rede stehenden Leerverkaufsangriffs wird sicher berücksichtigt und eine wesentliche Rolle für oder gegen eine Veräußerung spielen.

Manipulative und falsche Äußerungen der Leerverkaufsaktivisten gefährden das Vertrauen in die Marktteilnehmer und die Infrastruktur. Herrscht Klarheit über das betroffene Unternehmen, die Leerverkaufsaktivisten und deren Äußerungen, wirkt dies in einem nächsten Schritt kursstabilisierend.

(2) Einstweilige Handelsuntersagung/-aussetzung, § 6 Abs. 2 Satz 4 WpHG

Deutlich intensiver ist die Anordnung, den Handel mit Kommanditaktien für Marktteilnehmer zu untersagen oder für den Handelsplatzbetreiber vollständig vorübergehend untersagen (§ 6 Abs. 2 Satz 4 WpHG).[875] Wird im Rahmen der Leerverkaufsattacke beispielsweise gegen Verbote des WpHG oder

---

873 Dazu im AG-Kontext *Möllers*, NZG 21 (2018), 649 (656).

874 *Splinter/Gansmeier*, ZHR 184 (2020), 761 (787).

875 Zu den Adressaten der Anordnung *Döhmel*, in: Assmann/Schneider/Mülbert, Wertpapierhandelsrecht, § 6 WpHG Rn. 80 f.

der MMVO verstoßen, kann die Handelsaussetzung als effektives Mittel zur Eindämmung der Angriffswirkung genutzt werden.[876]

Die kursstabilisierende Wirkung einer Handelsaussetzung nach dem WpHG wird bislang als zweifelhaft erachtet.[877]

Fest steht allerdings, dass eine Handelsaussetzung dem angegriffenen Unternehmen, in diesem Fall der KGaA, Zeit verschafft, sich mit den Vorwürfen auseinanderzusetzen und entsprechend zu reagieren.[878] Und auch die Marktteilnehmer können die Vorwürfe genauer unter die Lupe nehmen und auf ihren Wahrheitsgehalt überprüfen.

Eine Begleiterscheinung der Anordnung einer Handelsaussetzung ist die Stabilisierung des Markvertrauens. Der Markt nimmt die Handelsaussetzung als Vertrauensbeweis für die betroffene KGaA wahr. Die Anordnung einer Handelsaussetzung gibt den Hinweis, dass der Titel gekauft und nicht verkauft werden sollte. Die Erwartung der Anleger ist, dass die Behörde einen Wissensvorsprung gegenüber dem Finanzmarkt hat. Die Anordnung ist eine verwaltungsrechtliche Maßnahme der *BaFin* und ergeht daher üblicherweise in Form einer Allgemeinverfügung. Durch die Allgemeinverfügung, aber auch durch die nach § 39 Abs. 1 VwVfG notwendige Begründung werden Informationen an die Anleger herangetragen. Dies gibt den Anlegern Aufschluss über die behördliche rechtliche Einschätzung des in Rede stehenden Leerverkaufsangriffs.

(3) Beschränkung von Leerverkäufen, Art. 20 LeerverkaufsVO

Die LeerverkaufsVO statuiert in den Art. 18–21 besondere Eingriffsermächtigungen für die *BaFin*.

Um Leerverkäufe zu beschränken, kann die *BaFin* eine auf Art. 20 LeerverkaufsVO gestützte Allgemeinverfügung erlassen.[879] Erhebliche Netto-Leerverkaufspositionen können einen folgenschweren Verkaufsdruck auf die übrigen Kommanditaktionäre bewirken. Dies kann zu einer erheblichen Abwärtsspirale des Aktienkurses führen. Resultiert daraus eine ernst zu

---

876 *Möllers*, NZG 21 (2018), 649 (656); *Mülbert*, ZHR 182 (2018), 105 (112); *Mülbert/Sajnovits*, BKR 19 (2019), 313 (318); *Commandeur*, AG 2020, 575 (579); *Frömel*, Maßnahmen von Unternehmen gegen unberechtigte Short-Sell-Attacken, S. 107–108, 156; *Poelzig*, ZHR 184 (2020), 697 (740).

877 *Mülbert/Sajnovits*, BKR 19 (2019), 313 (322); *Frömel*, Maßnahmen von Unternehmen gegen unberechtigte Short-Sell-Attacken, S. 156.

878 *Möllers*, NZG 21 (2018), 649 (656); *Mülbert/Sajnovits*, BKR 19 (2019), 313 (322); *Frömel*, Maßnahmen von Unternehmen gegen unberechtigte Short-Sell-Attacken, S. 105, 156.

879 Beispielhaft im Fall der Wirecard AG, dazu ausführlich *Mülbert/Sajnovits*, BKR 19 (2019), 313 (319–321); *Czubayko*, BLJ 2020, 11 (14 f.).

nehmende Bedrohung für die Finanzstabilität oder alternativ für das Marktvertrauen, gibt die Leerverkaufsverordnung der *BaFin* mit Art. 20 LeerverkaufsVO ein scharfes Schwert[880] an die Hand. In einer darauf beruhenden Anordnung kann beispielsweise die Begründung einer Netto-Leerverkaufsposition sowie die Erhöhung einer bestehenden Netto-Leerverkaufsposition in Bezug auf ausgegebene Kommanditaktien einer KGaA bis zu drei Monate (Art. 24 LeerverkaufsVO) verboten werden.

Aufgrund des tiefgehenden Eingriffs in den Preisbildungsprozess sind die Voraussetzungen für derartige Maßnahmen hoch.[881] Es bedarf zum einen einer ernstzunehmenden Bedrohung der Finanzstabilität oder des Marktvertrauens. Zum anderen muss die Maßnahme erforderlich und angemessen sein.

(a) Bedrohung der Finanzstabilität

Eine Bedrohung der Finanzstabilität durch Leerverkaufsattacken ist bislang nicht aufgetreten und nur in Ausnahmefällen denkbar. Hierfür bedarf es einer Entwicklung, »die zu einer weitreichenden, kaskadenartigen Gefährdung einer Vielzahl von bedeutsamen Institutionen führen kann«.[882] Dem Art. 24 Abs. 1 delegierte Verordnung (EU) (»dVO«) 918/2012 lässt sich das Erfordernis einer supranationalen Auswirkung der Beeinträchtigung entnehmen. Dies wird beispielsweise bei der drohenden Insolvenz eines systemrelevanten Finanzinstituts angenommen. Zum Schutz der Finanzstabilität sollen daher Leerverkäufe von systemrelevanten Bankaktien verboten werden können.[883]

Tatsächlich ist die KGaA historisch eine beliebte Gesellschaftsform für (Privat-)Banken.[884] Derzeit stehen hierfür beispielhaft die *DWS Group* GmbH & Co. KGaA, die *M. M. Warburg* & Co. AG & Co. KGaA sowie die *Merkur Privatbank* KGaA. Die Finanzstabilität wird keine der Banken ins Wanken bringen können. Als systemrelevant gilt jedenfalls keines der Institute.[885]

---

880 *Czubayko*, BLJ 2020, 11 (14); ähnlich *Frömel*, Maßnahmen von Unternehmen gegen unberechtigte Short-Sell-Attacken, S. 112.

881 Dazu *Poelzig*, ZHR 184 (2020), 697 (740 f.) ausführlich *Mülbert/Sajnovits*, ZBB/JBB 33 (2021), 149–161; *Splinter/Gansmeier*, ZHR 184 (2020), 761 (780–785).

882 So *Splinter/Gansmeier*, ZHR 184 (2020), 761 (780) mit Verweis auf die Ereignisse im Zusammenhang mit der Lehmann Brothers-Insolvenz.

883 *Splinter/Gansmeier*, ZHR 184 (2020), 761 (781).

884 *Gaibler*, Die Kommanditgesellschaft auf Aktien (KGaA), S. 169–171; *Lieder/Hoffmann*, AG 2016, 704 (708).

885 Systemrelevant für Deutschland sind die Banken in der Gesellschaftsform der AG: *Deutsche Bank* AG; *Commerzbank* AG; *DZ BANK* AG; *UniCredit Bank* AG; *ING-DiBa* AG; *J. P. Morgan* AG oder einer rechtsfähigen Anstalt des öffentlichen Rechts: *Landesbank Baden-Württemberg*; *Landesbank Hessen-Thüringen Girozentrale*;

Mit einer Instabilität des gesamten Finanzsystems ist auch bei Schieflage der genannten Banken nicht zu rechnen.

(b) Bedrohung des Marktvertrauens

Marktvertrauen meint das Systemvertrauen in die Funktionsfähigkeit des Finanzmarktes.[886] Gegenstand dessen ist unter anderem Fairness der Marktteilnehmer.[887] Jeder Marktteilnehmer soll sich danach innerhalb der formalen Rahmenbedingungen des Handels am Kapitalmarkt bewegen. Spiegelbildlich soll jeder Marktteilnehmer darauf vertrauen können, dass Marktmanipulation und Insiderhandel keinen Platz am Kapitalmarkt finden. Weisen Shortseller derartige Verhaltensweisen auf, kommt eine Leerverkaufsbeschränkung in Betracht.[888]

Es fand bereits Erwähnung[889], dass die Veröffentlichung falscher und irreführender Informationen oder die unterlassene Offenlegung eines Interessenkonflikts exemplarisch für eine Marktmanipulation gemäß Art. 12 MMVO im Zusammenhang mit Leerverkaufsattacken stehen und die Verwendung illegal erworbener Informationen als Insidergeschäfte nach Art. 15 MMVO zu behandeln ist.

(c) Ernst zu nehmende Bedrohung für Schutzgut, Erforderlichkeit sowie Verhältnismäßigkeit

Die Bedrohung für die Schutzgüter muss ernst zu nehmend sein. Hierfür genügt nicht jede denkbare Beeinträchtigung.[890] Sie muss vielmehr objektiv geeignet sein, die Schutzgüter erheblich zu beeinträchtigen, und ein Schaden muss tatsächlich erwartbar sein.[891]

Die Beschränkung der Leerverkäufe muss überdies erforderlich sein, um der Bedrohung zu begegnen (Art. 20 Abs. 1 lit. b) LeerverkaufsVO). Das bedeutet, es darf kein milderes, gleich geeignetes Mittel geben. Schließlich darf nach Art. 20 Abs. 1 lit. b) LeerverkaufsVO die Effizienz der Finanzmärkte im Vergleich zum Nutzen der Maßnahme nicht unverhältnismäßig beeinträchtigt werden. Es bedarf daher einer Verhältnismäßigkeitsprüfung

Bayerische Landesbank; *Norddeutsche Landesbank* – Girozentrale –; *NRW.BANK*; *DekaBank* Deutsche Girozentrale; *Landwirtschaftliche Rentenbank; BaFin*, <www.bafin.de/DE/Aufsicht/BankenFinanzdienstleister/Eigenmittelanforderungen/ASRI/asri_node.html>.

886 *Mülbert/Sajnovits*, ZBB/JBB 33 (2021), 149 (153).
887 *Mülbert/Sajnovits*, ZBB/JBB 33 (2021), 149 (153).
888 *Splinter/Gansmeier*, ZHR 184 (2020), 761 (783).
889 Kap. 3 § 10 IV. 2. b) bb) (7).
890 *Splinter/Gansmeier*, ZHR 184 (2020), 761 (785).
891 *Splinter/Gansmeier*, ZHR 184 (2020), 761 (785).

im engeren Sinne[892] und damit einer Abwägung zwischen allen betroffenen Rechtsgütern.

(d) Effektivität aus Sicht der angegriffenen KGaA

Die von der verteidigenden KGaA primär angestrebte (langfristig) kursstabilisierende Wirkung tritt infolge einer Beschränkung von Leerverkäufen nicht zweifellos ein.[893] Die empirischen Daten der letzten 20 Jahre lassen vielmehr darauf schließen, dass ein Leerverkaufsverbot weder Wertpapierpreise stützen kann noch geeignet ist, Banken zu stabilisieren.[894] Für den angeordneten Zeitraum kann eine Maßnahme nach Art. 20 Abs. 2 lit. a) LeerverkaufsVO aber einen Kurssturz abbremsen. Dies entspricht dem in Erwägungsgrund 27 der LeerverkaufsVO formulierten Ziel, einen ungeordneten Kursverfall zu verhindern. Einen Zeitgewinn zugunsten der KGaA bieten Beschränkungen von Leerverkäufen durch die *BaFin* daher zweifellos. Dieser Zeitgewinn kann darüber hinaus bestens für eine Eigenanalyse und die Entwicklung der Verteidigungsstrategie sowie -argumente genutzt werden.

(4) Befugnis zur befristeten Beschränkung des Leerverkaufs von Finanzinstrumenten bei signifikantem Kursverfall (Circuit-Breaker), Art. 23 LeerverkaufsVO

(a) Eingriffsvoraussetzungen

Die *BaFin* kann nach Art. 23 LeerverkaufsVO Leerverkäufe befristet beschränken. Die Zeitspanne ist deutlich geringer als bei einer Beschränkung nach Art. 20 LeerverkaufsVO. Ein solcher »Circuit Breaker« kann nur wenige Minuten betragen, darf aber nach Art. 23 Abs. 2 LeerverkaufsVO längstens bis zum Ende des auf den Handelstag des Kursverfalls folgenden Handelstages andauern und kann maximal um zwei weitere Handelstage verlängert werden.

Erster Anknüpfungspunkt ist nach Absatz 1 ein signifikanter Kursverfall innerhalb eines einzigen Handelstages im Vergleich zur Schlussnotierung des Vortags. Art. 23 Abs. 5 LeerverkaufsVO legt fest, dass eine Wertminderung

---

892 *Mülbert/Sajnovits*, in: Assmann/Schneider/Mülbert, Wertpapierhandelsrecht, VO (EU) Nr. 236/2012 Art. 18–26 Rn. 21; *Splinter/Gansmeier*, ZHR 184 (2020), 761 (790).

893 *Frömel*, Maßnahmen von Unternehmen gegen unberechtigte Short-Sell-Attacken, S. 115–116; m. w. N. *Poelzig*, ZHR 184 (2020), 697 (741); mit Blick auf die Vorgänge rund um die *Wirecard* AG *Mülbert/Sajnovits*, BKR 19 (2019), 313 (315, 322).

894 *Enriques/Pagano*, Emergency Measures for Equity Trading: The Case Against Short-Selling Bans and Stock Exchange Shutdowns, <*ecgi.global/content/working-papers*>.

liquider Aktien um 10 % oder mehr als signifikant zu begreifen ist. Dabei ist irrelevant, ob es Aktien einer AG, SE oder Kommanditaktien einer KGaA sind.

Allein ein Kursverfall liquider Aktien in Höhe von mindestens 10 % ist aber nicht ausreichend, um eine Eingriffsbefugnis der *BaFin* zu begründen. Nach Feststellung eines signifikanten Kursverfalls prüft die *BaFin* in einem zweiten Schritt, ob es angebracht ist, an diesem Handelsplatz den Leerverkauf zu verbieten oder zu beschränken, um einen ungeordneten Kursverfall der Kommanditaktie zu verhindern (Art. 23 Abs. 1 LeerverkaufsVO). Angebracht ist eine solche Maßnahme dann, wenn sie verhältnismäßig ist.[895]

Das bedeutet, dass mit einer Beschränkung oder einem Verbot verbundene Nachteile nicht außer Verhältnis zu der Verhinderung des ungeordneten Kursverfalls stehen dürfen.

Wann es sich um einen ungeordneten Kursverfall handelt, wurde vom Gesetzgeber nicht in einer zum signifikanten Kursverfall vergleichbaren Weise festgelegt. Die wenigen diesbezüglichen Ausführungen in der Literatur gehen bislang davon aus, dass ein geordneter Kursverfall in einer berechtigten Kurskorrektur auf Basis »öffentlich bekannter Informationen« zu sehen ist.[896] Dem ist hinzuzufügen, dass es sich dabei um richtige und wahre Informationen handeln muss. Denn bei einem Kursverfall aufgrund falscher und irreführender Informationen kann von einer berechtigten Kurskorrektur nicht mehr die Reden sein. Dies wird bei der überzeugenden Konkretisierung des ungeordneten Kursverfalls durch die Rechtswissenschaft umso deutlicher. Ein ungeordneter Kursverfall liegt danach dann vor, wenn er Folge eines irrationalen Verhaltens, (rationalen) Herdenverhaltens oder von Manipulation ist.[897]

Bei Leerverkaufsangreifern, die mit manipulativen Research Reports arbeiten, ist ein Herantreten der KGaA an die *BaFin* entsprechend empfehlenswert. Die Entscheidung, ob es sich um eine berechtigte Kurskorrektur oder einen unberechtigten Kursverfall handelt, ist schwer.[898] Die Prüfung und

---

895 *Mülbert/Sajnovits*, in: Assmann/Schneider/Mülbert, Wertpapierhandelsrecht, VO (EU) Nr. 236/2012 Art. 18–26 Rn. 56.

896 *Mülbert/Sajnovits*, in: Assmann/Schneider/Mülbert, Wertpapierhandelsrecht, VO (EU) Nr. 236/2012 Art. 18–26 Rn. 56.

897 *Mülbert/Sajnovits*, in: Assmann/Schneider/Mülbert, Wertpapierhandelsrecht, VO (EU) Nr. 236/2012 Art. 18–26 Rn. 56; ebenso *Sieder*, ZBB/JBB 31 (2019), 179 (184 f.); *Poelzig*, ZHR 184 (2020), 697 (742).

898 »Grenzen zwischen berechtigter Kurskorrektur und ungerechtfertigtem [können] Kursverfall durchaus fließend sein« *Mülbert*, ZHR 182 (2018), 105 (113); »was kein einfaches Unterfangen ist« *Mülbert/Sajnovits*, in: Assmann/Schneider/Mülbert, Wertpapierhandelsrecht, VO (EU) Nr. 236/2012 Art. 18–26 Rn. 56; *Sieder*, ZBB/JBB 31 (2019), 179 (185); *Poelzig*, ZHR 184 (2020), 697 (742 f.).

sich anschließende Entscheidung braucht entsprechend Zeit. Dies gilt erst recht, wenn der *BaFin* keine ausreichende Informationsgrundlage vorliegt. Zeit, welche die angegriffene KGaA nicht hat.

Es zeigt sich erneut, dass bei der Kontaktaufnahme eine umfassende Informationsweitergabe an die *BaFin* durch die KGaA erforderlich ist.

(b) Effektivität aus Sicht der angegriffenen KGaA

Wie die übrigen den Handel unterbrechenden Maßnahmen kann auch mit einem Eingriff der *BaFin* auf Grundlage des Art. 23 LeerverkaufsVO der Abwärtstrend zumindest kurzfristig aufgehalten werden.[899] Dieses Ergebnis wird von einer jüngeren Untersuchung des Effekts eines Circuit Breaker auf den Markt aus dem Jahr 2020 gestützt. Danach scheint es, als könnten zumindest extreme Preisbewegungen reduziert werden.[900] Ein langfristiger Einfluss auf den Kurs ist nach derzeitigen empirischen Erkenntnissen aber nicht zu erwarten.[901]

Und dennoch erweist sich auch eine Maßnahme nach Art. 23 LeerverkaufsVO als anderweitig nützlich. Je nach Dauer der befristeten Unterbrechung verschafft auch ein Circuit Breaker der KGaA Zeit, um eine Gegendarstellung zu erarbeiten und die Anleger von ihrer Sicht der Dinge zu überzeugen.[902]

3. Zusammenfassung

Die möglichen Verteidigungsmaßnahmen gegen einen Leerverkaufsangriff sind in präventive und reaktive Maßnahmen zu gliedern.

Zur Vermeidung einer angreifbaren Kommanditaktionärsstruktur ist ein starker Ankerkommanditaktionär von Vorteil. Rechtstatsächlich zeichnen sich die untersuchten Kommanditgesellschaften auf Aktien – bis auf eine Aus-

---

899 So schon vor Erlass der Leerverkaufsverordnung *Mittermeier*, ZBB/JBB 22 (2010), 139 (145).

900 *Guillaumie et al.*, Market impacts of circuit breakers – Evidence form EU trading venues, <*www.esma.europa.eu/sites/default/files/library/esmawp-2020-1_market_impacts_of_circuit_breakers.pdf*>.

901 Jüngste Untersuchung aus dem Jahr 2020 *Guillaumie et al.*, Market impacts of circuit breakers – Evidence form EU trading venues, <*www.esma.europa.eu/sites/default/files/library/esmawp-2020-1_market_impacts_of_circuit_breakers.pdf*>; so schon im Jahr 2017 *ESMA*, Final Report, <*www.esma.europa.eu/sites/default/files/library/technical_advice_on_the_evaluation_of_certain_aspects_of_the_ssr.pdf*>, S. 42 Rn. 180; »Rule 201 does not appear to be an effective tool in preventing a sudden market crash or a prolonged financial crisis« *Jain/Jain/McInish*, The Financial Review 47 (2012), 37 (63).

902 *Poelzig*, ZHR 184 (2020), 697 (743); *Mülbert*, ZHR 182 (2018), 105 (113).

nahme – gerade durch einen solchen aus. Eine transparente Kommunikation verhilft zu einer realen Marktpreisbildung und minimiert das Risiko einer Überbewertung. Soweit ein fakultativer Beirat installiert wurde, kann eine restriktive Zuständigkeitsverteilung vor Angreifbarkeit schützen.

Der großen Angriffsfläche im Bereich der Corporate Governance einer *gesetzestypischen* KGaA beziehungsweise ihrer Entsprechenserklärung zum DCGK 2022 kann mit einer semi-extensiven Erklärung bestmöglich begegnet werden. Dabei wird in einem vorgeschalteten Hinweis klargestellt, welche Empfehlungen strukturell nicht anwendbar sind. Inhaltliche Abweichungen von (entsprechend) anwendbaren Empfehlungen werden separat erklärt. Eine KGaA mit einem *vorstandsähnlichen* Komplementär sollte den Kodexempfehlungen grundsätzlich folgen. Auch eine *atypische* KGaA sollte um eine möglichst hohe Befolgungsquote bemüht sein. Strukturell unanwendbare Empfehlungen sollten wie in der *gesetzestypischen* KGaA vorgeschaltet dargestellt werden.

Um vorgenannte Problematik dauerhaft auszuräumen durch eine explizite Adressierung der KGaA im DCGK, ist an eine dahin gehende Lobbyarbeit zu denken.

Im Übrigen ist auf eine akzeptable Vergütung der Geschäftsleitung zu achten. Auch die präventive Erstellung eines Defence Manuals sowie die Einrichtung eines Defence Teams und gegebenenfalls eines intelligenten Frühwarnsystems können für eine erfolgreiche Verteidigung hilfreich sein.

Reaktiv ist eine kommunikative oder konfrontative Strategie denkbar. Die Kommunikationskompetenz liegt bei den geschäftsführungsbefugten Gesellschaftern einer *gesetzestypischen* oder dem zuständigen Organ der Komplementärgesellschaft einer *atypischen* KGaA. Die tatsächliche Kommunikation kann auf eine Investor Relations-Abteilung übertragen werden, welche an die kaufmännische Leitung angebunden ist. Die Kommunikation mit den Adressaten muss umfassend, faktenbasiert, zügig, aber mit der nötigen Ruhe und Umsicht erfolgen.

Schließlich können die Geltendmachung von Schadensersatzansprüchen durch die Gesellschaft oder den persönlich haftenden Gesellschafter bzw. die persönlich haftende Gesellschafterin, der Rückkauf von Kommanditaktien und der Erwerb durch Führungspersonen, der Kauf von Wandelanleihen bis hin zu einer Kontaktaufnahme zur *BaFin* Erfolg versprechend sein.

§ 11 Operativer Aktivismus

Der operative Aktivismus ist der Hauptanwendungsfall[903] des Aktionärsaktivismus. Im Folgenden wird zunächst die Grundlage der Anlagestrategie dargestellt (1.). Daran anschließend werden die typischen von aktivistischen Aktionären präferierten Angriffskriterien sowie die damit verbundenen Angriffspunkte skizziert und kursorisch überprüft, ob sich derartige Merkmale auch bei einer Kommanditgesellschaft auf Aktien finden lassen (2.). Den Kern bildet die Darstellung der rechtlichen und faktischen Einflussmöglichkeiten aktivistischer Kommanditaktionäre in den Zielgesellschaften zur Erreichung der individuellen Ziele (3.). Abschließend folgt die Betrachtung der KGaA aus Verteidigungsperspektive (4.).

I. Grundlagen des operativen Aktivismus

Ziel aktivistischer Aktionäre ist es, den Marktwert des eingesetzten Eigenkapitals für sich sowie betreute Kunden aktiv zu beeinflussen und zu vervielfachen. Es liegt die Überlegung nahe, die Lösung des als Keimzelle des Aktionärsaktivismus ausgemachten Prinzipal-Agent-Konflikts[904] lediglich als ein Mittel auf dem Weg zur Erreichung des eigentlichen Ziels, der Profitmaximierung, zu sehen. So wurden auch im Rahmen der Corona-Pandemie Bestrebungen von Aktionären bekannt, die trotz der Krise und der damit einhergehenden Belastung für die Wirtschaft verhindern wollten, dass Dividenden gekürzt oder gänzlich ausgelassen werden.[905]

Vereinzelt sind auch anderweitig motivierte Aktionäre zu finden, denen es – zumindest vordergründig – nicht um Profit geht. Diese verfolgen in erster Linie uneigennützige Ziele.[906] Teilweise wird dies als »Shareholder Engagement«, »Shareholder Advocacy«[907] oder »nicht finanzieller Aktivismus«[908] bezeichnet. ESG-Faktoren (Environment, Social, Governance) spielen dabei eine ganz bedeutende Rolle.[909] Im Vordergrund stehen dabei die Einhaltung von Umwelt- und Sozialstandards sowie einer guten Unternehmensführung. Diese Kriterien nehmen voraussichtlich einen immer größeren Stellenwert für Unternehmen und Anleger ein. Für Unternehmen birgt die fehlende Orientierung an Nachhaltigkeitsthemen ein Reputationsrisiko. Für Anleger kann auch hier eine Verbindung zu einem eigentlich finanziellen Ziel hergestellt

903 *Gröntgen*, Operativer shareholder activism, S. 6.
904 Siehe dazu Kap. 2 § 5 II. 2.
905 *Vetter*, AG 2020, 401.
906 *Pierscinska*, Investoren-Aktivismus in Deutschland, S. 6.
907 *Burgy*, NGOs als Kapitalmarktakteure, S. 100; *Kleinmanns*, IRZ 2016, 341 (342).
908 *Engelen et al.*, Investor Activism 2018, S. 136.
909 *Burgy*, NGOs als Kapitalmarktakteure, S. 86.

werden.[910] Natürlich wäre es falsch, jedem sozialen Aktivisten ein profitorientiertes Handeln zu unterstellen. Gänzlich selbstlose Motive sind nicht auszuschließen. Für einen Großteil werden aber – sobald Geld in die Zielgesellschaft investiert wurde – monetäre Überlegungen eine Schlüsselposition erlangen. Dann kann und soll die Umsetzung der ökologischen und sozialen Ziele einen Anstieg der Rendite oder des Kurswertes mit sich bringen.

Unternehmen lassen sich auch von Bürgern, Nichtregierungsorganisationen und politischen Aktivisten durch Demonstrationen und Proteste unter Druck setzen. Sie müssen versuchen, den Ansprüchen dieser Gruppen gerecht zu werden.

Beim operativen Aktivismus sollen den Geschäftsbetrieb der Zielgesellschaft betreffende Entscheidungen aktiv beeinflusst werden, um von den Auswirkungen profitieren zu können. Die Erträge eines solchen Vorgehens sind erzielte Kursgewinne und planmäßige und außerplanmäßige Ausschüttungen der Gesellschaft an ihre Kommanditaktionäre.

II. Vorfeldmaßnahmen – Die KGaA im Beuteschema aktivistischer Kommanditaktionäre

Der Beteiligung an einer Zielgesellschaft gehen mehrere Monate Arbeit und Analysen der Situation voraus. Für aktivistische Aktionäre haben sich bestimmte Kriterien herauskristallisiert, die ein Unternehmen angreifbar machen. Hinsichtlich dieser Angriffspunkte lassen sich typische Vorgehensweisen und Strategien der Aktivisten zusammentragen.

1. Unterbewertung und Leistungsschwäche

Aktivistische Aktionäre halten Ausschau nach fundamental unterbewerteten Unternehmen.[911] Eine Unterbewertung weist ein Unternehmen höchstwahrscheinlich dann auf, wenn es das vorhandene Potenzial nicht ausschöpft[912].

---

910 *Gifford*, Journal of Business Ethics 92 (2010), 79 (83).

911 *Kamp/Krieger*, Die Aktivitäten von Finanzinvestoren, <*www.boeckler.de/de/faust-detail.htm?sync_id=4166*>, S. 12, 21, 26; *Schiessl*, AG 2009, 385; *Brass*, Hedgefonds als aktive Investoren, S. 31; *Jostarndt/Wolf/Degen*, Aktivistische Investoren, <*media-publications.bcg.com/BCG-Aktivistische-Investoren-Report-2020.pdf*>, S. 9; *Graßl/Nikoleyczik*, AG 62 (2017), 49 (50); *Sekanina*, Finanzinvestoren und Mitbestimmung, <*www.imu-boeckler.de/de/faust-detail.htm?sync_id=HBS-006866*>, S. 13; *Döding*, ZBB/JBB 32 (2020), 168 (169); *Kleinmanns*, IRZ 2016, 341 (343); *Arnold*, ZHR 185 (2021), 281 (287); m. w. N. *Hommer*, Aktivistische Hedgefonds zwischen Recht und Corporate Governance, S. 23.

912 *Engelen et al.*, Investor Activism 2018, S. 80; *Graßl/Nikoleyczik*, AG 62 (2017), 49 (50); *Kamp/Krieger*, Die Aktivitäten von Finanzinvestoren, <*www.boeckler.de/de/faust-detail.htm?sync_id=4166*>, S. 14.

In unterbewerteten Gesellschaften vermuten die Aktivisten eine höhere Leistungsfähigkeit. Gleiches gilt für Unternehmen, die eine vergleichsweise geringe Rendite[913] abwerfen oder eine unterdurchschnittliche Aktienkursentwicklung (Performance)[914] im Vergleich zum Gesamtmarkt, dem Index oder der Branche aufweisen.

In unterbewerteten und leistungsschwachen Gesellschaften sehen die Angreifer ein hohes Potenzial, auf »einfachem« Wege eine Kurssteigerung zu erzielen. Es liegt auf der Hand, dass sich der Kurs eines unterbewerteten Unternehmens leichter steigern lässt als der einer zutreffend taxierten Gesellschaft.

Den Vorstellungen der aktivistischen Aktionäre entsprechend soll die Leistungsschwäche behoben, eine angemessene Geschäftsentwicklung angestoßen und ein Kursanstieg auf den Realwert der Aktien herbeigeführt werden.[915] Soweit Aktivisten eine Unterbewertung oder eine schwache Wertentwicklung auf Fehlentscheidungen der Unternehmensleitung oder unzureichende Kompetenzen zurückführen, streben sie personelle Veränderungen an.[916] Schon der Austausch von Mitgliedern der Verwaltung kann zu einer Kurskorrektur beziehungsweise einem Anstieg des Börsenkurses führen.[917] Alternativ verfolgen sie Effizienzsteigerungen, stoßen Wachstumsinitiativen an, implementieren Kostenreduzierungen oder treiben eine strategische Neuausrichtung voran[918]. Insbesondere die Forderung nach einer strategischen Neuausrichtung wird vom Kapitalmarkt honoriert.[919] Die Anleger hoffen, dass die Veränderung der Geschäftsstrategie neue große Potenziale freisetzt.

---

913 *Jostarndt/Wolf/Degen*, Aktivistische Investoren, <*media-publications.bcg.com/BCG-Aktivistische-Investoren-Report-2020.pdf*>, S. 9.

914 *Thamm/Schiereck*, Corporate Finance 2014, 17 (23); *Schüler*, Shareholder Activism in Continental Europe, S. 37; *Graßl/Nikoleyczik*, AG 62 (2017), 49 (50); *Ludwig*, M&A Review 28 (2017), 363; *Engelen et al.*, Investor Activism 2018, S. 141; *Schockenhoff/Culmann*, ZIP 2015, 297 (298); *Plagemann/Rahlmeyer*, NZG 2015, 895 (896); m. j. w. N. *Heuser*, Shareholder Activism, S. 70; *Hommer*, Aktivistische Hedgefonds zwischen Recht und Corporate Governance, S. 23; *Inci*, Shareholder Engagement, S. 96.

915 *Caulfield/Warner*, Aktivist in eigener Sache, <*www2.deloitte.com/content/dam/Deloitte/de/Documents/finance/Deloitte_Strategien_zum_Umgang_mit_aktivistischen_Investoren.pdf*>, S. 16; *Kocher*, DB 2016, 2887 (2888); *Kleinmanns*, IRZ 2016, 341 (343).

916 *Engelen et al.*, Investor Activism 2018, S. 141; *Kahan/Rock*, University of Pennsylvania Law Review 155 (2007), 1021 (1087).

917 *Gröntgen*, Operativer shareholder activism, S. 15; *Sethe*, AG 2021, 78 (83).

918 *Kamp/Krieger*, Die Aktivitäten von Finanzinvestoren, <*www.boeckler.de/de/faust-detail.htm?sync_id=4166*>, S. 12; *Engelen et al.*, Investor Activism 2018, S. 141.

919 *Jostarndt/Wolf/Degen*, Aktivistische Investoren, <*media-publications.bcg.com/BCG-Aktivistische-Investoren-Report-2020.pdf*>, S. 6.

Als Ultima Ratio drängen sie auf den Verkauf des gesamten Unternehmens[920].

Eine Kommanditgesellschaft auf Aktien ist nicht als grundlegend unterbewertet einzustufen und unterliegt unter diesem Aspekt keinem erhöhten Risiko, die Aufmerksamkeit von Aktivisten auf sich zu ziehen. Auch die unternehmerische Leistungsfähigkeit lässt sich nicht auf die Gesellschaftsform zurückführen.

Grundsätzlich gilt: Eine geringere Nachfrage führt zu einem niedrigeren, eine größere Nachfrage zu einem höheren Aktienkurs. Ließe sich eine geringe Nachfrage auf die Rechtsform der KGaA zurückführen, wäre damit ein Faktor gefunden, der die Wahrscheinlichkeit einer Überbewertung von Kommanditgesellschaften auf Aktien minimieren würde. Wenn von vornherein und trotz eines soliden Gewinns je Aktie mit einem Kursabschlag zu rechnen wäre, wäre der Quotient (Kurswert je Aktie) immer niedriger als eigentlich möglich und eine Unterbewertung wahrscheinlich:

$$\text{KGaA KGV} = \frac{\textit{reeller Kurswert je Aktie} - \textit{Kursabschlag}}{\textit{Gewinn je Aktie}}$$

Dies spräche für die Kommanditgesellschaft auf Aktien als Ziel aktivistischer Kommanditaktionäre. Es ist einfacher, den Kurs einer bereits unterbewerteten Aktie zum Steigen zu bringen als bei einer überbewerteten Aktie. Dies gilt zumindest dann, wenn der aktivistische Kommanditaktionär es schafft, eine positive Kursfantasie am Markt zu erzeugen.

Lange Zeit wurde im wissenschaftlichen Diskurs von einer niedrigen Nachfrage nach emittierten Kommanditaktien ausgegangen. Die Struktur der KGaA sei den Anlegern unbekannt, Anteilseignern unfreundlich – man denke an die eingeschränkten Rechte des Aufsichtsrats – und höchstrichterlich zu wenig geklärt. Für eine fundierte Anlageentscheidung bedürfe es detaillierter juristischer Analysen und eines erhöhten Erklärungsbedarfs,[921] schließlich wollen Anleger wissen, in was für ein Unternehmen sie investieren. Überdies sei zumindest bei der *gesetzestypischen* KGaA die Existenz der KGaA durch das potenzielle Ausscheiden des letzten persönlich haftenden Gesellschafters immer gefährdet.[922] Auch die Resistenz gegen eine feindliche Übernahme führe zu fehlenden Übernahmephantasien und daher fehlenden Hoffnungen auf eine Übernahmeprämie für die Kommanditaktio-

---

920 *Kahan/Rock*, University of Pennsylvania Law Review 155 (2007), 1021 (1087).

921 *Kruse/Domning/Frechen*, DStR 2017, 2440 (2443); *Gaibler*, Die Kommanditgesellschaft auf Aktien (KGaA), S. 49.

922 *Ammenwerth*, Die Kommanditgesellschaft auf Aktien (KGaA) – eine Rechtsformalternative für personenbezogene Unternehmen?, S. 116.

näre.[923] Diese »Nachteile« würden mit einem Kursabschlag gegenüber den Aktien von Aktiengesellschaften quittiert.[924] Bei Bestätigung dieser These ließe sich von einem *KGaA-Discount* sprechen.

Diese Überlegungen sind rein theoretischer Natur und lassen sich empirisch bis heute nicht nachweisen.[925] Ein zurückhaltender Kaufwille der Anleger und ein damit verbundener unterdurchschnittlicher Börsenkurs kann nicht festgestellt werden. Schon bei Erstemissionen wurden die Anteile der *eff-eff Fritz Fuss* GmbH & Co. KGaA und die der *Merck* KGaA mehrfach überzeichnet.[926] Auch der Formwechsel von *Fresenius* in eine SE & Co. KGaA und *Fresenius Medical Care* in eine *AG* & Co. KGaA hat keine Minderbewertung nach sich gezogen.[927] Jüngst war auch beim Börsenaspirant *SCHOTT Pharma* AG & Co. KGaA das Orderbuch überzeichnet, was die *SCHOTT Pharma* AG & Co. KGaA dazu veranlasste den Ausgabepreis nach oben zu korrigieren.[928]

Ungeachtet dessen kann die börsennotierte KGaA – wie jede andere börsennotierte Gesellschaftsform – unterbewertet sein und auf dem Radar ak-

---

923 *Herfs*, in: Hoffmann-Becking, MünchHdB GesR IV, § 76 Rn. 9 Fn. 65.

924 Die Möglichkeit eines Kursabschlags bei der KGaA anführend *Wieneke/Fett*, in: Bürgers/Fett, KGaA HdB, § 10 Rn. 27–29; *Lorz*, in: Gesellschaftsrechtliche Vereinigung, VGR Bd. 1 (1999), S. 57 (74); *Herfs*, WiB 1997, 688 (690); *Herfs*, in: Gesellschaftsrechtliche Vereinigung, VGR Bd. 1 (1999), S. 23 (26); *Koch*, DB 2002, 1701 (1703); *Mayer*, in: Hommelhoff/Röhricht, Gesellschaftsrecht 1997, S. 263 (268); *Mayer-Uellner/Otte*, NZG 2015, 737 (742); *Ladwig/Motte*, DStR 1996, 842 (846); *Strieder*, BB 1998, 2276 (2278); *Ziegenhain/Helms*, WM 52 (1998), 1417 (1417 Rn. 3a); *Römer/Müller*, DB 53 (2000), 1085 (1086); *Kruse/Domning/Frechen*, DStR 2017, 2440 (2444); *Hennerkes/Lorz*, DB 1997, 1388 (1394); *Sethe*, Die personalistische Kapitalgesellschaft mit Börsenzugang, S. 184; *Flämig*, in: Lutter, FS Peltzer, S. 99 (105); *Ammenwerth*, Die Kommanditgesellschaft auf Aktien (KGaA) – eine Rechtsformalternative für personenbezogene Unternehmen?, S. 116; *Habersack*, in: Hoffmann-Becking/Hommelhoff/Graf von Westphalen, FS Hellwig, S. 143 (144); *Reichert*, ZIP 2014, 1957 (1963); *Otte*, Die AG & Co. KGaA, S. 50–51; *Kessler*, Die rechtlichen Möglichkeiten der Kommanditaktionäre einer GmbH & Co. KGaA zur Einwirkung auf die Geschäftsführung, S. 34; Bewertungsabschlag wegen der Übernahmeresistenz und damit fehlende Übernahmephantasien vermutend *Herfs*, in: Hoffmann-Becking, MünchHdB GesR IV, § 76 Rn. 9 Fn. 65; auch einen Wertaufschlag für möglich haltend *Motte*, DStR 35 (1997), 1539–1542 (1541).

925 *Halasz/Kloster/Kloster*, GmbHR 2002, 77 (77 Fn. 2); *Hoffmann-Becking/Herfs*, in: Hommelhoff/Schmidt-Diemitz/Sigle, FS Sigle, S. 273 (277); *Sethe*, Die personalistische Kapitalgesellschaft mit Börsenzugang, S. 184 Fn. 35 m. w. N.; *Reichert*, ZIP 2014, 1957 (1963).

926 *Ladwig/Motte*, DStR 1996, 842 (846).

927 *Wieneke/Fett*, in: Bürgers/Fett, KGaA HdB, § 10 Rn. 29a.

928 *Koenen/Schütze*, *<www.handelsblatt.com/unternehmen/mittelstand/familienunternehmer/pharma-branche-schott-pharma-reizt-preisspanne-beim-ipo-nicht-aus/29414224.html>*.

tivistischer Aktionäre landen. Handfeste Gründe für die Unterbewertung zu finden und sie auszuräumen ist daher ein denkbares Vorgehen aktivistischer Kommanditaktionäre.

2. Konglomerate

Unternehmen mit Konglomerat-Struktur[929], also stark diversifizierte Unternehmen, geraten häufig in das Blickfeld von aktivistischen Aktionären. Wirtschaftliche Konglomerate (Mischkonzerne) lassen sich als heterogene Konzerne definieren, bei denen zwischen den dem Konzern angehörigen Unternehmen keine leistungsmäßigen Zusammenhänge bestehen.[930]

Konglomeraten wird nachgesagt, sie seien »wirtschaftlich zu komplex, unflexibel und wenig innovativ«.[931] Dies führe unter anderem zu einem Konglomeratsabschlag an der Börse[932] und einer damit einhergehenden Unterbewertung.[933] Im Übrigen zeichnen sich Konglomerate aus Sicht der Aktivisten regelmäßig durch eine unklare Geschäftsstrategie[934] und fehlende oder nur geringe Synergien[935] aus. Eine unterdurchschnittliche Aktienkursentwicklung wird gelegentlich auf die Trägheit einer Konglomerats-Struktur

---

929 *Kleinmanns*, IRZ 2016, 341 (343); *Jostarndt/Wolf/Degen*, Aktivistische Investoren, <*media-publications.bcg.com/BCG-Aktivistische-Investoren-Report-2020.pdf*>, S. 9, 11; *Graßl/Nikoleyczik*, AG 62 (2017), 49 (50); *Döding*, ZBB/JBB 32 (2020), 168 (168, 169); *Schockenhoff/Culmann*, ZIP 2015, 297 (298); *Arnold*, ZHR 185 (2021), 281 (288); *Albath*, Shareholder Activism im Rahmen der Hauptversammlung, S. 46; »Mischkonzerne« *Engelen et al.*, Investor Activism 2018, S. 141; *Kamp/Krieger*, Die Aktivitäten von Finanzinvestoren, <*www.boeckler.de/de/faust-detail.htm?sync_id=4166*>, S. 21, 62; *Sekanina*, Finanzinvestoren und Mitbestimmung, <*www.imu-boeckler.de/de/faust-detail.htm?sync_id=HBS-006866*>, S. 13.

930 *Berwanger*, in: Brich/Hasenbalg/Winter, Gabler Wirtschaftslexikon 4: Ko-Pe, S. 2189 (»Mischkonzern«).

931 *Campagna/Eulerich*, Mischkonzerne – Ein Auslaufmodell?, <*www.boeckler.de/de/faust-detail.htm?sync_id=HBS-007075*>, S. 4.

932 *Campagna/Eulerich*, Mischkonzerne – Ein Auslaufmodell?, <*www.boeckler.de/de/faust-detail.htm?sync_id=HBS-007075*>, S. 4; *Sekanina*, Finanzinvestoren und Mitbestimmung, <*www.imu-boeckler.de/de/faust-detail.htm?sync_id=HBS-006866*>, S. 13; *Link*, ZGR 50 (2021), 904 (907).

933 OLG Stuttgart, Beschluss v. 06.07.2007 – 20 W 5/06, AG 2007, 705 (708).

934 *Ludwig*, M&A Review 28 (2017), 363; *Campagna/Eulerich*, Mischkonzerne – Ein Auslaufmodell?, <*www.boeckler.de/de/faust-detail.htm?sync_id=HBS-007075*>, S. 3.

935 *Engelen et al.*, Investor Activism 2018, S. 141; *Kamp/Krieger*, Die Aktivitäten von Finanzinvestoren, <*www.boeckler.de/de/faust-detail.htm?sync_id=4166*>, S. 62; *Sekanina*, Finanzinvestoren und Mitbestimmung, <*www.imu-boeckler.de/de/faust-detail.htm?sync_id=HBS-006866*>, S. 13.

zurückgeführt.[936] Danach wird die Konglomeratsstruktur als Wert vernichtend erachtet.

Die Aktivisten erhoffen sich Rendite durch strategische und strukturelle Veränderungen. Forderungen der Aktivisten nach einer Fokussierung auf eine Geschäftssparte sind üblich.[937] Dyssynergien sollen beseitigt und lahmende Geschäftsfelder nicht von stärkeren Sparten kompensiert werden müssen. Entsprechend sehen sie Chancen in dem Verkauf einzelner Geschäftszweige[938]. Vereinzelt wird auch der Verkauf des gesamten Unternehmens angedacht.[939]

Weiterhin können durch die Veräußerung Liquidität geschaffen und Mittel frei werden, die zur Stärkung des Kerngeschäfts verwendet werden, oder an die Kommanditaktionäre ausgeschüttet werden sollen.

Die Vorteile einer Konglomeratsstruktur[940] können aber auch überwiegen. Strukturelle Veränderungen erscheinen in diesem Fall wenig zielführend. Die Steuerung eines Konglomerats wird gemeinhin als schwierig erach-

---

936 M. w. N. *Campagna/Eulerich*, Mischkonzerne – Ein Auslaufmodell?, *<www.boeckler.de/de/faust-detail.htm?sync_id=HBS-007075>*, S. 6.

937 *Campagna/Eulerich*, Mischkonzerne – Ein Auslaufmodell?, *<www.boeckler.de/de/faust-detail.htm?sync_id=HBS-007075>*, S. 4; *Brav et al.*, The Journal of Finance 63 (2008), 1729 (1731); *Schreyögg/Unglaube*, AG 2013, 97 (107); *Engelhardt*, M&A Review 2008, 194 (197); *Albath*, Shareholder Activism im Rahmen der Hauptversammlung, S. 115.

938 *Kamp/Krieger*, Die Aktivitäten von Finanzinvestoren, *<www.boeckler.de/de/faust-detail.htm?sync_id=4166>*, S. 21; *Schneider/Nietsch*, in: Berger/Borges/Herrmann/Schlüter/Wackerbarth, FS Horn, S. 571; *Kaiser*, Hedgefonds, S. 98; *Schiessl*, ZIP 2009, 689 (694); *Heuser*, Der Konzern 2012, 308 (309); *Heuser*, Shareholder Activism, S. 10; *Schreyögg/Unglaube*, AG 2013, 97 (107); *Bunz*, NZG 2014, 1049 (1050); *Plagemann/Rahlmeyer*, NZG 2015, 895 (896); *Schockenhoff/Culmann*, ZIP 2015, 297; *Kleinmanns*, IRZ 2016, 341 (343); *Kocher*, DB 2016, 2887 (2889); *Dimeg/Asmussen/Mentré*, BOARD 2017, 92 (93); *Graßl/Nikoleyczik*, AG 62 (2017), 49 (50); *Engelen et al.*, Investor Activism 2018, S. 141; *Knott/Siebert*, HV Magazin 2019, 16 (17); *Döding*, ZBB/JBB 32 (2020), 168; *Gröntgen*, Operativer shareholder activism, S. 18; *Jostarndt/Wolf/Degen*, Aktivistische Investoren, *<media-publications.bcg.com/BCG-Aktivistische-Investoren-Report-2020.pdf>*, S. 11; *Rahlmeyer*, AR 2016, 36; *Hommer*, Aktivistische Hedgefonds zwischen Recht und Corporate Governance, S. 10; *Brav et al.*, The Journal of Finance 63 (2008), 1729 (1742); *Schiessl*, in: Bergmann/Hoffmann-Becking/Noack, FS Seibert, S. 733 (734); *Kahan/Rock*, University of Pennsylvania Law Review 155 (2007), 1021 (1087); *Schockenhoff/Culmann*, AG 2016, 517; *Albath*, Shareholder Activism im Rahmen der Hauptversammlung, S. 115, 116; mit Beispiel *Brass*, Hedgefonds als aktive Investoren, S. 97–99.

939 *Jostarndt/Wolf/Degen*, Aktivistische Investoren, *<media-publications.bcg.com/BCG-Aktivistische-Investoren-Report-2020.pdf>*, S. 11.

940 Dazu *Campagna/Eulerich*, Mischkonzerne – Ein Auslaufmodell?, *<www.boeckler.de/de/faust-detail.htm?sync_id=HBS-007075>*, S. 7.

tet[941]. Sprechen die Aktivisten der Geschäftsführung die Kompetenz ab, die Diversifikation richtig zu managen, werden Rufe nach einer personellen Veränderung laut.

Die KGaA gilt nicht als Gesellschaftsform für Konglomerate. Es lässt sich allerdings eine Zusammenhang zwischen Konglomeratsstrukturen und KGaA festellten. Sowohl die Kommanditgesellschaft auf Aktien als auch Mischkonzerne treten häufig im Zusammenhang mit Familienunternehmen auf. Die Rechtsformwahl fällt bei Familienunternehmen oftmals auf die KGaA, und auch eine Konglomerats-Struktur ist bei familiengeführten Unternehmen häufig zu beobachten[942]. Der allgemeingültige Rückschluss, eine KGaA sei überwiegend ein Mischkonzern, wäre aber verfehlt. Der Schnittpunkt ist die Beliebtheit bei Gesellschaften mit einer Unternehmerfamilie im Hintergrund.

Ein Blick auf die Rechtstatsachen zeigt, dass sich mit *Fresenius* (Klinik, 54 %; Ambulante Versorgung, 36 %; Projekt- und Managementgeschäft, 10 %)[943], *Merck* (Electronics, 18 %; Healthcare, 38 %; Lifescience, 44 %)[944] und bis Ende 2022 *Henkel* (Adhesive Technologies, 45 %; Beauty Care, 19 %; Laundry & Home Care, 35 %)[945] alle drei KGaA-Schwergewichten im DAX als stark diversifiziert präsentier(t)en. Sie bedien(t)en jeweils drei weitestgehend unzusammenhängende Geschäftsfelder, von denen jedes einzelne einen relevanten Teil zum Gesamtumsatz beiträgt. Hinter *Henkel* und *Merck* steht überdies eine Unternehmerfamilie.

3. Corporate Governance

Die Regeln, nach denen Unternehmen beherrscht werden (Corporate Governance)[946], und deren Befolgung sind für die aktivistischen Aktionäre von immenser Bedeutung und Schwächen der Corporate Governance gern genommene Angriffspunkte.[947]

---

941 *Campagna/Eulerich*, Mischkonzerne – Ein Auslaufmodell?, <*www.boeckler.de/de/faust-detail.htm?sync_id=HBS-007075*>, S. 4.

942 *Campagna/Eulerich*, Mischkonzerne – Ein Auslaufmodell?, <*www.boeckler.de/de/faust-detail.htm?sync_id=HBS-007075*>, S. 3.

943 Vgl. *Fresenius SE & Co. KGaA*, Geschäftsbericht 2023, S. 297.

944 *Merck KGaA*, Geschäftsbericht 2023, S. 15, 18, 21.

945 *Henkel AG & Co. KGaA*, Geschäftsbericht 2020, S. 178; im Jahr 2023 hat die *Henkel* AG & Co. KGaA ihre Sparten »Beauty Care« und »Laundry and Home Care« zu der neuen Sparte »Consumer Brands« vereinigt.

946 *Höpner*, Wer beherrscht die Unternehmen?, S. 15.

947 *Schmeing*, in: Ghassemi-Tabar, DCGK, Präa. Rn. 1; *Kleinmanns*, IRZ 2016, 341 (343); *Engelen et al.*, Investor Activism 2018, S. 141; in der Verbesserung der Corporate Governance nur vorgeschobene Anliegen sehend *Plagemann/Rahlmeyer*, NZG 2015, 895 (896).

Die Struktur der Verwaltung, deren Zusammensetzung und Aufgabenverteilung sowie die Vergütung, aber auch die Eigentümer- und Finanzstruktur oder die Transparenz und der Informationsfluss gegenüber den Marktteilnehmern können Anknüpfungspunkte sein.

Ein hohes Corporate Governance-Level geht nicht zuletzt mit einer hohen Befolgungsquote des DCGK einher.[948] Die Hauptthemen der aktivistischen Aktionäre verlaufen parallel zu den Vorwürfen der Leerverkaufsaktivisten. Eine exzessive Vergütung des Vorstandes und die Besetzung der Leitungsorgane sind die meistvorgebrachten Problemfelder.[949] In diesen Fällen pochen die Aktivisten auf ein Salär, welches ihren Vorstellungen entspricht.[950] Sie wirken außerdem auf personelle Änderungen im Aufsichtsrat oder Vorstand hin.[951] Der Aufsichtsrat soll regelmäßig in ihrem Interesse besetzt und ein unterdurchschnittlich arbeitendes Management ausgetauscht werden. Von der Beseitigung dahin gehender Schwächen und einer damit einhergehenden effektiven und effizienten Corporate Governance versprechen sich die Aktivisten eine positive Auswirkung auf den Erfolg des Unternehmens und in der Folge den Börsenkurs der Gesellschaft.[952]

Hinsichtlich der Struktur der Verwaltung können sich aktivistische Aktionäre in der KGaA an einem mit weitreichenden Zustimmungs- und Weisungsbefugnissen ausgestatteten fakultativen Beirat stören.[953] Dies gilt insbesondere dann, wenn es personelle Überschneidungen zwischen dem Aufsichtsrat der KGaA und dem Beirat (Doppelmandat) gibt. Fällt beides in einer Person zusammen, besteht die Gefahr, dass die Trennung zwischen Kontrolle und Überwachung nicht mehr gegeben ist. Dann kann den Aktivisten daran gelegen sein, die Zusammensetzung oder die Befugnisse zu ändern.

---

948 Kap. 3 § 10 II. 5.

949 *Jostarndt/Wolf/Degen*, Aktivistische Investoren, <*media-publications.bcg.com/BCG-Aktivistische-Investoren-Report-2020.pdf*>, S. 12.

950 *Graßl/Nikoleyczik*, AG 62 (2017), 49 (50); *Plagemann/Rahlmeyer*, NZG 2015, 895 (896); *Schockenhoff/Culmann*, ZIP 2015, 297; *Schockenhoff/Culmann*, AG 2016, 517; *Schockenhoff*, ZIP 2017, 1785.

951 *Dimeg/Asmussen/Mentré*, BOARD 2017, 92 (93); *Schreyögg/Unglaube*, AG 2013, 97 (108); *Weber-Rey/Reps*, ZGR 2013, 597 (618); *Gröntgen*, Operativer shareholder activism, S. 15–16; *Wieandt et al.*, Investorendialog im Umbruch, S. 28; *Kocher*, DB 2016, 2887 (2889); *Brass*, Hedgefonds als aktive Investoren, S. 93–94; mit Beispiel *Heuser*, Der Konzern 2012, 308 (309); Aufsichtsrat *Bunz*, NZG 2014, 1049 (1050); *Seibt/Scholz*, AG 2016, 739 (740); Management *Graßl/Nikoleyczik*, AG 62 (2017), 49 (50); *Plagemann/Rahlmeyer*, NZG 2015, 895 (896); *Schockenhoff/Culmann*, ZIP 2015, 297; *Schockenhoff/Culmann*, AG 2016, 517; *Schockenhoff*, ZIP 2017, 1785 f.; *Langenbucher*, in: Dreher/Mülbert/Verse/Drescher, FS Bergmann, S. 443–456.

952 *Schmidt/Spindler*, Finanzinvestoren aus ökonomischer und juristischer Perspektive, S. 61 Rn. 69.

953 Kap. 3 § 10 II. 4.

Der Aufsichtsrat ist ein rechtlich zwingendes Organ der KGaA.[954] Stört sich ein Aktivist an dessen Besetzung, können grundsätzlich Veränderungsbestrebungen in diese Richtung auftauchen.

Das Handeln all der Leitungspersönlichkeiten der KGaA kann Anlass für eine Angriffsüberlegung aktivistischer Aktionäre sein und den Wunsch nach einem Austausch selbiger mit sich bringen, wenn die aktivistischen Aktionäre sich davon eine bessere wirtschaftliche Leistungsfähigkeit und Marktbewertung der KGaA versprechen. Die Leitungspersönlichkeiten sind in der *gesetzestypischen* KGaA die Gesamtheit der Komplementäre oder ein *vorstandsähnlicher* Komplementär. In der *atypischen* KGaA entfällt die Leitung auf die Unternehmensführung der Komplementärgesellschaft.

Hinsichtlich der Befolgung des DCGK können sich vor allem bei der *gesetzestypischen* KGaA Verbesserungswünsche der Aktivisten hinsichtlich der Vorstandsvergütung ergeben.[955] Immerhin 13 der 16 Empfehlungen sind strukturell unanwendbar und eine Befolgung daher nicht möglich. Dies kann aktivistische Aktionäre verunsichern und sie zu einem Eingreifen bewegen.

Soweit eine Vergütungsvereinbarung zwischen der KGaA und dem (*vorstandsähnlichen*) Komplementär oder dem Geschäftsleiter der Komplementärgesellschaft geschlossen wurde, sind zwar die Empfehlungen anwendbar.[956] Dennoch besteht die Möglichkeit, dass deren Ausgestaltung den Gedanken eines aktivistischen Aktionärs zuwiderläuft. Ein dies adressierender Angriff ist nicht von vornherein ausgeschlossen.

4. Finanzpolitik und Finanzstruktur

Schließlich können Finanzpolitik und Finanzstruktur einer Gesellschaft ausschlaggebende Kriterien für aktivistische Aktionäre sein.

a) Liquide Mittel

Unternehmen mit hohen Cash-Positionen[957] gelangen in das Blickfeld der aktivistischen Aktionäre. Liquide Mittel sind insbesondere Schecks, der

---

954 *Herfs*, in: Hoffmann-Becking, MünchHdB GesR IV, § 79 Rn. 59.

955 Ausführlich zur Nichtanwendbarkeit der DCGK-Vergütungsempfehlungen Kap. 3 § 10 II. 5. b).

956 Kap. 3 § 10 II. 5. b) cc) (6).

957 *Graßl/Nikoleyczik*, AG 62 (2017), 49 (50); *Ludwig*, M&A Review 28 (2017), 363; *Döding*, ZBB/JBB 32 (2020), 168 (169); *Schockenhoff/Culmann*, ZIP 2015, 297 (298); *Sekanina*, Finanzinvestoren und Mitbestimmung, <*www.imu-boeckler.de/de/faust-detail.htm?sync_id=HBS-006866*>, S. 13; »hohe Kassenbestände« *Kleinmanns*, IRZ 2016, 341 (343); »Bestände flüssiger Mittel« *Smend*, ZCG 2008, 53 (56); »überschüssige Barmittel« *Engelhardt*, M&A Review 2008, 194 (197); bezweifelnd *Heuser*, Shareholder Activism, S. 65.

Kassenbestand sowie das Guthaben bei Kreditinstituten.[958] Setzen Aktivisten dort an, zeigt sich plakativ ein Lösungsansatz des anfangs angesprochenen und als Keimzelle des aktivistischen Aktionärsaktivismus ausgemachten Prinzipal-Agent-Konflikts. Grundsätzlich verleiten hohe Cash-Positionen den Agenten zu opportunistischem Verhalten.[959] Nimmt man ihm diese Möglichkeiten durch eine Reduktion der liquiden Mittel, ist die Gefahr verringert, dass diese nicht im Sinne der Prinzipale verwendet werden. Daran anknüpfend fordern Aktivisten eine sinnvolle Reinvestition[960] in das operative Geschäft oder den Rückkauf von Aktien[961]. Bei Reinvestitionen wird auf einen langfristigen Kursanstieg und so generierte Kursgewinne spekuliert. Die Ankündigung eines Aktienrückkaufprogramms wird vom Kapitalmarkt als ein positives Signal[962] wahrgenommen, denn die rückkaufende Gesellschaft suggeriert damit dem Markt die Überzeugung von sich und ihrem Angebot. Der Kurs des betroffenen Unternehmens steigt zumindest kurzfristig[963] und der aktivistische Aktionär bekommt die Möglichkeit, seine Anteile zu einem erhöhten Preis zu verkaufen.

Auch die Auszahlung einer höheren Dividende[964] ist ein gängiges Vorgehen. Da eine Ausschüttung an die Aktionäre immer nur aus liquiden Mitteln er-

958 *Thommen et al.*, Allgemeine Betriebswirtschaftslehre, S. 257.

959 *Oechsler*, in: Goette/Habersack/Kalss, MüKo-AktG I, § 71 Rn. 7.

960 *Jostarndt/Wolf/Degen*, Aktivistische Investoren, <*media-publications.bcg.com/BCG-Aktivistische-Investoren-Report-2020.pdf*>, S. 12.

961 *Wieandt et al.*, Investorendialog im Umbruch, S. 26; *Wettich*, AG 2015, 681 (682); *Sekanina*, Finanzinvestoren und Mitbestimmung, <*www.imu-boeckler.de/de/faust-detail.htm?sync_id=HBS-006866*>, S. 13; *Dimeg/Asmussen/Mentré*, BOARD 2017, 92 (93); *Engelen et al.*, Investor Activism 2018, 136, 141; *Heuser*, Shareholder Activism, S. 10; *Schockenhoff*, ZIP 2017, 1785; *Schockenhoff/Culmann*, ZIP 2015, 297; *Schockenhoff/Culmann*, AG 2016, 517; *Schiessl*, ZIP 2009, 689 (693); *Graßl/Nikoleyczik*, AG 62 (2017), 49 (50); *Heuser*, Der Konzern 2012, 308 (309); *Plagemann/Rahlmeyer*, NZG 2015, 895 (896); als »Äquivalent«/»Alternative« deklarierend *Gröntgen*, Operativer shareholder activism, S. 17–18; *Merkt*, in: Hirte/Mülbert/Roth, GroßKomm AktG III.2, § 71 Rn. 19; *Oechsler*, in: Goette/Habersack/Kalss, MüKo-AktG I, § 71 Rn. 8; m. w. N. *Kaiser*, Hedgefonds, S. 99; mit Beispielen *Jostarndt/Wolf/Degen*, Aktivistische Investoren, <*media-publications.bcg.com/BCG-Aktivistische-Investoren-Report-2020.pdf*>, 11, 12.

962 Siehe dazu schon Kap. 3 § 10 IV. 2. b) cc).

963 Mit Verweis auf einen empirischen Beleg *Oechsler*, in: Goette/Habersack/Kalss, MüKo-AktG I, § 71 Rn. 4.

964 *Zülch/Weuster/Mladenov*, KoR 2018, 303; *Dimeg/Asmussen/Mentré*, BOARD 2017, 92 (93); *Kaiser*, Hedgefonds, S. 98; *Jostarndt/Wolf/Degen*, Aktivistische Investoren, <*media-publications.bcg.com/BCG-Aktivistische-Investoren-Report-2020.pdf*>, S. 12; *Engelen et al.*, Investor Activism 2018, S. 136, 141; *Heuser*, Shareholder Activism, S. 10; *Schockenhoff*, ZIP 2017, 1785; *Wieandt et al.*, Investorendialog im Umbruch, S. 26; *Achleitner/Betzer/Gider*, European Financial Management 16 (2010), 805 (807).

folgen kann,[965] ist es naheliegend, sich an Unternehmen mit hohen Barbeständen zu beteiligen, um auf höhere Dividenden hinzuwirken. Im Übrigen kann angesichts hoher liquider Mittel eine unangemessen niedrige Dividendenzahlung zu einem Kursrückgang führen.[966] Dies zu korrigieren kann ein weiterer Grund für das Engagement eines aktivistischen Aktionärs sein.

Dass Kommanditgesellschaften auf Aktien über außergewöhnliche hohe liquide Mittel verfügen, die sie in das Blickfeld aktivistischer Kommanditaktionäre rücken, ist nicht ersichtlich. Werden hohe Barmittel von aktivistischen Kommanditaktionären ausgemacht, spricht zunächst nichts dagegen, dass sie auch bei einer KGaA versuchen könnten, diese zur Ausschüttung zu bringen oder auf sinnvolle Reinvestitionen hinzuwirken. In der Höhe bleiben die Kommanditgesellschaften auf Aktien rechtstatsächlich hinter den neben ihnen notierten Aktiengesellschaften oder Societas Europaea zurück. Die durchschnittliche Dividende der DAX-Unternehmen in Deutschland betrug zwischen 2010 und 2023 1,99 € pro Aktie. Für die im DAX 40 gelisteten KGaA konnte dagegen nur eine durchschnittliche Dividende in Höhe von 1,12 € pro Aktie verzeichnet werden.[967] Im selben Zeitraum schütteten die im MDAX gelisteten KGaA durchschnittlich 0,90 € pro Kommanditaktie an ihre Kommanditaktionäre aus und blieben damit 0,22 € hinter den übrigen Gesellschaften zurück.[968] Es liegt die Schlussfolgerung nahe, dass eine KGaA aus einer dividendenorientierten Sicht weniger attraktiv für potenzielle (passive) Kommanditaktionäre sein könnte. Für aktivistische Kommanditaktionäre erweckt dies dagegen den Eindruck, es bestehe »Luft nach oben« und ein Versuch sei denkbar, die Zielgesellschaft zur Auszahlung einer höheren Dividende zu bewegen. Verallgemeinern lässt sich dies jedoch nicht. Jedenfalls im SDAX erhielten die Kommanditaktionäre zwischen 2010 und 2023 durchschnittlich 2,13 € pro Kommanditaktie. Dies übertraf die sonstigen SDAX-Unternehmen um 1,29 €.[969]

Auch ein Aktienrückkaufprogramm ist in der Kommanditgesellschaft auf Aktien möglich.[970] Die daran geknüpften vorgenannten vielschichtigen Erwartungen können aktivistische Aktionäre daher grundsätzlich auch an die KGaA als Zielgesellschaft haben und sie dazu bewegen, sich an einer solchen zu beteiligen.

---

965 *Habersack*, in: Bitter/Lutter/Priester/Schön/Ulmer, FS Schmidt, S. 523 (525).

966 *Thommen et al.*, Allgemeine Betriebswirtschaftslehre, S. 371.

967 Eigene Berechnung unter Zugrundelegung der Daten von *www.boersengefluester.de/dividenden-historien-dax/*.

968 Eigene Berechnung unter Zugrundelegung der Daten von *www.boersengefluester.de/dividenden-historien-mdax/*.

969 Eigene Berechnung unter Zugrundelegung der Daten von *www.boersengefluester.de/dividenden-historien-sdax/*.

970 Siehe dazu bereits Kap. 3 § 10 IV. 2. b) cc).

b) Stille Reserven

Aktivistische Aktionäre sind auf der Suche nach Unternehmen mit stillen Reserven.

Stille Rücklagen resultieren aus der (steuerrechtlich oder handelsrechtlich zulässigen) Unterbewertung von Aktivposten oder der Überbewertung von Passivposten.[971] Durch die Richtigstellung der Bewertung oder die Auflösung stiller Rücklagen werden außerordentliche Erträge verursacht.[972] Eine daraus erlangte Ausschüttung wird auch »Superdividende« genannt und ist bei aktivistischen Aktionären immer wieder ausgerufenes Ziel.[973]

Hintergrund für die Ausschüttung derartiger außerordentlicher Erträge ist, dass diese das Jahresergebnis erhöhen.[974] Aus dem Jahresergebnis wiederum wird die Erhöhung des Eigenkapitals sowie Bilanzgewinns abgeleitet. Das Jahresergebnis wird in der Gewinn- und Verlustrechnung durch eine Gegenüberstellung der Erträge und Aufwendungen des Unternehmens ermittelt. Gewinnvorträge aus dem Vorjahr sowie Entnahmen aus den Rücklagen werden zum Jahresüberschuss hinzugerechnet und erhöhen damit den Betrag, der an die Aktionäre ausgeschüttet werden darf. Ein Verlustvortrag und die Einstellung von Rücklagen werden dagegen vom Jahresüberschuss abgezogen. Es kann sich ein Überschuss oder ein Fehlbetrag ergeben.

Der Bilanzgewinn ergibt sich durch die Verrechnung von Gewinn- und Verlustvorträgen sowie Rücklageneinstellungen und -entnahmen (§ 58 Abs. 3 AktG) mit dem Jahresergebnis. Eine teilweise Ergebnisverwendung ist bereits erfolgt. Einfach gesagt ist der Bilanzgewinn das, was vom Jahresüberschuss übrigbleibt und gemäß § 58 Abs. 4 AktG als Dividende an die Aktionäre ausgezahlt werden kann.

---

971 *Hottmann*, in: Alber/Arendt/Faber/Fey/Golombek/Haug/Hottmann/Illing/Kremer/Lahme/Leicht/Maier/Melchior/Nürberg/Rauh/Scheel/Vogl/Wirfler, Beck'sches Steuer- und Bilanzrechtslexikon, »Stille Rücklagen« Rn. 2.

972 *Schnorbus/Plassmann*, ZGR 44 (2015), 446 (448).

973 »Sonderdividende« *Schockenhoff/Culmann*, ZIP 2015, 297; *Schockenhoff/Culmann*, AG 2016, 517; *Kleinmanns*, IRZ 2016, 341 (343); *Gröntgen*, Operativer shareholder activism, S. 16; *Wettich*, AG 2015, 681 (682); *Sekanina*, Finanzinvestoren und Mitbestimmung, <*www.imu-boeckler.de/de/faust-detail.htm?sync_id=HBS-006866*>, S. 13; *Wieandt et al.*, Investorendialog im Umbruch, S. 26; ausführlich zur Sonderdividende *Schnorbus/Plassmann*, ZGR 44 (2015), 446–484 »Superdividende« *Schiessl*, ZIP 2009, 689 (694); *Graßl/Nikoleyczik*, AG 62 (2017), 49 (50); *Heuser*, Shareholder Activism, S. 117; *Albath*, Shareholder Activism im Rahmen der Hauptversammlung, S. 133–135; ausführlich zur Superdividende *Habersack*, in: Bitter/Lutter/Priester/Schön/Ulmer, FS Schmidt, S. 523–544; mit Beispiel *Bunz*, NZG 2014, 1049 (1049, 1050); *Brass*, Hedgefonds als aktive Investoren, S. 94.

974 *Schnorbus/Plassmann*, ZGR 44 (2015), 446 (448).

Ob ein Gewinn vorgetragen oder Rücklagen eingestellt oder entnommen werden, entscheidet der Vorstand der Aktiengesellschaft. Der Bilanzgewinn liegt also maßgeblich in der Hand der Geschäftsführung. Qua Gesetz haben die Aktionäre also keinen Einfluss. Dennoch versuchen aktivistische Aktionäre den Bilanzgewinn durch das Aufdecken stiller Rücklagen zu beeinflussen, also ihn zu vergrößern oder zu generieren.[975] Aus diesem Grund sind übermäßige stillen Rücklagen[976] für aktivistische Aktionäre von Interesse[977] und deren Hebung und Realisierung eine beliebte Technik zur Generierung einer Superdividende.

In der Kommanditgesellschaft auf Aktien obliegt den persönlich haftenden Gesellschaftern die Aufstellung des Jahresabschlusses, § 283 Nr. 9 AktG i. V. m. §§ 242, 264 Abs. 1 HGB. Der Anspruch der Kommanditaktionäre auf den Bilanzgewinn ergibt sich aus § 278 Abs. 3 i. V. m. § 58 Abs. 4 AktG. In der Folge können die Komplementäre auch in der KGaA durch die Entscheidung über Gewinnvorträge und eine Rücklageneinstellung oder -auflösung eine Vorentscheidung über den Bilanzgewinn und damit den effektiv an die Kommanditaktionäre auszahlbaren Betrag treffen. Dass Kommanditaktionäre mit der Idee auftauchen, den Bilanzgewinn zu ihren Gunsten zu beeinflussen, scheint naheliegend. Kommanditgesellschaften auf Aktien mit hohen stillen Reserven und der damit verbundenen Chance auf eine Superdividende können als Ziel aktivistischer Aktionäre nicht von vornherein ausgeschlossen werden.

c) Verschuldung

Die Verschuldungsfähigkeit eines Unternehmens oder eine hohe Verschuldung[978] können Faktoren sein für aktivistische Aktionäre bei der Suche nach Angriffszielen.

Eine hohe, nicht ausgereizte Verschuldungsfähigkeit verleitet Aktivisten darauf hinzuwirken, dass neue Schulden aufgenommen werden. Die Gründe dafür können vielfältig sein.

Es kann angestrebt werden, eine weitere Verschuldung produktiv zu nutzen und Investitionen zu tätigen. Das Geschäft der Gesellschaft kann durch die Aufnahme von Fremdkapital schneller vergrößert werden. In der Folge steigen bei gleichbleibendem Eigenkapital idealerweise die Gewinne und damit

975 Ähnlich *Habersack*, in: Bitter/Lutter/Priester/Schön/Ulmer, FS Schmidt, S. 523 (525).

976 *Kaiser*, Hedgefonds, S. 98.

977 *Kubis*, in: Goette/Habersack/Kalss, MüKo-AktG III, § 118 Rn. 29; *Albath*, Shareholder Activism im Rahmen der Hauptversammlung, S. 128.

978 *Zülch/Gebhardt*, KoR 2019, 461 (462); *Ludwig*, M&A Review 28 (2017), 363.

die Eigenkapitalrendite. Die Eigenkapitalrendite berechnet sich nach folgender Formel:[979]

$$Eigenkapitalrendite = \frac{Gewinn}{Eigenkapital}$$

Der Gewinn wurde zwar unter Verwendung des Fremdkapitals erwirtschaftet, bei der Berechnung der Eigenkapitalrendite wird das im Unternehmen vorhandene Fremdkapital ausweislich der vorgenannten Formel allerdings nicht berücksichtigt. Ein höherer Gewinn bei gleichbleibendem Eigenkapital führt also zu einer höheren Eigenkapitalrentabilität (»Leverage-Effekt«[980]). Durch eine so erlangte Renditeverbesserung können sich neue Kurschancen ergeben,[981] die im Interesse aktivistischer Aktionäre liegen.

Die Veränderung der Kapitalausstattung durch ein Rückkaufprogramm oder eine Ausschüttung, also die Verringerung des Eigenkapitals im Verhältnis zum Fremdkapital, kann ebenfalls zu einer erhöhten Eigenkapitalrendite führen.[982]

Durch die Aufnahme von Fremdkapital soll gelegentlich auch die Auszahlung einer höheren Dividende erreicht werden.[983]

Ist ein Unternehmen bereits hoch verschuldet, können – wenn auch selten – Forderungen nach einer Entschuldung[984] oder Umschuldung erfolgen. Eine Beteiligung an einer übermäßig verschuldeten Gesellschaft wird aber vermieden werden.

Es ist nicht ersichtlich, weshalb die Kommanditgesellschaft auf Aktien grundsätzlich für eine hohe Verschuldung stehen sollte. Studien, die in eine solche Richtung weisen, sind nicht ersichtlich und wurden nach hiesiger Kenntnis nicht angefertigt.

Rechtstheoretisch lässt sich zumindest für die *gesetzestypische* KGaA von einer erhöhten Kreditwürdigkeit ausgehen. Im Hinblick auf die Verschul-

---

979 *Heese*, Aktienbewertung mit Kennzahlen, S. 112.

980 *Heese*, Aktienbewertung mit Kennzahlen, S. 115; *Albath*, Shareholder Activism im Rahmen der Hauptversammlung, S. 129; *Thommen et al.*, Allgemeine Betriebswirtschaftslehre, S. 364–365; m. w. N. *Oechsler*, in: Goette/Habersack/Kalss, MüKo-AktG I, § 71 Rn. 5; ausführlich *Thommen et al.*, Allgemeine Betriebswirtschaftslehre, S. 392–394.

981 Ähnlich *Heese*, Aktienbewertung mit Kennzahlen, S. 115.

982 Entwurf eines Gesetzes zur Kontrolle und Transparenz im Unternehmensbereich (KonTraG) vom 28.01.1998, BT-Drucks. 13/9712, S. 13; *Oechsler*, in: Goette/Habersack/Kalss, MüKo-AktG I, § 71 Rn. 210; *Merkt*, in: Hirte/Mülbert/Roth, GroßKomm AktG III.2, § 71 Rn. 18.

983 *Kaiser*, Hedgefonds, S. 98.

984 *Wieandt et al.*, Investorendialog im Umbruch, S. 26.

densfähigkeit der Gesellschaft spricht dies für die KGaA als Ziel aktivistischer Aktionäre. Der Kommanditgesellschaft auf Aktien wird (im Vergleich zur Aktiengesellschaft) eine größere Kreditfähigkeit zugestanden, was überwiegend auf die persönliche Haftung und eine hierdurch garantierte gewissenhafte Geschäftsführung des Komplementärs zurückgeführt wird.[985] Ist der Komplementär außergewöhnlich vermögend, kann man davon ausgehen, dass die Kreditwürdigkeit des persönlich haftenden Gesellschafters der KGaA zugutekommt.

Vorangegangenes gilt nur noch eingeschränkt für eine KGaA mit einem *vorstandsähnlichen* Komplementär. Eingeschränkt deshalb, weil der Komplementär zwar eine natürliche Person ist, aber regelmäßig (im Innenverhältnis[986]) von der Haftung freigestellt wird.

In der *atypischen* KGaA scheidet eine positive Auswirkung der persönlichen Haftung des Komplementärs dagegen naturgemäß aus. Es ist unwahrscheinlich, dass die Verschuldensfähigkeit einer börsennotierten KGaA positiv beeinflusst wird durch die begrenzte Haftung der Komplementärgesellschaft. Anderes kann allerdings dann gelten, soweit eine vergleichsweise hohe Sondereinlage seitens der Komplementärin erbracht wurde oder die Komplementärgesellschaft ein außerordentlich hohes Gesellschaftsvermögen aufweist.

5. Die Gesellschafterstruktur

Gesellschaften mit einem hohen Streubesitz[987] geraten häufig in das Visier von aktivistischen Aktionären.

Bislang wurde davon ausgegangen, dass eine damit einhergehende niedrige Hauptversammlungspräsenz[988] ein Engagement noch befeuert. Denn unter

---

985 *Gaibler*, Die Kommanditgesellschaft auf Aktien (KGaA), S. 45; *Hennerkes/May*, BB 1988, 2393 (2402); *Elschenbroich*, Die Kommanditgesellschaft auf Aktien, S. 85–86.

986 Siehe dazu bereits Kap. 2 § 7 II. 1. b) bb).

987 *Engelen et al.*, Investor Activism 2018, S. 120, 134, 135; *Jostarndt/Wolf/Degen*, Aktivistische Investoren, *<media-publications.bcg.com/BCG-Aktivistische-Investoren-Report-2020.pdf>*, S. 5; *Ludwig*, M&A Review 28 (2017), 363; *Zülch/Gebhardt*, KoR 2019, 461; *Heuser*, Shareholder Activism, S. 64; *Drerup*, Long-Term Effects of Hedge Fund Activism in Germany, *<ssrn.com/abstract=1718365>*, S. 16; *Hommer*, Aktivistische Hedgefonds zwischen Recht und Corporate Governance, S. 26; *Kolat*, Shareholder Activism durch institutionelle Investoren, S. 207.

988 *Engelen et al.*, Investor Activism 2018, S. 134, 135; *Engelhardt*, M&A Review 2008, 194 (199); *Ludwig*, M&A Review 28 (2017), 363; *Thamm/Schiereck*, Corporate Finance 2014, 17 (19, 22); *Wettich*, AG 2015, 681 (683); *Zülch/Weuster/Mladenov*, KoR 2018, 303; *Zülch/Gebhardt*, KoR 2019, 461 (462).

diesen Bedingungen kann selbst ein kleiner Blockholder effektiv der größte und vermeintlich einflussreichste unter allen Aktionären sein.[989]

Theoretisch sollte im Umkehrschluss die Existenz eines Ankeraktionärs eine abschreckende Wirkung haben und die Anreize für Aktivisten, eine Kampagne gegen ein Unternehmen zu starten, ex ante verringern.[990] Denn selbst wenn der Aktionär breite Unterstützung von anderen passiven Anlegern erhält, wird er sich mit seinen Initiativen nicht durchsetzen können, wenn ein Mehrheitsaktionär, der oft erhebliche private Vorteile aus dem Status quo zieht, einen ausreichend großen Stimmenblock kontrolliert und so imstande ist, unliebsame Aktionärsinitiativen zu verhindern oder zu blockieren.[991]

Zu gegenteiligen Erkenntnissen gelangen jüngere (amerikanische) Studien.[992] Begutachtet wurden aktivistische Beteiligungen an Unternehmen, die sich durch einen kontrollierenden Aktionär auszeichnen. Diese Studien kommen zu dem Ergebnis, dass für den kontrollierenden Aktionär wie auch für den Geschäftsleiter die eigene Reputation eine übergeordnete Rolle spielt. Aktivistische Aktionäre können genau diese Ängste vor einem Reputationsverlust in Verbindung mit anderen rechtlichen und faktischen Verhandlungsmaßnahmen für sich nutzen.[993] Eine Negativkampagne und ein damit einhergehender Reputationsschaden könnte zu einem Rückgang des Aktienkurses der KGaA sowie einem finanziellen Schaden des Großkommanditaktionärs führen. Diese Reputationsschäden und die damit einhergehenden finanziellen Schäden können die Großkommanditaktionäre dazu veranlassen, den Forderungen der Aktivisten mehr Aufmerksamkeit zu schenken und zusätzlichen Druck auf das Management auszuüben, sich mit den Aktivisten zu einigen. Dem folgend haben Anker(kommandit)aktionäre möglicherweise sogar eine Anziehungskraft auf aktivistische (Kommandit-) Aktionäre.

Diese Überlegungen werden durch Ereignisse am deutschen Kapitalmarkt gestützt. So wurden auch Gesellschaften, deren geringer Streubesitz auf eine konzentrierte Eigentümerstruktur zurückzuführen ist, vermehrt Ziel aktivistischer Aktionäre.[994] Erfolgreiche Beispiele in Deutschland sind die Angriffe

---

989 *Drerup*, Long-Term Effects of Hedge Fund Activism in Germany, <*ssrn.com/abstract=1718365*>, S. 16.

990 *Kastiel*, Columbia Business Law Review 2016, 101 (116); *Rosty*, AR 2020, 172; *Kolat*, Shareholder Activism durch institutionelle Investoren, S. 207–208; *Heuser*, Shareholder Activism, S. 64.

991 M. w. N. *Kastiel*, Columbia Business Law Review 2016, 101 (115 f.).

992 Beispielhaft die Studie von *Kastiel*, Columbia Business Law Review 2016, 101.

993 *Kastiel*, Columbia Business Law Review 2016, 101 (146–148).

994 So auch *Jostarndt/Wolf/Degen*, Aktivistische Investoren, <*media-publications.bcg.com/BCG-Aktivistische-Investoren-Report-2020.pdf*>, S. 5; dies ebenfalls bemerkend *Rosty*, AR 2020, 172; ausführlich *Kastiel*, Columbia Business Law Review 2016, 101.

auf die *Volkswagen* AG und die *OHB* SE. Bei *Volkswagen* liegen 53,30% in der *Porsche Automobil Holding* SE, deren Stammaktien ausschließlich von den Familien *Piëch* und *Porsche* gehalten werden. Bei *OHB* ist die Gründerfamilie *Fuchs* mit 69,72% Mehrheitsaktionär.

Die öffentlich verbreitete Annahme für die *Fresenius* SE & Co. KGaA und die *Henkel* AG & Co. KGaA, dass die Ankermehrheiten der *Else Kröner-Fresenius* Stiftung (27,00 und der Familie *Henkel* (61,56%) dafür sorgten, dass keine aktivistischen Aktionäre ins Spiel kommen,[995] lässt sich nach dem Vorangegangenen und unter Berücksichtigung der Vorgänge um *Elliot* und die *Fresenius* SE & Co. KGaA[996] nicht bestätigen.

Mit den Komplementären in der KGaA gibt es noch eine weitere Gesellschaftergruppe. Für den *vorstandsähnlichen* Komplementär einer KGaA oder den die persönlich haftende Gesellschafterin vertretenden Geschäftsleiter einer *atypischen* KGaA steht ein persönlicher finanzieller Schaden im Hintergrund. Für sie geht es in erster Linie um ihren persönlichen Ruf. Die Geschäftsleiter der großen deutschen börsennotierten Gesellschaften sind eine kleine und eng verbundene Gemeinschaft. Die Unternehmenslenker kennen sich untereinander und sind um ihren Ruf in der Gemeinschaft besorgt.[997] Die Angst vor einem persönlichen Reputationsverlust kann geeignet sein die Geschäftsleiter zu veranlassen, den aktivistischen Kommanditaktionären entgegenzukommen und deren Anregungen ernst zu nehmen. Ein kontrollierender Aktionär schützt davor nicht.

Der regelmäßig geringe Streubesitz in Kommanditgesellschaften auf Aktien führt nach alledem also nicht zu einem definitiven Ausschluss der KGaA vor Angriffen aktivistischer Aktionäre.

6. Verteidigungsfähigkeit

Wo angegriffen wird, wird in der Regel auch verteidigt. Können Angreifer Unternehmen ausmachen, bei denen Verteidigungsstrategie und -struktur suboptimal[998] erscheinen, ist es naheliegend diese ins Visier zu nehmen. Solche Defizite in den Verteidigungsmöglichkeiten lassen auch auf größer geartete organisatorische Schwachstellen schließen, welche ebenfalls das Interesse von aktivistischen Aktionären und Investoren wecken. In diesem Zusammenhang ist auch an Compliance und Corporate Governance zu den-

---

995 *Ettel/Zschäpitz*, Welt am Sonntag 26 (30.06.2019), 39; zur *Henkel*-Familie *Ziesemer*, <*www.capital.de/wirtschaft-politik/die-hauruckmethode-der-henkel-familie*>; zu den Ankerbeteiligungen Kap. 3 § 8 I. 1. b).

996 Kap. 3 § 9 IV.

997 Dies für den US-amerikanischen Kapitalmarkt feststellend *Rock*, UCLA Law Review 44 (1997), 1009 (1013).

998 *Zülch/Gebhardt*, KoR 2019, 461 (462); *Ludwig*, M&A Review 28 (2017), 363.

ken. Beides sind Systeme, die der Befolgung und Einhaltung gesetzlicher Vorschriften dienen. Verstöße oder eine schlechte Ausgestaltung werden von Aktivisten als organisatorische Schwachstellen gesehen, welche es auszunutzen gilt.[999]

Die Verteidigungsfähigkeit einer Kommanditgesellschaft auf Aktien gegen aktivistische Kommanditaktionäre wird in einem eigenen Abschnitt ausführlich Beachtung finden.

7. Zusammenfassung

Rechtstheoretisch spricht zumindest aufgrund der Fungibilität der Kommanditaktien nichts gegen die Beteiligung aktivistischer Kommanditaktionäre an einer Kommanditgesellschaft auf Aktien. Die KGaA als Publikumsgesellschaft ermöglicht es potenziellen Aktivisten, leicht über den Kapitalmarkt Beteiligungen an der Zielgesellschaft aufzubauen. So hat sich jüngst gezeigt, dass die Kommanditgesellschaft auf Aktien auch rechtstatsächlich nicht vor aktivistischen Kommanditaktionären verschont bleibt.

Die üblichen Kriterien, welche aktivistische Aktionäre aufhorchen lassen, finden sich auch in der Kommanditgesellschaft auf Aktien. Der Gesellschaftsform der KGaA wurde lange ein grundsätzlicher Bewertungsabschlag nachgesagt. Dies lässt sich für die untersuchten börsennotierten KGaA nicht bestätigen. Die Möglichkeit einer Unterbewertung ist aber freilich gegeben.

Strukturell ist die KGaA nicht besser für Konglomerate geeignet als andere Gesellschaftsformen. Unternehmerfamilien bevorzugen allerdings sowohl die Rechtsform der KGaA als auch die Diversifikation ihrer Geschäftsbereiche. Eine häufigere Ausgestaltung als Mischkonzern ist insoweit naheliegend.

Ebenso versuchen Unternehmerfamilien einen Großteil der Kommanditaktien im Familienkreis zu belassen. Die KGaA als beliebte Gesellschaftsform für Familienunternehmen weist daher oftmals einen bedeutenden Ankerkommanditaktionär auf. Rechtspraktisch wird diese Annahme bestätigt. Fast ausnahmslos alle Kommanditgesellschaften auf Aktien im DAX, MDAX und SDAX haben einen großen Ankerkommanditaktionär. Der Annahme, aktivistische Kommanditaktionäre ließen aus diesem Grund von einer KGaA ab, lässt sich indes nicht zustimmen.

Mit Blick auf die Finanzpolitik und Finanzstruktur lässt sich festhalten, dass hohe Cash-Positionen sowie stille Reserven auch in der KGaA möglich sind. Es ist aber nicht ersichtlich, dass diese besonders häufig oder in einem außergewöhnlichen Maß vorliegen. Haben es aktivistische Kommanditaktionäre auf eine weitere Verschuldung einer Gesellschaft abgesehen, könnte

---

999 *Ludwig*, M&A Review 28 (2017), 363.

ihnen in der *gesetzestypischen* KGaA und eingeschränkt in einer KGaA mit einem *vorstandsähnlichen* Komplementär aufgrund der persönlich haftenden Gesellschafter eine erhöhte Kreditfähigkeit zugutekommen. Dies gilt nicht für eine *atypische* KGaA.

Das Corporate Governance Level der *gesetzestypischen* KGaA kann als spezifisches Angriffskriterium und wertvernichtend gelten. Dies verwundert nicht. Die Struktur der KGaA findet im DCGK 2022 keinen Niederschlag. Vielen Empfehlungen lässt sich daher strukturell nicht folgen. Eine KGaA mit einem *vorstandsähnlichen* Komplementär und noch viel mehr eine *atypische* KGaA ist der durch den Kodex adressierten Gesellschaftsform schon näher. Sie können die meisten der Empfehlungen wenigstens entsprechend anwenden.

III. Die Attacke und ihre Ausgestaltung

Die Beteiligung an einer zum Ziel auserkorenen Kommanditgesellschaft auf Aktien bedarf keiner längeren Erklärung. Die Aktivisten erwerben über die Börse Kommanditaktien und erwerben so die Mitgliedschaft an der Gesellschaft. Nun folgt der Kern ihrer Strategie: Die Durchsetzung ihrer Ziele zur Erreichung ihrer individuellen Interessen.

Die Ziele betreffen überwiegend die Unternehmensstrategie, die Unternehmensstruktur, die Personalstruktur und die Finanzpolitik. Die Übergänge sind meist fließend.

Es gilt zu ergründen, wie aktivistische Kommanditaktionäre rechtlich (1.) oder faktisch (2.) dahin gehende Entscheidungen beeinflussen oder selber treffen können.

1. Rechtlich

Der (Operative) Aktivismus zeichnet sich dadurch aus, dass er seine Ziele ohne Geschäftsführungskompetenz und trotz geringer Gesellschaftsanteile versucht durchzusetzen. Hierfür nutzt der aktivistische Kommanditaktionär die Rechte, die ihm das Gesetz zur Verfügung stellt. Das Hauptaugenmerk liegt auf dem Stimmrecht (a)), dem Tagesordnungsergänzungsverlangen (b)), dem Auskunftsrecht (c)) und dem Rederecht (d)).

a) Stimmrecht, § 278 Abs. 3 i. V. m. § 134 AktG

Das Stimmrecht nach § 278 Abs. 3 i. V. m. § 134 AktG ist das zentrale Recht der Kommanditaktionäre.

Soweit die Hauptversammlung zuständig ist, können sich die Kommanditaktionäre unter Ausübung ihres Stimmrechts unmittelbar an der Entscheidungsfindung innerhalb der KGaA beteiligen. Nachfolgend wird beleuchtet, inwiefern mithilfe des Stimmrechts die Unternehmensstrategie und/oder die Unternehmens-, Personal- sowie Finanzstruktur beziehungsweise Finanzpolitik (aa) bis dd)) unmittelbar oder mittelbar von aktivistischen Kommanditaktionären beeinflusst werden kann.

Es stellt sich immer zunächst die Frage, ob die Hauptversammlung für die hier thematisch interessierenden Beschlussgegenstände (mit)zuständig ist. Wird die Zuständigkeit bejaht, ist fraglich, inwieweit eine Einflussmöglichkeit mit dem jeweiligen Beschluss einhergeht. Schließlich ist das Mehrheitserfordernis für den Erfolg oder Nichterfolg in einer Beschlussfassung entscheidend. In dem jeweils gebotenen Umfang wird entsprechend auf die notwendigen erforderlichen Beschlussmehrheiten einzugehen sein.

An geeigneten Stellen werden Bezüge zur Praxis sowie rechtstatsächliche Beispiele mit in die Untersuchung aufgenommen.

aa) Unternehmensstrategie

Anders als in der AG[1000] liegen in einer KGaA die Geschäftspolitik und Unternehmensstrategie nicht gänzlich außerhalb der unmittelbaren Hauptversammlungszuständigkeit. Der Skepsis gegenüber der Strategie einer KGaA und dem Wunsch nach einer Änderung der Geschäftsstrategie, die beispielsweise gefordert wird bei unterbewerteten Unternehmen und als Konglomerat strukturierten KGaA, kann grundsätzlich auch rechtlich in der Hauptversammlung einer KGaA unter Ausnutzung des den Kommanditaktionären zustehenden Stimmrechts Nachdruck verliehen werden. Strategische Entscheidungen sind Teil der Geschäftsführung einer Gesellschaft. Die Geschäftsführung umfasst jedes bewusste und gewollte Tätigwerden im Rechtskreis oder Interesse der Gesellschaft.[1001] In der KGaA muss zwischen gewöhnlichen ((1)) und außergewöhnlichen Geschäftsführungsmaßnahmen ((2)) sowie Grundlagengeschäften ((3)) unterschieden werden. Im Rahmen dieser Maßnahmen und Geschäfte können mehr oder minder relevante unternehmensstrategische Entscheidungen getroffen werden, die bei unterbewerteten Unternehmen Leistungsschwächen beheben, eine angemessene Geschäftsentwicklung anstoßen und so einen Kursanstieg auf den Realwert der Kommanditaktien herbeiführen.

1000 *Gröntgen*, Operativer shareholder activism, S. 21; *Herfs*, in: Hoffmann-Becking, MünchHdB GesR IV, § 79 Rn. 59.

1001 M. w. N. *Philbert*, Die Kommanditgesellschaft auf Aktien zwischen Personengesellschaftsrecht und Aktienrecht, S. 105.

(1) Gewöhnliche Geschäftsführungsmaßnahmen

Gewöhnliche Geschäftsführungsmaßnahmen sind solche Handlungen, die der gewöhnliche Betrieb des Handelsgewerbes der Gesellschaft mit sich bringt (§ 116 Abs. 2 HGB). Die Kompetenz liegt ausschließlich bei den Komplementären (§ 278 Abs. 2 AktG i. V. m. §§ 162 Abs. 2, 116 Abs. 1 HGB). Ein Zustimmungsrecht oder sonstige Einflussmöglichkeiten stehen den Kommanditaktionären nicht zu.

Über entsprechende Satzungsgestaltungen ließe sich die Einflussnahme der Kommanditaktionäre auf gewöhnliche Geschäftsführungsmaßnahmen regeln. Denkbar ist ein Zustimmungserfordernis der Gesamtheit der Kommanditaktionäre zu gewöhnlichen Geschäftsführungsmaßnahmen und/oder ein Weisungsrecht der Hauptversammlung gegenüber dem Komplementär/der Komplementärin.

Gewöhnliche Geschäftsführungsmaßnahmen sind nicht derart tiefgreifend, dass ihnen ein Ausnahmecharakter zugesprochen wird,[1002] sie bestimmen aber das alltägliche operative Geschäft enorm. Die Einflussnahme auf die Geschäftsführung durch die Kommanditaktionäre wäre entsprechend groß.

Eine dahin gehende Erweiterung der Hauptversammlungsrechte ist nur bei einem überschaubaren Gesellschafterkreis praktikabel.[1003] Folgerichtig findet sich unter den untersuchten börsennotierten KGaA keine Gesellschaft mit einer derartigen Satzungsgestaltung. Eine derartige Möglichkeit der Einflussnahme für aktivistische Kommanditaktionäre ist entsprechend praxisfern.

(2) Außergewöhnliche Geschäftsführungsmaßnahmen

Nach ständiger Rechtsprechung sind außergewöhnliche Geschäftsführungsmaßnahmen solche, die nach ihrem Inhalt und Zweck oder durch ihre Bedeutung und die mit ihnen verbundene Gefahr über den Rahmen des gewöhnlichen Geschäftsbetriebes der Gesellschaft hinausgehen, also Ausnahmecharakter besitzen.[1004] Einen solcher Ausnahmecharakter ist in den meisten Fällen auch einer von den Aktivisten geforderten strategischen Neuausrichtung zuzuschreiben. Bei einer strategischen Neuausrichtung werden »Entscheidungen über wichtige und umfassende Maßnahmen und Vorge-

---

1002 BGHZ 76, 160 (162 f.).

1003 Zur grundsätzlichen Möglichkeit Kap. 3 § 8 III. 2.

1004 BGHZ 76, 160 (162 f.); Urt. v. 13.01.1954 – II ZR 6/53, WKRS 1954, 10429 (Rn. 8); RGZ 158, 302 (308); OLG Köln, Urt. v. 16.02.1994 – 2 U 186-92, NJW-RR 1995, 547 (548); BGH, Urt. v. 15.02.2022 – II ZR 235/20, NJW 75 (2022), 1878 (1880); sich anschließend *Drescher*, in: Ebenroth/Boujong/Joost, HGB I, § 116 Rn. 36; *Herfs*, in: Hoffmann-Becking, MünchHdB GesR IV, § 79 Rn. 19; *Roth*, in: Hopt, HGB, § 116 Rn. 20.

hensweisen im Rahmen der strategischen Unternehmenspolitik, die langfristig orientiert sind«[1005] getroffen. Die Entscheidungen sind damit weder üblich, noch fallen sie von Zeit zu Zeit an.

Grundsätzlich steht auch einem aktivistischen Kommanditaktionär bei derartigen strategischen Entscheidungen nach dem Gesetz ein Stimmrecht zu. Zur Vornahme von außergewöhnliche Geschäftsführungsmaßnahmen ist nach § 278 Abs. 2 AktG i. V. m. §§ 161 Abs. 2, 116 Abs. 2 Satz 1 Hs. 2 HGB ein Beschluss sämtlicher Gesellschafter erforderlich. Aus dem eindeutigen Wortlaut folgt, dass nicht nur alle[1006] Komplementäre, sondern auch die Gesamtheit der Kommanditaktionäre und damit jeder einzelne Kommanditaktionär in Ausübung seines Stimmrechts über die außergewöhnliche Geschäftsführungsmaßnahme (mit) zu entscheiden hat.

Das Zustimmungserfordernis der Hauptversammlung zu außergewöhnlichen Geschäften räumt dieser und dem einzelnen Kommanditaktionär einen vergleichsweise großen Einfluss ein. Die Komplementäre entscheiden grundsätzlich einstimmig (§ 278 Abs. 2 AktG i. V. m. § 119 Abs. 1 HGB). Für einen Hauptversammlungsbeschluss über außergewöhnliche Geschäftsführungsmaßnahmen ist die einfache Mehrheit ausreichend.[1007]

(3) Grundlagengeschäfte

Die sogenannten Grundlagengeschäfte gehen noch über die außergewöhnlichen Geschäftsführungsmaßnahmen hinaus.

Wie bei außergewöhnlichen Geschäftsführungsmaßnahmen sind bei Grundlagengeschäften beide Gesellschaftergruppen zuständig und es bedarf damit der Zustimmung aller Gesellschafter.[1008]

Obwohl Grundlagengeschäfte keine Geschäftsführungsmaßnahmen sind, können darunter Entscheidungen fallen, die Einfluss auf die Unternehmensstrategie haben. Denn Grundlagengeschäfte sind strukturändernde Maßnahmen, die eine Änderung des Gesellschaftsvertrages erfordern oder aber, ohne die Notwendigkeit einer formellen Änderung, wesentliche ge-

---

1005 *Wagner*, Gabler Versicherungslexikon, »Strategische Entscheidung«.

1006 Zustimmen müssen sowohl die geschäftsführungsbefugten als auch die nicht geschäftsführungsbefugten Komplementäre.

1007 *Sethe*, in: Hirte/Mülbert/Roth, GroßKomm AktG XII, § 278 Rn. 99b; *Reger*, in: Bürgers/Fett, KGaA HdB, § 5 Rn. 394; *Perlitt*, in: Goette/Habersack/Kalss, MüKo-AktG V, § 278 Rn. 179; *Servatius*, in: Grigoleit, Aktiengesetz, § 278 Rn. 8; *Schmidt*, in: Schmidt/Lutter, AktG, § 278 Rn. 38.

1008 *Sethe*, in: Hirte/Mülbert/Roth, GroßKomm AktG XII, § 278 Rn. 122, 110 f.; *Heermann*, ZGR 2000, 61 (66); *Ammenwerth*, Die Kommanditgesellschaft auf Aktien (KGaA) – eine Rechtsformalternative für personenbezogene Unternehmen?, S. 38.

sellschaftsvertragliche Rechte berühren.[1009] Zu denken ist beispielsweise an eine Änderung der Satzung, die Vergütungselemente enthält[1010], mithilfe derer die Geschäftsleitung in eine gewünschte Richtung gelenkt wird. So können Prämien für gewisse Investitionen oder Projekte oder die Entwicklung bestimmter Produkte eine Steuerungswirkung im Sinne der Kommanditaktionäre entfalten.

Beschlüsse der persönlich haftenden Gesellschafter betreffen deren Rechtsverhältnis untereinander, weshalb sich die Mehrheitserfordernisse nach den Vorschriften des Handelsgesetzbuches über die Kommanditgesellschaft bestimmen. Die geschäftsführungsbefugten und nicht geschäftsführungsbefugten Komplementäre müssen gemäß § 278 Abs. 2 AktG i. V. m. § 109 Abs. 3 HGB grundsätzlich einstimmig entscheiden. Nicht ganz so einfach lässt sich eine derart pauschale Aussage über die Mehrheitserfordernisse in der Hauptversammlung der Kommanditaktionäre treffen.

Für nicht die Satzung betreffende Grundlagengeschäfte ist die einfache Mehrheit in der Hauptversammlung ausreichend. Für satzungsändernde Beschlüsse ist dagegen zu beachten, dass sich die KGaA-Satzung in materieller Hinsicht zweiteilen lässt. Anders gesagt: In der KGaA-Satzung fallen personengesellschafts- und aktienrechtliche Regelungen zusammen. Für die Änderung aktienrechtlicher Satzungsbestandteile ist unbestritten § 179 AktG anwendbar. Der Hauptversammlungsbeschluss bedarf einer Mehrheit, die mindestens drei Viertel des bei der Beschlussfassung vertretenen Grundkapitals umfasst (§ 179 Abs. 2 Satz 1 AktG).

Umstritten ist dagegen die Frage, ob bei der Änderung personengesellschaftsrechtlicher Satzungsbestandteile – die Aufnahme oder den Ausschluss persönlich haftender Gesellschafter – die für die Beschlussfassung der Kommanditaktionäre das Erfordernis der personengesellschaftsrechtlichen Einstimmigkeit oder der aktienrechtlichen qualifizierten Mehrheit gelten sollen.

(a) Meinungsstand

Die wohl vorherrschende Ansicht in Rechtsprechung und Literatur[1011] möchte die Beschlussmehrheitserfordernisse für jede Satzungsänderung

---

1009 OLG Stuttgart, Urt. v. 14.05.2003 – 20 U 31/02, NZG 6 (2003), 778 (783); *Sethe*, in: Hirte/Mülbert/Roth, GroßKomm AktG XII, § 285 Rn. 62.

1010 Zur Festsetzung der Vergütung als Sondervorteil in der Satzung siehe Kap. 3 § 10 II. 5. b) bb) (1).

1011 OLG Stuttgart, Urt. v. 27.11.2002 – 20 U 14/02, NZG 6 (2003), 293; *Sethe*, in: Hirte/Mülbert/Roth, GroßKomm AktG XII, § 278 Rn. 99a; *Schmidt*, in: Schmidt/Lutter, AktG, § 281 Rn. 13; *Arnold*, in: Henssler/Strohn, GesR, AktG § 281 Rn. 2; *Cahn*, AG 2001, 579 (582); *Mertens/Cahn*, in: Zöllner/Noack, KK-AktG V, Vor § 278 Rn. 14;

unabhängig von ihrer Qualifizierung unter § 179 Abs. 1 AktG fassen. Folge wäre, dass satzungsändernde Beschlüsse immer einer qualifizierten Mehrheit bedürften. Begründet wird dies damit, dass die KGaA eine einheitliche Rechtsform sei, die eine einheitliche Satzung habe und für deren Änderung einheitliche Regelungen gelten müssten.[1012]

Die Gegenmeinung[1013] differenziert zwischen aktienrechtlichen und personengesellschaftsrechtlichen Satzungsbestandteilen. Entscheidend für die Mehrheitserfordernisse soll danach die Qualifizierung des Beschlussgegenstandes sein. Soweit es sich um einen personengesellschaftsrechtlichen Beschlussgegenstand handele, sei auch für die dahin gehende Beschlussfassung das HGB und dessen Beschlussmehrheiten maßgeblich. Die Änderung personengesellschaftsrechtlicher Satzungsbestandteile vollziehe sich außerhalb der Satzung und rufe lediglich einen redaktionellen Änderungsbedarf der KGaA-Satzung hervor.[1014]

Gegen die erstgenannte Ansicht sprächen Folgeprobleme und Widersprüchlichkeiten.[1015] Dies sei insbesondere dann der Fall, wenn man die Zuständigkeit für solche Satzungsänderungen auf Stellen außerhalb der Hauptversammlung delegieren wolle. Schließlich bestimme § 179 AktG nicht nur die Beschlussmehrheit, sondern auch die Zuständigkeit und habe als aktienrechtliche Vorschrift zwingenden Charakter. Ein Ausschluss der Hauptversammlungszuständigkeit sei daher mit Blick auf die aktienrechtliche Satzungsstrenge unzulässig.

Perlitt, in: Goette/Habersack/Kalss, MüKo-AktG V, § 281 Rn. 14; *Philbert*, Die Kommanditgesellschaft auf Aktien zwischen Personengesellschaftsrecht und Aktienrecht, S. 181; *Müller-Michaels*, in: Hölters/Weber, AktG, § 281 Rn. 6.

1012 *Sethe*, in: Hirte/Mülbert/Roth, GroßKomm AktG XII, § 278 Rn. 99a; *Schmidt*, in: Schmidt/Lutter, AktG, § 281 Rn. 15; zum Prinzip der einheitlichen Satzung *Bachmann*, in: Bitter/Lutter/Priester/Schön/Ulmer, FS Schmidt, S. 44; die Satzung ist »aktienrechtliche Organisationsklammer der KGaA« *Philbert*, Die Kommanditgesellschaft auf Aktien zwischen Personengesellschaftsrecht und Aktienrecht, S. 108, 117, 170.

1013 *Fett*, in: Bürgers/Fett, KGaA HdB, § 3 Rn. 26–27; *Bachmann*, in: Spindler/Wilsing/Butzke/Linden, FS Marsch-Barner, S. 13 (17); *Fett/Stütz*, NZG 2017, 1121 (1127 f.); *Schnorbus*, in: Hoffmann-Becking/Hüffer/Reichert, FS Winter, S. 627 (641); *Bachmann*, in: Henssler/Spindler/Stilz, BeckOGK-AktG, § 281 Rn. 23–25; *Förl/Fett*, in: Bürgers/Körber/Lieder, AktG, § 281 Rn. 10; *Herfs*, in: Hoffmann-Becking, MünchHdB GesR IV, § 79 Rn. 52; *Wichert*, AG 1999, 362 (365).

1014 *Bachmann*, in: Bitter/Lutter/Priester/Schön/Ulmer, FS Schmidt, S. 48 Fn. 41.

1015 *Bachmann*, in: Bitter/Lutter/Priester/Schön/Ulmer, FS Schmidt, S. 46 f.; *Fett*, in: Bürgers/Fett, KGaA HdB, § 3 Rn. 26.

(b) Stellungnahme

Nach hier vertretener Ansicht sprechen im Hinblick auf die erforderliche Beschlussmehrheit in der Hauptversammlung bei der Änderung personengesellschaftsrechtlicher Satzungsbestandteile die besseren Argumente für eine ausschließliche Anwendung des § 179 AktG und das Erfordernis einer qualifizierten Mehrheit.

Der Wortlaut der Sonderbestimmungen im Zweiten Buch des Aktiengesetzes spricht für eine Einheitlichkeit der KGaA-Satzung.[1016] Dort ist durchweg von der »Satzung« die Rede. Selbst wenn es inhaltlich um personengesellschaftsrechtliche Bestandteile geht, wird nicht von einem »Gesellschaftsvertrag« gesprochen.

Im Übrigen entspricht dieses Ergebnis auch der Regelungstechnik des § 278 AktG,[1017] wonach das betroffene Rechtsverhältnis maßgeblich für das anzuwendende Recht ist. Eine Satzungsänderung berührt zweifellos das Verhältnis der Gesellschafter untereinander. Über § 278 Abs. 2 AktG kommt folgerichtig in einem ersten Schritt KG-Recht zur Anwendung. Eine Satzungsänderung bedarf danach als Grundlagengeschäft der Zustimmung der Gesamtheit der Kommanditaktionäre und der Zustimmung aller persönlich haftenden Gesellschafter.[1018]

Für die diesbezügliche Beschlussfassung innerhalb der jeweiligen Gesellschaftergruppe muss allerdings erneut die Frage gestellt werden, welche Rechtsverhältnisse betroffen sind. Da sich in den §§ 279 bis 290 AktG keine diesbezüglichen Sonderregeln finden, ist wiederum bei den Verweisungsregeln anzusetzen und die Antwort im Handelsgesetzbuch oder dem Ersten Buch über die Aktiengesellschaft zu suchen.

Die Zuordnung erscheint isoliert betrachtet leicht. Die Meinungsbildung der persönlich haftenden Gesellschafter betrifft das Rechtsverhältnis derselben untereinander. Entsprechend bleibt es über § 278 Abs. 2 AktG bei der Anwendung des Personengesellschaftsrechts. Die Entscheidungsfindung der Kommanditaktionäre betrifft dagegen interne Rechtsverhältnis dieser Gesellschaftergruppe. § 278 Abs. 3 AktG verweist für diese Fälle auf die Vorschriften des Ersten Buchs des AktG. Grundsätzlich bedürfen Beschlüsse der Hauptversammlung nach § 133 Abs. 1 AktG der Mehrheit der abgegebenen Stimmen (einfache Mehrheit), soweit nicht Gesetz oder Satzung eine größere Mehrheit bestimmen. Für Satzungsänderungen verlangt das Gesetz in § 179 Abs. 2 Satz 1 eine Mehrheit, die mindestens drei Viertel des bei der Beschlussfassung vertretenen Grundkapitals umfasst.

1016 *Bachmann*, in: Bitter/Lutter/Priester/Schön/Ulmer, FS Schmidt, S. 44.

1017 So auch *Philbert*, Die Kommanditgesellschaft auf Aktien zwischen Personengesellschaftsrecht und Aktienrecht, S. 181.

1018 Siehe zu diesem Erfordernis bereits Kap. 3 § 10 IV. 2. b) bb) (6).

Die Mehrheitserfordernisse des HGB für die persönlich haftenden Gesellschafter und des AktG für die Kommanditaktionäre können hier nebeneinander angewendet werden, ohne dass sich Widersprüche ergeben. Dem Problem der Delegation auf Stellen außerhalb der Hauptversammlung steht der zwingende Charakter des § 179 AktG nicht im Wege. Die Delegation auf die persönlich haftenden Gesellschafter oder einen Beirat ist eine Frage der Zuständigkeit. Die Kompetenzebene (§ 285 Abs. 2 Satz 1 AktG) richtet sich nach dem HGB und nicht nach dem AktG (§ 179 Abs. 1 AktG).[1019] Es gilt also die personengesellschaftsrechtliche Satzungsautonomie. Wird die Zuständigkeit der Hauptversammlung insoweit ausgeschlossen, stellt sich nicht die Frage nach dem Mehrheitserfordernis eines Hauptversammlungsbeschlusses und der Abdingbarkeit der diesbezüglichen Vorschrift, da bereits die Kompetenz für die Beschlussfassung der Gesamtheit der Kommanditaktionäre fehlt.

(4) Geltendmachung von Schadensersatzansprüchen

Aktivisten können eine Entscheidung über die Geltendmachung von Schadensersatzansprüchen gegen die Geschäftsleitung wegen mangelhafter Geschäftsführung herbeiführen.[1020] Zentrale Norm hierfür ist der § 147 AktG. Über § 283 Nr. 8 AktG findet § 147 AktG auch auf die KGaA (*gesetzestypisch* wie *atypisch*) Anwendung.[1021] § 147 AktG ermöglicht den Kommanditaktionären einen Beschluss zu fassen, der den Aufsichtsrat verpflichtet, Klage für die Gesellschaft gegen die persönlich haftenden Gesellschafter zu erheben. Schadensersatzansprüche[1022] der KGaA sind denkbar beispielsweise bei einem schuldhaften (groben) Verstoß gegen die Geschäftsführungspflichten (§§ 283 Nr. 3, 93 Abs. 2 Satz 1 oder Abs. 3 AktG). Die Komple-

---

1019 In diesem Zusammenhang ebenfalls *Sethe*, in: Hirte/Mülbert/Roth, GroßKomm AktG XII, § 278 Rn. 99.

1020 *Graßl/Nikoleyczik*, AG 62 (2017), 49 (52); *Bunz*, NZG 2014, 1049 (1050); *Schiessl*, ZIP 2009, 689 (692); *Engelen et al.*, Investor Activism 2018; *Heuser*, Shareholder Activism, S. 83; insbesondere für Hedgefonds als möglich erachtend *Redeke*, AG 2015, 253 (258); *Schmolke*, ZGR 36 (2007), 701 (718); laut der Studie von *Thamm/Schiereck*, Corporate Finance 2014, 17 (26) aber selten.

1021 *Sethe*, in: Hirte/Mülbert/Roth, GroßKomm AktG XII, § 283 Rn. 30; *Mertens/Cahn*, in: Zöllner/Noack, KK-AktG V, § 283 Rn. 15; *Schmidt*, in: Schmidt/Lutter, AktG, § 283 Rn. 12; *Förl/Fett*, in: Bürgers/Körber/Lieder, AktG, § 283 Rn. 13; *Reger*, in: Bürgers/Fett, KGaA HdB, § 5 Rn. 369.

1022 Ausführlich zu den Schadensersatzansprüchen der Gesellschaft in der *GmbH & Co. KGaA* *Kessler*, Die rechtlichen Möglichkeiten der Kommanditaktionäre einer GmbH & Co. KGaA zur Einwirkung auf die Geschäftsführung, S. 245–274.

mentärkapitalgesellschaft muss sich ein Fehlverhalten der Geschäftsleitung über § 31 BGB zurechnen lassen.[1023]

So können aktivistische Kommanditaktionäre mit einem Beschluss über die Klageerhebung der KGaA gegen die persönlich haftenden Gesellschafter darauf hinwirken, dass pflichtwidriges Verhalten aufgeklärt, festgestellt und gegebenenfalls korrigiert oder sanktioniert wird. Einer Zustimmung der persönlich haftenden Gesellschafter bedarf es dafür nicht, § 285 Abs. 2 Satz 2 Alt. 2 AktG.

Die Klage dient mithin einer Konfliktbeseitigung zwischen den aktivistischen Kommanditaktionären und der Geschäftsleitung. Durch dieses Verfahren können Zugeständnisse im Bereich der Geschäftspolitik erlangt werden. Die bloße Möglichkeit einer Klage und die damit einhergehenden persönlichen, möglicherweise existenziellen Gefahren, kann die Geschäftsleitung anhalten, ihrer Geschäftsführungstätigkeit gewissenhaft(er) nachzugehen. Eine Klage birgt aber auch die Gefahr der eigenen Rufschädigung und der Belastung des Börsenkurses.[1024]

Ein Beschluss der Hauptversammlung zur Geltendmachung von Schadensersatzansprüchen gegen den persönlich haftenden Gesellschafter bedarf der einfachen Stimmenmehrheit (§ 147 Abs. 1 Satz 1 AktG). Ist die Stimmmehrheit erreicht, ist der KGaA-Aufsichtsrat verpflichtet, Klage gegen den betroffenen persönlich haftenden Gesellschafter zu erheben. In Rechtsstreitigkeiten, die die KGaA gegen die persönlich haftenden Gesellschafter führen, vertritt der Aufsichtsrat gemäß § 278 Abs. 3 i. V. m. § 112 AktG die Gesellschaft. Alternativ kann die Hauptversammlung einen besonderen Vertreter wählen (§ 278 Abs. 3 I. V. m. § 147 Abs. 2 Satz 1 AktG). Diese Wahl bedarf eines Anteils, der zusammen den zehnten Teil des Grundkapitals oder den

---

1023 *Perlitt*, in: Goette/Habersack/Kalss, MüKo-AktG V, § 278 Rn. 371; *Bachmann*, in: Henssler/Spindler/Stilz, BeckOGK-AktG, § 278 Rn. 86, § 283 Rn. 13; *Sethe*, in: Hirte/Mülbert/Roth, GroßKomm AktG XII, § 278 Rn. 171, § 283 Rn. 18; *Schmidt*, in: Schmidt/Lutter, AktG, § 283 Rn. 7; *Förl/Fett*, in: Bürgers/Körber/Lieder, AktG, § 283 Rn. 6; *Sethe*, Die personalistische Kapitalgesellschaft mit Börsenzugang, S. 169; *Hennerkes/Lorz*, DB 1997, 1388 (1391); *Vollertsen*, Corporate Governance der börsennotierten KGaA, S. 133; *Herfs*, in: Hoffmann-Becking, MünchHdB GesR IV, § 79 Rn. 26; *Mertens/Cahn*, in: Zöllner/Noack, KK-AktG V, § 283 Rn. 10; *Arnold*, Die GmbH & Co. KGaA, S. 87; *Otte*, Die AG & Co. KGaA, S. 96; *Servatius*, in: Grigoleit, Aktiengesetz, § 283 Rn. 16; *Fett/Stütz*, NZG 2017, 1121 (1126); für eine analoge Anwendung *Heineke*, Anlegerschutz in der Kommanditgesellschaft auf Aktien, S. 63; a. A. und für die *GmbH* & Co. KGaA mit »dem Wesen des Verbands« begründend *Kessler*, Die rechtlichen Möglichkeiten der Kommanditaktionäre einer GmbH & Co. KGaA zur Einwirkung auf die Geschäftsführung, S. 246–248; allgemein zur Haftung einer juristischen Person für unerlaubte Handlungen eines Vorstandsmitglieds BGHZ 98, 148.

1024 M. w. N. *Redeke*, AG 2015, 253 (256, 257).

anteiligen Betrag einer Million Euro erreicht. Die Schwelle von einer Millionen Euro zu überschreiten wird für aktivistische Kommanditaktionäre, insbesondere aktivistische Hedgefonds, in börsennotierten Gesellschaften in der Regel kein Problem darstellen. Die Bestellung eines besonderen Vertreters gem. § 147 Abs. 2 AktG wird in diesem Zusammenhang als »scharfe Waffe«[1025] angesehen, da dessen Prüf- und Informationsrechte mit seiner Aufgabenstellung korrelieren. Dazu gehören je nach Sachverhalt Auskunftsrechte gegen die Geschäftsleitung und den Aufsichtsrat, Einsichts- und Prüfrechte, ein (eingeschränktes) Recht zur Mitarbeiterbefragung sowie ein (sporadisches) Zutrittsrecht zu den Räumen der Gesellschaft.[1026] Maßstab für die Informationsbeschaffungskompetenz ist die Erforderlichkeit zur prozessualen Durchsetzung der Ersatzansprüche.[1027] So kann über weit gefasste Anträge versucht werden, die Gesellschaft auszuforschen[1028] und sensible Informationen zu erlangen. Auch ein (Kommandit-)Aktionär kann besonderer Vertreter sein.[1029] Für einen aktivistischen Kommanditaktionär kann es daher auch von Interesse sein, die Rolle des besonderen Vertreters auszufüllen.

(a) Wenig Effektivität bei einer KGaA mit vorstandsähnlichem Komplementär oder einer atypischen KGaA

Die häufig für *vorstandsähnliche* Komplementäre abgeschlossenen D&O-Versicherungen[1030] nehmen der Schadensersatzklage allerdings die Disziplinierungswirkung. Wurde eine solche »Vermögensschaden-Haftpflichtversicherung« abgeschlossen, greift diese selbst dann, wenn die Geschäftsleiter einer KGaA eine (grob) fahrlässige oder bedingt vorsätzliche Pflichtverletzung begangen haben.

1025 Für die Aktiengesellschaft unter Verweis auf die Vorgänge rund um die Marke *Hypo-Vereinsbank* der *UniCredit Bank* AG *Schiessl*, ZIP 2009, 689 (692).

1026 Es besteht »ein besonderes Maß an Rechtsunsicherheit (…), welche Rechte diesem zustehen und welche Pflichten ihm obliegen« *Redeke*, AG 2015, 253 (254); von einem eng begrenzten Informationsrecht und keinem eigenen Informationsbeschaffungs- und selbstständigen Prüfungsrecht ausgehend OLG München, Urt. v. 28.11.2007 – 7 U 4498/07, ZIP 2008, 73; nicht ganz so restriktiv LG München I, Urt. v. 06.09.2007 – 5 HK O 12570/07, ZIP 2007, 1809; *Koch*, Aktiengesetz, § 147 Rn. 26–32; deutlich weitgehender *Schmolke*, in: Hirte/Mülbert/Roth, GroßKomm AktG VII.3, § 147 Rn. 453–469.

1027 »wem die Gesetze ein Recht geben, dem bewilligen sie auch die Mittel, ohne welche dasselbe nicht ausgeübt werden kann« RGZ 83, 248 (252); *Koch*, Aktiengesetz, § 147 Rn. 26.

1028 *Rieckers*, DB 2018, 2720 (2723).

1029 KG Berlin, Beschluss v. 16.12.2011 – 25 W 92/11, AG 2012, 328 (329); m.j.w.N. *Schmolke*, in: Hirte/Mülbert/Roth, GroßKomm AktG VII.3, § 147 Rn. 326; *Arnold*, in: Goette/Habersack/Kalss, MüKo-AktG III, § 147 Rn. 75.

1030 Kap. 3 § 7 II. 1. b) bb).

In der *atypischen* KGaA sind Ansprüche gegen die Komplementärin ebenfalls kein »besonders effektives Mittel zur Sanktionierung schlechter Geschäftsführungstätigkeit«[1031]. Der Zugriff auf das womöglich nur den gesetzlichen Mindestanforderungen genügende Gesellschaftsvermögen der Komplementärin und eine im äußersten Fall damit einhergehende Insolvenz der Komplementärin kann in den überwiegenden Fällen nicht im Sinne der KGaA und der übrigen Kommanditaktionäre sein.[1032]

Das Interesse, sich an den Geschäftsleiter der Komplementärgesellschaft zu wenden, wird daher ungleich höher sein.

(b) Ansprüche gegen den Geschäftsleiter der Komplementärgesellschaft in der atypischen KGaA

Nahezu unisono[1033] wird eine Direkthaftung des Geschäftsleiters der Komplementärgesellschaft gegenüber der KGaA angenommen. Unmittelbare Ansprüche der KGaA gegen den faktischen Geschäftsleiter sind jedoch rar und nur in Ausnahmefällen vorstellbar. In Betracht zu ziehen sind Ansprüche aus dem Anstellungsvertrag, soweit derselbe mit der KGaA geschlossen wurde.[1034] Im Hinblick auf den Schwerpunkt dieser Untersuchung kann offen bleiben, ob sich ein Anspruch der Gesellschaft bei einem Verstoß gegen Geschäftsführungspflichten nach den Grundsätzen über den Vertrag mit Schutzwirkung zugunsten Dritter[1035] ergibt oder daraus, dass die Pflichten aus dem Recht der KGaA ausgedehnt werden auf die Organmitglieder der

---

1031 Für die *GmbH* & Co. KGaA *Kessler*, Die rechtlichen Möglichkeiten der Kommanditaktionäre einer GmbH & Co. KGaA zur Einwirkung auf die Geschäftsführung, S. 273.

1032 Für die *GmbH* & Co. KGaA *Kessler*, Die rechtlichen Möglichkeiten der Kommanditaktionäre einer GmbH & Co. KGaA zur Einwirkung auf die Geschäftsführung, S. 274.

1033 Einzig anderer Ansicht *Binz/Sorg*, BB 1988, 2041 (2049) und jüngst *Förl/Fett*, in: Bürgers/Körber/Lieder, AktG, § 283 Rn. 6.

1034 *Kessler*, Die rechtlichen Möglichkeiten der Kommanditaktionäre einer GmbH & Co. KGaA zur Einwirkung auf die Geschäftsführung, S. 274–275; *Otte*, Die AG & Co. KGaA, S. 101.

1035 So die Rechtsprechung zur *GmbH* & Co. KG BGHZ 75, 321 (324); BGHZ 76, 326 (337 f.); BGHZ 197, 304 (310); *Kessler*, Die rechtlichen Möglichkeiten der Kommanditaktionäre einer GmbH & Co. KGaA zur Einwirkung auf die Geschäftsführung, S. 280–281; *Schmidt*, in: Schmidt/Lutter, AktG, § 283 Rn. 7; *Otte*, Die AG & Co. KGaA, S. 98; *Reger*, in: Bürgers/Fett, KGaA HdB, § 5 Rn. 160; *Arnold*, Die GmbH & Co. KGaA, S. 94; *Overlack*, in: Hommelhoff/Röhricht, Gesellschaftsrecht 1997, S. 237 (253); *Schmidt*, in: Hommelhoff/Rawert/Schmidt, FS Priester, S. 691 (704); *Herfs*, in: Hoffmann-Becking, MünchHdB GesR IV, § 79 Rn. 26; *Perlitt*, in: Goette/Habersack/Kalss, MüKo-AktG V, § 278 Rn. 318; damals noch *Sethe*, Die personalistische Kapitalgesellschaft mit Börsenzugang, S. 166–167.

Komplementärgesellschaft (analog) §§ 283 Nr. 3, 93 Abs. 2 AktG[1036]. In besonders drastischen Fällen können ferner deliktische Ansprüche geltend gemacht werden.[1037]

Stehen der KGaA entsprechende Schadensersatzansprüche wegen eines Verstoßes gegen Geschäftsführungspflichten gegen den Geschäftsleiter der persönlich haftenden Gesellschafterin zu, müssen die Kommanditaktionäre konsequenterweise auch einen Beschluss nach (analog) §§ 283 Nr. 8, 147 AktG mit einfacher Mehrheit fassen können. Hinsichtlich der mit der (Möglichkeit der) Klage einhergehenden Einflussnahme auf die Geschäftsführung kann im Übrigen auf die vorangegangenen Ausführungen verwiesen werden.

(5) Sonderprüfung

Ein von Unternehmenslenkern gefürchtetes[1038] und bei Aktivisten beliebtes[1039] Instrument ist die Sonderprüfung. § 283 Nr. 7 AktG normiert, dass für die persönlich haftenden Gesellschafter sinngemäß die für den Vorstand der Aktiengesellschaft geltenden Vorschriften über die Sonderprüfung gelten. Darunter fällt auch der für aktivistische Aktionäre besonders relevante § 142 Abs. 1 AktG, wonach zur Prüfung von Vorgängen der Geschäftsführung ein unabhängiger Sonderprüfer bestellt werden kann. Als Sonderprüfer werden in aller Regel externe Wirtschaftsprüfer, Wirtschaftsprüfungsgesellschaften oder vereidigte Buchprüfer im Sinne des § 128 WPO ausgewählt. Zuständig für die Bestellung sind über die Hauptversammlung die Kommanditaktionäre, § 285 Abs. 1 Satz 2 Nr. 3 AktG. Einer Zustimmung der persönlich haftenden Gesellschafter bedarf es nicht.

Zweck der Vorschrift ist es, Einsicht in tatsächliche Abläufe der Gesellschaft zu erlangen und Unregelmäßigkeiten aufzudecken.[1040] Dies kann der Vorbereitung vorgenannter Schadensersatzansprüche dienen, eine Entscheidungsfindung hinsichtlich personeller oder organisatorischer Konsequenzen vorantreiben sowie einem Fehlverhalten der Verwaltungsorgane präventiv

---

1036 *Sethe*, in: Hirte/Mülbert/Roth, GroßKomm AktG XII, § 283 Rn. 19b–19c; *Heineke*, Anlegerschutz in der Kommanditgesellschaft auf Aktien, S. 63; *Bachmann*, in: Henssler/Spindler/Stilz, BeckOGK-AktG, § 283 Rn. 13; *Vollertsen*, Corporate Governance der börsennotierten KGaA, S. 134–138.

1037 *Kessler*, Die rechtlichen Möglichkeiten der Kommanditaktionäre einer GmbH & Co. KGaA zur Einwirkung auf die Geschäftsführung, S. 274–275; *Otte*, Die AG & Co. KGaA, S. 101.

1038 *Bunz*, NZG 2014, 1049 (1050).

1039 *Engelen et al.*, Investor Activism 2018, S. 140.

1040 *Arnold*, in: Goette/Habersack/Kalss, MüKo-AktG III, § 142 Rn. 6.

vorbeugen.[1041] Dafür stehen dem Sonderprüfer Instrumente der Informationsbeschaffung zur Verfügung. Nach § 145 AktG stehen ihm Prüfungs- und Einsichtsrechte (Abs. 1) sowie Aufklärungs- und Nachweisrechte (Abs. 2) gegenüber dem Leitungsorgan und Aufsichtsrat zu. So werden über die Einsetzung eines Sonderprüfers gewisse Informationsasymmetrien im Sinne des Prinzipal-Agent-Konfliktes zwischen der Geschäftsleitung einer KGaA und aktivistischen Kommanditaktionären reduziert. Überdies ist die (Möglichkeit einer) Sonderprüfung ein Druckmittel, um die Unternehmenspolitik in die gewünschte Richtung zu lenken.[1042]

Der dahingehende Hauptversammlungsbeschluss bedarf gemäß § 142 Abs. 1 Satz 1 AktG lediglich der einfachen Stimmenmehrheit.

(6) Billigung eines Vorstandsvergütungssystems

§ 87a des Aktiengesetzes befasst sich mit dem Vergütungssystem börsennotierter Gesellschaften. Die Norm ist allerdings auf die Kommanditgesellschaft auf Aktien unanwendbar.[1043] In unmittelbarem Zusammenhang zu § 87a AktG steht § 120a AktG, der das Votum der Hauptversammlung zu dem Vergütungssystem und Vergütungsbericht börsennotierter Gesellschaften normiert. Dieses Votum wird der Hauptversammlung der Kommanditgesellschaft auf Aktien mangels Anwendbarkeit der Norm ebenfalls nicht zuteil. Die Begründung dafür verläuft parallel zu der des § 87a AktG.[1044]

Der freiwilligen Anwendung der in Rede stehenden Vorschriften durch eine KGaA oder ihrer Komplementärgesellschaft stehen keine Bedenken entgegen. Entscheidet sich eine Gesellschaft dafür, erlangen die Kommanditaktionäre eine Möglichkeit der Einflussnahme auf die Vergütungsstruktur[1045], soweit in der KGaA-Satzung eine dem § 120a AktG entsprechende Be-

---

1041 *Engelen et al.*, Investor Activism 2018, S. 140; *Heuser*, Shareholder Activism, S. 83; *Bungert*, in: Hoffmann-Becking, MünchHdB GesR IV, § 43 Rn. 2, 30; *Arnold*, in: Goette/Habersack/Kalss, MüKo-AktG III, § 142 Rn. 6; *Mock*, in: Henssler/Spindler/Stilz, BeckOGK-AktG, § 142 Rn. 7; *Krebs*, in: Hölters/Weber, AktG, § 142 Rn. 3–5; *Koch*, Aktiengesetz, § 142 Rn. 1; *Arnold*, ZHR 185 (2021), 281 (298); *Schiessl*, ZIP 2009, 689 (692); *Liebscher*, in: Henssler/Strohn, GesR, AktG § 142 Rn. 1; *Verse/Gaschler*, in: Hirte/Mülbert/Roth, GroßKomm AktG VII.2, § 142 Rn. 7, 8; *Spindler*, in: Schmidt/Lutter, AktG, § 142 Rn. 2; *Alexander*, in: Gsell/Krüger/Lorenz/Reymann, BeckOGK-BGB, § 14.

1042 *Schiessl*, ZIP 2009, 689 (692); *Thaeter/Guski*, AG 2007, 301 (302); *Arnold*, in: Goette/Habersack/Kalss, MüKo-AktG III, § 142 Rn. 13; *Heuser*, Shareholder Activism, S. 83–84; *Engelen et al.*, Investor Activism 2018, S. 84; *Gröntgen*, Operativer shareholder activism, S. 34.

1043 Kap. 3 § 10 II. 5. b) bb) (2) (b).

1044 *Herfs*, in: Hoffmann-Becking, MünchHdB GesR IV, § 79 Rn. 31.

1045 Allgemein für die Aktionäre einer AG *Dauner-Lieb*, in: Henssler/Strohn, GesR, AktG 87a Rn. 1; *Grigoleit/Kochendörfer*, in: Grigoleit, Aktiengesetz, § 87a Rn. 1.

schlussfassung vorgesehen ist.[1046] Die Hauptversammlung der Kommanditgesellschaft auf Aktien entscheidet dann bei jeder wesentlichen Änderung, mindestens jedoch alle vier Jahre, über die Billigung des vom Aufsichtsrat vorgelegten Vergütungssystems für die Geschäftsleitungsmitglieder, § 120a Abs. 1 Satz 1 AktG.

So erhalten die Kommanditaktionäre ein Instrument, um einen Interessengleichlauf zwischen Kommanditaktionären und Unternehmensleitung über deren Vergütung und das Vergütungssystem herzustellen. Darin wird ein mittelbar-faktisches Druckmittel[1047] für Aktivisten erkannt. Das Votum hat zwar einen lediglich empfehlenden Charakter, denn der Aufsichtsrat muss es nicht befolgen.[1048] Das Signal eines missbilligenden Beschlusses und der damit verbundene Protest gegen das Vergütungssystem hat in der Öffentlichkeit allerdings eine ungeheure Wirkung.[1049] Es wird häufig eine solche Wucht haben, dass der Aufsichtsrat bei dem nach § 120a Abs. 3 AktG zum Beschluss vorzulegenden überprüften Vergütungssystem den Wünschen und Anregungen der (Kommandit-)Aktionäre folgt.[1050] Eine implizite Bindungswirkung[1051] kommt einem missbilligenden Schluss daher dennoch zu. So können Aktivisten Vergütungsaspekte fordern, die nach ihrer Ansicht den Unternehmenserfolg und die Unternehmensentwicklung positiv beeinflussen. Darunter zählt eine Vergütung nach leistungsorientierten Kriterien, die geeignet sind, die Geschäftsleitung zu motivieren. Durch die immer häufiger geforderte[1052] Möglichkeit variable Vergütungsbestandteile zurückzufordern (»Clawback-Klauseln«)[1053] sollen grobe Fehlentscheidungen in der Unternehmensführung verhindert werden. Erste Erkenntnisse in der Wissenschaft lassen aber darauf schließen, dass Geschäftsleiter risikoaverser han-

---

1046 *Gärtner*, in: Goette/Arnold, AR-HdB, § 4 Rn. 1941, 1935.

1047 *Gröntgen*, Operativer shareholder activism, S. 32.

1048 Entwurf eines Gesetzes zur Umsetzung der zweiten Aktionärsrechterichtlinie (ARUG II) vom 24.04.2019, BT-Drucks. 19/9739.

1049 *Herrler*, in: Grigoleit, Aktiengesetz, § 120a Rn. 5.

1050 Entwurf eines Gesetzes zur Umsetzung der zweiten Aktionärsrechterichtlinie (ARUG II) vom 24.04.2019, BT-Drucks. 19/9739, S. 92.

1051 Für Artikel 9a Absatz 3 Satz 3 Satz 3 2. ARRL im Entwurf eines Gesetzes zur Umsetzung der zweiten Aktionärsrechterichtlinie (ARUG II) vom 24.04.2019g , BT-Drucks. 19/9739.

1052 *Wolff/Holst/Firk*, Clawback-Klauseln als strategisches Handycap?, <*www.uni-goettingen.de/de/document/download/3d218d18adf5fc2d21dd3a324e62e2ed.pdf/Clawback-Klauseln%20als%20strategisches%20Handicap.pdf*>, S. 3.

1053 *Spindler*, in: Goette/Habersack/Kalss, MüKo-AktG Ia/IIa, § 87a Rn. 37; *Wolff/Holst/Firk*, Clawback-Klauseln als strategisches Handycap?, <*www.uni-goettingen.de/de/document/download/3d218d18adf5fc2d21dd3a324e62e2ed.pdf/Clawback-Klauseln%20als%20strategisches%20Handicap.pdf*>, S. 2.

deln und das strategische Repertoire eines Unternehmens abnimmt.[1054] Je geringer das strategische Repertoire, desto schlechter ist die Unternehmensperformance. Sollten sich diese ersten Annahmen bestätigen, spricht also die Forderung nach Clawback-Klauseln gegen die eigentlichen Ziele der aktivistischen Kommanditaktionäre.

Der Hauptversammlungsbeschluss zur Billigung des vom Aufsichtsrat vorgelegten Vergütungssystems bedarf der einfachen Mehrheit, § 278 Abs. 3 i. V. m. § 133 Abs. 1 AktG.

Die Erwartungen in der Literatur[1055] an die Praxis, dass börsennotierte Kommanditgesellschaften auf Aktien freiwillig aus Transparenz- und Corporate Governance-Gründen ein Vergütungssystem vorlegen werden, lassen sich mit Blick auf die untersuchten Gesellschaften bestätigen. Soweit ersichtlich haben ein großer Teil der börsennotierten Kommanditgesellschaften den KGaA-Aufsichtsrat, den fakultativen Beirat oder dem Aufsichtsorgan der Komplementärgesellschaft ermächtigt, ein Vergütungssystem für die Geschäftsleitung zu erstellen. Rechtstatsächlich ist es daher möglich, dass aktivistische Kommanditaktionäre im Rahmen einer diesbezüglichen Abstimmung versuchen, auf das Vergütungssystem und damit mittelbar auf die Geschäftsführung in ihrem Sinne Einfluss zu nehmen.

bb) Unternehmensstruktur

Die (aktivistischen) Kommanditaktionäre können mithilfe ihres Stimmrechts in der Hauptversammlung an unternehmensstrukturellen Veränderungen mitwirken.

Je nach Einzelfall können strukturändernde Maßnahmen außergewöhnliche Geschäftsführungsmaßnahmen oder Grundlagengeschäfte sein. Die Kompetenz zur Entscheidung über außergewöhnliche Geschäftsführungsmaßnahmen sowie Grundlagengeschäfte kommt beiden Gesellschaftergruppen gemeinsam zu. Eine pauschale Zuordnung zu einer der beiden Kategorien ist nicht möglich. Es sind strukturelle Vorhaben denkbar, die »nur« strategischer Art sind, damit die Schwelle zu den Grundlagengeschäften noch nicht überschritten und folglich im Bereich der außergewöhnlichen Geschäftsführung liegt. Die Grenze ist dabei fließend.

1054 *Wolff/Holst/Firk*, Clawback-Klauseln als strategisches Handycap?, <*www.uni-goettingen.de/de/document/download/3d218d18adf5fc2d21dd3a324e62e2ed.pdf/Clawback-Klauseln%20als%20strategisches%20Handicap.pdf*>, S. 4–5.

1055 *Backhaus*, AG 2020, 462 (468); *Johannsen-Roth/Kießling*, in: Spindler/Wilsing/Butzke/Linden, FS Marsch-Barner, S. 273 (284); *Herfs*, in: Hoffmann-Becking, MünchHdB GesR IV, S. 31.

Beispielhaft sei in diesem Zusammenhang der Komplettverkauf einer KGaA ((1)) genannt.[1056] Exemplarisch ist außerdem die Verfolgung einer Kerngeschäftsstrategie ((2)).

(1) Exkurs: Die KGaA als »Objekt« eines Komplettverkaufs

Angesichts der grundsätzlichen Seltenheit des Komplettverkaufs eines börsennotierten Unternehmens überrascht es wenig, dass aktivistische Aktionäre einen solchen nur selten forcieren.[1057] Ein Komplettverkauf findet regelmäßig in Abstimmung mit Kommanditgroßaktionären und Komplementären statt. Es werden Verhandlungen geführt und anschließend ein Vertrag zur Unternehmensübernahme geschlossen. Dies führt anders als bei einer öffentlichen Übernahme zu einem stillen und von der Öffentlichkeit häufig wenig beachteten[1058] »freundlichen« Übernahmevorgang.

Grundsätzlich ist der Komplettverkauf einer KGaA an einen Dritten aber möglich; wobei ein Dritter eine natürliche Person, eine Personengesellschaft oder eine Kapitalgesellschaft[1059] sein kann. Dies kann entweder im Wege eines »Asset-Deals« erfolgen, bei dem alle zum Unternehmen gehörenden Einzelgegenstände nach den für sie geltenden Regeln übertragen werden.[1060] Oder die Übertragung erfolgt – und das ist der übliche und einfachere Vorgang – durch den Verkauf und die Abtretung aller Gesellschafts- oder Geschäftsanteile (»Share-Deal«).[1061] Da ein Asset-Deal meist zu »zeitraubend und kostenintensiv«[1062] ist, wird hier das Hauptaugenmerk auf den praktischeren Share-Deal gelegt. Bei einer KGaA müssen alle Gesellschaftsanteile der Kommanditaktionäre sowie sämtliche Gesellschaftsanteile der Komplementäre verkauft und abgetreten werden. Hierfür wird zwischen Verkäufer und Käufer ein Unternehmenskaufvertrag geschlossen.

1056 Als Grundlagengeschäft einordnend und noch zum HGB a. F. *Schäfer*, in: Habersack/Schäfer, Das Recht der OHG, § 116 Rn. 8, § 114 Rn. 16; *Sethe*, in: Hirte/Mülbert/Roth, GroßKomm AktG XII, § 278 Rn. 124 Fn. 311; m. w. N., aber selbst offen lassend BGH, Urt. v. 15.02.2022 – II ZR 235/20, NJW 75 (2022), 1878.

1057 *Wieandt et al.*, Investorendialog im Umbruch, S. 25; *Brav et al.*, The Journal of Finance 63 (2008), 1729 (1742).

1058 *Müller-Michaels*, in: Hölters, HdB Unternehmenskauf, Kap. 12 Rn. 2.

1059 Häufig bei einem »zweistufigen« Share-Deal, siehe dazu *Rödder/Hötzel/Mueller-Thuns*, Unternehmenskauf, Unternehmensverkauf, § 15 Rn. 13.

1060 *Medicus/Lorenz*, Schuldrecht II, § 19 Rn. 7, S. 149.

1061 *Hübner*, in: Scherer, Unternehmensnachfolge, § 3 Rn. 5; *Medicus/Lorenz*, Schuldrecht II, § 19 Rn. 8–10, S. 149–150.

1062 *Medicus/Lorenz*, Schuldrecht II, § 19 Rn. 8, S. 149.

(a) Gesellschaftsanteile der Kommanditaktionäre

Die Gesellschaftsanteile der Kommanditaktionäre, regelmäßig verbrieft in einer Dauerglobalurkunde, sind rechtlich übertragbar und Verkauf und Kauf sowie Übertragung alltägliche Vorgänge. Beim Verkauf der Kommanditaktien erfolgt der Vollzug des Rechtsgeschäfts, also die dingliche Übertragung, nach §§ 929 ff. BGB. Der Inhalt eines Unternehmenskaufvertrages lautet entsprechend auf den Verkauf und die Übereignung aller Kommanditaktien eines jeden Verkäufers.

Bei einer börsennotierten KGaA ist regelmäßig ein nicht unwesentlicher Teil der Kommanditaktien im Streubesitz. Eine 100-prozentige Kaufquote lässt sich nur schwer erreichen. Den Erkenntnissen zur Aktiengesellschaft und insbesondere GmbH[1063] folgend reicht es auch bei einer Kommanditgesellschaft auf Aktien aus, wenn die übernommenen Kommanditaktien fast 100 % des Grundkapitals ausmachen.

Trotz des Erwerbs aller Geschäftsanteile der Kommanditaktionäre ist der Käufer nicht in der Lage, alle unternehmensrelevanten Entscheidungen der KGaA alleine zu treffen. Bei einem Komplettverkauf ist dem Erwerber daher auch daran gelegen, die Komplementäranteile zu erwerben.

(b) Gesellschaftsanteile der Komplementäre/Komplementärin

(aa) Gesetzestypische KGaA

Der Komplementäranteil an einer *gesetzestypischen* KGaA ist, wenn auch nicht ohne weiteres, übertragbar. Bei einer Übertragung der Altkomplementäre auf den Neukomplementär tritt der Käufer in die Komplementärstellung der oder des Veräußerer(s) ein. Die an der Komplementärbeteiligung hängenden Rechtspositionen gehen auf den Erwerber über.[1064]

Hat der Komplementär eine Vermögenseinlage erbracht, kann auch diese Gegenstand des Kauf- und Übertragungsvertrages sein.[1065]

Eine Übertragung der Stellung des Komplementärs wird aufgrund gesetzlicher Hürden in der Praxis als aufwendig und nachteilig empfunden.[1066] Eine wirksame Übertragung[1067] des Komplementäranteils, mit oder ohne Sondereinlage, erfordert grundsätzlich die Zustimmung aller Komplementäre sowie einer mindestens 75-prozentigen Mehrheit der Kommanditaktionäre.

1063 BGHZ 65, 246 (251); *Beckmann*, in: Staudinger, BGB, § 453 Rn. 101.

1064 *Reger*, in: Bürgers/Fett, KGaA HdB, § 5 Rn. 301.

1065 *Rödder/Hötzel/Mueller-Thuns*, Unternehmenskauf, Unternehmensverkauf, § 4 Rn. 60.

1066 *Sethe*, Die personalistische Kapitalgesellschaft mit Börsenzugang, S. 251.

1067 Siehe zur Übertragung bereits Kap. 3 § 10 IV. 2. b) bb) (6).

Eine satzungsändernde Mehrheit ist durch den Erwerb eines Großteils der Kommanditaktien unproblematisch erreichbar. Die Zustimmung aller Komplementäre wird der Käufer nur bei einer »freundlichen« Übernahme erhalten. Entsprechend ist für einen Komplettverkauf/-kauf einer KGaA die vorherige Absprache und Einigung mit den Komplementären zwingende Voraussetzung.

Alternativ kann im Unternehmenskaufvertrag vereinbart werden, dass die verkaufenden Komplementäre ihre Beteiligungen aufkündigen (§ 289 Abs. 1 AktG i. V. m. §§ 131 Abs. 3 Nr. 3, 132 HGB). Für den Fall eines *vorstandsähnlichen* Komplementärs muss überdies eine etwaige Tätigkeitsvereinbarung beendet werden.

Die Kündigungserklärung muss an die übrigen Komplementäre und die Gesamtheit der Kommanditaktionäre bzw. außerhalb der Hauptversammlung an den Aufsichtsrat gerichtet werden.[1068] Die Kündigung eines Komplementärs einer KGaA kann, wenn die Tätigkeitsvereinbarung für unbestimmte Zeit eingegangen ist, nur zum Schluss eines Geschäftsjahrs erfolgen und muss mindestens sechs Monate vor diesem Zeitpunkt stattfinden (§ 289 Abs. 1 AktG i. V. m. § 132 HGB). In einer solchen Konstellation kann der Käufer trotz Eintritt als Komplementär in die KGaA die Gesellschaft nicht sofort »komplett« übernehmen, sondern ist gezwungen, das Wirksamwerden der Kündigung abzuwarten.

Möchten die Gesellschafter einer Kommanditgesellschaft auf Aktien die Übertragung oder Kündigung eines Komplementäranteils vereinfachen, um sich so beispielsweise einen unkomplizierteren Komplettverkauf offenzuhalten, lassen sich die vorgenannten »Hindernisse« durch entsprechende Satzungsgestaltungen schon im Vorhinein ausräumen.[1069] So können die Erklärungsempfänger angepasst oder die Kündigungsfrist verkürzt werden.

(bb) Atypische KGaA

Bei einer *atypischen* KGaA muss der Käufer die Anteile der Komplementärgesellschaft erwerben. Der Unternehmenskaufvertrag bestimmt dann, dass

---

1068 *Reger*, in: Bürgers/Fett, KGaA HdB, § 5 Rn. 307; *Herfs*, in: Hoffmann-Becking, MünchHdB GesR IV, § 78 Rn. 38; *Perlitt*, in: Goette/Habersack/Kalss, MüKo-AktG V, § 289 Rn. 85–86; *Bachmann*, in: Henssler/Spindler/Stilz, BeckOGK-AktG, § 289 Rn. 24; *Sethe*, in: Hirte/Mülbert/Roth, GroßKomm AktG XII, § 289 Rn. 85; *Mertens/Cahn*, in: Zöllner/Noack, KK-AktG V, § 289 Rn. 51.

1069 *Bachmann*, in: Henssler/Spindler/Stilz, BeckOGK-AktG, § 289 Rn. 24; *Herfs*, in: Hoffmann-Becking, MünchHdB GesR IV, § 78 Rn. 38; *Mertens/Cahn*, in: Zöllner/Noack, KK-AktG V, § 289 Rn. 54; *Reger*, in: Bürgers/Fett, KGaA HdB, § 5 Rn. 308; *Sethe*, in: Hirte/Mülbert/Roth, GroßKomm AktG XII, § 289 Rn. 132, 134.

jeder Verkäufer seinen jeweiligen Komplementärgesellschaftsanteil mit allen zugehörigen Rechten und Pflichten verkauft und an den Erwerber abtritt.

Im Falle einer *GmbH* & Co. KGaA bedürfen der Kaufvertrag und die Abtretung der GmbH-Anteile nach § 15 Abs. 3 GmbHG der notariellen Form. Spiegelbildlich zur *GmbH* & Co. KG[1070] unterliegt nach der sogenannten »Einheitslösung« der gesamte Vertrag, also auch der Verkauf und die Abtretung der Kommanditaktien, diesem Formzwang. Begründen lässt sich dies mit dem Verweis auf § 15 Abs. 4 Satz 1 GmbHG, wonach die gesamte, die Abtretungsverpflichtung beinhaltende, Vereinbarung der notariellen Form bedarf. Dies beträfe in den untersuchten Gesellschaften die *Borussia Dortmund* GmbH & Co. KGaA und die *DWS Group* GmbH & Co. KGaA.

Anders verhält es sich bei der *Einheits*-KGaA. Bei ihr ist der Erwerb der Komplementärgesellschaftsanteile durch den Käufer nicht erforderlich.[1071] Da die KGaA alleinige Inhaberin der Komplementärgesellschaft ist, reicht es, aus sämtliche Kommanditaktien zu erwerben. Die Anteile an der Komplementärgesellschaft gehen in gleicher Höhe »automatisch« auf den Erwerber über. Mit der *Henkel* AG & Co. KGaA und der *Hella* GmbH & Co. KGaA[1072] finden sich immerhin zwei börsennotierte Beispiele derart strukturierter Kommanditgesellschaften auf Aktien.[1073]

(2) Kerngeschäftsstrategie

Bei einer »Kerngeschäftsstrategie« bei Konglomeraten verfolgen die aktivistischen Kommanditaktionäre den Wunsch, ganze Unternehmenssparten zu verkaufen und sich auf das Kerngeschäft beziehungsweise die Kernkompetenz zu konzentrieren. Die Bestrebungen, eine Konglomeratsstruktur zu zerschlagen, sind gelegentlich bei Aktivisten zu beobachten.[1074] Ein aktuelles Beispiel war der Einstieg von *Elliott* bei der *Fresenius* SE & Co. KGaA.

Die Zerschlagung kann je nach Umfang eine außergewöhnliche Geschäftsführungsmaßnahme oder aber ein Grundlagengeschäft[1075] darstellen. Die Veräußerung eines Unternehmensteils ist eine außergewöhnliche Geschäftsführungsmaßnahme, soweit die Firma beibehalten und der Gesellschafts-

---

1070 *Beisel*, in: Beisel/Klumpp, Der Unternehmenskauf, § 1 Rn. 103; *Hübner*, in: Scherer, Unternehmensnachfolge, § 3 Rn. 212; m. j. w. N. *Limmer*, ZNotP 2000, 297 (299); *Rödder/Hötzel/Mueller-Thuns*, Unternehmenskauf, Unternehmensverkauf, § 5 Rn. 18.

1071 Entsprechend für die *Einheits*-KG *Hübner*, in: Scherer, Unternehmensnachfolge, § 3 Rn. 211.

1072 Vergleiche hierzu die Übernahme der *Hella* GmbH & Co. KGaA durch die *Faurecia* SE (nunmehr *Forvia* SE) im Jahr 2022.

1073 Kap. 3 § 8 I. 2. b) bb).

1074 *Schockenhoff/Culmann*, ZIP 2015, 297 (298).

1075 *Heermann*, ZGR 2000, 61 (66).

zweck weitergeführt wird.[1076] Sie ist dagegen ein Grundlagengeschäft, wenn beispielsweise durch den Verlust des Tätigkeitsbereichs die Unternehmensstruktur grundlegend verändert oder der Unternehmensgegenstand unterschritten wird.[1077] Die Grenzen sind fließend und müssen für jeden Einzelfall neu gezogen werden.

Geht man davon aus, dass die einzelnen Geschäftsfelder eines Konglomerats immer einen relevanten Beitrag zum Gesamtumsatz beitragen, ist in der Veräußerung der Geschäftsfelder keine gewöhnliche Geschäftsführungsmaßnahme mehr zu sehen. Der Umsatzanteil und die Mitarbeiterzahl des zu veräußernden Unternehmensbereichs können indiziell wirken.[1078]

Die Konsequenzen für den Bestand der Gesellschaft sind zu existenziell. Dahin gehende Entscheidungen sind den sogenannten Grundlagengeschäften zuzurechnen.[1079]

Eventuell vorgelagerte Maßnahmen nach dem Umwandlungsgesetz sind ebenfalls auf Ebene der Grundlagengeschäfte anzusiedeln.[1080] Wenn aktivistische Kommanditaktionäre eine Abspaltung einer einzelnen Unternehmensparte forcieren, um sie anschließend zu verkaufen,[1081] haben sie über die Hauptversammlung und ihr Stimmrecht eine Einflussmöglichkeit.

Soweit der Beschlussgegenstand kein Grundlagengeschäft darstellt, entscheidet die Hauptversammlung über § 278 Abs. 3 AktG mit der einfachen Mehrheit des § 133 Abs. 1 AktG. Andernfalls bedarf es einer qualifizierten Mehrheit.

cc) Personalstruktur

Vom Austausch einzelner Aufsichtsratsmitglieder oder Geschäftsleitungsmitglieder versprechen sich aktivistische Aktionäre neue Impulse und positive Auswirkungen auf die betroffene Zielgesellschaft.

Der (versuchte) Austausch von Mitgliedern der Verwaltung ist ein gängiges Mittel aktivistischer Aktionäre bei unterbewerteten Unternehmen, Unternehmen mit Corporate Governance Schwächen sowie bei schlecht geführten

---

1076 *Perlitt*, in: Goette/Habersack/Kalss, MüKo-AktG V, § 278 Rn. 184; *Schäfer*, in: Staub, HGB III, § 116 Rn. 14.

1077 OLG Stuttgart, Urt. v. 14.05.2003 – 20 U 31/02, NZG 6 (2003), 778 (783, 784).

1078 OLG Stuttgart, Urt. v. 14.05.2003 – 20 U 31/02, NZG 6 (2003), 778 (784).

1079 *Sethe*, in: Hirte/Mülbert/Roth, GroßKomm AktG XII, § 278 Rn. 123 Fn. 311; *Heermann*, ZGR 2000, 61 (66); *Perlitt*, in: Goette/Habersack/Kalss, MüKo-AktG V, § 278 Rn. 182; *Servatius*, in: Grigoleit, Aktiengesetz, § 278 Rn. 8.

1080 *Perlitt*, in: Goette/Habersack/Kalss, MüKo-AktG V, § 278 Rn. 182; wohl auch *Roth*, in: Hopt, HGB, § 116 Rn. 3; für die »Ausgliederung von Tochtergesellschaften« *Wichert*, Die Finanzen der Kommanditgesellschaft auf Aktien, S. 53.

1081 *Döding*, ZBB/JBB 32 (2020), 168.

Konglomeraten. Ob eine Änderung der Besetzung erfolgreich und zielführend ist, hängt entscheidend von der generellen Möglichkeit der Beeinflussung der Zusammensetzung der Personalien sowie der Kompetenz der Verwaltungsmitglieder innerhalb der Organisationsstruktur ab.

Die folgenden Ausführungen beschäftigen sich damit, inwieweit dies auch für die KGaA als Zielgesellschaft gilt und ob aktivistischen Kommanditaktionären dahin gehende Möglichkeiten zuteilwerden.

(1) Beeinflussung der Besetzung des KGaA-Aufsichtsrats

Aktivisten streben mit dem Austausch von Anteilseignervertretern im Aufsichtsrat gegen Vertraute der Aktivisten oder sich selbst[1082] eine bessere Marktbewertung an oder nutzen den Austausch zur Flankierung von geforderten strategischen Veränderungen.[1083]

Der Aufsichtsrat einer KGaA wird nach den gleichen Vorschriften (§ 278 Abs. 3 i. V. m. §§ 95 ff. AktG) wie der einer AG gewählt, bestellt, abberufen und zusammengesetzt.[1084] Entsprechend werden die Mitglieder nach § 101 Abs. 1 Satz 1 AktG von den Kommanditaktionären in der Hauptversammlung gewählt.

Es gilt das Mehrheitswahlrecht nach § 133 Abs. 1 AktG. Der Aufsichtsratskandidat muss mindestens 50 % der abgegebenen Stimmen in der KGaA-Hauptversammlung hinter sich vereinigen.

Zu erörtern bleibt, ob die Einflussnahme auf die Zusammensetzung des Aufsichtsrats für die aktivistischen Kommanditaktionäre Erfolg versprechend erscheint, um ihre Ziele über das gewählte Aufsichtsratsmitglied zu verfolgen. Dies hängt maßgeblich mit den Kompetenzen des KGaA-Aufsichtsrats zusammen.

1082 *Gröntgen*, Operativer shareholder activism, S. 31; *Faber*, in: Hommelhoff/Hopt/Werder, HdB Corporate Governance, S. 219 (226).

1083 *Link*, ZGR 50 (2021), 904 (908).

1084 *Gaibler*, Die Kommanditgesellschaft auf Aktien (KGaA), S. 7; *Schmidt*, in: Schmidt/Lutter, AktG, § 287 Rn. 3–4; *Bachmann*, in: Henssler/Spindler/Stilz, BeckOGK-AktG, § 287 Rn. 3, 7; *Perlitt*, in: Goette/Habersack/Kalss, MüKo-AktG V, § 287 Rn. 17, 24; *Nicolas/Eiff*, in: Frodermann/Jannott, HdB AktR, Kap. 17 Rn. 178; *Bürgers*, in: Bürgers/Fett, KGaA HdB, § 5 Rn. 445, 471; m. w. N. *Verse*, in: Lutter/Krieger/Verse, Rechte und Pflichten des Aufsichtsrats, § 18 Rn. 1302; *Müller-Michaels*, in: Hölters/Weber, AktG, § 287 Rn. 1.

(2) Kompetenzen des KGaA-Aufsichtsrats in der gesetzestypischen und atypischen KGaA

Die Befugnisse des KGaA-Aufsichtsrats beschränken sich auf drei[1085] Zuständigkeiten: Die Überwachungskompetenz (§ 278 Abs. 3 i. V. m. § 111 Abs. 1 AktG), die Ausführungskompetenz (§ 287 Abs. 1 AktG) und die Vertretungskompetenz (§ 287 Abs. 2 Satz 1 AktG und § 278 Abs. 3 i. V. m. § 112 AktG).

(a) Einflussnahme auf die Geschäftsführung mittels Überwachungskompetenz, § 111 Abs. 1 AktG

Die Überwachung und die damit einhergehende Kontrolle der persönlich haftenden Gesellschafter ist die wichtigste Aufgabe des KGaA-Aufsichtsrats.[1086] Er soll Fehler in der Geschäftsführung aufdecken und prüfen, ob bei der Geschäftsführung die Sorgfalt eines ordentlichen und gewissenhaften Geschäftsleiters angewendet wird (§§ 283 Nr. 3, 93 Abs. 1 AktG). Mit der Überwachungskompetenz korrespondiert ein Recht auf Information aus §§ 283 Nr. 4, 90 Abs. 1, 3 AktG sowie § 278 Abs. 3 i. V. m. § 111 Abs. 2 AktG. In der *gesetzestypischen* KGaA sind die geschäftsführungsbefugten Komplementäre zur Information verpflichtet. Eine umfassende Information über die (beabsichtigte) Geschäftspolitik ist die wesentliche Grundlage für eine durchgreifende Kontrolle.[1087] Die Informationspflichten der Komplementäre gegenüber dem KGaA-Aufsichtsrat stehen denen eines Vorstandes gegenüber dem AG-Aufsichtsrats in der Aktiengesellschaft über §§ 283 Nr. 4, 90 Abs. 1, 3 AktG in keinster Weise nach.

Kommt der Aufsichtsrat im Rahmen seiner Überwachungstätigkeit zu dem Schluss, dass die Komplementäre nicht mit der gebotenen Sorgfalt agieren, muss er einschreiten und im Rahmen seiner rechtlichen Möglichkeiten auf

---

1085 *Neumann-Duesberg*, Die Besetzung des Aufsichtsrats der atypischen Kommanditgesellschaft auf Aktien, S. 33; wohl auch *Schlitt*, Die Satzung der Kommanditgesellschaft auf Aktien, S. 174; von insgesamt »nur« zwei Kompetenzen ausgehend *Nicolas/Eiff*, in: Frodermann/Jannott, HdB AktR, Kap. 17 Rn. 186; *Herfs*, in: Hoffmann-Becking, MünchHdB GesR IV, § 79 Rn. 65.

1086 Allgemein, ohne zwischen *gesetzestypischer* und *atypische*r KGaA zu differenzieren *Goette*, in: Goette/Arnold, AR-HdB, § 1 Rn. 127.

1087 *Marsch-Barner*, in: Krieger/Lutter/Schmidt, FS Hoffmann-Becking, S. 777 (782, zum Umfang in der AG & Co. KGaA S. 783–785); *Verse*, in: Lutter/Krieger/Verse, Rechte und Pflichten des Aufsichtsrats, § 18 Rn. 1311; *Bürgers*, in: Bürgers/Fett, KGaA HdB, § 5 Rn. 492; *Nicolas/Eiff*, in: Frodermann/Jannott, HdB AktR, Kap. 17 Rn .193; für die AG *Mertens/Cahn*, in: Zöllner/Noack, KK-AktG III.1, § 111 Rn. 32, 35.

das Geschäftsführungsorgan einwirken.[1088] Im Rahmen dessen ist er auf eine ständige Diskussion und eine laufende Beratung der Geschäftsleiter angewiesen.[1089] Er hat Bedenken hinsichtlich einer Geschäftsführungsmaßnahme dem geschäftsführungsbefugten Komplementär darzulegen und zu erörtern.[1090] Durch die Äußerung der eigenen Meinung gegenüber der zur Geschäftsführung befugten Person und einen Anstoß zur Meinungs(um)bildung kann er versuchen, unmittelbar[1091] faktisch auf diese Einfluss zu nehmen. Das gesprochene Wort ist das primäre, ihm zur Verfügung stehende Mittel. Eine rechtlich unmittelbare Einwirkung auf die Geschäftsführung, wie die Blockade einer Maßnahme oder Entscheidung, ist dagegen nicht möglich.

Rechtlich bleiben dem KGaA-Aufsichtsrat lediglich mittelbare Einwirkungsmöglichkeiten. Fruchten die Gespräche mit der Geschäftsführung nicht und scheint eine Korrektur des eingeschlagenen Weges nicht erreichbar, muss der Aufsichtsrat, wenn es das Wohl der Gesellschaft fordert, die Hauptversammlung einberufen (§ 278 Abs. 3 i. V. m. § 111 Abs. 3 Satz 1 AktG) und den Kommanditaktionären seine Bedenken mitteilen.[1092] Dort kann er anregen, die Zustimmung zu außergewöhnlichen Geschäftsführungsmaßnahmen zu verweigern oder – worauf noch vertieft einzugehen sein wird – den Geschäftsleitern die Geschäftsführungs- und Vertretungsbefugnis zu entziehen oder die Ausschließung der in Frage stehenden Komplementäre in die Wege

---

1088 M. j. w. N. *Perlitt*, in: Goette/Habersack/Kalss, MüKo-AktG V, § 287 Rn. 46; *Roßkopf*, in: Goette/Arnold, AR-HdB, § 9 Rn. 31.

1089 Für den AG-Aufsichtsrat BGHZ 114, 127 (130).

1090 *Mertens/Cahn*, in: Zöllner/Noack, KK-AktG V, § 287 Rn. 15; *Verse*, in: Lutter/Krieger/Verse, Rechte und Pflichten des Aufsichtsrats, § 18 Rn. 1313; *Bürgers*, in: Bürgers/Fett, KGaA HdB, § 5 Rn. 494; *Herfs*, in: Hoffmann-Becking, MünchHdB GesR IV, § 79 Rn. 68; *Heineke*, Anlegerschutz in der Kommanditgesellschaft auf Aktien, S. 102; *Roßkopf*, in: Goette/Arnold, AR-HdB, § 9 Rn. 31; m. w. N. *Schlitt*, Die Satzung der Kommanditgesellschaft auf Aktien, S. 175; *Sethe*, in: Hirte/Mülbert/Roth, GroßKomm AktG XII, § 287 Rn. 42; *Perlitt*, in: Goette/Habersack/Kalss, MüKo-AktG V, § 287 Rn. 43; *Neumann-Duesberg*, Die Besetzung des Aufsichtsrats der atypischen Kommanditgesellschaft auf Aktien, S. 36.

1091 *Verse*, in: Lutter/Krieger/Verse, Rechte und Pflichten des Aufsichtsrats, § 18 Rn. 1313; a. A. *Herfs*, in: Hoffmann-Becking, MünchHdB GesR IV, § 79 Rn. 68; *Kallmeyer*, ZGR 12 (1983), 57 (70).

1092 *Herfs*, in: Hoffmann-Becking, MünchHdB GesR IV, § 79 Rn. 68; *Sethe*, in: Hirte/Mülbert/Roth, GroßKomm AktG XII, § 287 Rn. 43; *Bachmann*, in: Henssler/Spindler/Stilz, BeckOGK-AktG, § 287 Rn. 14; *Förl/Fett*, in: Bürgers/Körber/Lieder, AktG, § 287 Rn. 3; *Arnold*, Die GmbH & Co. KGaA, S. 125–127; *Mertens/Cahn*, in: Zöllner/Noack, KK-AktG V, § 287 Rn. 15; *Verse*, in: Lutter/Krieger/Verse, Rechte und Pflichten des Aufsichtsrats, § 18 Rn. 1314; *Roßkopf*, in: Goette/Arnold, AR-HdB, § 9 Rn. 31; m. j. w. N. *Perlitt*, in: Goette/Habersack/Kalss, MüKo-AktG V, § 287 Rn. 47; *Bürgers*, in: Bürgers/Fett, KGaA HdB, § 5 Rn. 495; a. A. *Kallmeyer*, ZGR 12 (1983), 57 (71 f.).

zu leiten[1093]. Als Druckmittel steht dem Aufsichtsrat in der KGaA schließlich sein eigener Rücktritt zur Verfügung.[1094]

Vorstehendes gilt im Grundsatz auch für die *atypische* KGaA. Die Überwachungskompetenz und das damit verbundene Informationsrecht steht dem KGaA-Aufsichtsrat gegenüber der Komplementärgesellschaft zu.

Eine eigene Personalkompetenz steht dem KGaA-Aufsichtsrat bekanntlich nicht zu.[1095] Defizite in der Geschäftsführung kann er nicht eigenhändig durch Abberufung des Geschäftsleiters sanktionieren.[1096]

Es besteht die rechtliche Option, dem KGaA-Aufsichtsrat weitgehende (Personal-)Kompetenzen in der Satzung einzuräumen. Dies gilt gegenüber dem Komplementär der *gesetzestypischen* sowie der Komplementärgesellschaft der *atypischen* KGaA. Dazu zählt insbesondere das Recht zur Ausschließung[1097] eines bestehenden und zur Aufnahme[1098] eines künftigen Komplementärs sowie zur Entziehung der Vertretungs- und Geschäftsführungsbefugnis[1099]. Dem Aufsichtsrat kann außerdem ein Zustimmungserfordernis zu einer bestimmten Art von Geschäften nach § 111 Abs. 4 Satz 2 AktG[1100]

1093 *Herfs*, in: Hoffmann-Becking, MünchHdB GesR IV, § 79 Rn. 68; *Perlitt*, in: Goette/Habersack/Kalss, MüKo-AktG V, § 287 Rn. 47; *Sethe*, in: Hirte/Mülbert/Roth, GroßKomm AktG XII, § 287 Rn. 42, 43; *Schlitt*, Die Satzung der Kommanditgesellschaft auf Aktien, S. 175; *Nicolas/Eiff*, in: Frodermann/Jannott, HdB AktR, Kap. 17 Rn. 194; *Bürgers*, in: Bürgers/Fett, KGaA HdB, § 5 Rn. 495; *Roßkopf*, in: Goette/Arnold, AR-HdB, § 9 Rn. 31.

1094 *Bürgers*, in: Bürgers/Fett, KGaA HdB, § 5 Rn. 494; *Perlitt*, in: Goette/Habersack/Kalss, MüKo-AktG V, § 287 Rn. 47; *Herfs*, in: Hoffmann-Becking, MünchHdB GesR IV, § 79 Rn. 68; *Roßkopf*, in: Goette/Arnold, AR-HdB, § 9 Rn. 31.

1095 Siehe dazu bereits Kap. 1 § 1.

1096 *Marsch-Barner*, in: Krieger/Lutter/Schmidt, FS Hoffmann-Becking, S. 777 (791).

1097 Für die *atypische* KGaA *Marsch-Barner*, in: Krieger/Lutter/Schmidt, FS Hoffmann-Becking, S. 777 (788).

1098 *Herfs*, in: Hoffmann-Becking, MünchHdB GesR IV, § 78 Rn. 6; *Sethe*, Die personalistische Kapitalgesellschaft mit Börsenzugang, S. 115; *Bürgers*, in: Bürgers/Fett, KGaA HdB, § 5 Rn. 515; *Perlitt*, in: Goette/Habersack/Kalss, MüKo-AktG V, § 278 Rn. 70; *Schlitt*, Die Satzung der Kommanditgesellschaft auf Aktien, S. 133; kritisch *Mertens/Cahn*, in: Zöllner/Noack, KK-AktG V, § 287 Rn. 25.

1099 *Sethe*, Die personalistische Kapitalgesellschaft mit Börsenzugang, S. 115; *Sethe*, in: Hirte/Mülbert/Roth, GroßKomm AktG XII, § 287 Rn. 76.

1100 *Bürgers*, in: Bürgers/Fett, KGaA HdB, § 5 Rn. 515, 516; *Bachmann*, in: Henssler/Spindler/Stilz, BeckOGK-AktG, § 278 Rn. 66; *Schlitt*, Die Satzung der Kommanditgesellschaft auf Aktien, S. 176; *Mertens/Cahn*, in: Zöllner/Noack, KK-AktG V, § 287 Rn. 25; *Herfs*, in: Hoffmann-Becking, MünchHdB GesR IV, § 79 Rn. 23, 74; *Sethe*, in: Hirte/Mülbert/Roth, GroßKomm AktG XII, § 287 Rn. 39, 44, 76; *Perlitt*, in: Goette/Habersack/Kalss, MüKo-AktG V, § 278 Rn. 213; *Verse*, in: Lutter/Krieger/Verse, Rechte und Pflichten des Aufsichtsrats, § 18 Rn. 1317, 1328.

sowie die Geschäftsordnungskompetenz gemäß § 77 Abs. 2 Satz 1 AktG[1101] eingeräumt werden. Ist die Satzung einer KGaA derart ausgestaltet, kommt die Stellung des KGaA-Aufsichtsrats der eines AG-Aufsichtsrats sehr nah. Für diese Fälle geht die Wahl der Aufsichtsratsmitglieder mit einem entsprechenden mittelbaren Einfluss auf die Zusammensetzung der Geschäftsführung und die Unternehmenspolitik zugunsten der (aktivistischen) Kommanditaktionäre einher.

Keiner der untersuchten KGaA-Aufsichtsräte wurde der Stellung eines Aufsichtsrats in der AG angeglichen. Die gesetzlich schwache Stellung des KGaA-Aufsichtsrats wurde lediglich in der *CEWE* Stiftung & Co. KGaA minimal gestärkt.[1102] Unter diesem Gesichtspunkt gibt die KGaA auch rechtstatsächlich ein uninteressantes Ziel für aktivistische Kommanditaktionäre ab.

(b) Einflussnahme auf die Geschäftsführung mittels Ausführungskompetenz, § 287 Abs. 1 AktG

Dem Aufsichtsrat steht keine Geschäftsführungskompetenz zu. Beschlüsse der Kommanditaktionäre, die eine Geschäftsführungsmaßnahme betreffen, werden von den persönlich haftenden Gesellschaftern ausgeführt.[1103] Eine dahin gehende Einflussnahme über den Aufsichtsrat ist ausgeschlossen.

Alle anderen ausführungsbedürftigen Beschlüsse der Kommanditaktionäre aus dem Personengesellschaftsrecht führt der Aufsichtsrat der KGaA nach § 287 Abs. 1 AktG aus. Der Beschluss über eine Ausschließungsklage (§ 278 Abs. 2 AktG i. V. m. §§ 161 Abs. 2, 140 HGB), über die Entziehung der Geschäftsführungs- und/oder Vertretungsbefugnis (§ 278 Abs. 2 AktG i. V. m. §§ 161 Abs. 2,117, 127 HGB) oder hinsichtlich einer Zustimmungsklage zum Jahresabschluss erzeugt womöglich eine gewisse Drohkulisse und hat Druckpotenzial auf das Management einer *gesetzestypischen* oder *atypischen* KGaA. Bei der Ausführung derartiger Hauptversammlungsbeschlüsse steht dem Aufsichtsrat kein eigenes Ermessen zu, weshalb er nur bei Nichtigkeit oder offensichtlicher Schädlichkeit eines Hauptversammlungsbe-

---

1101 *Bürgers*, in: Bürgers/Fett, KGaA HdB, § 5 Rn. 515; *Sethe*, in: Hirte/Mülbert/Roth, GroßKomm AktG XII, § 287 Rn. 40, 76; *Bachmann*, in: Henssler/Spindler/Stilz, BeckOGK-AktG, § 287 Rn. 27; *Verse*, in: Lutter/Krieger/Verse, Rechte und Pflichten des Aufsichtsrats, § 18 Rn. 1319, 1328; *Perlitt*, in: Goette/Habersack/Kalss, MüKo-AktG V, § 278 Rn. 215.

1102 Kap. 3 § 8 III. 4.

1103 *Schmidt*, in: Schmidt/Lutter, AktG, § 287 Rn. 18; *Mertens/Cahn*, in: Zöllner/Noack, KK-AktG V, § 287 Rn. 2, 18; *Sethe*, in: Hirte/Mülbert/Roth, GroßKomm AktG XII, § 287 Rn. 49; *Perlitt*, in: Goette/Habersack/Kalss, MüKo-AktG V, § 287 Rn. 60; *Herfs*, in: Hoffmann-Becking, MünchHdB GesR IV, § 79 Rn. 65; *Schlitt*, Die Satzung der Kommanditgesellschaft auf Aktien, S. 176.

schlusses die Ausführung verweigern darf.[1104] Ansonsten ist er zur Ausführung der Beschlüsse verpflichtet. Als Handlungsmaxime für die Ausübung der Ausführungskompetenz gilt das Interesse der Kommanditaktionäre.[1105] Die Kommanditaktionäre sind nicht auf die Gunst der Aufsichtsratsmitglieder angewiesen. Eine Besetzung in ihrem Sinne hilft für die Ausführung der Beschlüsse und einer damit möglicherweise einhergehenden Einflussnahme auf die Geschäftsleitung nicht.

(c) Einflussnahme auf die Geschäftsführung mittels Vertretungskompetenz, § 287 Abs. 2 AktG und § 278 Abs. 3 i. V. m. § 112 AktG

Der Aufsichtsrat vertritt die Gesellschaft rechtsgeschäftlich, gerichtlich und gegenüber dem Geschäftsführer oder einem Gesellschafter der Komplementärgesellschaft.[1106]

So vertritt der KGaA-Aufsichtsrat die Gesellschaft auch beim Abschluss eines Anstellungsvertrages zwischen einer *gesetzestypischen* KGaA und einem *vorstandsähnlichen* Komplementär oder dem Geschäftsführungsorgan einer Komplementärgesellschaft und der *atypischen* KGaA.[1107] Der bloßen

1104 *Sethe*, in: Hirte/Mülbert/Roth, GroßKomm AktG XII, § 287 Rn. 52; *Bachmann*, in: Henssler/Spindler/Stilz, BeckOGK-AktG, § 287 Rn. 34; *Mertens/Cahn*, in: Zöllner/Noack, KK-AktG V, § 287 Rn. 19; *Perlitt*, in: Goette/Habersack/Kalss, MüKo-AktG V, § 287 Rn. 62.

1105 *Perlitt*, in: Goette/Habersack/Kalss, MüKo-AktG V, § 287 Rn. 61–62; *Sethe*, in: Hirte/Mülbert/Roth, GroßKomm AktG XII, § 287 Rn. 51; *Bachmann*, in: Henssler/Spindler/Stilz, BeckOGK-AktG, § 287 Rn. 34; *Schlitt*, Die Satzung der Kommanditgesellschaft auf Aktien, S. 176; *Bürgers*, in: Bürgers/Fett, KGaA HdB, § 5 Rn. 501; *Roßkopf*, in: Goette/Arnold, AR-HdB, § 9 Rn. 34.

1106 Ausführlich *Bürgers*, in: Bürgers/Fett, KGaA HdB, § 5 Rn. 503–514.

1107 Siehe dazu und zur rechtstatsächlichen Seltenheit Kap. 3 § 10 II. 5. b) bb) (1); mit ähnlichem Gedanken, die Möglichkeit des Anstellungsvertrages mit der *atypischen* KGaA aber als zweifelhaft erachtend *Marsch-Barner*, in: Krieger/Lutter/Schmidt, FS Hoffmann-Becking, S. 777 (789); zur Vertretungsbefugnis gegenüber dem persönlich haftenden Gesellschafter BGH, Urt. v. 29.11.2004 – II ZR 364/02, NZG 8 (2005), 276; *Sethe*, in: Hirte/Mülbert/Roth, GroßKomm AktG XII, § 287 Rn. 67; *Schmidt*, in: Schmidt/Lutter, AktG, § 287 Rn. 20; *Servatius*, in: Grigoleit, Aktiengesetz, § 278 Rn. 18; *Herfs*, in: Hoffmann-Becking, MünchHdB GesR IV, § 79 Rn. 72; *Schlitt*, Die Satzung der Kommanditgesellschaft auf Aktien, S. 178; *Dirksen/Möhrle*, ZIP 1998, 1377 (1384); *Sethe*, AG 1996, 289 (298 f.); *Koch*, Aktiengesetz, § 278 Rn. 16; im Ergebnis hinnehmend *Bachmann*, in: Henssler/Spindler/Stilz, BeckOGK-AktG, § 287 Rn. 21, § 278 Rn. 86.1; kritisch, aber zustimmend und insbesondere mit Bezug zum Tätigkeitsvertrag *Bürgers*, in: Bürgers/Fett, KGaA HdB, § 5 Rn. 504–505; sowie gegenüber dem Geschäftsleiter der Komplementärgesellschaft *Sethe*, in: Hirte/Mülbert/Roth, GroßKomm AktG XII, § 287 Rn. 73; *Arnold*, Die GmbH & Co. KGaA, S. 129; *Ihrig/Schlitt*, in: Ulmer, Die GmbH & Co KGaA nach dem Beschluss BGHZ 134, 392, S. 33 (56); *Otte*, Die AG & Co. KGaA, S. 141; *Schlitt*, Die Satzung der

Möglichkeit der Kündigung des Anstellungsvertrages wohnt ein gewisses Druckpotenzial inne. Es ist der Aufsichtsrat, der das Druckmittel der Vertragsbeendigung in den Händen hält.

Die Komplementärstellung wird in der *gesetzestypischen* KGaA davon jedoch nicht beeinflusst, und auch die Abberufung der Geschäftsführung obliegt in der *atypischen* KGaA weiterhin den zuständigen Organen der Komplementärgesellschaft. Würde der Tätigkeitsvertrag die mitgliedschaftliche Stellung des persönlich haftenden Gesellschafters betreffen, überschritte dies die Vertretungskompetenz des KGaA-Aufsichtsrats.

(3) Beeinflussung der Besetzung des Aufsichtsrats einer Komplementär-AG/SE

Bei einer *AG* & Co. KGaA sowie einer *dualistisch* verfassten *SE* & Co. KGaA könnte auch der Aufsichtsrat der entsprechenden Komplementärgesellschaft für den Aktivisten bedeutend werden. Der Aufsichtsrat in einer GmbH ist nur dann verpflichtend, wenn sie mindestens 500 Arbeitnehmer beschäftigt (§ 1 Abs. 1 Nr. 3 DrittelbG). Dies wird in einer Komplementärgesellschaft nur in Ausnahmefällen vorkommen. Eine Komplementär-GmbH ist in diesem Zusammenhang daher zu vernachlässigen.

Sowohl der Aufsichtsrat der KGaA als auch der der Komplementär-AG bzw. *dualistisch* verfassten Komplementär-SE hat gemäß § 111 Abs. 1 AktG die Aufgabe, die Geschäftsführung der KGaA beziehungsweise die der Geschäftsführung der Komplementär-AG/SE zu überwachen. Üblicherweise besteht der Unternehmensgegenstand der Komplementärgesellschaft in der Geschäftsführung der KGaA.[1108] Der Überwachungsgegenstand der beiden Aufsichtsräte ist in diesem Fall identisch.[1109] Dem Aufsichtsrat der Komplementärgesellschaft stehen aber eben jene Rechte zu, auf die es aktivistische Kommanditaktionäre abgesehen haben. Er ist – entsprechend der für die AG oder *dualistischen* SE geltenden gesetzlichen Regelungen – für die Bestellung und Abberufung der Vorstandsmitglieder zuständig (§ 84 Abs. 1 und 4 AktG), darf Zustimmungsvorbehalte postulieren (§ 111 Abs. 4 Satz 2 AktG) und gegebenenfalls dem Vorstand eine Geschäftsordnung erlassen (§ 77 Abs. 2 Satz 1 AktG).

Die personengleiche Besetzung der beiden Aufsichtsräte ist unter diesem Gesichtspunkt für aktivistische Kommanditaktionäre auf den ersten Blick

---

Kommanditgesellschaft auf Aktien, S. 178; *Wichert*, AG 2000, 268 (273 f.); *Koch*, Aktiengesetz, § 278 Rn. 16; a. A. *Dirksen/Möhrle*, ZIP 1998, 1377 (1384).

1108 Kap. 3 § 10 IV. 2. b) bb) (4) (b) (bb).

1109 *Marsch-Barner*, in: Krieger/Lutter/Schmidt, FS Hoffmann-Becking, S. 777 (779); m. w. N. *Nicolas/Eiff*, in: Frodermann/Jannott, HdB AktR, Kap. 17 Rn. 229; *Otte*, Die AG & Co. KGaA, S. 149.

eine interessant erscheinende Konstellation. Gegen derartige Doppelmandate bestehen insbesondere mit Blick auf § 287 Abs. 3 AktG und die darin enthaltene Inkompatibilitätsregelung keine durchgreifenden Bedenken.[1110]

Eine (teilweise) Personenidentität der Aufsichtsratsmitglieder einer *atypischen* KGaA ist gängige Praxis.[1111] Durch die Personenidentität wird eine Verbindung zwischen dem Aufsichtsrat der KGaA und dem der Komplementärgesellschaft hergestellt. Sie sorgt für einen einheitlichen Informationsstand, für eine transparente Kommunikation beider Aufsichtsräte und für eine Einbeziehung in die Entscheidungen der persönlich haftenden Gesellschafterin. Ganz überwiegend handelt es sich bei den personenidentischen Aufsichtsratsmitgliedern um Vertreter der Anteilseigner.

Eine Wahl in den Aufsichtsrat der KGaA einerseits und in den Aufsichtsrat der Komplementärgesellschaft andererseits ist also nicht nur theoretisch denkbar. Die Wahl in den Aufsichtsrat der KGaA geht jedoch nicht zwingend mit der Wahl in den Aufsichtsrat der Komplementärgesellschaft einher. Die Aufsichtsräte sind unabhängig voneinander. Die Wahl des Aufsichtsrats in der Komplementärgesellschaft richtet sich nach den gesetzlichen Vorschriften, die für die jeweilige Gesellschaftsform bestehen. Wahlberechtigt sind die Gesellschafter der Komplementärin; nicht dagegen die Kommanditaktionäre.

Es sind jedoch Konstellationen und gesellschaftsrechtliche Konstruktionen denkbar, in denen die Kommanditaktionäre auch für die Wahl des Aufsichtsrats der Komplementärgesellschaft zuständig sind. Erlangen die Kommanditaktionäre ein Stimmrecht in der Hauptversammlung der Komplementär-AG, wird ihnen die mittelbare Personalhoheit[1112] zu eigen. Diese birgt ein Druckmittel, was die faktische Geschäftsführung der KGaA womöglich veranlasst, sich an den Kommanditaktionärsinteressen auszurichten.[1113] Die aktivistischen Kommanditaktionäre könnten damit in ihrem Sinne die

---

1110 *Otte*, Die AG & Co. KGaA, S. 149; *Perlitt*, in: Goette/Habersack/Kalss, MüKo-AktG V, § 287 Rn. 115; *Eiff/Otte*, GWR 7 (2015), 246 (248 f.); *Mayer-Uellner/Otte*, NZG 2015, 737 (741); *Koch*, Aktiengesetz, § 287 Rn. 7; m. j. w. N. *Hennemann*, ZHR 182 (2018), 157 (167–169); *Nicolas/Eiff*, in: Frodermann/Jannott, HdB AktR, Kap. 17 Rn. 180.

1111 *Bachmann*, in: Henssler/Spindler/Stilz, BeckOGK-AktG, § 287 Rn. 9; *Koch*, Aktiengesetz, § 287 Rn. 7; *Fett/Stütz*, NZG 2017, 1121 (1124); rechtstatsächlich stehen dafür die *Fresenius* SE & Co. KGaA, *Henkel* AG & Co. KGaA, *CTS Eventim* AG & Co. KGaA, *Drägerwerk* AG & Co. KGaA, *Ströer* SE & Co. KGaA, *Hornbach Holding* AG & Co. KGaA, *KWS Saat* SE & Co. KGaA, *Mutares* SE & Co. KGaA, *Schott Pharma* AG & Co. KGaA und *Sto* SE & Co. KGaA

1112 *Inci*, Shareholder Engagement, S. 114; *Brass*, Hedgefonds als aktive Investoren, S. 70.

1113 *Brass*, Hedgefonds als aktive Investoren, S. 69; *Förl*, Die GmbH & Co. KGaA als abhängiges Unternehmen, S. 60; *Heuser*, Shareholder Activism, S. 58.

Unternehmensstrategie beeinflussen beziehungsweise das ihrer Kompetenz innewohnende Drohpotenzial für sich nutzbar machen.

Eine reelle Chance für aktivistische Kommanditaktionäre, die Aufsichtsräte der beiden Gesellschaften mit Doppelmandaten unter Ausnutzung ihres Stimmrechts zu besetzen und damit einen mittelbaren Einfluss auf die Zusammensetzung des Vorstandes zu erlangen, ergäbe sich, wenn auch die Gesellschafterkreise der KGaA und der Komplementärgesellschaft personenidentisch sind oder die Gesellschaft als *Einheits*-KGaA strukturiert ist.

(4) Beeinflussung der Besetzung des Aufsichtsrats einer Komplementär-AG/SE einer personenidentischen atypischen KGaA

In einer personenidentischen *atypischen* KGaA ist jeder Gesellschafter unmittelbar (in gleichem Umfang) an der KGaA und der Komplementärin beteiligt.[1114] Es gibt keine »Asymmetrie in der Binnenorganisation«[1115], und die Kommanditaktionäre wählen sowohl den Aufsichtsrat der KGaA als auch als Gesellschafter der persönlich haftenden Gesellschafterin den der Komplementär-AG/SE mit einfacher Mehrheit.

Die personenidentische *atypische* KGaA ist für Publikumsgesellschaften kaum zu verwirklichen.[1116] Nur in seltenen Fällen sind von der Gesellschaft unabhängige Kommanditaktionäre auch an der Komplementärgesellschaft beteiligt. Dies würde bedeuten, dass ein Kommanditaktionär immer auch eine entsprechende Beteiligung an der Komplementärgesellschaft erwerben müsste.

Dieser Aufwand wäre umgangen, soweit die KGaA ohnehin eine 100%-Beteiligung an der persönlich haftenden Gesellschafterin hielte.

(5) Beeinflussung der Besetzung des Aufsichtsrats einer Komplementär-AG/SE einer Einheits-KGaA

In der *Einheits*-KGaA[1117] halten die Kommanditaktionäre eine ihrem Anteil an der KGaA entsprechende mittelbare Beteiligung an der Komplementärgesellschaft. Die unmittelbare Beteiligung an der Komplementärgesellschaft hält die KGaA selbst. Ihr stehen die der Mitgliedschaft immanenten Rechte und Pflichten in der Komplementärgesellschaft zu. Die KGaA ist für sich genommen allerdings nicht handlungsfähig, weshalb sie vertreten werden

---

1114 Für die personenidentische *GmbH* & Co. *Schmidt*, Gesellschaftsrecht, § 32 IV 2 b), S. 978.

1115 *Schmidt*, Gesellschaftsrecht, § 32 IV 2 b), S. 978.

1116 *Schmidt*, Gesellschaftsrecht, § 32 IV 2 b), S. 978.

1117 Kap. 3 § 8 I. 2. b) bb).

muss. Die gesetzlichen Vertretungsregelungen führen zu einer Zuständigkeitsverteilung, die als fragwürdig erachtet werden kann.

Die KGaA wird in ihrer Stimmabgabe in der Hauptversammlung der Komplementär-AG/SE durch die persönlich haftenden Gesellschafter vertreten (§ 278 Abs. 2 AktG i. V. m. §§ 161 Abs. 2, 125–126 HGB). Auch die persönlich haftende Gesellschafterin einer *atypischen* KGaA ist nicht handlungsfähig. Sie wird wiederum durch ihren Geschäftsleiter vertreten (§ 78 AktG) Anders gesagt: Die KGaA wird in der Hauptversammlung der persönlich haftenden Gesellschafterin grundsätzlich durch den Vorstand derselben und nicht durch die Kommanditaktionäre vertreten. Die formale Stimmrechtsmehrheit der KGaA an ihrer Komplementärgesellschaft führt insoweit noch nicht zu einem Machtzuwachs der Kommanditaktionäre. Diesem Problem wurde durch die Literatur und die kautelarjuristische Praxis bis zur Schaffung des MoPeG im Wege der sog. Einheitsbetrachtung, durch die Erteilung rechtsgeschäftlicher Vollmachten oder alternative Satzungsgestaltungen begegnet.

(a) Mitspracherecht der Kommanditaktionäre im Wege der Einheitsbetrachtung

Schlüssel zur Lösung der vorgenannten Problematik war in der Literatur insoweit eine »Einheitsbetrachtung«. Bei der Einheitsbetrachtung gelten die KGaA und die Komplementärin als eine Gesellschaft.[1118] Dies hat zur Folge, dass die Kommanditaktionäre das der KGaA zustehende Stimmrecht in der Komplementärgesellschaft ausüben.[1119]

Gegen eine solche Einheitsbetrachtung spricht das grundsätzlich geltenden Trennungsprinzip. Nach diesem Grundsatz sind die KGaA und ihre Komplementärgesellschaft »selbstständige« Gesellschaften.[1120]

Die Aufweichung des Trennungsprinzips ist indes charakteristisch für die *atypische* und erst recht für die *Einheits*-KGaA. Die weitestmögliche Aufweichung lag der Schaffung der hier im Fokus stehenden Konstruktion zu Grunde. Zwei ursprünglich zersplitterte Gesellschaften sollten wieder zusammengefügt werden.[1121] Durch die 100 %-Beteiligung der KGaA an der Komplementärgesellschaft entsteht eine deutlich stärkere Verbindung hin zu einer gemeinsamen Organisation.

1118 In anderem Kontext und mit Blick auf eine dahin gehende Ergänzung im DCGK *Backhaus*, Die Reform des Deutschen Corporate Governance Kodex (DCGK) und die Kommanditgesellschaft auf Aktien (KGaA), <*www.dcgk.de/de/konsultationen/archiv/konsultation-2018/19/konsultation-2019.html*>, S. 6.

1119 Zur Einheits-GmbH & Co. KG *Schmidt*, ZIP 2007, 2193 (2196).

1120 »KGaA und Komplementärin sind zwei getrennte Rechtssubjekte« *Arnold*, Die GmbH & Co. KGaA, S. 73.

1121 Für die Einheits-KG *Schmidt*, Gesellschaftsrecht, § 56 II 3 e, S. 1636 f.

Bei der Einheitsbetrachtung sind zum einen die Organe der beiden Gesellschaften als gemeinsame Organe anzusehen. Zum anderen gibt es (wirtschaftlich) nur noch die Kommanditaktionäre der KGaA als Gesellschafter.[1122] Bei einer einheitlichen Betrachtung könnte es daher angebracht sein, die beiden Hauptversammlungen ebenfalls als eine Einheit zu betrachten und den Kommanditaktionären die Beschlussfassung in beiden Hauptversammlungen zuzusprechen. Dann obläge es den Kommanditaktionären in der Hauptversammlung den Aufsichtsrat der Komplementärin zu wählen. So läge schließlich die mittelbare Personalkompetenz bei ihnen.

Begründen ließe sich dies nur mit einer teleologisch zwingenden Notwendigkeit. Reine Praktikabilität reicht dafür nicht aus. Die Schutzlosigkeit beziehungsweise Schutzbedürftigkeit der Kommanditaktionäre könnte dagegen ein durchschlagendes Argument sein.

(aa) Die Trennung von Leitung und Kontrolle als Grund für die Schutzbedürftigkeit

Für eine derartige Schutzbedürftigkeit ließe sich zunächst das Ausgangsproblem anführen: Die Überschreitung der Grenze einer zulässigen Vermengung von Leitung und Überwachung. Dementgegen ist eine effektive Überwachung weiterhin über den Aufsichtsrat der KGaA gewährleistet. Dieser wird von den Kommanditaktionären gewählt. Der Kommanditaktien besitzende Geschäftsleiter der Komplementärin darf gemäß § 285 Abs. 1 Satz 2 Nr. 1 AktG (analog) nach allgemeiner Meinung in der Literatur[1123] bei diesbezüglichen Beschlussfassungen das Stimmrecht nicht ausüben und hat damit keinerlei Einfluss auf die Besetzung des ihn überwachenden Kontrollorgans. Der Aufsichtsrat der Komplementär-AG/SE ist »nur« ein kumulatives Überwachungsorgan.

Die beiden Aufsichtsräte unterscheiden sich darin, dass der KGaA-Aufsichtsrat keine Personalkompetenz hat, der der Komplementär-AG/SE dagegen schon. Es liegt allerdings auch nicht in der Natur der *atypischen* KGaA, dass die Kommanditaktionäre auf die Wahl der Geschäftsleitung Einfluss nehmen können – weder unmittelbar noch mittelbar. Dass ihnen dies auch bei der *Einheits*-KGaA verwehrt bleibt, mag aufgrund der mittelbaren Beteiligung an der Komplementärgesellschaft als störend empfunden werden. Die Kom-

1122 Für die *Einheits*-KG *Schmidt*, Gesellschaftsrecht, § 56 II 3 e, S. 1636.

1123 *Bachmann*, in: Henssler/Spindler/Stilz, BeckOGK-AktG, § 285 Rn. 29; *Sethe*, in: Hirte/Mülbert/Roth, GroßKomm AktG XII, § 285 Rn. 25; *Mertens/Cahn*, in: Zöllner/Noack, KK-AktG V, § 285 Rn. 8; *Otte*, Die AG & Co. KGaA, S. 167; *Förl/Fett*, in: Bürgers/Körber/Lieder, AktG, § 285 Rn. 3; *Bachmann*, in: Spindler/Wilsing/Butzke/Linden, FS Marsch-Barner, S. 13 (23); *Fett/Stütz*, NZG 2017, 1121 (1125); *Schmidt*, in: Schmidt/Lutter, AktG, § 285 Rn. 12.

manditaktionäre einer *Einheits*-KGaA sind dennoch nicht schlechter gestellt als in einer gewöhnlichen *atypischen* KGaA. In der gewöhnlichen *atypischen* KGaA ist es dagegen unwahrscheinlich, dass der Geschäftsleitung eine derart mächtige Position hinsichtlich der eigenen Stellung eingeräumt wird. Die Anteilseigner der Komplementärgesellschaft bilden in den meisten Fällen den Personenkreis, dem das Wohl der Gesellschaft am Herzen liegt. Bei Familienunternehmen ist dies die Gesellschafterfamilie.[1124] Die Kommanditaktionäre können dann damit rechnen, dass der Aufsichtsrat mit Bedacht gewählt und auf eine bestmögliche Kontrolle und Personalauswahl geachtet wird. Vor Fehlbesetzungen schützt dies freilich nicht. Dennoch erscheint im Ergebnis eine Einheitsbetrachtung nicht als zwingend notwendig.

(bb) Stimmverbot des faktischen Geschäftsleiters als Grund für die Schutzbedürftigkeit

Bestünde ein Stimmverbot für den Geschäftsleiter in der Hauptversammlung der Komplementärgesellschaft, wäre eine dortige Aufsichtsratswahl nicht möglich. In einem solchen Fall könnte man erwägen, eine dringende teleologische Notwendigkeit einer Einheitsbetrachtung zu bejahen. Andernfalls wäre die Funktions- und Handlungsfähigkeit der KGaA aufgehoben.

Eine teleologisch notwendige KGaA-Hauptversammlungszuständigkeit lässt sich allerdings auch mit einem Stimmrechtsverbot aus § 285 Abs. 1 Satz 2 Nr. 1 AktG für den Geschäftsleiter bei der Aufsichtsratswahl der Komplementärin nicht begründen. Gemäß § 285 Abs. 1 Satz 2 Nr. 1 AktG übt der persönlich haftende Gesellschafter in der KGaA-Hauptversammlung das Stimmrecht weder für sich noch für einen anderen bei einer Beschlussfassung über die Wahl und Abberufung des (KGaA-)Aufsichtsrats aus. Die Norm greift nur für die Wahl des KGaA-Aufsichtsrats und nicht dagegen für die Wahl des Aufsichtsrats der Komplementär-AG/SE.

Zwar soll auch in der Aktiengesellschaft oder der *dualistisch* strukturierten Societas Europaea eine Trennung von Geschäftsführung und Überwachung gewährleistet sein. Aus diesem Grund können Maßnahmen der Geschäftsführung nicht dem Aufsichtsrat übertragen werden (§ 111 Abs. 4 Satz 1 AktG). Ebenso wenig kann ein Aufsichtsratsmitglied zugleich Vorstandsmitglied sein (§ 105 Abs. 1 AktG). Aktien besitzende Vorstandsmitglieder sind dagegen nicht von der Wahl des Aufsichtsrats ausgeschlossen.[1125] Nichts anderes gilt, wenn der Vorstand die Mitgliedschaftsrechte für die KGaA in der Hauptversammlung der Komplementärgesellschaft ausübt.

1124 Siehe zum gehäuften praktischen Vorkommen Kap. 3 § 8 I. 1. b).
1125 *Bachmann*, in: Henssler/Spindler/Stilz, BeckOGK-AktG, § 285 Rn. 19.

Durch den Erwerb der gesamten Aktien an der Komplementär-AG/SE tritt die Komplementärgesellschaft in eine Abhängigkeit zu der KGaA. Die formale Mehrheitsbeteiligung der KGaA an ihrer Komplementärgesellschaft lässt die Überlegung zu, die Komplementär-AG/SE nicht nur als persönlich haftende Gesellschafterin, sondern auch als »Tochtergesellschaft« der *atypischen* KGaA zu sehen. Wie in jeder *atypischen* KGaA ist der Vorstand der Komplementär-AG/SE zugleich faktischer Geschäftsleiter der KGaA. Die Geschäftsleiter der »Mutter-« und »Tochtergesellschafter« sind faktisch personenidentisch.

Dies erinnert an eine Doppelmandatierung des Vorstandes in Mutter- und Tochtergesellschaft. Ist der Gesellschaftszweck der Komplementärgesellschaft auf die Geschäftsführung der KGaA beschränkt, ergeben sich keine Bedenken. Die Interessen der beiden Gesellschaften sind gleich. Die Problematik eines »janusköpfigen«[1126] Vorstandes ergibt sich nicht.

Eine solche Doppelmandatierung ist zulässig.[1127] Bei Vorstands-Doppelmandaten soll aber »zur Vermeidung des Richtens in eigener Sache«[1128] wie beispielsweise bei der Stimmabgabe zur eigenen Entlastung ein Stimmverbot gelten.

Die Problematik lässt sich nicht auf die *Einheits*-KGaA übertragen, gilt für die Aufsichtsratswahl in der Komplementärgesellschaft aber in ähnlicher Weise. Es offenbart sich jedenfalls ein analog gelagerter Interessenkonflikt. Bedenklich bleibt, dass es sich bei der persönlich haftenden Gesellschafterin und deren Management trotz der 100%-Beteiligung der KGaA um das Leitungsorgan und den faktischen Geschäftsleiter der gesamten KGaA handelt. Es handelt sich bei der Geschäftsleitung der Komplementärgesellschaft also nicht »nur« um den Vorstand einer Tochtergesellschaft, sondern um die tatsächliche Konzernspitze. Der von der Konzernspitze gewählte Aufsichtsrat ist zum einen für die Überwachung und zum anderen für die (Wieder-)Bestellung (§ 101 Abs. 1 Satz 1 AktG) des (Doppel-)Mandatsträgers zuständig, obwohl die Kommanditaktionäre über ihre Beteiligung an der KGaA wenigstens einen

---

1126 *Hoffmann-Becking*, ZHR 150 (1986), 570 (574).

1127 BGHZ 180, 105 (110); OLG Köln, Urt. v. 24.11.1992 – 22 U 72/92, AG 1993, 86 (89); LG Köln, Urt. v. 03.02.1992 – 91 O 203/91, AG 1992, 238 (240); für viele *Kort*, in: Hirte/Mülbert/Roth, GroßKomm AktG IV.1, § 76 Rn. 219; *Fleischer*, in: Henssler/Spindler/Stilz, BeckOGK-AktG, § 76 Rn. 118; *Spindler*, in: Goette/Habersack/Kalss, MüKo-AktG II, § 76 Rn. 65; *Cahn*, in: Noack, KK-AktG VII, § 76 Rn. 79; *Seibt*, in: Schmidt/Lutter, AktG, § 76 Rn. 52; *Hoffmann-Becking*, ZHR 150 (1986), 570 (574 f.).

1128 *Fleischer*, in: Fleischer, Handbuch des Vorstandsrechts, § 18 Rn. 130; *Kort*, in: Hirte/Mülbert/Roth, GroßKomm AktG IV.1, § 76 Rn. 228; *Spindler*, in: Goette/Habersack/Kalss, MüKo-AktG II, § 76 Rn. 67; *Fleischer*, in: Henssler/Spindler/Stilz, BeckOGK-AktG, § 76 Rn. 121; *Hoffmann-Becking*, ZHR 150 (1986), 570 (580).

mittelbaren Einfluss auf die Bestellung und Abberufung »ihres« Vorstandes erhalten sollten. Diesen mittelbaren Einfluss erlangt nun der Vorstand selbst.

Der lediglich »mittelbare« Einfluss des Vorstandes lässt sich diesem Argument aber auch entgegenhalten. Ließe man bereits den mittelbaren Einfluss auf die Vorstandsbestellung für ein Stimmrechtsverbot genügen, würde dies bei jeglichen Interessenkollisionen zu einem Stimmrechtsverbot führen. Ein solch allgemeiner Stimmrechtsausschluss wegen Interessenkollision wird von überwiegenden Teilen der Literatur abgelehnt.[1129]

Ein *Einheits*-KGaA spezifischer organisationsrechtlicher Durchgriff der Hauptversammlung auf die Komplementärgesellschafts-Hauptversammlung und ein damit verbundener schwerwiegender Eingriff in das Trennungsprinzip lässt sich nach dem vorangegangenen nicht rechtfertigen. Die Kommanditaktionäre entscheiden sich bewusst und trotz der damit einhergehenden Nachteile für die Gründung oder die Beteiligung an einer *Einheits*-KGaA. Im Übrigen haben es zumindest die Gründer selbst in der Hand, Lösungen in die Satzung aufzunehmen, um derartige Konfliktpunkte zu vermeiden.

(b) Mitspracherecht der Kommanditaktionäre im Wege einer rechtsgeschäftlichen Bevollmächtigung oder einer abweichenden Satzungsgestaltung

Die vorgenannten Konfliktsituationen lassen sich auf zwei Arten lösen.

Zum einen ist eine rechtsgeschäftliche Bevollmächtigung der KGaA-Hauptversammlung, eines fakultativen Beirats oder des KGaA-Aufsichtsrats ein gangbarer Weg.[1130] Problematisch daran ist, dass der Geschäftsleiter als Vertreter der KGaA die Vollmacht jederzeit widerrufen kann.[1131]

Zum anderen kann das der KGaA als Alleingesellschafterin zustehende Stimmrecht in der Hauptversammlung der Komplementärgesellschaft auf die KGaA-Hauptversammlung, den KGaA-Aufsichtsrat oder einen fakultativen Beirat statutarisch übertragen werden.[1132] Die drei vorgenannten Konstella-

---

1129 So auch *Liese/Theusinger*, in: Moosmayer/Lösler, Corporate Compliance, § 2 Rn. 111; *Kort*, in: Hirte/Mülbert/Roth, GroßKomm AktG IV.1, § 76 Rn. 225; *Spindler*, in: Goette/Habersack/Kalss, MüKo-AktG II, § 76 Rn. 67; *Fleischer*, in: Henssler/Spindler/Stilz, BeckOGK-AktG, § 76 Rn. 120; gegen ein Stimmrechtsverbot des Vorstandes bei der Aufsichtsratswahl in der Tochtergesellschaft; ein allgemeines Stimmverbot bei Interessenkollisionen m. w. N. ablehnend *Hoffmann-Becking*, ZHR 150 (1986), 570 (580).

1130 *Arnold*, Die GmbH & Co. KGaA, S. 35; mit Verweis auf die *GmbH* & Co. KG *Schmidt*, Gesellschaftsrecht, § 56 II 3 e, S. 1637; *Gonnella/Mikic*, AG 1998, 508 (512 Fn. 42).

1131 M. w. N. *Arnold*, Die GmbH & Co. KGaA, S. 35.

1132 Lösungsvorschlag für eine *Einheits*-AG & Co. KGaA *Otte*, Die AG & Co. KGaA, S. 227; *Schnorbus*, in: Hoffmann-Becking/Hüffer/Reichert, FS Winter, S. 627 (663 f.); für die *Einheits*-GmbH & Co. KGaA *Gonnella/Mikic*, AG 1998, 508 (512);

tionen erlauben im Ergebnis einen »organisationsrechtlichen Durchgriff«[1133] der Kommanditaktionäre auf die Geschäftsleitungsbesetzung der KGaA über den Aufsichtsrat der Komplementärgesellschaft. Sie sind insoweit zumindest rechtstheoretisch interessant für aktivistische Kommanditaktionäre.

Den direkten Machtzuwachs erlangen die Kommanditaktionäre mit der Übertragung der Vertretungsmacht auf die KGaA-Hauptversammlung für das Stimmrecht in der Hauptversammlung der Komplementärgesellschaft. Damit geht eine Schwerfälligkeit[1134] der Entscheidungsfindung (auch) in der Komplementär-AG/SE einher, die nur in den seltensten Fällen gewollt sein kann. Zwei Hauptversammlungen in identischem Ausmaß führen insbesondere in großen börsennotierten Gesellschaften zu einem unheimlichen Organisations- und Kostenaufwand.

Die Übertragung der Vertretungsmacht in der Hauptversammlung der Komplementärin auf den KGaA-Aufsichtsrat ist eine weitere rechtlich zugängliche Option. Der *Einheits*-KGaA wird ohnehin nachgesagt, eine mit der »einfachen« Aktiengesellschaft wirtschaftlich vergleichbare Governance-Struktur zu haben.[1135] Es wäre insoweit naheliegend, die der KGaA aus ihrer Beteiligung an der Komplementärgesellschaft erwachsenden Stimmrechte an den KGaA-Aufsichtsrat zu übertragen. Dieser erlangt in der Folge eine mittelbare Personalkompetenz über das gesamte Unternehmen.[1136] Den Kommanditaktionären entsteht über eine solche Konstruktion eine mittelbare Einflussmöglichkeit auf die Zusammensetzung des Komplementäraufsichtsrats und eine zweifach gestufte mittelbare Einflussmöglichkeit auf die Zusammensetzung der Geschäftsleitung.

Am elegantesten ist wohl die Übertragung der Rechte aus den von der KGaA gehaltenen Anteilen an der Komplementärgesellschaft auf einen fakultativen Beirat. Für dessen Besetzung muss die Hauptversammlung der KGaA zuständig sein. Der von ihr gewählte Beirat, wählt in der Hauptversammlung der Komplementär-AG/SE deren Aufsichtsrat, welcher die Personalkompetenz innehat. Hinzu kommt, dass einem solchen Beirat noch weitere

---

Arnold, Die GmbH & Co. KGaA, S. 34–35; *Schrick*, NZG 3 (2000), 675 (678); *Perlitt*, in: Goette/Habersack/Kalss, MüKo-AktG V, § 278 Rn. 391; *Bachmann*, in: Henssler/Spindler/Stilz, BeckOGK-AktG, § 278 Rn. 88.1, 4; *Reger*, in: Bürgers/Fett, KGaA HdB, § 5 Rn. 218; *Nagel/Wittkowski*, Die Kommanditgesellschaft auf Aktien (KGaA), S. 30 Rn. 25; *Schmidt*, Gesellschaftsrecht, § 56 II 3 e, S. 1637.

1133 *Perlitt*, in: Goette/Habersack/Kalss, MüKo-AktG V, § 278 Rn. 391.

1134 *Arnold*, Die GmbH & Co. KGaA, S. 34.

1135 *Hennemann*, ZHR 182 (2018), 157 (178); *Schnülle*, NZG 20 (2017), 1056 (1058); zumindest seien die »wesentlichen Vorteile einer *GmbH* & Co. KGaA gegenüber einer AG nicht vorhanden« und ein der »Kapitalbeteiligung entsprechender Einfluss auf die Gesellschaft (...) ist mit einer »einfachen« AG ebenfalls zu erreichen« *Förl*, Die GmbH & Co. KGaA als abhängiges Unternehmen, 41, 42.

1136 *Otte*, Die AG & Co. KGaA, S. 227.

Kompetenzen übertragen werden können. Die Mehrheitserfordernisse, um einen Platz in einem solchen Gremium zu erlangen, können in der Satzung festgelegt werden. Darauf und auf die sich daraus ergebenden Chancen für aktivistische Kommanditaktionäre wird noch vertieft einzugehen sein.

Eine der vorliegend untersuchten *Einheits*-KGaA ermöglicht rechtstatsächlich eine derartige Einflussnahme der KGaA-Hauptversammlung auf den Aufsichtsrat der Komplementärgesellschaft: Die *Henkel* AG & Co. KGaA.

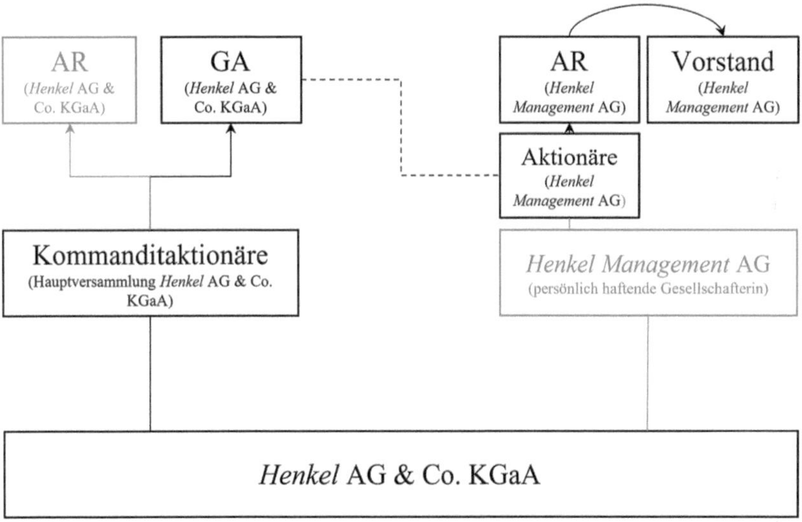

Der *Gesellschafterausschuss* der *Henkel* AG & Co. KGaA wird von der Hauptversammlung gewählt (Artikel 27 der Satzung). Er übt unter anderem das Stimmrecht der *Henkel* AG & Co. KGaA in der Hauptversammlung der *Henkel Management* AG aus und wählt damit den Aufsichtsrat der Komplementärgesellschaft, der wiederum die Vorstandsmitglieder der *Henkel Management* AG und damit die faktische Geschäftsleitung der KGaA bestellt beziehungsweise abberuft.[1137]

(c) Mitspracherecht der Kommanditaktionäre durch das MoPeG (§ 170 Abs. 2 HGB n. F.)

Die zuvor dargestellten Möglichkeiten eines Mitspracherechts der Kommanditaktionäre bei der Besetzung des Aufsichtsrats der Komplementär-AG/SE einer *Einheits*-KGaA sind seit der Schaffung des MoPeG grundsätzlich nicht mehr notwendig.

1137 *Henkel AG & Co. KGaA*, Geschäftsbericht 2023, S. 70–71.

So hat der Gesetzgeber jedenfalls für die KG erkannt, dass

> „ausgehend von dem Grundsatz des § 170 Absatz 1 HGB-E (…) an sich die Rechte der Kommanditgesellschaft mittelbar vertreten durch den Geschäftsführer der Komplementär-GmbH wahrgenommen (würden), obschon sich die Kommanditgesellschaft dieses Geschäftsführers entledigen will und dieser deshalb Richter in eigener Sache sein müsste.“[1138]

In Anbetracht dessen wurde der § 170 Abs. 2 HGB n. F. geschaffen. Nach § 170 Abs. 2 HGB werden, sofern der einzig persönlich haftende Gesellschafterin der Gesellschaft eine Kapitalgesellschaft ist, an der die Gesellschaft sämtliche Anteile hält, vorbehaltlich einer abweichenden Vereinbarung die Rechte in der Gesellschafterversammlung der Kapitalgesellschaft von den Kommanditisten wahrgenommen. Der Gesetzgeber definiert folgich zunächst (mit Blick auf die KG) die Einheits-Gesellschaft und überträgt anschließend die Mitwirkungsrechte in der Gesellschafter-/Hauptversammlung der Komplementärgesellschaft auf die Kommanditisten. Zu den Mitwirkungsrechten in der Hauptversammlung einer Komplementär-AG/SE zählt u. a. die Wahl der Aufsichtsratsmitglieder, § 101 Abs. 1 AktG. Diese Aufsichtsratswahl würden im Falle einer AG & Co. KG qua Gesetz von den Kommanditisten in der Komplementärversammlung wahrgenommen.

§ 170 Abs. 2 HGB findet über § 278 Abs. 2 AktG auch Anwendung in der *Einheits*-KGaA.[1139] Bei wörtlicher Anwendung der Vorschrift liegt es somit in der Macht der Kommanitaktionäre über die Besetzung des Aufsichtsrats der Komplementär-AG/SE zu entscheiden.

Es stellt sich nunmehr die Frage, wie eine solche Entscheidungsfindung durch die Kommanditaktionäre erfolgt. In Anlehnung an die hierzu parallel geführten Diskussion in der KG, sind mehrere Möglichkeiten denkbar: die Einzelvertretungsdeutung, die Gemeinschaftsvertretungsdeutung, die Beschlussvertretungsdeutung und die Gesamtvertretungsdeutung.[1140]

Die Einzelvertretungsdeutung meint eine Vertretungsbefugnis jedes einzelnen Kommanditaktionärs.[1141] Sie scheidet bereits aufgrund des Wortlauts des (§ 278 Abs. 2 AktG i. V. m.) § 170 Abs. 2 HGB (»von den Kommanditisten« statt »jeder Kommanditist«) aus.[1142] Auch systematisch ist die Ein-

---

1138 Entwurf eines Gesetzes zur Modernisierung des Personengesellschaftsrechts (Personengesellschaftsmodernisierungsgesetz – MoPeG) vom 22.01.2021, BT-Drucks. 59/21, S. 296.

1139 *Bachmann/Habighorst*, AG 2024, 337 (340).

1140 Vgl. für die *Einheits*-GmbH & Co. KG *Albert/Isikay*, NZG 27 (2024), 818 (820–822).

1141 Vgl. für die *Einheits-Kapitalgesellschaft* & Co. KG *Oepen*, in: Ebenroth/Boujong/Joost, HGB I, § 170 Rn. 23.

1142 Vgl. für die *Einheits*-GmbH & Co. KG *Albert/Isikay*, NZG 27 (2024), 818 (820); für die *Einheits-Kapitalgesellschaft* & Co. KG *Oepen*, in: Ebenroth/Boujong/Joost, HGB I, § 170 Rn. 23.

zelvertretung den Kompelmentären vorbehalten (§ 278 Abs. 2 AktG i. V. m. §§ 161 Abs. 2, 124 HGB). Die Einzelvertretungsdeutung ist folglich zu vernachlässigen.

Die Gemeinschaftsvertretungsdeutung[1143], mithin die Vertretung durch mindestens zwei Kommanditaktionäre[1144], ist ebenfalls zu verwerfen. Es ist davon auszugehen, dass eine derart spezielle Regelung vom Gesetzgeber klar gefasst worden wäre.[1145]

Diskussionswürdig sind folglich lediglich die Beschlussvertretungsdeutung sowie die Gesamtvertretungsdeutung.

Die Beschlussvertretungsdeutung versteht die Stimmabgabe der *Einheits*-KGaA als Vertretung durch Gesellschafterbeschluss, zusammengesetzt aus nicht notwendig übereinstimmenden Willenserklärungen der Kommanditaktionäre, die im eigenen Namen als Kommanditaktionärsversammlung handeln.[1146] Die Willensbildung der KGaA und die Vertretung gegenüber der Komplementärgesellschaft fallen dabei in einem Akt zusammen. Hierfür spräche, dass dies die Handhabung erleichtere und Obstruktionsrisiken minimiere.[1147]

Demgegenüber besagt die Gesamtvertretungsdeutung, dass die Kommanditaktionäre die Rechte der KGaA gemeinschaftlich durch übereinstimmende Willenserklärungen ausüben.[1148] In der GmbH-Gesellschafterversammlung bleibt es dann bei einer nur einheitlichen Stimme der KGaA. Diese einheitliche Stimme müsste in einem vorgelagerten oder simultan erwirkten Kommanditaktionärsbeschluss organisiert und anschließend in der Komplementärversammlung lediglich umgesetzt werden.[1149]

Gemessen an der Systematik und dem Telos des § 170 Abs. 2 HGB überzeugt die Gesamtvertretungsdeutung.

Mit Blick auf die Systematik ist zu berücksichtigen, dass die KGaA Alleingesellschafterin der Komplementärgesellschaft bleibt und in deren Gesellschafterversammlung nur eine einheitliche Stimme abgeben kann. Eine Mehrheitslösung, die die Stimmabgabe in der KGaA faktisch in mehrere Stimmen der Kommanditaktionäre aufsplittet, kollidiert bei einer *Ein-*

1143 Vgl. für die *Einheits*-GmbH & Co. KG *Albert/Isikay*, NZG 27 (2024), 818 (820).

1144 Vgl. für die *Einheits-Kapitalgesellschaft* & Co. KG *Oepen*, in: Ebenroth/Boujong/Joost, HGB I, § 170 Rn. 23.

1145 Vgl. für die *Einheits-Kapitalgesellschaft* & Co. KG *Oepen*, in: Ebenroth/Boujong/Joost, HGB I, § 170 Rn. 23.

1146 Vgl. für die *Einheits*-GmbH & Co. KG *Albert/Isikay*, NZG 27 (2024), 818 (820).

1147 Vgl. für die *Einheits-Kapitalgesellschaft* & Co. KG *Oepen*, in: Ebenroth/Boujong/Joost, HGB I, § 170 Rn. 24.

1148 Vgl. für die *Einheits*-GmbH & Co. KG *Albert/Isikay*, NZG 27 (2024), 818 (820).

1149 Vgl. für die *Einheits*-GmbH & Co. KG *Albert/Isikay*, NZG 27 (2024), 818 (820).

heits-GmbH & Co. KGaA mit den Grudsätzen des GmbH-Rechts und der Wertung des § 18 GmbHG zur gemeinschaftlichen Rechteausübung bei Mitberechtigung.[1150] So besagt § 18 Abs. 1 GmbHG, dass sofern ein Geschäftsanteil mehreren Mitberechtigten ungeteilt zusteht, sie die Rechte aus demselben nur gemeinschaftlich ausüben können. Dies gilt gleichermaßen für die *Einheits*-AG & Co. KGaA. Denn § 69 Abs. 1 AktG bestimmt in vergleichbarer Art und Weise, dass für den Fall, dass ein Aktie mehreren Berechtigten zusteht, die Rechte aus der Aktie nur durch einen gemeinschaftlichen Vertreter ausgeübt werden dürfen.

Zudem ist – wie bereits dargelegt – der Zweck der Neuregelung die Vermeidung des spezifischen Interessenkonflikts in der *Einheits*-KG, welcher sich gleichermaßen in der *Einheits*-KGaA wiederfindet. Ziel war es dagegen nicht den Kommanditaktionären weitergehende Rechte zuzusprechen. Vielmehr sollen sie lediglich dazu befugt sein die Rechte der KGaA in der Gesellschafterversammlung der Komplementärgesellschaft wahrzunehmen.[1151] Dies spricht im Ergebnis ebenfalls für eine eng an der Gesetzessystematik orientierte Lösung einer gemeinschaftlichen, einheitlichen Stimmabgabe der KGaA durch übereinstimmende Erklärung aller Kommanditaktionäre.

Sofern dem entgegengehalten werden könnte, dass sich eine solche Gesamtvertretungsdeutung in einer Publikumsgesellschaft wie der KGaA nur mit großem Aufwand umsetzen ließe, ist zu berücksichtigen, dass sich die Gesellschafter bewusst für die (Beteiligung an einer) als Einheitsgesellschaft ausgestaltete KGaA entschieden haben. Die damit einhergehenden »Widrigkeiten« müssen ihnen bewusst gewesen sein. Im Übrigen bleibt auch weiterhin die Möglichkeit einer alternativen Satzungsgestaltung, um den Folgen der Gesamtvertretungsdeutung zu entgehen.

Der Gesamtvertretungsdeutung folgend, bedarf es in einem erste Schritt eines Beschlusses der Kommanditaktionäre, der die Stimmausübung der KGaA in der Komplementärgesellschaft zum Inhalt hat. In einem zweiten Schritt wird dieser Beschluss in der Gesellschafter-/Hauptversammlung der Komplementärgesellschaft umgesetzt. Es schließt sich die Frage an, wer für die Umsetzung dieses Kommanditaktionärsbeschluss zuständig ist.

In Betracht kommen einerseits die Kommanditaktionäre selbst. Dies ließe sich jedenfalls mit dem Wortlaut des (§ 278 Abs. 2 AktG i. V. m.) § 170 Abs. 2 HGB begründen, der die Vertretungszuständigkeit eindeutig den Kommanditaktionären zuweist.[1152] Im Ergebnis vermag diese Argumentation nich restlos zu überzeugen.

1150 Vgl. für die *Einheits*-GmbH & Co. KG *Albert/Isikay*, NZG 27 (2024), 818 (821).
1151 Für die *Einheits*-GmbH & Co. KG *Albert/Isikay*, NZG 27 (2024), 818 (821).
1152 *Schmitt*, GWR 17 (2025), 285 (287).

Überzeugender erscheint es, dass die Kommanditaktionäre vom Aufsichtsrat der KGaA bei der Ausführung des Beschlusses und damit der Ausübung der Rechte in der Komplementärversammlung vertreten werden.[1153]. So bestimmt § 287 Abs. 1 AktG, dass der Aufsichtsrat der KGaA die Beschlüsse der Kommanditaktionäre ausführt, wenn – wie hier – Rechte geltend gemacht werden, die nach Personengesellschaftsrecht den Kommanditisten gegenüber der Komplementärin oder Komplementärgesellschaft zustehen.[1154] Beschließen also die Kommanditaktionäre, wie die KGaA ihre Gesellschafterrechte an der Komplementärgesellschaft ausüben soll, führt der Aufsichtsrat diesen Beschluss aus, indem er die Stimme der KGaA in der Komplementärversammlung abgibt.

Unter Berücksichtigung des Vorangegangenen liegt in der Einheits-KGaA damit die Willenszuständigkeit für die Ausübung der Gesellschafterrechte bei den Kommandiatkionären (§ 170 Abs. 2 HGB), während deren organschaftliche Wahrnehmung in der Komplementärversammlung dem Aufsichtsrat als Gesamtvertreter der Kommanditaktionäre obliegt. Praktisch besucht der Aufsichtsrat also die Gesellschafter-/Hauptversammlung der Komplementär-Gesellschaft und stimmt dort ab. Er stimmt indes nicht nach eigenem Ermessen ab, sondern ist an den vorangegangenen Beschluss der Kommanditaktionäre gebunden. Die Willensbildung für die KGaA liegt bei den Kommanditaktionären. Für die Umsetzung dieses Willens ist – vorbehaltlich abweichender Satzungsgestaltungen – der KGaA-Aufsichtsrat verantwortlich.

Vorbehaltlich abweichender Satzungsregelungen steht den Kommanditaktionäre einer *Einheits*-AG/SE folglich das Recht zu, die Besetzung des Aufsichtsrats der Komplementärgesellschaft zu bestimmen. Damit einher geht eine mittelbare Personalkompetenz der Kommanditaktionäre. Für die Umsetzung dieser Bestimmung ist indes der Aufsichtsrat der KGaA zuständig. Diese zweistufige Konstruktion wahrt den Regelungszweck des § 170 Abs. 2 HGB, indem sie die Gesellschafterrechte materiell den Kommanditaktionären zuordnet, und respektiert zugleich das für sie geltende aktienrechtliche Regelungsregime, indem deren Beschlüsse gemäß § 287 Abs. 1 AktG durch den Aufsichtsrat organschaftlich vollzogen werden.

(6) Besetzung eines fakultativen Beirats

Ein fakultativer Beirat in der Kommanditgesellschaft auf Aktien ist ein der Satzung entspringendes Gebilde. Das Erscheinungsbild wird statutarisch

1153 Vgl. mit abweichender Begründung *Bachmann/Habighorst*, AG 2024, 337 (340) m. w. N.; *Perlitt*, in: Goette/Habersack/Kalss, MüKo-AktG V, § 278 Rn. 391.

1154 Vgl. *Bachmann*, in: Henssler/Spindler/Stilz, BeckOGK-AktG, § 287 Rn. 32; *Perlitt*, in: Goette/Habersack/Kalss, MüKo-AktG V, § 287 Rn. 59.

von den Gründern festgelegt.[1155] Den typischen KGaA-Beirat gibt es also nicht. Ein Beirat kann in Größe, Zusammensetzung, Amtszeit, Kompetenzen und der Bestellung nach den individuellen Vorstellungen der Gesellschafter ausgestaltet werden.

Für aktivistische Kommanditaktionäre kommt es in einem ersten Schritt auf die Bestellung und den Wahlmodus der Beiratsmitglieder an.

Auf die Zusammensetzung eines Beirats, der nur von den Komplementären gewählt[1156] wird, können die Kommanditaktionäre naturgemäß mit ihrem Stimmrecht keinen Einfluss nehmen. Die Mitglieder des fakultativen Beirats müssten also auch oder nur durch die Hauptversammlung der Kommanditgesellschaft auf Aktien zu bestellen sein. Aktivistische Kommanditaktionäre können dann versuchen, »ihre« Kandidaten im Beirat zu platzieren oder selber ein Mandat zu übernehmen.

Beispielsweise die Satzungen der *Fresenius* SE & Co. KGaA, der *Henkel* AG & Co. KGaA und der *Hella* GmbH & Co. KGaA halten diese Möglichkeit für Kommanditaktionäre bereit.

In einem zweiten Schritt ist die Kompetenz des fakultativen Beirats von Bedeutung. Der Kompetenzumfang kann von einer lediglich repräsentativen Stellung bis hin zu einer leitenden Funktion reichen.[1157] Beschränken sich die Kompetenzen auf eine repräsentative, schlichtende oder beratende Tätigkeit[1158], ist die Besetzung von nachgelagertem Interesse. Je einflussreicher der Beirat, desto mehr Interesse werden aktivistische Kommanditaktionäre an ihm entwickeln.

(a) Personalkompetenz

In der *gesetzestypischen* KGaA kann einem Beirat eine Personalkompetenz zugestanden werden.[1159] Diese kann zum einen in der Mitentscheidung über

1155 *Schnorbus*, in: Hoffmann-Becking/Hüffer/Reichert, FS Winter, S. 627 (629); *Assmann/Sethe*, in: Schneider/Hommelhoff/Schmidt/Wolfram/Grunewald/Drygala, FS Lutter, S. 251 (266); *Nicolas/Eiff*, in: Frodermann/Jannott, HdB AktR, Kap. 17 Rn. 245; *Bürgers*, in: Bürgers/Fett, KGaA HdB, § 5 Rn. 574; *Herfs*, in: Hoffmann-Becking, MünchHdB GesR IV, § 79 Rn. 88; *Bachmann*, in: Henssler/Spindler/Stilz, BeckOGK-AktG, § 287 Rn. 44.

1156 Explizit zu dieser Möglichkeit *Herfs*, in: Hoffmann-Becking, MünchHdB GesR IV, § 79 Rn. 86; *Bürgers*, in: Bürgers/Fett, KGaA HdB, § 5 Rn. 576; *Otte*, Die AG & Co. KGaA, S. 182.

1157 *Nagel/Wittkowski*, Die Kommanditgesellschaft auf Aktien (KGaA), S. 69 Rn. 150.

1158 *Assmann/Sethe*, in: Schneider/Hommelhoff/Schmidt/Wolfram/Grunewald/Drygala, FS Lutter, S. 251 (255).

1159 *Assmann/Sethe*, in: Schneider/Hommelhoff/Schmidt/Wolfram/Grunewald/Drygala, FS Lutter, S. 251 (255); *Nicolas/Eiff*, in: Frodermann/Jannott, HdB AktR, Kap. 17 Rn. 233, 240.

die Auswahl und Aufnahme eines persönlich haftenden Gesellschafters bestehen.[1160] Zum anderen kann die Möglichkeit einer Beschlussfassung über den Ausschluss eines Komplementärs (Ausschließungsbeschluss) vorgesehen werden.[1161] Durch die Wahl der Beiratsmitglieder können die Kommanditaktionäre in einer solchen Konstellation mittelbar die Zusammensetzung der Geschäftsleitung und so die Geschäftsführung der KGaA beeinflussen.

Insbesondere bei der *atypischen* KGaA ist aber entscheidend auf welcher Ebene der Beirat eingerichtet wird.

Auf Ebene der KGaA kann die Befugnis hinsichtlich der Bestellung und Abberufung der Geschäftsführer der Komplementärgesellschaft einem fakultativen Beirat grundsätzlich nicht übertragen werden. Die Übertragung würde zu einer systemwidrigen Kompetenzverschiebung führen. Denn den zuständigen Organen würden Kompetenzen entzogen und damit die Zuständigkeiten in den beiden rechtlich eigenständigen Gesellschaften durcheinandergeworfen. Wie in der *gesetzestypischen* KGaA kann aber eine KGaA-spezifische Personalkompetenz hinsichtlich der persönlich haftenden Gesellschafterin auf einen Beirat auf KGaA-Ebene übertragen werden. Der *Gesellschafterausschuss* der *Henkel* AG & Co. KGaA beschließt als praktisch relevantes Beispiel über den Eintritt und das Ausscheiden von persönlich haftenden Gesellschaftern.

Auf Ebene der Komplementärgesellschaft ist zwischen den Gesellschaftsformen der Komplementärin zu differenzieren. Während bei der *GmbH/Stiftung* & Co. KGaA auf Ebene der KGaA und auf Ebene der Komplementärgesellschaft ein Beirat eingerichtet werden kann, ist dies bei einer der *AG/SE* & Co. KGaA nur auf KGaA-Ebene möglich.[1162]

Die Personalkompetenz, mithin die Bestellungs- und Abberufungskompetenz hinsichtlich der Geschäftsleitung, ist unproblematisch auf Komplementärgesellschaftsebene auf den Beirat einer GmbH oder Stiftung übertragbar. Die Bestellung des Geschäftsleitungsorgans der Komplementärgesellschaft, also dem faktischen Leitungsorgan der KGaA, obliegt in der *GmbH* & Co.

1160 Lediglich zur Aufnahme *Assmann/Sethe*, in: Schneider/Hommelhoff/Schmidt/Wolfram/Grunewald/Drygala, FS Lutter, S. 251 (255); *Nagel/Wittkowski*, Die Kommanditgesellschaft auf Aktien (KGaA), S. 70 Rn. 151; *Otte*, Die AG & Co. KGaA, S. 192; *Sethe*, in: Hirte/Mülbert/Roth, GroßKomm AktG XII, § 287 Rn. 102; *Habersack*, in: Hoffmann-Becking/Hommelhoff/Graf von Westphalen, FS Hellwig, S. 143 (148); *Perlitt*, in: Goette/Habersack/Kalss, MüKo-AktG V, § 278 Rn. 70; *Herfs*, in: Hoffmann-Becking, MünchHdB GesR IV, § 78 Rn. 6; einschränkend *Mertens/Cahn*, in: Zöllner/Noack, KK-AktG V, § 287 Rn. 32.

1161 *Schlitt*, Die Satzung der Kommanditgesellschaft auf Aktien, S. 143, 217; *Herfs*, in: Hoffmann-Becking, MünchHdB GesR IV, § 78 Rn. 41; *Perlitt*, in: Goette/Habersack/Kalss, MüKo-AktG V, § 289 Rn. 123.

1162 Kap. 3 § 8 III. 3.

KGaA der GmbH-Gesellschafterversammlung, in der *Stiftung* & Co. KGaA richtet sich die Bestellung des Geschäftsleitungsorgans nach der Stiftungssatzung und in der der *AG/SE* & Co. KGaA ist der Komplementär-Aufsichtsrat dafür zuständig. Die Stimmrechte der Gesellschafter der Komplementär-GmbH, die nach § 46 Nr. 5 GmbHG die Bestellung und Abberufung des Geschäftsführers in der Gesellschafterversammlung beschließen, können auf einen von den Kommanditaktionären bestimmten Beirat übertragen werden. Daraus folgt eine faktische Übertragung der Personalkompetenz auf den KGaA-Beirat.

So verhält es sich beispielsweise bei der im MDAX gelisteten *Hella* GmbH & Co. KGaA. Ihrem *Gesellschafterausschuss* obliegt insbesondere die Bestellung und Abberufung der Geschäftsführer.[1163]

Bei der *CEWE* Stiftung & Co. KGaA bestimmt das *Kuratorium* der Komplementärin *Neumüller CEWE Color* Stiftung den Vorstand der Gesellschaft.[1164]

(b) Zustimmungsvorbehalte

Für die unmittelbare Mitwirkung an der Geschäftsführung stellen Zustimmungsvorbehalte der (Kommandit-)Aktionäre nicht die stärkste,[1165] aber dennoch eine wichtige Form der Einwirkung dar. Gerade für aktivistische Kommanditaktionäre verbirgt sich eine bemerkenswerte Möglichkeit der Einflussnahme. Das Blockadepotenzial einer Zustimmungsverweigerung kann wenigstens als Druckmittel dienen.

(aa) § 116 Abs. 2 Satz 1 Hs. 2 HGB

Zur Vornahme außergewöhnlicher Geschäftsführungsmaßnahmen ist nach § 278 Abs. 2 AktG i. V. m. § 116 Abs. 2 Satz 1 Hs. 2 HGB auch die Zustimmung der Kommanditaktionäre erforderlich. Dieser Zustimmungsvorbehalt der Hauptversammlung kann statutarisch auf einen fakultativen Beirat übertragen werden.[1166] Die Geschäftsführungsbefugnis und damit bedeutendste

---

1163 *Hella GmbH & Co. KGaA*, Geschäftsbericht 2023, S. 68.

1164 *Cewe Stiftung & Co. KGaA*, Geschäftsbericht 2020, S. 70.

1165 »schwächste Form der Einwirkung« m. w. N. *Bürgers*, in: Bürgers/Fett, KGaA HdB, § 5 Rn. 597.

1166 *Herfs*, in: Hoffmann-Becking, MünchHdB GesR IV, § 79 Rn. 70, 86; *Bürgers*, in: Bürgers/Fett, KGaA HdB, § 5 Rn. 568, 597; *Schmidt*, in: Schmidt/Lutter, AktG, § 287 Rn. 24; *Schnorbus*, in: Hoffmann-Becking/Hüffer/Reichert, FS Winter, S. 627 (635); *Schlitt*, Die Satzung der Kommanditgesellschaft auf Aktien, S. 217; *Otte*, Die AG & Co. KGaA, S. 185; *Schubert*, Unternehmensmitbestimmung in der SE & Co. KGaA, S. 208; *Perlitt*, in: Goette/Habersack/Kalss, MüKo-AktG V, § 287 Rn. 83–85; *Nicolas/Eiff*, in: Frodermann/Jannott, HdB AktR, Kap. 17 Rn. 240.

Mitwirkungskompetenz der Hauptversammlung[1167] hat dann der Beirat inne. Dies führt zu einer Einschränkung der Geschäftsführungsbefugnis der Komplementäre und einer Machtverlagerung hin zum fakultativen Beirat.

Die Satzung der *Henkel* AG & Co. KGaA überträgt die Mitwirkungsrechte der KGaA-Hauptversammlung bei der Geschäftsführung auf den *Gesellschafterausschuss.*[1168] Es findet sich damit ein praktisch relevantes Beispiel in den untersuchten Kommanditgesellschaften auf Aktien.

(bb) § 111 Abs. 4 Satz 2 AktG

Dem Beirat einer KGaA kann ein Zustimmungsrecht zu bestimmten Geschäften nach § 111 Abs. 4 Satz 2 AktG eingeräumt werden.[1169] Der fakultative Beirat ist für diesen Fall befugt, einen Katalog zustimmungspflichtiger Geschäfte zu erstellen. Dem Beirat wird damit ein Mitwirkungsbefugnis an den entsprechenden statuierten Geschäftsführungsmaßnahmen zuteil. Der Rechtssicherheit halber sollten die zustimmungsbedürftigen Maßnahmen möglichst exakt in einem Katalog festgelegt werden.

Für eine solche Lösung haben sich beispielsweise die *Drägerwerk* AG & Co. KGaA, die *CEWE* Stiftung & Co. KGaA, die *CompuGroup Medical* SE & Co. KGaA, die *Hella* GmbH & Co. KGaA sowie die *Henkel* AG & Co. KGaA entschieden.

(c) Weisungskompetenz

Auch ist es möglich, einem fakultativen Beirat ein Weisungsrecht gegenüber dem Komplementär in Geschäftsführungsfragen einzuräumen.[1170] Der Beirat erlangt gegenüber dem Geschäftsleitungsorgan der Kommanditgesellschaft auf Aktien eine mit der Gesellschafterversammlung gegenüber dem Geschäftsführer der GmbH vergleichbare Stellung.[1171] Der Beirat erlangt eine äußerst starke Position. Je nach Fassung des Weisungsrechts wird ein

---

1167 *Vollertsen*, Corporate Governance der börsennotierten KGaA, S. 111.

1168 *Henkel AG & Co. KGaA*, Satzung (2024), §§ 25, 26 S. 1 und Kap. 3 § 8 III. 3. a).

1169 *Sethe*, in: Hirte/Mülbert/Roth, GroßKomm AktG XII, § 278 Rn. 151; *Bachmann*, in: Henssler/Spindler/Stilz, BeckOGK-AktG, § 287 Rn. 42; *Mertens/Cahn*, in: Zöllner/Noack, KK-AktG V, § 287 Rn. 31; *Herfs*, in: Hoffmann-Becking, MünchHdB GesR IV, § 79 Rn. 86; *Arnold*, Die GmbH & Co. KGaA, S. 66; *Otte*, Die AG & Co. KGaA, S. 185; *Perlitt*, in: Goette/Habersack/Kalss, MüKo-AktG V, § 287 Rn. 84; *Nicolas/Eiff*, in: Frodermann/Jannott, HdB AktR, Kap. 17 Rn. 240.

1170 *Otte*, Die AG & Co. KGaA, S. 187; *Bürgers*, in: Bürgers/Fett, KGaA HdB, § 5 Rn. 573, 588; *Nicolas/Eiff*, in: Frodermann/Jannott, HdB AktR, Kap. 17 Rn. 240; *Herfs*, in: Hoffmann-Becking, MünchHdB GesR IV, § 79 Rn. 86; *Schnorbus*, in: Hoffmann-Becking/Hüffer/Reichert, FS Winter, S. 627 (650, 651).

1171 *Otte*, Die AG & Co. KGaA, S. 187–188.

mit derartigen Kompetenzen ausgestatteter Beirat zu Recht als »Machtzentrale«[1172] oder »Steuerungsgremium«[1173] bezeichnet.

In der Rechtstatsächlichkeit ist es wiederum der *Gesellschafterausschuss* der *Henkel* AG & Co. KGaA, dem eine derartige Macht zuzustehen scheint. Die diesbezüglichen Satzungsbestimmungen muten etwas verklausuliert an. Der *Gesellschafterausschuss* ist im Ergebnis berechtigt, über ihm wesentlich erscheinende Angelegenheiten der Geschäftsführung zu entscheiden.[1174] Diese Entscheidungszuständigkeit hat der Vorstand zu beachten.[1175]

(7) Besetzung des »Managements«

Eine personelle Veränderung in der Geschäftsleitung, wie sie Aktivisten beispielsweise bei unterbewerteten Unternehmen, Konglomeraten oder Unternehmen mit einer verbesserungswürdigen Corporate Governance anstreben, bedeutet in der *gesetzestypischen* KGaA den Austausch oder die Entmachtung des (*vorstandsähnlichen*) persönlich haftenden Gesellschafters sowie in der *atypischen* KGaA des Geschäftsleiters der Komplementärgesellschaft. Die Aktivisten erhoffen sich dadurch einen Kursanstieg sowie eine damit einhergehende strukturelle oder strategische Neuausrichtung, wenn der Geschäftsleiter die KGaA verlässt.

(a) Austausch des Komplementärs einer gesetzestypischen und atypischen KGaA

Anders als in der Aktiengesellschaft[1176] liegt die Bestellung und Abberufung der Geschäftsleitung in der *gesetzestypischen* KGaA nicht außerhalb der Hauptversammlungszuständigkeit. Die Kommanditaktionäre haben ein (Mit-)Initiativrecht zum gerichtlichen Ausschluss eines persönlich haftenden Gesellschafters.

Sind die Kommanditaktionäre mit der Geschäftsführung derart unzufrieden, dass sie lediglich einen Ausschluss als zielführend erachten, kommt die sog. Ausschließungsklage nach § 278 Abs. 2 AktG i. V. m. §§ 161 Abs. 2, 130 Abs. 1 Nr. 5, 134 HGB in Betracht. Die Erhebung einer Ausschließungsklage muss von den übrigen Komplementären sowie der Gesamtheit der Kommanditaktionäre beschlossen werden.[1177] Zur Klageerhebung bedarf es einer einfachen Mehrheit der übrigen Komplementäre sowie der Hauptver-

1172 *Bürgers*, in: Bürgers/Fett, KGaA HdB, § 5 Rn. 573.
1173 *Nicolas/Eiff*, in: Frodermann/Jannott, HdB AktR, Kap. 17 Rn. 240.
1174 *Henkel AG & Co. KGaA*, Satzung (2024), § 25 S. 2 und 3.
1175 *Henkel AG & Co. KGaA*, Geschäftsbericht 2023, S. 73.
1176 *Gröntgen*, Operativer shareholder activism, S. 21; *Pierscinska*, Investoren-Aktivismus in Deutschland, S. 44.
1177 *Perlitt*, in: Goette/Habersack/Kalss, MüKo-AktG V, § 289 Rn. 126.

sammlung.[1178] Die angestrebte Abberufung der geschäftsführungsbefugten natürlichen Person oder in der *atypischen* KGaA juristischen Person ist ein Grundlagengeschäft.[1179] Für eine dahin gehende Beschlussfassung ist daher das Zusammenwirken beider Gesellschaftergruppen notwendig.[1180] Zuständig für den Ausschluss sind also die persönlich haftenden und auch die nicht zur Geschäftsführung befugten Gesellschafter sowie die Gesamtheit der Kommanditaktionäre.

Der anbelangte Komplementär ist von der Beschlussfassung ausgenommen. Im Gegenzug bedarf es eines wichtigen Grundes, der die Ausschließung rechtfertigt (§ 134 Satz 1 HGB). Ein wichtiger Grund liegt vor, wenn »nach Abwägung aller Umstände des Einzelfalls die Fortsetzung des Gesellschaftsverhältnisses mit dem Auszuschließenden unzumutbar ist«, wie beispielsweise nach der Verletzung einer wesentlichen gesellschaftsvertraglichen Pflicht durch den persönlich haftenden Gesellschafter.[1181] Die bloße Schlechterfüllung der Geschäftsführungspflichten reicht dagegen nicht aus.[1182]

Vor Klagerhebung müssen – soweit mehrere Komplementäre vorhanden sind – die übrigen persönlich haftenden Gesellschafter einstimmig zustimmen (§ 278 Abs. 2 AktG i. V. m. § 119 Abs. 1 HGB) und ein Hauptversammlungsbeschluss mit qualifizierter Mehrheit[1183] gefasst werden.

Die sich an die positive Beschlussfassung anschließende Ausschließungsklage zieht allerdings ein schwerfälliges gerichtliches Verfahren[1184] nach sich.

1178 *Scholl*, in: Henssler, BeckOGK-HGB, § 116 Rn. 370.

1179 *Heermann*, ZGR 2000, 61 (66); *Sethe*, in: Hirte/Mülbert/Roth, GroßKomm AktG XII, § 278 Rn. 123 Fn. 311; *Perlitt*, in: Goette/Habersack/Kalss, MüKo-AktG V, § 278 Rn. 182; *Schäfer*, in: Habersack/Schäfer, Das Recht der OHG, § 116 Rn. 16; *Sethe*, Die personalistische Kapitalgesellschaft mit Börsenzugang, S. 109 Fn. 6; *Roth*, in: Hopt, HGB, § 116 Rn. 3.

1180 Kap. 3 § 11 III. 1. a) aa) (3).

1181 *Reger*, in: Bürgers/Fett, KGaA HdB, § 5 Rn. 332.

1182 Noch zu § 140 HGB a. F. *Schmidt*, in: Schmidt/Ebke, MüKo-HGB II, § 140 Rn. 41; *Kessler*, Die rechtlichen Möglichkeiten der Kommanditaktionäre einer GmbH & Co. KGaA zur Einwirkung auf die Geschäftsführung, S. 353.

1183 *Reger*, in: Bürgers/Fett, KGaA HdB, § 5 Rn. 328; *Sethe*, in: Hirte/Mülbert/Roth, GroßKomm AktG XII, § 289 Rn. 92; *Perlitt*, in: Goette/Habersack/Kalss, MüKo-AktG V, § 289 Rn. 126; *Bachmann*, in: Henssler/Spindler/Stilz, BeckOGK-AktG, § 289 Rn. 20; *Otte*, Die AG & Co. KGaA, S. 164; *Mertens/Cahn*, in: Zöllner/Noack, KK-AktG V, § 289 Rn. 59; *Koch*, Aktiengesetz, § 289 Rn. 7; a. A. *Ihrig/Schlitt*, in: Ulmer, Die GmbH & Co KGaA nach dem Beschluss BGHZ 134, 392, S. 33 (71); explizit für die *atypische* KGaA *Hommelhoff*, in: Ulmer, Die GmbH & Co KGaA nach dem Beschluss BGHZ 134, 392, S. 9 (S. 23 Fn. 81); *Arnold*, Die GmbH & Co. KGaA, S. 77; *Perlitt*, in: Goette/Habersack/Kalss, MüKo-AktG V, § 278 Rn. 371.

1184 *Dirksen/Möhrle*, ZIP 1998, 1377 (1384); *Born*, Die abhängige Kommanditgesellschaft auf Aktien, S. 116.

Überdies kann der entstehende Abfindungsanspruch (§ 278 Abs. 2 AktG i. V. m. §§ 161 Abs. 2, 105 Abs. 3 HGB i. V. m. § 738 Abs. 1 Satz 2 BGB) einen enormen finanziellen Kraftaufwand für die ausschließende Gesellschaft bedeuten.[1185]

Vor in Kraft treten des MoPeG hatten die Kommanditaktionäre das Recht, gemeinsam mit den übrigen Komplementären über ein etwaiges Ausscheiden abzustimmen und einen Beschluss zu fassen, der zum unmittelbaren Ausscheiden des Gesellschafters führte (§ 278 Abs. 2 AktG i. V. m. §§ 161 Abs. 2, 131 Abs. 3 Satz 1 Nr. 6 HGB a. F.). Diese Möglichkeit wurde im Rahmen der Gesetzesänderung gestrichen. Ein solcher Beschluss ist seither nur noch möglich, wenn gemäß § 130 Abs. 2 HGB eine dahingehende Regelung in die Satzung aufgenommen wurde. Eine Regelung in der Satzung, die einen grundlosen Ausschluss von persönlich haftenden Gesellschaftern ermöglicht (Hinauskündigungsklausel) ist jedoch unzulässig.[1186]

(b) Austausch eines vorstandsähnlichen Komplementärs

Hat eine Kommanditgesellschaft einen *vorstandsähnlichen* Komplementär installiert, sind Satzungsgestaltungen üblich, die eine Trennung von dem Betroffenen vereinfachen. So kann bei einem solchen Komplementär die Mitgliedschaft an das zeitlich befristete Anstellungsverhältnis gebunden sein und die Beendigung desselben als Ausscheidensfall in der Satzung bestimmt werden.[1187] Die Mitgliedschaft endet auch, wenn das Anstellungsverhältnis aus Unzufriedenheit mit dem Führungsstil des Komplementärs vorzeitig beendet wird. Ein darüber hinaus gehender wichtiger Grund ist bei einer solchen statutarischen Regelung nicht erforderlich.

Im Übrigen sind *vorstandsähnliche* Komplementäre üblicherweise nicht am Gesamtkapital beteiligt,[1188] haben also keine Sondereinlage erbracht. Ein Auseinandersetzungsanspruch steht ihnen in der Folge nicht zu. Das finanzielle Risiko der Gesellschaft bei einem Ausschluss eines solchen Komplementärs hält sich somit in Grenzen.

Allerdings sind die Kommanditaktionäre vorbehaltlich anderweitiger Satzungsgestaltungen nicht für das Anstellungsverhältnis des *vorstandsähnlichen* Komplementärs zuständig. Der Vertrag wurde mit der KGaA, vertreten

---

1185 *Overlack*, in: Hommelhoff/Röhricht, Gesellschaftsrecht 1997, S. 237 (251); *Arnold*, Die GmbH & Co. KGaA, S. 76.

1186 *Bachmann*, in: Henssler/Spindler/Stilz, BeckOGK-AktG, § 289 Rn. 26; in Ausnahmefällen für zulässig erachtend *Roth*, in: Hopt, HGB, § 134 Rn. 27.

1187 *Schmidt*, in: Schmidt/Lutter, AktG, § 289 Rn. 27 unter Berufung auf BGHZ 164, 98; BGHZ 164, 107.

1188 Siehe Kap. 3 § 7 II. 1. b) aa).

durch deren Aufsichtsrat, geschlossen.[1189] Die Hauptversammlung und ihre Kommanditaktionäre haben darauf keinen unmittelbaren Einfluss.

So ähnlich verhält es sich rechtstatsächlich in der Organisationsstruktur der *Merck* KGaA. Nach § 11 Abs. 1 Satz 1 Satzung-Merck scheiden die zur Geschäftsführung befugten Komplementäre (persönlich haftende Gesellschafter ohne Kapitalanteil) aus der Gesellschaft aus, wenn ihre Tätigkeitsvereinbarung endet. Diese Tätigkeitsvereinbarung wird allerdings mit der persönlich haftenden Gesellschafterin mit Kapitalanteil, der *E. Merck* KG, geschlossen. Zwar kann die Vereinbarung aus wichtigem Grund vorzeitig gekündigt werden (§ 11 Abs. 1 Satz 2 Satzung-*Merck*), doch haben die Kommanditaktionäre keine Einflussmöglichkeit auf die Willensbildung der *E. Merck* KG.

(c) Austausch des Geschäftsleiters der Komplementärgesellschaft einer atypischen KGaA

In der *atypischen* KGaA wird es den aktivistischen Kommanditaktionären nicht um den Ausschluss der Komplementärin gehen. Das Hauptaugenmerk liegt auf dem Austausch des faktischen Geschäftsleitungsorgans. Der zuvor genannte Fall des Ausschlusses der Komplementärgesellschaft ist im Wesentlichen theoretischer Natur. In erster Linie soll der geschäftsschädigende Geschäftsleiter bei einem Fehlverhalten oder bloßer Unfähigkeit sanktioniert beziehungsweise ausgetauscht werden. Die Rechtsverhältnisse in der Komplementärgesellschaft stehen aber nicht im Einflussbereich der Kommanditaktionäre, sondern richten sich nach dem Kompetenzgefüge der jeweiligen Gesellschaft. (Aktivistische) Kommanditaktionäre haben keine rechtliche Möglichkeit, unmittelbar mithilfe ihres Stimmrechts in der KGaA-Hauptversammlung die Geschäftsleitung der Komplementärgesellschaft abzuberufen. Die Bestellung und Abberufung des Geschäftsleiters der Komplementärgesellschaft ist keine außergewöhnliche Geschäftsführungsmaßnahme.[1190] Eine Zustimmungskompetenz für personelle Veränderungen in der Geschäftsleitung einer *atypischen* KGaA, also dem Geschäftsführungsorgan der Komplementärgesellschaft, lässt sich nicht mit § 116 Abs. 2 Satz 1 Hs. 2 HGB begründen.

Die Kommanditaktionäre können aber einen Hauptversammlungsbeschluss fassen, der die Komplementärgesellschaft auffordert, die Bestellung ihres Geschäftsleiters zu widerrufen.[1191] Vorbehaltlich anderer statutarischer Re-

---

1189 Siehe ebenso Kap. 3 § 7 II. 1. b) aa).

1190 *Kessler*, NZG 2005, 145 (148); a. A. für die *GmbH* & Co. KG OLG München, Urt. v. 19.11.2003 – 7 U 4505/03, NZG 7 (2004), 374 (375).

1191 *Herfs*, in: Hoffmann-Becking, MünchHdB GesR IV, § 79 Rn. 12; *Otte*, Die AG & Co. KGaA, S. 95; *Schlitt*, Die Satzung der Kommanditgesellschaft auf Aktien, S. 211.

gelungen ist die einfache Mehrheit ausreichend. Der Beschluss ist ein Ergebnis interner Willensbildung der Kommanditaktionäre und nicht mehr als eine Aufforderung an die Komplementärin. Eine rechtliche Pflicht zur Abberufung ergibt sich aus dem Hauptversammlungsbeschluss selbst jedenfalls nicht.[1192] Eine solche Verpflichtung widerspräche der rechtlichen Eigenständigkeit der Komplementärgesellschaft und bedeutete einen unzulässigen Eingriff in die Kompetenzverteilung innerhalb der Komplementärgesellschaft.

Nach der überwiegenden Meinung in der Literatur ist die Komplementärgesellschaft aber auf Basis eines dahin gehenden Hauptversammlungsbeschlusses und ihrer gesellschaftsrechtlichen Treuepflicht gegenüber den Kommanditaktionären zur Abberufung der Geschäftsleitung verpflichtet.[1193] Dem wird entgegnet, dass zur Abberufung der Geschäftsleitung nicht die Komplementärgesellschaft, sondern das zuständige Organ berechtigt ist und sich die gegen die Komplementärin gerichtete Treuepflicht nicht auf deren Organe erstrecke.[1194] Selbst wenn man dieser Meinung Recht geben wollte, kann sich dennoch eine Pflicht für das zuständige Komplementärgesellschaftsorgan zur Abberufung der Geschäftsleitung ergeben.

So besteht sowohl gegen die Gesellschafter einer Komplementär-GmbH als auch gegen den Aufsichtsrat einer Komplementär-AG als Teil der Gesamtorganisation eine Treuepflicht gegenüber der KGaA und den Kommanditaktionären.[1195] Einer Übertragung dieser Erkenntnisse auf die SE als Komplementärgesellschaft stehen keine Bedenken entgegen. Die entsprechenden

---

1192 LG Frankfurt a. M., Urt. v. 12.03.2013 – 3-05 O 114/12, ZIP 2013, 1425 (1428); so auch *Kessler*, Die rechtlichen Möglichkeiten der Kommanditaktionäre einer GmbH & Co. KGaA zur Einwirkung auf die Geschäftsführung, S. 348.

1193 BGHZ 134, 392–401 (399); *Perlitt*, in: Goette/Habersack/Kalss, MüKo-AktG V, § 278 Rn. 374; *Sethe*, in: Hirte/Mülbert/Roth, GroßKomm AktG XII, § 278 Rn. 170; *Bachmann*, in: Henssler/Spindler/Stilz, BeckOGK-AktG, § 278 Rn. 86; *Mertens/Cahn*, in: Zöllner/Noack, KK-AktG V, § 278 Rn. 85, § 289 Rn. 60; *Priester*, ZHR 160 (1996), 250 (261); *Arnold*, Die GmbH & Co. KGaA, S. 77; *Herfs*, in: Gesellschaftsrechtliche Vereinigung, VGR Bd. 1 (1999), S. 23 (46); *Vollertsen*, Corporate Governance der börsennotierten KGaA, S. 286; *Ihrig/Schlitt*, in: Ulmer, Die GmbH & Co KGaA nach dem Beschluss BGHZ 134, 392, S. 33 (52); *Kessler*, Die rechtlichen Möglichkeiten der Kommanditaktionäre einer GmbH & Co. KGaA zur Einwirkung auf die Geschäftsführung, S. 346–347; *Koch*, Aktiengesetz, § 278 Rn. 17c; zurückhaltend *Fett/Förl*, in: Bürgers/Körber/Lieder, AktG, § 278 Rn. 37a.

1194 *Reger*, in: Bürgers/Fett, KGaA HdB, § 5 Rn. 208–209; a. A. *Herfs*, in: Hoffmann-Becking, MünchHdB GesR IV, § 79 Rn. 13.

1195 Für die *GmbH* & Co. KGaA *Schmidt*, Gesellschaftsrecht, § 32 IV 2. f), S. 979; *Overlack*, in: Hommelhoff/Röhricht, Gesellschaftsrecht 1997, S. 237 (252 f.); *Nagel/Wittkowski*, Die Kommanditgesellschaft auf Aktien (KGaA), S. 50 Rn. 79; bezweifelnd *Gonnella/Mikic*, AG 1998, 508 (509); für die AG & Co. KGaA *Otte*, Die AG & Co. KGaA, S. 95; *Herfs*, in: Hoffmann-Becking, MünchHdB GesR IV, § 79 Rn. 13.

Komplementärgesellschaftsorgane haben die Belange der KGaA und ihrer Anteilseigner zu berücksichtigen und insoweit gegebenenfalls auf eine Abberufung der Geschäftsleitung hinzuwirken.

Dabei ist stets der Grundsatz der Verhältnismäßigkeit zu beachten. Der Ausschluss von Gesellschaftern muss immer die »Ultima Ratio« sein.[1196] Als milderes Mittel ist zunächst an eine Entziehung der Geschäftsführungs- und Vertretungsbefugnis zu denken.[1197] Auch darin kann ein aktivistischer Kommanditaktionär eine Lösung finden. Die Rechte und der Einfluss des als kritikwürdig erachteten Geschäftsleiters auf die Geschäftsstrategie und Geschicke der Gesellschaft können durch einen erfolgreichen Entzug wirksam eingeschränkt werden.

(d) Entziehung der Geschäftsführungsbefugnis in einer gesetzestypischen und atypischen KGaA

Die Entziehung der Geschäftsführungsbefugnis richtet sich nach § 278 Abs. 2 AktG i. V. m. §§ 161 Abs. 2, 116 Abs. 5 HGB. Danach kann auf Antrag dem Komplementär einer *gesetzestypischen* oder der Komplementärin einer *atypischen* KGaA die Geschäftsführung durch gerichtliche Entscheidung entzogen werden. Dies ist wie in der Kommanditgesellschaft[1198] auch gegenüber dem einzigen Komplementär der Gesellschaft möglich.

Ausweislich des Gesetzeswortlauts bedarf es eines wichtigen Grundes. Ein solcher Grund ist insbesondere die grobe Pflichtverletzung oder Unfähigkeit zur ordnungsgemäßen Geschäftsführung, § 116 Abs. 5 Hs. 2 HGB. Darunter fallen auch mangelnde fachliche Kenntnisse, wenn der in Frage stehende Geschäftsleiter den kaufmännischen Anforderungen nicht gerecht wird.[1199] Mit solchen Vorhaltungen können aktivistische Kommanditaktionäre die Geschäftsleiter einer Kommanditgesellschaft auf Aktien konfrontieren. Sind die Vorwürfe objektiv begründet, lassen sie sich über die bloße Konfrontation hinaus als wichtiger Grund für eine Entziehung der Geschäftsführungs-

---

1196 *Sethe*, in: Hirte/Mülbert/Roth, GroßKomm AktG XII, § 289 Rn. 91; *Bachmann*, in: Henssler/Spindler/Stilz, BeckOGK-AktG, § 289 Rn. 20; *Herfs*, in: Hoffmann-Becking, MünchHdB GesR IV, § 78 Rn. 41; *Fett/Stütz*, NZG 2017, 1121 (1127); *Flämig*, in: Lutter, FS Peltzer, S. 99 (105); *Schmidt*, in: Schmidt/Lutter, AktG, § 289 Rn. 30; für die *atypische* KGaA *Mertens/Cahn*, in: Zöllner/Noack, KK-AktG V, § 289 Rn. 60.

1197 M. w. N. *Sethe*, in: Hirte/Mülbert/Roth, GroßKomm AktG XII, § 289 Rn. 91; *Perlitt*, in: Goette/Habersack/Kalss, MüKo-AktG V, § 289 Rn. 121; *Bachmann*, in: Henssler/Spindler/Stilz, BeckOGK-AktG, § 289 Rn. 20.

1198 BGHZ 51, 198 (201–203); *Schäfer*, in: Habersack/Schäfer, Das Recht der OHG, § 117 Rn. 20; für die *atypische* KG BGH, Urt. v. 25.04.1983 – II ZR 170/82, NJW 37 (1984), 173.

1199 BGH, Urt. v. 19.12.1951 – II ZR 42/51, JZ 7 (1952), 276; m. w. N. *Schäfer*, in: Habersack/Schäfer, Das Recht der OHG, § 117 Rn. 38.

befugnis anbringen. Im Gegensatz zum Ausschluss des persönlich haftenden Gesellschafters, kann für die Entziehung der Geschäftsführungsbefugnis statutarisch festgelegt werden, dass es eines wichtigen Grundes nicht bedarf.[1200] Dies ist insbesondere für den Entzug der Geschäftsführungsbefugnis eines *vorstandsähnlichen* Komplementärs praxisrelevant.

Der Entzug der Geschäftsführungsbefugnis ist ein Grundlagengeschäft.[1201] Für den Antrag ist daher ein Zusammenwirken aller Gesellschafter notwendig. Zuständig sind alle Komplementäre (auch die nicht geschäftsführungsbefugten) und die Kommanditaktionäre.

Die persönlich haftenden Gesellschafter entscheiden wiederum grundsätzlich einstimmig (§ 278 Abs. 2 AktG i. V. m. § 119 Abs. 1 HGB). Anders als bei den die Ausschließung betreffenden Hauptversammlungsbeschlüssen bedarf es lediglich einer einfachen Mehrheit in der Hauptversammlung.[1202]

Das sich anschließende gerichtliche Verfahren ist wie schon beim Ausschluss des Komplementärs ein Zeit- und Kostenfaktor, den es zu bedenken gilt.

In Situationen, in denen die Entziehung der Geschäftsführungsbefugnis beschlossen ist, das Gestaltungsurteil aber nicht abgewartet werden kann, ist an einen Antrag aller Gesellschafter im Verfahren des einstweiligen Rechtsschutzes (§§ 935, 940 ZPO) zu denken.[1203] Die Gesellschafter müssen hier nicht bis zur Rechtskraft des Urteils und damit verbundenen Umgestaltung des Gesellschaftervertrages[1204] ausharren.

1200 *Perlitt*, in: Goette/Habersack/Kalss, MüKo-AktG V, § 278 Rn. 189.

1201 *Perlitt*, in: Goette/Habersack/Kalss, MüKo-AktG V, § 278 Rn. 182; *Sethe*, in: Hirte/Mülbert/Roth, GroßKomm AktG XII, § 278 Rn. 123 Fn. 311; *Schäfer*, in: Habersack/Schäfer, Das Recht der OHG, § 116 Rn. 16; *Heermann*, ZGR 2000, 61 (66); *Sethe*, Die personalistische Kapitalgesellschaft mit Börsenzugang, S. 109 Fn. 6; *Roth*, in: Hopt, HGB, § 116 Rn. 3.

1202 *Perlitt*, in: Goette/Habersack/Kalss, MüKo-AktG V, § 278 Rn. 190; *Herfs*, in: Hoffmann-Becking, MünchHdB GesR IV, § 79 Rn. 10; *Bachmann*, in: Henssler/Spindler/Stilz, BeckOGK-AktG, § 278 Rn. 83; *Reger*, in: Bürgers/Fett, KGaA HdB, § 5 Rn. 187; *Arnold*, Die GmbH & Co. KGaA, S. 77; *Vollertsen*, Corporate Governance der börsennotierten KGaA, S. 81.

1203 BGHZ 33, 105 (107); *Bachmann*, in: Henssler/Spindler/Stilz, BeckOGK-AktG, § 278 Rn. 83; *Sethe*, in: Hirte/Mülbert/Roth, GroßKomm AktG XII, § 278 Rn. 167; ausführlich *Jickeli*, in: Schmidt/Ebke, MüKo-HGB II, § 117 Rn. 69–73; *Drescher*, in: Ebenroth/Boujong/Joost, HGB I, § 116 Rn. 147; m. w. N. *Schäfer*, in: Habersack/Schäfer, Das Recht der OHG, § 117 Rn. 67.

1204 *Philbert*, Die Kommanditgesellschaft auf Aktien zwischen Personengesellschaftsrecht und Aktienrecht, S. 65.

(e) Kein Abberufungsdurchgriff (Entziehungsdurchgriff) in der atypischen KGaA

Ein Teil des Schrifttums möchte einen sogenannten Abberufungsdurchgriff in der *atypischen* KGaA anerkennen.[1205] Mit der Idee des Abberufungsdurchgriffs sollte den Kommanditaktionären die Möglichkeit zugestanden werden, durch das Organisationsgefüge der Komplementärgesellschaft »durchgreifen« und deren Geschäftsleiter »abberufen« zu können.

Dieselben Überlegungen lassen sich auch für die Entziehung der Geschäftsführungs- und Vertretungsbefugnis des Geschäftsleiters der persönlich haftenden Gesellschafterin durch die Kommanditaktionäre anstellen. Treffender ist es dann, von einem »Entziehungsdurchgriff« zu sprechen.

Als Rechtsgrundlage könnten die §§ 116 Abs. 5, 124 Abs. 5, 134 HGB analog herangezogen werden. Begründen lässt sich dies mit einem erhöhten Schutzbedürfnis der Kommanditaktionäre[1206] in einer *atypischen* KGaA. Es bedürfe bei schlechter Geschäftsführung einer effektiven Sanktionierungsmöglichkeit für die Kommanditaktionäre.[1207] Für eine solche Möglichkeit sprächen reine Praktikabilitätserwägungen. Folgte man dieser Ansicht, würde aktivistischen Kommanditaktionären ein mächtiges Recht an die Hand gegeben. Ein entsprechender mit ihren Stimmrechten gefasster Hauptversammlungsbeschluss hätte unmittelbar rechtsgestaltende Wirkung.

Im Ergebnis muss aber mit der herrschenden Ansicht[1208] in Literatur und Rechtsprechung ein solcher Abberufungsdurchgriff abgelehnt werden. Als

---

1205 *Schaumburg/Schulte*, Die KGaA, S. 42; *Schaumburg*, DStZ 86 (1998), 525 (531 f.); so noch mit aber mittlerweile korrigierter Ansicht *Sethe*, Die personalistische Kapitalgesellschaft mit Börsenzugang, S. 170.

1206 *Schaumburg/Schulte*, Die KGaA, Rn. 64.

1207 *Overlack*, in: Hommelhoff/Röhricht, Gesellschaftsrecht 1997, S. 237 (255).

1208 BGHZ 134, 392–401 (399); LG Frankfurt a. M., Urt. v. 12.03.2013 – 3-05 O 114/12, ZIP 2013, 1425 (1428); *Schnorbus*, in: Hoffmann-Becking/Hüffer/Reichert, FS Winter, S. 627 (660); *Fett/Stütz*, NZG 2017, 1121 (1127); *Fett/Förl*, in: Bürgers/Körber/Lieder, AktG, § 278 Rn. 50; *Herfs*, in: Gesellschaftsrechtliche Vereinigung, VGR Bd. 1 (1999), S. 23 (46 f.); *Kessler*, Die rechtlichen Möglichkeiten der Kommanditaktionäre einer GmbH & Co. KGaA zur Einwirkung auf die Geschäftsführung, S. 345; *Bachmann*, in: Henssler/Spindler/Stilz, BeckOGK-AktG, § 278 Rn. 86; *Arnold*, Die GmbH & Co. KGaA, S. 83–86; *Ihrig/Schlitt*, in: Ulmer, Die GmbH & Co KGaA nach dem Beschluss BGHZ 134, 392, S. 33 (53 f.); *Schlitt*, Die Satzung der Kommanditgesellschaft auf Aktien, S. 211; *Sethe*, in: Hirte/Mülbert/Roth, GroßKomm AktG XII, § 278 Rn. 172; *Herfs*, in: Hoffmann-Becking, MünchHdB GesR IV, § 79 Rn. 12 f.; *Otte*, BB 2022, 461 (462); *Arnold*, in: Henssler/Strohn, GesR, AktG § 278 Rn. 14; *Nicolas/Eiff*, in: Frodermann/Jannott, HdB AktR, Kap. 17 Rn. 121; *Blaurock*, in: Wachter, AktG, § 278 Rn. 25; *Roßkopf*, in: Goette/Arnold, AR-HdB, § 9 Rn. 46 f.; wohl bei dahingehender Satzungsermächtigung für zulässig erachtend *Koch*, Aktiengesetz, § 278 Rn. 17c.

Hauptargument lässt sich die rechtliche Eigenständigkeit der Komplementärgesellschaft sowie der KGaA anführen. Auch ist mit der Möglichkeit der Entziehung der Geschäftsführungsbefugnis der persönlich haftenden Gesellschafterin ein ausreichend praktikables Sanktionierungsmittel gegeben.[1209] In der *AG/SE* & Co. KGaA muss ein Abberufungsdurchgriff allein wegen der Unabdingbarkeit des § 84 Abs. 4 AktG ausscheiden.[1210] Die Zuständigkeit für den Widerruf der Bestellung liegt ausschließlich beim Aufsichtsrat der AG/SE und kann weder durch Satzung noch anderweitig auf ein anderes Organ übertragen werden.[1211] Für eine dahin gehende Kompetenz der Kommanditaktionäre ist nach alledem kein Raum.

(f) Sonderfall der Einheits-GmbH & Co. KGaA

Die *Einheits*-GmbH & Co. KGaA erscheint mit Blick auf die Möglichkeit der Abberufung der Geschäftsleitung der Komplementär-GmbH durch (aktivistische) Kommanditaktionäre als Sonderfall. Die Sonderstellung lässt sich widerum mit § 170 Abs. 2 HGB i. V. m. § 278 Abs. 2 AktG begründen.[1212] Wie bereits dargelegt bestimmt § 170 Abs. 2 HGB, dass die Rechte der gesellschafterversammlung der Komplementär-GmbH grundsätzlich von der Kommanditaktionären ausgeübt werden. Dies löst die typische Konfliktsituation der Einheitsgesellschaft, in dem sonst der (noch) amtierende Geschäftsführer der Komplementär-GmbH die KGaA verteten müsste, obwohl diese seine Abberufung betreibt.[1213] Diese vom Gesetzgeber mit dem MoPeG geschaffenen Lösung schafft über § 278 Abs. 2 AktG eine klare Zuständigkeit der Kommanditaktionäre für die Willensbildung und spiegelt so die wirtschaftliche Beherrschung der Einheitsgesellschaft durch die Kommanditaktionäre wider.

Im Ergebnis wird man also davon ausgehen, dass (aktivistische) Kommanditatkionäre in der *Einheits*-GmbH & Co. KG das Recht haben gemeinschaftlich über die Abberufung der Geschäftsleitung zu entscheiden, wobei – wie dargelegt[1214] – der Aufsichtsrat der KGaA diesen Beschluss schlussendlich in der Komplementärversammlung umsetzt.

1209 *Ihrig/Schlitt*, in: Ulmer, Die GmbH & Co KGaA nach dem Beschluss BGHZ 134, 392, S. 33 (54).

1210 *Otte*, Die AG & Co. KGaA, S. 96.

1211 Für viele *Fleischer*, in: Henssler/Spindler/Stilz, BeckOGK-AktG, § 84 Rn. 127.

1212 Siehe hierzu bereits Kap. 3 § 11 II. 1. a) cc) (5) (c).

1213 Siehe für die KG Entwurf eines Gesetzes zur Modernisierung des Personengesellschaftsrechts (Personengesellschaftsmodernisierungsgesetz – MoPeG) vom 22.01.2021, BT-Drucks. 59/21, S. 296.

1214 Siehe Kap. 3 § 11 II. 1. a) cc) (5) (c).

(g) Entlastungsverweigerung

Die Entlastung der persönlich haftenden Gesellschafter und der Mitglieder des Aufsichtsrats ist im zweiten Buch des Aktiengesetzes, welches das Grundgerüst der auf die KGaA anwendbaren Vorschriften enthält, in § 285 Abs. 1 Satz 2 Nr. 2 AktG explizit erwähnt. Der tatsächlich die Entlastung der Verwaltung einer AG behandelnde § 119 Abs. 1 Nr. 4 AktG lässt sich unter Rückgriff auf § 278 Abs. 3 AktG[1215] sinngemäß auf die Entlastung des persönlich haftenden Gesellschafters oder des Aufsichtsrats einer KGaA anwenden.

Mit der Entlastung des (*vorstandsähnlichen*) Komplementärs (*gesetzestypische* KGaA) beziehungsweise der Komplementärgesellschaft (*atypische* KGaA) billigen die Kommanditaktionäre die Geschäftsführung in der vergangenen Entlastungsperiode. Für die Entlastung des faktischen Leitungsorgans in der *atypischen* KGaA, den Geschäftsleiter der persönlich haftenden Gesellschafterin, ist grundsätzlich die Gesellschafter-/Hauptversammlung der Komplementärgesellschaft zuständig. Die vorbehaltlose Entlastung der Komplementärin durch die Hauptversammlung der Kommanditgesellschaft auf Aktien bewirkt aber nicht nur die Entlastung der Komplementärgesellschaft, sondern auch die Entlastung des Geschäftsleiters.[1216] Denn durch ihn wurden die Geschäfte der *atypischen* KGaA faktisch geführt.

Über die Entlastung fassen die Kommanditaktionäre in der Hauptversammlung Beschluss. Ein möglicher Komplementär-Kommanditaktionär ist von der Beschlussfassung ausgeschlossen.[1217] Sind mehrere persönlich haftende Gesellschafter vorhanden, besteht nach § 278 Abs. 3 i. V. m. § 120 Abs. 1 Satz 2 AktG die Möglichkeit einer Einzelentlastung. Danach können Kommanditaktionäre über die Entlastung eines einzelnen Komplementärs gesondert abstimmen, wenn sie den zehnten Teil des Grundkapitals oder mindestens einen anteiligen Betrag von einer Million Euro erreichen. Zumindest letztere Voraussetzung wird insbesondere für aktivistische Hedgefonds keine Hürde darstellen.

Erneut kommt der *Einheits*-KGaA und dem (§ 278 Abs. 2 AktG i. V. m.) § 170 Abs. 2 HGB eine Sonderrolle zu.[1218] Zu den Rechten der KGaA, welche in der Gesellschafter-/Hauptversammlung der Komplementär-Gesellschaft wahrgenommen werden, zählt auch das Recht, die Leitungsgremien

---

1215 *Sethe*, in: Hirte/Mülbert/Roth, GroßKomm AktG XII, § 285 Rn. 9, 19; a. A. über § 278 Abs. 1 AktG *Philbert*, Die Kommanditgesellschaft auf Aktien zwischen Personengesellschaftsrecht und Aktienrecht, S. 140.

1216 So bereits für die *GmbH* & Co. KG BGH, Urt. v. 22.09.2020 – II ZR 141/19, BGHR-Z Nr. 53654, Rn. 23.

1217 *Flämig*, in: Lutter, FS Peltzer, S. 99 (104).

1218 Siehe hierzu bereits Kap. 3 § 11 II. 1. a) cc) (5) (c).

der Komplementärin zu entlasten. In der GmbH umfasst die die Entlastung des Geschäftsführers (§ 46 GmbHG), in der AG die Entlastung von Vorstand und Aufsichtsrat (§ 120 Abs. 1 AktG). Weil die KGaA in der *Einheits*-KGaA zugleich einzige Gesellschafterin der Komplementär-Gesellschaft ist, würde eine von den Leitungsgremien der Komplementärgesellschaft selbst veranlasste oder gesteuerte Entlastungsentscheidung eine unzulässige Selbstbefassung bedeuten.[1219] Zur Vermeidung von Interessenkollisionen und zur sauberen Kompetenzabgrenzug werden die dahingehende Willensbildung daher von den Kommanditaktionären wahrgenommen und von dem Aufsichtsrat der KGaA in der Komplementärgesellschaft umgesetzt[1220]. Gesellschaftsvertragliche Konkretisierungen sind gleichwohl möglich.

Die Entlastungsverweigerung von Aufsichtsratsmitgliedern ist in der Praxis nur selten mit Konsequenzen verbunden.[1221]

Für das Management hat eine Entlastungsverweigerung durch die (Kommandit-)Aktionäre dagegen eine andere Wirkung. Der Tagesordnungspunkt zur Entlastungsentscheidung gibt den Aktionären einer AG[1222] und in gleicher Weise den Kommanditaktionären einer KGaA die Möglichkeit, jegliche Art der Unmutsbekundungen loszuwerden. Diesen Unmutsbekundungen kann sich die Geschäftsleitung in der Hauptversammlung nicht entziehen. So können zum einen andere Anteilseigner von der Verweigerung überzeugt und zum anderen Einfluss auf die Gestaltung der Geschäftspolitik erlangt[1223] werden.

Wird die Entlastung durch die Hauptversammlung verweigert, hat dies keine rechtlichen Folgen,[1224] führt allerdings regelmäßig zu einer überdurchschnittlichen öffentlichen Aufmerksamkeit.[1225] Die verantwortlichen Geschäftsleiter müssen mit einem Ansehensverlust[1226] in der Öffentlichkeit und der Fachwelt rechnen. Eine verweigerte Entlastung gilt als schändlich und blamabel. Der so entstehende gesellschaftliche Druck kann derart enorm sein, dass die Geschäftsleiter einer *atypischen* KGaA freiwillig zurücktre-

---

1219 Vgl. Entwurf eines Gesetzes zur Modernisierung des Personengesellschaftsrechts (Personengesellschaftsmodernisierungsgesetz – MoPeG) vom 22.01.2021, BT-Drucks. 59/21, S. 296.

1220 Siehe Kap. 3 § 11 II. 1. a) cc) (5) (c).

1221 Die Entlastungsverweigerung des Aufsichtsratsvorsitzenden der *Lufthansa* AG im Jahr 2003 als Beispiel nennend *Kley*, in: Siegert/Schenck/Weber, Eigenkapital – Kapitalmarkt und Unternehmenssteuerung, 57–69 (60).

1222 Für die AG *Kubis*, in: Goette/Habersack/Kalss, MüKo-AktG III, § 120 Rn. 2.

1223 *Brass*, Hedgefonds als aktive Investoren, S. 63.

1224 *Heuser*, Shareholder Activism, S. 81–82.

1225 *Kubis*, in: Goette/Habersack/Kalss, MüKo-AktG III, § 120 Rn. 2; *Brass*, Hedgefonds als aktive Investoren, S. 64; j. m. w. N. *Heuser*, Shareholder Activism, S. 82; *Otte*, Die AG & Co. KGaA, S. 111.

1226 *Inci*, Shareholder Engagement, S. 116.

ten[1227] oder der Komplementär einer *gesetzestypischen* KGaA eine Kündigung seiner Mitgliedschaft nach § 289 Abs. 1 AktG i. V. m. § 132 HGB in Erwägung zieht.

Die Entlastung wird nicht umsonst als »psychologische Waffe«[1228] deklariert. Der Austausch des Managements in der Kommanditgesellschaft auf Aktien lässt sich durch (aktivistische) Kommanditaktionäre mittelbar anstoßen über eine Entlastungsverweigerung mithilfe eines mit einfacher Mehrheit gefassten Hauptversammlungsbeschlusses.

(h) Vertrauensentzug

Anders als im Recht der Aktiengesellschaft findet der Vertrauensentzug im KGaA-Recht keine Erwähnung. Der den Entzug des Vertrauens in der Aktiengesellschaft erwähnende § 84 Abs. 4 Satz 2 Alt. 3 AktG gilt nicht für die Kommanditgesellschaft auf Aktien.[1229]

Dennoch kann auch der Komplementär einer KGaA das Vertrauen der Kommanditaktionäre verlieren. Wollen die Kommanditaktionäre nicht mehr, dass das von ihnen zur Verfügung gestellte Kapital durch den Geschäftsleiter verwaltet wird, steht auch ihnen die Möglichkeit eines Vertrauensentzugs mittels eines Hauptversammlungsbeschlusses zu.[1230] Ein solcher Beschluss gilt – wie auch der Entlastungsbeschluss – gegenüber dem (*vorstandsähnlichen*) Komplementär, der Komplementärin und damit auch dem Geschäftsleiter der Komplementärgesellschaft.

Wird das Vertrauen versagt, kann dies die Autorität des Geschäftsleiters erheblich beeinträchtigen.[1231] Dies gilt gegebenenfalls selbst dann, wenn der Beschluss nur knapp scheitert, der Antrag aber von einer großen Zahl der Kommanditaktionäre unterstützt wurde. In der Aktiengesellschaft erhoffen sich aktivistische Aktionäre so, Druck auf den Aufsichtsrat aufbauen zu können, der in der Regel Konsequenzen im Sinne eines Managementaustauschs in die Wege leiten wird.[1232]

1227 *Pierscinska*, Investoren-Aktivismus in Deutschland, S. 44.

1228 M. w. N. *Heuser*, Shareholder Activism, S. 81–82; ähnlich *Kubis*, in: Goette/Habersack/Kalss, MüKo-AktG III, § 120 Rn. 2; *Brass*, Hedgefonds als aktive Investoren, S. 64.

1229 Wohl auch *Perlitt*, in: Goette/Habersack/Kalss, MüKo-AktG V, § 278 Rn. 189.

1230 Davon wohl ebenfalls ausgehend *Perlitt*, in: Goette/Habersack/Kalss, MüKo-AktG V, § 278 Rn. 189; *Fett/Förl*, in: Bürgers/Körber/Lieder, AktG, § 278 Rn. 49.

1231 Dazu für den Vertrauensentzug des Vorstands einer AG *Heuser*, Shareholder Activism, S. 82; *Schiessl*, ZIP 2009, 689 (691).

1232 *Brass*, Hedgefonds als aktive Investoren, S. 62; *Langenbucher*, in: Dreher/Mülbert/Verse/Drescher, FS Bergmann, S. 443 (452).

Der Aufsichtsrat einer KGaA verspürt dagegen keinen Druck. Er ist nicht für die Abberufung des persönlich haftenden Gesellschafters zuständig.

Dies ist anders zu bewerten, sobald der Anstellungsvertrag des *vorstandsähnlichen* Komplementärs oder des Geschäftsleiters in der *atypischen* KGaA mit der KGaA selbst geschlossen wurde. Dann hat der KGaA-Aufsichtsrat Einfluss auf das Anstellungsverhältnis. Bei einer Missachtung des Vertrauensentzugs muss er befürchten, von den Kommanditaktionären abgestraft zu werden.

In der *atypischen* KGaA ist der Anstellungsvertrag üblicherweise mit der Komplementärgesellschaft geschlossen. Für die Abberufung des Geschäftsführers ist das dort berechtigte Organ zuständig. Auf dessen Besetzung haben die Kommanditaktionäre grundsätzlich keinen Einfluss. Der durch einen Vertrauensentzug möglicherweise herbeigeführte Kurs- und Reputationsschaden kann aber für die Stellung des Aufsichtsrats der Komplementärin gefährlich werden. Reagiert beispielsweise der Aufsichtsrat der Komplementär-AG nicht adäquat auf den Vertrauensentzug der KGaA-Hauptversammlung, ist es womöglich die Hauptversammlung der persönlich haftenden Gesellschafterin, die Konsequenzen zieht.

Der das Vertrauen entziehende Hauptversammlungsbeschluss bedarf der einfachen Mehrheit (§ 278 Abs. 3 i. V. m. § 133 Abs. 1 AktG).

Für die persönlich haftenden Gesellschafter entstehen keine unmittelbaren rechtlichen Folgen aus dem Entzug des Vertrauens durch die Hauptversammlung. Ob der Vertrauensentzug mittelbare Konsequenzen mit sich bringt, ist umstritten.

(aa) Meinungsstand

Dies wäre dann der Fall, wenn der Vertrauensentzug einen wichtigen Grund im Sinne der §§ 116 Abs. 5, 124 Abs. 5 HGB darstellen würde und eine gerichtliche Entziehung der Geschäfts- und Vertretungsbefugnis[1233] begründen könnte.

Die einen wichtigen Grund verneinenden Stimmen berufen sich zum einen auf die Rechtsprechung des *BGH* zur (*GmbH* & Co.) KG.[1234] Danach kommt die Entziehung der Geschäftsführungsbefugnis aufgrund eines Vertrauensverlustes nur dann in Frage, wenn das Vertrauen nachhaltig zerstört ist. Dies sei aber bei einem bloßen Vertrauensentzug nicht in jedem Fall ge-

---

1233 Siehe zur Entziehung der Geschäftsführungsbefugnis zuvor Kap. 3 § 11 III. 1. a) cc) (7) (d).

1234 *Philbert*, Die Kommanditgesellschaft auf Aktien zwischen Personengesellschaftsrecht und Aktienrecht, S. 65 unter Verweis auf BGH, Urt. v. 25.04.1983 – II ZR 170/82, NJW 37 (1984), 173 (174); BGHZ 31, 295 (304 f.).

geben. Außerdem spreche die strukturelle Machtverteilung in der Kommanditgesellschaft auf Aktien gegen den Entzug des Vertrauens als wichtigen Grund.[1235] Da der Entzug der Geschäftsführungsbefugnis im Katalog des § 285 AktG keine Erwähnung findet, sei erkennbar, dass die Komplementäre nicht vom Wohl der Kommanditaktionäre abhängig sein sollten.

Die Gegenmeinung[1236] will den Vertrauensentzug als wichtigen Grund im Sinne der §§ 116 Abs. 5, 124 Abs. 5 HGB genügen lassen. Dies sei zumindest dann der Fall, wenn er aus sachlichen Gründen erfolge.

(bb) Stellungnahme

Nach hier vertretener Auffassung ist in dem Vertrauensentzug durch die Hauptversammlung der Kommanditgesellschaft auf Aktien ein wichtiger Grund zu sehen, aufgrund dessen die Befugnis zur Geschäftsführung entzogen werden kann. Es ist nicht ersichtlich, weshalb ein aus sachlichen Gründen beschlossener Entzug des Vertrauens nicht zum Entzug der Geschäftsführungsbefugnis ausreichen sollte. Wollten die Anteilseigner lediglich ihren Unmut über die vergangene Periode äußern, bliebe ihnen der Weg über die Verweigerung der Entlastung. Dass dies eine ausreichend disziplinierende Wirkung haben kann, wurde bereits dargelegt. Eine Veränderung in der künftigen Geschäftsführung kann bei ansonsten ungestörtem Vertrauen herbeigeführt werden.

Soweit die Kommanditaktionäre den Geschäftsleitern die Geschäftsführung allerdings nicht mehr zutrauen und dies sachlich begründen können, ist nicht ersichtlich, weshalb dies keine Grundlage für den Entzug der Geschäftsführungsbefugnis sein sollte.

Auch überzeugt das Argument, die Komplementäre hingen nicht vom Wohl der Kommanditaktionäre ab, nicht. § 285 AktG schweigt tatsächlich zur Entziehung der Geschäftsführungsbefugnis. Dies ändert aber nichts an der Tatsache, dass die Kommanditaktionäre dazu befähigt sind, einen Antrag auf gerichtliche Entziehung der Geschäftsführungsbefugnis zu stellen. Bei der diesbezüglichen Beschlussfassung unterliegt der Komplementär einem Stimmrechtsverbot.[1237] Es gibt daher Situationen in denen der persönlich

---

1235 *Fett/Förl*, in: Bürgers/Körber/Lieder, AktG, § 278 Rn. 49; sich dem anschließend *Perlitt*, in: Goette/Habersack/Kalss, MüKo-AktG V, § 278 Rn. 189.

1236 *Sethe*, AG 1996, 289 (296); ohne Begründung *Herfs*, in: Hoffmann-Becking, MünchHdB GesR IV, § 79 Rn. 10; darauf noch verweisend *Förl*, Die GmbH & Co. KGaA als abhängiges Unternehmen, S. 14 Fn. 113.

1237 LG Frankfurt a. M., Urt. v. 12.03.2013 – 3-05 O 114/12, ZIP 2013, 1425 (1428); *Herfs*, in: Hoffmann-Becking, MünchHdB GesR IV, § 79 Rn. 10; *Bachmann*, in: Henssler/Spindler/Stilz, BeckOGK-AktG, § 278 Rn. 83.

haftenden Gesellschafter (auch) vom Wohl der Kommanditaktionäre abhängig ist.

Nach alledem ist der Vertrauensentzug ein starkes und zentrales Kommanditaktionärsrecht. Mit dessen Hilfe kann nicht nur Druck aufgebaut werden. Ein sachlich begründeter Vertrauensentzug kann überdies als wichtiger Grund für eine gerichtliche Entziehung der Geschäfts- und Vertretungsbefugnis des persönlich haftenden Gesellschafters herangezogen werden.

dd) Finanzpolitik

Soweit aktivistische Kommanditaktionäre die Finanzpolitik wie beispielsweise die Investitions-, Einkaufs- oder Dividendenpolitik beeinflussen wollen, stellt sich die Frage nach diesbezüglichen rechtlichen Handlungsoptionen.

(1) Bilanzpolitische Entscheidungen im Jahresabschluss der KGaA

Die Erstellung eines Jahresabschlusses ist auch für die KGaA als Formkaufmann (§ 278 Abs. 3 i. V. m. § 3 Abs. 1 AktG i. V. m. § 6 Abs. 2 HGB) verpflichtend.[1238] Der Jahresabschluss ist Grundlage für die finanziellen Ansprüche der Gesellschafter[1239] und daher für die Kommanditaktionäre von erhöhtem Interesse.

Streng zu unterscheiden ist zwischen der Kompetenz zur Aufstellung des Jahresabschlusses einerseits und zur Feststellung desselben andererseits.

(a) Aufstellungskompetenz

Zunächst wird der Jahresabschluss von den persönlich haftenden Gesellschaftern der Kommanditgesellschaft auf Aktien mit dem in § 283 Nr. 9 AktG i. V. m. § 264 HGB vorgeschriebenen Inhalt aufgestellt. Dabei erstellen die persönlich haftenden Gesellschafter im Rahmen der gesetzlichen Vorschriften die Gewinn- und Verlustrechnung sowie die Bilanz, mithin das Zahlenwerk. Die Gliederung der Bilanz (§ 266 HGB) und der Gewinn- und Verlustrechnung (§ 275 HGB) ist gesetzlich vorgegeben.

Inhaltlich bleibt den persönlich haftenden Gesellschaftern dagegen bei Erstellung der Bilanz ein gewisser Entscheidungsspielraum. Im Gesetz sind ausdrücklich Ansatz- und Bewertungswahlrechte[1240] vorgesehen. Mit ihrer Hilfe lässt sich rein buchtechnisch der Gewinn der Gesellschaft beeinflus-

---

1238 *Wichert*, Die Finanzen der Kommanditgesellschaft auf Aktien, S. 119.
1239 *Schmidt*, Bilanzpolitik deutscher Aktiengesellschaften, S. 7–8.
1240 Z. B. § 250 Abs. 3 HGB; § 255 Abs. 2 HGB; § 253 Abs. 3 HGB.

sen, mithin erhöhen oder mindern.[1241] Sobald dieser Entscheidungsspielraum bewusst für bestimmte Zielsetzungen genutzt wird, ist von einer bilanzpolitischen Entscheidung die Rede.[1242] Bilanzpolitische Entscheidungen dienen der Finanzierungs-, Investitions-, Rücklagen-, Dividenden-, Steuer- und Rufpolitik.[1243] Dies sind Teilbereiche der Unternehmenspolitik, die so von den persönlich haftenden Gesellschaftern beeinflusst werden können. Die Bilanzpolitik ist Mittel zur Verfolgung und Beeinflussung bestimmter Ziele in der Unternehmenspolitik.

(b) Feststellungskompetenz

In der Kommanditgesellschaft auf Aktien beschließt die Hauptversammlung mit einfacher Mehrheit[1244] über die Feststellung des Jahresabschlusses (§ 286 Abs. 1 Satz 1 AktG). Es kann vorweggenommen werden, dass dies als ein unentziehbares Individualrecht der Kommanditaktionäre zu qualifizieren ist.[1245] Mit der Feststellung des Jahresabschlusses werden also auch die bilanzpolitischen Entscheidungen der persönlich haftenden Gesellschafter gebilligt.[1246]

Erscheint den Kommanditaktionären der Jahresabschluss und die darin enthaltenen bilanzpolitischen Entscheidungen nicht billigenswert, steht es ihnen im Rahmen des Beschlusses frei inhaltliche Änderungen vorzunehmen.[1247] Aufgrund ihrer Beteiligung an der Feststellung und der Änderungsmöglichkeit des Jahresabschlusses, ist die Hauptversammlung (Mit-)Träger der Bilanzpolitik.[1248] Über ihre Stimmrechte in der Hauptversammlung und der damit verbundenen Möglichkeit des Einsatzes bilanzpolitischen Instrumentariums wird aktivistischen Kommanditaktionären ein »unverzichtbares Mittel der Unternehmensleitung«[1249] qua Gesetz zur Verfügung gestellt. Entsprechend ihrer Vorstellung können sie versuchen, die Bilanz- und

---

1241 *Schmidt*, Bilanzpolitik deutscher Aktiengesellschaften, S. 20.

1242 *Schmidt*, Bilanzpolitik deutscher Aktiengesellschaften, S. 2.

1243 M. w. N. *Schmidt*, Bilanzpolitik deutscher Aktiengesellschaften, S. 8.

1244 *Perlitt*, in: Goette/Habersack/Kalss, MüKo-AktG V, § 286 Rn. 61; *Wichert*, Die Finanzen der Kommanditgesellschaft auf Aktien, S. 122; *Sethe*, in: Hirte/Mülbert/Roth, GroßKomm AktG XII, § 286 Rn. 5; *Bachmann*, in: Henssler/Spindler/Stilz, BeckOGK-AktG, § 286 Rn. 3; *Reger*, in: Bürgers/Fett, KGaA HdB, § 5 Rn. 411.

1245 *Nicolas/Eiff*, in: Frodermann/Jannott, HdB AktR, Kap. 17 Rn. 237.

1246 *Wichert*, Die Finanzen der Kommanditgesellschaft auf Aktien, S. 121.

1247 M. w. N. *Wichert*, Die Finanzen der Kommanditgesellschaft auf Aktien, S. 123; *Perlitt*, in: Goette/Habersack/Kalss, MüKo-AktG V, § 286 Rn. 62; *Herfs*, in: Hoffmann-Becking, MünchHdB GesR IV, § 81 Rn. 13; *Bachmann*, in: Henssler/Spindler/Stilz, BeckOGK-AktG, § 286 Rn. 3.

1248 So wohl auch *Schließer*, in: Bürgers/Fett, KGaA HdB, § 6 Rn. 28; *Theisen*, DBW 49 (1989), 137 (143); allgemein *Küting/Kaiser*, BB 1994, 1 (2).

1249 *Küting/Kaiser*, BB 1994, 1 (3).

Finanzpolitik inhaltlich[1250] und damit die finanziellen Rahmenbedingungen und somit die (langfristige) Geschäfts- beziehungsweise Unternehmenspolitik zu verändern.

Die gesetzlich vorgesehenen Ansatz- und Bewertungswahlrechte können eingesetzt werden, um den Bilanzgewinn und damit den Abfluss von Mitteln wie Steuerzahlungen, Dividendenausschüttungen und Tantiemen zu reduzieren.[1251] So kann Substanz erhalten, eine Kapitalumschichtung zur zukünftigen Verbesserung der Ertragslage herbeigeführt oder können für geplante Investitionsprogramme liquide Mittel generiert werden. Spiegelbildlich kann der Bilanzgewinn erhöht und wie häufig gewollt[1252] auf die Maximierung der Ausschüttung hingewirkt werden.

Im Übrigen kann die Meinungsbildung und das sich daran anschließende Verhalten von aktuellen und potenziellen Koalitionspartnern beeinflusst werden (Meinungsbildungspolitik).[1253] Kommt es den aktivistischen Kommanditaktionären darauf an, neue Investoren oder Fremdkapitalgeber zu finden, Lieferanten oder Kunden für sich zu gewinnen oder Meinungsbildner zu überzeugen, kann der Jahresabschluss in diesem Sinne ausgestaltet werden. Insoweit dient der veröffentlichte Jahresabschluss als »Visitenkarte« für das Unternehmen.[1254]

Haben aktivistische Kommanditaktionäre den Eindruck, dass der zu veröffentlichende Jahresabschluss nicht als »Visitenkarte« für das Unternehmen, sondern zur Außendarstellung der Geschäftsleitung dient und dies im Widerspruch zu den Unternehmenszielen und denen der Anteilseigner steht (Ausprägung des Prinzipal-Agent-Konflikt), können sie versuchen dem entgegenzuwirken.

Die Feststellung eines abgeänderten, aber auch eines nicht abgeänderten Jahresabschlusses bedarf zwingend der Zustimmung des persönlich haftenden Gesellschafters.[1255]

1250 *Flämig*, in: Lutter, FS Peltzer, S. 99 (104); unter entsprechender Anwendung des § 173 Abs. 3 AktG *Schließer*, in: Bürgers/Fett, KGaA HdB, § 6 Rn. 28.

1251 *Küting/Kaiser*, BB 1994, 1 (6).

1252 Kap. 3 § 11 II. 4. b).

1253 *Hüttche*, BB 2009, 1346 (1347); *Küting/Kaiser*, BB 1994, 1 (2, 5, 6); allgemeiner *Schmidt*, Bilanzpolitik deutscher Aktiengesellschaften, S. 13–16.

1254 *Küting/Kaiser*, BB 1994, 1 (7).

1255 *Herfs*, in: Hoffmann-Becking, MünchHdB GesR IV, § 81 Rn. 12; *Sethe*, in: Hirte/Mülbert/Roth, GroßKomm AktG XII, § 286 Rn. 5; *Bachmann*, in: Henssler/Spindler/Stilz, BeckOGK-AktG, § 286 Rn. 3.

(2) Gewinnverwendungsbeschluss

Ausgangspunkt für die Gewinnverwendung und einen dahin gehenden Hauptversammlungsbeschluss ist wiederum der Jahresabschluss der KGaA.[1256] Genauer gesagt der Jahresüberschuss, der aus der Gewinn- und Verlustrechnung resultiert. Dieser dient der Errechnung des Bilanzgewinns.[1257] Erst der Bilanzgewinn ist der Teil, der der Gesellschaft zur Gewinnverwendung zur Verfügung steht.

Für die Gewinnverwendung haben die persönlich haftenden Gesellschafter einen Vorschlag zu entwerfen (§§ 283 Nr. 9, 170 Abs. 2 AktG). Der Vorschlag hat sich mit der Ausschüttung an die Kommanditaktionäre, der Einstellung der Gewinnrücklagen, einem möglichen Gewinnvortrag sowie dem Bilanzgewinn zu beschäftigen. An den von den persönlich haftenden Gesellschaftern vorgelegten Vorschlag für die Verwendung des Bilanzgewinns ist die Hauptversammlung allerdings nicht gebunden. Sie entscheidet in alleiniger Zuständigkeit, und ihre Entscheidung bedarf keiner Zustimmung der persönlich haftenden Gesellschafter(in).[1258]

Die Kommanditaktionäre sind mithin in der Lage, über den an sie auszuschüttenden Betrag zu beschließen. Für aktivistische Kommanditaktionäre, die eine auf hohe Ausschüttungen gerichtete Strategie verfolgen, ist diese Möglichkeit sicherlich attraktiv. Neben der Partizipation der Gesellschafter am Gewinn kann auch die Zurückhaltung der Gewinne das Handeln der aktivistischen Kommanditaktionäre antreiben, um so mehr Mittel für Investitionen zu erhalten. Je nach Intention der Aktivisten kann so die strategische Ausrichtung der Gesellschaft beeinflusst werden.

Über die Verwendung des Bilanzgewinns beschließt die Hauptversammlung (§ 278 Abs. 3 i. V. m. § 174 Abs. 1 Satz 1 AktG) mit einfacher Mehrheit[1259].

(3) Sperrminoritäten (insbesondere bei Kapitalmaßnahmen)

Eine Sperrminorität, mithin die Möglichkeit eine (qualifizierte) Mehrheit zu blockieren, dient überwiegend als Druckmittel und spielt für Aktivisten in der Aktiengesellschaft insbesondere bei Kapitalmaßnahmen eine bedeu-

---

1256 *Schließer*, in: Bürgers/Fett, KGaA HdB, § 6 Rn. 32; *Otte*, Die AG & Co. KGaA, S. 210; *Sethe*, in: Hirte/Mülbert/Roth, GroßKomm AktG XII, § 286 Rn. 28.

1257 Kap. 3 § 11 II. 4. b).

1258 *Schließer*, in: Bürgers/Fett, KGaA HdB, § 6 Rn. 33; *Perlitt*, in: Goette/Habersack/Kalss, MüKo-AktG V, § 286 Rn. 80; *Mertens/Cahn*, in: Zöllner/Noack, KK-AktG V, § 286 Rn. 33; *Sethe*, in: Hirte/Mülbert/Roth, GroßKomm AktG XII, § 286 Rn. 28; *Herfs*, in: Hoffmann-Becking, MünchHdB GesR IV, § 81 Rn. 21.

1259 *Herfs*, in: Hoffmann-Becking, MünchHdB GesR IV, § 81 Rn. 21; *Reger*, in: Bürgers/Fett, KGaA HdB, § 5 Rn. 412.

tende Rolle.[1260] Bei den durchschnittlichen Hauptversammlungspräsenzen können aktivistische (Kommandit-)Aktionäre auch mit deutlich unterhalb von 25 % liegenden Anteilen eine Sperrminorität erreichen. Schaffen sie es noch weitere Großanleger hinter sich zu versammeln, sind sie nicht einmal mehr auf die Unterstützung der Kleinanleger angewiesen.[1261] Unter Kapitalmaßnahmen sind Kapitalerhöhungen, Kapitalherabsetzungen, Rückkaufprogramme von Kommanditaktien und die Aufnahme von Fremdkapital zu fassen.

Strebt die Geschäftsleitung eine Kapitalerhöhung an, bedarf dies der Zustimmung der Kommanditaktionäre. Für das Grundkapital ergibt sich diese Voraussetzung aus den aktienrechtlichen (§ 278 Abs. 3 AktG i. V. m. §§ 182–221 AktG) Vorschriften. Die Sondereinlage eines persönlich haftenden Gesellschafters muss gemäß § 281 Abs. 2 AktG nach Höhe und Art in der Satzung festgesetzt werden. Durch die Verhinderung einer Kapitalerhöhung kann der Handlungsspielraum der Geschäftsleitung der KGaA erheblich eingeschränkt werden.[1262]

Die Geschäftsleitung einer KGaA könnte zur Tilgung eines Verlustes der Gesellschaft (nominelle Kapitalherabsetzung) oder zur Ausschüttung von überflüssigem Kapital an die Anteilseigner (effektive Kapitalherabsetzung) eine Kapitalherabsetzung nach § 278 Abs. 3 i. V. m. §§ 222–240 AktG anstreben und vorbereiten.[1263] Sind aktivistische Kommanditaktionäre mit diesem Vorschlag nicht einverstanden und halten sie die Maßnahme nicht für notwendig, können sie es darauf anlegen, einen dahin gehenden Kapitalherabsetzungsbeschluss in der Hauptversammlung zu blockieren.

Auch ein Kommanditaktienrückkaufprogramm führt zu einer Verringerung des Grundkapitals. Die Hintergründe für ein solches Programm sind vielschichtig. Denkbar sind eine von der Geschäftsleitung anvisierte Optimierung der Kapitalstruktur durch Nutzung des Leverage-Effekts[1264], die Ausschüttung überflüssiger Finanzmittel oder eine Neugestaltung der Beteiligungsstruktur.[1265] Egal ob der Rückkauf über die Börse, mittels eines öffentlichen Rückkaufangebots oder im Wege der direkten Verhandlung mit

---

1260 *Gröntgen*, Operativer shareholder activism, S. 26; *Heuser*, Shareholder Activism, S. 86; *Hommer*, Aktivistische Hedgefonds zwischen Recht und Corporate Governance, S. 68–69; *Schiessl*, ZIP 2009, 689 (692); *Schockenhoff/Culmann*, ZIP 2015, 297 (299).

1261 *Heuser*, Shareholder Activism, S. 85.

1262 Für den Vorstand einer Aktiengesellschaft *Heuser*, Shareholder Activism, S. 86; *Brass*, Hedgefonds als aktive Investoren, S. 64; *Schiessl*, ZIP 2009, 689 (693).

1263 *Wichert*, Die Finanzen der Kommanditgesellschaft auf Aktien, S. 160–161; *Nagel/Wittkowski*, Die Kommanditgesellschaft auf Aktien (KGaA), S. 80 Rn. 188.

1264 Kap. 3 § 11 II. 4. c).

1265 Ausführlich zu den ökonomischen Zwecken des Erwerbs eigener Aktien *Merkt*, in: Hirte/Mülbert/Roth, GroßKomm AktG III.2, § 71 Rn. 16–27.

einem (Kommandit-)Aktionär erfolgt;[1266] es bedarf immer eines Erlaubnistatbestandes im Sinne des § 71 Abs. 1 AktG. Das Rückkaufprogramm kann unter anderem auf § 71 Abs. 1 Nr. 6, Nr. 7 AktG oder die praktisch äußerst relevante Nr. 8[1267] und damit auf einen Beschluss der Hauptversammlung gestützt werden. Dafür ist grundsätzlich die einfache Stimmenmehrheit ausreichend, soweit die Satzung keine größere Mehrheit bestimmt (§ 133 Abs. 1 AktG).[1268] Für den Fall einer anderslautenden Satzungsregelung können aktivistische Aktionäre versuchen die qualifizierte Mehrheit zu verhindern.

Schließlich ist an die Aufnahme von Fremdkapital zu denken. Insbesondere um die Eigenkapitalrendite unter Ausnutzung des Leverage-Effektes zu steigern oder zur Akquisitionsfinanzierung ist eine solche Kapitalstruktur verändernde Maßnahme denkbar. Grundsätzlich ist die Kreditaufnahme eine gewöhnliche Geschäftsführungsmaßnahme.[1269] Einer Beteiligung der Kommanditaktionäre bedarf es nicht. Überschreitet allerdings der Kredit das Volumen einer gewöhnlichen Geschäftsführungsmaßnahme, bedarf diese gemäß § 278 Abs. 2 AktG i. V. m. §§ 161 Abs. 2, 116 Abs. 2 Satz 1 Hs. 2 HGB der Zustimmung der Hauptversammlung.[1270] Auch hier ist eine einfache Mehrheit grundsätzlich ausreichend.[1271] In der Satzung kann eine qualifizierte Mehrheit für die Zustimmung zu allen oder einzelnen außergewöhnlichen Geschäftsführungsmaßnahmen festgesetzt sein. Aktivistische Kommanditaktionäre könnten dann bei widerstreitenden Interessen ihre Zustimmung verweigern und hoffen, dass weitere Anteilseigner ihrem Vorbild folgen.

ee) Die zustimmungsbedürftigen Hauptversammlungsbeschlüsse als Hürde für aktivistische Kommanditaktionäre

In der Aktiengesellschaft gibt es keine Hauptversammlungsbeschlüsse, die der Zustimmung des Vorstandes bedürfen. Ganz anders verhält es sich in der Kommanditgesellschaft auf Aktien. Dort existieren Hauptversammlungsbeschlüsse, die die Zustimmung der persönlich haftenden Gesellschafter voraussetzen (zustimmungsbedürftige Hauptversammlungsbeschlüsse), § 285

1266 Zu den Erwerbsmethoden *Merkt*, in: Hirte/Mülbert/Roth, GroßKomm AktG III.2, § 71 Rn. 28–38.

1267 M. w. N. *Merkt*, in: Hirte/Mülbert/Roth, GroßKomm AktG III.2, § 71 Rn. 258.

1268 *Merkt*, in: Hirte/Mülbert/Roth, GroßKomm AktG III.2, § 71 Rn. 40.

1269 M. w. N. *Wichert*, Die Finanzen der Kommanditgesellschaft auf Aktien, S. 159; *Haas/Mohamed*, in: Röhricht/Westphalen/Haas/Mock/Wöstmann, HGB, § 116 Rn. 71; *Ensthaler*, in: Ensthaler, HGB, § 116 Rn. 3.

1270 *Wichert*, Die Finanzen der Kommanditgesellschaft auf Aktien, S. 159; *Gaibler*, Die Kommanditgesellschaft auf Aktien (KGaA), S. 38; *Haas/Mohamed*, in: Röhricht/Westphalen/Haas/Mock/Wöstmann, HGB, § 116 Rn. 72.

1271 Kap. 3 § 11 III. 1. a) aa) (2).

Abs. 2 Satz 1 AktG. Bei derartigen Beschlüssen sind die (aktivistischen) Kommanditaktionäre nicht nur von dem Mehrheitserfordernis innerhalb ihrer Gesellschaftergruppe abhängig, sondern zusätzlich darauf angewiesen, dass die Komplementäre einer *gesetzestypischen* KGaA beziehungsweise die Komplementärgesellschaft einer *atypischen* KGaA ihr Veto-Recht[1272] vernachlässigen. Keine der beiden Gesellschaftergruppen kann ohne die andere eine wirksame Entscheidung treffen. Es bedarf immer eines Konsenses zwischen den Kommanditaktionären und den persönlich haftenden Gesellschaftern. Wenn die Hauptversammlung einen zustimmungsbedürftigen Hauptversammlungsbeschluss fasst, ist dieser bis zur Erteilung der Zustimmung der persönlich haftenden Gesellschafter (Einwilligung oder Genehmigung) schwebend unwirksam.[1273] Für eine Entscheidung im Sinne der aktivistischen Kommanditaktionäre muss daher nicht nur eine Mehrheit in der Hauptversammlung erzielt werden, sondern die Wirksamkeit ist überdies dem Willen der Komplementäre unterworfen. Zu den vorgenannten zustimmungsbedürftigen Hauptversammlungsbeschlüssen zählen die Bestellung und Abberufung eines persönlich haftenden Gesellschafters, die Entziehung der Geschäftsführungsbefugnis, die Feststellung des Jahresabschlusses sowie Maßnahmen der Kapitalbeschaffung.[1274] Setzen die aktivistischen Kommanditaktionäre dagegen beispielsweise bei Kapitalmaßnahmen auf eine Sperrminorität und verhindern eine Beschlussfassung, bedarf es dafür keiner Zustimmung der Komplementäre[1275]. Es liegt in der Natur des operativen Aktivismus, dass auch Beschlussfassungen angestrebt werden, bei denen die Vorstellungen der aktivistischen Kommanditaktionäre konträr zu den Vorstellungen der persönlich haftenden Gesellschafter verlaufen. Eine Zustimmung derselben ist dann nicht zu erwarten. Dennoch kann die verweigerte Zustimmung gerade bei einem mit großer Mehrheit gefassten Hauptversammlungsbeschluss eine von den Komplementären unerwünschte

---

1272 *Sethe*, in: Hirte/Mülbert/Roth, GroßKomm AktG XII, § 285 Rn. 59; *Herfs*, in: Hoffmann-Becking, MünchHdB GesR IV, § 79 Rn. 43; *Bachmann*, in: Spindler/Wilsing/Butzke/Linden, FS Marsch-Barner, S. 13 (16); *Priester*, ZHR 160 (1996), 250 (253); für die *atypische* KGaA *Haase*, GmbHR 1997, 917 (920).

1273 *Reichert/Balke*, in: Reichert, HV-HdB, § 51 Rn. 54; *Perlitt*, in: Goette/Habersack/Kalss, MüKo-AktG V, § 285 Rn. 52; *Sethe*, in: Hirte/Mülbert/Roth, GroßKomm AktG XII, § 285 Rn. 59, 72; *Herfs*, in: Hoffmann-Becking, MünchHdB GesR IV, § 79 Rn. 46; *Mertens/Cahn*, in: Zöllner/Noack, KK-AktG V, § 285 Rn. 48; *Bachmann*, in: Henssler/Spindler/Stilz, BeckOGK-AktG, § 285 Rn. 46; *Servatius*, in: Grigoleit, Aktiengesetz, § 285 Rn. 17; *Schmidt*, in: Schmidt/Lutter, AktG, § 285 Rn. 30.

1274 *Reichert/Balke*, in: Reichert, HV-HdB, § 51 Rn. 33, 36, 37; *Sethe*, in: Hirte/Mülbert/Roth, GroßKomm AktG XII, § 285 Rn. 20, 61; *Perlitt*, in: Goette/Habersack/Kalss, MüKo-AktG V, § 285 Rn. 42, 44; *Mertens/Cahn*, in: Zöllner/Noack, KK-AktG V, § 285 Rn. 35, 36; *Schmidt*, in: Schmidt/Lutter, AktG, § 285 Rn. 28; *Bachmann*, in: Spindler/Wilsing/Butzke/Linden, FS Marsch-Barner, S. 13 (24).

1275 *Mertens/Cahn*, in: Zöllner/Noack, KK-AktG V, § 285 Rn. 37.

Aufmerksamkeit in der Öffentlichkeit generieren. Das damit gesetzte Statement der Geschäftsleitung, gegen den Willen der Kapitalgeber zu handeln, kann bestehende und potenzielle Anteilseigner verprellen und negative Auswirkungen auf die Gesellschaft haben. Solchen Kampfabstimmungen wohnt auch bei zustimmungsbedürftigen Hauptversammlungsbeschlüssen ein gewisses Druckvermögen inne.

ff) Die autonomen Hauptversammlungsbeschlüsse und das Mehrheitsprinzip als Hürde für aktivistische Kommanditaktionäre

Aus rein stimmrechtlicher Sicht von größerem Interesse dürften die autonomen Hauptversammlungsbeschlüsse sein. Darunter versteht man Beschlüsse, bei denen die Kommanditaktionäre das Alleinentscheidungsrecht innehaben. Sie entscheiden eigenständig, ohne auf die persönlich haftenden Gesellschafter angewiesen zu sein. Dabei gleichen die Beschlussgegenstände weitgehend denen, über die Kommanditaktien haltende Komplementäre aufgrund von Stimmverboten nicht mitentscheiden können.[1276] Andernfalls liefen die Stimmverbote leer.

Bedeutsam sind von den zuvor genannten und in diesem Kontext als relevant erachteten Hauptversammlungsbeschlüssen die Wahl und die Abberufung des Aufsichtsrats, die Entlastung der Aufsichtsratsmitglieder und der Geschäftsleitung sowie die Gewinnverwendung und die Geltendmachung von Ansprüchen der Gesellschaft aus der Geschäftsführung.[1277] Auch der Vertrauensentzug gegenüber einem Geschäftsleitungsmitglied ist unter die autonomen Hauptversammlungsbeschlüsse zu fassen. Je nach Satzungsgestaltung kann auch die Wahl von Beiratsmitgliedern erfasst sein.

Entscheidender Einfluss bei der Beschlussfassung wird neben den Sperrminoritäten nur durch das Erreichen einer Mehrheit in der Hauptversammlung erreicht. Das Mehrheitsprinzip schützt die Gesellschaft und die übrigen Kommanditaktionäre vor der unerwünschten Einflussnahme einer Minderheit.[1278] Die meisten Anteilseigner sind nicht groß genug, um einen signifikanten Einfluss auf eine widerspenstige Geschäftsführung auszuüben. Dies

---

1276 *Perlitt*, in: Goette/Habersack/Kalss, MüKo-AktG V, § 285 Rn. 47; *Bachmann*, in: Henssler/Spindler/Stilz, BeckOGK-AktG, § 285 Rn. 41, 45; *Sethe*, in: Hirte/Mülbert/Roth, GroßKomm AktG XII, § 285 Rn. 64; *Bachmann*, in: Spindler/Wilsing/Butzke/Linden, FS Marsch-Barner, S. 13 (24); ausführlich zu den Stimmverboten *Reichert/Balke*, in: Reichert, HV-HdB, § 51 Rn. 17–21.

1277 *Perlitt*, in: Goette/Habersack/Kalss, MüKo-AktG V, § 285 Rn. 50; *Sethe*, in: Hirte/Mülbert/Roth, GroßKomm AktG XII, § 285 Rn. 19, 64, 74, 75; *Reichert/Balke*, in: Reichert, HV-HdB, § 51 Rn. 27; *Bachmann*, in: Spindler/Wilsing/Butzke/Linden, FS Marsch-Barner, S. 13 (24); für die *atypische* KGaA *Otte*, Die AG & Co. KGaA, S. 167, 175.

1278 *Gröntgen*, Operativer shareholder activism, S. 26.

entspricht dem Grundprinzip, dass der mögliche Einfluss auf die Gesellschaft in einem proportionalen Verhältnis zum Stimmgewicht steht.[1279] Dies zu durchbrechen ist eine der Hürden aktivistischer (Kommandit-)Aktionäre.

Für die vorgenannten Sperrminoritäten und erst recht für eine (qualifizierte) Mehrheit sind aktivistische Kommanditaktionäre daher oftmals auf die Unterstützung anderer Anteilseigner angewiesen.[1280] Dies gilt gleichermaßen für die zustimmungsbedürftigen wie für die autonomen Hauptversammlungsbeschlüsse.

Eine gängige Taktik zum Erreichen der erforderlichen Stimmrechtsquote ist das sogenannte »Wolf Pack«. Darunter wird die gleichzeitige Beteiligung mehrerer aktivistischer Aktionäre verstanden.[1281] Sie betreiben parallel dieselben Anstrengungen, um Einfluss auf die Gesellschaft zu nehmen. Bei Bedarf ist ein solches Vorgehen auch in der Kommanditgesellschaft auf Aktien denkbar. Andere aktivistische Kommanditaktionäre werden auf die Strategie aufmerksam, lassen sich überzeugen und werden zur Unterstützung bewegt. Ob und in welcher Form in der Praxis die Verständigung auf ein gemeinsames Vorgehen erfolgt, lässt sich mangels Nachweisbarkeit nur mutmaßen[1282].

Der Tatbestand des »Acting in Concert« löst bei dieser Taktik gegebenenfalls regulatorische Pflichten für die aktivistischen (Kommandit-) Aktionäre[1283] aus. Bei Überschreiten (oder Unterschreiten) gesetzlich festgelegter Schwellenwerte entstehen Meldepflichten gegenüber der Gesellschaft und der *BaFin* nach § 33 Abs. 1 Satz 1 WpHG[1284]. Dies ist unter gewissen Umständen über die Anrechnung der Stimmrechte eines Dritten möglich. Nach

---

1279 M. w. N. *Thaeter/Guski*, AG 2007, 301 (306).

1280 *Inci*, Shareholder Engagement, S. 97; *Engelen et al.*, Investor Activism 2018, S. 106; *Schmolke*, ZGR 36 (2007), 701 (718 f.); *Brass*, Hedgefonds als aktive Investoren, S. 114; *Thaeter/Guski*, AG 2007, 301 (306); *Schmidt/Spindler*, Finanzinvestoren aus ökonomischer und juristischer Perspektive, S. 61 Rn. 72; *Arnold*, ZHR 185 (2021), 281 (294–297); *Kolat*, Shareholder Activism durch institutionelle Investoren, S. 170; ein gemeinsames Vorgehen mit anderen Aktivisten kommt nach Erkenntnissen von *Wieandt et al.*, Investorendialog im Umbruch, S. 17, selten vor.

1281 *Kleinmanns*, IRZ 2016, 341 (343 f.); *Thamm/Schiereck*, Corporate Finance 2014, 17 (25); *Plagemann/Rahlmeyer*, NZG 2015, 895 (896 f.); *Graßl/Nikoleyczik*, AG 62 (2017), 49 (54); *Albath*, Shareholder Activism im Rahmen der Hauptversammlung, S. 55.

1282 *Brass*, Hedgefonds als aktive Investoren, S. 114; *Schockenhoff/Culmann*, ZIP 2015, 297 (306); *Thaeter/Guski*, AG 2007, 301 (307); »denkbar, aber lebensfremd« *Engelhardt*, M&A Review 2008, 194 (198).

1283 Ausführlich für aktivistische Aktionäre einer AG *Heuser*, Shareholder Activism, S. 215–239; *Engert*, ZIP 2006, 2105–2113 (2110–2113); *Arnold*, ZHR 185 (2021), 281 (295 f.); *Thaeter/Guski*, AG 2007, 301 (306 f.).

1284 Ggf. auch § 30 Abs. 2 WpÜG.

§ 34 Abs. 2 WpHG ist das dann der Fall, wenn beispielsweise die zu einem Wolf Pack zusammengerotteten Aktivisten in ihrer Eigenschaft als Kommanditaktionäre ihr Verhalten abstimmen. Gegenstand der Abstimmung kann die Stimmrechtsausübung sowie die Einflussnahme außerhalb der Hauptversammlung[1285] sein mit dem Ziel einer dauerhaften und erheblichen Änderung der unternehmerischen Ausrichtung des Emittenten (§ 34 Abs. 2 Satz 2 WpHG). Beides ist denkbar für die Attacke aktivistischer Kommanditaktionäre. Im Kontext der Stimmrechte als Instrument der Einflussnahme liegt das Hauptaugenmerk auf der abgestimmten Ausübung der Stimmrechte zu den vorgenannten Hauptversammlungsbeschlüssen. Lediglich unbewusstes gleichförmiges Stimmverhalten, also bloßes Parallelverhalten aus rationalen Gründen, ist davon nicht erfasst.[1286] Die Abstimmung kann im Übrigen aber ausdrücklich oder konkludent erfolgen.[1287] Meldepflichten entstehen dann, wenn das gleichförmige Verhalten bewusst[1288] geschieht. Ein Nachweis darüber lässt sich naturgemäß nur schwer führen.

Eine bewusste Parallelität kann durch eine öffentliche Kommunikation über Medien oder das Aktionärsforum erreicht werden. Natürlich können auch aktivistische Kommanditaktionäre Stimmrechtsvollmachten einwerben oder auf die Unterstützung von Stimmrechtsberatern hoffen.[1289]

b) Tagesordnungsergänzungsverlangen

Als Instrument der Meinungsäußerung und der Möglichkeit, eine Willensbildung im Sinne ihrer Strategie herbeizuführen, können aktivistische Kommanditaktionäre nach § 278 Abs. 3 i. V. m. § 122 Abs. 2 AktG eine Ergänzung der Tagesordnung verlangen[1290]. So können Kommanditaktionäre, deren

1285 *Hein*, in: Schwark/Zimmer, KapMarktR, WpHG § 34 Rn. 38; *Schneider*, in: Assmann/Schneider/Mülbert, Wertpapierhandelsrecht, WpHG § 34 Rn. 155.

1286 *Hein*, in: Schwark/Zimmer, KapMarktR, WpHG § 34 Rn. 31; *Schneider*, in: Assmann/Schneider/Mülbert, Wertpapierhandelsrecht, WpHG § 34 Rn. 143; »es ist für eine Vielzahl von Aktionären rational, sich parallel zu verhalten« *Engelhardt*, M&A Review 2008, 194 (198).

1287 M. w .N. *Bayer*, in: Goette/Habersack/Kalss, MüKo-AktG I, WpHG § 34 Rn. 37.

1288 M.j. w .N. *Bayer*, in: Goette/Habersack/Kalss, MüKo-AktG I, WpHG § 34 Rn. 37; *Schneider*, in: Assmann/Schneider/Mülbert, Wertpapierhandelsrecht, WpHG § 34 Rn. 141.

1289 *Bungert*, in: Hoffmann-Becking, MünchHdB GesR IV, § 35 Rn. 7; *Arnold*, ZHR 185 (2021), 281 (296); *Gröntgen*, Operativer shareholder activism, S. 29.

1290 Für aktivistische Aktionäre in einer Aktiengesellschaft *Gröntgen*, Operativer shareholder activism, S. 24; *Graßl/Nikoleyczik*, AG 62 (2017), 49 (52); *Plagemann/Rahlmeyer*, NZG 2015, 895 (896); *Schiessl*, ZIP 2009, 689 (691 f.); *Bunz*, NZG 2014, 1049 (1050); *Heuser*, Shareholder Activism, S. 88; *Pierscinska*, Investoren-Aktivismus in Deutschland, S. 11; *Link*, ZGR 50 (2021), 904 (924); ausführlich *Albath*, Shareholder Activism im Rahmen der Hauptversammlung, S. 147–165.

Anteile zusammen 5 % des Grundkapitals oder den anteiligen Betrag von 500.000 € erreichen, verlangen, dass Gegenstände auf die Tagesordnung gesetzt und bekanntgemacht werden.

Das Ergänzungsverlangen der aktivistischen Aktionäre kann auf Gegenstände zur Beschlussfassung gerichtet sein, mit denen sich ihre Vorstellungen im Hinblick auf die Geschäftsstrategie, personelle oder strukturelle Veränderungen oder die Finanzpolitik vorantreiben lassen. Eine Beschlussfassung im Sinne der aktivistischen Kommanditaktionäre kann so natürlich nicht erzwungen werden.[1291] Dafür können sie aber erreichen, dass sich die Mitgesellschafter mit den vorgebrachten Anliegen auseinandersetzen und sich gegebenenfalls dem vorgeschlagenen Begehren anschließen.[1292] Allein die Tatsache, dass ein Punkt auf der Tagesordnung aktiv von den Kommanditaktionären ergänzt wurde, kann Druck auf die Geschäftsleitung ausüben, Maßnahmen in dem dort vorgeschlagenen Sinne zu ergreifen.

Nach dem Vorangegangenen ist an einen Antrag auf Entzug des Vertrauens der Komplementäre oder des Geschäftsleiters der Komplementärgesellschaft zu denken. Diesen Erkenntnissen entsprechend[1293] wird ein Antrag auf Abberufung von Aufsichtsratsmitgliedern anders als in der Aktiengesellschaft[1294] für aktivistische Kommanditaktionäre vernachlässigbar sein.

Denkbar sind darüber hinaus Anträge, die Maßnahmen der Kapitalbeschaffung und der Kapitalherabsetzung (§ 119 Abs. 1 Nr. 7 AktG) betreffen. Diese Maßnahmen können insbesondere im Rahmen von aktivistisch angestrebten Investitionsprogrammen oder Sanierungsmodellen bedeutend werden.

Ebenso kann bei Bedarf eines Rückkaufprogramms eine damit verbundene Ermächtigung zum Erwerb eigener Kommanditaktien (§ 71 Abs. 1 Nr. 8 Satz 1 AktG) ein denkbares Tagesordnungsergänzungsverlangen darstellen.

c) Auskunftsrecht, § 278 Abs. 3 i. V. m. § 131 Abs. 1 Satz 1 AktG

Allen Kommanditaktionären stehen Informations- und Auskunftsrechte nach § 278 Abs. 3 i. V. m. § 131 Abs. 1 Satz 1 AktG zu. Jedem Kommanditaktionär ist auf Verlangen in der Hauptversammlung von den geschäftsführenden Komplementären Auskunft über Angelegenheiten der Gesellschaft

---

1291 *Drinhausen*, in: Hölters/Weber, AktG, § 122 Rn. 1; *Inci*, Shareholder Engagement, S. 122.

1292 *Drinhausen*, in: Hölters/Weber, AktG, § 122 Rn. 1; *Rieckers*, in: Henssler/Spindler/Stilz, BeckOGK-AktG, § 122 Rn. 1; *Kubis*, in: Goette/Habersack/Kalss, MüKo-AktG III, § 122 Rn. 1; *Inci*, Shareholder Engagement, S. 122.

1293 Kap. 3 § 11 III. 1. a) cc) (1) & (2).

1294 Nach *Gröntgen*, Operativer shareholder activism, S. 24 sind »Tagesordnungsergänzungsverlangen am häufigsten auf die Abberufung von Aufsichtsratsmitgliedern […] gerichtet«.

zu geben, soweit sie zur sachgemäßen Beurteilung des Gegenstandes der Tagesordnung erforderlich ist.

In der *atypischen* KGaA muss auf Verlangen auch Auskunft gegeben werden über sämtliche Aspekte, die im Zusammenhang mit der Komplementärfunktion der Komplementärgesellschaft stehen.[1295]

Das Auskunftsrecht dient dem Kommanditaktionär zur sachlichen Erkenntnisvertiefung und zur Beseitigung von Informationsasymmetrien zwischen ihm (Prinzipal) und dem Komplementär beziehungsweise der Geschäftsleitung (Agent). Für aktivistische Kommanditaktionäre hat das Auskunftsrecht noch weitere, darüberhinausgehende Funktionen. Nicht umsonst ist es das am häufigsten genutzte Instrumentarium aktivistischer Aktionäre während einer Hauptversammlung und ein nicht zu unterschätzendes Mittel.[1296]

Das Auskunftsrecht dient den Aktivisten zur Erlangung relevanter Unternehmensdaten für ihre Strategie.[1297] Für aktivistische Kommanditaktionäre ergibt sich in diesem Zusammenhang eine attraktive Besonderheit. Da die Hauptversammlung der Kommanditgesellschaft auf Aktien den Jahresabschluss festzustellen hat, kann sich der persönlich haftende Gesellschafter nicht auf das einem AG-Vorstand zustehende Auskunftsverweigerungsrecht aus § 131 Abs. 3 Satz 1 Nr. 3 und 4 AktG berufen.[1298] Den Kommanditaktionären ist daher auch über die stillen Reserven der KGaA Auskunft zu erteilen.[1299] Unter dem Aspekt, stille Reserven aufzudecken und daraus eine Sonderdividende zu generieren, erscheint die Kommanditaktionärsposition

---

1295 *Sethe*, in: Hirte/Mülbert/Roth, GroßKomm AktG XII, § 278 Rn. 83, § 285 Rn. 7; *Bachmann*, in: Henssler/Spindler/Stilz, BeckOGK-AktG, § 285 Rn. 14; *Perlitt*, in: Goette/Habersack/Kalss, MüKo-AktG V, § 278 Rn. 331; *Sethe*, AG 2021, 78 (80); *Ihrig/Schlitt*, in: Ulmer, Die GmbH & Co KGaA nach dem Beschluss BGHZ 134, 392, S. 33 (51); *Reger*, in: Bürgers/Fett, KGaA HdB, § 5 Rn. 368; *Bachmann*, in: Spindler/Wilsing/Butzke/Linden, FS Marsch-Barner, S. 13 (22).

1296 *Engelen et al.*, Investor Activism 2018, S. 139; *Inci*, Shareholder Engagement, S. 120.

1297 *Heuser*, Shareholder Activism, S. 87.

1298 *Sethe*, in: Hirte/Mülbert/Roth, GroßKomm AktG XII, § 285 Rn. 7; *Perlitt*, in: Goette/Habersack/Kalss, MüKo-AktG V, § 286 Rn. 75, § 278 Rn. 120; *Mertens/Cahn*, in: Zöllner/Noack, KK-AktG V, § 286 Rn. 23, § 278 Rn. 46; *Schmidt*, in: Schmidt/Lutter, AktG, § 286 Rn. 2; *Koch*, Aktiengesetz, § 131 Rn. 93, § 286 Rn. 1; *Bachmann*, in: Henssler/Spindler/Stilz, BeckOGK-AktG, § 285 Rn. 13; *Sethe*, DB 1998, 1044 (1045); *Ammenwerth*, Die Kommanditgesellschaft auf Aktien (KGaA) – eine Rechtsformalternative für personenbezogene Unternehmen?, S. 79–80; *Förl/Fett*, in: Bürgers/Körber/Lieder, AktG, § 286 Rn. 3.

1299 *Sethe*, in: Hirte/Mülbert/Roth, GroßKomm AktG XII, § 285 Rn. 7; *Perlitt*, in: Goette/Habersack/Kalss, MüKo-AktG V, § 286 Rn. 75; *Schließer*, in: Bürgers/Fett, KGaA HdB, § 6 Rn. 31; *Nicolas/Eiff*, in: Frodermann/Jannott, HdB AktR, Kap. 17 Rn. 168, 261; *Reger*, in: Bürgers/Fett, KGaA HdB, § 5 Rn. 368; *Philbert*, Die Kommanditgesellschaft auf Aktien zwischen Personengesellschaftsrecht und Aktienrecht, S. 128 Fn. 17.

im Vergleich zu der eines AG-Aktionärs vorteilhaft. Anstatt mühsam zu recherchieren, haben Aktivisten in der KGaA einen dahin gehenden (weitgehenderen[1300]) Auskunftsanspruch und können diesen, wenn nötig auch im Wege eines Auskunftserzwingungsverfahrens (§ 132 AktG), geltend machen. Soweit es ihnen also um die Ausnutzung der Finanz- und Kapitalstruktur der Zielgesellschaft geht,[1301] erweist sich diese gesetzlich verankerte Auskunftsmöglichkeit als besonders aussichtsreich.

In Offenlegungspflichten lässt sich überdies eine »weiche« Form der Intervention erkennen. Sie erlegt dem Verantwortlichen eine Berichtspflicht auf, schreibt ihm aber keine Änderung des Verhaltens im Hinblick auf die Organisation vor.[1302] Das Verhalten der Geschäftsleitung kann sich aber als Reaktion auf die sich anschließende Informationsveröffentlichung ändern. Diese Reaktion kann zum einen unternehmensintern sein. Die Notwendigkeit, systematisch Informationen zu sammeln, um der Verpflichtung zur Beantwortung der Fragen nachzukommen, kann einen Prozess der Selbstreflexion der Geschäftsführung auslösen. Alternativ dazu kann die »öffentliche« Verfügbarkeit von Informationen den externen Druck auf das Unternehmen verstärken, sein Verhalten zu verbessern und an den Vorstellungen der Aktivisten auszurichten.

Aktivistische Kommanditaktionäre haben so die Möglichkeit, mittelbar auf die Geschäftsführung der Komplementäre und bestimmte strategische Entscheidungen Einfluss zu nehmen.[1303] Außerdem können sie versuchen, formale und inhaltliche Fehler bei der Beantwortung der Fragen zu provozieren.[1304] Durch darauf aufbauende Anfechtungsklagen (§§ 243 Abs. 1, 4, 245, 246 AktG) können sie beispielsweise unliebsame Beschlussfassungen verschleppen. Eine angedrohte oder bereits rechtshängige Anfechtungsklage gibt den Anteilseignern weiterhin ein Instrument mit erheblichem Druckpotenzial an die Hand.[1305] Aktivistische Kommanditaktionäre können es nutzen, sich mit der Geschäftsführung der Kommanditgesellschaft auf Aktien auf den Verzicht des Rechtsmittels gegen eine entsprechende Gegenleistung zu verständigen.

1300 *Reger*, in: Bürgers/Fett, KGaA HdB, § 5 Rn. 368.

1301 Kap. 3 § 11 III. 1. a) dd).

1302 Für die Unternehmensleitung unter sozialen und ökologischen Aspekten *Parkinson*, Journal of Corporate Law Studies 3 (2003), 3 (4).

1303 Dies für die »illoyale und eigennützige Ausübung des Stimmrechts« annehmend *Brass*, Hedgefonds als aktive Investoren, S. 66–67.

1304 *Engelen et al.*, Investor Activism 2018, S. 139; *Heuser*, Shareholder Activism, S. 87; *Brass*, Hedgefonds als aktive Investoren, S. 67.

1305 *Geißler*, NZG 4 (2001), 539 (542).

d) Rederecht, § 278 Abs. 3 i. V. m. § 118 Abs. 1 AktG

Eng mit dem Auskunftsrecht verbunden ist das Rederecht nach § 118 Abs. 1 AktG. Dies steht über § 278 Abs. 3 AktG auch den Kommanditaktionären einer KGaA zu. Den aktivistischen Kommanditaktionären steht damit eine weitere formelle Einflussmöglichkeit zur Verfügung. Sie können das Rederecht nutzen, um argumentativ eine Mehrheit für Beschlussgegenstände zu mobilisieren.[1306] Über Wortmeldungen können Handlungsempfehlungen abgeben, Kritik (öffentlichkeits)wirksam geäußert und Reaktionen des Managements eingefordert werden.[1307] Die so gewonnene Aufmerksamkeit ist geeignet, einen Handlungsdruck[1308] auf die Geschäftsleitung der KGaA, sei es der persönlich haftende Gesellschafter oder das Leitungsorgan der Komplementärin, auszuüben.

Die übermäßige Nutzung von Auskunfts- und Rederechten kann die Attraktivität der Hauptversammlung schmälern und weniger interessierte Kommanditaktionäre davon abhalten zukünftig Präsenz zu zeigen.[1309] Eine Nebenwirkung ist dann die höhere Stimmmacht aktivistischer Kommanditaktionäre bei gleichbleibender Beteiligungshöhe in den folgenden Hauptversammlungen.

2. Faktische Einflussnahme

Neben rechtlichen Möglichkeiten der Einflussnahme können Aktivisten versuchen, faktisch Druck auf die Geschäftsleitung der KGaA auszuüben. Die faktische Einflussnahme wird auch als »aktienrechtlich nicht erfasstes Erpressungspotential«[1310] bezeichnet.

a) Kontaktaufnahme

Im Rahmen einer Kontaktaufnahme kann sich ein aktivistischer Kommanditaktionär je nach gesellschaftsrechtlicher Ausgestaltung an verschiedene Vertreter der Kommanditgesellschaft auf Aktien richten. Diese unterscheiden sich von den Ansprechpartnern einer AG. In der *gesetzestypischen* KGaA kann sich der aktivistische Kommanditaktionär an den persönlich haftenden Gesellschafter und bei einer entsprechenden Organisation der Geschäftsführung explizit an den mit der kaufmännischen oder den mit der operativen Leitung betrauten Komplementär wenden.

1306 *Gröntgen*, Operativer shareholder activism, S. 26.

1307 *Schreyögg/Unglaube*, AG 2013, 97 (100 f.); *Faber*, in: Hommelhoff/Hopt/Werder, HdB Corporate Governance, S. 219 (227).

1308 *Schreyögg/Unglaube*, AG 2013, 97 (101).

1309 *Brass*, Hedgefonds als aktive Investoren, S. 67.

1310 *Langenbucher*, in: Dreher/Mülbert/Verse/Drescher, FS Bergmann, S. 443 (454).

In der *atypischen* KGaA wird sich der aktivistische Kommanditaktionär an das Geschäftsleitungsorgan der Komplementärgesellschaft halten müssen. In einer *AG/SE* & Co. KGaA ist dies regelmäßig der Finanzvorstand oder das geschäftsführende Vorstandsmitglied. Änderungen in der Unternehmensstrategie können am ehesten über sie erreicht werden. Überdies kommt in einer *atypischen* KGaA, soweit vorhanden, der Aufsichtsratsvorsitzende der Komplementärgesellschaft in Betracht.

Es ist auch denkbar, den Vorsitzenden des KGaA-Aufsichtsrats zu kontaktieren. Wenn ein fakultativer Beirat eingerichtet worden ist, ist auch dessen Leiter ein möglicher Gesprächspartner. Die Sinnhaftigkeit ist stets an den Kompetenzen und der damit verbundenen Einflussmöglichkeit der einzelnen Ansprechpartner beziehungsweise dem Organ, dem sie vorstehen, zu messen.

Die üblichen Mittel sind Briefe[1311] oder Gespräche[1312] am Telefon[1313] oder in persönlichen Treffen. So können aktivistische Kommanditaktionäre ohne öffentlich Aufmerksamkeit zu erregen ihre Haltung zur Unternehmensführung in Form von Kritik oder Forderungen gegenüber den persönlich haftenden Gesellschaftern oder dem Geschäftsführungsorgan der Komplementärin kundtun und darauf drängen, dass die Geschäftsleitung auf etwaige an sie addressierte Forderungen reagiert.

1311 *Schockenhoff/Culmann*, ZIP 2015, 297 (299); *Kleinmanns*, IRZ 2016, 341 (344); *Wieandt et al.*, Investorendialog im Umbruch, S. 31; *Döding*, ZBB/JBB 32 (2020), 168 (169); *Engelen et al.*, Investor Activism 2018, S. 85, 137; *Gesell*, in: Grunewald, FS Maier-Reimer, S. 123 (131); *Graßl/Nikoleyczik*, AG 62 (2017), 49 (52 f.); *Inci*, Shareholder Engagement, S. 126; *Armour/Cheffins*, The Journal of Alternative Investments 14 (2011), 17 (18); *Albath*, Shareholder Activism im Rahmen der Hauptversammlung, S. 56.

1312 *Schockenhoff/Culmann*, ZIP 2015, 297 (299 f.); *Brass*, Hedgefonds als aktive Investoren, S. 68; *Kleinmanns*, IRZ 2016, 341 (344); *Bunz*, NZG 2014, 1049 (1050); *Plagemann/Rahlmeyer*, NZG 2015, 895 (896); *Wieandt et al.*, Investorendialog im Umbruch, S. 31; *Nicolai/Thomas*, WiSt 2004, 20 (22); *Nicolai/Thomas*, zfbf 56 (2004), 452 (455); *Gröntgen*, Operativer shareholder activism, S. 39–40; *Thaeter/Guski*, AG 2007, 301 (302); *Claussen*, in: Bitter/Lutter/Priester/Schön/Ulmer, FS Schmidt, S. 226; *Döding*, ZBB/JBB 32 (2020), 168 (169); *Engelen et al.*, Investor Activism 2018, S. 85, 137; *Gesell*, in: Grunewald, FS Maier-Reimer, S. 123 (131); *Graßl/Nikoleyczik*, AG 62 (2017), 49 (52 f.); *Heuser*, Shareholder Activism, S. 5, 9, 54, 166, 172; *Pierscinska*, Investoren-Aktivismus in Deutschland, S. 11 f., 43; *Faber*, in: Hommelhoff/Hopt/Werder, HdB Corporate Governance, S. 219 (228); *Weber-Rey/Reps*, ZGR 2013, 597 (608); *Inci*, Shareholder Engagement, S. 126–127; *Albath*, Shareholder Activism im Rahmen der Hauptversammlung, S. 56–57.

1313 *Inci*, Shareholder Engagement, S. 126; *Armour/Cheffins*, The Journal of Alternative Investments 14 (2011), 17 (18).

b) Verkauf der eigenen Beteiligung

Der Verkauf der eigenen Beteiligung bzw. die Drohung mit selbigem wird gelegentlich als mögliches Druckmittel aktivistischer Aktionäre und als Möglichkeit der Sanktionierung des Managements genannt.[1314] Hintergrund hierfür ist, dass der Verkauf einer großen Beteiligung regelmäßig mit einem Kursrutsch einhergeht.[1315] Sinkende Kurse können überdies zu einer schlechteren Bonitätsschätzung durch Fremdkapitalgeber[1316] und Ratingagenturen führen. Sich daran anschließende höhere Fremdkapitalkosten beeinflussen die Wettbewerbs- und Handlungsfähigkeit des Unternehmens, weshalb ein steuernder Einfluss auf die Unternehmensführung denkbar ist.[1317] In einer Aktiengesellschaft wird außerdem die Kontrollübernahme des Unternehmens mit sinkendem Börsenkurs vereinfacht.[1318] Die KGaA gilt als resistent gegen eine feindliche Übernahme.[1319] Als dahingehender Sanktionsmechanismus ist der Verkauf der Beteiligung für die Geschäftsleitung einer Kommanditgesellschaft auf Aktien daher zu vernachlässigen.

Je nach Sachverhalt und Strategie kann außerdem mit dem Gang an die Öffentlichkeit und der dortigen Auseinandersetzung[1320] gedroht werden.

c) Gang an die Öffentlichkeit

Viele aktivistische Vorgänge werden nie öffentlich. Aktivistischen Kommanditaktionären ist es aber unbenommen, den Gang an die Öffentlichkeit[1321] zu wagen und sich öffentlich mit dem Management der Ziel-KGaA auseinanderzusetzen. Öffentlichkeitswirksame Maßnahmen können Medienkampagnen[1322] wie Zeitungsartikel, Fernsehinterviews oder die Veröffentlichung der

---

1314 *Pierscinska*, Investoren-Aktivismus in Deutschland, S. 10; insbesondere in der internationalen Literatur *Bassen*, Institutionelle Investoren und Corporate Governance, S. 253.

1315 *Pierscinska*, Investoren-Aktivismus in Deutschland, S. 10.

1316 *Bassen*, Institutionelle Investoren und Corporate Governance, S. 121.

1317 *Bassen*, Institutionelle Investoren und Corporate Governance, S. 121.

1318 *Bassen*, Institutionelle Investoren und Corporate Governance, S. 122.

1319 Siehe dazu Kap. 1 § 3.

1320 *Bessler/Drobetz/Holler*, European Financial Management 21 (2015), 106 (112); *Beck*, Freilaw 2016, 89 (92).

1321 Für aktivistische Aktionäre *Heuser*, Shareholder Activism, S. 159–160; *Wieandt et al.*, Investorendialog im Umbruch, S. 31; *Gröntgen*, Operativer shareholder activism, S. 40; *Thaeter/Guski*, AG 2007, 301 (302); *Beck*, Freilaw 2016, 89 (93); *Döding*, ZBB/JBB 32 (2020), 168 (169); *Engelen et al.*, Investor Activism 2018, S. 106, 137; *Bunz*, NZG 2014, 1049 (1051); *Kaiser*, Hedgefonds, S. 98; *Schiessl*, ZIP 2009, 689 (693); *Plagemann/Rahlmeyer*, NZG 2015, 895 (896); *Inci*, Shareholder Engagement, S. 128–130.

1322 *Hommer*, Aktivistische Hedgefonds zwischen Recht und Corporate Governance, S. 70–71; *Schockenhoff/Culmann*, ZIP 2015, 297 (300); *Kleinmanns*, IRZ 2016, 341

Briefe[1323] an die Komplementäre beziehungsweise das faktische Leitungsorgan der Kommanditgesellschaft auf Aktien sein. Auch der Einsatz von eigens erstellten Webseiten[1324] oder Social Media Plattformen wie *X* (vormals *twitter*)[1325] spielt eine bedeutende Rolle.

Ein öffentlicher Austausch oder ein Hinweis auf positive Gespräche zwischen den aktivistischen Kommanditaktionären und dem Management kann sich positiv auf den Börsenkurs der Zielgesellschaft auswirken. Eine öffentlich ausgetragene bösartige Auseinandersetzung mit Aktivisten zieht dagegen häufig einen Einbruch des Aktienkurses nach sich.[1326] Den aktivistischen Kommanditaktionären wird – anders als den aktivistischen Leerverkäufern – grundsätzlich daran gelegen sein, einen Kursverlust zu vermeiden. Schließlich geht ein sinkender Kommanditaktienkurs auch zulasten ihres Investments und gefährdet die Stellung des Unternehmens am Markt.

Dennoch kann sich der aggressive Gang an die Öffentlichkeit als zielführend erweisen. Einer öffentlichen Kritik können sich die Geschäftsleiter auf Dauer nicht entziehen.[1327] Für den Komplementär einer *gesetzestypischen* KGaA kann eine öffentlich geäußerte Kritik einen Wertverlust »seines« Unternehmens mitsichbringen. Für den Geschäftsleiter einer *atypischen* KGaA besteht die Gefahr eines vernichtenden Prestigeverlustes und des Verlustes seiner fachlichen Reputation. Die Wahrscheinlichkeit von Zugeständnissen

---

(344); *Nicolai/Thomas*, WiSt 2004, 20 (22); *Nicolai/Thomas*, zfbf 56 (2004), 452 (455); *Sekanina*, Finanzinvestoren und Mitbestimmung, <*www.imu-boeckler.de/de/faust-detail.htm?sync_id=HBS-006866*>, S. 14; *Graßl/Nikoleyczik*, AG 62 (2017), 49 (53); *Faber*, in: Hommelhoff/Hopt/Werder, HdB Corporate Governance, S. 219 (227); *Inci*, Shareholder Engagement, S. 128–129; *Albath*, Shareholder Activism im Rahmen der Hauptversammlung, S. 57–58.

1323 *Bessler/Drobetz/Holler*, European Financial Management 21 (2015), 106 (112); *Kleinmanns*, IRZ 2016, 341 (344); *Plagemann/Rahlmeyer*, NZG 2015, 895 (896); *Sekanina*, Finanzinvestoren und Mitbestimmung, <*www.imu-boeckler.de/de/faust-detail.htm?sync_id=HBS-006866*>, S. 12, 14; *Gröntgen*, Operativer shareholder activism, S. 40; *Faber*, in: Hommelhoff/Hopt/Werder, HdB Corporate Governance, S. 219 (227); *Inci*, Shareholder Engagement, S. 129.

1324 *Kuntz*, ZHR 183 (2019), 190 (234).

1325 Am 13.08.2013 veröffentlichte Carl Icahn auf twitter »We currently have a large position in APPLE. We believe the company to be extremely undervalued. Spoke to Tim Cook today. More to come.« *Icahn*, <*www.twitter.com/Carl_C_Icahn/status/367350206993399808?ref_src=twsrc%5Etfw%7Ctwcamp%5Etweetembed%7Ctwterm%5E367350206993399808%7Ctwgr%5E%7Ctwcon%5Es1_c10&ref_url=https%3A%2F%2Fpublish.twitter.com%2F%3Fquery%3Dhttps3A2F2Ftwitter.com2FCarl_C_Icahn2Fstatus2F367350206993399808widget%3DTweet*>, woraufhin der Aktienkurs unmittelbar positiv reagierte *Kuntz*, ZHR 183 (2019), 190 (233).

1326 *Inci*, Shareholder Engagement, S. 129; m. w. N. *Redeke*, AG 2015, 253 (256).

1327 M. w. N. *Inci*, Shareholder Engagement, S. 130.

auf Führungsebene im Sinne aktivistischer Kommanditaktionäre lässt sich damit auch in der Kommanditgesellschaft auf Aktien erhöhen.

3. Eskalationskaskade und die »Wirksamkeit« der einzelnen Stufen

Das Vorgehen von Aktivisten hängt im Detail vom Einzelfall und den konkreten Umständen ab. Der Modus Operandi ist erfahrungsgemäß immer wieder ähnlich.[1328] Dabei werden die rechtlichen und faktischen Einflussmöglichkeiten kombiniert und hintereinandergeschaltet. Dasselbe Vorgehen bietet sich auch an für aktivistische Kommanditaktionäre bei einem Angriff auf eine KGaA.

Der Ablauf eines Angriffs dürfte sich daher wie folgt gestalten: Auf den Erwerb einer Sockelbeteiligung an der Kommanditgesellschaft auf Aktien folgt die Kontaktaufnahme zu den entsprechenden persönlich haftenden Gesellschaftern oder den zuständigen Geschäftsleitungsmitgliedern der Komplementärgesellschaft. Finden konstruktive Kritik und damit verbundene Forderungen kein Gehör, kann die Gangart verschärft werden. Die Aktivisten können mit dem Verkauf ihrer Beteiligung, der öffentlichen Konfrontation und der Ausnutzung ihrer Kommanditaktionärsrechte drohen. Fruchtet auch diese Kampfansage nicht, können sie ihren Worten Taten folgen lassen. Die Anteile werden verkauft, oder es werden Öffentlichkeitsmaßnahmen eingeleitet. Zudem wird von mitgliedschaftlichen Rechten in und außerhalb der Hauptversammlung Gebrauch gemacht.

Den einzelnen Eskalationsstufen werden von Unternehmens- und von Aktivistenseite unterschiedliche Auswirkungen zugeschrieben. Für einen aktivistischen Kommanditaktionär wiegt die Unverfügbarkeit eines Angriffsmittels natürlich schwerer, wenn diesem eine hohe Bedeutung zugemessen wird, als wenn ihm ohnehin nur ein geringer Nutzen beigemessen wird.

Eine allgemeingültige Aussage über die Effizienz der einzelnen Instrumente lässt sich nur schwer treffen.[1329] Gleichwohl hat eine schon ältere wissenschaftliche Untersuchung versucht die Effektivität der Einflussnahme institutioneller Anleger auf die Unternehmensführung empirisch zu analysieren.[1330] Hierzu wurden die Vorstände deutscher börsennotierter Gesellschaften sowie eine Reihe institutioneller Anleger zu ihrer Wahrnehmung

---

1328 *Graßl/Nikoleyczik*, AG 62 (2017), 49 (52–54); *Sekanina*, Finanzinvestoren und Mitbestimmung, <*www.imu-boeckler.de/de/faust-detail.htm?sync_id=HBS-006866*>, S. 12; *Engelen et al.*, Investor Activism 2018, S. 137–140; *Gröntgen*, Operativer shareholder activism, S. 42; als »Eskalationskaskaden« bezeichnend *Kocher*, DB 2016, 2887 (2889).

1329 *Bassen*, Institutionelle Investoren und Corporate Governance, S. 148.

1330 *Bassen*, ZBB 14 (2002), 430; *Bassen*, Institutionelle Investoren und Corporate Governance.

hinsichtlich aktivistischer rechtlicher und faktischer Verhaltensweisen befragt. Die tatsächliche Effektivität der einzelnen Maßnahmen lässt sich mithilfe eines subjektiven Eindrucks der womöglich nur theoretischen Akteure nicht ermitteln. Es wurden aber Tendenzen erarbeitet. Die Studie unterscheidet dabei nicht nach den Gesellschaftsformen. Außer Betracht blieben auch die KGaA-spezifischen Instrumente wie die Zustimmung zu außergewöhnlichen Geschäftsführungsmaßnahmen, das Recht zur Feststellung des Jahresabschlusses oder Möglichkeiten rund um einen fakultativen Beirat. Gerade den Jahresabschlussdaten wird eine besonders hohe Bedeutung seitens der Unternehmen und institutionellen Investoren zugesprochen.[1331] Dennoch lassen sich die Erkenntnisse zumindest für die sich überschneidenden Angriffsmaßnahmen auf den vorliegenden Untersuchungsgegenstand übertragen.

Der faktischen Einflussnahme wird nach dieser Studie die größte Bedeutung zugesprochen. Gleich die erste Stufe, die Kontaktaufnahme zum Management, insbesondere in persönlichen Gesprächen am Telefon oder im Rahmen privater Treffen, hat nach Einschätzung der Unternehmenslenker sowie der institutionellen Investoren mit Abstand den stärksten Einfluss auf die Unternehmensführung.[1332] Alle sich daran anschließenden Maßnahmen sind aus Sicht der Zielgesellschaften und der Angreifer deutlich weniger effektiv. Drohungen mit dem Verkauf der Anteile oder einer Verkaufsempfehlung werden nur vereinzelt als relevant angesehen.[1333] Der Gang an die Öffentlichkeit und damit verbundene Artikel in der Wirtschaftspresse werden noch als ein einigermaßen wirksames Instrument zur Beeinflussung von Unternehmen erachtet.[1334]

Der rechtlichen Einflussnahme wird eine überwiegend geringe Bedeutung beigemessen. Schadensersatzklagen spielen in der Wahrnehmung und dem Alltag der Befragten keine Rolle.[1335] Auch der tatsächliche Verkauf der Anteile, ein Tagesordnungsergänzungsverlangen oder Redebeiträge in der Hauptversammlung werden als wenig effektive Einflussmöglichkeiten erachtet.[1336] Die Stimmrechtsausübung in der Hauptversammlung wird von

---

1331 *Bassen*, Institutionelle Investoren und Corporate Governance, S. 270.

1332 *Bassen*, ZBB 14 (2002), 430 (432); *Bassen*, Institutionelle Investoren und Corporate Governance, S. 137, 206, 268; *Steiger*, Institutionelle Investoren und Corporate Governance, S. 26.

1333 *Bassen*, ZBB 14 (2002), 430 (432); *Bassen*, Institutionelle Investoren und Corporate Governance, S. 121, 128, 132, 134.

1334 *Bassen*, ZBB 14 (2002), 430 (432); *Bassen*, Institutionelle Investoren und Corporate Governance, S. 256.

1335 *Bassen*, Institutionelle Investoren und Corporate Governance, S. 255; *Bassen*, ZBB 14 (2002), 430 (432).

1336 *Bassen*, ZBB 14 (2002), 430 (432).

den befragten Vorständen und institutionellen Investoren als ein wenig bis mittel geeignetes Instrument der Einflussnahme eingeschätzt.[1337]

Deutlich auseinander geht die Einschätzung hinsichtlich der Besetzung des Aufsichtsrats. Zielgesellschaften bescheinigen der Einflussnahme über Aufsichtsratsmandate noch eine mittelmäßige Wirksamkeit.[1338] Die Investoren messen den Mandaten lediglich in frühen Phasen der Börsennotierung eine hohe Bedeutung bei und halten die Wirkkraft im Übrigen für gering.[1339] Aus Sicht potenzieller aktivistischer Kommanditaktionäre dürften die fehlenden Kompetenzen des Aufsichtsrats der KGaA daher kaum ins Gewicht fallen.

4. Zusammenfassung

Aktivistischen Kommanditaktionäre stehen rechtliche sowie faktische Einflussmöglichkeiten zur Verfügung.

Das zentrale Kommanditaktionärsrecht ist das Stimmrecht. Darüber können aktivistische Kommanditaktionäre die Unternehmensstrategie, die Unternehmens- und Personalstruktur sowie die Finanzpolitik beeinflussen. Die untersuchten rechtlichen Einflussmöglichkeiten lassen sich zum einen dem Aktienrecht entnehmen. Zum anderen entspringen sie dem Personengesellschaftsrecht oder darin enthaltenen personengesellschaftsrechtlichen Satzungsautonomien, über die auch ansonsten auf die KGaA unanwendbare aktienrechtliche Regelungen zur Anwendbarkeit gebracht werden können.

Beschlussgegenstände aus dem Aktienrecht sind autonome Hauptversammlungsbeschlüsse. Aktivistische Kommanditaktionäre sind für positive Beschlussfassungen meistens auf die Unterstützung weiterer Kommanditaktionäre angewiesen. Zu denken ist an die Geltendmachung von Schadensersatzansprüchen gegen die Geschäftsleitung, den Antrag auf Sonderprüfung, die Entlastungsverweigerung, den Vertrauensentzug sowie den Gewinnverwendungsbeschluss. Auch die Besetzung des KGaA-Aufsichtsrats liegt im Einflussbereich der Kommanditaktionäre. Aufgrund der fehlenden Personalkompetenz des KGaA-Aufsichtsrats ist die Wirksamkeit einer derartigen Einflussnahme aber deutlich reduziert.

Eine Personalkompetenz steht aber beispielsweise dem Aufsichtsrat einer Komplementär-AG in der *atypischen* KGaA zu. Für dessen Wahl sind die Kommanditaktionäre allerdings nicht zuständig. Dieses Defizit lässt sich in der KGaA mithilfe der personengesellschaftsrechtlichen Satzungsautono-

---

1337 *Bassen*, ZBB 14 (2002), 430 (432); *Bassen*, Institutionelle Investoren und Corporate Governance, S. 256.

1338 *Bassen*, ZBB 14 (2002), 430 (433).

1339 *Bassen*, ZBB 14 (2002), 430 (433); *Bassen*, Institutionelle Investoren und Corporate Governance, S. 147–148.

mie aus dem Weg räumen. Ist die Gesellschaft als personenidentische *atypische* KGaA strukturiert, hat der aktivistische Kommanditaktionär auch ein Stimmrecht für den Aufsichtsrat der Komplementärgesellschaft.

Soweit in der KGaA-Satzung eine Beschlussfassung über ein Vergütungssystem vorgesehen ist, erhalten die (aktivistischen) Kommanditaktionäre ein Instrument, um einen Interessengleichlauf zwischen Kommanditaktionären und Unternehmensleitung herzustellen.

Je nach den strukturellen Gegebenheiten kann ein aktivistischer Kommanditaktionär unmittelbaren Einfluss auf die Bestellung und Abberufung des persönlich haftenden Gesellschafters nehmen. Wurde ein *vorstandsähnlicher* Komplementär installiert, kann es sein, dass derartige Entscheidungen in der Satzung zur Hauptversammlungssache erklärt werden. Sowohl in der *gesetzestypischen* als auch *atypischen* KGaA kann auf die Bestellung und Abberufung des Komplementärs/der Komplementärin mittels Stimmrechts Einfluss genommen werden. Gleiches gilt für die Entziehung der Geschäftsführungsbefugnis. Eingeschränkt wird diese Befugnis durch das Zustimmungserfordernis der übrigen persönlich haftenden Gesellschafter.

Besonders hervorzuheben ist die *Einheits*-KGaA. Gemäß § 278 Abs. 2 AktG i. V. m. § 170 Abs. 2 HGB nehmen die Kommanditaktionäre einer *Einheits*-KGaA die Rechte der Gesellschafterversammlung der Komplementärgesellschaft wahr. Praktisch können die Kommanditaktionäre daher u. a. über die Besetzung des Aufsichtsrats der Komplementärgesellschaft (AG/SE), die Entlastung und den Vertrauensentzug der Geschäftsleitung sowie deren Abberufung beschließen. Einschränkend gilt, dass dieser Beschluss nicht von den Kommanditaktionäre, sondern vom KGaA-Aufsichtsrat in der Komplementärversammlung umgesetzt wird. Ungeachtet dessen kann die KGaA-Hauptversammlung rechtsgeschäftlich bevollmächtigt oder statutarisch zur Wahl ermächtigt wurde. Ein ähnlicher Machtzuwachs der Kommanditaktionäre ließe sich bei entsprechender Ausgestaltung eines fakultativen Beirats erreichen.

Erhalten die aktivistischen Kommanditaktionäre die Zustimmung der Komplementäre, können sie auf Grundlagengeschäfte Einfluss nehmen. Die Entscheidungsgenstände sind bei Grundlagengeschäften zwar personengesellschaftsrechtlicher Natur, die Entscheidungsfindung der Kommanditaktionäre als solche richtet sich aber nach dem Aktienrecht. Die Beschlüsse bedürfen in der Regel der einfachen Mehrheit. Bei Satzungsänderungen ist eine Dreiviertelmehrheit erforderlich.

Eine erwähnenswerte Möglichkeit der Einflussnahme ist das Zustimmungsrecht der Kommanditaktionäre zu außergewöhnlichen Geschäftsführungsmaßnahmen. Dieses Recht vermittelt aktivistischen Kommanditaktionären eine gewichtige Möglichkeit die Unternehmensstrategie mitzugestalten.

Ebenfalls bemerkenswert ist die Feststellungskompetenz der Hauptversammlung. Entsprechend ihrer Vorstellung können aktivistische Kommanditaktionäre versuchen, mittels inhaltlicher Änderungen die Bilanz- und Finanzpolitik und damit die langfristige Geschäftspolitik zu verändern.

Daran anknüpfend hat ein aktivistischer Kommanditaktionär ein außerordentlich weitgehendes Auskunftsrecht, welches es ihm ermöglicht, Informationen über die Finanz- und Kapitalstruktur zu erhalten. Dieses Recht ist angesichts der praktischen Beliebtheit, in der Hauptversammlung Auskünfte zu erlangen, äußerst bedeutsam.

Rechtliche Möglichkeiten der Einflussnahme bieten überdies das Tagesordnungsergänzungsverlangen sowie das Rederecht. Diese Rechte sind insbesondere bedeutsam, um die übrigen Kommanditaktionäre vom eigenen Weg zu überzeugen und die Geschäftsleitung öffentlichkeitswirksam zu kritisieren.

Nach der aktuellen Studienlage wird der faktischen Einflussnahme die größte Bedeutung beigemessen. Aktivistische Kommanditaktionäre können die Kontaktaufnahme zum Management und persönliche Gespräche am Telefon oder im Rahmen privater Treffen einfordern. Noch vor einer tatsächlichen rechtlichen Einflussnahme können sie mit derselben drohen und so Druck auf die Geschäftsleitung aufbauen. Schließlich ist der Gang an die Öffentlichkeit, soweit der private Austausch nicht fruchtet, ein probates Mittel, um den eigenen Forderungen Nachdruck zu verleihen.

IV. Verteidigungsmaßnahmen

1. Prävention

Die erste Priorität sollte darauf gerichtet sein, einer Angriffssituation vorzubeugen und nicht in die Defensive zu geraten. Hierfür lassen sich zunächst die für die Aktiengesellschaft gefundenen und empfohlenen Erkenntnisse sowie die hiesigen Ausführungen zur präventiven Verteidigung eines Leerverkaufsangriffs[1340] heranziehen.

a) Allgemeine Präventivmaßnahmen

Grundsätzlich wird man auch den Verantwortlichen einer Kommanditgesellschaft auf Aktien dazu raten können, so wenig Angriffsfläche wie möglich zu bieten[1341]. Die Leitungsorgane der KGaA sollten jederzeit handlungs-

1340 Siehe dazu Kap. 3 § 10 IV. 1.

1341 *Wissenschaftliche Dienste*, Aktionärsaktivismus unter gesellschafts- und aktienrechtlichen Gesichtspunkten, <*www.bundestag.de/resource/blob/571478/6cddddd*

und reaktionsfähig sein, sobald aktivistische Kommanditaktionäre Einflussmaßnahmen initiieren.

Insoweit gilt:

> »By understanding your enemy and yourself you can engage in a hundred battles without ever being in peril.«[1342]

Daran anknüpfend ist eine Sensibilisierung für das Thema und das Verständnis für die Aktivisten und deren Vorgehen auch in diesem Kontext unerlässlich.[1343] So kann sich die Gesellschaft und deren Geschäftsleitung gezielt auf bestimmte Verhaltensmuster vorbereiten und Lösungsansätze erarbeiten.

Auch eine regelmäßige Selbstreflexion kann sich als hilfreich erweisen. Es ist insofern unerlässlich, die eigenen Schwachstellen zu erkennen[1344], den Gegenspieler durch eine stetige Analyse[1345] der eigenen Kommanditaktionärsstruktur und Wirtschaftspresse zu überwachen sowie gegebenenfalls ein KI-basiertes Frühwarnsystem zu implementieren. So kann im Idealfall bereits frühzeitig erkannt werden, ob sich ein aktivistischer Kommanditaktionär eine strategische Position aufbaut oder sich ein sog. Wolf Pack formiert.

Damit verbunden ist eine enge Beziehung zu den »wichtigsten« (Kommandit-)Aktionären[1346]. Um Kritik an der Unternehmensstrategie, Personalstruktur und Finanzpolitik so gering wie möglich zu halten, sind Vorstellungen und Perspektiven, aber auch ausbaufähige noch nicht genutzte Potenziale offen zu kommunizieren.[1347] Wie alle Anteilseigner werden auch die Kernkommanditaktionäre eine ehrliche, sachliche und transparente Kommunikation honorieren.

989645a48fffb220fa3b3d0ef/WD-7-168-18-pdf.pdf>, S. 6; *Kleinmanns*, IRZ 2016, 341 (344).

1342 *Sunzi*, The Art of War, S. 45.

1343 *Kleinmanns*, IRZ 2016, 341 (344); *Jostarndt/Wolf/Degen*, Aktivistische Investoren, *<media-publications.bcg.com/BCG-Aktivistische-Investoren-Report-2020.pdf>*, S. 16; *Wissenschaftliche Dienste*, Aktionärsaktivismus unter gesellschafts- und aktienrechtlichen Gesichtspunkten, *<www.bundestag.de/resource/blob/571478/6cddddd989645a48fffb220fa3b3d0ef/WD-7-168-18-pdf.pdf>*, S. 6.

1344 *Zülch/Gebhardt*, KoR 2019, 461 (462); *Jostarndt/Wolf/Degen*, Aktivistische Investoren, *<media-publications.bcg.com/BCG-Aktivistische-Investoren-Report-2020.pdf>*, S. 13–14.

1345 *Bunz*, NZG 2014, 1049 (1052); *Schiessl*, ZIP 2009, 689 (696); *Engelen et al.*, Investor Activism 2018, S. 142; *Graßl/Nikoleyczik*, AG 62 (2017), 49 (59); *Gröntgen*, Operativer shareholder activism, S. 310.

1346 *Ludwig*, M&A Review 28 (2017), 363 (366).

1347 *Schiessl*, ZIP 2009, 689 (696); *Gröntgen*, Operativer shareholder activism, S. 309.

Durch die Einrichtung eines »Defence-Teams«[1348] und dessen gezielter Schulung kann die Geschäftsführung einer KGaA die Kontrolle über den weiteren Verlauf zügig und geordnet zurückgewinnen. Hinsichtlich der Anbindung des Teams an die KGaA und der Entwicklung eines Defence Manuals, welches die Verantwortlichkeiten, das Vorgehen und die Abläufe im Falle eines Angriffs bestimmt, kann auf die diesbezüglichen Ausführungen zum Leerverkaufsaktivismus[1349] verwiesen werden.

b) Grundsätzliche Möglichkeiten der Reduktion der Einflussnahme über das Stimmrecht

Das Stimmrecht ist das zentrale Recht der (aktivistischen) Kommanditaktionäre. Es bietet zahlreiche Einflussmöglichkeiten auf die Unternehmensstrategie, Personalstruktur und Finanzpolitik. Zur Begrenzung entsprechender Einflussmöglichkeiten empfiehlt sich eine Orientierung an den einschlägigen Empfehlungen der Fachliteratur für die Aktiengesellschaft. Die entsprechenden Überlegungen sind auch für die KGaA einschlägig und entfalten dort praktische Relevanz.

So kann ein wohlgesonnener Ankeraktionär ein hilfreicher Verbündeter im Verteidigungsfall sein.[1350] Es lohnt sich einen Ankerkommanditaktionär zu suchen und eine Stimm-Überzahl für anstehende Hauptversammlungsbeschlüsse zu schaffen. Der Ankerkommanditaktionär sollte sich langfristig mit der Unternehmensausrichtung identifizieren,[1351] die Gesellschaft dabei begleiten und nicht auf eine schnelle und möglichst hohe Rendite spekulieren. Ein Verantwortungsbewusstsein für die Gesellschaft ist besonders wünschenswert.

Die abschreckende Wirkung von Ankeraktionären auf Aktivisten wurde in jüngerer Zeit allerdings immer wieder in Zweifel gezogen.[1352] Gleichwohl bestehen für aktivistische Kommanditaktionäre weniger Chancen, Themen-

---

1348 *Bunz*, NZG 2014, 1049 (1052); *Engelen et al.*, Investor Activism 2018, S. 129; *Graßl/Nikoleyczik*, AG 62 (2017), 49 (59); *Schiessl*, ZIP 2009, 689 (696); *Jostarndt/Wolf/Degen*, Aktivistische Investoren, <*media-publications.bcg.com/BCG-Aktivistische-Investoren-Report-2020.pdf*>, S. 13–14; *Wissenschaftliche Dienste*, Aktionärsaktivismus unter gesellschafts- und aktienrechtlichen Gesichtspunkten, <*www.bundestag.de/resource/blob/571478/6cdddd989645a48fffb220fa3b3d0ef/WD-7-168-18-pdf.pdf*>, S. 6; *Gröntgen*, Operativer shareholder activism, S. 311.

1349 Kap. 3 § 10 VI. 1. g) aa).

1350 *Bunz*, NZG 2014, 1049 (1052); *Graßl/Nikoleyczik*, AG 62 (2017), 49 (59); *Ludwig*, M&A Review 28 (2017), 363 (366); kritisch *Zülch/Weuster/Mladenov*, KoR 2018, 303 (304).

1351 *Weber-Rey/Reps*, ZGR 2013, 597 (602 f.); *Ludwig*, M&A Review 28 (2017), 363 (366); *Beck*, Freilaw 2016, 89 (90).

1352 Kap. 3 § 11 II. 5.

komplexe mithilfe ihres Stimmrechts zu beeinflussen und durchzusetzen, soweit es einer KGaA gelingt, einen Ankerkommanditaktionär an sich zu binden und sich die Kommanditaktionärsstruktur auf wenige Gesellschafter konzentriert. Zur Stärkung eines stabilen Gesellschafterkerns bietet sich der Abschluss einer Investorenvereinbarung[1353] zwischen der KGaA und dem Ankerkommanditaktionär an. Dafür können Zielvereinbarungen und Absichtserklärungen geschlossen werden,[1354] die die strategische Partnerschaft in Worte gießen und Förderungspflichten manifestieren. Die Gefahr des plötzlichen Stimmungswandels eines großen Blockkommanditaktionärs kann so reduziert werden.

c) Verhinderung von Zufallsmehrheiten

Zufallsmehrheiten können zu ungeahnten Wendungen in Hauptversammlungen führen und die strategischen und strukturellen Pläne der Unternehmensleitung gegen ihre Vorstellungen durchkreuzen.

Zufallsmehrheiten haben ihren Ursprung häufig in niedrigen Hauptversammlungspräsenzen. Dort haben Kommanditaktionäre mit geringen Anteilen einen hohen Einfluss.[1355] Dem kann durch eine Steigerung der Hauptversammlungspräsenz begegnet werden. Für die Umsetzung werden mehrere Varianten diskutiert.

In den Kosten für eine unter Umständen beschwerliche Anreise sowie eine eventuelle Logie wird ein entscheidender Faktor für die Teil- oder Nichtteilnahme gesehen. Dies gilt für Kleinanleger und insbesondere für internationale Kommanditaktionäre. Diese sind regelmäßig nicht bereit, die hohen Reisekosten für eine geringe Ausschüttung auf sich zu nehmen. Vorgeschlagen wird daher ein Präsenzbonus.[1356] Ein solcher Bonus ist aber mit nicht zu unterschätzenden (rechtlichen) Hürden verbunden.[1357] Im Übrigen werden sich die privaten Hauptversammlungskosten für Kleinanleger und internationale Kommanditaktionäre mit solchen Zahlungen aller Wahrscheinlichkeit nach nicht decken lassen.

Jegliche geografischen Entfernungen lassen sich mittels moderner Technik in Form einer virtuellen Hauptversammlung überbrücken. Eine Teilnahme

---

1353 Ausführlich zu Investorenvereinbarungen *Weber-Rey/Reps*, ZGR 2013, 597 (617–626).

1354 *Weber-Rey/Reps*, ZGR 2013, 597 (618).

1355 *Beck*, Freilaw 2016, 89 (90); *Lenz*, NZG 9 (2006), 534; *Dauner-Lieb*, WM 2007, 9 (10).

1356 Ausführlich *Lenz*, NZG 9 (2006), 534 f.; *Schmidt/Spindler*, Finanzinvestoren aus ökonomischer und juristischer Perspektive, S. 312 Rn. 20; als ungeeignet erachtend *Dauner-Lieb*, WM 2007, 9 (15).

1357 *Lenz*, NZG 9 (2006), 534 f.

wird deutlich erleichtert. Die virtuelle Hauptversammlung und ihre Durchführung war in den Jahren 2020 und 2021 vor dem Hintergrund der Coronapandemie aktueller denn je. Präsenzveranstaltungen waren im Sinne der Pandemiebekämpfung ausgeschlossen. Physische Distanzen mussten überbrückt werden. Als Rechtsgrundlage dienten die Übergangsvorschriften des Gesetzes über Maßnahmen im Gesellschafts-, Genossenschafts-, Vereins-, Stiftungs- und Wohnungseigentumsrecht zur Bekämpfung der Auswirkungen der COVID-19-Pandemie (C19-AuswBekG«). Im Jahr 2022 folgte ein Referentenentwurf des *Bundesministeriums der Justiz* zur virtuellen Hauptversammlung. Der Referentenentwurf gilt für die KGaA ebenso wie für die AG. Bislang ist eine Präsenzsteigerung aufgrund virtueller Hauptversammlungen allerdings nicht empirisch nachweisbar.[1358]

d) Statutarische Beschränkung der individuellen Kommanditaktionärsrechte

Von wesentlicher Bedeutung für präventive Verteidigungsmaßnahmen in der KGaA ist die personengesellschaftsrechtliche Satzungsautonomie[1359] für das Rechtsverhältnis der persönlich haftenden Gesellschafter untereinander und gegenüber der Gesamtheit der Kommanditaktionäre sowie gegenüber Dritten. Die Präventionsarbeit muss bereits mit Gründung der Kommanditgesellschaft auf Aktien beginnen. Die meisten Satzungsregelungen, welche eine Beschneidung der Kommanditaktionärsrechte mit sich bringen, werden sich nachträglich nicht mehr durchsetzen lassen. Die erforderlichen Mehrheiten sind gegen den Willen eines weit verbreiteten Kommanditaktionärskreises nur noch schwer zu erreichen. Entsprechende (Verteidigungs-) Regelungen sollten daher schon mit Gründung in die Satzung aufgenommen werden. Um (aktivistische) Kommanditaktionäre aus der Geschäftsführung und personalstrukturellen Entscheidungen herauszuhalten, lässt sich darüber nachdenken, ihnen das Zustimmungsrecht zu derartigen Entscheidungen statutarisch abzubedingen.

aa) Ausschluss des Zustimmungsrechts zu außergewöhnlichen Geschäftsführungsmaßnahmen nach § 116 Abs. 2 Satz 1 Hs. 2 HGB

Dem vergleichsweise großen Einfluss des einzelnen Kommanditaktionärs durch das Zustimmungsrecht zu außergewöhnlichen Geschäftsführungsmaßnahmen lässt sich durch einen Ausschluss desselben begegnen.

1358 *Seibt/Danwerth*, AG 2022, 177 (178); *Downar/Bartowiak*, DB 2021, 349 (354); *Ruppert/Schöning*, ZCG 16 (2021), 214 (220); *Teichmann/Wicke*, ZGR 50 (2021), 173 (179); *Teichmann/Krapp*, DB 2020, 2169 (2177).

1359 Kap. 1 § 1.

Die grundsätzliche Zulässigkeit eines solchen Ausschlusses in der Satzung einer KGaA ist unbestritten.[1360] In der *gesetzestypischen* KGaA löst ein ersatzloser Ausschluss des Zustimmungsrechts keine Besorgnisse aus. In der *atypischen* KGaA begegnet ein kompensationsloser Ausschluss dagegen Bedenken.

(1) Meinungsstand

Von Kritikern[1361] wird durch die Kompetenzbündelung bei der Komplementärgesellschaft eine unzulässige Minderheitenherrschaft befürchtet. Eine derartige Satzungsregelung bringe den Komplementären einen enormen Kompetenzgewinn und führe spiegelbildlich zu einer nicht hinnehmbaren Entmachtung der Kommanditaktionäre. Aus diesem Grund sei ein Ausschluss des § 116 Abs. 2 Satz 1 Hs. 2 HGB nur eingeschränkt zulässig.

Die Befürworter wollen einen ersatzlosen Ausschluss auch in der *atypischen* KGaA zulassen. Begründet wird dies mit den für die Publikums-KG gefundenen Erkenntnissen. Die Publikums-KG dient der KGaA häufig als Gradmesser und wird zur Lösung KGaA-spezifischer Rechtsprobleme gerne herangezogen. Da in der Publikums-KG der kompensationslose Ausschluss unbestritten zulässig und höchstrichterlich anerkannt ist, sei dies auch in der KGaA möglich.[1362] Überdies seien die Kommanditaktionäre über die Emissionsprospekte sogar noch besser geschützt als die Kommanditisten einer Publikums-KG.[1363] Mithilfe der in den Emmissionsprospekten enthaltenen Angaben, worunter auch das ausgeschlossene Zustimmungsrecht fällt, sei es jedem Anleger möglich, eine informierte Entscheidung hinsichtlich einer Beteiligung an der entsprechenden Gesellschaft zu treffen. Ohnehin sei der statutarisch festgesetzte Eingriff in die Rechte der Kommanditaktionäre unabhängig davon, ob der Komplementär eine natürliche oder juristische Per-

---

1360 Kap. 3 § 8 III. 1.

1361 *Arnold*, in: Henssler/Strohn, GesR, AktG § 278 Rn. 13Noch zum Ausschluss des § 164 HGB aF: OLG Stuttgart, Urt. v. 14.05.2003 – 20 U 31/02, NZG 6 (2003), 778 (783); *Dirksen/Möhrle*, ZIP 1998, 1377 (1385); *Ihrig/Schlitt*, in: Ulmer, Die GmbH & Co KGaA nach dem Beschluss BGHZ 134, 392, S. 33 (66); *Schlitt*, Die Satzung der Kommanditgesellschaft auf Aktien, S. 157; *Arnold*, Die GmbH & Co. KGaA, S. 65; *Kessler*, Die rechtlichen Möglichkeiten der Kommanditaktionäre einer GmbH & Co. KGaA zur Einwirkung auf die Geschäftsführung, S. 213.

1362 Noch zum Ausschluss des § 164 HGB aF: BGHZ 119, 346 (357); für viele und m. j. w. N. *Sethe*, in: Hirte/Mülbert/Roth, GroßKomm AktG XII, § 278 Rn. 117; *Herfs*, in: Hoffmann-Becking, MünchHdB GesR IV, § 79 Rn. 22; *Perlitt*, in: Goette/Habersack/Kalss, MüKo-AktG V, § 278 Rn. 363; *Mertens/Cahn*, in: Zöllner/Noack, KK-AktG V, § 278 Rn. 90; *Reger*, in: Bürgers/Fett, KGaA HdB, § 5 Rn. 101.

1363 *Herfs*, in: Hoffmann-Becking, MünchHdB GesR IV, § 79 Rn. 22; *Sethe*, in: Hirte/Mülbert/Roth, GroßKomm AktG XII, § 278 Rn. 118; *Perlitt*, in: Goette/Habersack/Kalss, MüKo-AktG V, § 278 Rn. 363.

son ist.[1364] Wenn der Ausschluss in der *gesetzestypischen* KGaA zulässig sei, dürfte dies auch für die *atypische* KGaA gelten.

(2) Stellungnahme

Die Argumente der letztgenannten Ansicht, einen kompensationslosen Ausschluss des Zustimmungsrechts der Kommanditaktionäre zu außergewöhnlichen Geschäftsführungsmaßnahmen nach § 116 Abs. 2 Satz 1 Hs. 2 HGB zuzulassen, überzeugen.

Tatsächlich leuchtet die Argumentation, die auf einer Unterscheidung zwischen *gesetzestypischer* und *atypischer* Organisationsform fußt, nur in Teilen ein. Zwar hat in der *gesetzestypischen* KGaA die persönliche Haftung des Komplementärs eine gewisse verhaltenskorrigierende Wirkung.[1365] Schon die praktisch überaus beliebte Einsetzung einer natürlichen Person als *vorstandsähnlichen* Komplementär in der *gesetzestypischen* KGaA macht allerdings die verhaltenssteuernde Wirkung der persönlichen Haftung zunichte, schließlich ist er im Innenverhältnis von jeglicher Haftung freigestellt und hat keine Sondereinlage erbracht.[1366] Das unternehmerische Risiko eines *vorstandsähnlichen* Komplementärs ähnelt dem eines Geschäftsführers/Vorstandes einer *Kapitalgesellschaft* & Co. KGaA. Das wirtschaftliche Risiko für die Kommanditaktionäre ist dann in einer *gesetzestypischen* wie einer *atypischen* KGaA dasselbe. Dies spricht für eine Gleichbehandlung von *gesetzestypischer* und *atypischer* KGaA. Außerdem setzt die Treuepflicht der Geschäftsleitung Grenzen[1367], und die (Drohung der) Entziehung der Geschäftsführungsbefugnis kann disziplinierend auf die Geschäftsführung wirken[1368].

Überdies lassen sich Teile der hier gefundenen Erkenntnisse als daran anknüpfende Argumente ins Feld führen. So bestehen – wenn auch teils aufwendige und kostspielige – Disziplinierungsoptionen. Erwähnenswert sind der theoretisch mögliche Ausschluss bzw. ein öffentlichkeitswirksames Ausschlussbegehren des Komplementärs, der tatsächliche Aufforderungsbeschluss der Hauptversammlung zur Absetzung der Geschäftsleitung, die Entlastungsverweigerung für die Vergangenheit sowie der Vertrauensentzug mit Blick auf das bevorstehende Geschäftsjahr. Schutzlos werden die Kom-

---

1364 Noch zum Ausschluss des § 164 HGB aF: *Herfs*, in: Hoffmann-Becking, MünchHdB GesR IV, § 79 Rn. 22.

1365 Siehe dazu Kap. 3 § 7 II. 1. a) bb).

1366 Siehe dazu Kap. 3 § 7 II. 1. b) bb).

1367 *Perlitt*, in: Goette/Habersack/Kalss, MüKo-AktG V, § 278 Rn. 363; *Sethe*, in: Hirte/Mülbert/Roth, GroßKomm AktG XII, § 278 Rn. 120.

1368 *Sethe*, in: Hirte/Mülbert/Roth, GroßKomm AktG XII, § 278 Rn. 119; *Herfs*, in: Hoffmann-Becking, MünchHdB GesR IV, § 79 Rn. 22; *Overlack*, in: Hommelhoff/Röhricht, Gesellschaftsrecht 1997, S. 237 (259).

manditaktionäre durch den Ausschluss des Zustimmungsrechts nach § 116 Abs. 2 Satz 1 Hs. 2 HGB nicht gestellt.

Der Ausschluss des § 116 Abs. 2 Satz 1 Hs. 2 HGB ist damit ein entscheidender Baustein für die Verteidigung einer Kommanditgesellschaft auf Aktien vor aktivistischen Kommanditaktionären.

In der Praxis wird die Regelung überwiegend abbedungen.[1369]

bb) Keine Abbedingung autonomer Hauptversammlungsbeschlüsse

Daran anschließend könnte sich der Wunsch eines KGaA-Gründers ergeben, den Kommanditaktionären auch die autonomen Hauptversammlungsbeschlüsse (§ 285 Abs. 2 Satz 1 AktG) zu entziehen oder wenigstens zu einer gemeinsamen Angelegenheit der Gesellschafter zu machen. So wäre den persönlich haftenden Gesellschaftern ein (Allein- oder Mit-) Entscheidungsrecht bei den sonst außerhalb ihrer Kompetenzen liegenden Beschlüssen eingeräumt. Den Kommanditaktionären könnte die Entscheidung entzogen oder die Verantwortung geteilt werden über die Wahl und die Abberufung des Aufsichtsrats, die Entlastung der Aufsichtsratsmitglieder sowie der Geschäftsleitung, die Gewinnverwendung, die Geltendmachung von Ansprüchen der Gesellschaft aus der Geschäftsführung, den Vertrauensentzug gegenüber einem Geschäftsleitungsmitglied sowie, je nach Satzungsgestaltung, die Wahl von Beiratsmitgliedern. Eine Einflussnahme auf die Unternehmens- und Personalstruktur ließe sich so deutlich minimieren.

Ein dahin gehendes Entscheidungsrecht obliegt jedoch zwingend allein der Hauptversammlung und kann den Komplementären keinesfalls durch die Satzung eingeräumt werden.[1370] Dies ergibt sich nahezu selbsterklärend aus der Natur der Beschlussgegenstände.

e) Austausch und Entmachtung des Managements verhindern

Für eine sich verteidigende KGaA wird es in vielen Fällen auch darum gehen, den Austausch oder die Entmachtung des persönlich haftenden Gesellschafters einer *gesetzestypischen* KGaA sowie des Geschäftsleiters der Komplementärgesellschaft in der *atypischen* KGaA zu vermeiden. Gegen beide Angriffsoptionen aktivistischer Kommanditaktionäre sind Kommanditgesellschaften auf Aktien schon wegen ihrer gesetzlichen Grundorga-

---

1369 Siehe Kap. 3 § 8 III. 1.

1370 *Perlitt*, in: Goette/Habersack/Kalss, MüKo-AktG V, § 285 Rn. 46; *Mertens/Cahn*, in: Zöllner/Noack, KK-AktG V, § 285 Rn. 40; *Sethe*, in: Hirte/Mülbert/Roth, GroßKomm AktG XII, § 285 Rn. 74; *Sethe*, Die personalistische Kapitalgesellschaft mit Börsenzugang, S. 126; *Förl/Fett*, in: Bürgers/Körber/Lieder, AktG, § 285 Rn. 11; *Schmidt*, in: Schmidt/Lutter, AktG, § 285 Rn. 29.

nisation gut geschützt. Das Zustimmungserfordernis lässt eine rechtliche Einflussnahme gegen den Willen der übrigen persönlich haftenden Gesellschafter nicht zu.[1371] Dennoch kann eine noch geringere Mitbestimmung der (aktivistischen) Kommanditaktionäre angestrebt werden, um beispielsweise öffentlichkeitswirksame Kampfabstimmungen zu vermeiden. Die aktivistischen Kommanditaktionäre sollen sich in einem noch geringen Maße in die Personalstruktur der Kommanditgesellschaft auf Aktien einmischen können im Hinblick auf den Ausschluss eines (geschäftsführenden) Komplementärs sowie die mögliche Entziehung der Geschäftsführungs- und Vertretungsbefugnis.

aa) Abbedingung des Ausschlusses eines Komplementärs und Entziehung der Geschäftsführungs- und Vertretungsbefugnis des Komplementärs

Sowohl der Ausschluss eines Komplementärs als auch die Entziehung seiner Geschäftsführungsbefugnis kann nicht ohne die Zustimmung der übrigen persönlich haftenden Gesellschafter erfolgen. Ohne deren Mithilfe sind die aktivistischen Kommanditaktionäre von vornherein nicht in der Lage, diesbezüglich positive Beschlüsse zu fassen. Nicht zu unterschätzen ist aber die Aufmerksamkeit, die derartige Kampfabstimmungen in der Öffentlichkeit erregen. Ließe sich der Ausschluss eines Komplementärs in der Satzung vollumfänglich abbedingen, entfiele die Möglichkeit einer entsprechenden Beschlussfassung der Kommanditaktionäre in der Hauptversammlung und die dahingehende Angriffsfläche wäre geschlossen.

(1) Statutarische Abbedingung des Ausschlusses eines Komplementärs in der gesetzestypischen und atypischen KGaA

Zunächst bietet es sich an, in der Satzung schon keine Grundlage zu schaffen für einen Ausschließungsbeschluss der KGaA-Gesellschafter, der zum Ausscheiden des unerwünschten persönlich haftenden Gesellschafters führt (§ 278 Abs. 2 AktG i. V. m. §§ 161 Abs. 2, 130 Abs. 2 HGB). Eine Einflussnahme auf die Personalstruktur durch aktivistische Kommanditaktionäre scheidet auf diesem Wege von vornherein aus.

Darüber hinaus könnte eine KGaA die Ausschließung eines persönlich haftenden Gesellschafters in der Satzung für unzulässig erklären. Über die rechtliche Wirksamkeit einer solchen Satzungsregelung herrscht allerdings Uneinigkeit.

1371 Siehe dazu bereits Kap. 3 § 11 III. 1. a) ee).

(a) Meinungsstand

Die Fürsprecher[1372] der Möglichkeit der Abbedingung begründen die Zulässigkeit damit, dass mit der Option der Auflösung der KGaA dem Recht der Kommanditaktionäre, sich jederzeit von der Gesellschaft lösen zu können, Genüge getan sei.

Dem wird entgegnet, dass die Auflösung ein drastischer Schritt und tiefgehender Eingriff in die Rechte der Gesellschafter sei. Es sei daher damit zu rechnen, dass Gesellschafter eher an dem lästigen Komplementär festhielten, als eine Auflösung der womöglich ansonsten gut aufgestellten KGaA herbeizuführen.[1373] Ein Ausschluss müsse aber ohne untragbare Hürden möglich sein.[1374]

(b) Stellungnahme

Letztgenannte Argumentation überzeugt. Gerade in großen Kommanditgesellschaften auf Aktien ist eine statutarische Abbedingung eine Hürde, die einen Ausschluss faktisch exkludiert.[1375] An der Auflösung einer Gesellschaft hängen Schicksale, die in die Entschlussfassung mit einfließen werden. In unprofitablen Zeiten kann die Abfindungszahlung an den ausgeschlossenen Komplementär ein finanzielles, möglicherweise nicht zu stemmendes Hindernis sein. Aber auch wenn die betroffene Kommanditgesellschaft auf Aktien gewinnbringend arbeitet, sprechen für die Entscheidungsträger gewichtige Gründe gegen eine Auflösung. Für die übrigen persönlich haftenden Gesellschafter bedeutet die Auflösung womöglich gleichzeitig die Aufgabe ihrer Existenzgrundlage. Die Kommanditaktionäre verzichteten damit auf einen Wertzuwachs ihrer eigenen Beteiligung und eine Ausschüttung. Auch die Verantwortung gegenüber den Arbeitnehmern der Gesellschaft wird womöglich hinderlich sein. Schließlich verlören die Mitarbeiter der Gesellschaft nahezu »grundlos« ihre Anstellung und damit ihre Einnahmequelle.

All das spricht bei realistischer Betrachtung gegen die Auflösung der KGaA. Die Gesellschafter wären an der Trennung von einem geschäftsschädigen-

1372 *Mertens/Cahn*, in: Zöllner/Noack, KK-AktG V, § 289 Rn. 61; *Perlitt*, in: Goette/Habersack/Kalss, MüKo-AktG V, § 289 Rn. 124; *Bachmann*, in: Henssler/Spindler/Stilz, BeckOGK-AktG, § 289 Rn. 20.

1373 *Sethe*, Die personalistische Kapitalgesellschaft mit Börsenzugang, S. 141–142; *Sethe*, in: Hirte/Mülbert/Roth, GroßKomm AktG XII, § 289 Rn. 109; *Nicolas/Eiff*, in: Frodermann/Jannott, HdB AktR, Kap. 17 Rn. 159; im Rahmen der Untersuchung einer *atypischen* KGaA *Otte*, Die AG & Co. KGaA, S. 165; ebenfalls kritisch *Reger*, in: Bürgers/Fett, KGaA HdB, § 5 Rn. 333.

1374 *Sethe*, Die personalistische Kapitalgesellschaft mit Börsenzugang, S. 142; *Sethe*, in: Hirte/Mülbert/Roth, GroßKomm AktG XII, § 289 Rn. 109.

1375 *Sethe*, Die personalistische Kapitalgesellschaft mit Börsenzugang, S. 142; *Sethe*, in: Hirte/Mülbert/Roth, GroßKomm AktG XII, § 289 Rn. 109.

den Komplementär gehindert. Dies ist ein rechtlich nicht zu akzeptierender Zustand. Der rechtlich theoretischen Möglichkeit stünde eine faktische Rechtslosigkeit gegenüber.

(2) Ausschluss der Entziehung der Geschäftsführungsbefugnis

Ein milderes Mittel als die statutarische Abbedingung der Ausschlussmöglichkeit eines Komplementärs wäre der statutarische Ausschluss der Entziehung der Geschäftsführungsbefugnis. Dabei würde die Entziehung der Geschäftsführungsbefugnis in der Satzung der KGaA für unzulässig erklärt. Die Zulässigkeit einer solchen Satzungsgestaltung ist ebenfalls höchst umstritten.

(a) Meinungsstand

Die früher vorherrschende Meinung[1376] hielt einen statutarischen Ausschluss der Entziehung für rechtlich zulässig. Den Gesellschaftern bliebe weiterhin die Möglichkeit eines gerichtlichen Ausschließungsverfahrens[1377] nach § 278 Abs. 2 AktG i. V. m. §§ 161 Abs. 2, 138, 139 HGB. Die übrigen Gesellschafter wären daher trotz einer dahin gehenden Satzungsregelung nicht schutzlos gestellt. Ihre Rechte würden sogar gestärkt. So könnte ein Gericht bei Vorliegen eines wichtigen Grundes nicht auf das mildere Mittel der Entziehung der Geschäftsführungsbefugnis verweisen, sondern müsste der Klage stattgeben.[1378]

Die widerstreitende Ansicht sieht im Ausschluss der Entziehungsmöglichkeit einen »gravierenden Eingriff in das Verhältnismäßigkeitsprinzip«.[1379]

Andere berufen sich auf die höchstrichterliche Rechtsprechung[1380], nach der die Entziehung der Vertretungsmacht aus wichtigem Grund nicht ausgeschlossen werden kann. Im Ergebnis könne für die Entziehung der Geschäftsführungsbefugnis nichts anderes gelten.[1381]

1376 *Sethe*, Die personalistische Kapitalgesellschaft mit Börsenzugang, S. 152; m. w. N. *Perlitt*, in: Goette/Habersack/Kalss, MüKo-AktG V, § 278 Rn. 224; *Jickeli*, in: Schmidt/Ebke, MüKo-HGB II, § 117 Rn. 79; *Schäfer*, in: Habersack/Schäfer, Das Recht der OHG, § 117 Rn. 10; *Herfs*, in: Hoffmann-Becking, MünchHdB GesR IV, § 79 Rn. 11.

1377 M. w. N. *Lieder*, in: Oetker, HGB, § 116 Rn. 170; noch zu § 117 HGB a. F. *Schäfer*, in: Habersack/Schäfer, Das Recht der OHG, § 117 Rn. 10.

1378 *Schäfer*, in: Habersack/Schäfer, Das Recht der OHG, § 117 Rn. 10.

1379 *Nicolas/Eiff*, in: Frodermann/Jannott, HdB AktR, Kap. 17 Rn. 120; ähnlich *Reger*, in: Bürgers/Fett, KGaA HdB, § 5 Rn. 202.

1380 BGH, Urt. v. 03.11.1997 – II ZR 353/96, NJW 51, 1225 (1226).

1381 OLG Köln, Urt. v. 19.12.2013 – 18 U 218/11, BeckRS 2014, 1271; *Hoffmann/Bartlitz*, in: Balzer/Borges/Herrmann/Horn, HGB II, § 117 Rn. 21; *Sethe*, in: Hirte/

(b) Stellungnahme

Für die früher vorherrschende Ansicht ließe sich vorbringen, dass daneben auch noch die Auflösung der Gesellschaft als letzte Alternative gegeben wäre. Allerdings ist es überzeugender, die gänzliche Entziehung der Geschäftsführungsbefugnis als unzulässig zu erachten. Insoweit kann der Einfluss der (aktivistischen) Kommanditaktionäre auf die Personalstruktur nicht bereits präventiv eingeschränkt werden.

Die verbleibenden Optionen des Ausschlusses des persönlich haftenden Gesellschafters oder der Auflösung der Gesellschaft sind den übrigen Gesellschaftern in den meisten Fällen unzumutbar.[1382] Die finanziellen und unter Umständen existenziellen Folgen stehen überwiegend außer Verhältnis.

Auch nach der hier vertretenen Auffassung kann sich der vorgenannten Entscheidung des Bundesgerichtshofes angeschlossen werden. Wenn also die Entziehung der Vertretungsbefugnis aus wichtigem Grund statutarisch nicht ausgeschlossen werden kann, muss selbiges auch für die Entziehung der Geschäftsführungsbefugnis gelten. Eine Begründung für diesen Rückschluss gibt das vorgenannte Urteil allerdings nicht.

Dafür könnte der Grundsatz des Gleichlaufs von Vertretungsmacht und Geschäftsführungsbefugnis sprechen, der Vermutung also, dass im Zweifel das »rechtliche Können« im Außenverhältnis dem »rechtlichen Dürfen« im Innenverhältnis entspricht. Eine Unabdingbarkeit des Ausschlusses der Vertretungsmacht auf der einen Seite und eine statutarische Abdingbarkeit des Ausschlusses der Geschäftsführungsbefugnis auf der anderen Seite widerspräche diesem Kerngedanken. Denn dann könnte einem unfähigen persönlich haftenden Gesellschafter die Vertretungsmacht aus wichtigem Grund entzogen werden, dieser bliebe aber aufgrund der unentziehbaren Geschäftsführungsbefugnis für das operative sowie strategische Geschäft zuständig. Er könnte weiterhin bei der internen Willensbildung mitwirken und Maßnahmen, welche unter Umständen das Außenverhältnis betreffen, (mit-)planen.

Der Grundsatz des Gleichlaufs von Vertretungsmacht und Geschäftsführungsbefugnis ist als Zweifelssatz zu verstehen. Er soll für Rechtssicherheit sorgen. Auf dieser Grundlage von einer selbstverständlichen Übertragbarkeit des die Vertretungsmacht betreffenden Sachverhalts auf die Geschäftsführungsbefugnis auszugehen, wäre verfehlt.

Mülbert/Roth, GroßKomm AktG XII, § 278 Rn. 178 Fn. 451; *Blaurock*, in: Wachter, AktG, § 278 Rn. 24 Fn. 66.

1382 *Drescher*, in: Ebenroth/Boujong/Joost, HGB I, § 116 Rn. 157, siehe auch zuvor Kap. 3 § 11 IV. 1. e) aa) (1) (b).

Dies gilt gerade vor dem Hintergrund, dass jeder Grundsatz Ausnahmen kennt. So ist es auch hier rechtlich zulässig und vorstellbar, dass das eine weiter als das andere reicht oder ein persönlich haftender Gesellschafter geschäftsführungsbefugt, aber nicht vertretungsberechtigt ist.[1383] Ob dies sinnvoll ist oder nicht, ist in diesem Kontext nicht von Belang. Jedenfalls beschränkt sich der Wirkkreis eines persönlich haftenden Gesellschafters ohne Vertretungsmacht auf das Innenverhältnis.[1384]

Nun könnte man der Ansicht sein, der zwingende Fortbestand, der das Außenverhältnis betreffenden Vertretungsmacht eines unfähigen Komplementärs sei weitreichender und gefährlicher für eine Gesellschaft als die unentziehbare lediglich das Innenverhältnis betreffende Geschäftsführungsbefugnis. Denn: Jeder Akt der Vertretung ist zugleich ein Akt der Geschäftsführung;[1385] andersherum gilt dies nicht. Der Abbedingungsausschluss der Geschäftsführungsbefugnis auf der einen und des Abbedingungsausschluss der Vertretungsbefugnis auf der anderen Seite könnten daher unterschiedlich zu bewerten sein. Erwiese sich die Gefahr als zutreffend, könnte ein Abbedingungsausschluss der Geschäftsführungsbefugnis eher hinzunehmen sein als der der Vertretungsbefugnis.

Den vorgenannten Überlegungen ist entgegenzuhalten, dass die Geschäftsführung der Gesellschaft im Innenverhältnis entgegen der Gesetzessystematik nicht immer eindeutig von der Vertretung der Gesellschaft im Außenverhältnis zu trennen ist. So schließen sich Geschäftsführung und Vertretung nicht zwingend aus.[1386] Im Gegenteil: Eine Handlung wird häufig beide Bereiche betreffen und lässt sich nur über die Perspektive des Betrachters als ein Akt des einen oder des anderen Bereiches qualifizieren.[1387] Eben weil die Grenzen zwischen Geschäftsführung und Vertretung der Gesellschaft häufig nicht eindeutig zu ziehen sind, müssen zumindest in diesem Zusammenhang die Geschäftsführungsbefugnis und die Vertretungsmacht gleich behandelt werden.

Der Ausschluss der Entziehungsmöglichkeit der Geschäftsführungsbefugnis ist im Ergebnis abzulehnen und kann nicht als Präventivschutz in die Satzung aufgenommen werden.

1383 *Herfs*, in: Hoffmann-Becking, MünchHdB GesR IV, § 78 Rn. 19; *Klimke*, in: Häublein/Hoffman-Theinert, BeckOK-HGB, § 116 Rn. 7.

1384 *Geßler*, in: Schlegelberger, HGB III.1, § 114 Rn. 2.

1385 *Ditfurth*, in: Gummert/Weipert, MünchHdB GesR I, Rn. 7; noch zu § 114 HGB a. F. *Jickeli*, in: Schmidt/Ebke, MüKo-HGB II, § 114 Rn. 15.

1386 *Ditfurth*, in: Gummert/Weipert, MünchHdB GesR I, Rn. 7; noch zu § 114 HGB a. F. *Jickeli*, in: Schmidt/Ebke, MüKo-HGB II, § 114 Rn. 15.

1387 Noch zu § 114 HGB a. F. *Jickeli*, in: Schmidt/Ebke, MüKo-HGB II, § 114 Rn. 15.

bb) Erschweren der Ausschließung eines Komplementärs und der Entziehung der Geschäftsführungsbefugnis

Die Ausschließung eines Komplementärs und die Entziehung der Geschäftsführungsbedürfnis erfolgen bei Vorliegen eines wichtigen Grundes auf Antrag der übrigen Gesellschafter. Die Zuständigkeit für den Antrag sowie die Umschreibung des wichtigen Grundes und die notwendige Beschlussmehrheit sind gleichzeitig die Stellschrauben, an denen in der Satzung gedreht werden kann, um den Einfluss der Kommanditaktionäre zu schmälern.

(1) Abbedingung des Zustimmungserfordernisses bzw. antizipierte Zustimmung der Kommanditaktionäre zu personengesellschaftsrechtlichen Grundlagengeschäften

Grundlagengeschäfte bedürfen in der Kommanditgesellschaft auf Aktien des Zusammenwirkens beider Gesellschaftergruppen.[1388] Fraglich ist, inwiefern diese kumulative Zuständigkeit der Satzungsautonomie unterliegt, ob die Zustimmungszuständigkeit zu Grundlagengeschäften allein auf die persönlich haftenden Gesellschafter übertragen werden kann und ob sich so vor einer Einflussnahme aktivistischer Kommanditaktionäre auf die Unternehmensstruktur oder die Personalstruktur geschützt werden kann.

Vereinzelt wird die Abbedingung des Zustimmungsrechts der Kommanditaktionäre zu Grundlagengeschäften für unzulässig gehalten.[1389]

Bei Grundlagengeschäften ergibt sich die Entscheidungsbefugnis der Hauptversammlung aus dem Personengesellschaftsrecht, da Grundlagengeschäfte das Verhältnis der Gesellschafter untereinander betreffen.[1390] Diese Beschlusskompetenzen unterliegen damit dem Grundsatz der personengesellschaftsrechtlichen Satzungsautonomie. Dies berücksichtigend, sprechen sich die weit überwiegenden Stimmen in der Rechtswissenschaft für die grundsätzliche statutarische Abdingbarkeit der Zustimmung der Hauptversammlung zu Grundlagengeschäften aus.[1391] Statt von einer »Abbedingung«

1388 Kap. 3 § 11 III. 1. a) aa) (3).

1389 *Müller-Michaels*, in: Hölters/Weber, AktG, § 278 Rn. 21; *Herfs*, in: Hoffmann-Becking, MünchHdB GesR IV, § 79 Rn. 55; *Servatius*, in: Grigoleit, Aktiengesetz, § 278 Rn. 23.

1390 Kap. 3 § 11 III. 1. a) aa) (3) (b).

1391 *Sethe*, in: Hirte/Mülbert/Roth, GroßKomm AktG XII, § 278 Rn. 124; *Reger*, in: Bürgers/Fett, KGaA HdB, § 5 Rn. 104, 396; *Arnold*, in: Henssler/Strohn, GesR, AktG § 278 Rn. 11; *Vollertsen*, Corporate Governance der börsennotierten KGaA, S. 116; *Bachmann*, in: Spindler/Wilsing/Butzke/Linden, FS Marsch-Barner, S. 13 (18); differenzierend *Bachmann*, in: Henssler/Spindler/Stilz, BeckOGK-AktG, § 278 Rn. 74; *Schnorbus*, in: Hoffmann-Becking/Hüffer/Reichert, FS Winter, S. 627 (633); für die AG & Co. KGaA *Otte*, Die AG & Co. KGaA, S. 160.

wird bevorzugt von einer »antizipierten Zustimmung«[1392] gesprochen. An der Konsequenz für die Kommanditaktionäre ändert dies nichts. Grundlagenentscheidungen im laufenden operativen Geschäft werden zunächst einmal nur von den persönlich haftenden Gesellschaftern getroffen. Eines anlassbezogenen Hauptversammlungsbeschlusses bedarf es nicht mehr.

Im Gegensatz zu einer Aktiengesellschaft und abweichend vom gesetzlichen Regelfall einer KGaA kann den Kommanditaktionären also das Recht zur aktiven Zustimmung zu solchen Maßnahmen praktisch entzogen werden, die die Unternehmensstruktur (wesentlich) verändern. So kann beispielsweise die aktivistische Zerschlagung eines Konglomerats erschwert werden.

Auch personalstrukturelle Entscheidungen können über entsprechende Satzungsgestaltungen allein den persönlich haftenden Gesellschaftern überlassen werden. Sie allein können beispielsweise ermächtigt werden neue Komplementäre aufzunehmen.[1393] Von dieser Möglichkeit haben beispielsweise die *Merck* KGaA und die *Drägerwerk* AG & Co. KGaA in ihrer Satzung Gebrauch gemacht.[1394]

Die Abbedingung des Zustimmungsrechts der Kommanditaktionäre zu Grundlagengeschäften soll aber, auch nach der die Zulässigkeit bejahenden Meinung, nicht grenzenlos erfolgen können. Dem ist gerade unter dem Aspekt zuzustimmen, dass es sich bei Grundlagenentscheidungen um Entscheidungen handeln kann, die geeignet sind, die ökonomischen Grundlagen der Investition in die KGaA zu verändern.

Zunächst wurde daher verlangt, dass eine dahingehende Satzungsbestimmung dem Bestimmtheitsgrundsatz und der Kernbereichslehre genügt.[1395] In der Zwischenzeit wurden der Bestimmtheitsgrundsatz sowie die Kernbereichslehre für Grundlagengeschäfte vom *BGH* aufgegeben.[1396] Maßgeblich

---

1392 OLG Stuttgart, Urt. v. 14.05.2003 – 20 U 31/02, NZG 6 (2003), 778 (783); *Philbert*, Die Kommanditgesellschaft auf Aktien zwischen Personengesellschaftsrecht und Aktienrecht, S. 193; *Sethe*, in: Hirte/Mülbert/Roth, GroßKomm AktG XII, § 285 Rn. 77; *Sethe*, Die personalistische Kapitalgesellschaft mit Börsenzugang, S. 125; *Herfs*, in: Hoffmann-Becking, MünchHdB GesR IV, § 78 Rn. 5.

1393 *Bachmann*, in: Henssler/Spindler/Stilz, BeckOGK-AktG, § 278 Rn. 76; *Herfs*, AG 2005, 589 (593); *Sethe*, in: Hirte/Mülbert/Roth, GroßKomm AktG XII, § 285 Rn. 84; *Sethe*, Die personalistische Kapitalgesellschaft mit Börsenzugang, S. 125–126; *Mertens/Cahn*, in: Zöllner/Noack, KK-AktG V, § 278 Rn. 26; *Herfs*, in: Hoffmann-Becking, MünchHdB GesR IV, § 78 Rn. 5.

1394 Kap. 3 § 8 I. 2. c) aa).

1395 *Sethe*, Die personalistische Kapitalgesellschaft mit Börsenzugang, S. 125; *Mertens/Cahn*, in: Zöllner/Noack, KK-AktG V, § 278 Rn. 42; *Philbert*, Die Kommanditgesellschaft auf Aktien zwischen Personengesellschaftsrecht und Aktienrecht, S. 69; *Reger*, in: Bürgers/Fett, KGaA HdB, § 5 Rn. 103.

1396 *Herchen*, in: Gesellschaftsrechtliche Vereinigung, VGR Bd. 22 (2017), S. 83 unter Verweis auf BGHZ 203, 77 (S. 82–83).

sei nunmehr, dass der Eingriff in die Rechtsstellung der Kommanditaktionäre im Gesellschaftsinteresse und verhältnismäßig ist.[1397]

Etwas zu weitgehend[1398] erscheint es im Rahmen der Verhältnismäßigkeit eine Abbedingung nur zuzulassen, soweit die Zustimmungskompetenz auf den Aufsichtsrat oder einen die Kommanditaktionäre vertretenden fakultativen Beirat verlagert wird.[1399] Im Rahmen dessen bewegt sich die *Henkel* GmbH & Co. KGaA. Bei ihr beschließt der von der Hauptversammlung bestellte *Gesellschafterausschuss* über den Ausschluss der Komplementärin.[1400]

Andere Stimmen verweisen auf die Treuepflicht,[1401] deren Intensität vom Einzelfall abhängig ist.

Ob im Rahmen einer Verhältnismäßigkeitsprüfung oder unter Berücksichtigung der Treuepflicht: Die Art, der Inhalt und die Auswirkung der jeweiligen Satzungsregelung muss immer gesondert betrachtet und überprüft werden.

Denn es sind durchaus Gestaltungen denkbar, die geeignet sind, die Entscheidungsmacht kompensationslos auf die nicht betroffenen persönlich haftenden Gesellschafter zu übertragen, ohne dass es zu einer Treuepflichtverletzung kommt. Diese Konstellation ist beispielsweise dann gegeben, wenn die Interessen der Komplementäre und der Kommanditaktionäre derart harmonisiert sind, dass mit einer Benachteiligung nicht zu rechnen ist.

So spricht auch nichts gegen die Satzungsregelung der *Merck* KGaA, welche ihrer persönlich haftenden Gesellschafterin mit Kapitalanteil, der *E. Merck* KG, das Recht einräumt, den Ausschluss eines persönlich haftenden Gesellschafters ohne Kapitalanteil herbeizuführen.[1402] Die *E. Merck* KG ist wie auch die Kommanditaktionäre von der Geschäftsführung und Vertretung ausgeschlossen. Sie ist per Sondereinlage mit ca. 70 %, wie auch die Kommanditaktionäre über das Grundkapital, am Gesamtkapital der *Merck* KGaA beteiligt. Das Ergebnis der *Merck* KGaA wird zwischen der *E. Merck* KG und den Kommanditaktionären im Verhältnis von Kapitalanteil und Grund-

---

1397 BGHZ 203, 77 (90); sich anschließend *Bachmann*, in: Henssler/Spindler/Stilz, BeckOGK-AktG, § 278 Rn. 77; *Perlitt*, in: Goette/Habersack/Kalss, MüKo-AktG V, Vor § 278 Rn. 38.

1398 So auch *Sethe*, in: Hirte/Mülbert/Roth, GroßKomm AktG XII, § 278 Rn. 124.

1399 *Bachmann*, in: Henssler/Spindler/Stilz, BeckOGK-AktG, § 278 Rn. 77; *Schmidt*, in: Schmidt/Lutter, AktG, § 278 Rn. 28.

1400 Kap. 3 § 8 I. 2. c) bb).

1401 *Sethe*, in: Hirte/Mülbert/Roth, GroßKomm AktG XII, § 278 Rn. 124; *Mertens/Cahn*, in: Zöllner/Noack, KK-AktG V, § 278 Rn. 27; so wohl auch *Koch*, DB 2002, 1701 (1703); unter Verweis auf *Herfs*, in: Gesellschaftsrechtliche Vereinigung, VGR Bd. 1 (1999), S. 23 (31) die Rechtssicherheit in Frage stellend *Vollertsen*, Corporate Governance der börsennotierten KGaA, S. 117.

1402 Siehe zur Satzungsregelung Kap. 3 § 8 I. 2. c) bb).

kapital aufgeteilt. Wie die Kommanditaktionäre hat die E. *Merck* KG daher ein überragendes und vergleichbares Interesse an einem ordnungsgemäßen sowie effizienten Geschäftsbetrieb.

(2) Erhöhung erforderlicher Beschlussmehrheiten

Als weitere Präventivmaßnahme ist in Erwägung zu ziehen, für bestimmte Beschlüsse die Mehrheitserfordernisse in der Satzung zu erhöhen.[1403] Über das Heraufsetzen der Mehrheitserfordernisse ließen sich die Einflussmöglichkeiten (aktivistischer) Kommanditaktionäre im Sinne einer positiven Beschlussfassung unter Verwendung des Stimmrechts weiter beschränken.

Nach hier vertretener Ansicht richtet sich die Beschlussfassung und die damit einhergehenden Mehrheitserfordernisse der Kommanditaktionäre innerhalb ihrer Gesellschaftergruppe ausnahmslos nach Aktienrecht.[1404] Es gilt der Grundsatz der einfachen Stimmenmehrheit (§ 133 Abs. 1 AktG). Für Satzungsänderungen gilt die Ausnahme der qualifizierten Mehrheit (§ 179 Abs. 2 Satz 1 AktG). Beide Regelungen erlauben ausweislich des Gesetzestextes die Bestimmung einer anderen – auch höheren – Kapitalmehrheit in der Satzung. Grundsätzlich werden sogar Einstimmigkeitserfordernisse (aller Abstimmenden, aller Anwesenden oder sämtlicher Gesellschafter) für möglich gehalten.[1405]

Es stellt sich die Frage, ob der Verschärfung von Mehrheitserfordernissen Grenzen zum Schutz der Kommanditaktionäre gesetzt werden müssen. Für die *atypische* KGaA wird – deutlicher als für die *gesetzestypische* KGaA[1406] – diskutiert, dahingehende Satzungsklauseln als unzulässig zu qualifizieren.

1403 Für die AG andenkend *Engelen et al.*, Investor Activism 2018, S. 143.

1404 Siehe dazu und zum Streitstand unter Kap. 3 § 11 III. 1. a) aa) (3).

1405 Hinsichtlich § 133 AktG *Reichert*, in: Drinhausen/Eckstein, BeckHdB-AG, § 5 Rn. 233; *Austmann*, in: Hoffmann-Becking, MünchHdB GesR IV, § 40 Rn. 41; *Rieckers*, in: Henssler/Spindler/Stilz, BeckOGK-AktG, § 133 Rn. 49; *Herrler*, in: Grigoleit, Aktiengesetz, § 133 Rn. 19, 20; *Koch*, Aktiengesetz, § 133 Rn. 15; für § 179 AktG *Wiedemann*, in: Hirte/Mülbert/Roth, GroßKomm AktG VI, § 179 Rn. 121; *Stein*, in: Goette/Habersack/Kalss, MüKo-AktG IV, § 179 Rn. 89, 95–99; *Koch*, Aktiengesetz, § 179 Rn. 20; a. A. *Holzborn*, in: Henssler/Spindler/Stilz, BeckOGK-AktG, § 179 Rn. 126; *Ehmann*, in: Grigoleit, Aktiengesetz, § 179 Rn. 14.

1406 Dahingehend *Wichert*, AG 2000, 268 (271) der, wenn überhaupt »Einschränkungen der Gestaltungsbefugnis (…) für alle Gesellschaften in der Rechtsform der KGaA« gelten lassen möchte; *Vollertsen*, Corporate Governance der börsennotierten KGaA, S. 123–125.

(a) Meinungsstand

Die Überlegungen haben ihren Ursprung in dem bereits mehrfach zitierten Grundsatzurteil des *BGH* zur Zulässigkeit der *GmbH* & Co. KGaA. Danach sollen Satzungsgestaltungen zulasten der Kommanditaktionäre nur in engeren Grenzen zuzulassen sein als bei der *gesetzestypischen* KGaA[1407].

Daran anknüpfend wird (vorbehaltlich der Zulässigkeit einer Inhaltskontrolle in der KGaA[1408]) vertreten, dass Satzungsregelungen unzulässig seien, die einen potenziellen Interessenkonflikt zwischen Kommanditaktionären und persönlich haftenden Gesellschaftern bergen und ein »unangemessen« hohes Mehrheitserfordernis beinhalten.[1409] Davon betroffen sind – auch im Kontext dieser Untersuchung – der Beschluss über den Ausschluss eines persönlich haftenden Gesellschafters sowie die Entziehung der Geschäftsführungsbefugnis. Die Begründungsansätze sind vielschichtig.

Zum einen werden die von der Rechtsprechung entwickelten Grundsätze für die Publikums-KG auf die KGaA übertragen.[1410] Durch die Erhöhung des Mehrheitserfordernisses jenseits einer Dreiviertelmehrheit werde das Gestaltungsinteresse der Mehrheit beeinträchtigt. Auch die Kehrseite dessen wird als Argument angeführt. Die statutarische Festlegung einer übermäßig hohen Kapitalmehrheit für positive Beschlussfassungen in der KGaA-Hauptversammlung könne zu einem unzulässigen Vetorecht der persönlich haftenden Gesellschafterin führen.[1411] Voraussetzung hierfür ist eine entsprechend hohe Beteiligung derselben an der KGaA. Eine Verschärfung sei wegen des damit verbundenen Blockadepotenzials der Kommanditaktien haltenden Komplementäre nicht hinnehmbar. Vereinzelt wird daher gefordert, dass das Beschlussmehrheitserfordernis weder bei der Entziehung der Geschäftsführungsbefugnis noch bei einem Ausschluss des persönlich haftenden Gesellschafters über die einfache Mehrheit hinausgehen dürfe.[1412]

1407 BGHZ 134, 392–401 (399).

1408 Ausführlich zur Inhaltskontrolle in der KGaA, jedoch ausschließlich mit Bezug zum Ausschluss von § 164 S. 1 Hs. 2 HGB *Vollertsen*, Corporate Governance der börsennotierten KGaA, S. 120–132.

1409 *Schlitt*, Die Satzung der Kommanditgesellschaft auf Aktien, S. 209; *Wichert*, AG 2000, 268 (271); *Ihrig/Schlitt*, in: Ulmer, Die GmbH & Co KGaA nach dem Beschluss BGHZ 134, 392, S. 33 (71); *Perlitt*, in: Goette/Habersack/Kalss, MüKo-AktG V, § 278 Rn. 364.

1410 *Ihrig/Schlitt*, in: Ulmer, Die GmbH & Co KGaA nach dem Beschluss BGHZ 134, 392, S. 33 (71).

1411 *Perlitt*, in: Goette/Habersack/Kalss, MüKo-AktG V, § 278 Rn. 409; *Schlitt*, Die Satzung der Kommanditgesellschaft auf Aktien, S. 209; *Ihrig/Schlitt*, in: Ulmer, Die GmbH & Co KGaA nach dem Beschluss BGHZ 134, 392, S. 33 (71).

1412 *Ihrig/Schlitt*, in: Ulmer, Die GmbH & Co KGaA nach dem Beschluss BGHZ 134, 392, S. 33 (71).

Zum anderen werden aktienrechtliche Wertungen bemüht, wonach Beschlussmehrheitserfordernisse für Entscheidungen, die Kontroll- und Maßregelungsbefugnisse der Hauptversammlung tangieren, nicht verschärft werden dürften.[1413] Diese Wertung sei für die KGaA ebenfalls heranzuziehen.

Schließlich ist eine Differenzierung zwischen aktienrechtlichen und personengesellschaftsrechtlichen Beschlussgegenständen angedacht worden. Während für das Mehrheitserfordernis aktienrechtlicher Beschlussgegenstände keine Einschränkungen gelten sollen, sei für die Verschärfung personengesellschaftsrechtlicher Beschlussgegenstände eine Zulässigkeitsprüfung notwendig.[1414] Dabei müsse jede Klausel unter Berücksichtigung der gesamten Satzung bewertet werden.[1415]

Solche konfliktbehafteten Beschlussgegenstände seien die Entziehung der Geschäftsführungsbefugnis oder der Ausschluss des persönlich haftenden Gesellschafters.

Für die Entziehung der Geschäftsführungsbefugnis soll vereinzelt bereits bei der einfachen Mehrheit die unüberschreitbare Grenze gezogen werden, wohingegen für den Ausschluss des persönlich haftenden Gesellschafters die praktische Unmöglichkeit einer Beschlussfassung der Maßstab sei.[1416]

Wieder andere wollen keine allgemeine Aussage treffen, sondern jede Klausel unter Berücksichtigung der gesamten Satzung bewerten.[1417]

Die Gegenansicht möchte höhere Mehrheitserfordernisse für jegliche Beschlüsse ohne Einschränkung zulassen.[1418]

(b) Stellungnahme

Berechtigterweise wird dem Argument, eine Verschärfung des Mehrheitserfordernisses führe zu einem unzulässigen Vetorecht eines Kommanditaktien haltenden Komplementärs führen, entgegengehalten, dass ihm ein solches

---

1413 *Wichert*, AG 2000, 268 (271).

1414 *Otte*, Die AG & Co. KGaA, S. 162–163.

1415 *Otte*, Die AG & Co. KGaA, S. 164, der jedoch im Ausschluss der persönlich haftenden Gesellschafterin einen Sonderfall sieht und besonders hohe Anforderungen gelten lassen möchte, »wenn der Gesamtheit der Kommanditaktionäre andere Möglichkeiten offen stehen, die persönlich haftende Gesellschafterin zu entlasten«.

1416 *Arnold*, Die GmbH & Co. KGaA, S. 138–139; für den Entzug der Geschäftsführungsbefugnis *Wichert*, AG 2000, 268 (271).

1417 *Otte*, Die AG & Co. KGaA, S. 164, der jedoch im Ausschluss der persönlich haftenden Gesellschafterin einen Sonderfall sieht und besonders hohe Anforderungen gelten lassen möchte, »wenn der Gesamtheit der Kommanditaktionäre andere Möglichkeiten offen stehen, die persönlich haftende Gesellschafterin zu entlasten«.

1418 *Reger*, in: Bürgers/Fett, KGaA HdB, § 5 Rn. 190–193; »im Rahmen aktienrechtlicher Vorgaben« *Herfs*, in: Hoffmann-Becking, MünchHdB GesR IV, § 79 Rn. 50; *Reger*, in: Bürgers/Fett, KGaA HdB, § 5 Rn. 394.

ohnehin in den meisten Fällen zusteht.[1419] Denn außer im Falle der autonomen Hauptversammlungsbeschlüsse[1420] bedarf es immer der Zustimmung der persönlich haftenden Gesellschafter. Weder der Ausschluss des persönlich haftenden Gesellschafters noch der Entzug der Geschäftsführungsbefugnis werden autonom von der Gesamtheit der Kommanditaktionäre beschlossen.[1421] Dahin gehende Einwände sind daher unbegründet.

Auch ist es plausibel, die Rechtsprechungsgrundsätze zur Publikums-KG nicht auf die KGaA anzuwenden und eine Wertungsparallele zu verneinen.[1422] Denn die Kommanditgesellschaft auf Aktien ist im Gegensatz zu einer KG nicht nur ausnahmsweise eine Publikumsgesellschaft. So ist die Fungibilität der Kommanditaktien[1423] und die damit verbundene einfache Möglichkeit der Beteiligungsaufgabe bei Unzufriedenheit ein wesentlicher Unterschied zur Kommanditgesellschaft.[1424] Die AG als Mutter der Publikumsgesellschaft scheint unter diesem Gesichtspunkt der bessere Wertungsmaßstab.[1425]

Dies ist ohnehin die konsequente Fortführung der bis hier vertretenen Meinung. Für die interne Willensbildung der Kommanditaktionäre und die damit verbundenen Mehrheitserfordernisse gilt § 278 Abs. 3 AktG Aktienrecht und dementsprechend die §§ 133 und 179 AktG. Es ist nicht ersichtlich, warum eine Änderung der Beschlussmehrheiten im Rahmen der aktienrechtlichen Vorgaben dieser Normen nicht zulässig sein sollte.

Im Übrigen schützen erhöhte Beschlussmehrheitserfordernisse die Minderheitsaktionäre.[1426] Denn schon mit kleinen Kapitalanteilen sind sie in der Lage, bei Abstimmungen einen Beschluss zu verhindern. Es ist allerdings auch die bestehende Gefahr einer unangemessenen Benachteiligung der Mehrheit der Kommanditaktionäre zu berücksichtigen.[1427] Immerhin wird es Kommanditaktionären so deutlich erschwert, eine positive Entscheidung herbeizuführen. Die Erschwernis allein rechtfertigt den Ausschluss einer Verschärfung der Mehrheitserfordernisse jedoch nicht.

Die Beschlussfassung der hier in Rede stehenden Gegenstände (Ausschluss der persönlich haftenden Gesellschafter/in, Entziehung der Geschäftsfüh-

---

1419 So zumindest für satzungsändernde Beschlüsse *Arnold*, Die GmbH & Co. KGaA, S. 137.
1420 Kap. 3 § 11 III. 1. a) ff).
1421 Kap. 3 § 11 III. 1. a) cc) (7) (a), S. 237 & (d).
1422 *Reger*, in: Bürgers/Fett, KGaA HdB, § 5 Rn. 191.
1423 Kap. 3 § 7 I.
1424 *Reger*, in: Bürgers/Fett, KGaA HdB, § 5 Rn. 191.
1425 So auch *Wichert*, AG 2000, 268 (271).
1426 BGHZ 76, 191 (196); *Otte*, Die AG & Co. KGaA, S. 161.
1427 *Otte*, Die AG & Co. KGaA, S. 161.

rungsbefugnis) kann erschwert werden.[1428] Bis zu einem gewissen Grad ist die Verschärfung einer Beschlussmehrheit nicht mehr als eine Erschwernis zur positiven Beschlussfassung, und die Satzungsgestaltung wirkt in beide Richtungen: zugunsten und zulasten der Kommanditaktionäre. Nach hiesigem Verständnis spricht nach dem Vorangegangenen nichts gegen eine Verschärfung der Mehrheitserfordernisse.

Entzieht eine Satzungsregelung den Kommanditaktionären allerdings faktisch das Mitwirkungsrecht, etwa durch die Anordnung eines Einstimmigkeitserfordernisses, führt dies zu einer unzulässigen Benachteiligung dieser Gesellschaftergruppe. Eine positive Beschlussfassung ist nahezu unmöglich. Die Abbedingung des Ausschlusses eines persönlich haftenden Gesellschafters sowie der Ausschluss der Entziehung der Geschäftsführungsbefugnis, was nach hier vertretener Ansicht als unzulässig erachtet wird,[1429] würden durch die Hintertür eingeführt.

(3) Verschärfung des wichtigen Grundes

Die Entziehung der Geschäftsführungsbefugnis oder die Ausschließung eines persönlich haftenden Gesellschafters haben gemeinsam, dass es hierfür eines Antrages der übrigen Gesellschafter und eines wichtigen Grundes bedarf. Die Erlangung eines positiven Antrages kann entsprechend den vorangegangenen Ausführungen durch die Verschärfung der Mehrheitserfordernisse erschwert werden.

Aber auch die Konkretisierung des »wichtigen Grundes« in der Satzung fungiert als Regelungshebel, um sich präventiv vor der Entziehung der Geschäftsführungsbefugnis oder der Ausschließung eines persönlich haftenden Gesellschafters zu schützen. Beispielsweise können die Anforderungen an den wichtigen Grund in der Satzung verschärft werden. Dies ist unbedenklich.

Der wichtige Grund kann statutarisch näher umschrieben, konkretisiert und spezifiziert werden.[1430] Es ist ferner denkbar, einen abschließenden Katalog

---

1428 Diesbezüglich zum Ausschluss des persönlich haftenden Gesellschafters *Mertens/Cahn*, in: Zöllner/Noack, KK-AktG V, § 289 Rn. 61; *Reger*, in: Bürgers/Fett, KGaA HdB, § 5 Rn. 333; *Perlitt*, in: Goette/Habersack/Kalss, MüKo-AktG V, § 289 Rn. 125, 126; zur Entziehung der Geschäftsführungsbefugnis *Perlitt*, in: Goette/Habersack/Kalss, MüKo-AktG V, § 278 Rn. 224, 256; *Sethe*, in: Hirte/Mülbert/Roth, GroßKomm AktG XII, § 285 Rn. 21; *Bachmann*, in: Henssler/Spindler/Stilz, BeckOGK-AktG, § 278 Rn. 85; *Jickeli*, in: Schmidt/Ebke, MüKo-HGB II, § 117 Rn. 79.

1429 Siehe Kap. 3 § 11 IV. 1. e) aa).

1430 Für § 116 HGB: *Klimke*, in: Häublein/Hoffman-Theinert, BeckOK-HGB, § 116 Rn. 140; *Bachmann*, in: Henssler/Spindler/Stilz, BeckOGK-AktG, § 278 Rn. 85, für § 134 HGB: *Lehmann-Richter*, in: Häublein/Hoffman-Theinert, BeckOK-HGB, § 134 Rn. 54; für § 117 HGB a. F. *Reger*, in: Bürgers/Fett, KGaA HdB, § 5 Rn. 187,

wichtiger Gründe in die Satzung aufzunehmen.[1431] Umgekehrt kann festgesetzt werden, welche Tatbestände als wichtige Gründe ausscheiden.[1432]

Solche Regelungen beschränken die Möglichkeiten (aktivistischer) Kommanditaktionäre einem persönlich haftenden Gesellschafter die Geschäftsführungsbefugnis zu entziehen oder selbigen auszuschließen.

f) Das Einschränken oder Verhindern des Einflusses auf Bilanzpolitik und Verteilung des Bilanzgewinns

Um den Einfluss auf die Bilanzpolitik und die Verteilung des Bilanzgewinns einzuschränken oder zu verhindern, ließe sich über die Entziehung der Feststellungskompetenz der Hauptversammlung zum Jahresabschluss (aa)), die statutarische Festlegung eines Zustimmungsrechts der Komplementäre zum Gewinnverwendungsbeschluss der Hauptversammlung (bb)) sowie die Einschränkung des dahingehenden Auskunftsrechts der Kommanditaktionäre (cc)) nachdenken.

aa) Unentziehbarkeit der Feststellungskompetenz der Hauptversammlung zum Jahresabschluss

Über die Feststellungskompetenz und die damit einhergehende Änderungsmöglichkeit des Jahresabschlusses ist die Hauptversammlung Träger der Bilanzpolitik.[1433] Würde der Hauptversammlung die Möglichkeit genommen, inhaltliche Änderungen in der Bilanz- und Finanzpolitik vorzunehmen und damit die finanziellen Rahmenbedingungen und die (langfristige) Geschäfts- beziehungsweise Unternehmenspolitik zu verändern, wäre eine dahin gehende Einflussnahmen aktivistischer Kommanditaktionäre verhindert. Dafür müsste den Kommanditaktionären das Recht zur Feststellung des Jahresabschlusses statutarisch entzogen werden können.

201; *Sethe*, Die personalistische Kapitalgesellschaft mit Börsenzugang, S. 152; *Herfs*, in: Hoffmann-Becking, MünchHdB GesR IV, § 79 Rn. 11; *Sethe*, in: Hirte/Mülbert/Roth, GroßKomm AktG XII, § 278 Rn. 178; *Schäfer*, in: Habersack/Schäfer, Das Recht der OHG, § 117 Rn. 45; für § 140 HGB a. F. *Reger*, in: Bürgers/Fett, KGaA HdB, § 5 Rn. 333; *Sethe*, in: Hirte/Mülbert/Roth, GroßKomm AktG XII, § 289 Rn. 112; *Herfs*, in: Hoffmann-Becking, MünchHdB GesR IV, § 78 Rn. 41; *Perlitt*, in: Goette/Habersack/Kalss, MüKo-AktG V, § 289 Rn. 125; *Mertens/Cahn*, in: Zöllner/Noack, KK-AktG V, § 289 Rn. 61; *Schäfer*, in: Habersack/Schäfer, Das Recht der OHG, § 140 Rn. 55.

1431 *Drescher*, in: Ebenroth/Boujong/Joost, HGB I, § 116 Rn. 157; *Klimke*, in: Häublein/Hoffman-Theinert, BeckOK-HGB, § 116 Rn. 140.

1432 *Lorz*, in: Ebenroth/Boujong/Joost, HGB I, § 134 Rn. 52.

1433 Kap. 3 § 11 III. 1. a) dd) (1) (b).

Das Recht der KGaA-Hauptversammlung auf Feststellung des Jahresabschlusses ist zwingend und ein unentziehbares Recht.[1434] Auch eine Vorwegnahme der Zustimmung der Kommanditaktionäre in der Satzung ist ausgeschlossen.[1435] Schließlich unterfällt die Kompetenz zur Änderung des Jahresabschlusses nach § 278 Abs. 3 i. V. m. § 173 Abs. 3 Satz 1 AktG im Rahmen der Feststellung nicht der personengesellschaftsrechtlichen Satzungsautonomie und kann daher nicht abbedungen werden. Die Änderungskompetenz richtet sich nach zwingendem Aktienrecht. Eine abweichende Satzungsklausel verstieße gegen § 23 Abs. 5 AktG und wäre nichtig.

bb) Kein statutarisches Zustimmungsrecht des Komplementärs zum Gewinnverwendungsbeschluss der Hauptversammlung

Es ist äußerst umstritten, ob der auf dem Bilanzgewinn basierende Gewinnverwendungsbeschluss von der Zustimmung der persönlich haftenden Gesellschafter abhängig gemacht werden kann.

(1) Meinungsstand

Die wohl noch vorherrschende Meinung im Schrifttum hält eine Satzungsgestaltung, die das Zustimmungsrecht der persönlich haftendenden Gesellschafter auf den Gewinnverwendungsbeschluss ausdehnt, für zulässig.[1436] Es wird argumentiert, die Entscheidung über die Gewinnverwendung betreffe beide Gesellschaftergruppen. Über § 278 Abs. 2 AktG gelange man daher zur Anwendung der personengesellschaftsrechtlichen Satzungsautonomie.[1437] Alternativ wird darauf verwiesen, dass § 285 Abs. 2 Satz 1 AktG per Spezialverweisung die Zustimmung der persönlich haftenden Gesellschafter

---

1434 *Nicolas/Eiff*, in: Frodermann/Jannott, HdB AktR, Kap. 17 Rn. 237; *Sethe*, in: Hirte/Mülbert/Roth, GroßKomm AktG XII, § 286 Rn. 8; *Perlitt*, in: Goette/Habersack/Kalss, MüKo-AktG V, § 285 Rn. 44; *Otte*, Die AG & Co. KGaA, S. 210; *Bachmann*, in: Henssler/Spindler/Stilz, BeckOGK-AktG, § 286 Rn. 3; *Koch*, Aktiengesetz, § 286 Rn. 1; kritisch *Hommelhoff*, in: Ulmer, Die GmbH & Co KGaA nach dem Beschluss BGHZ 134, 392, S. 9 (20).

1435 *Perlitt*, in: Goette/Habersack/Kalss, MüKo-AktG V, § 285 Rn. 44; *Sethe*, Die personalistische Kapitalgesellschaft mit Börsenzugang, S. 126.

1436 *Mertens/Cahn*, in: Zöllner/Noack, KK-AktG V, § 286 Rn. 33, § 285 Rn. 39; *Schnorbus*, in: Hoffmann-Becking/Hüffer/Reichert, FS Winter, S. 627 (652); *Herfs*, in: Hoffmann-Becking, MünchHdB GesR IV, § 81 Rn. 21, § 79 Rn. 45; *Bachmann*, in: Henssler/Spindler/Stilz, BeckOGK-AktG, § 285 Rn. 39; *Koch*, Aktiengesetz, § 285 Rn. 2; wohl auch *Reichert/Balke*, in: Reichert, HV-HdB, § 51 Rn. 33.

1437 *Herfs*, in: Hoffmann-Becking, MünchHdB GesR IV, § 81 Rn. 21.

anordnet.[1438] Maßstab für die Ausübung des Vetorechts sei aber die Treuepflicht.[1439]

Andere differenzieren zwischen der *gesetzestypischen* und der *atypischen* KGaA. Ein in der Satzung vereinbartes Zustimmungsrecht der Komplementäre wird in der *gesetzestypischen* KGaA für zulässig, in der *atypischen* KGaA dagegen für unzulässig gehalten.[1440]

Eine beachtenswerte weitere Ansicht hält eine derartige Ausweitung des Zustimmungsrechts der persönlich haftenden Gesellschafter zum Gewinnverwendungsbeschluss generell für unzulässig.[1441]

(2) Stellungnahme

Die Argumente der letztgenannten Meinung überzeugen. Ein Zustimmungsrecht der persönlich haftenden Gesellschafter hinsichtlich des Gewinnverwendungsbeschlusses kann auch nach hier vertretener Ansicht nicht in die Satzung aufgenommen werden.

Das Argument, der Gewinnverwendungsbeschluss betreffe beide Gesellschaftergruppen, überzeugt nicht. Tatsächlich betrifft der Gewinnverwendungsbeschluss nur noch den auf die Kommanditaktionäre entfallenden Gewinn.[1442] Der auf die persönlich haftenden Gesellschafter entfallende Gewinnanteil wurde gemäß § 286 Abs. 3 AktG bereits im Jahresabschluss berücksichtigt. Für das Verhältnis der Kommanditaktionäre untereinander verweist § 278 Abs. 3 AktG auf die Vorschriften des Ersten Buchs über die Aktiengesellschaft und in diesem Fall auf die §§ 119 Abs. 1 Nr. 2,

---

1438 *Bachmann*, in: Henssler/Spindler/Stilz, BeckOGK-AktG, § 285 Rn. 40; *Mertens/Cahn*, in: Zöllner/Noack, KK-AktG V, § 285 Rn. 39.

1439 *Bachmann*, in: Henssler/Spindler/Stilz, BeckOGK-AktG, § 285 Rn. 40; *Koch*, Aktiengesetz, § 285 Rn. 2.

1440 *Schmidt*, in: Schmidt/Lutter, AktG, § 286 Rn. 12; *Ihrig/Schlitt*, in: Ulmer, Die GmbH & Co KGaA nach dem Beschluss BGHZ 134, 392, S. 33 (69 f.); *Schlitt*, Die Satzung der Kommanditgesellschaft auf Aktien, S. 227; jedenfalls abratend *Perlitt*, in: Goette/Habersack/Kalss, MüKo-AktG V, § 286 Rn. 80; i. E. *Hoffmann-Becking/Herfs*, in: Hommelhoff/Schmidt-Diemitz/Sigle, FS Sigle, S. 273 (285 f.); andenkend bereits *Hennerkes/Lorz*, DB 1997, 1388 (1392).

1441 *Schließer*, in: Bürgers/Fett, KGaA HdB, § 6 Rn. 35; *Förl*, Die GmbH & Co. KGaA als abhängiges Unternehmen, S. 18; *Förl/Fett*, in: Bürgers/Körber/Lieder, AktG, § 285 Rn. 9; *Sethe*, in: Hirte/Mülbert/Roth, GroßKomm AktG XII, § 285 Rn. 90; *Wichert*, AG 2000, 268 (270); *Arnold*, Die GmbH & Co. KGaA, S. 153–154; *Philbert*, Die Kommanditgesellschaft auf Aktien zwischen Personengesellschaftsrecht und Aktienrecht, S. 219; *Otte*, Die AG & Co. KGaA, S. 175.

1442 *Arnold*, Die GmbH & Co. KGaA, S. 153; *Philbert*, Die Kommanditgesellschaft auf Aktien zwischen Personengesellschaftsrecht und Aktienrecht, S. 219; *Wichert*, AG 2000, 268 (270); dies trotz anderer Meinung ebenfalls anmerkend *Schlitt*, Die Satzung der Kommanditgesellschaft auf Aktien, S. 227.

174 AktG.[1443] Danach beschließt ausdrücklich die Hauptversammlung über die Verwendung des Bilanzgewinns. Mit der aktienrechtlichen Kompetenz einher geht auch die Anwendung der nach § 23 Abs. 5 AktG geltenden aktienrechtlichen Satzungsstrenge.[1444] Mangels einer ausdrücklichen Zulassung im Aktienrecht ist eine abweichende Satzungsregelung unzulässig.

Dem lässt sich nicht entgegenhalten, dass der Gewinnverwendungsbeschluss auch Aussagen zu den Gewinnrücklagen sowie dem Gewinnvortrag trifft und nicht lediglich die Ausschüttung an die Kommanditaktionäre betroffen ist. Schon bei der Aufstellung des Jahresabschlusses kann der persönlich haftende Gesellschafter einen Teil des Jahresüberschusses in andere Rücklagen einstellen, welche bei Ermittlung des Bilanzgewinns in Abzug gebracht werden.[1445] Er hat bis dorthin ausreichend Möglichkeiten, die ihm als notwendig erscheinenden Rücklagen zu bilden. Die darauffolgende Beschlussfassung über die Verwendung des verbleibenden Bilanzgewinns betrifft nur noch die Gesellschaftergruppe der Kommanditaktionäre.

Nach hier vertretener Ansicht ist auch die Spezialverweisung des § 285 Abs. 2 Satz 1 AktG in diesem Kontext nicht anwendbar, wonach die Beschlüsse der Hauptversammlung der Zustimmung der persönlich haftenden Gesellschafter bedürfen, soweit sie Angelegenheiten betreffen, für die bei einer Kommanditgesellschaft das Einverständnis der persönlich haftenden Gesellschafter erforderlich ist. Zunächst einmal bedarf es in einer KG von Gesetzes wegen keines Gewinnverwendungsbeschlusses.[1446] Daran anschließend ist auch ein Zustimmungserfordernis der Komplementäre nicht gegeben. Grundsätzlich kann das in § 285 Abs. 2 Satz 1 AktG normierte Zustimmungsrecht aber auf weitere personengesellschaftsrechtliche Beschlussgegenstände erweitert werden. Der Gewinnverwendungsbeschluss ist aktienrechtlicher Natur. Eine Erweiterung scheidet unter diesem Gesichtspunkt aus.

Entgegen dieser Ansicht und auf die praktische Irrelevanz sowie die Zulässigkeit einer derartigen Satzungsregelung vertrauend hat die *Merck* KGaA in § 31 Abs. 3 Satz 1 ihrer Satzung die Regelung aufgenommen, dass die Hauptversammlung im Beschluss über die Verwendung des Bilanzgewinns

---

1443 *Sethe*, in: Hirte/Mülbert/Roth, GroßKomm AktG XII, § 285 Rn. 90; dies erkennt auch die Gegenmeinung an *Mertens/Cahn*, in: Zöllner/Noack, KK-AktG V, § 286 Rn. 33; *Servatius*, in: § 286 Rn. 2.

1444 So auch *Philbert*, Die Kommanditgesellschaft auf Aktien zwischen Personengesellschaftsrecht und Aktienrecht, S. 219–220.

1445 *Sethe*, in: Hirte/Mülbert/Roth, GroßKomm AktG XII, § 285 Rn. 90; ohnehin davon ausgehend, dass Kommanditaktionäre ein »höheres Interesse an einer Gewinnausschüttung als an einer Gewinnthesaurierung« haben *Philbert*, Die Kommanditgesellschaft auf Aktien zwischen Personengesellschaftsrecht und Aktienrecht, S. 220.

1446 LG Frankfurt a. M., Urt. v. 20.03.2013 – 3-13 O 119/12, NZG 16 (2013), 1222 (1224).

lediglich mit Zustimmung der *E. Merck* KG (Komplementärin) weitere Beträge in andere Gewinnrücklagen einstellen oder als Gewinn vortragen kann.

cc) Einschränkung des Auskunftsrechts

Das weitgehende, sich über den Jahresabschluss der Gesellschaft sowie eine mögliche Komplementärgesellschaft erstreckende Auskunftsrecht[1447] lässt sich nur bedingt einschränken und erst recht nicht abbedingen. Das Recht der Hauptversammlung auf Feststellung des Jahresabschlusses und das damit verbundene Auskunftsrecht ist unentziehbares Individualrecht.[1448]

Eine inhaltliche Beschränkung des Auskunftsrechts ist ausgeschlossen. Einzig zulässig ist nach § 278 Abs. 3 i. V. m. § 131 Abs. 2 Satz 2 AktG eine zeitlich angemessene Beschränkung in der Satzung oder der Geschäftsordnung.[1449]

§ 131 Abs. 3 Satz 1 AktG statuiert außerdem sieben inhaltliche Gründe, die eine Auskunftsverweigerung ermöglichen. Die Beantwortung einer Frage kann auf dieser Grundlage verweigert werden. Es ist also eine Reaktion auf eine bereits gestellte Frage und kein präventives Verteidigungsmittel.

2. Reaktion

Befindet sich eine KGaA als Zielgesellschaft im Fokus aktivisischer Kommanditaktionäre, ist für die persönlich haftenden Gesellschafter eine besonnene, regelgeleitete Krisen- und Entscheidungsführung geboten. Im Gegensatz zu einer Leerverkaufsattacke[1450] bleibt den Verantwortlichen mehr Zeit zu reagieren. Die Kampagnen aktivistischer Aktionäre dauern durchschnittlich rund 100 Tage[1451] und haben meist keine negativen Auswirkungen auf den Aktienkurs.

Im ersten Schritt muss das Defence-Team informiert, ein Zusammentreffen anberaumt und der im Defence Manual vorgesehene Plan eingeleitet werden.[1452] In einem zweiten Schritt muss die vorgenannte Arbeitsgruppe die Forderungen analysieren und bewerten, möglichst viele Informationen

---

1447 Kap. 3 § 11 III. 1. c).

1448 *Nicolas/Eiff*, in: Frodermann/Jannott, HdB AktR, Kap. 17 Rn. 237–238; *Geißler*, NZG 4 (2001), 539.

1449 *Reger*, in: Bürgers/Fett, KGaA HdB, § 5 Rn. 368.

1450 Häufig sinkt der Kurs innerhalb weniger Minuten dramatisch. Siehe dazu die praktischen Beispiele in Kap. 3 § 9 I. bis III.

1451 *Jostarndt/Wolf/Degen*, Aktivistische Investoren, <*media-publications.bcg.com/BCG-Aktivistische-Investoren-Report-2020.pdf*>, S. 13.

1452 *Bunz*, NZG 2014, 1049 (1052); *Engelen et al.*, Investor Activism 2018, S. 143; *Graßl/Nikoleyczik*, AG 62 (2017), 49 (59); *Gröntgen*, Operativer shareholder activism, S. 311.

über den Angreifer einholen[1453] und die Handlungsoptionen ausloten. Für das weitere Vorgehen der Geschäftsleitung kann es relevant sein, wer der aktivistische Kommanditaktionär ist und wie er sich in der Vergangenheit in Angriffssituationen verhalten hat.

a) Kooperativer Ansatz

Der operative Aktivismus hat in den letzten Jahren an Akzeptanz gewonnen und wird nicht mehr nur verpönt. Die direkte Konfrontation als Reaktion auf das Auftreten eines aktivistischen Kommanditaktionärs ist daher nicht immer empfehlenswert[1454] und wird nicht bei allen Gesellschaftern auf Begeisterung stoßen. Um einer (öffentlichen) Auseinandersetzung aus dem Weg zu gehen, ist ein kooperativer Ansatz empfehlenswert.

aa) Kommunikation

Die Kommunikation mit den aktivistischen Kommanditaktionären ist, wie auch im Umgang mit den Leerverkaufsaktivisten[1455], in vielerlei Hinsicht als besonders effektiv einzuschätzen. Der Dialog ist die beste Möglichkeit, sich Informationen über den aktivistischen Kommanditaktionär zu beschaffen sowie dessen Pläne besser bewerten und anschließend die eigenen Handlungsoptionen einschätzen zu können. Es kann sich zeigen, dass die Ziele der Angreifer mit den Zielen der Unternehmensleitung im Einklang stehen oder es zumindest Überschneidungen gibt. Alternativ können strategische Gegenvorschläge[1456] aufgezeigt und ohne »Krach« Kompromisse gefunden werden.

Die Kommunikationskompetenz[1457] liegt in der *gesetzestypischen* KGaA bei den geschäftsführenden Komplementären und in der *atypischen* KGaA bei den zuständigen Organen der Komplementärgesellschaft. Außerdem kann die Kommunikation durch eine speziell angeschlossene Investor Relations-Abteilung erfolgen.

1453 *Bunz*, NZG 2014, 1049 (1052); *Schiessl*, ZIP 2009, 689 (696 f.); *Graßl/Nikoleyczik*, AG 62 (2017), 49 (59); *Engelen et al.*, Investor Activism 2018, S. 22; *Engelhardt*, M&A Review 2008, 194; *Zülch/Weuster/Mladenov*, KoR 2018, 303 (304); *Gröntgen*, Operativer shareholder activism, S. 311–312.

1454 *Engelen et al.*, Investor Activism 2018, S. 22, 143; *Graßl/Nikoleyczik*, AG 62 (2017), 49 (59).

1455 Kap. 3 § 10 I. 4. b) aa).

1456 *Engelen et al.*, Investor Activism 2018, S. 97.

1457 Ausführlich dazu Kap. 3 § 10 IV. 2. a) aa).

(1) Art, Umfang und Form

Art, Umfang und Form der Kommunikation sind entscheidend davon abhängig, ob der »Machtanspruch« der aktivistischen Kommanditaktionäre bereits in der Öffentlichkeit oder noch im Verborgenen angemeldet wird.

Soweit die Aktivisten bislang ohne Publikum agiert haben, bietet es sich an, die Kommunikation ebenfalls im Privaten zu belassen und Aufmerksamkeit zu vermeiden. Ein Brief an die »Aggressoren« ist eine mögliche Kommunikationsform.[1458] Die Gefahr einer Veröffentlichung durch die Adressaten muss dabei bedacht werden. Persönlicher und wertschätzender ist ein persönliches Gespräch. Telefonkonferenzen oder persönliche Treffen[1459] sind gute Möglichkeiten für die Geschäftsleitung – ob nun Komplementär einer *gesetzestypischen* KGaA oder Leitungsorgan der Komplementärgesellschaft einer *atypischen* KGaA – die Aktivisten weiter kennenzulernen, ihre Pläne nachzuvollziehen und eigene Positionen sowie strategische Überlegungen aufzuzeigen. Solche »One-on-ones« erfreuen sich großer Beliebtheit.[1460]

(2) Grenzen der Kommunikation

Die Informationspolitik über die Angelegenheiten der KGaA steht in einem direkten sachlichen Zusammenhang zu dem dahin gehenden Auskunftsrecht der Kommanditaktionäre (§ 278 Abs. 3 i. V. m. § 131 Abs. 1, 4 AktG)[1461]. Dem folgend betrifft auch die Informationspolitik das Rechtsverhältnis zwischen der Kommanditgesellschaft auf Aktien und ihren Kommanditaktionären. Die verbandsrechtlichen Grenzen der Informationsweitergabe finden sich über § 278 Abs. 3 AktG im Aktienrecht.

Fündig wird man in § 53a AktG.[1462] Die Norm bildet eine Schranke für die selektive Informationsweitergabe an Gesellschafter.[1463] Danach sind Aktionäre unter gleichen Voraussetzungen gleich zu behandeln; dies gilt auch für informelle Gespräche[1464].

§ 53a AktG ist auf die KGaA anwendbar. Die bevorzugte Informationserteilung betrifft das Verhältnis der KGaA, vertreten durch das zuständige

---

1458 *Inci*, Shareholder Engagement, S. 126.

1459 Dazu *Schiessl*, ZIP 2009, 689 (697); *Graßl/Nikoleyczik*, AG 62 (2017), 49 (59); *Heuser*, Shareholder Activism, S. 166; *Inci*, Shareholder Engagement, S. 126.

1460 *Fleischer*, ZGR 38 (2009), 505 (510); *Inci*, Shareholder Engagement, S. 127.

1461 Kap. 3 § 11 III. 1. c).

1462 Von der Anwendbarkeit des § 53a AktG auf die KGaA ohne weitere Begründung ausgehend *Götze*, in: Goette/Habersack/Kalss, MüKo-AktG I, § 53a Rn. 5.

1463 *Gröntgen*, Operativer shareholder activism, S. 215; *Mimberg*, in: Marsch-Barner/Schäfer, HdB börsennotierte AG, § 38 Rn. 27; *Inci*, Shareholder Engagement, S. 127; *Schaefer*, NZG 2007, 900 (901); m. w. N. *Link*, ZGR 50 (2021), 904 (917).

1464 *Gröntgen*, Operativer shareholder activism, S. 216.

Organ, gegenüber den Kommanditaktionären. Für informelle, nicht öffentliche Gespräche zwischen aktivistischen Kommanditaktionären und persönlich haftenden Gesellschaftern beziehungsweise dem Vertretungsorgan ist § 53a AktG als Maßstab anzusetzen.

Ein privater Austausch mit Kommanditaktionären, in dem bereits publik gemachte Informationen näher erörtert sowie bestehende Irrtümer ausgeräumt werden, ist nicht per se unzulässig.[1465] Unternehmensinterna dürfen dagegen nicht ohne weiteres an einzelne Kommanditaktionäre kommuniziert werden. Hierfür bedarf es entsprechend § 53a AktG einer sachlichen Rechtfertigung.[1466] Die Ungleichbehandlung muss zur Sicherung des (schutzwürdigen) Unternehmensinteresses geeignet, erforderlich und verhältnismäßig sein.[1467] Ist dies zu bejahen, besteht kein Nachinformationsrecht der übrigen Kommanditaktionäre.

Eine Ungleichbehandlung ist beispielsweise dann erforderlich, wenn ein Geheimhaltungsbedürfnis des Unternehmens besteht oder es nicht praktikabel wäre, die Gesamtheit der Kommanditaktionäre zu informieren.[1468] Nicht ausreichend ist dagegen die bloße Eigenschaft des Großaktionärs.[1469] (Aktivistischen) Kommanditaktionären mit einer wesentlichen Beteiligung darf somit keine generelle informelle Bevorzugung zukommen.

bb) Freiwillige Zugeständnisse

Kommen das Defence-Team und die Geschäftsleitung nach der eingehenden Analyse der Forderungen und der Bewertung der eigenen Handlungsoptionen zu dem Schluss, dass das Ansinnen der aktivistischen Kommanditaktionäre sinnvoll und die Kritik berechtigt ist, können die Anregungen aufgenommen und die Maßnahmen ohne Diskussion durchgesetzt werden.[1470]

1465 *Fleischer*, ZGR 38 (2009), 505 (525); *Koch*, Aktiengesetz, § 53a Rn. 7; *Schockenhoff/Culmann*, ZIP 2015, 297 (299); *Inci*, Shareholder Engagement, S. 141; *Schaefer*, NZG 2007, 900 (901); *Link*, ZGR 50 (2021), 904 (917).

1466 *Fleischer*, ZGR 38 (2009), 505 (520); *Inci*, Shareholder Engagement, S. 141–142; *Link*, ZGR 50 (2021), 904 (917); m. j. w. N. *Heuser*, Shareholder Activism, S. 173–174; *Meyer*, in: Marsch-Barner/Schäfer, HdB börsennotierte AG, § 8 Rn. 52; *Mimberg*, in: Marsch-Barner/Schäfer, HdB börsennotierte AG, § 38 Rn. 21.

1467 *Gröntgen*, Operativer shareholder activism, S. 216; *Mimberg*, in: Marsch-Barner/Schäfer, HdB börsennotierte AG, § 38 Rn. 24.

1468 Für die AG im gleichen Zusammenhang *Gröntgen*, Operativer shareholder activism, S. 217; m. w. N. *Heuser*, Shareholder Activism, S. 174–175.

1469 *Fleischer*, ZGR 38 (2009), 505 (523–525); *Heuser*, Shareholder Activism, S. 175–177; wohl auch dahin gehend *Link*, ZGR 50 (2021), 904 (920); a. A. *Meyer*, in: Marsch-Barner/Schäfer, HdB börsennotierte AG, § 8 Rn. 52.

1470 *Thaeter/Guski*, AG 2007, 301 (307); *Engelen et al.*, Investor Activism 2018, S. 143; *Gröntgen*, Operativer shareholder activism, S. 312; zur rechtlichen Zulässigkeit eines solchen Vorgehens *Link*, ZGR 50 (2021), 904 (916).

Erscheint den Verantwortlichen das geforderte Vorgehen akzeptabel, sind sie aber nicht restlos überzeugt, wird in der Literatur vorgeschlagen, die Thematik der Hauptversammlung zur Entscheidung vorzulegen[1471] und einen dahin gehenden Beschluss einzuholen. In der Aktiengesellschaft kann die Hauptversammlung über Fragen der Geschäftsführung entscheiden, wenn es der Vorstand verlangt (§ 119 Abs. 2 AktG). Nur auf Bitten der Geschäftsleitung kann die Hauptversammlung bei der Geschäftsführung mitwirken.

§ 119 Abs. 2 AktG ist für die KGaA nicht anwendbar.[1472] Die Vorschriften des Aktiengesetzes sind zu vernachlässigen, da Fragen der Geschäftsführung grundsätzlich den persönlich haftenden Gesellschaftern obliegen und diese sich gemäß § 278 Abs. 2 AktG nach den Vorschriften des Handelsgesetzbuchs über die Kommanditgesellschaft richten.

Auch ohne die Anwendbarkeit des § 119 Abs. 2 AktG können persönlich haftende Gesellschafter den Kommanditaktionären jegliche Fragen der Geschäftsführung zur Entscheidung vorlegen, soweit es ihnen notwendig erscheint. Begründen lässt sich dies mit der Grundkonzeption der KGaA.

Kommanditaktionäre können an der Geschäftsführung teilhaben. Im Gegensatz zu den Aktionären einer Aktiengesellschaft können sie nach § 278 Abs. 2 AktG i. V. m. §§ 161 Abs. 2, 116 Abs. 2 Satz 1 Hs. 2 HGB bei außergewöhnlichen Geschäftsführungsmaßnahmen grundsätzlich den Handlungen des persönlich haftenden Gesellschafters widersprechen bzw. ihre Zustimmung verweigern.[1473] Dafür bedarf es keines Verlangens der Geschäftsleitung der KGaA. Das Recht besteht von Gesetzes wegen. Zumindest solange die Satzung nichts abweichendes bestimmt.

Wenn den Kommanditaktionären also grundsätzlich ein Mitspracherecht in (außergewöhnlichen) Geschäftsführungsangelegenheiten zusteht, dann gilt dies erst recht, wenn die Geschäftsleitung sie darum bittet.

b) Konfrontativer Ansatz

Der Gesellschaft und dem Management stehen auch konfrontative Strategien als Reaktion auf einen Angriff zur Verfügung. Eine Verweigerung der Kooperation, insbesondere die Verweigerung von Gesprächen mit den Akti-

---

1471 *Thaeter/Guski*, AG 2007, 301 (307).

1472 *Sethe*, in: Hirte/Mülbert/Roth, GroßKomm AktG XII, § 285 Rn. 17; *Mertens/Cahn*, in: Zöllner/Noack, KK-AktG V, § 278 Rn. 57, 67, 92; *Knur*, in: Jakobs/Knobbe-Keuk/Picker/Wilhelm, FS Flume II, S. 173 (185); *Theisen*, DBW 49 (1989), 137 (143); *Kallmeyer*, DStR 1994, 977 (978); *Habel/Strieder*, MittBayNot 1998, 65 (68); *Philbert*, Die Kommanditgesellschaft auf Aktien zwischen Personengesellschaftsrecht und Aktienrecht, S. 194.

1473 Kap. 3 § 11 III. 1. a) aa) (2).

visten, wird selbige nicht von ihrem Vorhaben abbringen.[1474] Sie werden viel eher den Gang an die Öffentlichkeit forcieren und für Kampfabstimmungen in der Hauptversammlung mobilisieren. Entsprechend ist die direkte Konfrontation nicht immer empfehlenswert. Sind die aktivistischen Kommanditaktionäre bereits an die Öffentlichkeit gegangen oder ist ein derartiges Vorgehen absehbar, muss sich die KGaA und deren Geschäftsleitung mit einer offenen Konfrontation auseinandersetzen und darf sich nicht kampflos ergeben. Soweit ein plausibel zu begründender Schaden für die Gesellschaft entstanden ist,[1475] muss darauf reagiert werden.

Zunächst sind öffentliche Gegenkampagnen (aa) ein probates Mittel. Weiterhin kann versucht werden, eine Mehrheit in der Hauptversammlung zu organisieren (bb) und sich in einer Kampfabstimmung gegen die aktivistischen Kommanditaktionäre durchzusetzen. Schließlich ist an die Geltendmachung von Ansprüchen gegen die aktivistischen Kommanditaktionäre zu denken (cc). Dabei erfolgt eine Beschränkung auf die Ansprüche der Gesellschaft und möglicherweise die der Komplementäre/in. Sie sind diejenigen, die im Verteidigungsfall an erster Stelle stehen.

aa) Öffentliche Gegenkampagnen

Sind die aktivistischen Kommanditaktionäre bereits an die Öffentlichkeit gegangen und haben ihre Vorstellungen und damit verbundene Forderungen publik gemacht, ähnelt die Kommunikation der zur Verteidigung eines Leerverkaufsangriffs.[1476] Im Wesentlichen kann auf die dazugehörigen Ausführungen und die unpersönlichen Kommunikationswege verwiesen werden.

Es müssen auch im Fall operativen Aktivismus öffentliche Gegenäußerungen beziehungsweise mediale Gegenkampagnen gestartet werden.[1477] Pressemeldungen, Stellungnahmen und Pressekonferenzen sind nur ein Teil der Kommunikationspalette, die sich anbietet.[1478]

Egal ob die Kommunikation privat oder öffentlich erfolgt: Sie muss sorgfältig vorbereitet werden sowie streng faktenbasiert und sachlich begründet sein.[1479] Um Widersprüche zu vermeiden, ist sicherzustellen, dass alle zur

---

1474 *Schiessl*, ZIP 2009, 689 (697).

1475 Dies für den Erfolg eines Konfrontationskurses voraussetzend *Thaeter/Guski*, AG 2007, 301 (307).

1476 Siehe dazu Kap. 3 § 10 IV. 2. a) bb).

1477 *Graßl/Nikoleyczik*, AG 62 (2017), 49 (59); *Engelen et al.*, Investor Activism 2018, S. 143; *Bunz*, NZG 2014, 1049 (1052); *Gröntgen*, Operativer shareholder activism, S. 314.

1478 *Engelen et al.*, Investor Activism 2018, S. 143; im Übrigen wird auf Kap. 3 § 10 IV. 2. a) bb) verwiesen.

1479 *Graßl/Nikoleyczik*, AG 62 (2017), 49 (59); *Engelen et al.*, Investor Activism 2018, S. 97, 143.

Kommunikation berechtigten Personen mit einer Stimme sprechen (»One Voice Policy«).[1480]

bb) Aktionärsmehrheiten organisieren

Soweit sich die aktivistischen Kommanditaktionäre der Stimmrechtsausübung als Mittel zur Durchsetzung ihrer Ziele bedienen, kann es angebracht sein, als Gesellschaft um die Aktionärsmehrheit zu kämpfen[1481]. Dies ist bei autonomen Hauptversammlungsbeschlüssen[1482] von übergeordneter Bedeutung.

Jetzt können sich die präventiv gepflegten Beziehungen zu freundlich gesinnten Ankerkommanditaktionären[1483] bezahlt machen. Sie müssen nun angesprochen und in informellen Gesprächen von der Linie der Unternehmensleitung überzeugt werden.[1484] Liegt die Entscheidung in der Kompetenz der KGaA-Hauptversammlung, ist die Unterstützung eines wohlgesonnenen Ankerkommanditaktionärs Gold wert. Die Geschäftsleitung der KGaA sollte darauf bedacht sein, sich die Stimmen der Ankerkommanditaktionäre für eine mögliche Kampfabstimmung zu sichern[1485] und anregen, den aktivistischen Kommanditaktionären in Redebeiträgen im Rahmen der Hauptversammlung zu widersprechen. Angesehene Großkommanditaktionäre sind in der Lage, Mitkommanditaktionäre von ihrer beziehungsweise der Linie der Unternehmensleitung zu überzeugen.

Diese Zielrichtung sollten auch die zuvor genannten öffentlichen Gegenkampagnen haben. Diese lassen sich mit Briefen an die Kommanditaktionäre noch unterstützen. So kann das Vertrauen der Anleger gestärkt und können Argumente sachlich vermittelt werden. Ein Großteil des Kommanditaktionariats weiß ohne ausreichende Informationen nicht, was »das Richtige« für die positive Geschäftsentwicklung des Unternehmens ist.

1480 *Bunz*, NZG 2014, 1049 (1052); *Kocher*, DB 2016, 2887 (2890); *Jostarndt/Wolf/Degen*, Aktivistische Investoren, <*media-publications.bcg.com/BCG-Aktivistische-Investoren-Report-2020.pdf*>, S. 15.

1481 *Gröntgen*, Operativer shareholder activism, S. 313; *Kocher*, DB 2016, 2887 (2889).

1482 Siehe dazu Kap. 3 § 11 III. 1. a) ff).

1483 Siehe dazu Kap. 3 § 11 IV. 1. b).

1484 *Gröntgen*, Operativer shareholder activism, S. 313; *Engelen et al.*, Investor Activism 2018, S. 143.

1485 *Ludwig*, M&A Review 28 (2017), 363 (366); *Bunz*, NZG 2014, 1049 (1052).

cc) Geltendmachung von Ansprüchen

(1) Anspruch wegen Schädigungsverbot gem. § 117 Abs. 1 AktG

Als Grundlage für aktienrechtliche Schadensersatzansprüche gegen aktivistische Kommanditaktionäre ist § 117 Abs. 1 AktG in Betracht zu ziehen.[1486] Entsprechendes gilt für die Reaktion auf einen Angriff aktivistischer Kommanditaktionäre.

(a) Anspruchsberechtigung

Anspruchsberechtigt sind ausweislich des Wortlauts und vorbehaltlich des Vorliegens der Anspruchsvoraussetzungen lediglich die KGaA und die Kommanditaktionäre, nicht dagegen die persönlich haftenden Gesellschafter.

Die Gesetzessystematik lässt einen Schadensersatzanspruch der persönlich haftenden Gesellschafter aus § 117 Abs. 1 AktG gegen einen aktivistischen Kommanditaktionär nicht zu. Für das Verhältnis der persönlich haftenden Gesellschafter gegenüber der Gesamtheit der Kommanditaktionäre verweist § 278 Abs. 2 AktG auf das Personengesellschaftsrecht, mithin nicht in das erste Buch des Aktiengesetzes, in dem sich § 117 AktG wiederfindet.

Das Verhältnis der persönlich haftenden Gesellschafter gegenüber einem einzelnen Kommanditaktionär ist in § 278 Abs. 2 AktG nicht erwähnt. Infolge dessen wäre das Verhältnis zwischen einem einzelnen Kommanditaktionär und den persönlich haftenden Gesellschaftern über § 278 Abs. 3 AktG nach Aktienrecht zu beurteilen.[1487] Eine derartige Einordnung unter § 278 Abs. 3 AktG würde im Ergebnis aber § 278 Abs. 2 AktG unterlaufen.[1488] Die Rechtsbeziehung des einzelnen Kommanditaktionärs zu den Komplementären wird mittelbar immer tangiert, sobald das Rechtsverhältnis der Gesamtheit der Kommanditaktionäre zu den persönlich haftenden Gesellschaftern betroffen ist.[1489] Für die Einordnung des Rechtsverhältnisses des einzelnen Kommanditaktionärs zu den Komplementären unter das Aktienrecht ist unter diesen Gesichtspunkten kein Raum.

1486 *Kocher*, DB 2016, 2887 (2889); *Kocher*, in: Wachter, AktG, § 117 Rn. 3; *Schockenhoff/Culmann*, ZIP 2015, 297 (307); *Gröntgen*, Operativer shareholder activism, S. 100–103; *Heuser*, Shareholder Activism, S. 164; *Kessler*, Die rechtlichen Möglichkeiten der Kommanditaktionäre einer GmbH & Co. KGaA zur Einwirkung auf die Geschäftsführung, S. 287–289; *Schall*, in: Henssler/Spindler/Stilz, BeckOGK-AktG, § 117 Rn. 2; *Eidenmüller*, DStR 2007, 2116 (2120).

1487 Ebenso, aber im Ergebnis zurecht verneinend *Philbert*, Die Kommanditgesellschaft auf Aktien zwischen Personengesellschaftsrecht und Aktienrecht, S. 87.

1488 *Masuch*, NZG 6 (2003), 1048 (1050); unter Verweis auf *Cahn*, AG 2001, 579 (582).

1489 *Masuch*, NZG 6 (2003), 1048 (1050); *Philbert*, Die Kommanditgesellschaft auf Aktien zwischen Personengesellschaftsrecht und Aktienrecht, S. 87.

Ein Anspruch des persönlich haftenden Gesellschafters gegen einen aktivistischen Kommanditaktionär aus § 117 Abs. 1 AktG kommt daher nicht in Betracht. Relevanter Anspruchsteller bleibt die KGaA selbst.

(b) Anspruchsvoraussetzungen

Für eine Schadensersatzpflicht aktivistischer Kommanditaktionäre nach § 278 Abs. 3 i. V. m. § 117 Abs. 1 AktG gegenüber der Kommanditgesellschaft auf Aktien bedarf es einer vorsätzlichen Bestimmung eines persönlich haftenden Gesellschafters oder des Geschäftsführungsorgans der Komplementärgesellschafterin, zum Schaden der Gesellschaft (Satz 1) oder ihrer Kommanditaktionäre (Satz 2) unter Benutzung des Einflusses auf die KGaA zu handeln.

Die Einflussnahme kann formell wie informell erfolgen.[1490] Dementsprechend sind sämtliche der vorgenannten Einflussmöglichkeiten aktivistischer Kommanditaktionäre auf persönlich haftende Gesellschafter oder den Geschäftsleiter der persönlich haftenden Gesellschafterin[1491] potenziell tatbestandlich.

Ein Bestimmen kann beispielsweise in einem faktischen Drängen auf eine bestimmte Geschäftsführungsmaßnahme[1492] gesehen werden oder rechtlich in einer Druckausübung über Beschlussmehrheiten, Sperrminoritäten und Antragsminderheiten[1493] liegen. In dem betroffenen Geschäftsleitungsmitglied muss jedenfalls der Entschluss zu einer Handlung hervorgerufen werden.

1490 *Kocher*, in: Wachter, AktG, § 117 Rn. 3; *Kort*, in: Hirte/Mülbert/Roth, GroßKomm AktG VI, § 117 Rn. 120; *Spindler*, in: Goette/Habersack/Kalss, MüKo-AktG II, § 117 Rn. 16; *Witt*, in: Schmidt/Lutter, AktG, § 117 Rn. 6; *Schall*, in: Henssler/Spindler/Stilz, BeckOGK-AktG, § 117 Rn. 16; *Koch*, Aktiengesetz, § 117 Rn. 3; *Link*, ZGR 50 (2021), 904 (911); *Thaeter/Guski*, AG 2007, 301 (304); *Hoffmann-Becking*, in: Hoffmann-Becking, MünchHdB GesR IV, § 27 Rn. 2; m. w. N. *Gröntgen*, Operativer shareholder activism, S. 101; *Schmidt/Spindler*, Finanzinvestoren aus ökonomischer und juristischer Perspektive, S. 271 Rn. 231.

1491 So für die *GmbH* & Co. KGaA *Kessler*, Die rechtlichen Möglichkeiten der Kommanditaktionäre einer GmbH & Co. KGaA zur Einwirkung auf die Geschäftsführung, S. 288; »der Einfluss auf die Führungskräfte ist (…) stets auch Einfluss auf die Gesellschaft« *Kort*, in: Hirte/Mülbert/Roth, GroßKomm AktG VI, § 117 Rn. 120.

1492 *Link*, ZGR 50 (2021), 904 (912).

1493 *Gröntgen*, Operativer shareholder activism, S. 101; *Heuser*, Shareholder Activism, S. 150; *Spindler*, in: Goette/Habersack/Kalss, MüKo-AktG II, § 117 Rn. 17; kritisch gegenüber der Beteiligung der Hauptversammlung *Kessler*, Die rechtlichen Möglichkeiten der Kommanditaktionäre einer GmbH & Co. KGaA zur Einwirkung auf die Geschäftsführung, S. 288.

Diese Handlung muss zu einem kausalen Schaden der Gesellschaft führen.[1494] Schaden ist jede Vermögensminderung.[1495] Beispielhaft dafür stehen der Abschluss ungünstiger Lieferverträge, der Unterwertverkauf eines Unternehmensteils an außenstehende Dritte, die Aufgabe von Geschäftschancen oder eines voraussichtlich profitablen Investitionsprojekts.[1496]

Der deliktsrechtliche Charakter des § 117 AktG verlangt eine Rechtswidrigkeit der Einflussnahme.[1497] So kann es rechtswidrig sein, mittels einer Sperrminorität rechtsmissbräuchlich wichtige Strukturentscheidungen zu blockieren.[1498] Der Wortlaut des § 117 Abs. 1 AktG fordert überdies Vorsatz des Einflussnehmenden. Er muss wissentlich und willentlich seinen Einfluss auf die Gesellschaft zur Bestimmung des Verwaltungsmitglieds zu einer pflichtwidrigen und schädigungsgeeigneten Handlung nutzen.[1499]

Gerade die Voraussetzungen der Rechtswidrigkeit sowie des Vorsatzes sind äußerst schwer nachweisbar.[1500] Diese praktische Hürde macht den Schadensersatzanspruch zu einem stumpfen Schwert, und die Aussicht auf eine dahin gehende Inanspruchnahme wird aktivistische Kommanditaktionäre nur in den seltensten Fällen abschrecken können.

1494 *Kocher*, in: Wachter, AktG, § 117 Rn. 4; *Kort*, in: Hirte/Mülbert/Roth, GroßKomm AktG VI, § 117 Rn. 153; *Spindler*, in: Goette/Habersack/Kalss, MüKo-AktG II, § 117 Rn. 30; *Witt*, in: Schmidt/Lutter, AktG, § 117 Rn. 8; *Koch*, Aktiengesetz, § 117 Rn. 5; *Link*, ZGR 50 (2021), 904 (911); *Gröntgen*, Operativer shareholder activism, S. 101; *Schmidt/Spindler*, Finanzinvestoren aus ökonomischer und juristischer Perspektive, S. 271 Rn. 231.

1495 *Kort*, in: Hirte/Mülbert/Roth, GroßKomm AktG VI, § 117 Rn. 142; *Spindler*, in: Goette/Habersack/Kalss, MüKo-AktG II, § 117 Rn. 27; *Witt*, in: Schmidt/Lutter, AktG, § 117 Rn. 8; *Koch*, Aktiengesetz, § 117 Rn. 5; *Schall*, in: Henssler/Spindler/Stilz, BeckOGK-AktG, § 117 Rn. 19; *Heuser*, Shareholder Activism, S. 151; *Gröntgen*, Operativer shareholder activism, S. 101; *Schmidt/Spindler*, Finanzinvestoren aus ökonomischer und juristischer Perspektive, S. 271 Rn. 231.

1496 *Schall*, in: Henssler/Spindler/Stilz, BeckOGK-AktG, § 117 Rn. 20; *Heuser*, Shareholder Activism, S. 151; auch Ausschüttungen als Schaden deklarierend *Schmidt/Spindler*, Finanzinvestoren aus ökonomischer und juristischer Perspektive, S. 270 Rn. 228, 231.

1497 Unstr. *Spindler*, in: Goette/Habersack/Kalss, MüKo-AktG II, § 117 Rn. 31; *Kort*, in: Hirte/Mülbert/Roth, GroßKomm AktG VI, § 117 Rn. 155; *Witt*, in: Schmidt/Lutter, AktG, § 117 Rn. 9; *Schmidt/Spindler*, Finanzinvestoren aus ökonomischer und juristischer Perspektive, S. 271 Rn. 232; gegen den deliktsrechtlichen Charakter *Voigt*, Haftung aus Einfluss auf die Aktiengesellschaft (§§ 117, 309, 317 AktG), S. 62–113.

1498 *Heuser*, Shareholder Activism, S. 151.

1499 M. j. w. N. *Spindler*, in: Goette/Habersack/Kalss, MüKo-AktG II, § 117 Rn. 40, 42; *Hoffmann-Becking*, in: Hoffmann-Becking, MünchHdB GesR IV, § 27 Rn. 6.

1500 *Thaeter/Guski*, AG 2007, 301 (304); *Link*, ZGR 50 (2021), 904 (912, 913); dahin gehend auch *Brass*, Hedgefonds als aktive Investoren, S. 299.

(2) Anspruch aus § 280 Abs. 1 BGB wegen Verletzung der gesellschaftsrechtlichen Treuepflicht

In der Einflussnahme aktivistischer Kommanditaktionäre kann gegebenenfalls eine Treuepflichtverletzung gesehen werden, die zu einem Schadensersatzanspruch aus § 280 Abs. 1 BGB führt.[1501] Die Treuepflicht ist Schuldverhältnis im Sinne des § 241 BGB.[1502] Aktivistische Aktionäre sind treuepflichtgebunden.[1503] Gleiches wird man für aktivistische Kommanditaktionäre annehmen können.

Zunächst ist von Interesse, gegenüber wem der einzelne (aktivistische) Kommanditaktionär treuepflichtig ist. Grundsätzlich kommen die in diesem Kontext zu vernachlässigenden übrigen Kommanditaktionäre, die KGaA, die Gesamtheit der Komplementäre sowie der einzelne Komplementär in Betracht.

(a) Anspruchsberechtigung

Eine Anspruchsberechtigung wird man, das Vorliegen der übrigen Voraussetzungen des § 280 Abs. 1 BGB unterstellt, für denjenigen bejahen, gegenüber dem der aktivistische Kommanditaktionär treuepflichtig ist.

Der einzelne Kommanditaktionär ist gegenüber der Kommanditgesellschaft auf Aktien treuepflichtig. Dies entspricht der überwiegenden Meinung in der Literatur[1504], welche zutreffend auf § 278 Abs. 3 AktG und die Parallelen zur Aktiengesellschaft verweist.

Eine grundsätzliche Treuepflicht des einzelnen Kommanditaktionärs gegenüber den einzelnen Gesellschaftern sowie der Gesamtheit der persönlich

---

1501 Grundsätzlich *Koch*, Aktiengesetz, § 53a Rn. 28; *Drygala*, in: Zöllner/Noack, KK-AktG I, § 53a Rn. 131; *Rieckers*, in: Hoffmann-Becking, MünchHdB GesR IV, § 17 Rn. 32; *Kessler*, Die rechtlichen Möglichkeiten der Kommanditaktionäre einer GmbH & Co. KGaA zur Einwirkung auf die Geschäftsführung, S. 121; *Henze/Notz*, in: Hirte/Mülbert/Roth, GroßKomm AktG III.1, § 53a Rn. 342; explizit für aktivistische Aktionäre *Link*, ZGR 50 (2021), 904 (914); *Gröntgen*, Operativer shareholder activism, S. 62; bzw. Hedgefonds *Eidenmüller*, DStR 2007, 2116 (2120).

1502 *Henze/Notz*, in: Hirte/Mülbert/Roth, GroßKomm AktG III.1, § 53a Rn. 342.

1503 Dies ist spätestens seit BGHZ 129, 136 (146 f.) unbestritten; für viele *Gröntgen*, Operativer shareholder activism, S. 57–59; *Link*, ZGR 50 (2021), 904 (914); *Schockenhoff/Culmann*, ZIP 2015, 297 (307); *Schmidt/Spindler*, Finanzinvestoren aus ökonomischer und juristischer Perspektive, S. 278 Rn. 245, 250.

1504 *Sethe*, in: Hirte/Mülbert/Roth, GroßKomm AktG XII, § 278 Rn. 88; *Bachmann*, in: Henssler/Spindler/Stilz, BeckOGK-AktG, § 278 Rn. 36; *Strobl-Haarmann*, in: Drinhausen/Eckstein, BeckHdB-AG, § 4 Rn. 216; *Perlitt*, in: Goette/Habersack/Kalss, MüKo-AktG V, § 278 Rn. 94 Fn. 112; *Kessler*, Die rechtlichen Möglichkeiten der Kommanditaktionäre einer GmbH & Co. KGaA zur Einwirkung auf die Geschäftsführung, S. 112.

haftenden Gesellschafter wird dagegen verneint.[1505] Dem Komplementär kann daher kein eigener Anspruch aus einer Treuepflichtverletzung eines aktivistischen Kommanditaktionärs entstehen.

(b) Anspruchsvoraussetzungen

Zunächst bedarf es für einen Schadensersatzanspruch nach § 280 Abs. 1 BGB einer Treuepflichtverletzung des aktivistischen Kommanditaktionärs. Der Umfang der Treuepflichten[1506] des einzelnen Kommanditaktionärs gegenüber der Kommanditgesellschaft auf Aktien ist grundsätzlich nach aktienrechtlichen Maßstäben zu bewerten. Je stärker die Stellung des Kommanditaktionärs statutarisch ausgestaltet wird, desto strenger sind seine Treuepflichten.[1507] Oder allgemeiner: Je intensiver die Macht, desto größer die Verantwortung. Unter diesem Aspekt kommt der KGaA im Gegensatz zu der sich durch Satzungsstrenge auszeichnenden AG eine praktisch relevantere Rolle zu.

Die aktivistischen Kommanditaktionäre unterliegen besonders im Rahmen ihrer Stimmabgabe der Treuepflicht.[1508] Dies betrifft nahezu alle zuvor angesprochenen Beschlussgegenstände. Es ist unerheblich, ob es um (die Mobilisierung für) eine treuwidrige positive Beschlussfassung oder das treuwidrige Ausnutzen einer Sperrminorität (gemeinsam mit anderen Kommanditaktionären) geht.[1509] Auch darf der aktivistische Kommanditaktionär seine Rechte nicht zweckentfremden, um Druck aufzubauen und so das gewünschte Verhalten zu erzwingen.[1510] Nicht nur die rechtliche, sondern

1505 Ausdrücklich *Philbert*, Die Kommanditgesellschaft auf Aktien zwischen Personengesellschaftsrecht und Aktienrecht, S. 88 Fn. 293; Infolge der Gegenseitigkeitsnatur der Treuepflicht im Ergebnis wohl auch *Sethe*, in: Hirte/Mülbert/Roth, GroßKomm AktG XII, § 278 Rn. 60, der allerdings zwischen dem einzelnen Komplementär und den Komplementären in ihrer Gesamtheit differenziert; *Fett*, in: Bürgers/Fett, KGaA HdB, § 3 Rn. 24; *Perlitt*, in: Goette/Habersack/Kalss, MüKo-AktG V, § 278 Rn. 94; a. A. *Herfs*, in: Hoffmann-Becking, MünchHdB GesR IV, § 78 Rn. 58.

1506 *Philbert*, Die Kommanditgesellschaft auf Aktien zwischen Personengesellschaftsrecht und Aktienrecht, S. 46; *Fett*, in: Bürgers/Fett, KGaA HdB, § 3 Rn. 23; *Schmidt/Spindler*, Finanzinvestoren aus ökonomischer und juristischer Perspektive, S. 278 Rn. 246.

1507 *Philbert*, Die Kommanditgesellschaft auf Aktien zwischen Personengesellschaftsrecht und Aktienrecht, S. 46; *Sethe*, in: Hirte/Mülbert/Roth, GroßKomm AktG XII, § 278 Rn. 88.

1508 Allgemein für Aktionäre *Schmidt/Spindler*, Finanzinvestoren aus ökonomischer und juristischer Perspektive, S. 279 Rn. 248; *Drygala*, in: Zöllner/Noack, KK-AktG I, § 53a Rn. 100; *Henze/Notz*, in: Hirte/Mülbert/Roth, GroßKomm AktG III.1, § 53a Rn. 238.

1509 *Gröntgen*, Operativer shareholder activism, S. 57–58.

1510 *Link*, ZGR 50 (2021), 904 (924); *Schockenhoff/Culmann*, ZIP 2015, 297 (307); *Brass*, Hedgefonds als aktive Investoren, S. 294–295.

auch die nachteilige faktische Einflussnahme eines einzelnen Minderheitskommanditaktionärs auf die Geschäftsführung der KGaA kann einen Treuepflichtverstoß begründen.

Die Treuepflichtverletzung des aktivistischen Kommanditaktionärs muss zu einem kausalen Schaden führen (§ 280 Abs. 1 BGB). Weiterhin erfordert die Haftung ein schuldhaftes Verhalten. Bei einer treuwidrigen Stimmabgabe ist zwingend Vorsatz erforderlich.[1511] Bei anderweitiger Einflussnahme wird auch eine (grob) fahrlässige Pflichtverletzung für ausreichend gehalten.[1512]

Zu beachten ist allerdings zweierlei: Zum einen wird sich die die Treuwidrigkeit unter praktischen Gesichtspunkten nur schwer nachweisen lassen.[1513] Zum anderen ist § 117 Abs. 1 AktG in derart gelagerten Sachverhalten ebenfalls anwendbar und verdrängt den Schadensersatzanspruch aus § 280 Abs. 1 BGB i. V. m. einer Treuepflichtverletzung.[1514]

(3) Deliktischer Anspruch aus § 823 Abs. 1 BGB oder § 823 Abs. 2 BGB i. V. m. einem Schutzgesetz

Mit Blick auf die Haftung eines aktivistischen Kommanditaktionärs ist eine Schadensersatzpflicht aus § 823 Abs. 1 BGB vorstellbar. Als verletztes Rechtsgut kommt bestenfalls ein rechtswidriger und schuldhafter Eingriff in den eingerichteten und ausgeübten Gewerbebetrieb (sonstiges Recht) in Betracht.

Eine Inanspruchnahme des aktivistischen Kommanditaktionärs durch die Kommanditgesellschaft auf Aktien als geschütztes Rechtssubjekt bei einer Einflussnahme auf den *vorstandsähnlichen* Komplementär oder die faktische Geschäftsleitung einer *atypischen* KGaA wird man parallel zu den für

---

1511 Unstr. *Schmidt/Spindler*, Finanzinvestoren aus ökonomischer und juristischer Perspektive, S. 283 Rn. 254; *Koch*, Aktiengesetz, § 53a Rn. 28; m. j. w. N. *Rieckers*, in: Hoffmann-Becking, MünchHdB GesR IV, § 17 Rn. 24, 32; *Henze/Notz*, in: Hirte/Mülbert/Roth, GroßKomm AktG III.1, § 53a Rn. 344.

1512 *Rieckers*, in: Hoffmann-Becking, MünchHdB GesR IV, § 17 Rn. 32; *Grigoleit*, in: Grigoleit, Aktiengesetz, § 1 Rn. 78; lediglich grobe Fahrlässigkeit, wobei dem im Rahmen des MoPeG die dogmatische Grundlage entzogen worden sei *Koch*, Aktiengesetz, § 53a Rn. 28; im Ergebnis wohl auch *Henze/Notz*, in: Hirte/Mülbert/Roth, GroßKomm AktG III.1, § 53a Rn. 346; offen lassend *Schmidt/Spindler*, Finanzinvestoren aus ökonomischer und juristischer Perspektive, S. 283 Rn. 253.

1513 *Gröntgen*, Operativer shareholder activism, S. 99–100.

1514 *Kessler*, Die rechtlichen Möglichkeiten der Kommanditaktionäre einer GmbH & Co. KGaA zur Einwirkung auf die Geschäftsführung, S. 121; *Link*, ZGR 50 (2021), 904 (924).

die AG gefundenen Erkenntnissen verneinen müssen. Ein schadensersatzbegründender Tatbestand ist nur schwer konstruierbar.[1515]

Nach gefestigter Rechtsprechung bedarf es eines betriebsbezogenen Eingriffs in den Gewerbebetrieb.[1516] Ein betriebsbezogener Eingriff muss sich nach seiner objektiven Stoßrichtung unmittelbar gegen den betrieblichen Organismus richten.[1517] Die Stoßrichtung bei der Beeinflussung eines *vorstandsähnlichen* Komplementärs oder des Geschäftsleitungsorgans der Komplementärgesellschaft einer *atypischen* KGaA ist eine andere. Die Einflussnahme eines aktivistischen (Kommandit-)Aktionärs richtet sich nicht gegen den Betrieb als solchen, sondern gegen eine zum Betrieb gehörende Person. Das Verhalten des Geschäftsleitungsorgans soll unmittelbar beeinflusst werden. Wollte man bereits in der Beeinflussung des Managements durch den aktivistischen Kommanditaktionär eine taugliche Verletzungshandlung sehen, beträfe diese das Unternehmen bloß mittelbar. Von dem Erfordernis eines betriebsbezogenen Eingriffs wird eine lediglich mittelbare Betroffenheit allerdings nicht umfasst.[1518] Die tatsächlich unmittelbar schädigende Handlung gegenüber der Gesellschaft geht erst von der beeinflussten betriebszugehörigen Person aus. Eine derartige Schädigung »von innen heraus« durch den Unternehmensträger selbst, vertreten durch seine Geschäftsleitung, ist nach allgemeiner Ansicht nicht tatbestandlich.[1519]

Unabhängig davon ist der Anspruch aus § 823 Abs. 1 BGB gegenüber den Ansprüchen aus § 117 Abs. 1 AktG und § 280 Abs. 1 BGB i. V. m. einer Treuepflichtverletzung subsidiär und hätte in diesem Zusammenhang nur eine geringe praktische Relevanz.[1520]

Zu einem anderen Ergebnis könnte man bei konsequenter Weiterführung des bereits geäußerten Gedankens eines möglichen Schadensersatzanspruchs des persönlich haftenden Gesellschafters einer *gesetzestypischen* KGaA aus § 823 Abs. 1 BGB i. V. m. dem Recht am eingerichteten und ausgeübten

---

1515 *Gröntgen*, Operativer shareholder activism, S. 104–105; *Schall*, in: Henssler/Spindler/Stilz, BeckOGK-AktG, § 117 Rn. 13; *Kort*, in: Hirte/Mülbert/Roth, GroßKomm AktG VI, § 117 Rn. 265; *Voigt*, Haftung aus Einfluss auf die Aktiengesellschaft (§§ 117, 309, 317 AktG), S. 69, 215.

1516 BGHZ 29, 65 (74); BGHZ 55, 153 (161); BGHZ 66, 388 (393); BGHZ 86, 152 (156); BGHZ 90, 113 (123); BGHZ 138, 311 (317); BGHZ 166, 84 (114); von einem unmittelbar betriebsbezogenen Eingriff sprechend BGHZ 59, 30 (35).

1517 BGHZ 138, 311 (317).

1518 BGH, Urt. v. 10.12.2002 – VI ZR 171/02, NJW 56 (2003), 1040 (1041).

1519 *Voigt*, Haftung aus Einfluss auf die Aktiengesellschaft (§§ 117, 309, 317 AktG), S. 215; *Gröntgen*, Operativer shareholder activism, S. 105; *Kort*, in: Hirte/Mülbert/Roth, GroßKomm AktG VI, § 117 Rn. 265; im Ergebnis auch *Spindler*, in: Goette/Habersack/Kalss, MüKo-AktG II, § 117 Rn. 87.

1520 *Schall*, in: Henssler/Spindler/Stilz, BeckOGK-AktG, § 117 Rn. 13.

Gewerbebetrieb im Falle des Leerverkaufsaktivismus[1521] kommen. In *der gesetzestypischen* KGaA ist der persönlich haftende Gesellschafter selbst Unternehmensträger, mithin Inhaber des Rechts am eingerichteten und ausgeübten Gewerbebetrieb, und in der Folge grundsätzlich geschütztes Rechtssubjekt. Er ist in seiner rechtmäßigen Gewerbetätigkeit, worunter auch die unternehmerische Entscheidungsfreiheit zu fassen ist,[1522] geschützt. Die Einflussnahme auf den persönlich haftenden Gesellschafter einer *gesetzestypischen* KGaA wirkt unmittelbar in diese Richtung.

Bis zu einem gewissen Maß muss ein persönlich haftender Gesellschafter einer Publikums-KGaA einen von außen wirkenden Druck auch aktivistischer Kommanditaktionäre ertragen und dulden. Es gehört zum Risiko eines Unternehmenslenkers, sich anderen Meinungen stellen zu müssen (faktische Einflussnahme) und mit einem von seinen Vorstellungen abweichenden Wahlergebnis (rechtliche Einflussnahme) konfrontiert zu werden. Dem aktivistischen Kommanditaktionär steht es zu, Angelegenheiten der Geschäftsführung kritisch zu hinterfragen und sich dort, wo er seine Belange tangiert sieht, zu äußern. Ebenso gehört sein Stimmrecht zu seinen berechtigten Mitgliedschaftsrechten. Sobald allerdings die Schadensgefahr über eine bloße Belästigung oder sozialübliche Behinderung hinausgeht und geeignet ist, den Betrieb in empfindlicher Weise zu stören,[1523] ist die Grenze zur Unzulässigkeit der Einflussnahme erreicht.

Praktische Probleme ergeben sich bei der für eine Haftung ebenfalls erforderlichen Rechtswidrigkeit der Einflussnahme sowie bei dem auf eine Schädigung gerichteten Vorsatz.[1524] Eine Rechtswidrigkeit ist in den seltensten Fällen denkbar. Ein Schädigungsvorsatz widerstrebt dem grundsätzlichen Anliegen aktivistischer Kommanditaktionäre und ist daher regelmäßig nicht nachweisbar. Die Aktivisten halten sich für die besseren Manager und wollen der Gesellschaft nicht schaden. Sie wollen die Gesellschaft erfolgreich aufstellen, Umsätze steigern und den Börsenwert vervielfachen.

Ein Schadensersatzanspruch aus § 823 Abs. 2 BGB kommt ebenfalls nicht in Betracht. Es fehlt an einem durch den aktivistischen Kommanditaktionär verletzten Schutzgesetz. Insbesondere ist weder § 117 Abs. 1 AktG noch die Treuepflicht des Kommanditaktionärs ein Schutzgesetz im Sinne des § 823 Abs. 2 BGB.[1525]

1521 Siehe dazu Kap. 3 § 10 IV. 2. b) bb) (4) (b).

1522 BGHZ 138, 311 (317).

1523 BGH, Urt. v. 29.01.1985 – VI ZR 130/83, NJW 38 (1985), 1620; BGHZ 138, 311 (317 f.).

1524 Für viele zu Rechtswidrigkeit und Vorsatz *Kort*, in: Hirte/Mülbert/Roth, GroßKomm AktG VI, § 117 Rn. 265.

1525 *Gröntgen*, Operativer shareholder activism, S. 105; bzgl. § 117 AktG *Koch*, Aktiengesetz, § 117 Rn. 14; *Schall*, in: Henssler/Spindler/Stilz, BeckOGK-AktG, § 117

(4) Deliktischer Anspruch wegen sittenwidriger vorsätzlicher Schädigung – § 826 BGB

Ein Anspruch der Gesellschaft wegen sittenwidriger Schädigung gemäß § 826 BGB gegen den Aktivisten ist überdies in Erwägung zu ziehen.[1526]

Die Sittenwidrigkeit wird für die Fälle zu bejahen sein, in denen aktivistische Kommanditaktionäre ihre Interessen rücksichtslos und eigensüchtig zum Nachteil der Gesellschaft verfolgen.[1527]

Eine Beeinflussung nach § 117 Abs. 1 AktG kann eine sittenwidrige Schädigung sein,[1528] ist es aber nicht notwendigerweise. Auch auffällige Fälle treuwidrigen Stimmverhaltens können sich als sittenwidrige Schädigung im Sinne des § 826 BGB erweisen und eine Schadensersatzpflicht auslösen.[1529] Beispielhaft dafür steht die Blockade existenzieller Unternehmensentscheidungen mithilfe einer Sperrminorität.[1530] Ebenfalls als sittenwidrig zu erachtend sind diffamierende oder unwahre Öffentlichkeitskampagnen.[1531] Ein derartiges Vorgehen ist aber nicht im Bereich des operativen Aktivismus, sondern eher von aktivistischen Leeverkäufern zu erwarten.

Die Rechtsprechung wendet im Rahmen des § 826 BGB den Verhältnismäßigkeitsgrundsatz an. Zu prüfen ist, ob das angestrebte Ziel nicht auch in anderer, schonenderer Weise erreicht werden kann.[1532] Die Stimmrechtsausübung aktivistischer Kommanditaktionäre kann darin ihre Grenzen finden.

Wie schon bei den vorgenannten Schadensansprüchen muss der aktivistische Kommanditaktionär auch bei § 826 BGB vorsätzlich gehandelt und ei-

---

Rn. 13; *Spindler*, in: Goette/Habersack/Kalss, MüKo-AktG II, § 117 Rn. 87; *Kort*, in: Hirte/Mülbert/Roth, GroßKomm AktG VI, § 117 Rn. 266; *Hoffmann-Becking*, in: Hoffmann-Becking, MünchHdB GesR IV, § 27 Rn. 15.

1526 *Gröntgen*, Operativer shareholder activism, S. 103–104; *Heuser*, Shareholder Activism, S. 154; als »irrelevante Haftungsvorschrift« abtuend *Brass*, Hedgefonds als aktive Investoren, S. 310.

1527 M. w. N. RGZ 107, 72 (75 f.); RGZ 122, 159 (165); BGH, Urt. v. 22.06.1992 – II ZR 178/90, NJW 45 (1992), 3167 (3174); *Förster*, in: Hau/Poseck, BeckOK-BGB, § 826 Rn. 107; für aktivistische Aktionäre *Heuser*, Shareholder Activism, S. 154; *Brass*, Hedgefonds als aktive Investoren, S. 309; *Thaeter/Guski*, AG 2007, 301 (305).

1528 *Kort*, in: Hirte/Mülbert/Roth, GroßKomm AktG VI, § 117 Rn. 267; *Spindler*, in: Goette/Habersack/Kalss, MüKo-AktG II, § 117 Rn. 88; *Koch*, Aktiengesetz, § 117 Rn. 14; *Witt*, in: Schmidt/Lutter, AktG, § 117 Rn. 32; *Hoffmann-Becking*, in: Hoffmann-Becking, MünchHdB GesR IV, § 27 Rn. 15; *Brass*, Hedgefonds als aktive Investoren, S. 309; m. w. N. *Voigt*, Haftung aus Einfluss auf die Aktiengesellschaft (§§ 117, 309, 317 AktG), S. 264.

1529 *Henze/Notz*, in: Hirte/Mülbert/Roth, GroßKomm AktG III.1, § 53a Rn. 345.

1530 *Wagner*, in: Säcker/Rixecker/Oetker/Limperg, MüKo-BGB VII, § 826 Rn. 206; *Heuser*, Shareholder Activism, S. 154.

1531 *Gröntgen*, Operativer shareholder activism, S. 123.

1532 RGZ 107, 72 (75); RGZ 132, 149 (163); BGHZ 129, 136 (172).

nen Nachweis darüber geführt haben. Ein Wirken zum Nachteil der Gesellschaft ist schwer nachweisbar.[1533] Einen dahin gehenden Vorsatz wird es nur in den seltensten Fällen geben. Aktivisten werden unternehmenspolitische Entscheidungen anders bewerten, alternative Herangehensweisen im Kopf haben und Erfolgsaussichten einer Maßnahme abweichend beurteilen. Die Realisierung eigener Renditen setzt eine ökonomisch gesunde und profitable Gesellschaft voraus. Daher wird den (aktivistischen) Kommanditaktionären überwiegend an der Wahrung und Förderung des Gesellschaftswohls gelegen sein.

3. Zusammenfassung

Eine präventive Verteidigung verlangt eine dauerhafte Beobachtung und Analyse der eigenen Gesellschaft, des Marktes und der Marktteilnehmer. Gegebenenfalls können dafür (KI-basierte) Computerprogramme genutzt werden, die möglicherweise frühzeitig einen Angriff erkennen. Die Installation eines Defence Manuals sowie Defence Teams ist für eine erfolgreiche Verteidigung elementar.

Eine transparente und ehrliche Kommunikation zum Kommanditaktionariat und Großaktionären ist ebenfalls empfehlenswert. Ein gutes und vertrauensvolles Verhältnis zu Ankerkommanditaktionäre kann hilfreich sein, um Abstimmungen im Sinne der Gesellschaft und nicht im Sinne aktivistischer Kommanditaktionäre zu entscheiden. Um auch die Möglichkeit von Zufallsmehrheiten zu reduzieren, sind Maßnahmen zur Steigerung der Hauptversammlungspräsenz anzudenken und umzusetzen.

Schließlich kann die KGaA auf zwei äußerst wirksame, bereits präventiv wirkende Schutzmechanismen zurückgreifen. Diese entstammen dem Personengesellschaftsrecht.

Über die personengesellschaftsrechtliche Satzungsfreiheit lassen sich das gewichtige Zustimmungsrecht der Kommanditaktionäre zu außergewöhnlichen Geschäftsführungsmaßnahmen ausschließen sowie zu Grundlagengeschäften bereits in der Satzung antizipieren. Letzteres gilt somit auch für den Ausschluss von persönlich haftenden Gesellschaftern sowie die Entziehung der Geschäftsführungsbefugnis. Die Art, der Inhalt und die Auswirkung der jeweiligen Satzungsregelung muss dabei immer isoliert bewertet werden. Je nach Intensität des Eingriffs in die Rechte der Kommanditaktionäre kann eine Kompensation zu Gunsten der Kommanditaktionäre notwendig sein. Bedarf es einer Kompensation, kann die Zustimmungsbefugnis beispiels-

---

1533 *Brass*, Hedgefonds als aktive Investoren, S. 309; ebenso für den »Nachweis vorsätzlicher sittenwidriger Schädigung« *Voigt*, Haftung aus Einfluss auf die Aktiengesellschaft (§§ 117, 309, 317 AktG), S. 216.

weise auf ein von den Kommanditaktionären gewähltes Organ, also den Aufsichtsrat oder einen fakultativen Beirat, übertragen werden.

Im Übrigen kann der Antrag auf Ausschluss eines Komplementärs sowie auf Entziehung der Geschäftsführungsbefugnis in der Satzung erschwert werden, indem die Mehrheitserfordernisse angehoben und der notwendige wichtige Grund statutarisch näher umschrieben, konkretisiert und spezifiziert oder ein abschließender Katalog formuliert wird.

Die Ausschließungskompetenz der Kommanditaktionäre kann in der Satzung zwar nicht vollständig abbedungen werden, die KGaA ist aber anderweitig geschützt. Denn dieser Beschlussgegenstand bedarf qua Gesetz der Zustimmung der übrigen persönlich haftenden Gesellschafter. Auch die Feststellungskompetenz kann der Hauptversammlung nicht statutarisch streitig gemacht werden. Die Feststellung des Jahresabschlusses fällt aber ebenfalls in die Kategorie der zustimmungsbedürftigen Hauptversammlungsbeschlüsse.

Unbeeindruckt von den vorgenannten Schutzmechanismen zeigen sich drei der untersuchten rechtlichen Einflussmöglichkeiten. So sind die autonomen Hauptversammlungsbeschlüsse, der Gewinnverwendungsbeschluss sowie das Auskunftsrecht unentziehbare sowie unbeschränkbare und zugleich einflussreiche Rechte der (aktivistischen) Kommanditaktionäre.

Reaktiv ist wiederum zwischen kooperativen und konfrontativen Verteidigungsoptionen zu unterscheiden.

Ein kooperativer Ansatz setzt auf Kommunikation des geschäftsführungsbefugten Komplementärs, des Geschäftsleitungsorgans der persönlich haftenden Gesellschafterin oder einer angeschlossenen Investor Relations-Abteilung mit den Aktivisten. Dabei sind die rechtlichen Grenzen zwischen einer erlaubten und einer unzulässigen Informationsweitergabe stets im Auge zu behalten.

Hat die Kommanditgesellschaft auf Aktien den Anregungen der Aktivisten inhaltlich und argumentativ nichts entgegenzusetzen, kann es angezeigt sein, sich kooperativ zu zeigen und die Forderungen umzusetzen. Soweit gravierende Unsicherheiten hinsichtlich der Meinung des Kommanditaktionariats bestehen, kann die Geschäftsleitung die Kommanditaktionäre bitten, über die in Rede stehende Maßnahme in der Hauptversammlung abzustimmen. So kann die Gesellschaft die Rückendeckung der Anteilseigner für ihr Handeln einholen.

Konfrontativ sind öffentliche Kampagnen denkbar. Diese können genutzt werden, um die übrigen Kommanditaktionäre von der eigenen Position zu überzeugen. Zusätzlich müssen die bekannten Ankeraktionäre kontaktiert und muss sich ihrer Unterstützung versichert werden. Eine Bitte zur öffentlichen Stellungnahme, die die Argumente der Gesellschaft bestärkt, ist außerdem im Kampf um Stimmen möglich.

Als langwierig und nur schwer nachweisbar erscheinen mögliche Schadensersatzansprüche der Gesellschaft und der Komplementäre gegen die aktivistischen Kommanditaktionäre. Unabhängig davon sind Ansprüche der KGaA denkbar aus § 117 Abs. 1 AktG, § 280 Abs. 1 BGB wegen Verletzung der gesellschaftsrechtlichen Treuepflicht und § 826 BGB. Für den persönlich haftenden Gesellschafter einer *gesetzestypischen* KGaA ist an einen Anspruch aus § 823 Abs. 1 BGB i. V. m. dem Recht am eingerichteten und ausgeübten Gewerbebetrieb zu denken.

4. Kapitel: Thesen, Erkenntnisse und Fazit

§ 12 Thesen und Erkenntnisse

Rechtstheoretischer Ausgangspunkt

1. Die (Kommandit-)Aktionärseigenschaft richtet sich nach der Mitgliedschaft, welche sich aus der Zahlung auf das Grundkapital ergibt und nicht nach der Inhaberschaft an einer Aktienurkunde. In der Praxis werden ohnehin nur sehr eingeschränkt einzelne (Kommandit-)Aktien ausgegeben. Die Zusammenfassung in einer einzigen Dauerglobalurkunde ist der Regelfall.

   In der KGaA existieren mit den Kommanditaktionären und den Komplementären zwei Mitgliedskategorien. Während ein Kommanditaktionär seine Stellung über die Zahlung auf das Grundkapital erlangt, ist ein Komplementär Mitglied kraft Gesetzes.

2. Investoren sind nicht denknotwendig (Kommandit-)Aktionäre. Abhängig von der verfolgten Anlagestrategie können sie beispielsweise Hauseigentümer, Patentinhaber, aber auch (Kommandit-)Aktionär sein.

3. Aktionärsaktivismus ist die zielgerichtete Ausübung von Aktionärsrechten sowie die zielorientierte faktische Einflussnahme von Inhabern einer durch die Beteiligung am Grundkapital erlangten Mitgliedschaft an einer AG, SE oder KGaA, mittels welcher Einfluss auf das Unternehmen genommen wird, um so individuelle Interessen durchzusetzen. Hauptanwendungsfall ist der operative Aktivismus.

4. Investoraktivismus ist die Einflussnahme eines Investors auf eine Gesellschaft, um so seine individuellen Interessen durchzusetzen. Hauptanwendungsfall ist der Leerverkaufsaktivismus. Aktivistische Investoren können bei einer Kommanditgesellschaft auf Aktien mithilfe von Leerverkaufsattacken und den Informationsineffizienzen eine positive, von der Marktlage unabhängige Rendite erwirtschaften. Die Einflussnahme auf den Börsenkurs erfolgt unabhängig von einer Kommanditaktionärsstellung.

5. Sowohl der Aktionärs- als auch der Investoraktivismus haben ihren historischen Ursprung im 17. Jahrhundert in den Niederlanden. Schon einer der Aktionäre der ersten Aktiengesellschaft wurde aktivistisch tätig. Ein verbreitetes Auftreten ist erst im 20. Jahrhundert zu beobachten. Um die Jahrtausendwende fand der Aktionärs- und Investoraktivismus seinen Weg an die deutschen Kapitalmärkte. Der inhaltliche Kern des Aktionärs- und Investoraktivismus ist die Lösung des Prinzipal-Agent-Konflikts.

6. Der Prinzipal-Agent-Konflikt besteht in der *gesetzestypischen* (persönliche Haftung einer natürlichen Person) sowie der *atypischen* (»persönliche« Haftung einer Kapitalgesellschaft) KGaA. Während der Konflikt in der *gesetzestypischen* KGaA weniger ausgeprägt ist, ist in der *atypischen* KGaA von einer ausgebildeten Informations- und Interessendivergenz zwischen Kommanditaktionären und Geschäftsleitung auszugehen. Der Leerverkaufsaktivismus löst primär das Informationsgefälle zwischen Prinzipal und Agent, wohingegen der operative Aktivismus in erster Linie die Interessendivergenzen überbrückt.
7. Die KGaA bietet als Publikumskapitalgesellschaft ein strukturell denkbares Angriffsziel für aktivistische Kommanditaktionäre und Investoren. Die Kommanditaktien sind äußerst fungibel. Sie lassen sich am Kapitalmarkt leicht erwerben und veräußern. Die Kommanditaktionärsmitgliedschaft kann überdies im Rahmen eines Leerverkaufs als Darlehen erworben werden.

Rechtstatsächlicher Ausgangspunkt

8. Die Kommanditgesellschaft auf Aktien wurde vereinzelt Ziel aktivistischer Aktionäre und Investoren. Die KGaA wurde überwiegend Opfer von Leerverkaufsattacken. Zuletzt wurde im Jahr 2022 ein erstes Beispiel von operativem Aktivismus mit einer KGaA als Zielgesellschaft am deutschen Kapitalmarkt öffentlich.
9. Im DAX, MDAX und SDAX sind hauptsächlich *atypische* Kommanditgesellschaften auf Aktien mit einem entsprechend ausgeprägten Prinzipal-Agent-Konflikt gelistet. Lediglich eine Gesellschaft kann natürliche Personen als Komplementäre vorweisen.
10. Die untersuchten KGaA haben fast ausnahmslos einen mächtigen Ankerkommanditaktionär mit einer Mindestbeteiligung von 25,00% am Grundkapital vorzuweisen, dem ein entsprechend geringer Streubesitz gegenübersteht. Die Ankerkommanditaktionäre sind häufig Unternehmerfamilien, die die KGaA als beliebte Rechtsform für ihre Familienunternehmen gewählt haben. Unter den übrigen Kommanditaktionären finden sich mit Private-Equity-Investoren, institutionellen Investoren und Hedgefonds die typischen Akteure des Aktionärs- und Investoraktivismus.

Die KGaA als Ziel aktivistischer Aktionäre und Investoren

11. Die Rechtsform der KGaA ist bei Familienunternehmen äußerst beliebt. Mit Familienunternehmen gehen häufig Ankerbeteiligungen einher. Ankerbeteiligungen haben keine derart abschreckende Wirkung auf aktivistische Kommanditaktionäre und Investoren, wie ihnen häufig nach-

gesagt wird. Er schützt nicht davor, Ziel aktivistischer Maßnahmen zu werden. Dagegen sprechen aktivistische Leerverkaufsangriffe aus der Praxis. Für den operativen Aktivismus lässt sich dies mit empirischen Studien belegen.

12. Es gibt keinen grundsätzlichen Bewertungsab- oder -aufschlag auf KGaA-Werte. Insbesondere ein lange Zeit unterstellter KGaA-Discount kann nicht festgestellt werden. Unter diesem Aspekt ist die KGaA weder für aktivistische Investoren noch für aktivistische Kommanditaktionäre ein anfällige(re)s Ziel.

13. Wurde ein fakultativer Beirat installiert, gibt es Faktoren, die eine KGaA angreifbar für aktivistische Kommanditaktionäre und Investoren machen. Soweit die Wahl, die Besetzung und die Rechte zum Nachteil des Kommanditaktionariats geregelt sind, kann dies aktivistische Maßnahmen begründen.

14. Die Kriterien »Verschuldensfähigkeit« und »Corporate Governance« erscheinen in der *gesetzestypischen* KGaA als Angriffspunkt. In der *atypischen* KGaA sind diese Kriterien dagegen nur noch sehr eingeschränkt für aktivistische Kommanditaktionäre und Investoren nutzbar.

    a) Die *gesetzestypische* KGaA ist wegen der natürlichen Person des persönlich haftenden Gesellschafters unter Umständen kreditwürdiger. Für Leerverkaufsaktivisten kann dies bedeuten, dass sich dort gegebenenfalls Privatpersonen finden, die mithilfe des Personalkredits der Unternehmung zu viel finanzielle Last zumuten. Aktivistische Kommanditaktionäre können für ihre Bedürfnisse versuchen, die Verschuldung der *gesetzestypischen* KGaA auszureizen.

    b) In Corporate Governance Themen ist die *gesetzestypische* KGaA verwundbar. Hier können aktivistische Kommanditaktionäre und Investoren der Gesellschaft eine Wertvernichtung vorwerfen. Die Empfehlungen des DCGK sind in Kernthemen auf die KGaA nicht anwendbar. Eine Vielzahl von Abweichungen ist die Folge. Leerverkaufsaktivisten können dies als Vorwurf nutzen und so einen Kursverfall provozieren. Operative Aktivisten können dort ansetzen, um strukturelle Veränderungen voranzutreiben. Eine semi-extensive Abweichungserklärung kann helfen, die Angriffsfläche zu reduzieren. Vorstehendes gilt nicht in der gleichen Ausprägung für eine KGaA mit einem *vorstandsähnlichen* Komplementär. Eine *atypische* KGaA kann nahezu alle Empfehlungen wenigstens entsprechend anwenden.

    c) Bislang scheinen die vorgenannten Angriffspunkte rechtstatsächlich keine bedeutende Rolle zu spielen. Die Konzentration liegt auf Unternehmen mit anderweitigen fundamentalen Problemen. Im Wesentlichen stützten sich die untersuchten Research Reports aktivistischer

Investoren auf Überbewertungen, überhöhte Managergehälter und den Vorwurf der Bilanzfälschung. Letztgenanntes deutet möglicherweise darauf hin, dass sich aktivistische Leerverkäufer die Komplexität der KGaA-Bilanz zunutze machen. Mehr als eine indizielle Bedeutung lässt sich dem aber nicht beimessen.

Faktische Einflussnahme aktivistischer Kommanditaktionäre und Investoren auf die Kommanditgesellschaft auf Aktien und deren Verteidigung

15. Aktivistische Kommanditaktionäre und Investoren können mittels einer faktischen Einflussnahme auf die Erreichung ihrer individuellen Ziele hinwirken. Die Einbeziehung der Öffentlichkeit ist sowohl für den operativen Aktivismus als auch für den Leerverkaufsaktivismus ein effektives Mittel. Leerverkaufsaktivisten zeigen über veröffentlichte Research Reports wertvernichtende Faktoren auf, um so einen Kursrutsch zu erzielen. Aktivistische Kommanditaktionäre können dagegen die öffentliche Debatte nutzen, um Handlungen der Geschäftsleitung oder einen Hauptversammlungsbeschluss in ihrem Sinne zu erwirken. Aktivistische Kommanditaktionäre können sich überdies in Briefen oder persönlichen Gesprächen abseits der Öffentlichkeit an die Geschäftsleitung wenden.
16. Der faktischen Einflussnahme aktivistischer Kommanditaktionäre und Investoren lässt sich von Gesellschaftsseite am besten mit einer dauerhaft transparenten, faktenbasierten, ehrlichen und konsistenten Kommunikation begegnen. Dies gilt präventiv wie reaktiv. Im Rahmen nicht öffentlicher informeller Gespräche mit aktivistischen Kommanditaktionären ist insbesondere § 53a AktG als rechtliche Grenze der selektiven Informationsweitergabe zu beachten.
17. Die Kommunikationskompetenz liegt in der *gesetzestypischen* KGaA bei den geschäftsführungsbefugten Komplementären. In der *atypischen* KGaA wird sie dem Leitungsorgan der Komplementärgesellschaft zuteil. Im Idealfall wird die Kompetenz auf einen persönlich haftenden Gesellschafter oder ein Geschäftsleitungsmitglied übertragen, welches die kaufmännischen Themen der Gesellschaft betreut. Soweit eine Investor Relations-Abteilung installiert ist, sollte diese an die kaufmännische Leitung angebunden sein.

Rechtliche Einflussnahme aktivistischer Kommanditaktionäre auf die Kommanditgesellschaft auf Aktien und deren Verteidigung

18. Aktivistische Kommanditaktionäre haben zur Verfolgung ihrer Vorstellungen die Möglichkeit der rechtlichen Einflussnahme auf die Unternehmensstrategie, die Unternehmens- und Personalstruktur sowie die Finanzpolitik.

19. Zentral ist das mitgliedschaftliche Stimmrecht. Es ist zwischen autonomen, zustimmungsbedürftigen und satzungsabhängigen Hauptversammlungsbeschlüssen zu differenzieren. Die Beschlussgegenstände ergeben sich entsprechend aus dem Aktienrecht, dem Personengesellschaftsrecht oder über die im Wege der personengesellschaftsrechtlichen Satzungsautonomie statuierten Regelungen.

20. Die autonomen Hauptversammlungsbeschlüsse können unabhängig von den persönlich haftenden Gesellschaftern gefasst werden. Die Macht der Minderheitskommanditaktionäre wird lediglich durch das Mehrheitsprinzip beschränkt. Aktivistische Kommanditaktionäre können sich mit anderen Kommanditaktionären zu einem Wolf Pack zusammentun, um ihre Macht zu erhöhen. Kommanditgesellschaften auf Aktien können versuchen die Macht noch weiter zu begrenzen, indem sie die Hauptversammlungspräsenz steigern.

    a) Besonders hervorzuheben sind die Hauptversammlungsbeschlüsse über die Gewinnverwendung sowie hinsichtlich eines für die Zukunft geltenden Vertrauensentzugs. Darüber wird aktivistischen Kommanditaktionären ein mittelbarer Einfluss auf die Finanzpolitik und die Personalstruktur vermittelt.

    b) Mittels des Gewinnverwendungsbeschlusses können Aktivisten mitbestimmen, inwieweit am Gewinn partizipiert werden oder dieser in der Gesellschaft verbleiben soll. Dies hat Auswirkungen auf die strategische Ausrichtung und die Möglichkeiten der Geschäftsleitung.

    c) Der Vertrauensentzug durch die Hauptversammlung stellt einen wichtigen Grund für die Entziehung der Geschäfts- und Vertretungsbefugnis im Sinne der §§ 116 Abs. 5, 124 Abs. 5 HGB dar. Zwar hat eine positive Beschlussfassung keine unmittelbare Auswirkung, sie kann aber Handlungsdruck bei den zuständigen Organen erzeugen.

    d) Das Recht zum Beschluss über die Gewinnverwendung und über einen Vertrauensentzug ist unbeschränk- und unentziehbar. So kann dem persönlich haftenden Gesellschafter statutarisch weder ein Zustimmungsrecht eingeräumt noch kann die Entscheidungsmacht gänzlich auf ihn übertragen werden.

21. Bei zustimmungsbedürftigen Hauptversammlungsbeschlüssen sind die Kommanditaktionäre abhängig von der Zustimmung der persönlich haftenden Gesellschafter. Das Zustimmungsrecht der Komplementäre begrenzt die Macht der aktivistischen Kommanditaktionäre auf KGaA-spezifische Weise.

a) Das Stimmrecht zur Entziehung der Geschäftsführungsbefugnis und der Bestellung und Abberufung von persönlich haftenden Gesellschaftern dient der Einflussnahme auf die Personalstruktur.

   Weder die Ausschließung eines persönlich haftenden Gesellschafters noch Entziehung der Geschäftsführungsbefugnis kann in der Satzung für unzulässig erklärt werden.

   Allerdings kann die Zustimmung der Kommanditaktionäre zu dahingehenden Beschlussgegenständen bereits in der Satzung antizipiert werden. Damit liegt die Entscheidungsmacht in der akuten Situation nur noch in den Händen der persönlich haftenden Gesellschafter. Alternativ können die Entziehung sowie der Ausschluss erschwert werden, indem der wichtige Grund statutarisch näher umschrieben, konkretisiert oder spezifiziert wird.

   Die Entziehung der Geschäftsführungsbefugnis und die Bestellung und Abberufung von persönlich haftenden Gesellschaftern sind personengesellschaftsrechtliche Grundlagengeschäfte. Die erforderlichen Beschlussmehrheiten betreffen das Verhältnis der Kommanditaktionäre untereinander und sind daher dem Aktienrecht zu entnehmen. Daher kann die Satzung höhere Beschlussmehrheiten vorsehen und so eine positive Beschlussfassung erschweren. Dies ist zulässig, solange sie durch die Regelung nicht faktisch ausgeschlossen wird.

b) Die Feststellungskompetenz hinsichtlich des Jahresabschlusses ermöglicht es aktivistischen Kommanditaktionären, die Bilanz- und Finanzpolitik nach ihren Vorstellungen mitzuprägen. Das Recht der KGaA-Hauptversammlung auf Feststellung des Jahresabschlusses ist zwingend und ein unentziehbares Recht. Auch eine Vorwegnahme der Zustimmung der Kommanditaktionäre in der Satzung ist ausgeschlossen.

c) Das Zustimmungsrecht der (aktivistischen) Kommanditaktionäre zu außergewöhnlichen Geschäftsführungsmaßnahmen ist besonders wirksam. Mithilfe des Zustimmungsrechts kann die Unternehmensstrategie entscheidend mitgestaltet werden. Dem an sich so starken Recht der Einflussnahme steht allerdings die ebenso wirksame rechtliche Möglichkeit der statutarischen Abbedingung gegenüber. Dies gilt sowohl für die *gesetzestypische* als auch die *atypische* KGaA.

22. Über den KGaA-Aufsichtsrat erlangen die aktivistischen Kommanditaktionäre grundsätzlich keine mittelbare Personalkompetenz hinsichtlich der Geschäftsleitung.

Es sind aber Gestaltungen möglich, die eine derartige mittelbare Personalkompetenz der Kommanditaktionäre vorsehen. Dies ist denkbar in der personenidentischen KGaA, einer *Einheits*-KGaA mit einer entsprechenden rechtsgeschäftlichen Bevollmächtigung oder Satzungsregelung sowie der Einrichtung eines von den Kommanditaktionären zu wählenden und zur Auswahl der Geschäftsleiter ermächtigten Beirats.

Für die *Einheits*-KGaA ist zudem der über § 278 Abs. 2 AktG auf die KGaA anwendbare § 170 Abs. 2 HGB hervorhzuheben. Danach üben die Kommanditaktionäre in der Einheits-KGaA die Rechte der KGaA in der Gesellschafter-/Hauptverdammlung der Komplementärgesellschaft aus. Einschränkend gilt jedoch, dass die Kommanditaktionäre lediglich befugt sind über die Ausübung des Mitwirkungsrechts zu beschließen. Per Beschluss können die Kommanditaktionäre so über die Besetzung des Aufsichtsrats der Komplementärgesellschaft bestimmen. Ferner sind sie befugt bspw. über die Abberufung und die Entlastung der Geschäfsführung zu entscheiden. Die Umsetzung des Beschlusses in der Komplementärversammlung erfolgt durch den KGaA-Aufsichtsrat.

23. Das auch den aktivistischen Kommanditaktionären zustehende Auskunftsrecht ist in der KGaA außerordentlich weitgehend. Es dient der Informationserlangung hinsichtlich der Unternehmensstrategie. Außerdem ist den Kommanditaktionären Auskunft über die stillen Reserven der KGaA zu erteilen. Unter dem Aspekt, stille Reserven aufzudecken und daraus eine Sonderdividende zu generieren, erscheint die Kommanditaktionärsposition sehr komfortabel. Schließlich sind die mit dem Auskunftsrecht verbundenen Offenlegungspflichten der Geschäftsleitung geeignet, sanften Druck auf die Geschäftsleitung zu erzeugen und ein Verhalten zu erreichen, welches keine Erklärungsnot hervorruft und somit im Sinne der Kommanditaktionäre erscheint. Das Auskunftsrecht ist unbeschränk- und unentziehbar und folglich ein nicht zu unterschätzendes Recht für aktivistische Kommanditaktionäre.

24. Ein Tagesordnungsergänzungsverlangen sowie das Rederecht der aktivistischen Kommanditaktionäre können als Instrument der Meinungsäußerung und als Möglichkeit, eine Willensbildung im Sinne ihrer Strategie herbeizuführen, genutzt werden. Die dadurch erlangte Aufmerksamkeit und Fokussierung in der Hauptversammlung wirken außerdem als Druckmittel gegenüber der Geschäftsleitung.

Weitere präventive und reaktive Verteidigungsmittel der Kommanditgesellschaft auf Aktien gegen aktivistische Kommanditaktionäre und Investoren

25. Für eine geordnete und effektive Verteidigung muss ein Defence Manual erstellt und ein Defence Team zusammengestellt werden. Das Defen-

ce Manual hilft, Struktur in einen womöglich überraschenden Angriff zu bringen und nicht in Hektik zu verfallen. Das Team sollte mit Experten wie internen Schlüsselpersonen und externen Beratern wie Rechtsanwälten, Finanzexperten und Public Relations Spezialisten besetzt sein. Überdies kann ein intelligentes Frühwarnsystem hilfreich sein, einen Angriff im Idealfall schon bevor er startet zu erkennen.

26. Weniger mit aktivistischen Investoren, umso mehr dafür mit aktivistischen Kommanditaktionären lassen sich – noch bevor öffentliche Aufmerksamkeit erregt wird – Kompromisse finden. Es ist durchaus möglich, als produktiv und wertfördernd empfundene Vorschläge widerspruchslos zu übernehmen und umzusetzen. Nicht jede Forderung aktivistischer Kommanditaktionäre muss schädlich oder unbrauchbar sein.

27. Präventiv hilft es, sich mit Großaktionären gutzustellen und sie im Falle eines Angriffs um Hilfe bitten zu können.

    Soweit ein Leerverkaufsangriff seinen Lauf nimmt, kann ein Ankerkommanditaktionär als wichtiger Indikator für die übrigen Kommanditaktionäre dienen. Hält er trotz der negativen Nachrichten und Vorwürfe an seiner Beteiligung fest, kann dies die übrigen Kommanditaktionäre überzeugen, ebenfalls von einem Verkauf abzusehen. Ob eine Eigentümerfamilie als Ankerkommanditaktionär, deren Kommanditaktien womöglich durch Aktienbindungsverträge, konsortialvertragliche Poolvereinbarungen oder Familienbeteiligungsgesellschaften abgesichert sind und deren Verkauf vertraglich ausgeschlossen ist, die gleiche Wirkung hat, darf bezweifelt werden.

    Im Falle des operativen Aktivismus dient der Ankerkommanditaktionär unabhängig davon, ob es die Eigentümerfamilie ist oder nicht, als wichtige Stütze, um die eigenen Interessen in der Hauptversammlung positiv zu beschließen oder wenigstens eine positive von aktivistischen Kommanditaktionären initiierte Beschlussfassung zu verhindern.

    a) Für die Geltendmachung zivilrechtlicher Schadensansprüche gegen aktivistische Kommanditaktionäre und Investoren kommt die KGaA als Anspruchsteller in Frage. Mögliche Ansprüche gegen aktivistische Investoren ergeben sich aus § 824 BGB wegen Beeinträchtigung der wirtschaftlichen Wertschätzung und aus § 826 BGB wegen vorsätzlicher sittenwidriger Schädigung. Darüber hinaus stehen der KGaA Ansprüche aus § 823 Abs. 2 BGB i. V. m. § 187 StGB und aus § 823 Abs. 1 BGB wegen Eingriffs in den Gewerbebetrieb sowie in das Unternehmenspersönlichkeitsrecht (Art. 2 Abs. 1, 19 Abs. 3 GG i. V. m. Art. 8 Abs. 1 EMRK) im Falle der Verbreitung falscher und rufschädigender Research Reports zu.

b) Die KGaA kann Schadensersatzansprüche gegen die aktivistischen Kommanditaktionäre bei einer schadensbegründenden Einflussnahme auf die Geschäftsleitung über § 117 Abs. 1 AktG, im Falle einer Verletzung der gesellschaftsrechtlichen Treuepflicht über § 280 Abs. 1 BGB und bei einer sittenwidrigen Schädigung über § 826 BGB geltend machen. Die Anspruchsvoraussetzungen lassen sich in der Praxis nur schwer nachweisen.

28. Dem Komplementär einer *gesetzestypischen* KGaA erwachsen bei einem widerrechtlich schädigenden Verhalten Ansprüche gegen die aktivistischen Kommanditaktionäre und Investoren aus § 823 Abs. 1 BGB i. V. m. dem Recht am eingerichteten und ausgeübten Gewerbebetrieb. Der *gesetzestypische* Komplementär ist im Vergleich zu dem *vorstandsähnlichen* Komplementär und der persönlich haftenden Gesellschafterin einer *atypischen* KGaA besonders schutzwürdig. Es besteht daher das Bedürfnis, ihm einen neben der Gesellschaft eigenen Schutz nach § 823 Abs. 1 BGB zuzusprechen. Er handelt nicht nur als Privatperson, sondern als Unternehmer, weshalb es konsequent ist, ihm den Vermögensschutz eines Inhabers am eingerichteten und ausgeübten Gewerbebetrieb zuzusagen. Dies lässt sich begründen mit der Selbstorganschaft, der unbeschränkt persönlichen Haftung, der dauerhaften Bindung an die KGaA und der daraus resultierenden besonders engen Stellung zu der Unternehmung und der tatsächlichen Ausübung des Geschäfts.

29. Die durchschnittliche Dauer solcher gerichtlichen Schadensersatzprozesse ist ein Hindernis, welches die Effektivität einschränkt.

30. Der KGaA bleibt im Falle eines Angriffs aktivistischer Investoren in der Ausprägung einer Leerverkaufsattacke der deutlich schnellere Weg des einstweiligen Rechtsschutzes, der Rückkauf von Kommanditaktien sowie die Kontaktierung der *BaFin*.

a) Im Wege des einstweiligen Rechtsschutzes kann zeitnah eine Unterlassungserklärung und der Abdruck einer Gegendarstellung erwirkt werden. Dies hilft den Kurssturz zu relativieren und zeitnah den Börsenkurs wieder dem Realwert anzunähern.

b) Der Rückkauf von Kommanditaktien hat eine kursstabilisierende Wirkung, die einen von aktivistischen Investoren herbeigeführten Kurssturz merklich abfedert. Werden die Kommanditaktien von der KGaA erworben, bedarf es hierfür eines Ermächtigungsbeschlusses der KGaA-Hauptversammlung. Ein solcher sollte bereits präventiv zu diesem Zweck eingeholt worden sein. Eine vergleichbare Wirkung hat der Erwerb von Kommanditaktien durch das (faktische) Leitungsorgan. Eingeschränkt wird der Kauf durch Meldepflichten, die in diesem Fall aber keine Nachteile bergen. Außerdem gelten für

Directors Dealings periodische Handelsverbote, welche eine zeitliche Begrenzung derartiger Maßnahmen mit sich bringen.

Ganz ähnlich wirkt der Ankauf von zuvor ausgegebenen Wandelanleihen durch die Gesellschaft oder die Geschäftsleitung der KGaA. Eines vorherigen KGaA-Hauptversammlungsbeschlusses bedarf es in diesem Fall nicht.

c) Gesellschaften, die einem Leerverkaufsangriff zum Opfer gefallen sind, können sich an die *BaFin* wenden, um Eingriffsmaßnahmen gegen die Leerverkaufsaktivisten anzuregen. So kann eine einstweilige Handelsunterbrechung oder die Beschränkung von Leerverkäufen die Wirkung eines *Research Reports* schmälern und einen Kursrutsch verhindern. Die Einleitung derartiger Maßnahmen ist theoretisch und praktisch möglich, kommt aber selten vor.

§ 13 Fazit

Mit der Differenzierung zwischen Aktionären und Investoren, der daraus offensichtlich werdenden Unterscheidung zwischen Aktionärs- und Investoraktivismus und der so klaren Zuordnung des operativen Aktivismus zum Aktionärsaktivismus sowie des Leerverkaufsaktivismus zum Investoraktivismus konnte begrifflich Klarheit geschaffen werden.

Ziel sowohl des operativen Aktivismus als auch des Leerverkaufsaktivismus ist, Einfluss auf die Gesellschaft zu nehmen. Allerdings bilden die beiden Arten Antipole. Während ersterer einen höheren Wert des Börsenkurses der Gesellschaft anstrebt, interessiert sich letzterer für einen möglichst drastisch sinkenden Kurs. Um dies zu erreichen, suchen die Aktivisten wertvernichtende Schwachstellen in den Gesellschaften und decken diese auf. Im operativen Aktivismus wird versucht die Schwachstellen auszuräumen, im Leerverkaufsaktivismus werden sie angeprangert.

Das Ziel beziehungsweise das individuelle Interesse der Aktivisten ist dagegen wieder dasselbe. Vordergründig mag es um die Lösung des Prinzipal-Agent-Konflikts, mithin die Ausräumung von Informationsdefiziten und Interessendivergenzen gehen. Tatsächlich erhoffen sich die Aktivisten aber eine möglichst hohe Rendite. Um es mit den Worten des US-amerikanischen Geschäftsmannes *Joe Jackson* zu sagen: »It's all about the money«.

Die Kommanditgesellschaft auf Aktien kann Angriffsfläche bieten. Insbesondere die Corporate Governance beziehungsweise die Befolgung des DCGK 2022 erscheint für die *gesetzestypische* KGaA problematisch. Deutlich unauffälliger verhält sich dahin gehend eine KGaA mit einem *vorstandsähnlichen* Komplementär oder die *atypische* KGaA. Rechtstatsächlich konnten darüber hinaus keine auffälligen Angriffspunkte festgestellt werden.

Als besonders relevant und Erfolg versprechend erscheint die faktische Einflussnahme. Sie ist bei einem Angriff auf eine KGaA ein effektives Mittel. Der KGaA bleiben die gängigen Verteidigungsmittel. Einen absoluten Schutz versprechen sie aber nicht. Dem Druck, welcher insbesondere durch den Gang an die Öffentlichkeit entsteht, kann sich auch die KGaA nicht entziehen. Die starke Stellung des Komplementärs schützt dabei nicht. Denn die KGaA ist als Publikumsgesellschaft mit Kapitalsammelfunktion davon abhängig, dass der Kapitalmarkt in die Gesellschaft vertraut, zukünftig mit einem Wertzuwachs rechnet und entsprechend bereit ist, sich an dem Unternehmen zu beteiligen. In einer KGaA mit einem *vorstandsähnlichen* Komplementär sowie einer *atypischen* KGaA kommen die persönlichen Befindlichkeiten und der Wunsch nach einem guten Prestige als weiterer Faktor hinzu.

Die für den operativen Aktivismus relevante rechtliche Einflussnahme wird auch aktivistischen Kommanditaktionären zuteil. Hinsichtlich der Unternehmensstrategie stehen ihnen in der *gesetzestypischen* KGaA grundsätzlich weitreichende Zustimmungsrechte zu außergewöhnlichen Geschäftsführungsmaßnahmen zu. Die fehlende mittelbare Personalkompetenz über den KGaA-Aufsichtsrat fällt hinsichtlich einer Einflussnahme auf die Personalstruktur negativ ins Gewicht. Der aktivistische Kommanditaktionär ist aber keinesfalls rechtlos gestellt. Ihm bleiben weiter Möglichkeiten der Einflussnahme auf die Zusammensetzung der Geschäftsleitung. Hinsichtlich der Finanzpolitik ist der Kommanditaktionär Mitträger der Bilanzpolitik, was zur Durchsetzung der eigenen Interessen von Vorteil sein kann. Ergebnis dessen ist ein weitreichendes Auskunftsrecht, was aktivistische Kommanditaktionäre für sich nutzen können.

Dem stehen mit der personengesellschaftsrechtlichen Satzungsautonomie und dem Zustimmungsrecht der persönlich haftenden Gesellschafter für eine Vielzahl von bedeutenden Beschlussgegenständen zwei besondere KGaA-spezifische Schutzmechanismen gegenüber.

Ein unüberwindbares, wie eingangs zitiertes, »Schutzschild« bietet die KGaA dennoch nicht. Die Kommanditgesellschaft auf Aktien kann Ziel aktivistischer Kommanditaktionäre und Investoren werden. Die Gesellschaftsstruktur spricht allenfalls vordergründig dagegen. Die Praxis hat bereits vereinzelt bewiesen, dass eine KGaA nicht immun gegen die Angriffe aktivistischer Kommanditaktionäre und Investoren ist. Der Anfang ist in der Praxis und nun auch mit Blick auf die rechtswissenschaftliche Bearbeitung der Thematik gemacht.

Literaturverzeichnis

Achleitner, Ann-Kristin/Betzer, André/Gider, Jasmin, Do Corporate Governance Motives Drive Hedge Fund and Private Equity Fund Activities?, European Financial Management 16 (2010), S. 805–828.

o. A., Aktivismus, abrufbar unter: *www.duden.de/node/4037/revision/4063.*

o. A., Aktivität, abrufbar unter: *www.duden.de/node/4042/revision/4068.*

Albath, Christina, Shareholder Activism im Rahmen der Hauptversammlung. Eine Untersuchung unter Berücksichtigung von aktienrechtlichen, kapitalmarktrechtlichen und praktischen Beschränkungen 2022 (Zugl.: Regensburg, Univ., Diss., 2022).

Albert, Ingo/Isikay, Okan, Die Vertretung der Einheits-GmbH & Co. KG als Gesellschafterin der Komplementär-GmbH nach dem MoPeG, NZG 27 (2024), S. 818–823.

Ammenwerth, Michael, Die Kommanditgesellschaft auf Aktien (KGaA) – eine Rechtsformalternative für personenbezogene Unternehmen? Frankfurt am Main 1997 (Zugl.: Münster (Westfalen), Univ., Diss., 1996).

Anzinger, Heribert/Karach, Sebastian/Meinshausen, Steffen/Schiereck, Dirk, Aktive Minderheiten und die Rechte des Kleinaktionärs. Die Entwicklung des Aktionärsaktivismus am Beispiel Erich Nold, Bankhistorisches Archiv 38 (2012), S. 1–32.

Armour, John/Cheffins, Brian, The Rise and Fall (?) of Shareholder Activism by Hedge Funds, The Journal of Alternative Investments 14 (2011), S. 17–27.

Arnold, Arnd, Die GmbH & Co. KGaA. Köln 2001 (Zugl.: Bonn, Univ., Diss., 2000).

Arnold, Michael, Beteiligung von Investmentgesellschaften und Hedgefonds an börsennotierten Gesellschaften, ZHR 185 (2021), S. 281–318.

Assmann, Heinz-Dieter/Schneider, Uwe H./Mülbert, Peter O. (Hrsg.), Wertpapierhandelsrecht. Kommentar: WpHG, MAR, PRIIP, MiFIR, Leerverkaufs-VO, EMIR. 8. Aufl. Köln 2023 [zitiert als: *Bearbeiter* in: Assmann/Schneider/Mülbert].

Assmann, Heinz-Dieter/Sethe, Rolf, Der Beirat der KGaA, in: Uwe H. Schneider/Peter Hommelhoff/Karsten Schmidt/Timm Wolfram/Barbara Grunewald/Tim Drygala (Hrsg.), Festschrift für Marcus Lutter zum 70. Geburtstag. Deutsches und europäisches Gesellschafts-, Konzern- und Kapitalmarktrecht, Köln 2000, S. 251–281.

Aurelius Equity Oportunities SE & Co. KGaA, AURELIUS Equity Opportunities SE & Co. KGaA startet Aktienrückkaufprogramm in Höhe von bis zu 30 Mio. EUR, abrufbar unter: *https://aeo-se.de/xml/?source=2380&item=11.*

Austmann, Andreas, § 40 Beschlüsse und Wahlen, in: Michael Hoffmann-Becking (Hrsg.), Münchener Handbuch des Gesellschaftsrechts. Aktiengesellschaft. 5. Aufl., München 2020.

Bachmann, Gregor, Die Änderung personengesellschaftsrechtlicher Satzungsbestandteile bei der KGaA, in: Georg Bitter/Marcus Lutter/Hans-Joachim Priester/Wolfgang Schön/Peter Ulmer (Hrsg.), Festschrift für Karsten Schmidt zum 70. Geburtstag, Köln 2009.

ders., Rechtsfragen der Wertpapierleihe, ZHR 173 (2009), S. 596–648.

ders., Die Hauptversammlung der KGaA, in: Gerald Spindler/Hans-Ulrich Wilsing/Volker Butzke/Klaus von der Linden (Hrsg.), Unternehmen, Kapitalmarkt, Finanzierung. Festschrift für Reinhard Marsch-Barner zum 75. Geburtstag, München 2018, S. 13–27.

Bachmann, Gregor/Habighorst, Magnus, Die KGaA im modernisierten Personengesellschaftsrecht, AG 2024, S. 337–344.

Backhaus, Richard, Die Reform des Deutschen Corporate Governance Kodex (DCGK) und die Kommanditgesellschaft auf Aktien (KGaA). Stellungnahme 31.01.2019, abrufbar unter: *https://www.dcgk.de/de/konsultationen/archiv/konsultation-2018/19/konsultation-2019.html* [zitiert als: *Backhaus*, Die Reform des Deutschen Corporate Governance Kodex (DCGK) und die Kommanditgesellschaft auf Aktien (KGaA)].

ders., Die Auswirkungen der Neuregelungen zur Vorstandsvergütung im ARUG II auf die börsennotierte Kommanditgesellschaft auf Aktien (KGaA), AG 2020, S. 462–468.

Backhaus, Richard/Brouwer Tobias, Zustimmungsvorbehalte des Aufsichtsrats bei Geschäften mit nahestehenden Personen (Related Party Transactions) bei der KGaA – HGB sticht AktG, AG 2019, S. 287–295.

BaFin, Anderweitig systemrelevante Institute, abrufbar unter: *https://www.bafin.de/DE/Aufsicht/BankenFinanzdienstleister/Eigenmittelanforderungen/ASRI/asri_node.html*.

Balzer, Peter/Borges, Georg/Herrmann, Harald/Horn, Norbert (Hrsg.), Heymann Handelsgesetzbuch (Ohne Seerecht). Zweites Buch. 3. Aufl. Berlin 2019 (§§ 105–237) [zitiert als: *Bearbeiter* in: Balzer/Borges/Herrmann/Horn].

Bank, Stefan, Kapitel 17. Haftungsausschluss und -beschränkung, in: Reinhard Patzina/Stefan Bank/Dieter Schimmer/Michaele Simon-Widmann (Hrsg.), Haftung von Unternehmensorganen. Vorstände, Aufsichtsräte, Geschäftsführer, München 2010.

Barta, Sebastian, Der Gerichtsstand für Klagen gegen Anleger als Gesellschafter von Fondsgesellschaften, NJOZ 2011, S. 1033–1035.

Bassen, Alexander, Einflussnahme institutioneller Anleger auf Corporate Governance und Unternehmensführung – Ergebnisse einer empirischen Untersuchung, ZBB 14 (2002), S. 430–436.

ders., Institutionelle Investoren und Corporate Governance. Analyse der Einflussnahme unter besonderer Berücksichtigung börsennotierter Wachstumsunternehmen. Wiesbaden 2002 (Zugl.: Oestrich-Winkel, Habil.-Schrif., 2001).

Bauer, Florian, § 18. Depotgeschäft, in: Siegfried Kümpel/Peter O. Mülbert/Andreas Früh (Hrsg.), Bank- und Kapitalmarktrecht. 6. Aufl. 2022.

Baums, Theodor, Bericht der Regierungskommission „Corporate Governance". Unternehmensführung – Unternehmenskontrolle – Modernisierung des Aktienrechts. Berlin 14.08.2001 (BT-Drucks. 14/7515).

Bayer, Walter/Lieder, Jan/Hoffmann, Thomas, Bundesweite Rechtstatsachen zum Unternehmens- und Gesellschaftsrecht (Stand 1.1.2022), GmbHR 2022, S. 777–786.

dies., Bundesweite Rechtstatsachen zum Unternehmens- und Gesellschaftsrecht (Stand 1.1.2024), GmbHR 2024, S. 785–798.

Bayer, Walter/Renner, Daniel, Abgabe von Entsprechenserklärungen durch börsennotierte KGaA, AG 2008, R211-R212.

Bayram, Milan/Meier, Dominik, Marktmanipulation durch Leerverkaufsattacken, BKR 18 (2018), S. 55–61.

Beck, Hannah, Shareholder Activism. Erscheinungsformen, Konsequenzen, Bewertung, Freilaw 2016, S. 89–96.

Becker, Annette, Elliott macht Bayer Beine, BöZ 28.06.2019, S. 7.

Beisel, Daniel, § 1 „Unternehmen" als Gegenstand des Rechtsverkehrs, in: Wilhelm Beisel/Hans-Hermann Klumpp (Hrsg.), Der Unternehmenskauf. Gesamtdarstellung der zivil- und steuerrechtlichen Vorgänge einschließlich gesellschafts-, arbeits-, und kartellrechtlicher Fragen bei der Übertragung eines Unternehmens. 7. Aufl., München 2016.

Beneke, Moritz/Thelen, Martin, Die Schutzgesetzqualität des Insiderhandelsverbots gem. Art. 14 Marktmissbrauchsverordnung, BKR 17 (2017), S. 12–20.

Benicke, Christoph, Wertpapiervermögensverwaltung. Tübingen 2006 (Teilw. zugl.: Heidelberg, Univ., Habil.-Schr., 2002).

Berg, Bernd, Finanzkrisen und Hedgefonds. Finanzmagier oder Krisenauslöser? 1. Aufl. Wiesbaden 2009 (Zugl.: Tübingen, Univ., Diss., 2008).

Berg, Stefan/Stöcker, Mathias, Anwendungs- und Haftungsfragen zum Deutschen Corporate Governance Kodex, WM 56 (2002), S. 1569–1582.

Berle, Adolf Augustus/Means, Gardiner C., The Modern Corporation and Private Property. New York 1932.

Berwanger, Jörg, Mischkonzern, in: Stefanie Brich/Claudia Hasenbalg/Eggert Winter (Hrsg.), Gabler Wirtschaftslexikon. 4: Ko-Pe. 18. Aufl., Wiesbaden 2014.

Bessler, Wolfgang/Drobetz, Wolfgang/Holler, Julian, The Returns to Hedge Fund Activism in Germany, European Financial Management 21 (2015), S. 106–147.

Bieg, Hartmut/Waschbusch, Gerd, Bankbilanzierung nach HGB und IFRS. 3. Aufl. München 2017.

Binz, Mark K./Sorg, Martin H., Die GmbH & Co. Kommanditgesellschaft auf Aktien. Ausweg oder Irrweg für börsenwillige Familienunternehmen?, BB 1988, S. 2041–2051.

dies., Die KGaA mit beschränkter Haftung – quo vadis? Eine Bestandsaufnahme am Vorabend der BGH-Entscheidung vom 24.2.1997, DB 1997, S. 313–319.

Bitter, Georg, Konzernrechtliche Durchgriffshaftung bei Personengesellschaften. Köln 2000 (Zugl.: Hamburg, Univ., Diss., 1999).

Bitter, Georg/Heim, Sebastian, Gesellschaftsrecht. 6. Aufl. München 2022.

Black, Bernard S., Shareholder Activism and Corporate Governance in the United States. New York 1997, abrufbar unter: *www.ssrn.com/abstract=45100* [zitiert als: *Black*, Shareholder Activism and Corporate Governance in the United States].

Blättchen, Wolfgang, Warum Sie überhaupt an die Börse gehen sollen – die Sicht des externen Beraters, in: Gerrit Volk (Hrsg.), Going public. Der Gang an die Börse, Stuttgart 1996.

Blaufus, Kay/Möhlmann, Axel/Schwäbe, Alexander N., Stock price reactions to news about corporate tax avoidance and evasion, Journal of Economic Psychology 72 (2019), S. 278–292.

Bloomberg, Carson Block on Shorting German Ad Firm Stroeer, abrufbar unter: *https://www.bloomberg.com/news/videos/2016-04-21/carson-block-on-shorting-german-ad-firm-stroeer* [zitiert als: *Bloomberg*, Carson Block on Shorting German Ad Firm Stroeer].

Blum, Catherine, Hedge Funds eröffnen neue Anlagehorizonte, in: Elisabeth Hehn (Hrsg.), Innovative Kapitalanlagekonzepte. ART · Behavioral Finance Hedge Funds · Neue Märkte Private Equity · Venture Capital, Wiesbaden 2000.

Böcking, Hans-Joachim/Böhme, Jana/Gros, Marius, Wissenschaftliche Studien zum DCGK und die Notwendigkeit der qualitativen Analyse von Abweichungsbegründungen, AG 2012, S. 615–625.

Born, Felix, Die abhängige Kommanditgesellschaft auf Aktien. Berlin 2004 (Zugl.: Tübingen, Univ., Diss., 2003/04).

Borussia Dortmund GmbH & Co. KGaA, Geschäftsbericht 2022/2023.

Böttcher, Lars, Depotgesetz. 1. Aufl. 2012.

Brand, Marco, Besitz an dauerglobalverbrieften Aktien – zugleich ein Beitrag zur Lehre vom Besitz, ZBB/JBB 2015, S. 40–48.

Brass, Stefan, Hedgefonds als aktive Investoren. Rechtliche Schranken und rechtspolitische Vorschläge. 1. Aufl. Frankfurt a.M 2010 (Zugl.: Frankfurt (Main), Univ., Diss., 2009).

Brav, Alon/Jiang, Wei/Partnoy, Frank/Thomas, Randall, Hedge Fund Activism, Corporate Governance, and Firm Performance, The Journal of Finance 63 (2008), S. 1729–1775.

Brellochs, Michael, Leerverkaufsangriffe – Anmerkungen aus Sicht der Praxis, ZGR 49 (2020), S. 319–331.

Buck-Heeb, Petra, Kapitalmarktrecht. 13. Aufl. 2023.

Bundesanzeiger, Muddy Waters Capital LLC – Mitteilung von Netto-Leerverkaufspositionen (20.04.2016). Ströer SE & Co. KGaA (DE0007493991) 26.04.2016, abrufbar unter: *www.bundesanzeiger.de* [zitiert als: *Bundesanzeiger*, Muddy Waters Capital LLC – Mitteilung von Netto-Leerverkaufspositionen (20.04.2016)].

dass., Gotham City Research LLC – Mitteilung von Netto-Leerverkaufspositionen (28.03.2017). Aurelius Equity Opportuinities SE & Co. KGaA (DE000A0J-K2A8) 29.03.2017, abrufbar unter: *www.bundesanzeiger.de* [zitiert als: *Bundesanzeiger*, Gotham City Research LLC – Mitteilung von Netto-Leerverkaufspositionen (28.03.2017)].

Bundesministerium der Finanzen, Erste Nationale Risikoanalyse. Bekämpfung von Geldwäsche und Terrorismusfinanzierung 2018/2019. Berlin 19.10. 2019, abrufbar unter: *www.nationale-risikoanalyse.de* [zitiert als: *Bundesministerium der Finanzen*, Nationale Risikoanalyse 2018/19].

Bungert, Hartwig, § 35 Zuständigkeit der Hauptversammlung, in: Michael Hoffmann-Becking (Hrsg.), Münchener Handbuch des Gesellschaftsrechts. Aktiengesellschaft. 5. Aufl., München 2020.

ders., § 43 Sonderprüfung und Ersatzansprüche (§§ 142–149 AktG), in: Michael Hoffmann-Becking (Hrsg.), Münchener Handbuch des Gesellschaftsrechts. Aktiengesellschaft. 5. Aufl., München 2020.

Bunz, Thomas, Vorbereitungs- und Reaktionsmöglichkeiten börsennotierter Unternehmen auf Shareholder Activism, NZG 2014, S. 1049–1053.

Bürgers, Tobias, § 5 Die Binnenfassung der KGaA. D I-III, in: Tobias Bürgers/Torsten Fett (Hrsg.), Die Kommanditgesellschaft auf Aktien. Handbuch mit Mustern. 3. Aufl., München 2022.

Bürgers, Tobias/Körber, Torsten/Lieder, Jan (Hrsg.), Aktiengesetz. 5. Aufl. Heidelberg, Saarbrücken 2021 [zitiert als: *Bearbeiter* in: Bürgers/Körber/Lieder].

Burgy, Catherine, NGOs als Kapitalmarktakteure. Shareholder Engagement als Möglichkeit zur Einflussnahme auf Corporate Social Responsibility. Wiesbaden 2013 (Zugl.: Darmstadt, Techn. Univ., Diss., 2012).

Cahn, Andreas, Die Änderung von Satzungsbestimmungen nach § 281 AktG bei der Kommanditgesellschaft auf Aktien, AG 2001, S. 579–585.

Cahn, Andreas/Ostler, Niclas, Eigene Aktien und Wertpapierleihe, AG 2008, S. 221–242.

Campagna, Sebastian/Eulerich, Marc, Mischkonzerne – Ein Auslaufmodell? In der Zwickmühle zwischen Kapitalmarktmoden und digitaler Transformation 01.2019, abrufbar unter: *https://www.boeckler.de/de/faust-detail.htm?sync_id=HBS-007075* [zitiert als: *Campagna/Eulerich*, Mischkonzerne – Ein Auslaufmodell?].

Canaris, Claus-Wilhelm, Bankvertragsrecht. 2. Aufl. Berlin 1981.

dass., Der Schutz obligatorischer Forderungen nach § 823 I BGB, in: Erwin Deutsch/Ernst Klingmüller/Hans Josef Kullmann (Hrsg.), Festschrift für Erich Steffen zum 65. Geburtstag am 28. Mai 1995. Der Schadensersatz und seine Deckung, Berlin 1995.

Casper, Matthias, Das Zukunftsfinanzierungsgesetz. Zwischen Griff in die historischen Mottenkiste und behutsamer Fortentwicklung der Unternehmensfinanzierung, ZHR 187 (2023), S. 5–47.

Caulfield, Jason/Warner, Andreas, Aktivist in eigener Sache. Entwicklung einer aktivistischen Einstellung 02.2019, abrufbar unter: *https://www2.deloitte.com/content/dam/Deloitte/de/Documents/finance/Deloitte_Strategien_zum_Umgang_mit_aktivistischen_Investoren.pdf* [zitiert als: *Caulfield/Warner*, Aktivist in eigener Sache].

Cewe Stiftung & Co. KGaA, Geschäftsbericht 2020.

dass., Geschäftsbericht 2023.

Cheffins, Brian R./Armour, John, The Eclipse of Private Equity. Cambridge 2007.

Claussen, Carsten Peter, Perspektiven für die Kommanditgesellschaft auf Aktien, in: Friedrich Kübler/Hans-Joachim Mertens/Winfried Werner (Hrsg.), Festschrift für Theodor Heinsius zum 65. Geburtstag am 25. September 1991, Berlin, Boston 1991, S. 61–77.

ders., Der Aktionär – das unbekannte Wesen, in: Georg Bitter/Marcus Lutter/Hans-Joachim Priester/Wolfgang Schön/Peter Ulmer (Hrsg.), Festschrift für Karsten Schmidt zum 70. Geburtstag, Köln 2009.

Claussen, Carsten Peter/Bröcker, Norbert, Der Corporate Governance-Kodex aus der Perspektive der kleinen und mittleren Börsen-AG, DB 2002, S. 1199–1206.

Cless, Micha, Unionsrechtliche Vorgaben für eine zivilrechtliche Haftung bei Marktmissbrauch. Berlin 2018 (Zugl.: Erlangen-Nürnberg, Univ., Diss., 2018).

Commandeur, Marcus, Short-Attacken aktivistischer Leerverkäufer. Rechtliche Bewertung und Abwehrmöglichkeiten für betroffene Unternehmen, AG 2020, S. 575–583.

CompuGroup Medical SE & Co. KGaA, Geschäftsbericht 2023.

dass., Satzung (2024).

dass., Umwandlungsbericht, abrufbar unter: *https://www.cgm.com/_Resources/Persistent/13b7406bc40eba8c15cd0827a69013ceaf1c5064/CGM_SE_-_Formwechsel_SE__Co_KGaA_-_Umwandlungsberichtfinal_-_MIT_AN-*

LAGEN_06042020.pdf [zitiert als: *CompuGroup Medical SE & Co. KGaA*, Umwandlungsbericht].

Cromme, Gerhard, Die Bedeutung des Deutschen Corporate Governance Kodex für die Praxis, ZgK 2002, S. 502–505.

Cronemeyer, Patricia, Das Unternehmenspersönlichkeitsrecht in der Praxis, AfP 2014, S. 111–116.

CTS Eventim AG & Co. KGaA, Aktionärsstruktur, abrufbar unter: *https://irpages2.eqs.com/download/companies/cts-eventim/factsheet_418_German.pdf*.

dass., Formwechsel in eine Kommanditgesellschaft auf Aktien. Umwandlungsbericht des Vorstands, abrufbar unter: *https://corporate.eventim.de/fileadmin/user_upload/eventim/04_investor_relations/hauptversammlung/2014/unterlagen_zu_tagesordnungspunkt_7/umwandlungsbericht_cts_eventim_ag.pdf* [zitiert als: *CTS Eventim AG & Co. KGaA*, Formwechsel in eine Kommanditgesellschaft auf Aktien].

dass., Geschäftsbericht 2023.

Czubayko, Nina, Regulierung von Leerverkäufen und Short Seller-Aktivismus, BLJ 2020, S. 11–17.

Dauner-Lieb, Barbara, Aktuelle Vorschläge zur Präsenzsteigerung in der Hauptversammlung, WM 2007, S. 9–16.

Dauner-Lieb, Barbara/Heidel, Thomas/Ring, Gerhard (Hrsg.), BGB – Schuldrecht. Band2/2: §§ 488–661a. 4. Aufl. Baden-Baden 2021 [zitiert als: *Bearbeiter* in: Dauner-Lieb/Heidel/Ring].

Davis, Gerald F./Thompson, Tracy A., A Social Movement Perspective on Corporate Control, Administrative Science Quarterly 39 (1994), S. 141–173.

o. A., DAX: 10-Jahres-Durchschnitte für KGV, KBV und Dividende 2021, abrufbar unter: *https://boersengefluester.de/10-jahres-durchschnitt-kgv-kbv-dividendenrendite/*.

Dechamps, Claudius, Wertrechte im Effektengiroverkehr. Zum redlichen Erwerb stückeloser Effekten. Köln 1989 (Zugl.: Tübingen, Univ., Diss., 1987 u. d. T.: Dechamps, Claudius: Die Integration von Wertrechten in den allgemeinen Effektengiroverkehr).

Decker, Rolf O., Eine Prinzipal-Agenten-theoretische Betrachtung von Eigner-Manager-Konflikten in der Kommanditgesellschaft auf Aktien und in der Aktiengesellschaft. Bergisch Gladbach 1994 (Zugl.: Berlin, Univ., Diss., 1994).

Deutsche Börse Group, Börsenlexikon, abrufbar unter: *https://www.boerse.de/boersenlexikon/*.

Deutsche Bundesbank, Hedge-Fonds und ihre Rolle auf den Finanzmärkten, Monatsbericht März 51 (1999), S. 31–44.

Dimeg, Jörg/Asmussen, Jörg/Mentré, Gilles, „Shareholder Activism“ ist ein Verhalten, keine Investorenklasse, BOARD 2017, S. 92–94.

Dirksen, Dirk/Möhrle, Florian, Die kapitalistische Kommanditgesellschaft auf Aktien. Rechtspraktische Folgerungen aus der Entscheidung des Bundesgerichtshofes vom 24. Februar 1997, ZIP 1997, 1027, ZIP 1998, S. 1377–1386.

Ditfurth, Hoimar von, § 14 Geschäftsführung, in: Hans Gummert/Lutz Weipert (Hrsg.), Münchener Handbuch des Gesellschaftsrechts. BGB Gesellschaft, Offene Handelsgesellschaft, Partnergesellschaft, Partnerreederei, EWIV. 5. Aufl., München 2022.

Döding, Karl, Shareholder Activism in der Finanzbranche aus der Perspektive des Aufsichtsrechts, ZBB/JBB 32 (2020), S. 168–177.

Doralt, Walter, Organhaftung und D&O-Versicherung, ZGR 48 (2019), S. 996–1049.

Downar, Benedikt/Bartowiak, Pawel, Empirische Evidenz zur Praxis der virtuellen Hauptversammlung in Deutschland, DB 2021, S. 349–356.

Drägerwerk AG & Co. KGaA, Aktionärsstruktur, abrufbar unter: *https://www.draeger.com/de_de/Investor-Relations/Share*.

dass., Geschäftsbericht 2023.

dass., Satzung (2024).

Dreher, Meinrad, Die D&O-Individualversicherung, in: Meinrad Dreher/Peter O. Mülbert/Dirk A. Verse/Ingo Drescher (Hrsg.), Festschrift für Alfred Bergmann zum 65. Geburtstag am 13. Juli 2018 2019, S. 145–168.

Dreher, Meinrad/Thomas, Stefan, Die D&O-Versicherung nach der VVG-Novelle 2008, ZGR 38 (2009), S. 31–73.

Drerup, Tilman H., Long-Term Effects of Hedge Fund Activism in Germany 2014, abrufbar unter: *https://ssrn.com/abstract=1718365* [zitiert als: *Drerup*, Long-Term Effects of Hedge Fund Activism in Germany].

DWS Group GmbH & Co. KGaA, Geschäftsbericht 2023.

dass., Satzung (2024).

Dyreng, Scott D./Hoopes, Jeffrey L./Wilde, Jaron H., Public Pressure and Corporate Tax Behavior, Journal of Accounting Research 54 (2016), S. 147–186.

Easterbrook, Frank H./Fischel, Daniel R., The Economic Structure of Corporate Law. Cambridge, Massachusetts, London, England 1998.

Ebenroth, Carsten Thomas/Boujong, Karlheinz/Joost, Detlev (Hrsg.), Handelsgesetzbuch: HGB/Handelsgesetzbuch Bd. 1: §§ 1–342e. 5. Aufl. München 2024 [zitiert als: *Bearbeiter* in: Ebenroth/Boujong/Joost].

dies., Handelsgesetzbuch: HGB/Handelsgesetzbuch Bd. 2: §§ 343–475h. Transportrecht, Bank- und Börsenrecht. 5. Aufl. München 2024 [zitiert als: *Bearbeiter* in: Ebenroth/Boujong/Joost].

Ebenroth, Carsten Thomas/Boujong, Karlheinz/Joost, Detlev/Strohn, Lutz (Hrsg.), Handelsgesetzbuch: HGB/Handelsgesetzbuch Bd. 2: §§ 343–475h. Transportrecht, Bank- und Börsenrecht. 4. Aufl. München 2020 [zitiert als: *Bearbeiter* in: Ebenroth/Boujong/Joost/Strohn].

Eder, Cajetan J., Die Rechtsgeschäftliche Übertragung von Aktien, NZG 2004, S. 107–114.

Eichholz, Christian, Das Genfer Wertpapierabkommen und das deutsche sachenrechtliche Denken im Effektengiroverkehr, WM 2013, S. 250–255.

Eidenmüller, Horst, Kapitalgesellschaftsrecht im Spiegel der ökonomischen Theorie, JZ 56 (2001), S. 1041–1051.

ders., Regulierung von Finanzinvestoren, DStR 2007, S. 2116–2121.

Eiff, Christoph von/Otte, Daniel, Die Kapitalgesellschaft & Co. KGaA – eine attraktive Gestaltungsmöglichkeit –, GWR 7 (2015), S. 246–249.

Eilenberger, Guido/Krautwurst, Oliver, Lexikon der Finanzbegriffe 2020.

Einsele, Dorothee, Wertpapierrecht als Schuldrecht. Funktionsverlust von Effektenurkunden im internationalen Rechtsverkehr. Tübingen 1995 (Zugl.: Konstanz, Univ., Habil.-Schr., 1991/1992).

dass., Wertpapiere im elektronischen Bankgeschäft, WM 2001, S. 7–16.

dass., Bank- und Kapitalmarktrecht. 5. Aufl. 2022.

Eisenhardt, Kathleen M., Agency Theory. An Assessment and Review, The Academy of Management Review 14 (1989), S. 57–74.

Eisenschmidt, Kevin, Die Einführung der elektronischen Aktie. Der Referentenentwurf für ein Zukunftsfinanzierungsgesetz, NZG 26 (2023), S. 825–831.

Elschenbroich, Manfred, Die Kommanditgesellschaft auf Aktien. Rechtliche Gestaltung und wirtschaftliche Bedeutung. Wiesbaden 1959 (Zugl.: Köln, Wirtsch.- und sozialwiss. F., Diss., 1956).

Embser, Gerhard F., Kanzleiversicherung: Die D&O-Versicherung, KP 2021, S. 7–13.

Engel, Michaela, § 2 Wahl der Rechtsform: Vor- und Nachteile, in: Tobias Bürgers/Torsten Fett (Hrsg.), Die Kommanditgesellschaft auf Aktien. Handbuch mit Mustern. 3. Aufl., München 2022.

Engelen, Matthias/Körner, Peter/Mayer-Uellner, Richard/Schmid, Martina/Zanner, Andreas, Investor Activism 2018. Frankfurt 2018 [zitiert als: *Engelen et al.*, Investor Activism 2018].

Engelhardt, Alexander, Activist Investing aus Unternehmenssicht, M&A Review 2008, S. 194–200.

Engert, Andreas, Hedgefonds als aktivistische Aktionäre, ZIP 2006, 2105–2113.

Enriques, Luca/Pagano, Marco, Emergency Measures for Equity Trading: The Case Against Short-Selling Bans and Stock Exchange Shutdowns Mai 2020, abrufbar unter: *https://ecgi.global/content/working-papers* [zitiert als: *Enriques/*

Pagano, Emergency Measures for Equity Trading: The Case Against Short-Selling Bans and Stock Exchange Shutdowns].

Ensthaler, Jürgen (Hrsg.), HGB. Gemeinschaftskommentar zum Handelsgesetzbuch mit UN-Kaufrecht. 8. Aufl. Köln 2015 [zitiert als: *Bearbeiter* in: Ensthaler].

Erman, Walter (Hrsg.), BGB. Handkommentar mit AGG, EGBGB, ErbbauRG, LPartG, ProdhaftG, VBVG, VErsAusglG, WEG und ausgewählten Rechtsquellen des IPR. 17. Aufl. 2023 [zitiert als: *Bearbeiter* in: Erman].

Ermann, Walter, Der Leerverkauf 1928 (Zugl.: Frankfurt a. M.; Univ., Diss., 1928).

Ernst & Young, Wem gehört der DAX? Analyse der Aktionärsstruktur der DAX-Unternehmen im Jahr 2018 – Kurzfassung 06.2019, abrufbar unter: *https://assets.ey.com/content/dam/ey-sites/ey-com/de_de/news/2019/06/ey-wem-gehoert-der-dax-2019.pdf?download* [zitiert als: *Ernst & Young*, Wem gehört der DAX?].

ESMA, Final Report. Technical Advice on the evaluation of certain elements of the Short Selling Regulation 21.12.2017, abrufbar unter: *https://www.esma.europa.eu/sites/default/files/library/technical_advice_on_the_evaluation_of_certain_aspects_of_the_ssr.pdf* [zitiert als: *ESMA*, Final Report].

Ettel, Anja/Zschäpitz, Holger, Konzerne in Gefahr, Welt am Sonntag 26 (30.06.2019), S. 39.

Ettinger, Jochen/Grützediek, Elke, Haftungsrisikien im Zusammenhang mit der Abgabe der Corporate Governancer Entsprechenserklärung gemäß § 161 AktG, AG 2003, S. 353–366.

Faber, Joachim, Institutionelle Investoren (einschließlich Hedgefonds und Private Equity), in: Peter Hommelhoff/Klaus J. Hopt/Axel v. Werder (Hrsg.), Handbuch Corporate Governance. Leitung und Überwachung börsennotierter Unternehmen in der Rechts- und Wirtschaftspraxis. 2. Aufl., s. l. 2009, S. 219–230.

Fama, Eugene F., Agency Problems and the Theory of the Firm, Journal of Political Economy 88 (1980), S. 288–302.

Fama, Eugene F./Jensen, Michael C., Separation of Ownership and Control, The Journal of Law & Economics 26 (1983), S. 301–325.

Fano-Leszczynski, Ursula/Holzer, Wilhelm/Aster, Rainer, Hedgefonds für Einsteiger. Berlin 2005.

Fett, Torsten, § 12 Die KGaA im Konzern, in: Tobias Bürgers/Torsten Fett (Hrsg.), Die Kommanditgesellschaft auf Aktien. Handbuch mit Mustern. 3. Aufl., München 2022.

ders., § 3 Die KGaA als hybride Rechtsform: Anwendbares Recht, in: Tobias Bürgers/Torsten Fett (Hrsg.), Die Kommanditgesellschaft auf Aktien. Handbuch mit Mustern. 3. Aufl., München 2022.

Fett, Torsten/Stütz, Dominique, 20 Jahre Kapitalgesellschaft & Co. KGaA. Bestandsaufnahme und neuere Entwicklung, NZG 2017, S. 1121–1131.

Fey, Gerrit/Di Dio, Donato, Aktionärszahlen 2019 des deutschen Aktieninstituts 2019. Zahl der Aktienbesitzer in Deutschland sinkt überraschend auf 9,7 Millionen, abrufbar unter: *https://www.dai.de/detail/aktionaerszahlen-2019-aktieninteresse-gesunken* [zitiert als: *Fey/Di Dio*, Aktionärszahlen 2019 des deutschen Aktieninstituts 2019].

Fischer, Lothar, Die Kommanditgesellschaft auf Aktien nach dem Mitbestimmungsgesetz. Heidelberg 1982 (Zugl.: Freiburg i. Br., Univ., Diss., 1980).

Flämig, Christian, Die Kommanditgesellschaft auf Aktien. Vor- und Nachteile für Investoren, in: Marcus Lutter (Hrsg.), Festschrift für Martin Peltzer zum 70. Geburtstag, Köln 2001, S. 99–107.

Fleischer, Holger, Grundfragen der ökonomischen Theorie im Gesellschafts- und Kapitalmarktrecht, ZGR 30 (2001), S. 1–32.

ders., § 18. Vorstand im Unternehmensverbund, in: Holger Fleischer (Hrsg.), Handbuch des Vorstandsrechts, München 2006.

ders., Investor Relations und informationelle Gleichbehandlung im Aktien-, Konzern- und Kapitalmarktrecht, ZGR 38 (2009), S. 505–541.

ders., Corporate Governance in Europa als Mehrebenensystem. Vielfalt und Verflechtung der Gesetzgeber, Standardsetzer und Verhaltenskodizes, ZGR 41 (2012), S. 160–196.

Fleischer, Holger/Goette, Wulf (Hrsg.), Münchener Kommentar zum Gesetz betreffend die Gesellschaften mit beschränkter Haftung. Band 1: §§ 1 -34. 4. Aufl. München 2022 [zitiert als: *Bearbeiter* in: Fleischer/Goette].

Fleischer, Holger/Hahn, Jakob, Zur unbeschränkten Haftung des herrschenden Kommanditisten, NZG 2018, S. 1281–1290.

Fleischer, Holger/Maas, Jannik L., Satzungsgestaltungen in den DAX-Unternehmen, AG 2020, S. 761–776.

dies., Börsennotierte Familienunternehmen: Rechtliche Grundlagen und Gestaltungsoptionen, DB 2021, S. 37–46.

Fleischer, Holger/Mock, Sebastian, Gesellschaftsverträge und Satzungen im Wandel der Zeiten, NZG 2020, S. 161–169.

Flume, Johannes W., Vermögenstransfer und Haftung. Eine Studie zur Nutzbarmachung der Universalsukzession für die Unternehmenspraxis. 1. Aufl. Berlin 2008 (Zugl.: Köln, Univ., Diss., 2008).

Förl, Thomas, Die GmbH & Co. KGaA als abhängiges Unternehmen. Die Möglichkeiten der Einflußnahme auf die GmbH & Co. KGaA und deren Rechtsfolgen aus dem Aktienkonzernrecht, dem Konzernmitbestimmungsrecht und dem Recht der Konzernrechtlegung. Düsseldorf (Zugl.: Düsseldorf, Univ., Diss., 2003).

Franzen, Dietmar/Schäfer, Klaus, Assetmanagement. Portfoliobewertung, Investmentstrategien und Risikoanalyse. Stuttgart 2018.

Fresenius SE & Co. KGaA, Formwechsel in eine Kommanditgesellschaft auf Aktien. Umwandlungsbericht des Vorstandes, abrufbar unter: *https://www.fresenius.com/sites/default/files/2022-06/Umwandlungsbericht_KGaA_2010_d.pdf* [zitiert als: *Fresenius SE & Co. KGaA*, Formwechsel in eine Kommanditgesellschaft auf Aktien].

dass., Geschäftsbericht 2023.

dass., Satzung (2024).

Friedrich, Benedikt/Gatti, Konstantin, Aktivistische Investoren: Fluch oder Segen? Warum Aufsichtsräte vom Einfluss aktivistischer Investoren profitieren können, AR 2019, S. 105–107.

Frömel, Laura, Maßnahmen von Unternehmen gegen unberechtigte Short-Sell-Attacken. 1. Aufl. Baden-Baden 2020 (Zugl.: Augsburg, Univ., Diss., 2019/2020).

Fromholzer, Ferdinand/Hasselbach, Kai/Werder, Andreas von, II. Der Unternehmenskauf börsennotierter Unternehmen (Public to Private), in: Stephan Eilers/Nils Matthias Koffka/Marcus Mackensen/Markus Paul (Hrsg.), Private Equity. Unternehmenskauf – Finanzierung – Restrukturierung – Exitstrategien. 4. Aufl., München 2022.

Furubotn, Eirik G./Streissler, Monika/Richter, Rudolf, Neue Institutionenökonomik. Eine Einführung und kritische Würdigung. 4. Aufl. Tübingen 2012.

Gaibler, Florian, Die Kommanditgesellschaft auf Aktien (KGaA). Ihre Vor- und Nachteile im Vergleich zu anderen Rechtsformen, sowie ihre Geeignetheit für bestimmte Unternehmenstypen 2014 (Zugl.: Augsburg, Univ., Diss., 2014).

Gärtner, Matthias, § 4 Aufgaben und Kompetenzen. C. Personalkompetenz, in: Wulf Goette/Michael Arnold (Hrsg.), Handbuch Aufsichtsrat. 2. Aufl., München 2024.

Gätsch, Andreas, § 5 Die Aktie im Rechtsverkehr, in: Reinhard Marsch-Barner/Frank A. Schäfer (Hrsg.), Handbuch börsennotierte AG. Aktien- und Kapitalmarktrecht. 5. Aufl., Köln 2022.

ders., § 52 Erwerb und Veräußerung eigener Aktien, in: Reinhard Marsch-Barner/Frank A. Schäfer (Hrsg.), Handbuch börsennotierte AG. Aktien- und Kapitalmarktrecht. 5. Aufl., Köln 2022.

Gbekor, Sarah, Schaden, Kausalität und Kausalitätsbeweis beim Schadensersatzanspruch des Anlegers wegen Verletzung der ad hoc-Publizitätspflicht. 1. Aufl. 2019 (Zugl.: Heidelberg, Univ., Diss., 2018).

Gehlhaar, Jan-Philip, § 12 Besteuerung der AG, in: Florian Drinhausen/Hans-Martin Eckstein (Hrsg.), Beck'sches Handbuch der AG. Gesellschaftsrecht – Steuerrecht – Börsengang. 3. Aufl., München 2018.

Geißler, Markus, Der aktienrechtliche Auskunftsanspruch im Grenzbereich des Missbrauchs, NZG 4 (2001), S. 539–545.

Gepken-Jager, Ella, Vereinigte Oost-Indische Compagnie (VOC). The Dutch East India Company, in: Ella Gepken-Jager/Gerard van Solinge/Levinus Timmerman (Hrsg.), VOC 1602–2002. 400 years of company law, Deventer 2005, S. 41–82.

Gerke, Wolfgang/Fleischer, Jörg/Langer, Martin, Kurseffekte durch Aktienrückkäufe – eine empirische Untersuchung für den deutschen Kapitalmarkt, in: Clemens Börsig/Adolf G. Coenenberg (Hrsg.), Bewertung von Unternehmen. Strategie – Markt – Risiko, Stuttgart 2003, S. 275–304.

Gesell, Harald, Wertpapierleihe und Repurchase Agreement im deutschen Recht. Köln 1995 (Zugl.: Köln, Univ., Diss., 1994).

ders., Abstimmung bei der Besetzung des Aufsichtsrats – zulässige Einflussnahme oder acting in concert?, in: Barbara Grunewald (Hrsg.), Festschrift für Georg Maier-Reimer zum 70. Geburtstag, München 2010, S. 123–146.

Geßler, Ernst/Hefermehl, Wolfgang/Hildebrandt, Wolfgang/Schröder, Georg (Hrsg.), Schlegelberger – Handelsgesetzbuch. 5. Aufl. München 1977 [zitiert als: *Bearbeiter* in: Geßler/Hefermehl/Hildebrandt/Schröder].

Ghassemi-Tabar, Nima (Hrsg.), Deutscher Corporate Governance Kodex. Kommentar. 2. Aufl. München 2023 [zitiert als: *Bearbeiter* in: Ghassemi-Tabar].

Gifford, E. James M., Effective Shareholder Engagement: The Factors that Contribute to Shareholder Salience, Journal of Business Ethics 92 (2010), S. 79–97.

Gillan, Stuart L./Starks, Laura T., A Survey of Shareholder Activism. Motivation and Empirical Evidence, Contemporary Finance Digest 2 (1998), S. 10–34.

Gillert, Mark, Marktmanipulation. Short-Attacken – Wie Anleger und Emittenten ins Visier von Manipulatoren geraten, BaFin Journal 2017, S. 26–28.

Gillor, Viviane, Der Rahmenvertrag für Finanzgeschäfte der Europäischen Bankenvereinigung (EMA). Wertpapierpensionsgeschäfte und Wertpapierdarlehen. 1. Aufl. Baden-Baden 2006 (Zugl.: Köln, Univ., Diss., 2005).

Glebe, Dirk, Schnellkurs Börsenhandel. 1. Aufl. Norderstedt 2008.

Gleske, Christoph/Bunting, Nikolaus, § 24 eWpG, in: Klaus J. Hopt/Christoph H. Seibt (Hrsg.), Schuldverschreibungsrecht. Kommentar, Handbuch, Vertragsmuster. 2. Aufl., Köln 2023.

Gleske, Christoph/Seibt, Christoph H., § 2 eWpG, in: Klaus J. Hopt/Christoph H. Seibt (Hrsg.), Schuldverschreibungsrecht. Kommentar, Handbuch, Vertragsmuster. 2. Aufl., Köln 2023.

Goette, Wulf, § 1 Einleitung, in: Wulf Goette/Michael Arnold (Hrsg.), Handbuch Aufsichtsrat. 2. Aufl., München 2024.

Goette, Wulf/Habersack, Mathias/Kalss, Susanne (Hrsg.), Münchener Kommentar zum Aktiengesetz. Band 4: §§ 179–277. 5. Aufl. München 2021 [zitiert als: *Bearbeiter* in: Goette/Habersack/Kalss].

dies., Münchener Kommentar zum Aktiengesetz. Band 3: §§ 118–178. 5. Aufl. München 2022 [zitiert als: *Bearbeiter* in: Goette/Habersack/Kalss].

dies., Münchener Kommentar zum Aktiengesetz. Band 2: §§ 76–117, MitbestG, DrittelbG. 6. Aufl. München 2023 [zitiert als: *Bearbeiter* in: Goette/Habersack/Kalss].

dies., Münchener Kommentar zum Aktiengesetz. Band 5: §§ 278–328, SpruchG, ÖGesAusG, Österreichisches Konzernrecht. 6. Aufl. München 2023 [zitiert als: *Bearbeiter* in: Goette/Habersack/Kalss].

dies., Münchener Kommentar zum Aktiengesetz. Nachtrag §§ 67, 67a-67f, 87, 87a, 107, 111a-111c, 113, 162 in Folge des ARUG II. 6. Aufl. München 2023 [zitiert als: *Bearbeiter* in: Goette/Habersack/Kalss].

dies., Münchener Kommentar zum Aktiengesetz. Band 1: §§ 1–75. 6. Aufl. München 2024 [zitiert als: *Bearbeiter* in: Goette/Habersack/Kalss].

Gonnella, Robert/Mikic, Sanja, Die Kapitalgesellschaft & Co. KGaA als „Einheitsgesellschaft“, AG 1998, S. 508–514.

Gotham City, Aurelius Equity Opportunities SE & Co. KGaA: The next Arques AG or the next Philip Green? 28.03.2017, abrufbar unter: *https://www.gothamcityresearch.com/archive* [zitiert als: *Gotham City*, Aurelius Equity Opportunities SE & Co. KGaA: The next Arques AG or the next Philip Green?].

Göz, Philipp, § 2 Wahl der Rechtsform: Vor- und Nachteile. Wahl der Rechtsform: Vor- und Nachteile, in: Tobias Bürgers/Torsten Fett (Hrsg.), Die Kommanditgesellschaft auf Aktien. Handbuch mit Mustern. 3. Aufl., München 2022.

Graßl, Bernd/Nikoleyczik, Tobias, Investor Activism, AR 2017, S. 59.

dies., Shareholder Activism und Investor Activism. Typische Handlungsweisen aktivistischer Aktionäre und Investoren, angemessene Vorbereitung und mögliche Reaktion der Zielgesellschaft, AG 62 (2017), S. 49–60.

Grigoleit, Hans Christoph (Hrsg.), Aktiengesetz. Kommentar. 2. Aufl. 2020 [zitiert als: *Bearbeiter* in: Grigoleit].

Gröntgen, Florian, Operativer shareholder activism. Eine rechtliche Analyse des Zusammenspiels von aktivistischen Aktionären und Verwaltungsorganen unter Einbeziehung von Aktionärsrechterichtline und ARUG II (RegE). Köln 2020 (Zugl.: Bonn, Univ., Diss., 2020).

Grottel, Bernd/Schmidt, Stefan/Schubert, Wolfgang J./Störk, Ulrich/Deubert, Michael/Budde, Wolfgang Dieter/Clemm, Hermann/Pankow, Max/Sarx, Manfred (Hrsg.), Beck'scher Bilanz-Kommentar. Handels- und Steuerbilanz, §§ 238 bis 339, 342 bis 342e HGB. 14. Aufl. München 2024 [zitiert als: *Bearbeiter* in: Grottel/Schmidt/Schubert/Störk/Deubert/Budde/Clemm/Pankow/Sarx].

Gruber, Michael, Leerverkäufe. EU-Leerverkaufs-Verordnung, Level 2-Verordnungen der Kommission. 1. Aufl. Wien 2014.

Grundmann, Stefan, Vierter Abschnitt: Marktverhaltensregeln zu Leerverkäufen (EU-VO 236/2012), OTC-Derivaten, Gegenparteien, Transaktionsregistern (EU-VO 648/2012, „EMIR“) und Benchmarks (EU-VO 2016/1011), in: Stefan Grundmann (Hrsg.), Bankvertragsrecht. Investmentbanking, Berlin, Boston 2020.

Grüneberg, Christian (Hrsg.), Bürgerliches Gesetzbuch. Mit Nebengesetzen insbesondere mit Einführungsgesetz (Auszug) einschließlich Rom I-, Rom II und Rom III-Verordnungen sowie EU-Güterrechtsverordnungen, Haager Unterhaltsprotokoll und EU-Erbrechtsverordnung, Allgemeines Gleichbehandlungsgesetz (Auszug), Wohn- und Betreuungsvertragsgesetz, Unterlassungsklagengesetz (PalHome), Produkthaftungsgesetz, Erbbaurechtsgesetz, Wohnungseigentumsgesetz, Versorgungsausgleichsgesetz, Lebenspartnerschaftsgesetz (PalHome), Gewaltschutzgesetz – Rechtsstand: Redaktionsschluss: 15. Oktober 2020. 83. Aufl. München 2024 [zitiert als: *Bearbeiter* in: Grüneberg].

Grunewald, Barbara/Schlitt, Michael, Einführung in das Kapitalmarktrecht. 4. Aufl. München 2020.

Gsell, Beate/Krüger, Wolfgang/Lorenz, Stefan/Reymann, Christoph (Hrsg.), beck-online.GROSSKOMMENTAR zum Zivilrecht. BGB. München 2024 [zitiert als: *Bearbeiter* in: Gsell/Krüger/Lorenz/Reymann].

Guillaumie, Cyrille/Loiacono, Giuseppe/Winkler, Christian/Kern, Steffen, Market impacts of circuit breakers – Evidence form EU trading venues Januar 2020, abrufbar unter: *https://www.esma.europa.eu/sites/default/files/library/esmawp-2020-1_market_impacts_of_circuit_breakers.pdf* [zitiert als: *Guillaumie et al.*, Market impacts of circuit breakers – Evidence form EU trading venues].

Haarmann, Wilhelm, Die Relevanz der Rückgewährverpflichtung eines Wertpapierdarlehens für den Übergang des wirtschaftlichen Eigentums – zugleich ein Beitrag zur Zweckrichtung des § 39 AO, BB 2018, S. 1623–1636.

Haase, Karsten, Die Vorteile der GmbH oder der GmbH & Co. KGaA in gesellschaftsrechtlicher Sicht, GmbHR 1997, S. 917–923.

Habel, Michael/Strieder, Thomas, Die Kommanditgesellschaft auf Aktien – ein Überblick, MittBayNot 1998, S. 65–72.

Habersack, Mathias, Die Mitgliedschaft – subjektives und „sonstiges“ Recht. Tübingen 1996 (Zugl.: Heidelberg, Univ., Habil.-Schr., 1995).

ders., „Superdividenden“, in: Georg Bitter/Marcus Lutter/Hans-Joachim Priester/Wolfgang Schön/Peter Ulmer (Hrsg.), Festschrift für Karsten Schmidt zum 70. Geburtstag, Köln 2009, S. 523–544.

ders., Der Gesellschafterausschuss der KGaA, in: Michael Hoffmann-Becking/Peter Hommelhoff/Friedrich Graf von Westphalen (Hrsg.), Festschrift für Hans-Jürgen Hellwig. Zum 70. Geburtstag, Köln 2010, S. 143–152.

ders., Zur Corporate Governance der Kapitalgesellschaft & Co. KGaA, ZIP 2019, S. 1453–1461.

Habersack, Mathias/Henssler, Martin (Hrsg.), Mitbestimmungsrecht. Kommentierung des MitbestG, des DrittelbG, des SEBG und des MgVG. 4. Aufl. München 2018 [zitiert als: *Bearbeiter* in: Habersack/Henssler].

Habersack, Mathias/Mayer, Christian, Globalverbriefte Aktien als Gegenstand sachenrechtlicher Verfügungen? Ein (weiteres) Plädoyer für die Ablösung der Globalurkunde durch Wertrechte, WM 2000, S. 1678–1684.

Habersack, Mathias/Schäfer, Carsten (Hrsg.), Das Recht der OHG. Kommentierung der §§ 105–160 HGB. 2. Aufl. Berlin, Boston 2019 [zitiert als: *Bearbeiter* in: Habersack/Schäfer].

Halasz, Christian/Kloster, Lars/Kloster, Anja, Die GmbH & Co. KGaA. Eine Rechtsformalternative zur GmbH & Co. KG?, GmbHR 2002, S. 77–92.

Hamacher, Rolf Josef, Geschäfte an der DTB steuerlich (III): Die Wertpapierleihe, Die Bank 1990, S. 34–40.

Harris, Ron, The Englisch East India Company and the History of Company Law, in: Ella Gepken-Jager/Gerard van Solinge/Levinus Timmerman (Hrsg.), VOC 1602–2002. 400 years of company law, Deventer 2005, S. 217–247.

Hau, Wolfgang/Poseck, Roman (Hrsg.), Beck'scher Online-Kommentar zum Bürgerlichen Recht. BGB. 71. Aufl. München 2024 [zitiert als: *Bearbeiter* in: Hau/Poseck].

Häublein, Martin/Hoffman-Theinert, Roland (Hrsg.), Beck'scher Online-Kommentar zum Handelsgesetzbuch. HGB. 43. Aufl. München 2024 [zitiert als: *Bearbeiter* in: Häublein/Hoffman-Theinert].

Hay, Peter, US-Amerikanisches Recht. Ein Studienbuch. 7. Aufl. München 2020.

Hecht, Tilmann, § 5 Die Binnenverfassung. B III 4-6, in: Tobias Bürgers/Torsten Fett (Hrsg.), Die Kommanditgesellschaft auf Aktien. Handbuch mit Mustern. 3. Aufl., München 2022.

Heermann, Peter W., Unentziehbare Mitwirkungsrechte der Minderheitsaktionäre bei außergewöhnlichen Geschäften in der GmbH & Co KGaA. Ein Beitrag zum Anlegerschutz und zur richtigen Inhaltskontrolle, ZGR 2000, S. 61–85.

Heese, Viktor, Aktienbewertung mit Kennzahlen. Kurschancen und -risiken fundiert beurteilen. Wiesbaden 2011.

Heidel, Thomas (Hrsg.), Aktienrecht und Kapitalmarktrecht. 5. Aufl. Baden-Baden 2019 [zitiert als: *Bearbeiter* in: Heidel].

Heineke, Matthias, Anlegerschutz in der Kommanditgesellschaft auf Aktien. Zur Erforderlichkeit von Restriktionen in der Satzungsgestaltung börsennotierter KGaA. Münster 2002 (Zugl.: Hamburg, Univ., Diss., 2002).

Heinen, Edmund, Industriebetriebslehre. Wiesbaden 1978.

Heinsius, Theodor/Horn, Arno/Than, Jürgen, Depotgesetz. Kommentar zum Gesetz über die Verwahrung und Anschaffung von Wertpapieren vom 4.2.1937. Berlin, New York 1975.

Held, Cordula, »Aktionär«, in: Springer Fachmedien Wiesbaden (Hrsg.), Gabler Wirtschaftslexikon. 1: A-B. 19. Aufl., Wiesbaden 2018, S. 86.

Hella GmbH & Co. KGaA, Geschäftsbericht 2023.

Helle, Ernst, Der Schutz der Persönlichkeit, der Ehre und des wirtschaftlichen Rufes im Privatrecht. Vornehml. auf Grund d. Rechtsprechung. 2. Aufl. Tübingen 1969.

Hellgardt, Alexander, Europarechtliche Vorgaben für die Kapitalmarktinformationshaftung. de lege lata und nach Inkrafttreten der Marktmissbrauchsverordnung, AG 2012, S. 154–168.

Henkel AG & Co. KGaA, Geschäftsbericht 2020.

dass., Geschäftsbericht 2023.

dass., Satzung (2024).

Hennemann, Moritz, Einfluss und Kontrolle in der Kommanditgesellschaft auf Aktien. – zum Anwendungsbereich der §§ 285 Abs. 1 S. 2 und 287 Abs. 3 AktG –, ZHR 182 (2018), S. 157–190.

Hennerkes, Brun-Hagen/Lorz, Rainer, Roma locuta causa finita: Die GmbH & Co. KGaA ist zulässig. Zugleich Besprechung des BGH-Beschlusses vom 24.2.1997 – II ZB 11/96, DB 1997, S. 1388–1394.

Hennerkes, Brun-Hagen/May, Peter, Noch einmal: Die GmbH & Co. KG auf Aktien für börsenwillige Familienunternehmen?, BB 1988, S. 2393–2405.

dies., Überlegungen zur Rechtsformwahl im Familienunternehmen (II), DB 1988, S. 537–542.

Henssler, Martin (Hrsg.), beck-online.GROSSKOMMENTAR zum Handelsrecht. München 2024 [zitiert als: *Bearbeiter* in: Henssler].

Henssler, Martin/Spindler, Gerald/Stilz, Eberhard (Hrsg.), beck-online.GROSSKOMMENTAR zum Aktienrecht. München 2024 [zitiert als: *Bearbeiter* in: Henssler/Spindler/Stilz].

Henssler, Martin/Strohn, Lutz (Hrsg.), Gesellschaftsrecht. BGB, HGB, PartGG, GmbHG, AktG, DCGK, UmwG, GenG, InsO, AnfG, IntGesR. 6. Aufl. München 2024 [zitiert als: *Bearbeiter* in: Henssler/Strohn].

Herberger, Maximilian/Martinek, Michael/Rüßmann, Helmut/Weth, Stephan/Würdinger, Markus (Hrsg.), Juris Praxiskommentar BGB. Band 2 Schuldrecht. 10. Aufl. Saarbrücken 2022 [zitiert als: *Bearbeiter* in: Herberger/Martinek/Rüßmann/Weth/Würdinger].

Herchen, Hilke, Beschlussmängel im GmbH- und Personengesellschaftsrecht, in: Gesellschaftsrechtliche Vereinigung (Hrsg.), Gesellschaftsrecht in der Diskussion 2016. Jahrestagung der Gesellschaftsrechtlichen Vereinigung (VGR), Köln 2017, S. 83–128.

Herfs, Achim, Die Kapitalgesellschaft & Co. KGaA als Rechtsformoptimierung für mittelständische Unternehmen, WiB 1997, S. 688–691.

ders., Die Satzung der börsennotierten GmbH & Co. KGaA – Gestaltungsfreiheit und Grenzen, in: Gesellschaftsrechtliche Vereinigung (Hrsg.), Gesellschaftsrecht in der Diskussion. Jahrestagung 1998 der Gesellschaftsrechtlichen Vereinigung (VGR), Köln 1999, S. 23–55.

ders., Vereinbarung zwischen der KGaA und ihren Komplementären. Zugleich Anmerkung zu BGH v. 29.11.2004 – II ZR 364/02, AG 2005, 239 ff., AG 2005, S. 589–596.

ders., § 76 Geschichtliche Entwicklung und heutige wirtschaftliche Bedeutung, in: Michael Hoffmann-Becking (Hrsg.), Münchener Handbuch des Gesellschaftsrechts. Aktiengesellschaft. 5. Aufl., München 2020.

ders., § 78 Rechte der Komplementäre, Kommanditaktionäre und ihre Rechtsbeziehungen untereinander, in: Michael Hoffmann-Becking (Hrsg.), Münchener Handbuch des Gesellschaftsrechts. Aktiengesellschaft. 5. Aufl., München 2020.

ders., § 79 Verfassung der KGaA, in: Michael Hoffmann-Becking (Hrsg.), Münchener Handbuch des Gesellschaftsrechts. Aktiengesellschaft. 5. Aufl., München 2020.

ders., § 81 Jahresabschluss, Gewinnverteilung und Gewinnverwendung, in: Michael Hoffmann-Becking (Hrsg.), Münchener Handbuch des Gesellschaftsrechts. Aktiengesellschaft. 5. Aufl., München 2020.

Heuser, Moritz, Aktivistische Aktionäre im Kontext des Aktien- und Kapitalmarktrecht, Der Konzern 2012, S. 308–319.

ders., Shareholder Activism. Aktienrechtliche Schranken für Anteilseigneraktivismus. Köln 2012 (Zugl.: Bonn, Univ., Diss., 2011–2012).

Hippeli, Michael, Wertpapierdarlehen bei öffentlichen Übernahmen, AG 2017, S. 771–776.

Hirschman, Albert O., Abwanderung und Widerspruch. Reaktionen auf Leistungsabfall bei Unternehmungen, Organisationen und Staaten. Tübingen 1974.

Hirte, Heribert/Knof, Béla, Das Pfandrecht an globalverbrieften Aktien in der Insolvenz. Teil I, WM 2008, S. 7–14.

Hirte, Heribert/Mülbert, Peter O./Roth, Markus (Hrsg.), Aktiengesetz. Großkommentar. 4. Aufl. Berlin 2006 (Band 6: §§ 150–220) [zitiert als: *Bearbeiter* in: Hirte/Mülbert/Roth].

dies., Aktiengesetz. Großkommentar. 5. Aufl. Berlin, Boston 2015 (Band 4/1: §§ 76–91) [zitiert als: *Bearbeiter* in: Hirte/Mülbert/Roth].

dies., Aktiengesetz. Großkommentar. 5. Aufl. Berlin, Boston 2018 (Band 3/2: §§ 67–75) [zitiert als: *Bearbeiter* in: Hirte/Mülbert/Roth].

dies., Aktiengesetz. Großkommentar. 5. Aufl. Berlin 2018 (Band 8: §§ 150–178) [zitiert als: *Bearbeiter* in: Hirte/Mülbert/Roth].

dies., Aktiengesetz. Großkommentar. 5. Aufl. Berlin, Boston 2019 (Band 6: § 117; MitbestR; Nachtrag § 76 Abs 4) [zitiert als: *Bearbeiter* in: Hirte/Mülbert/Roth].

dies., Aktiengesetz. Großkommentar. 5. Aufl. Berlin 2020 (Band 7/2: §§ 131–146) [zitiert als: *Bearbeiter* in: Hirte/Mülbert/Roth].

dies., Aktiengesetz. Großkommentar. 5. Aufl. Berlin, Boston 2021 (Band 7/3: §§ 147–149) [zitiert als: *Bearbeiter* in: Hirte/Mülbert/Roth].

dies., Aktiengesetz. Großkommentar. 5. Aufl. Berlin, Boston 2021 (Band 12: §§ 256–290) [zitiert als: *Bearbeiter* in: Hirte/Mülbert/Roth].

dies., Aktiengesetz. Großkommentar. 5. Aufl. Berlin, Boston 2022 (Band 3/1: §§ 53a-66) [zitiert als: *Bearbeiter* in: Hirte/Mülbert/Roth].

Hoffmann-Becking, Michael, Vorstands-Doppelmandate im Konzern, ZHR 150 (1986), S. 570–584.

ders., Deutscher Corporate Governance Kodex – Anmerkung zu Zulässigkeit, Inhalt und Verfahren, in: Peter Kindler/Jens Koch/Peter Ulmer/Martin Winter (Hrsg.), Festschrift für Uwe Hüffer zum 70. Geburtstag, München 2010, S. 337–353.

ders., Zehn kritische Thesen zum Deutschen Corporate Governance Kodex, ZIP 2011, S. 1173–1176.

ders., Unabhängigkeit im Aufsichtsrat, NZG 2014, S. 801–809.

ders., § 27 Schädigung durch Einflussnahme auf die Gesellschaft, in: Michael Hoffmann-Becking (Hrsg.), Münchener Handbuch des Gesellschaftsrechts. Aktiengesellschaft. 5. Aufl., München 2020.

ders., § 34 Deutscher Corporate Governance Kodex und Entsprechenserklärung von Vorstand und Aufsichtsrat, in: Michael Hoffmann-Becking (Hrsg.), Münchener Handbuch des Gesellschaftsrechts. Aktiengesellschaft. 5. Aufl., München 2020.

Hoffmann-Becking, Michael/Herfs, Achim, Struktur und Satzung der Familien-KGaA, in: Peter Hommelhoff/Rolf Schmidt-Diemitz/Axel Sigle (Hrsg.), Familiengesellschaften. Festschrift für Walter Sigle zum 70. Geburtstag, Köln 2000, S. 273–299.

Hölters, Wolfgang/Weber, Markus (Hrsg.), Aktiengesetz. 4. Aufl. München 2022 [zitiert als: *Bearbeiter* in: Hölters/Weber].

Hommelhoff, Peter, Anlegerschutz in der GmbH & Co KGaA, in: Peter Ulmer (Hrsg.), Die GmbH & Co KGaA nach dem Beschluss BGHZ 134, 392. Die Tragweite des Beschlusses und seine Bedeutung für die Kautelarpraxis: mit Beiträgen von Peter Hommelhoff und Hans-Christoph Ihrig, Michael Schlitt, Heidelberg 1998, S. 9–31.

Hommer, Marius, Aktivistische Hedgefonds zwischen Recht und Corporate Governance. Berlin 2014 (Zugl.: Osnabrück, Univ., Diss., 2013).

Höpner, Martin, Wer beherrscht die Unternehmen? Shareholder Value, Managerherrschaft und Mitbestimmung in Deutschland. Frankfurt am Main 2003 (Zugl.: Hagen, Fernuniv., Diss., 2002).

Hopt, Klaus J., Vergleichende Corporate Governance. Forschung und internationale Regulierung, ZHR 175 (2011), S. 444–526.

ders., Der Deutsche Corporate Governance Kodex: Grundlagen und Praxisfragen, in: Gerd Krieger/Marcus Lutter/Karsten Schmidt (Hrsg.), Festschrift für Michael Hoffmann-Becking zum 70. Geburtstag, München 2013, S. 563–587.

ders., Handelsgesetzbuch. Mit GmbH & Co., Handelsklauseln, Bank- und Kapitalmarktrecht, Transportrecht (ohne Seerecht). 43. Aufl. München 2024 [zitiert als: *Bearbeiter* in: Hopt].

Hopt, Klaus J./Leyens, Patrick C., Der Deutsche Corporate Governance Kodex 2020, ZGR 48 (2019), S. 929–995.

Hopt, Klaus J./Roth, Markus, Der Aufsichtsrat: Aktienrecht und Corporate Governance. Sonderausgabe aus dem Großkommentar zum Aktiengesetz §§ 95 bis 116 AktG. 1. Aufl. Berlin 2019.

Hornbach Holding AG & Co. KGaA, Geschäftsbericht 2023/2024.

Hottmann, Jürgen, Stille Rücklagen, in: Matthias Alber/Hendrik Arendt/Stephan Faber/Achim Fey/André Golombek/Thilo Haug/Jürgen Hottmann/Sebastian Illing/Thomas Kremer/Stefan Lahme/Edgar Leicht/Walter Maier/Jürgen Melchior/Philip Nürberg/Wolfgang Rauh/Thomas Scheel/Elar Vogl/Norbert Wirfler (Hrsg.), Beck'sches Steuer- und Bilanzrechtslexikon. 68. Aufl., München 2024.

Hübner, Rudolf-Matthias, § 3 Unternehmensverkauf, in: Stephan Scherer (Hrsg.), Unternehmensnachfolge. 6. Aufl., München 2020.

Hüffer, Uwe/Koch, Jens, Gesellschaftsrecht. 11. Aufl. 2019.

Hüttche, Tobias, Modernisierte Bilanzpolitik: Weichenstellungen mit Blick auf das BilMoG, BB 2009, S. 1346–1351.

Icahn, Carl, Twitter Post 13.08.2013, abrufbar unter: *www.twitter.com/Carl_C_Icahn/status/367350206993399808?ref_src=twsrc%5Etfw%7Ctwcamp%5Etweetembed%7Ctwterm%5E367350206993399808%7Ctwgr%5E%7Ctwcon%5Es1_c10&ref_url=https%3A%2F%2Fpublish.twitter.com%2F%3Fquery%3Dhttps3A2F2Ftwitter.com2FCarl_C_Icahn2Fstatus-2F367350206993399808widget%3DTweet.*

Ihlas, Horst/Hadding, Walther, Organhaftung und Haftpflichtversicherung. Berlin 1997 (Zugl.: Darmstadt, Techn. Hochsch., Diss., 1996).

Ihrig, Hans-Christoph/Schlitt, Michael, Die KGaA nach dem Beschluß des BGH vom 24.2.1997 – organisationsrechtliche Folgerungen, in: Peter Ulmer (Hrsg.), Die GmbH & Co KGaA nach dem Beschluss BGHZ 134, 392. Die Tragweite des Beschlusses und seine Bedeutung für die Kautelarpraxis: mit Beiträgen von Peter Hommelhoff und Hans-Christoph Ihrig, Michael Schlitt, Heidelberg 1998, S. 33–83.

Ihrig, Hans-Christoph/Wagner, Jens, Corporate Governance: Kodex-Erklärung und ihre unterjährige Korrektur, BB 2002, S. 2509–2514.

dies., Die Reform geht weiter: Das Transparenz- und Publizitätsgesetz kommt, BB 2002, 789–797.

Inci, Serdar, Shareholder Engagement. Chancen, Risiken und Kompatibilität mit der deutschen Corporate Governance. 1. Aufl. Baden-Baden 2018 (Zugl.: Köln, Univ., Diss., 2017).

o. A., -ismus, abrufbar unter: *www.duden.de/node/129807/revision/129843.*

Jaekel, Michael, Die Anatomie digitaler Geschäftsmodelle. 1. Aufl. Wiesbaden 2016.

Jain, Chinmay/Jain, Pankaj/McInish, Thomas H., Short Selling: The Impact of SEC Rule 201 of 2010, The Financial Review 47 (2012), S. 37–64.

Jensen, Michael C., Agency Costs of Free Cash Flow, Corporate Finance, and Takeovers, American Economic Review 76 (1986), S. 323–329.

Jensen, Michael C./Meckling, William H., Theory of the Firm: Managerial Behavior, Agency Costs and Ownership Structure, Journal of Financial Economics 3 (1976), S. 305–360.

Johannsen-Roth, Tim/Kießling, Arne, Die unzureichende Beachtung der rechtsformspezifischen Besonderheiten der KGaA in der jüngeren Gesetzgebung und im Corporate Governance Kodex, in: Gerald Spindler/Hans-Ulrich Wilsing/Volker Butzke/Klaus von der Linden (Hrsg.), Unternehmen, Kapitalmarkt, Finanzierung. Festschrift für Reinhard Marsch-Barner zum 75. Geburtstag, München 2018, S. 273–284.

Jostarndt, Philipp/Wolf, Rüdiger/Degen, Dominik, Aktivistische Investoren. Widerstand zwecklos? Wie Unternehmen von aktivistischen Investoren profitieren können 02.2020, abrufbar unter: *https://media-publications.bcg.com/BCG-Aktivistische-Investoren-Report-2020.pdf* [zitiert als: *Jostarndt/Wolf/Degen*, Aktivistische Investoren].

Kahan, Marcel/Rock, Edward B., Hedge Funds in Corporate Governance and Corporate Control, University of Pennsylvania Law Review 155 (2007), S. 1021–1093.

Kaiser, Dieter G., Der Lebenszyklus von Hedgefonds. 1. Aufl. s. l. 2007 (Zugl.: Chemnitz, Techn. Univ., Diss, 2007).

ders., Hedgefonds. Entmystifizierung einer Anlagekategorie. 2. Aufl. Wiesbaden 2009.

Kallmeyer, Harald, Rechte und Pflichten des Aufsichtsrats in der Kommanditgesellschaft auf Aktien, ZGR 12 (1983), S. 57–75.

ders., Die Kommanditgesellschaft auf Aktien – eine interessante Rechtsformalternative für den Mittelstand?, DStR 1994, S. 977–982.

ders., Anmerkung. BGH, Beschl. v. 24.2.1997 -II ZB 11/96, DZwiR 8 (1998), S. 238–240.

Kamp, Lothar, Zum Einfluss von Private Equity- und Hedge-Fonds auf die Wirtschaft, WSI Mitteilungen 2007, S. 596–601.

Kamp, Lothar/Krieger, Alexandra, Die Aktivitäten von Finanzinvestoren. Hintergründe und Orientierung. Düsseldorf 2005, abrufbar unter: *https://www.boeckler.de/de/faust-detail.htm?sync_id=4166* [zitiert als: *Kamp/Krieger*, Die Aktivitäten von Finanzinvestoren].

Karpoff, Jonathan M./Lou, Xiaoxia, Short Sellers and Financial Misconduct, The Journal of Finance 65 (2009), S. 1879–1913.

Kastiel, Kobi, Against All Odds: Shareholder Activism in Controlled Companies, Columbia Business Law Review 2016, S. 101–172.

Kengelbach, Jens/Roos, Alexander, Entflechtung der Deutschland AG. Empirische Untersuchung der Reduktion von Kapital- und Personalverflechtungen zwischen deutschen börsennotierten Gesellschaften, M&A Review 2006, S. 12.

Kessler, Alexander, Die rechtlichen Möglichkeiten der Kommanditaktionäre einer GmbH & Co. KGaA zur Einwirkung auf die Geschäftsführung. Köln 2003 (Zugl.: Münster (Westfalen), Univ., Diss., 2002).

ders., Die Entwicklung des Binnenrechts der KGaA seit BGHZ 134, 392 = NJW 1997, 1923, NZG 2005, S. 145–150.

Klanten, Thomas, § 42. Das Depotgeschäft, in: Herbert Schimansky/Hermann-Josef Bunte/Hans-Jürgen Lwowski (Hrsg.), Bankrechts-Handbuch. 6. Aufl., München 2022.

Kleindiek, Detlef, Krisenvermeidung in der GmbH: Gesetzliches Mindestkapital, Kapitalschutz und Eigenkapitalersatz, ZGR 35 (2006), S. 335–365.

Kleinert, Ursula/Mayer, Volker, Related-Party-Transactions nach dem Referentenentwurf zum ARUG II, EuZW 2019, S. 103–108.

Kleinmanns, Hermann, Shareholder Activism – bedeutender Einfluss institutioneller Investoren auch in Deutschland?, IRZ 2016, S. 341–345.

Kley, Karl-Ludwig, Der klassische Konflikt der Trennung von Eigentum und Verfügungsmacht. Zum Verhältnis vom Aufsichtsrat und Vorstand, in: Theo Siegert/Markus Schenck/Martin Weber (Hrsg.), Eigenkapital – Kapitalmarkt und Unternehmenssteuerung. Tagungsband zum 65. Deutscher Betriebswirtschafter-Tag, Düsseldorf 2012, 57–69.

Klinkhammer, Georg, Managerhaftung und D&O-Versicherungen – nicht mehr ganz neu, aber aktueller denn je –, VP 2008, S. 82–84.

Klöhn, Lars (Hrsg.), Marktmissbrauchsverordnung. Verordnung (EU) Nr. 596/2014 über Marktmissbrauch. 2. Aufl. München, Köln 2023 [zitiert als: *Bearbeiter* in: Klöhn].

Knott, Andreas/Siebert, Patrick, Deutsche Industrieunternehmen im Beuteschema, HV Magazin 2019, S. 16–19.

Knur, Alexander, Die Eignung der Kommanditgesellschaft auf Aktien für Familienunternehmen, in: Horst Heinrich Jakobs/Brigitte Knobbe-Keuk/Eduard Picker/Jan Wilhelm (Hrsg.), Festschrift für Werner Flume zum 70. Geburtstag, Köln 1978, S. 173–200.

Koch, Jens, Aktiengesetz. 18. Aufl. München 2024.

Koch, Stefan, Mitwirkungsrechte der Kommanditaktionäre bei der GmbH & Co. KGaA. Grenzen satzungsmäßiger Einschränkungen, DB 2002, S. 1701–1704.

Kocher, Dirk, Strategien im Umgang mit aktivistischen Aktionären und Investoren in Deutschland, DB 2016, S. 2887–2892.

Koenen, Jens/Schütze, Arno, Schott Pharma reizt Preisspanne beim IPO nicht aus 2023, abrufbar unter: *https://www.handelsblatt.com/unternehmen/mittelstand/familienunternehmer/pharma-branche-schott-pharma-reizt-preisspanne-beim-ipo-nicht-aus/29414224.html.*

Kögler, Antonia, KGaA wird als Schutzschild immer beliebter 9.02.2018, abrufbar unter: *https://www.finance-magazin.de/finanzierungen/kapitalmarkt/kgaa-wird-als-schutzschild-immer-beliebter-36089/.*

Köhler, Peter/Landgraf, Robert, Aktivist Carson Block – Investor greift Werbefirma Ströer an, Handelsblatt 78 (Wochenende 22./23./24.04.2016), S. 28.

Kolat, Georg L., Shareholder Activism durch institutionelle Investoren. Ein organisationstheoretischer Beitrag zur Investor-Governance-Diskussion in Deutschland. Hamburg 2014 (Zugl.: Potsdam, Univ., Diss., 2014).

Koreng, Ansgar, Das „Unternehmenspersönlichkeitsrecht" als Element des gewerblichen Reputationsschutzes, GRUR 112 (2010), S. 1065–1070.

Kornblum, Udo, Bundesweite Rechtstatsachen zum Unternehmens- und Gesellschaftsrecht, GmbHR 2019, S. 689–698.

Kort, Michael, Das rechtliche und wirtschaftliche Aktieneigentum beim Wertpapierdarlehen, WM 2006, S. 2149–2152.

Krause, Hans-Ulrich, Ganzheitliches Reporting mit Kennzahlen im Zeitalter der digitalen Vernetzung. 2. Aufl. 2019.

Kremer, Dennis, Die Männer, die der Crash reich machte. Die Hedgefondsmanager Crispin Odey und Bill Ackman haben den Börsenabsturz bestens überstanden und Milliarden verdient. Wie haben sie das gemacht?, F.A.S. 12.04.2020, 33.

Kremer, Johannes, Ein Mann zum Fürchten. Paul Singer attackiert Firmen in aller Welt, zuletzt vermehr in Deutschland. Seine Schlachten folgen einem raffinierten Plan – und kosten manchen Konzernchef den Job, F.A.S. 10.03.2019, S. 27.

Kremer, Thomas/Bachmann, Gregor/Lutter, Marcus/Werder, Axel von/Ringleb, Henrik-Michael (Hrsg.), Deutscher Corporate Governance Kodex. Kodex-Kommentar. 8. Aufl. München 2021 [zitiert als: *Bearbeiter* in: Kremer/Bachmann/Lutter/Werder/Ringleb].

Kreße, Bernhard, Achter Teil: Depotgeschäft, in: Thorwald Hellner/Stefan Steuer (Hrsg.), Bankrecht und Bankpraxis. 144. Aufl., Köln 1979–2020.

Kruis, Ferdinand, § 4. Einstweiliger Rechtsschutz, in: Christoph Hamm (Hrsg.), Beck'sches Rechtsanwalts-Handbuch. 12. Aufl., München 2022.

Kruse, Cornelius/Domning, Oliver/Frechen, Philipp, Die (GmbH & Co.) KGaA als moderne Rechtsform für mittelständische Familienunternehmen, DStR 2017, S. 2440–2444.

KSB SE & Co. KGaA, Geschäftsbericht 2023.

Kübler, Friedrich, Haftungstrennung und Gläubigerschutz im Recht der Kapitalgesellschaften. Zur Kritik der „Autokran"-Doktrin des Bundesgerichtshofes, in: Friedrich Kübler/Hans-Joachim Mertens/Winfried Werner (Hrsg.), Festschrift für Theodor Heinsius zum 65. Geburtstag am 25. September 1991, Berlin, Boston 1991, S. 397–424.

Kumpan, Christoph, Unabhängigkeit von Aufsichtsratsmitgliedern, ZGR 49 (2020), S. 749–781.

Kuntz, Thilo, Digitale Kommunikation mit Aktionären und Investoren. Chancen und Herausforderungen durch Blockchain, Soziale Medien und „Big Data", ZHR 183 (2019), S. 190–244.

Kusterer, Stefan/Rupp, Christoph, Die Kommanditgesellschaft auf Aktien. Folgen der mitunternehmerischen Einordnung, EStB 2003, S. 397–399.

Kuthe, Thorsten/Beck, Sascha, Vom Minderheitenschutz zum „Shareholder Activism". Die Aktionärsverlangen nach § 122 AktG, AG 2019, S. 898–907.

Küting, Karlheinz/Kaiser, Thomas, Bilanzpolitik in der Unternehmenskrise, BB 1994, S. 1–17.

KWS Saat SE & Co. KGaA, Geschäftsbericht 2022/2023.

Ladwig, Peter/Motte, Frank, Die Kommanditgesellschaft auf Aktien – Eine Alternative für börsenwillige mittelständische Unternehmen? (Teil II), DStR 1996, S. 842–847.

Landgraf, Robert, Hedgefonds attackiert Aurelius, Handelsblatt 63 (29.03.2017), S. 34.

ders., Attacke abgewehrt. Der Finanzinvestor Aurelius überzeugt die Analysten davon, dass die Vorwürfe der Bilanzmanipulation unbegründet sind. Optimisten rechnen gar mit einer Verdopplung des Kurses., Handelsblatt 25.02.2020, S. 36–37.

Lange, Knut Werner, Die Bedeutung institutionenökonomischer Erkenntnisse für das Verständnis von Herrschaft und Kontrolle in der Stiftung, AcP 214 (2014), S. 511–541.

Langenbucher, Katja, Die Einflussnahme der Aktionäre auf die Zusammensetzung des Vorstandes, in: Meinrad Dreher/Peter O. Mülbert/Dirk A. Verse/

Ingo Drescher (Hrsg.), Festschrift für Alfred Bergmann zum 65. Geburtstag am 13. Juli 2018 2019, S. 443–456.

dies., Aktien- und Kapitalmarktrecht. Ein Studienbuch. 5. Aufl. München 2022.

Langenbucher, Katja/Hau, Daniel/Wentz, Jasper, „Aktivistische Leerverkäufer" – eine Überlegung zur Markteffizienz und deren Grenzen im Kapitalmarktrecht, ZBB/JBB 31 (2019), S. 307–316.

Langenbucher-Adolff, Katja/Bliesener, Dirk H./Spindler, Gerald (Hrsg.), Bankrechts-Kommentar. 3. Aufl. München 2020 [zitiert als: *Bearbeiter* in: Langenbucher-Adolff/Bliesener/Spindler].

Langheid, Theo/Wandt, Manfred (Hrsg.), Münchener Kommentar zum Versicherungsvertragsgesetz: VVG. Band 3: Nebengesetze, Systematische Darstellungen. 2. Aufl. München 2017 [zitiert als: *Bearbeiter* in: Langheid/Wandt].

Larenz, Karl/Canaris, Claus-Wilhelm, Lehrbuch des Schuldrechts. Band II – Halbband 2 – Besonderer Teil. 13. Aufl. München 1993.

Lehmann, Matthias, Einführung, in: Stefan Leible/Matthias Lehmann (Hrsg.), Hedgefonds und Private Equity – Fluch oder Segen?, Jena 2009, S. 17–32.

ders., Finanzinstrumente. Vom Wertpapier- und Sachenrecht zum Recht der unkörperlichen Vermögensgegenstände. Tübingen 2012 (Zugl.: Bayreuth, Univ., Habil.-Schr., 2008).

Lenz, Susanne, Steigerung der Hauptversammlungsteilnahme durch monetäre Anreize?, NZG 9 (2006), S. 534–535.

Lieder, Jan/Hoffmann, Thomas, Die bunte Welt der KGaA. Eine Bestandsaufnahme der KGaA-Landschaft zum Stichtag 11.7.2016, AG 2016, S. 704–712.

Liese, Jens/Theusinger, Ingo, § 2 Unternehmensführung und Gesellschaftsrecht, in: Klaus Moosmayer/Thomas Lösler (Hrsg.), Corporate Compliance. Handbuch der Haftungsvermeidung im Unternehmen. 4. Aufl., München 2024.

Limmer, Peter, Die Anteilsveräußerung bei der GmbH & Co. KG, ZNotP 2000, S. 297–305.

Lindemann, Michael, 1. Der (wahre) Vermögensinhaber, in: Hans Achenbach/Andreas Ransiek/Thomas Rönnau (Hrsg.), Handbuch Wirtschaftsstrafrecht. 6. Aufl., Heidelberg 2023.

Link, Simon Patrick, Shareholder und Investor Activism – Rechtsfragen der aktuellen Praxis, ZGR 50 (2021), S. 904–955.

Looschelders, Dirk/Pohlmann, Petra (Hrsg.), Versicherungsvertragsgesetz. VVG-Kommentar. 4. Aufl. Köln 2023 [zitiert als: *Bearbeiter* in: Looschelders/Pohlmann].

Loritz, Karl-Georg, Die Realität des Aktientransfers in Zeiten der Dauerglobalurkunde – Sachgerechtes Verständnis des Zivilrechts als Grundlage zur Vermeidung steuerlicher Irrwege – Teil I. Überlegungen auch vor dem Hintergrund des neuesten Schreibens des BMF zu Cum/Cum-Transaktionen vom 17.7.2017, BB 2017, S. 2327–2339.

dass., Die Realität des Aktientransfers in Zeiten der Dauerglobalurkunde – Sachgerechtes Verständnis des Zivilrechts als Grundlage zur Vermeidung steuerlicher Irrwege – Teil II. Die Kapitalertragsteuer-Erstattung/Anrechnung und die gegen sie verwendeten Argumente, BB 2017, S. 2394–2403.

Lorz, Rainer, Die GmbH & Co. KGaA und ihr Weg an die Börse, in: Gesellschaftsrechtliche Vereinigung (Hrsg.), Gesellschaftsrecht in der Diskussion. Jahrestagung 1998 der Gesellschaftsrechtlichen Vereinigung (VGR), Köln 1999, S. 57–85.

Ludwig, Thomas C., Verteidigungsstrategie vor dem Hintergrund von Shareholder Activism und feindlichen Übernahmen, M&A Review 28 (2017), S. 363–369.

Lutter, Marcus, Theorie der Mitgliedschaft. – Prolegomena zu einem Allgemeinen Teil des Korporationsrechts –, AcP 180 (1980), S. 84–159.

ders., Die Erklärung zum Corporate Governance Kodex gemäß § 161 AktG. Pflichtverstöße und Binnenhaftung von Vorstands- und Aufsichtsratsmitgliedern, ZHR 166 (2002), S. 523–543.

ders., Kodex guter Unternehmensführung und Vertrauenshaftung, in: Rainer J. Schweizer/Herbert Burkert/Urs Gasser (Hrsg.), Festschrift für Jean Nicolas Druey zum 65. Geburtstag, Zürich 2002, S. 463–478.

Markworth, David, Marktmissbrauchsverordnung und effet utile. – Europarechtlich determinierte Zeitenwende im Kapitalmarktdeliktsrecht? –, ZHR 183 (2019), S. 46–72.

Marsch-Barner, Reinhard, Doppelte Überwachung der Geschäftsführung in der AG & Co KGaA, in: Gerd Krieger/Marcus Lutter/Karsten Schmidt (Hrsg.), Festschrift für Michael Hoffmann-Becking zum 70. Geburtstag, München 2013, S. 777–792.

Martens, Klaus-Peter, Der Beirat in der Kommanditgesellschaft auf Aktien, AG 27 (1982), S. 113–122.

Martinek, Michael, Das Flaschenpfand als Rechtsproblem. Eine zivilrechtliche Grübelei für mittlere Semester, JuS 1987, S. 514–522.

Masuch, Andreas, Sachkapitalerhöhung des Komplementärkapitals in der KGaA, NZG 6 (2003), S. 1048–1051.

Maunz, Theodor/Dürig, Günter (Hrsg.), Grundgesetz. Kommentar. München 2020 [zitiert als: *Bearbeiter* in: Maunz/Dürig].

Maurer, Torsten, Teil F – Rechtsformspezifische Besonderheiten. IV Besonderheiten bei der KGaA, in: Herbert Brönner/Peter Bareis/Klaus Hahn/Torsten Maurer/Jens Poll/Uwe Schramm (Hrsg.), Die Bilanz nach Handels- und Steuerrecht. Einzel- und Konzernabschluss nach HGB und IFRS. 11. Aufl., Stuttgart 2016.

Mayer, Dieter, Der Komplementär in der GmbH & Co. KGaA, in: Peter Hommelhoff/Volker Röhricht (Hrsg.), Gesellschaftsrecht 1997, Köln 1998, S. 263–274.

Mayer-Uellner, Richard/Otte, Daniel, Die SE & Co. KGaA als Rechtsform kapitalmarktfinanzierter Familienunternehmen, NZG 2015, S. 737–743.

McCahery, Joseph A./Vermeulen, Erik P. M., Private Equity and Hedge Fund Activism: Explaining the Differences in Regulatory Responses, EBOR 9 (2008), S. 535–578.

Medicus, Dieter/Lorenz, Stephan, Schuldrecht II. Besonderer Teil. 18. Aufl. München 2018.

Melot de Beauregard, Paul/Gleich, Christian, Aktuelle Problemfelder bei der D&O-Versicherung, NJW 2013, S. 824–829.

Mentz, Alexander/Fröhling, Viviane, Die Formen der rechtsgeschäftlichen Übertragung von Aktien, NZG 2002, S. 201–210.

Merck KGaA, E. Merck KG, abrufbar unter: *https://www.merckgroup.com/de/company/management/e-merck-kg.html*.

dass., Geschäftsbericht 2023.

dass., Satzung (2024).

dass., Stellungnahme zum Entwurf eines geänderten Deutschen Corporate Governance Kodex, abrufbar unter: *https://www.dcgk.de/de/konsultationen/archiv/konsultation-2018/19/konsultation-2019.html?file=files/dcgk/usercontent/de/Konsultationen/2019/Eingegangene%20Stellungnahmen/190131%20Stellungnahme%20Merck.pdf* [zitiert als: *Merck KGaA*, Stellungnahme zum Entwurf eines geänderten Deutschen Corporate Governance Kodex].

Meyer, Andreas, § 8 Übernahme und Platzierung von Aktien, in: Reinhard Marsch-Barner/Frank A. Schäfer (Hrsg.), Handbuch börsennotierte AG. Aktien- und Kapitalmarktrecht. 5. Aufl., Köln 2022.

Meyer, Justus, Haftungsbeschränkung im Recht der Handelsgesellschaften. Berlin, Heidelberg 2000.

Mimberg, Jörg, § 38 Rechte und Pflichten des Aktionärs, in: Reinhard Marsch-Barner/Frank A. Schäfer (Hrsg.), Handbuch börsennotierte AG. Aktien- und Kapitalmarktrecht. 5. Aufl., Köln 2022.

Mitgl. des BGH (Hrsg.), Das Bürgerliche Gesetzbuch: mit besonderer Berücksichtigung der Rechtsprechung des Reichsgerichts und des Bundesgerichtshofs. Band II, 2. Teil – §§ 414–610 (Anhang nach § 455: Abzahlungsgesetz). 12. Aufl. Berlin, New York 1978 [zitiert als: *Bearbeiter* in: Mitgl. des BGH].

dass., Das Bürgerliche Gesetzbuch: mit besonderer Berücksichtigung der Rechtsprechung des Reichsgerichts und des Bundesgerichtshofs. Band III, 1. Teil – §§ 854–1011. 12. Aufl. Berlin, New York 1979 [zitiert als: *Bearbeiter* in: Mitgl. des BGH].

Mittermeier, Martin, Grundlagen und Regulierungsperspektiven von Leerverkäufen, ZBB/JBB 22 (2010), S. 139–149.

Möllers, Thomas M. J., Marktmanipulation durch Leerverkaufsattacken und irreführende Finanzanalysen, NZG 21 (2018), S. 649–658.

Möllers, Thomas M. J./Christ, Dominique/Harrer, Andreas, Nationale Alleingänge und die europäische Reaktion auf ein Verbot ungedeckter Leerverkäufe, NZG 2010, S. 1167–1170.

Motte, Frank, Die GmbH & Co. KGaA nach der Zulassung durch den BGH – die neue Rechtsform für den Mittelstand?, DStR 35 (1997), 1539–1542.

Muddy Waters Capital, Ströer: Blue Sky or Being Taken for a Ride? 21.04.2016, abrufbar unter: *https://www.muddywatersresearch.com/wp-content/uploads/2016/04/MW_SAX_04212016.pdf* [zitiert als: *Muddy Waters Capital*, Ströer: Blue Sky or Being Taken for a Ride?].

Mülbert, Peter O., Die Aktie zwischen mitgliedschafts- und wertpapierrechtlichen Vorstellungen, in: Mathias Habersack (Hrsg.), Entwicklungslinien im Bank- und Kapitalmarktrecht. Festschrift für Gerd Nobbe. 2. Aufl., Köln 2009, S. 691–724.

ders., Rechtsschutzlücken bei Short Seller-Attacken – und wenn ja, welche?, ZHR 182 (2018), S. 105–113.

Mülbert, Peter O./Sajnovits, Alexander, Das künftige Regime für Leerverkäufe und bestimmte Aspekte von Credit Default Swaps nach der Verordnung (EU) Nr. 236/2012, ZBB/JBB 24 (2012), S. 266–285.

dies., Short-Seller-Attacken 2.0: der Fall Wirecard, BKR 19 (2019), S. 313–323.

dies., § 12. Entsprechenserklärung nach § 161, in: Mathias Habersack/Peter O. Mülbert/Michael Schlitt/Rick van Aerssen/Ralf Becker/Lucina Berger (Hrsg.), Handbuch der Kapitalmarktinformation. 3. Aufl., München 2020.

dies., Eingriffsbefugnisse nach der Leerverkaufs-VO bei Bedrohungen der Finanzstabilität und des Marktvertrauens. Das Wirecard-Leerverkaufsverbot nach dem Wirecard-Untersuchungsausschuss, ZBB/JBB 33 (2021), S. 149–161.

Müller-Erzbach, Rudolf, Das Erfassen des Rechts aus den Elementen des Zusammenlebens, veranschaulicht am Gesellschaftsrecht, AcP 154 (1955), S. 299–343.

Müller-Glöge, Rudi/Preis, Ulrich/Schmidt, Ingrid/Dieterich, Thomas/Hanau, Peter/Schaub, Günter (Hrsg.), Erfurter Kommentar zum Arbeitsrecht. 24. Aufl. München 2024 [zitiert als: *Bearbeiter* in: Müller-Glöge/Preis/Schmidt/Dieterich/Hanau/Schaub].

Müller-Michaels, Olaf, Kapitel 12 Börsennotierte Unternehmen, in: Wolfgang Hölters (Hrsg.), Handbuch Unternehmenskauf. 10. Aufl., Koln 2022.

Mutares SE & Co. KGaA, Geschäftsbericht 2023.

dass., Satzung (2024).

Nagel, Jürgen G., Abenteuer Fernhandel. Die Ostindienkompanien. 2. Aufl. Darmstadt/Mainz 2011.

Nagel, Sibilla/Wittkowski, Ansas, Die Kommanditgesellschaft auf Aktien (KGaA). Rechtsform für Mittelstand und Familienunternehmen. Wiesbaden 2012.

Needham, Sean/Mack, Kevin/Müller, Stefan, Unabhängigkeit von Aufsichtsratsmitgliedern. Erhöhung der Transparenz durch verbesserte Darstellung in der Erklärung zur Unternehmensführung, DK 2018, 104–109.

Neuhaus, Ralf/Böhm, Michael, Siebenter Teil: Wertpapierhandel, in: Thorwald Hellner/Stefan Steuer (Hrsg.), Bankrecht und Bankpraxis. 144. Aufl., Köln 1979–2020.

Neumann-Duesberg, Axel, Die Besetzung des Aufsichtsrats der atypischen Kommanditgesellschaft auf Aktien. Berlin 2015 (Zugl.: Zürich, Univ., Diss., 2014).

Nguyen, Tristan/Stützle, Ralf, Auswirkungen des demografischen Wandels auf die Rendite von Alterssicherungssystemen, WiSt 41 (2012), S. 195–200.

Nicolai, Alexander T./Thomas, Thomas W., Investoren-Aktivismus. Ursachen und Auswirkungen, WiSt 2004, S. 20–24.

dies., Kapitalmarktkonforme Unternehmensführung: Eine Analyse im Lichte der jüngeren Strategieprozesslehre, zfbf 56 (2004), S. 452–469.

Nicolas, Heinz/Eiff, Christoph von, 17. Kapitel Kommanditgesellschaft auf Aktien (KGaA), in: Jürgen Frodermann/Dirk Jannott (Hrsg.), Handbuch des Aktienrechts. 9. Aufl., Heidelberg 2017.

Niewiarra, Manfred, Verträge zwischen Vorstand und Aktionär, BB 1998, S. 1961–1965.

Noack, Ulrich (Hrsg.), Kölner Kommentar zum Aktiengesetz. Band 7: §§ 76–94 AktG. 4. Aufl. Köln 2023 [zitiert als: *Bearbeiter* in: Noack].

Nodoushani, Manuel, Rechtsfragen bei der Aktienverpfändung, WM 2007, S. 289–296.

Nowak, Eric/Rott, Roland/Mahr, Till G., Wer den Kodex nicht einhält, den bestraft der Kapitalmarkt? Eine empirische Analyse der Selbstregulierung und Kapitalmarktrelevanz des Deutschen Corporate Governance Kodex, ZGR 34 (2005), S. 252–279.

Oder, Birgit, Die Anwendung der Principal-Agent-Theorie auf die KGaA. Bonn 1987.

dies., Eigentümerkontrolle in der KGaA, in: Horst Albach (Hrsg.), Organisation. Mikroökonomische Theorie und ihre Anwendungen, Wiesbaden 1989.

Oetker, Hartmut (Hrsg.), Handelsgesetzbuch. 7. Aufl. München 2021 [zitiert als: *Bearbeiter* in: Oetker].

Omlor, Sebastian, Elektronische Wertpapiere nach dem eWpG, RDi 1 (2021), S. 371–377.

Ontake Research, Ontake Report on Aurelius 30.01.2020, abrufbar unter: *https://theontakeresearch.com/wp-content/uploads/2021/02/ontake-report-on-aurelius.pdf* [zitiert als: *Ontake Research*, Ontake Report on Aurelius].

Osterloh-Konrad, Christine, Die Selbstorganschaft in der Personengesellschaft – Wesenszug oder Anachronismus?, ZGR 48 (2019), S. 271–300.

Otte, Daniel, Die AG & Co. KGaA. Eine Rechtsformstudie. 1. Aufl. Baden-Baden 2011 (Zugl.: Bonn, Univ., Diss., 2010).

ders., 25 Jahre Kapitalgesellschaft & Co. KGaA – eine Rechtsformalternative mit Zukunft?, BB 2022, S. 461–467.

Oulds, Mark K., § 10. Rahmenbedingungen des Investmentbanking, in: Siegfried Kümpel/Peter O. Mülbert/Andreas Früh (Hrsg.), Bank- und Kapitalmarktrecht. 6. Aufl. 2022.

Overlack, Arndt, Der Komplementär in der GmbH & Co. KGaA, in: Peter Hommelhoff/Volker Röhricht (Hrsg.), Gesellschaftsrecht 1997, Köln 1998, S. 237–261.

Parkinson, John, Disclosure and Corporate Social and Environmental Performance: Competitiveness and Enterprise in a Broader Social Frame, Journal of Corporate Law Studies 3 (2003), S. 3–39.

Paschos, Nikolaos/Goslar, Sebastian, Unabhängigkeit von Aufsichtsratsmitgliedern nach den neuesten Änderungen des Deutschen Corporate Governance Kodex, NZG 2012, S. 1361–1366.

Pellens, Bernhard/Ahlich, Katrin/Schmidt, André, Verhalten und Präferenzen deutscher Aktionäre 2018. Eine Befragung von privaten und institutionelle Anlegern zum Informationsverhalten, zur Dividendenpräferenz und zur Stimmrechtsnutzung. 1. Aufl. Frankfurt am Main 2019.

Pellens, Bernhard/Hildebrandt, Franca/Ulmer, Björn, Umsetzung von Corporate-Governance-Richtlinien in der Praxis. Eine empirische Analyse der DAX 100-Unternehmen, BB 2001, S. 1243–2350.

Peltzer, Martin/Werder, Axel von, Der „German Code of Corporate Governance (GCCG)“ des Berliner Initiativkreises, AG 2000, S. 1–15.

Pflug, Hans-Joachim, Der persönlich haftende Gesellschafter in der Kommanditgesellschaft auf Aktien, NJW 24 (1971), S. 345–361.

Philbert, Stephan, Die Kommanditgesellschaft auf Aktien zwischen Personengesellschaftsrecht und Aktienrecht. 1. Aufl. Berlin 2005 (Zugl.: Regensburg, Univ., Diss., 2005).

Pierscinska, Ewa, Investoren-Aktivismus in Deutschland. Grundlagen, Möglichkeiten, Auswirkungen. 1. Aufl. Saarbrücken 2007.

Pisko, Oskar, Das Unternehmen als Gegenstand des Rechtsverkehrs. Wien 1907.

Plagemann, Nikolaus/Rahlmeyer, Niklas, Vier Corporate Governance Trends für 2015, NZG 2015, S. 895–899.

Pleyer, Klemens/Schleiffer, Guido, Neue Entwicklung im Depotrecht. Anmerkung zum Regierungsentwurf eines Gesetzes zur Änderung des Depotgesetzes, DB 1972, S. 77–80.

Pochmann, Günter, Betriebliche Altersversorgung in der Finanzberichterstattung. Unterschiede, Gemeinsamkeiten und Analysemöglichkeiten in den verschiedenen Durchführungswegen. 1. Aufl. Stuttgart 2020.

Poelzig, Dörte, Private enforcement im deutschen und europäischen Kapitalmarktrecht, ZGR 44 (2015), S. 801–848.

dass., Die Neuregelung der Offenlegungsvorschriften durch die Marktmissbrauchsverordnung, NZG 19 (2016), S. 761–773.

dass., Durchsetzung und Sanktionierung des neuen Marktmissbrauchsrechts, NZG 19 (2016), S. 492–502.

dass., Shortseller-Attacken im Aufsichts- und Zivilrecht, ZHR 184 (2020), S. 697–760.

Poitras, Geoffrey, Equity Capital. From Ancient Partnerships to Modern Exchange Traded Funds 2016.

Priester, Hans-Joachim, Die Kommanditgesellschaft auf Aktien ohne natürlichen Komplementär, ZHR 160 (1996), S. 250–264.

Prigge, Stefan/Steenbock, Anke, Pensionsfondsaktivismus. Chancen und Risiken einer Reform der Alterssicherung für die Corporate Governance in Deutschland, ZfB/JBE 72 (2002), S. 777–795.

Prütting, Hanns/Wegen, Gerhard/Weinrich, Gerd (Hrsg.), BGB – Kommentar. Bürgerliches Recht. 19. Aufl. 2024 [zitiert als: *Bearbeiter* in: Prütting/Wegen/Weinrich].

Rahlmeyer, Niklas, Deal Activism – Eine Herausforderung auch für Aufsichtsräte, AR 2016, S. 36–37.

Raiser, Thomas, Konzernhaftung und Unterkapitalisierungshaftung – Besprechung der Entscheidung BGH AG 1994, 179 (EDV-Peripherie) –, ZGR 24 (1995), S. 156–169.

Redeke, Julian, Institutionelle Investoren und Organhaftung. Dei ex Machina oder rational apathische Zuschauer?, AG 2015, S. 253–261.

Reger, Gerald, § 5 Die Binnenverfassung der KGaA. A-B III 1-3; B IV – C, in: Tobias Bürgers/Torsten Fett (Hrsg.), Die Kommanditgesellschaft auf Aktien. Handbuch mit Mustern. 3. Aufl., München 2022.

Regierungskommission DCGK, Konsolidierte Begründung zum DCGK November 2023, abrufbar unter: *https://www.dcgk.de/de/kodex/konsolidierte-begruendung-des-dcgk.html* [zitiert als: *Regierungskommission DCGK*, Begründung DCGK].

Rehm, Gebhard, § 11. Die Corporation nach dem Recht des US-Bundesstaates Delaware, in: Horst Eidenmüller (Hrsg.), Ausländische Kapitalgesellschaften im deutschen Recht, München 2004.

Reichert, Jochem, Wettbewerb der Gesellschaftsformen – SE oder KGaA zur Organisation großer Familiengesellschaften, ZIP 2014, S. 1957–1965.

ders., § 5 Die Hauptversammlung, in: Florian Drinhausen/Hans-Martin Eckstein (Hrsg.), Beck'sches Handbuch der AG. Gesellschaftsrecht – Steuerrecht – Börsengang. 3. Aufl., München 2018.

Reichert, Jochem/Balke, Michaela, § 51 Besonderheiten der Hauptversammlung der KGaA, in: Jochem Reichert (Hrsg.), Arbeitshandbuch für die Hauptversammlung. 6. Aufl., München 2024.

Reuter, Dieter, Die Mitgliedschaft als sonstiges Recht im Sinne des § 823 I BGB, in: Dieter Medicus/Hans-Joachim Mertens/Knut Wolfgang Nörr/Wolfgang Zöllner (Hrsg.), Festschrift für Hermann Lange zum 70. Geburtstag am 24. Januar 1992, Stuttgart 1992.

Ricke, Markus, Stichwort: Hedge Fonds, BKR 2004, S. 60–65.

Rieckers, Oliver, Nachlese zur Hauptversammlungssaison 2017 und Ausblick auf 2018 (Teil 1), DB 2018, S. 2720–2725.

ders., Nachlese zur Hauptversammlungssaison 2018 und Ausblick auf 2019, DB 2019, S. 107–119.

ders., § 15 Eigene Aktien, in: Michael Hoffmann-Becking (Hrsg.), Münchener Handbuch des Gesellschaftsrechts. Aktiengesellschaft. 5. Aufl., München 2020.

ders., § 17 Mitgliedschaft des Aktionärs, in: Michael Hoffmann-Becking (Hrsg.), Münchener Handbuch des Gesellschaftsrechts. Aktiengesellschaft. 5. Aufl., München 2020.

Rock, Edward B., Saints and Sinners: How Does Delaware Corporate Law Work?, UCLA Law Review 44 (1997), S. 1009–1107.

Rödder, Thomas/Hötzel, Oliver/Mueller-Thuns, Thomas, Unternehmenskauf, Unternehmensverkauf. Zivil- und steuerrechtliche Gestaltungspraxis. München 2003.

Röhricht, Volker, Das Gesellschaftsrecht in der jüngsten Rechtsprechung des Bundesgerichtshofs, in: Peter Hommelhoff/Volker Röhricht (Hrsg.), Gesellschaftsrecht 1997, Köln 1998, S. 191–222.

Röhricht, Volker/Westphalen, Friedrich Graf von/Haas, Ulrich/Mock, Sebastian/Wöstmann, Heinz (Hrsg.), HGB. Kommentar zu Handelsstand, Handelsgesellschaften, Handelsgeschäften, besonderen Handelsverträgen und internationalem Vertragsrecht (ohne Bilanz-, Transport- und Seerecht). 6. Aufl. Köln 2023 [zitiert als: *Bearbeiter* in: Röhricht/Westphalen/Haas/Mock/Wöstmann].

Römer, Hans-Jürgen/Müller, Heinz D., Anforderungen des Going Public mittelständischer Unternehmen, DB 53 (2000), S. 1085–1090.

Rosenberger, Miriam, Asset Protection als Gestaltungsziel der Beteiligten, RNotZ 2020, S. 357–377.

Roßkopf, Gabriele, § 9 Aufsichtsrat in anderen Gesellschaftsformen. I. Aufsichtsrat in der KGaA, in: Wulf Goette/Michael Arnold (Hrsg.), Handbuch Aufsichtsrat. 2. Aufl., München 2024.

Rosty, Nicolas von, Aktivistische Investoren in den Startblöcken. Der Druck aktivistischer Aktionäre wird wachsen – was Vorstand und Aufsichtsrat dagegen tun können, AR 2020, S. 172–173.

Ruffner, Markus, Die ökonomischen Grundlagen eines Rechts der Publikumsgesellschaft. Ein Beitrag zur Theorie der Corporate Governance. Zürich 2000.

Rupertus, Hendrik/Kaiser, Florian/Bravidor, Marcus, Auf hohem Niveau schwierig!? – die Lesbarkeit der Finanzberichterstattung im internationalen Vergleich. Eine empirische Analyse für Deutschland, Großbritannien und Frankreich, KoR 2017, S. 79–85.

Ruppert, Benjamin/Schöning, Stephan, Aktionärsrechte auf der virtuellen Hauptversammlung, ZCG 16 (2021), S. 214–221.

Säcker, Franz Jürgen/Rixecker, Roland/Oetker, Hartmut/Limperg, Bettina (Hrsg.), Münchener Kommentar zum Bürgerlichen Gesetzbuch. Schuldrecht – Besonderer Teil IV §§ 705–853, Partnerschaftsgesellschaftsgesetz, Produkthaftungsgesetz. 8. Aufl. 2020 [zitiert als: *Bearbeiter* in: Säcker/Rixecker/Oetker/Limperg].

dies., Münchener Kommentar zum Bürgerlichen Gesetzbuch. Allgemeiner Teil §§ 1–240, AllgPersönlR, ProstG, AGG. 9. Aufl. München 2021 [zitiert als: *Bearbeiter* in: Säcker/Rixecker/Oetker/Limperg].

dies., Münchener Kommentar zum Bürgerlichen Gesetzbuch. Sachenrecht, §§ 854–1296, WEG, ErbbauRG. 9. Aufl. 2023 [zitiert als: *Bearbeiter* in: Säcker/Rixecker/Oetker/Limperg].

dies., Münchener Kommentar zum Bürgerlichen Gesetzbuch. Schuldrecht – Besonderer Teil II §§ 535–630h, BetrKV, HeizkostenV, WärmeLV, EFZG, TzBfG, KSchG, MiLoG. 9. Aufl. München 2023 [zitiert als: *Bearbeiter* in: Säcker/Rixecker/Oetker/Limperg].

dies., Münchener Kommentar zum Bürgerlichen Gesetzbuch. Schuldrecht – Besonderer Teil I §§ 433–534, Finanzierungsleasing, CISG. 9. Aufl. München 2024 [zitiert als: *Bearbeiter* in: Säcker/Rixecker/Oetker/Limperg].

Saenger, Ingo, Gesellschaftsrecht. 6. Aufl. München 2023.

Sailer-Coceani, Viola, § 12. Aktie, in: Michael Hoffmann-Becking (Hrsg.), Münchener Handbuch des Gesellschaftsrechts. Aktiengesellschaft. 5. Aufl., München 2020.

Sajnovits, Alexander/Weick-Ludewig, Verena, Europäische Leerverkaufsregulierung in der praktischen Anwendung: Anforderungen an die Deckung von Leerverkäufen von Aktien nach Artikel 12 und 13 der Verordnung (EU) Nr. 236/2012 (EU-LVVO), WM 2015, S. 2226–2233.

Sanders, Anne/Berisha, Shkelquim, Der persönlich haftende Gesellschafter. Herkunft – Ratio – Zukunft, NZG 2020, S. 1290–1299.

Savigny, Friedrich Carl von, Das Obligationenrecht als Theil des heutigen römischen Rechts. Berlin 1853.

Schaefer, Hans, Shareholder Activism und Corporate Governance, NZG 2007, S. 900–903.

Schäfer, Carsten, Gesellschaftsrecht. 6. Aufl. München 2023.

Schäfer, Frank A., § 14 Insiderrecht, in: Reinhard Marsch-Barner/Frank A. Schäfer (Hrsg.), Handbuch börsennotierte AG. Aktien- und Kapitalmarktrecht. 5. Aufl., Köln 2022.

Schanz, Kay-Michael, Börseneinführung. Recht und Praxis des Börsengangs. 4. Aufl. München 2012.

Schaper, Martin, Aktienurkunden in der Praxis – Verbriefung, Übertragung, Umtausch und Kraftloserklärung, AG 2016, S. 889–895.

ders., Unternehmenskommunikation und Vertraulichkeit in der Europäischen Aktiengesellschaft (SE) im Vergleich zur AG, AG 2018, S. 356–364.

Schaub, Bernhard, § 3 Vergleich der Aktiengesellschaft mit der Kommanditgesellschaft auf Aktien, in: Matthias Schüppen/Bernhard Schaub (Hrsg.), Münchener Anwalts-Handbuch Aktienrecht. 4. Aufl., München 2024.

Schauer, Pirmin J., Aufsichtsratskommunikation. Ein Beitrag zur Definition der Rolle des Aufsichtsrats und seines Vorsitzenden im Bereich der Investor Relations einer kapitalmarktorientierten Aktiengesellschaft. Baden-Baden 2021 (Zugl.: Augsburg, Univ., Diss., 2021).

Schaumburg, Harald, Die KGaA als Rechtsform für den Mittelstand?, DStZ 86 (1998), S. 525–544.

Schaumburg, Harald/Schulte, Christoph, Die KGaA. Recht und Steuern in der Praxis. Köln 2000.

Schenck, Kersten von, Handlungsbedarf bei der D&O-Versicherung, NZG 2015, S. 494–501.

Scheuplein, Christoph, Private Equity Monitor 2018. Die aktuelle Tätigkeit von Finanzinvestoren in Deutschland. Düsseldorf, abrufbar unter: *www.researchgate.net/publication/331935318_Private_Equity_Monitor_2018_Die_aktuelle_Tatigkeit_von_Finanzinvestoren_in_Deutschland* [zitiert als: *Scheuplein*, Private Equity Monitor 2018.].

Schieber, Dietmar, Die dezentrale Hauptversammlung. Perspektiven für Aktionäre im Zeitalter des Interent. Wiesbaden 2001 (Zugl.: Erlangen, Nürnberg, Univ., Diss., 2000).

Schiefer, Chrisitina, Rechtsformen der Publikumsgesellschaften und Sonderrecht der Publikums-KG (Teil I), DStR 1997, S. 119–124.

Schiereck, Dirk, Institutionelle Investoren. Überlegung zur Begriffsbestimmung bzw. -abgrenzung, Sparkasse 109 (1992), S. 393–394.

Schiessl, Maximilian, Auf der Suche nach dem „Ankeraktionär" – „PIPE"- Transaktionsmodelle und Organpflichten_AG 2009, 385–392, AG 2009, S. 385–392.

ders., Empfehlungen an Publikumsgesellschaften für den Umgang mit Hedgefonds, ZIP 2009, S. 689–697.

ders., Die Liebe der Hedgefonds zum deutschen Beherrschungsvertrag, in: Alfred Bergmann/Michael Hoffmann-Becking/Ulrich Noack (Hrsg.), Recht und Gesetz. Festschrift für Ulrich Seibert, Köln 2019, S. 733–746.

Schiffers, Joachim, § 1 Rechtsformwahl, in: Ulrich Prinz/Holger Kahle (Hrsg.), Beck'sches Handbuch der Personengesellschaften. Gesellschaftsrecht – Steuerrecht. 5. Aufl. 2020.

Schlegelberger, Franz (Hrsg.), Handelsgesetzbuch. Band III/1. Halbband: §§ 105–160. München 1992 [zitiert als: *Bearbeiter* in: Schlegelberger].

Schließer, Oliver, § 6 Die Rechnungslegung der KGaA, in: Tobias Bürgers/Torsten Fett (Hrsg.), Die Kommanditgesellschaft auf Aktien. Handbuch mit Mustern. 3. Aufl., München 2022.

Schlimbach, Friedrich, Leerverkäufe. Die Regulierung des gedeckten und ungedeckten Leerverkaufs in der Europäischen Union 2015 (Zugl.: Halle-Wittenberg, Univ., Diss., 2014).

Schlitt, Michael, Die Satzung der Kommanditgesellschaft auf Aktien. München 1999.

Schmid, Martina, Shareholder Activism – Erscheinungsformen, Risiken und Handlungsoptionen, in: Bundesverband der Unternehmensjuristen (BUJ)/Corporate Legal Insights (CLI)/CMS Hasche Sigle Partnerschaft von Rechtsanwälten und Steuerberatern mbB (Hrsg.), Investor Activism 2018, Frankfurt 2018, S. 134–145.

Schmidt, Franz, Bilanzpolitik deutscher Aktiengesellschaften. Empirische Analysen des Gewinnglättungsverhaltens. Wiesbaden 1979 (Zugl.: Augusburg, Univ., Diss., 1977).

Schmidt, Karsten, Gesellschaftsrecht. 4. Aufl. Köln 2002.

ders., Zur Vermögensstruktur in der Kommanditgesellschaft auf Aktien. Zu den kapitalgesellschaftlichen und personengesellschaftlichen Elementen in §§ 278 ff. AktG im Vergleich zu den Artt. 764 ff. OR, in: Hans Caspar von der Crone/Rolf H. Weber/Zech Roger/Dieter Zobl (Hrsg.), Neuere Tendenzen im Gesellschaftsrecht. Festschrift für Peter Forstmoser zum 60. Geburtstag, Zürich 2003.

ders., Fortschritt oder Rückschritt im Recht der Einheits-GmbH & Co. KG? Bemerkung zum BGH-Urt. v. 16.7.2007 – II ZR 109/06, ZIP 2007, 1658, ZIP 2007, S. 2193–2197.

ders., Zehn Jahre GmbH & Co. KGaA – Zurechnungs- und Durchgriffsprobleme nach BGHZ 134, 392, in: Peter Hommelhoff/Peter Rawert/Karsten Schmidt (Hrsg.), Festschrift für Hans-Joachim Priester 2007, S. 691–712.

Schmidt, Karsten/Ebke, Werner F. (Hrsg.), Münchener Kommentar zum Handelsgesetzbuch. Band 1: Erstes Buch. Handelsstand §§ 1–104a. 5. Aufl. München 2021 [zitiert als: *Bearbeiter* in: Schmidt/Ebke].

dies., Münchener Kommentar zum Handelsgesetzbuch. Zweites Buch. Handelsgesellschaften und stille Gesellschaft. Erster Abschnitt. Offene Handelsgesellschaft §§ 105–160. Zweiter Abschnitt. Kommanditgesellschaft §§ 161–171a. Konzern der Personengesellschaften. 5. Aufl. München 2022 [zitiert als: *Bearbeiter* in: Schmidt/Ebke].

Schmidt, Karsten/Lutter, Marcus (Hrsg.), Aktiengesetz. Kommentar. 4. Aufl. 2020 [zitiert als: *Bearbeiter* in: Schmidt/Lutter].

Schmidt, Reinhard H./Spindler, Gerald, Finanzinvestoren aus ökonomischer und juristischer Perspektive. Eine Betrachtung der Risiken, der Notwendigkeiten und Möglichkeiten einer Regulierung von Private Equity und aktivistischen Hedgefonds aus ökonomischer und gesellschafts-, kapitalmarkt- und arbeitsrechtlicher Sicht. 1. Aufl. Baden-Baden 2008.

Schmitt, Marten, Die gerichtliche und außergerichtliche Vertretung der KGaA gegenüber dem persönlich haftenden Gesellschafter durch einen fakultativen Beirat, GWR 17 (2025), S. 285–287.

Schmolke, Klaus Ulrich, Institutionelle Anleger und Corporate Governance. Traditionelle institutionelle Investoren vs. Hedgefonds, ZGR 36 (2007), S. 701–744.

ders., Private Enforcement und institutionelle Balance. Verlangt das Effektivitätsgebot des Art. 4 III EUV eine Schadensersatzhaftung bei Verstoß gegen Art. 15 MAR?, NZG 19 (2016), S. 721–728.

ders., „Leerverkaufsattacken" und Marktmissbrauch, ZGR 49 (2020), S. 291–318.

Schneider, Uwe H./Nietsch, Michael, Satzungsmäßige prozentuale Stimmrechtsbeschränkungen nach schweizer Aktienrecht. Überlegungen zu guter Corporate Goverance, in: Klaus Peter Berger/Georg Borges/Harald Herrmann/Andreas Schlüter/Ulrich Wackerbarth (Hrsg.), Zivil- und Wirtschaftsrecht im Europäischen und Globalen Kontext/Private and Commercial Law in a European and Global Context. Festschrift für Norbert Horn zum 70. Geburtstag 2006, S. 571–588.

Schneider, Uwe H./Strenger, Christian, Die „Corporate Governance-Grundsätze" der Grundsatzkommission Coprorate Governance (German Panel on Corporate Governance), AG 2000, S. 106–113.

Schnorbus, York, Gestaltungsfragen fakultativer Aufsichtsorgane der KGaA, in: Michael Hoffmann-Becking/Uwe Hüffer/Jochem Reichert (Hrsg.), Liber amicorum für Martin Winter, Köln 2011, S. 627–670.

Schnorbus, York/Plassmann, Sebastian, Die Sonderdividende. Organisationspflichten, Beschlussmängel und Aktionärshaftung, ZGR 44 (2015), S. 446–484.

Schnülle, Thomas, Die Reichweite der Stimmverbote gem. § 285 I 2 AktG bei der Kommanditgesellschaft auf Aktien, NZG 20 (2017), S. 1056–1059.

Schockenhoff, Martin, Vorstände im Visier aktivistischer Aktionäre. Auswechslung und Vergütungsreduzierung auf Verlangen von Aktionären und Investoren?, ZIP 2017, S. 1785–1793.

Schockenhoff, Martin/Culmann, Johannes, Shareholder Activism in Deutschland, ZIP 2015, S. 297–307.

dies., Rechtsschutz gegen Leerverkäufer? Überlegungen zur Schadenersatzhaftung von Leerverkäufern gegenüber Zielunternehmen und ihren Aktionären bei gezielter Herbeiführung eines Kurssturzes, AG 2016, S. 517–529.

Schönemann, Clemens, Die Vergütung der Geschäftsleiter von Kapitalgesellschaften. Zur Übertragbarkeit des § 87 AktG auf andere Rechtsformen, insbesondere auf die GmbH. 1. Aufl. Baden-Baden 2012 (Zugl.: Berlin, Freie-Univ., Diss., 2011/2012).

Schott Pharma AG & Co. KGaA, Geschäftsbericht 2022/2023.

Schreyögg, Georg/Unglaube, Oliver, Zur Rolle von Finanzinvestoren in deutschen Publikumsaktiengesellschaften – Thesen und empirische Befunde, AG 2013, S. 97–110.

Schrick, Alexandra, Die GmbH & Co. KGaA in der Form der Einheitsgesellschaft als börsenwilliges Unternehmen?, NZG 3 (2000), S. 675–679.

Schröder, Christian, Handbuch Kapitalmarktstrafrecht. 4. Aufl. Köln 2020.

Schubert, Andreas, Unternehmensmitbestimmung in der SE & Co. KGaA. 1. Aufl. Baden-Baden 2018 (Zugl.: Freiburg, Univ., Diss., 2017).

Schüler, Philipp, Shareholder Activism in Continental Europe. Darmstadt 2016 (Zugl.: Darmstadt, Univ., Diss., 2016).

Schulze, Reiner (Hrsg.), Bürgerliches Gesetzbuch. Handkommentar. 12. Aufl. Baden-Baden 2024 [zitiert als: *Bearbeiter* in: Schulze].

Schüppen, Matthias, To comply or not to comply – that‘s the question! „Existenzfragen“ des Transparenz- und Publizitätsgesetzes im magischen Dreieck kapitalmarkorientierter Unternehmensführung, ZIP 2002, S. 1269–1279.

Schütt, Jan-Sebastian, Europäische Marktmissbrauchsverordnung und Individualschutz. 1. Aufl. 2018 (Zugl.: Freiburg, Univ., Diss., 2018).

Schütze, Rolf A./Vorpeil, Klaus, § 7. Internationales Privatrecht, in: Heinz-Dieter Assmann/Rolf A. Schütze/Petra Buck-Heeb (Hrsg.), Handbuch des Kapitalanlagerechts. 6. Aufl. 2024.

Schwark, Eberhard/Zimmer, Daniel (Hrsg.), Kapitalmarktrechts-Kommentar. Börsengesetz mit Börsenzulassungsverordnung, Wertpapierprospektgesetz, Wertpapierhandelsgesetz, Wertpapiererwerbs- und Übernahmegesetz. 5. Aufl. München 2020 [zitiert als: *Bearbeiter* in: Schwark/Zimmer].

Schwichtenhovel, Christoph, Managementreaktionen auf Shareholder Activism im Kontext guter Corporate Governance. Eine empirische Analyse ausgewählter Fortune 250-Unternehmen für die Jahre 2012 bis 2014. Duisburg-Essen 2015.

Schwintowski, Hans-Peter, Bankrecht. 6. Aufl. Köln 2022.

SEC, The October 1987 Market Break. A Report by the Divison of Market Regulation U. S. Securities and Exchange Comission Februar 1988, abrufbar unter: *https://www.sechistorical.org/collection/papers/1980/1988_0201_Market-Break_01.pdf* [zitiert als: *SEC*, The October 1987 Market Break].

Seibert, Ulrich, Im Blickpunkt: Der Deutsche Corporate Governance Kodex ist da, BB 2002, S. 581–584.

Seibt, Christoph H., Deutscher Corporate Governance Kodex und Entsprechens-Erklärung (§ 161 AktG-E), AG 2002, S. 249–259.

Seibt, Christoph H./Danwerth, Christopher, Referentenentwurf des Gesetzes zur Einführung virtueller Hauptversammlungen: Eine kritische Analyse, AG 2022, S. 177–191.

Seibt, Christoph H./Scholz, Philipp, Wahlkandidaten der Gesellschaft für den Aufsichtsrat. Möglichkeiten der Einbeziehung in die Tätigkeit und strategischen Überlegungen des Aufsichtsrats in Vorbereitung der Hauptversammlung, AG 2016, S. 739–748.

Sekanina, Alexander, Finanzinvestoren und Mitbestimmung. Wie der Wandel der Investorenlandschaft die Mitbestimmung herausfordert. Düsseldorf 2018, abrufbar unter: *https://www.imu-boeckler.de/de/faust-detail.htm?sync_id=HBS-006866* [zitiert als: *Sekanina*, Finanzinvestoren und Mitbestimmung].

Servatius, Wolfgang, § 286 Jahresabschluß. Lagebericht, in:

Sethe, Rolf, Aufsichtsratsreform mit Lücken. Die Einbeziehung der Kommanditgesellschaft auf Aktien in die gegenwärtige Reformdiskussion, AG 1996, S. 289–301.

ders., Die personalistische Kapitalgesellschaft mit Börsenzugang. Die reformierte KGaA als Mittel zur Verbesserung der Eigenkapitalausstattung deutscher Unternehmen. Köln 1996 (Zugl.: Tübingen, Univ., Diss., 1995).

ders., Die Besonderheiten der Rechnungslegung bei der KGaA, DB 1998, S. 1044–1048.

ders., Wider die Entrechtung der Kommanditaktionäre, AG 2021, S. 78–88.

Siebold, Michael/Wichert, Joachim, Die KGaA als Rechtsform für die Profiabteilungen der Vereine der Fußball-Bundesligen, SpuRt 1998, S. 138–143.

Sieder, Sebastian, Anwendungsschwierigkeiten mit den Eingriffsbefugnissen der Short Selling Regulation (SSR), ZBB/JBB 31 (2019), S. 179–189.

Sieger, Jürgen J./Hasselbach, Kai, Wertpapierdarlehen – Zurechnungsfragen im Aktien-, Wertpapierhandels- und Übernahmerecht, WM 2004, S. 1370–1378.

Smend, Alex, Aktive Aktionäre, ZCG 2008, S. 53–58.

Smolka, Klaus Max/Heeg, Thiemo, Elliott besucht Fresenius. Der Hedgefonds geht den Medizinkonzern an – und zieht sich aus einem kleinen Unternehmen zurück, F.A.Z. 31.10.2022, S. 20.

Spieker, Oliver, § 39. Äußerungs- und Medienrecht, in: Christoph Hamm (Hrsg.), Beck'sches Rechtsanwalts-Handbuch. 12. Aufl., München 2022.

Spindler, Gerald, Zur Zukunft der Corporate Governance Kommission und des § 161 AktG, NZG 14 (2011), S. 1007–1013.

Splett, Jochen, Deutsches Wortfamilienwörterbuch. Analyse der Wortfamilienstrukturen der deutschen Gegenwartssprache, zugleich Grundlegung einer zukünftigen Strukturgeschichte des deutschen Wortschatzes. Berlin 2009.

Splinter, Christopher/Gansmeier, Johannes, Leerverkaufsbeschränkungen nach der Leerverkaufs-Verordnung. Konkretisierung der Eingriffsvoraussetzungen de lege lata, ZHR 184 (2020), S. 761–792.

Stadler, Maximilian, Shareholder-Aktivismus durch Hedge Fonds. Empirische Untersuchung für Deutschland 2010 [zitiert als: *Stadler*, Shareholder-Aktivismus durch Hedge Fonds. Empirische Untersuchung für Deutschland].

Stangenberg-Haverkamp, Frank/Baillou, Johannes, Merck in der 13. Generation – Endstation Erbschaftsteuer?, abrufbar unter: *https://www.familienunternehmen-politik.de/de/unternehmer-standpunkte/dr-frank-stangenberg-haverkamp-johannes-baillou.*

Staub, Hermann (Hrsg.), Handelsgesetzbuch. Band 3: §§ 105–160. 5. Aufl. Berlin, Boston 2009 [zitiert als: *Bearbeiter* in: Staub].

Staudinger, Julius von (Hrsg.), J. von Staudingers Kommentar zum Bürgerlichen Gesetzbuch. Buch 2: Recht der Schuldverhältnisse: §§ 433–480 (Kaufrecht). 2015. Aufl. Berlin, Saarbrücken 2014 [zitiert als: *Bearbeiter* in: Staudinger].

ders., J. von Staudingers Kommentar zum Bürgerlichen Gesetzbuch. Buch 2: Recht der Schuldverhältnisse: §§ 488–490; 607–609 (Darlehensrecht). 2015. Aufl. Berlin 2015 [zitiert als: *Bearbeiter* in: Staudinger].

ders., J. von Staudingers Kommentar zum Bürgerlichen Gesetzbuch. Buch 2: Recht der Schuldverhältnisse: § 823 A-D (Unerlaubte Handlungen 1 – Rechtsgüter und Rechte, Persönlichkeitsrecht, Gewerbebetrieb). 2017. Aufl. Berlin 2017 [zitiert als: *Bearbeiter* in: Staudinger].

ders., J. von Staudingers Kommentar zum Bürgerlichen Gesetzbuch. Buch 3: Sachenrecht: §§ 985–1011 (Eigentum 3). 2019. Aufl. Berlin, Saarbrücken 2019 [zitiert als: *Bearbeiter* in: Staudinger].

ders., J. von Staudingers Kommentar zum Bürgerlichen Gesetzbuch. Buch 2: Recht der Schuldverhältnisse: §§ 741–764 (Gemeinschaft, Leibrente, Spiel). 2021. Aufl. Berlin 2021 [zitiert als: *Bearbeiter* in: Staudinger].

ders., J. von Staudingers Kommentar zum Bürgerlichen Gesetzbuch. Buch 2: Recht der Schuldverhältnisse: §§ 823 E-I, 824, 825 (Unerlaubte Handlungen 1 – Teilband 2). 2021. Aufl. Saarbrücken, Berlin 2021 [zitiert als: *Bearbeiter* in: Staudinger].

Steding, Rolf, Strategien zur Wahl und Anpassung der Rechtsform für Unternehmen im Gesellschaftsrecht, JA 2002, S. 338–344.

Steiger, Max, Institutionelle Investoren und Corporate Governance. Eine empirische Analyse. Mannheim 1998.

Steindorff, Ernst, Kommanditgesellschaft auf Aktien und Mitbestimmung, in: Werner Flume (Hrsg.), Beiträge zum Zivil- und Wirtschaftsrecht. Festschrift für Kurt Ballerstedt zum 70. Geburtstag am 24. Dezember 1975, Berlin 1975, S. 127–142.

Sto SE & Co. KGaA, Geschäftsbericht 2023.

Strieder, Thomas, Die Genossenschaft als persönlich haftender Gesellschafter einer KGaA. Lösungsansatz für Umwandlungen?, BB 1998, S. 2276–2278.

Strobl-Haarmann, Elisabeth, § 4 Der Aktionär, in: Florian Drinhausen/Hans-Martin Eckstein (Hrsg.), Beck'sches Handbuch der AG. Gesellschaftsrecht – Steuerrecht – Börsengang. 3. Aufl., München 2018.

Ströer SE & Co. KGaA, Geschäftsbericht 2016.

dass., Geschäftsbericht 2023.

dass., Satzung (2024). Köln.

Stürner, Rolf (Hrsg.), Bürgerliches Gesetzbuch. Mit Rom-I-, Rom-II-VO, EuUnthVO/HUntProt und EuErbVO: Kommentar. 17. Aufl. München 2021 [zitiert als: *Bearbeiter* in: Stürner].

Sunzi, The Art of War. Princeton 2018.

Suttner, Johannes/Kielholz, Verena, Leerverkäufe verbieten? – Eine ordnungstheoretische Sicht, ORDO 62 (2011), S. 101–113.

TCI, Letter to the memebers of Volkswagen Executive and Supervisory Boards 6.05.2016, abrufbar unter: *http://im.ft-static.com/content/images/62706a7e-13c1-11e6-839f-2922947098f0.pdf* [zitiert als: *TCI*, Letter to the memebers of Volkswagen Executive and Supervisory Boards].

Teichmann, Christoph, Reform des Gläubigerschutzes im Kapitalgesellschaftsrecht, NJW 2006, S. 2444–2451.

ders., Die Anwendbarkeit des ARUG II auf die KGaA, in: Gerd Krieger/Michael Hoffmann-Becking/Peter Hommelhoff (Hrsg.), Festschrift für Gerd Krieger zum 70. Geburtstag, München 2020, S. 993–1007.

Teichmann, Christoph/Krapp, Hannah, Die virtuelle Hauptversammlungssaison 2020. Umsetzungspraxis in DAX und MDAX, DB 2020, S. 2169–2181.

Teichmann, Christoph/Wicke, Hartmut, Zukunftsmodell „Hybride Hauptversammlung", ZGR 50 (2021), S. 173–200.

Terno, Wilfried, Strukturen und Probleme der D&O-Versicherung, SpV 2014, S. 2–14.

Teuber, Hanno, § 85. Wertpapierdarlehen und Wertpapierpensionsgeschäft, in: Herbert Schimansky/Hermann-Josef Bunte/Hans-Jürgen Lwowski (Hrsg.), Bankrechts-Handbuch. 6. Aufl., München 2022.

Thaeter, Ralf/Guski, Roman, Shareholder Activism: Gesellschaftsrechtliche Schranken aktiven Aktionärsverhaltens, AG 2007, S. 301–308.

Thamm, Christian/Schiereck, Dirk, Shareholder Activism – Eine Bestandsaufnahme, Corporate Finance 2014, S. 17–27.

Theisen, Manuel René, Die Kommanditgesellschaft auf Aktien auf dem Prüfstand. Ein Überblick, DBW 49 (1989), S. 137–183.

Thomas, Heinz/Putzo, Hans (Hrsg.), Zivilprozessordnung. FamFG (Verfahren in Familiensachen), EGZPO, GVG, EGGVG, EU-Zivilverfahrensrecht: Kommentar. 45. Aufl. München 2024 [zitiert als: *Bearbeiter* in: Thomas/Putzo].

Thommen, Jean-Paul/Achleitner, Ann-Kristin/Gilbert, Dirk Ulrich/Hachmeister, Dirk/Jarchow, Svenja/Kaiser, Genrot, Allgemeine Betriebswirtschaftslehre. Umfassende Einführung aus managementorientierter Sicht. 10. Aufl. 2023.

Thyssenkrupp Nucera AG & Co. KGaA, Geschäftsbericht 2022/2023.

Uffmann, Katharina, Interim Management. Tübingen 2015 (Zugl.: Bayreuth, Univ., Habil.-Schr., 2013/2014).

dies., § 381 Rechtsstellung, innere Ordnung des Aufsichtsrats, Rechte und Pflichten der Aufsichtsratsmitglieder, in: Heinrich Kiel/Stefan Lunk/Hartmut Oetker/Reinhard Richardi/Otfried Wlotzke/Hellmut Wißmann (Hrsg.), Münchener Handbuch zum Arbeitsrecht. Band 4: Kollektives Arbeitsrecht II, Arbeitsgerichtsverfahren. 5. Aufl., München 2022.

Ulmer, Peter, Aktienrecht im Wandel – Entwicklungslinien und Diskussionsschwerpunkte, AcP 202 (2002), S. 143–178.

ders., Der Deutsche Corporate Governance Kodex – ein neues Regulierungsinstrument für börsennotierte Aktiengesellschaften, ZHR 166 (2002), S. 150–181.

van Dillen, J. G./Poitras, Geoffrey/Majithia, Asha, Isaac Le Maire and the early trading in Dutch East India Company shares, in: Geoffrey Poitras/Frank Jovanovic (Hrsg.), Contributions prior to Irving Fisher, Cheltenham 2006, S. 45–63.

Verse, Dirk A., Organwalterhaftung und Gesetzesverstoß. Überlegungen zur Außenhaftung der Organwalter bei Verletzung von Schutzgesetzen (§ 823 Abs. 2 BGB), ZHR 170 (2006), S. 398–421.

ders., § 18 Der Aufsichtsrat in der KGaA, in: Marcus Lutter/Gerd Krieger/Dirk A. Verse (Hrsg.), Rechte und Pflichten des Aufsichtsrats. 7. Aufl., Köln 2020.

Vetter, Eberhard, Deutscher Corporate Governance Kodex, DNotZ 2003, 748–764.

ders., Dividende trotz Krisenzeiten? Überlegungen aus Anlass der Corona-Pandemie, AG 2020, S. 401–411.

Voigt, Hans-Christoph, Haftung aus Einfluss auf die Aktiengesellschaft (§§ 117, 309, 317 AktG). München 2004 (Zugl.: Hamburg, Univ., Diss., 2004).

Vollertsen, Malte, Corporate Governance der börsennotierten KGaA. 1. Aufl. Berlin 2019 (Zugl.: Berlin., Univ., Diss., 2018/2019).

Vollmuth, Christian, 7. Kapitel: Börse und Kapitalmarkt (Handelsgeschäfte, Wertpapierdienst- und Wertpapiernebendienstleistungen). T. Wertpapierdarlehen und Wertpapierpensionsgeschäfte (Repos), in: Klaus J. Hopt/Hanno Merkt (Hrsg.),

Vertrags- und Formularbuch zum Handels-, Gesellschafts-, Bank- und Kapitalmarktrecht. 5. Aufl., München 2022.

Wachter, Thomas (Hrsg.), AktG. Kommentar zum Aktiengesetz. 4. Aufl. Köln 2022 [zitiert als: *Bearbeiter* in: Wachter].

Wagner, Franz W., Steuervermeidung und Corporate social responsibility, PWP 19 (2018), S. 2–21.

Wagner, Fred, Gabler Versicherungslexikon. 2. Aufl. Wiesbaden, Germany 2017.

Wagner, Gerhard, Organhaftung im Interesse der Verhaltenssteuerung – Skizze eines Haftungsregimes, ZHR 178 (2014), S. 227–281.

Walz, Susanne, § 48 Pflichten der Gesellschaft und der Aktionäre nach der MMVO und dem WpHG, in: Matthias Schüppen/Bernhard Schaub (Hrsg.), Münchener Anwalts-Handbuch Aktienrecht. 4. Aufl., München 2024.

Walz, Thiemo, § 91. Vermögensverwaltung, in: Herbert Schimansky/Hermann-Josef Bunte/Hans-Jürgen Lwowski (Hrsg.), Bankrechts-Handbuch. 6. Aufl., München 2022.

Wansleben, Till/Weick-Ludewig, Verena, „Unvollkommene Deckung" von Leerverkäufen nach der VO (EU) Nr. 236/2012, ZBB/JBB 27 (2015), S. 395–407.

Watrin, Christoph/Thomsen, Martin/Brune, Alexander, Der Zusammenhang zwischen Steuerplanung und institutionellen Investoren. Stand der Forschung und Erkenntnisse über deutsche Konzerne, FR 2017, S. 1029–1035.

Weber, Thomas, Das Einmaleins der Hedge Funds. Eine Einführung für Praktiker in hoch entwickelte Investmentstrategien. 2. Aufl. Frankfurt am Main 2004.

Weber-Rey, Daniela/Reps, Markus, Ankerbeteiligungen: Chancen für die Corporate Governance, Rechtsrahmen und Investorenvereinbarungen. Ein Beitrag zu der rechtspolitischen Debatte um verantwortungsbewusste Aktionäre, ZGR 2013, S. 597–646.

Wenninger, Thomas G., Hedge Fonds im Spannungsfeld des Aktien- und Kapitalmarktrechts. Shareholder Activism und aktienrechtliche Corporate Governance. 1. Aufl. Baden-Baden 2009 (Zugl.: Augsburg, Univ., Diss., 2008).

Wentz, Jasper, Shortseller-Attacken – ökonomische und juristische Bewertung eines ambivalenten Geschäftsmodells, WM 2019, S. 196–203.

Werder, Axel von, Der Deutsche Corporate Governance Kodex – Grundlagen und Einzelbestimmungen, DB 55 (2002), S. 801–810.

ders., Zur Signalstärke der Entsprechenserklärung, in: Stefan Grundmann (Hrsg.), Festschrift für Klaus J. Hopt zum 70. Geburtstag am 24. August 2010. Unternehmen, Markt und Verantwortung, Berlin 2010, S. 1471–1489.

Wettich, Carsten, Aktuelle Entwicklungen und Trends in der Hauptversammlungssaison 2015 und Ausblick auf 2016, AG 2015, S. 681–689.

Wichert, Joachim, Die Finanzen der Kommanditgesellschaft auf Aktien. Frankfurt am Main 1999 (Zugl.: Frankfurt (Main), Univ., Diss., 1998).

ders., Satzungsänderung in der Kommanditgesellschaft auf Aktien, AG 1999, S. 362–369.

ders., Die GmbH & Co. KGaA nach dem Beschluß BGHZ 134. Besprechung des Beihefts 67/1998 zur ZHR, AG 2000, S. 268–276.

Wieandt, Carl/Krause, Jan/Herring, Dorothee/Thomys, Manuela/Rosen, Rüdiger von/Leven, Franz-Josef/Fey, Gerrit/Kuhn, Norbert, Investorendialog im Umbruch. Zum Umgang börsennotierter Unternehmen mit aktiven Aktionären. 1. Aufl. Frankfurt am Main 2009.

Wiedemann, Herbert, Gesellschaftsrecht I. Ein Lehrbuch des Unternehmens- und Verbandsrecht. München 1980 (Grundlagen).

ders., Ist der Kleinaktionär kein Aktionär?, in: Georg Bitter/Marcus Lutter/Hans-Joachim Priester/Wolfgang Schön/Peter Ulmer (Hrsg.), Festschrift für Karsten Schmidt zum 70. Geburtstag, Köln 2009.

Wieneke, Laurenz/Fett, Torsten, § 10 Die KGaA als börsennotiertes Unternehmen, in: Tobias Bürgers/Torsten Fett (Hrsg.), Die Kommanditgesellschaft auf Aktien. Handbuch mit Mustern. 3. Aufl., München 2022.

Wiesner, Georg, Die Enthaftung ausgeschiedener persönlich haftender Gesellschafter einer KGaA, ZHR 148 (1984), S. 56–73.

Wilhelm, Jan, Kapitalgesellschaftsrecht. Mit Grundzügen des Kapitalmarktrechts. 5. Aufl. Berlin, Boston 2020.

Wilsing, Hans-Ulrich (Hrsg.), Deutscher Corporate Governance Kodex. Kommentar. München 2012 [zitiert als: *Bearbeiter* in: Wilsing].

Windbichler, Christine, Gesellschaftsrecht. Ein Studienbuch. 25. Aufl. München 2024.

Wissenschaftliche Dienste, Aktionärsaktivismus unter gesellschafts- und aktienrechtlichen Gesichtspunkten 28.08.2018, abrufbar unter: *https://www.bundestag.de/resource/blob/571478/6cddddd989645a48fffb220fa3b3d0ef/WD-7-168-18-pdf.pdf* [zitiert als: *Wissenschaftliche Dienste*, Aktionärsaktivismus unter gesellschafts- und aktienrechtlichen Gesichtspunkten].

Wolf, Christoph/Wink, Tilman, § 31 Privatrechtliche Haftung, in: Andreas Meyer/Thomas Rönnau/Rüdiger Veil/Annika Anschütz/Hendrik Brinckmann/Alexander F. P. Brüggemeier (Hrsg.), Handbuch zum Marktmissbrauchsrecht. 2. Aufl., München 2023.

Wolf, Sigrid, Die Regulierung von Hedgefonds aus nationaler und internationaler Sicht. Hamburg 2010 (Zugl.: Köln, Univ., Diss., 2009).

Wolff, Michael/Holst, Max/Firk, Sebastian, Clawback-Klauseln als strategisches Handycap? Untersuchung der Wirkung von Clawback-Klauseln auf die strategische Ausrichtung von Unternehmen. Göttingen 2020, abrufbar unter: *https://www.uni-goettingen.de/de/document/download/3d218d18adf5fc2d21dd3a324e62e2ed.pdf/Clawback-Klauseln%20als%20strategisches%20*

Handicap.pdf [zitiert als: *Wolff/Holst/Firk*, Clawback-Klauseln als strategisches Handycap?].

Zetzsche, Dirk, Der Einfluss des Europäischen Wirtschaftsrechts auf das Deliktsrecht, ZHR 179 (2015), S. 490–526.

Zhao, Wuyang, Activist Short-Selling and Corporate Opacity 24.05.2020, abrufbar unter: *https://ssrn.com/abstract=2852041.* [zitiert als: *Zhao*, Activist Short-Selling and Corporate Opacity].

Ziegenhain, Hans-Jörg/Helms, Dietmar, Der rechtliche Rahmen für das Going Public mittelständischer Unternehmen, WM 52 (1998), S. 1417–1429.

Ziesemer, Bernd, Die Hauruckmethode der Henkel-Familie 28.10.2019, abrufbar unter: *https://www.capital.de/wirtschaft-politik/die-hauruckmethode-der-henkel-familie*.

Zimmermann, Martin, Das Aktiendarlehen. Die Zuordnung von Aktionärsrechten im Spannungsfeld von Zivil-, Gesellschafts- und Kapitalmarktrecht. 1. Aufl. Tübingen 2014 (Zugl.: Osnabrück, Univ., Habil.-Schr., 2013).

Zöller, Richard (Hrsg.), Zivilprozessordnung: ZPO. 35. Aufl. Köln 2024 [zitiert als: *Bearbeiter* in: Zöller].

Zöllner, Wolfgang, Wertpapierrecht. Ein Studienbuch. 14. Aufl. München 1987.

Zöllner, Wolfgang/Noack, Ulrich (Hrsg.), Kölner Kommentar zum Aktiengesetz. Band 1: §§ 1–75 AktG. 3. Aufl. Köln 2009 [zitiert als: *Bearbeiter* in: Zöllner/Noack].

dies., Kölner Kommentar zum Aktiengesetz. Band 3/1: §§ 121–130 AktG. 3. Aufl. Köln 2012 [zitiert als: *Bearbeiter* in: Zöllner/Noack].

dies., Kölner Kommentar zum Aktiengesetz. Band 3/2: §§ 147–149 AktG. 3. Aufl. Köln 2015 [zitiert als: *Bearbeiter* in: Zöllner/Noack].

dies., Kölner Kommentar zum Aktiengesetz. Band 5: §§ 241–290 AktG. 4. Aufl. Köln 2020 [zitiert als: *Bearbeiter* in: Zöllner/Noack].

Zülch, Henning/Gebhardt, Maria, Shareholder Aktivismus. Aktuelle Tendenzen und Entwicklungen, KoR 2019, S. 461–462.

Zülch, Henning/Weuster, Carl W./Mladenov, Kiril, Shareholder Aktivismus in Deutschland. Wie Unternehmen auf ihn reagieren können, KoR 2018, S. 303–304.